四庫全書總目彙訂

修訂本

3

史部

魏小虎 編撰

上海古籍出版社

史　部　一

史　部　總　敍

　　史之為道，撰述欲其簡，考證則欲其詳，莫簡於《春秋》，莫詳於《左傳》。魯史所錄，具載一事之始末。聖人觀其始末，得其是非，而後能定以一字之褒貶，此作史之資考證也；丘明錄以為《傳》，後人觀其始末，得其是非，而後能知一字之所以褒貶，此讀史之資考證也。苟無事蹟，雖聖人不能作《春秋》；苟不知其事蹟，雖以聖人讀《春秋》，不知所以褒貶。儒者好為大言，動曰舍傳以求經。此其説必不通。其或通者，則必私求諸傳，詐稱舍傳云爾。司馬光《通鑑》，世稱絶作，不知其先為《長編》，後為《考異》。高似孫《緯略》載其與宋敏求書，稱：“到洛八年，始了晉、宋、齊、梁、陳、隋六代。唐文字尤多，依年月編次為草卷，以四丈為一卷，計不減六七百卷。”又稱光作《通鑑》，“一事用三四出處纂成，用雜史諸書，凡二百二十二家”。李燾《巽巖集》亦稱張新甫見洛陽有《資治通鑑》草槀盈兩屋。案燾集今已佚，此據馬端臨《文獻通考》述其父廷鸞之言。今觀其書，如淖方成“禍水”之語，則採及《飛燕外傳》；張彖“冰山”之語，則採及《開元天寶遺事》，並小説亦不遺之。然則古來著錄，於正史之外兼收博採，列目分編，其必有故矣。今總括羣書,分十五類。首曰正史,大綱也。次曰編年,曰別史①,曰雜史,曰詔令奏議,曰傳記,曰史鈔,曰載記,皆參考紀傳者也。曰時令,曰地理,曰職官,曰政書,曰目錄,皆參考諸志者也。曰史評,參考論贊者也。舊有譜牒一門,然自唐以後,譜學殆絶。玉牒既不頒於外,家乘亦不上於官,徒存虛目,故從刪焉。考私家記載,惟宋、明二代為多②。蓋宋、明人皆好議論,議論異則門戶分,門戶分則朋黨立,朋黨立則恩怨結。恩怨既結,得志則排擠於朝廷,不得志則以筆墨相報復。其中是非顛倒,頗亦熒聽。然雖有疑獄,合衆證而質之,必得其情;雖有虛詞,參衆説而核之,亦必得其情。張師棣《南遷錄》之妄③,鄰國之事無質也,趙與峕《賓退錄》證以金國官制而知之。《碧雲騢》一書誣謗文彥博、范仲淹諸人,晁公武以為真出梅堯臣,王銍以為出自魏泰,邵博又證其真出堯臣,可謂聚訟。李燾卒參互而辨定之,至今遂無異説④。此亦考證欲詳之一驗。然則史部諸書,自鄙倍冗雜,灼然無可採錄外,其有裨於正史者,固均宜擇而存之矣。

【彙訂】

①"編年"後遺漏"紀事本末"一類。(李維虎:《〈四庫全書總目〉凡例序案研究》)

②"二",殿本作"兩"。

③據《賓退錄》卷三、《直齋書錄解題》卷五、《總目》卷五二《南遷錄》條,《南遷錄》作者乃題張師顏。(楊武泉:《四庫全書總目辨誤》)

④《碧雲騢》確係梅堯臣所撰,非魏泰偽作,説詳卷一四一《東軒筆錄》條訂誤。

正 史 類 一

正史之名，見於《隋志》。至宋而定著十有七。明刊監版，合宋、遼、金、元四《史》為二十有一。皇上欽定《明史》，又詔增《舊唐書》為二十有三。近蒐羅四庫，薛居正《舊五代史》得裒集成編。欽稟睿裁，與歐陽修書並列，共為二十有四。今並從官本校錄。凡未經宸斷者，則悉不濫登。蓋正史體尊，義與經配，非懸諸令典，莫敢私增，所由與稗官野記異也。其他訓釋音義者，如《史記索隱》之類；掇拾遺闕者，如《補後漢書年表》之類；辨正異同者，如《新唐書糾謬》之類；校正字句者，如《兩漢刊誤補遺》之類，若別為編次，尋檢為繁，即各附本書，用資參證。至宋、遼、金、元四《史》譯語，舊皆舛謬，今悉改正，以存其真。其子部、集部亦均視此。以考校釐訂自正史始，謹發其凡於此。

史記一百三十卷（內府刊本）[1]

漢司馬遷撰，褚少孫補。遷事蹟具《漢書》本傳。少孫據張守節《正義》引張晏之説，以為潁川人，元、成閒博士。又引褚顗《家傳》，以為梁相褚大弟之孫。宣帝時為博士，寓居沛，事大儒王式，故號"先生"。二説不同。然宣帝末距成帝初不過十七八年，其相去亦未遠也。案遷《自序》，凡十二本紀、十表、八書、三十世家、七十列傳[2]，共為百三十篇。《漢書》本傳稱其十篇闕，有錄無書。張晏注以為遷歿之後，亡《景帝紀》、《武帝紀》、《禮書》、《樂書》、《兵書》、《漢興以來將相年表》、《日者列傳》、《三王世家》、《龜策列傳》、《傅靳列傳》。劉知幾《史通》則以為十篇未成，有錄而已，駁張晏之説為非。今考《日者》、《龜策》二傳，並有"太史公曰"，又有"褚先生曰"，是為補綴殘稾之明證，當以知幾為是也③。然《漢志》"春秋家"載《史記》百三十篇，不云有闕④。蓋是時官本已以少孫所續合為一編。觀其《日者》、《龜策》二傳並有"臣為郎時"云云，是必嘗經奏進，故有是稱。其"褚先生曰"字，殆後人追題，以為別識歟⑤？周密《齊東野語》摘《司馬相如傳贊》中有"揚雄以為靡麗之賦，勸百而諷一"之語⑥，又摘《公孫宏〔弘〕傳》中有"平帝元始中，詔賜宏子孫爵"語；焦竑《筆乘》摘《賈誼傳》中有"賈嘉最好學，至孝昭時列為九卿"語，皆非遷所及見。王懋竑《白田雜著》亦謂《史記》止紀年而無歲名，今《十二諸侯年表》上列一行載"庚申"、"甲子"等字，乃後人所增。則非惟有所散佚，且兼有所竄易⑦。年祀緜邈，今亦不得而考矣。然字句竄亂或不能無，至其全書，則仍遷原本。焦竑《筆乘》據《張湯傳贊》如淳注，以為續之者有馮商、孟柳。又據《後漢書・楊經傳》，以為嘗删遷書為十餘萬言。指今《史記》非本書，則非其實也⑧。其書自晉、唐以來，傳本無大同異。惟唐開元二十三年，敕升《史記・老子列傳》於《伯夷列傳》上。錢曾《讀書敏求記》云尚有宋刻，今未之見。南宋廣漢張材又嘗刊去褚少孫所續⑨，趙山甫復病其不全，取少孫書別刊附入。今亦均未見其本。世所通行惟此本耳。至偽孫奭《孟子疏》所引《史記》"西子金錢"事，今本無之。蓋宋人詐託古書，非今本之脱漏。又《學海類編》中載偽洪遵《史記真本凡例》一卷，於原書臆為刊削，稱即遷藏在名山之舊稾。其事與梁鄱陽王《漢書真本》相類，益荒誕不足為據矣。註其書者，今惟裴駰、司馬貞、張守節三家尚存。其初各為部帙，北宋始合為一編⑩。明代國子監刊版，頗有刊除點竄⑪。

南監本至以司馬貞所補《三皇本紀》冠《五帝本紀》之上，殊失舊觀。然彙合羣説，檢尋較易[12]。故今録合併之本，以便觀覽。仍別録三家之書，以存其完本焉。

【彙訂】

① 文淵閣《四庫》本尚附有《考證》，清張照等撰；《補史記三皇本記》一卷，唐司馬貞撰并注；《史記正義論例謚法解列國分野》一卷，唐張守節撰。（沈治宏：《中國叢書綜録訂誤》）

②"七十列傳"，殿本作"七十二傳"，誤，參《史記·太史公自序》。

③《太史公自序》已明確列出全書所有篇目及總計字數，則當時全書應已寫定，不當還有未成篇目。劉知幾説實誤。（陳尚君、張金耀主撰：《四庫提要精讀》）

④《漢書·藝文志》"春秋家"有《太史公》百三十篇，不名《史記》。班固自注云："十篇有録無書"，未嘗無闕。（許瀚：《讀四庫全書提要志誤》）

⑤ 秦漢時"臣"也可作為謙卑的自稱，未必是臣對君的自稱，"褚先生曰"應為褚少孫自稱，非後人追題。（陳尚君、張金耀主撰：《四庫提要精讀》）

⑥"之"，殿本無。

⑦"竄易"，殿本作"改易"。

⑧"楊經傳"乃"楊終傳"之誤。《後漢書》卷四八《楊終傳》載："後受詔刪太史公書為十餘萬言。"焦竑《筆乘續集》卷三"馮商"條："又《後漢·楊終傳》：肅宗時終受詔刪太史公書為十餘萬言，則今之《史記》，豈得為遷本書也？"《後漢書》無楊經傳，有楊終傳，刪太史公書為十餘萬言，即見此傳。（楊武泉：《四庫全

書總目辨誤》)

⑨ "張材"乃"張杅"之誤。南宋淳熙三年(1176),桐川郡守廣漢張杅在郡齋刊刻《史記》,刪去褚少孫所續補十篇中九篇。此本今存殘本六十卷。(陳尚君、張金耀主撰:《四庫提要精讀》)

⑩ 《集解》、《索隱》、《正義》合刻者,始於南宋淳熙時。(瞿鏞:《鐵琴銅劍樓藏書目錄》)

⑪ 殿本"有"下有"所"字。三家注合刻本現存南宋慶元建安黃善夫本,已多有刪削,非自明監本起。(瀧川資言:《史記總論》;應三玉:《〈史記〉三家注研究》)

⑫ "較",底本作"校",據殿本改。

史記集解一百三十卷(江蘇巡撫採進本)

宋裴駰撰。駰字龍駒,河東聞喜人,官至南中郎參軍。其事蹟附見於《宋書·裴松之傳》。駰以徐廣《史記音義》粗有發明,殊恨省略,乃採九經、諸史并《漢書音義》及衆書之目,別撰此書。其所引證,多先儒舊説,張守節《正義》嘗備述所引書目次。然如《國語》多引虞翻注、《孟子》多引劉熙注、《韓詩》多引薛君注,而守節未著於目。知當日援據浩博,守節不能遍數也。原本八十卷,隋、唐《志》著錄並同。此本為毛氏汲古閣所刊,析為一百三十卷,原第遂不可考,然注文猶仍舊本。自明代監本以《索隱》、《正義》附入,其後又妄加刪削,訛舛遂多。如《五帝本紀》"昔高陽氏有才子八人"句下、"高辛氏有才子八人"句下,俱脱"名見《左傳》"四字①;《秦始皇本紀》"輕車重馬東就食"句下,脱"徐廣曰:一無此'重'字"八字;《項羽本紀》"其九月,會稽守"句下,脱

“徐廣曰：爾時未言太守”九字；《武帝紀》“祠上帝明堂”句下，脫
“徐廣曰：常五年一修耳。今適二年，故但祀明堂”十八字，“然
其效可睹矣”句下，脫“又數本皆無‘可’字”七字；《河渠書》“岸善
崩”句下，脫“如淳曰：河水岸”六字；《司馬相如傳》“傍徨乎海
外”句下，此引“郭璞云：青邱〔丘〕，山名，上有田，亦有國，出九
尾狐，在海外”，《太史公自序》“《易大傳》”句下，此引“張晏曰：
謂《易·繫辭》”，監本均誤作《正義》。至於字句異同，前後互見，
如《夏本紀》“九江入賜大龜”句下，“孔安國曰：出於九江水中”，
監本作“山中”；《孝文本紀》“昌至渭橋”句下，引“蘇林曰：在長
安北三里”，監本多“渭橋”二字，“祁侯賀為將軍”句下，引“徐廣
曰：姓繒”，監本多一“賀”字，“當有玉英見”句下，引“《瑞應圖》
云：玉英五帝並修則見”，監本作“五常”，案“五帝並修”語不可解，似
當以監本為是。“屬國悍為將屯將軍”句下，引“徐廣曰：姓徐”，監
本多一“悍”字；《孝景本紀》“封故御史大夫周苛孫平為繩侯”句
下，引“徐廣曰：一作應”，監本多一“平”字；《武帝紀》“自太主”
句下，引“徐廣曰：武帝姑也”，監本多“太主”二字；《龜策列傳》
“蝟辱於鵲”句下，引“郭璞曰：蝟憎其意，心惡之也”，監本作“而
心惡之”。凡此之類，當由古注簡質，後人以意為增益，已失其
舊。至坊本流傳，脫誤尤甚。如《夏本紀》“灃水所同”句下，引
“孔安國曰：灃水所同，同於渭也”，坊本闕一“同”字；《項羽本
紀》“乃封項伯為射陽侯”句下，脫“徐廣曰：項伯名纏，字伯”九
字。是又出監本下矣。惟《貨殖傳》“蘖麴鹽豉千瓴”句下，監
本引“孫叔敖云：瓴，瓦器，受斗六升合為瓴音瓵。”，當是“孫叔
然”之訛，此本亦復相同。是校讎亦不免有疏，然終勝明人監
本也。

【彙訂】

① "俱"，殿本作"均"。

史記索隱三十卷（江蘇巡撫採進本）

唐司馬貞撰。貞，河內人，開元中官朝散大夫、宏〔弘〕文館學士。貞初受《史記》於崇文館學士張嘉會，病褚少孫補司馬遷書多傷踳駁。又裴駰《集解》舊有音義，年遠散佚。諸家音義，延篤、《音隱》①、鄒誕生、柳顧言等書亦失傳，而劉伯莊、許子儒等又多疏漏②。乃因裴駰《集解》，撰為此書。首注駰序一篇，載其全文。其注司馬遷書，則如陸德明《經典釋文》之例，惟標所注之字，蓋經傳別行之古法。凡二十八卷，末二卷為"述贊"一百三十篇及《補史記條例》③。欲降《秦本紀》、《項羽本紀》為系家，而《呂后》、《孝惠》各為本紀。補《曹》、《許》、《邾》、《吳芮》、《吳濞》、《淮南》系家，而降《陳涉》於列傳。《蕭何》、《曹參》、《張良》、《周勃》、《五宗》、《三王》各為一傳，而附國僑、羊舌肸於《管晏》，附尹喜、莊周於《老子》，附韓非於《商鞅》，附魯仲連於《田單》，附宋玉於《屈原》，附鄒陽、枚乘於《賈生》。又謂《司馬相如》、《汲鄭傳》不宜在《西南夷》後，《大宛傳》不合在《遊俠》、《酷吏》之間，欲更其次第。其言皆有條理④。至謂司馬遷述贊不安，而別為之，則未喻言外之旨。終以《三皇本紀》，自為之注，亦未合闕疑傳信之意也。此書本於《史記》之外別行。及明代刊刻監本，合裴駰、張守節及此書散入句下⑤，恣意刪削⑥。如《高祖本紀》"母媼"、"母溫"之辨，有關考證者，乃以其有異舊說，除去不載。又如《燕世家》啟攻益事，貞注曰："經傳無聞，未知其由。"雖失於考據《竹書》，案今本《竹書》不載此事，此據《晉書·束皙傳》所引。亦當存其原文，乃以為冗句，亦删汰之。此類不一，漏略殊甚。然至今沿為定本，與成矩所刊朱子《周易本義》，人人明知其非，而積重不可復返。此單行之本，為北宋祕省刊板，毛晉得而重刻者⑦。錄而存之，猶可以見司馬氏之舊，而正明人之疏舛焉⑧。

【彙訂】

①"音隱"，殿本作"章隱"，誤。司馬貞《史記索隱》後序云："始後漢延篤，乃有《音義》一卷。又別有《音隱》五卷，不記作者何人。"汲古閣單本《史記索隱》本《音隱》作《章隱》。然黃善夫本、殿本《史記》等均作《音隱》，《史記集解》引《音隱》者八處。（應三玉：《〈史記〉三家注研究》）

② 司馬貞時許子儒注作已失傳，《舊唐書·許子儒傳》明言："其所注《史記》，竟未就而終。"《史記》三家注更未見許氏隻言片語。（同上）

③ "一"，殿本無。

④《史記》編次極有深意，司馬貞不解其旨，以己刺譏。（瀧川資言：《史記總論》）

⑤ "此書本於史記之外別行及明代刊刻監本合裴駰張守節及此書散入句下"，殿本作"此書與裴駰張守節書同散入史記句下者明代刊刻監本"。

⑥ 三家注合刻本多有删削，非自明監本起，說詳本卷《史記》條注。

⑦ 毛晉汲古閣本《史記索隱》錯訛甚多，應非翻刻自北宋祕省刊本。據其篇章次序，很可能傳自唐抄本。（應三玉：《〈史記〉三家注研究》）

⑧ 毛晉所校時有以今本更易舊文處，而注文之經後人竄改

及傳鈔翻刻錯訛者，每篇皆有，已非司馬貞之舊，亦非北宋之真本。（賀次君：《史記書錄》）

　　史記正義一百三十卷[①]（兵部侍郎紀昀家藏本）[②]

　　唐張守節撰。守節始末未詳。據此書所題，則其官為諸王侍讀、率府長史也。是書據《自序》三十卷，晁公武、陳振孫二家所錄則作二十卷。蓋其標字列注亦必如《索隱》[③]，後人散入句下，已非其舊。至明代監本，採附《集解》、《索隱》之後，更多所刪節，失其本旨。如守節所長在於地理，故《自序》曰：“郡國城邑，委曲詳明。”而監本於《周本紀》“子帶立為王”句下，脫“《左傳》云周與鄭人蘇忿生十二邑，溫其一也”十七字；《秦本紀》“反秦於淮南”句下，脫“楚淮北之地盡入於秦”九字；《項羽本紀》“項王自立為西楚霸王”句下，脫“孟康云：舊名江陵為南楚，吳為東楚，彭城為西楚”十九字；《呂后本紀》“呂平為扶柳侯”句下，脫“漢扶柳縣也，有澤”七字；《孝景本紀》“遂西圍梁”句下，脫“梁孝王都睢陽，今宋州”九字，“立楚元王子平陸侯”句下，脫“應劭云：平陸，西河縣”八字；《孝武本紀》“見五畤”句下，脫“或曰在雍州雍縣南。孟康云[④]：畤者，神靈上帝也”十八字；《晉世家》“是為晉侯”句下，脫“其城南半入州城，中削為坊，城牆北半見在”十七字；《趙世家》“吾國東有河、薄洛之水”句下，脫“案，安平縣屬定州也”八字，“餓死沙邱〔丘〕宮”句下，脫“《括地志》云：趙武靈王墓在蔚州靈邱〔丘〕縣東三十里，應說是也”二十三字；《韓世家》“得封於韓原”句下，脫“《古今地名》云：韓武子食采於韓原故城也”十六字；《淮陰侯列傳》“家在伊盧”句下，脫“韋昭及《括地志》皆說之也”十字；《貨殖列傳》“殷人都河西”句下，脫“盤庚都殷墟，地屬河西也”十字，“周人都河南”句下，脫“周自平王以後都洛陽”九字；《自序》“亢困鄒”句下，脫“漢末陳蕃子逸為魯相，改音反⑤。田褒《魯記》曰：靈帝末，汝南陳子游為魯相，陳蕃子也。國人為諱而改焉”三十九字。又如《秦本紀》“樗里疾相韓”句下，此本作“福昌縣東十四里”，監本脫“十四里”三字；《貨殖傳》“夫燕亦勃、碣之間”句下，此本作“碣石、渤海在西北”，監本脫“北”字。又守節徵引故實，頗為賅博。故《自序》曰：“古典幽微，竊探其美。”而監本《夏本紀》“皋陶作士”句下，脫“士若大理卿也”六字，“於是夔行樂”句下，脫“若今太常卿也”六字；《周本紀》“作冏命”句下，脫“應劭云：太僕，周穆王所置。蓋大御眾僕之長，中大夫也”二十一字，“以應為太后養地”句下，脫“太后，秦昭之母宣太后芈氏”十一字；《秦始皇本紀》“為我遺鎬池君”句下，脫“張晏云：武王居鎬，鎬池君則武王也。伐商，故神云始皇荒淫若紂矣，今武王可伐矣”三十二字，“敘論”“孝明皇帝”句下，脫“班固《典引》云：後漢明帝永平十七年，詔問班固：‘太史遷贊語中寧有非耶？’班固上表陳秦過失及賈誼言奏之”四十二字；《項羽本紀》“會稽守”句下，脫“守音狩。景帝中二年七月，更郡守為太守”十六字；《孝景本紀》“伐馳道樹，殖蘭池”句下，脫“案馳道，天子道，秦始皇作之，丈而樹”十四字；《孝武本紀》“是時上求神君”句下，脫“《漢武帝故事》云：起柏梁臺以處神君，長陵女子也。先是嫁為人妻，生一男，數歲死。女子悼痛之，歲中亦死，而靈，宛若祠之，遂聞言宛若為主，民人多往請福，説家人小事有驗。平原君亦事之⑥，至後子孫尊貴。及上即位，太后延於宮中祭之，聞其言，不見其人。至是神君求出，為營柏梁臺舍之。初，霍去病微時，自禱神君。及見其形，自修飾，欲與去病交接。去病

不肯，謂神君曰：'吾以神君精潔，故齋戒祈福，今欲婬，此非也。'
自絕不復往。神君慚之，乃去也"一百七十字，"見安期生"句下，
脫"《列仙傳》云：安期生，瑯琊阜鄉亭人也，賣藥海邊。秦始皇
請語三夜，賜金數千萬。出，於阜鄉亭，皆置去。留書，以赤玉舄
一量為報[7]，曰：'後千歲求我於蓬萊山下'"五十九字，"李少君
病死"句下，脫"《漢書起居注》云：李少君將去，武帝夢與共登嵩
高山。半道，有使乘龍時從雲中云：'太一請少君。'帝謂左右：
'將舍我去矣。'數月而少君病死。又發棺看，惟衣冠在也"六十
一字，"史寬舒受其方"句下，脫"姓史名寬舒"五字；《禮書》"疏房
床第"句下，脫"疏謂窗也"四字；《律書》"其於十二支為丑"句下，
脫"徐廣曰：'此中闕不說大呂及丑也。'案此下闕文。或一本云：
'丑者，紐也，言陽氣在上未降，萬物厄紐未敢出也'"四十一字；
《天官書》"氐為天根"句下，脫"《星經》云：'氐四星為露寢，聽朝
所居。其占：明大，則臣下奉度。'《合誠圖》云：'氐為宿宮也'"
三十一字，"其內五星，五帝坐"句下，脫"羣下從謀也"五字；《楚
世家》"伐申過鄧"句下，脫"服虔云：鄧，曼姓也"七字；《趙世家》
"事有所止"句下，脫"為人君，止於仁，為人臣，止於敬，為人子，
止於孝，為人父，止於慈，與國人交，止於信"三十一字，"封廉頗
為信平君"句下，脫"言篤信而平和也"七字；《韓世家》"公何不為
韓求質於楚"句下，脫"質子蟣蝨"四字，又脫"公叔嬰知秦楚不以
蟣蝨為事，必以韓合於秦。楚王聽入質子於韓"二十六字，又脫
"次下云'知秦楚不以蟣蝨為事'，重明脫'不'字"十七字；《田叔
列傳》"相常從入苑中"句下，脫"堵牆也"三字；《田蚡列傳》"其
春，武安侯病"句下，脫"然夫子作《春秋》依夏正"九字；《衛將軍
列傳》"平陽人也"句下，脫"《漢書》云：其父鄭季，河東平陽人，

以縣吏給事平陽侯之家也"二十三字。至守節於六書、五音至為詳審,故書首有《論字例》、《論音例》二條。而監本於《周本紀》"懼太子釗之不任"句下,脫"釗音招,又古堯反⑧。任,而針反"十一字;《秦始皇本紀》"彗星復見"句下,脫"復,扶富反。見,行見反"八字,"以發縣卒"句下,脫"子忽反,下同"五字,"佐弋竭"句下,脫"弋音翊"三字,"二十人皆梟首"句下,脫"梟,古堯反,懸首於木上曰梟"十一字,"體解軻以徇"句下,脫"紅賣反"三字,"束收遼東而王之"句下,脫"王于放反"四字,"故歸其質子"句下,脫"質音致"三字,"衣服旄旌節旗"句下,脫"旄音精,旌音毛,旗音其"九字,"祇誦功德"句下,脫"祇音脂"三字,"赭其山"句下,脫"赭音者"三字,"僕射周青臣"句下,脫"音夜"二字,"上樂以刑殺為威"句下,脫"五孝反"三字,"二世紀""以安邊竟"句下,脫"音境"二字⑨;"敍論""為君討賊"句下,脫"于偽反"三字;《項羽本紀》"將秦軍為前行"句下,脫"胡郎反"三字;《高祖本紀》"時時冠之,《正義》:音館"句下,脫"下同"二字;《孝景紀》"天下乂安"句下,脫"乂,音魚廢反"五字,"龍鬐拔墮"句下,脫"徒果反"三字,"攀龍胡鬐號"句下,脫"戶高反,下同"五字,"為且用事泰山"句下,脫"為,于偽反,將為封禪也"九字⑩;《鄭世家》"段出奔鄢"句下,脫"音偃"二字;《田叔列傳》"喜游諸公"句下,脫"喜,許記反,諸公謂丈人行也"十一字。其他一兩字之出入,殆千有餘條,尤不可毛舉。苟非震澤王氏刊本具存,無由知監本之妄刪也。

【彙訂】

① 文淵閣《四庫》本尚有附錄一卷。(沈治宏:《中國叢書綜錄訂誤》)

②"兵部侍郎",殿本作"內閣學士"。

③"必",殿本無。

④"云",底本作"曰",據殿本改。此書卷十二《孝武本紀》"郊見五畤"句下注云:"畤音止。《括地志》云:漢五帝畤在岐州雍縣南。孟康云:畤者,神靈之所止。或曰在雍州雍縣南。"

⑤"反",底本作"皮",據殿本改。此書卷一百三十《太史公自序》"厄困鄱"句下注云:"《括地志》:'徐州滕縣,漢蕃縣,音翻。漢末陳蕃子逸為魯相,改音反。'田褒《魯記》曰:'靈帝末,汝南陳游為魯相,陳蕃子也。國人為諱而改焉。'"

⑥"事",底本作"祠",據此書卷十二《孝武本紀》"是時上求神君"句注文及殿本改。

⑦"量",殿本作"重",誤,據此書卷十二《孝武本紀》"見安期生"句注文。

⑧"古",底本作"吉",據此書卷四《周本紀》"懼太子釗之不任"句注文及殿本改。

⑨"以安邊竟句下,脫音境二字",殿本作"以安邊境句下脫音竟二字",誤,據此書卷六《秦始皇本紀》"以安邊竟"句注文。

⑩"天下乂安"等四句實為《史記·孝武本紀》之文,作《孝景紀》,誤。(陳乃乾:《讀〈四庫全書總目〉條記》)

讀史記十表十卷(副都御史黃登賢家藏本)

國朝汪越撰,徐克范補。越字師退,康熙乙酉舉人①,克范字堯民,皆南陵人。是書有《後記》一篇,記越初作此書成,以書抵克范曰:"有《讀史記十表》一帙,徧求友人商榷。殊無一人案定子長原表,通首訖尾,印證鄙説之是非者,不解何故。仰惟細加推勘,示明紕繆,以便改訂。有補義則亦書於篇,將來授梓。"
云云。蓋古來增減前人舊本,多在其人之身後。惟此書則同時
商榷而補之,故考校頗為精密,於讀史者尚屬有裨。考史家之
難,在於表、志。而表文經緯相牽,或連或斷,可以考證而不可以
誦讀,學者往往不觀。劉知幾考正史例至為詳悉,而《史通》已有
廢表之論,則其他可知。越等獨排比舊文,鉤稽微義,雖其閒一
筆一削,務以《春秋》書法求之,未免或失之鑿,而訂譌砭漏,所得
為多。其存疑諸條,亦頗足正《史記》之牴牾。異乎瞠捧一書,纖
毫必為回護者。於史學之中,可謂人略我詳矣。

【彙訂】

①"乙酉",底本作"己酉",據殿本改。清乾隆《江南通志》
卷一六七《人物志·文苑三》"寧國府"有汪越小傳,云"字師退,
南陵人。康熙乙酉舉人"。

史記疑問一卷(兩淮馬裕家藏本)①

國朝邵泰衢撰。泰衢有《檀弓疑問》,已著錄。《史記》採眾
說以成書,徵引浩博,不免牴牾。班固嘗議其宗旨之乖,劉知幾
頗摘其體例之謬。至其敍述之罅漏,先儒雖往往駁正,然未有專
著一書,抉其疏舛者。泰衢獨旁引異同,而一一斷之以理。如謂
《高祖紀》解縱罪人,坦然回沛之非情實;《留侯世家》諸將偶語沙
中之不可信;《李陵傳》兵矢既盡,尚殺匈奴萬餘人之言為誇誕;
據《功臣表》漢九年呂澤已死,而駁《留侯世家》所紀漢十一年不
應又有呂澤。大抵皆參互審勘,得其閒隙,故所論多精確不移,
不但如吳縝之糾《新唐書》衹求諸字句閒也。是書本與所作《檀
弓疑問》合為一編。今以《檀弓疑問》入經部,而是書析入史部,

俾各從其類焉。

【彙訂】

① 文淵閣《四庫》本為三卷，書前提要不誤。（沈治宏：《中國叢書綜錄訂誤》）

漢書一百二十卷（內府刊本）

漢班固撰，其妹班昭續成之，始末具《後漢書》本傳。是書歷代寶傳，咸無異論。惟《南史·劉之遴傳》云："鄱陽嗣王範得班固所撰《漢書》真本，獻東宮皇太子，令之遴與張纘、到溉、陸襄等參校異同。之遴錄其異狀數十事。"以今考之，則語皆謬妄。據之遴云："古本《漢書》稱永平十年五月二十日己酉郎班固上，而今本無上書年月日子。"案，固自永平受詔修《漢書》，至建初中乃成。又《班昭傳》云："八表并《天文志》未竟而卒，和帝詔昭就東觀藏書踵成之。"是此書之次第續成，事隔兩朝，撰非一手。之遴所見古本既有紀、表、志、傳，乃云總於永平中表上，殆不考成書之年月也。之遴又云："古本《敘傳》號為《中篇》，今本為《敘傳》。又今本《敘傳》載班彪事行，而古本云彪自有傳。"夫古書敘皆載於卷末，固自述作書之意，故謂之敘；追溯祖父之事迹，故謂之傳。後代史家，皆沿其例。之遴謂原作《中篇》，文繫篇末，"中"字竟何義也。至云"彪自有傳"，語尤荒誕。彪在光武之世舉茂才，為徐令，以病去官，後數應三公之召，實為東漢之人。惟附於《敘傳》，故可於況伯斿稚之後詳其生平。若自為一傳，列於西漢，則斷限之謂何？奚不考《敘傳》所云"起元高祖，終於孝平、王莽之誅"乎？之遴又云："今本紀及表、志、列傳不相合為次，而古本相合為次，總成三十八卷。"案，固自言"紀、表、志、傳凡百篇"，篇即卷也,是不為三十八卷之明證;又言"述紀十二,述表八,述志十,述列傳七十",是各為次第之明證。且《隋志》作一百十五卷,今本作一百二十卷,皆以卷帙太重,故析為子卷。今本紀分一子卷,表分二子卷,志分八子卷,傳分九子卷。若併為三十八卷,則卷帙更重。古書著之竹帛,殆恐不可行也。之遴又云:"今本《外戚》在《西域》後,古本次帝紀下。又今本《高五子》、《文三王》、《景十三王》、《孝武六子》、《宣元六王》雜在諸傳中,古本諸王悉次《外戚》下,在《陳項傳》上。"夫紀、表、志、傳之序,固自言之。如之遴所述,則傳次於紀,而表、志反在傳後。且諸王既以代相承,宜總題《諸王傳》,何以《敘傳》作《高五王傳第八》、《文三王傳第十七》、《景十三王傳第二十三》、《武五子傳第三十三》、《宣元六王傳第五十》耶?且《漢書》始改《史記》之《項羽本紀》、《陳勝世家》為列傳,自應居列傳之首,豈得移在《諸王》之後。其述《外戚傳第六十七》、《元后傳第六十八》、《王莽傳第六十九》,明以王莽之勢成於元后,史家微意寓焉。若移《外戚傳》次於本紀,是惡知史法哉?之遴又引古本述云:"淮陰毅毅,仗劍周章,邦之傑子,實惟彭、英,化為侯王,雲起龍驤。"然今"芮尹江湖"句有張晏注,是晏所見者即是今本。況之遴《傳》所云"獻太子"者,謂昭明太子也。《文選》載《漢書述贊》云:"信惟餓隸,布實黥徒,越亦狗盜,芮尹江湖,雲起龍驤,化為侯王。"與今本同。是昭明亦知之遴所謂古本者不足信矣。自漢張霸始撰偽經,至梁人於《漢書》復有偽撰古本。然一經考證,紕繆顯然。顏師古注本冠以《指例》六條,歷述諸家,不及之遴所說,蓋當時已灼知其偽[①]。李延壽不訊端末,遽載於史,亦可云愛奇嗜博,茫無裁斷矣。固作是書,有受金之謗,劉知幾《史通》尚述之。然《文心雕龍·史傳篇》曰:"徵賄鬻筆之愆，公理辨之究矣。”是無其事也。又有竊據父書之謗。然《韋賢》、《翟方進》、《元后》三傳俱稱“司徒掾班彪曰”。顏師古注發例於《韋賢傳》曰：“《漢書》諸贊皆固所為。其有叔皮先論述者，固亦顯以示後人。而或者謂固竊盜父名，觀此可以免矣。”是亦無其事也。師古注條理精密，實為獨到，然唐人多不用其説。故《猗覺寮雜記》稱：“師古注《漢書》，魁梧音悟，票姚皆音去聲。杜甫用魁梧、票姚皆作平聲。楊巨源詩‘請問漢家誰第一，麒麟閣上識酇侯’，亦不用音贊之説。”殆貴遠賤近，自古而然歟？要其疏通證明，究不愧班固功臣之目，固不以一二字之出入，病其大體矣。

【彙訂】

① “蓋”，殿本無。

班馬異同三十五卷（浙江汪汝瑮家藏本）

舊本或題宋倪思撰，或題劉辰翁撰。楊士奇跋曰：“《班馬異同》三十五卷，相傳作於須溪。觀其評泊批點，臻極精妙，信非須溪不能。而《文獻通考》載為倪思所撰，豈作於倪而評泊出於須溪耶？”其語亦兩持不決。案《通考》之載是書，實據《直齋書錄解題》。使果出於辰翁，則陳振孫時何得先為著錄？是固可不辨而明矣。是編大旨以班固《漢書》多因《史記》之舊而增損其文，乃考其字句異同以參觀得失。其例以《史記》本文大書，凡《史記》無而《漢書》所加者則以細字書之，《史記》有而《漢書》所删者則以墨筆勒字旁。或《漢書》移其先後者，則注曰“《漢書》上連某文，下連某文”；或《漢書》移入别篇者，則注曰“《漢書》見某傳”。二書互勘，長短較然，於史學頗為有功。昔歐陽棐編《集古錄跋尾》，以真蹟與集本並存，使讀者尋刪改之意，以見前人之用心。思撰是書，蓋即此意。特棐所列者一人之異同，思所列者兩人之異同，遂為創例耳。其中如"戮力"作"勠力"、"沈船"作"湛船"、"由是"作"繇是"、"無狀"作"亡狀"、"鈇質"作"斧質"、"數却"作"數卻"之類，特今古異文；"半菽"作"芋菽"、"蛟龍"作"交龍"之類，特傳寫譌舛。至於"秦軍"作"秦卒"、"人言"作"人謂"、"三兩人"作"兩三人"之類，尤無關文義。皆非有意竄改，思一一贅列，似未免稍傷繁瑣。然既以"異同"名書，則隻字單詞皆不容略，失之過密終勝於失之過疏也。至《英布》、《陳涉》諸傳，軼而未錄，明許相卿作《史漢方駕》，始補入之。則誠千慮之一失矣。思字正甫，湖州歸安人。乾道二年進士，歷官寶文閣學士，謚文節。事蹟具《宋史》本傳。

後漢書一百二十卷（內府刊本）

《後漢書》本紀十卷、列傳八十卷，宋范蔚宗撰，唐章懷太子賢注。蔚宗事蹟具《宋書》本傳，賢事蹟具《唐書》本傳。考《隋志》載范《書》九十七卷，新、舊《唐書》則作九十二卷，互有不同。惟《宋志》作九十卷，與今本合。然此書歷代相傳，無所亡佚。考《舊唐志》又載章懷太子注《後漢書》一百卷。今本九十卷，中分子卷者凡十。是章懷作注之時，始併為九十卷，以就成數。《唐志》析其子卷數之，故云一百；《宋志》合其子卷數之，故仍九十。其實一也。又隋、唐《志》均別有蔚宗《後漢書論贊》五卷，《宋志》始不著錄。疑唐以前《論贊》與本書別行，亦宋人散入書內。然《史通·論贊篇》曰："馬遷自序傳後歷寫諸篇，各敘其意。既而班固變為詩體，號之曰述；蔚宗改彼述名，呼之以贊。固之總述，合在一篇，使其條貫有序。蔚宗後書，乃各附本事，書於卷末，篇目相離，斷絕失序。夫每卷立論，其煩已多，而嗣論以贊，為黷彌甚。亦猶文士製碑序終而續以銘曰，釋氏演法義盡而宣以偈言。"云云。則唐代范《書》論贊已綴卷末矣。史志別出一目，所未詳也[1]。范撰是書，以志屬謝瞻。范敗後[2]，瞻悉蠟以覆車，遂無傳本[3]。今本八《志》凡三十卷，別題"梁剡令劉昭注"。據陳振孫《書錄解題》，乃宋乾興初判國子監孫奭建議校勘，以昭所注司馬彪《續漢書志》與范書合為一編。案《隋志》載司馬彪《續漢書》八十三卷，《唐書》亦同。《宋志》惟載劉昭《補注後漢志》三十卷，而彪書不著錄。是至宋僅存其《志》，故移以補《後漢書》之闕。其不曰《續漢志》而曰《後漢志》，是已併入范書之稱矣。或謂酈道元《水經注》嘗引司馬彪《州郡志》，疑其先已別行。又謂杜佑《通典》述科舉之制，以《後漢書》、《續漢志》連類而舉，疑唐以前已併八《志》入范書，似未確也[4]。自八《志》合併之後，諸書徵引，但題《後漢書》某志，儒者或不知為司馬彪書。故何焯《義門讀書記》曰："八《志》，司馬紹統之作。案紹統，彪之字也。本漢末諸儒所傳，而述於晉初。劉昭注補，別有總敘。緣諸本或失載劉敘，故孫北海《藤陰劄記》亦誤出'蔚宗志律曆'之文。"云云。考洪邁《容齋隨筆》已誤以八《志》為范書，則其誤不自孫承澤始。今於此三十卷並題司馬彪名，庶以祛流俗之譌焉。

【彙訂】

①《論贊》各附卷末，乃本書如此。其隋、唐《志》別出一目者，當由後人抽出別行，不必致疑。（胡玉縉：《四庫全書總目提要補正》）

②"范"，殿本作"蔚宗"。

③《宋書》及《南史》謝瞻傳均不言瞻為范曄作志，惟《後漢書》卷十《皇后紀》"事在《百官志》"句，李賢注引沈約《謝儼傳》曰："范曄所撰十《志》，一皆托儼，蒐撰垂畢，遇曄敗，悉蠟以覆車。宋文帝令丹陽尹徐湛之就儼尋求，已不復得，一代以為恨。"則謝瞻當為謝儼。（胡玉縉：《四庫全書總目提要補正》）

④ 據劉昭《後漢書注補志序》，其時已將八《志》併入范《書》。（同上）

補後漢書年表十卷（編修汪如藻家藏本）

宋熊方撰。方字廣居，豐城人，由上舍生官至右迪功郎，權澧州司戶參軍。是書前有進表①，不著年月。表中有"皇帝陛下奮神武以撥亂，致太平而中興，仰稽聖功，同符光武"之語，又有"灑宸翰於九經，永光庠序；煥云章於八法，冠絕鍾、王"之語。御書太學石經乃高宗時事，則方為南渡初人矣。昔司馬遷作《史記》，始立"十表"。《梁書·王僧虔傳》稱其"旁行斜上，體仿周譜"，蓋三代之遺法也。班固"八表"，實沿其例。范蔚宗作《後漢書》，獨闕斯製。遂使東京典故散綴於記傳之內②，不能絲聯繩貫，開帙瞀然。方因作此編，補所未備，凡《同姓侯王表》二卷，《異姓諸侯表》六卷，《百官表》二卷。其所證據，一本范氏舊文，義例則仿之前書而稍為通變。如《王子》、《外戚》、《恩澤》、《諸侯表》皆不復分析，惟各書其狀於始封之下，而以功以親，自可瞭若指掌。又《百官》雖因西漢，而廢置不一。方取劉昭之《志》，自太傅至河南尹凡二十有三等，以繫於年，而除拜薨免之實悉見。其貫穿鉤考，極為精詳。綱目條章，亦俱燦然有法。惟中閒端緒繁密，故踳駁之處亦閒有之。如海昏侯會邑、安衆侯松，其肇封固自西漢,而前書皆云"今見為侯",則明、章以後尚嗣封弗絕,自應在東京列侯之數。雖史文闕略,不能得其傳世之詳,亦當標其國號名屬,而注云"後闕",始合史法。方乃因其世系無徵,遂黜其名,僅以"見前書《王子侯表》"一語附識篇末。審如是,則城陽恭王祉亦見前書《王子侯表》,何以此書又得載入乎? 此其為例不純者也。又如伏完乃伏湛七世孫,襲封不其侯,見於《湛傳》及《皇后紀》者甚明。惟袁宏《漢紀》有建安元年封董承、伏完十三人為列侯之文,范史誤採入《本紀》中。方不加考辨,於伏湛下既書侯完嗣爵,而孝獻時諸侯表內又別出一列侯伏完,殊為複舛。又《皇后紀》稱完為屯騎校尉,建安十四年卒,子典嗣。是曹操弒伏后時完已先卒,故史但稱操殺后兄弟宗族而不及完。方乃誤以為曹操所誅國除,而於侯典一代竟不列入。又如漢壽亭侯世但稱壽亭侯,沿習舊譌,未能糾正。此其考核偶疏者也。又漢制以太傅至將軍為五府,自大將軍、車騎將軍、度遼將軍以外,其餘雜將軍號隨時建置,見於紀傳者尚多,乃於《百官表》內概不之及,頗傷闕漏。此其採摭之未備者也。凡此數端,皆為所短。要其經緯周密,敘次井然,使讀者按部可稽,深為有禆於史學。《豐城縣志》稱方作是書,自題其堂曰"補史"。其深自矜重,殆亦非徒然矣。

【彙訂】

①"有",底本作"後",據殿本改。

②"記傳",殿本作"范傳",誤。

兩漢刊誤補遺十卷(兩淮馬裕家藏本)

宋吳仁傑撰。仁傑有《易圖説》,已著錄。是書前有淳熙己酉曾絳序,稱仁傑知羅田縣時自刊版。又卷末有慶元已未林瀛跋,稱陳虔英為刊於全州郡齋。殆初欲刊而未果,抑虔英又重刊歟？舊刻久佚,此本乃朱彝尊之子昆田鈔自山東李開先家,因傳於世。據其標題,當為劉攽《兩漢書刊誤》而作,而書中乃兼補正劉敞、劉奉世之説。考趙希弁《讀書附志》載《西漢刊誤》一卷,《東漢刊誤》一卷,稱劉攽撰。《文獻通考》載《東漢刊誤》一卷,引《讀書志》之文,亦稱劉攽撰。又載《三劉漢書標注》六卷,引《讀書志》之文,稱劉敞、劉攽、劉奉世同撰。又引陳振孫《書錄解題》,稱別本題《公非先生刊誤》,其實一書。徐度《却埽編》引攽所校《陳勝》、《田橫傳》二條,稱其兄敞及兄子奉世皆精於《漢書》,"每讀,隨所得釋之。後成一編,號《三劉漢書》"。以是數説推之,蓋攽於前、後《漢書》初各為《刊誤》一卷,趙希弁所説是也①。後以攽所校《漢書》與敞父子所校合為一編,徐度所記是也。然當時乃以攽書合於敞父子書,非以敞父子書合於攽書,故不改敞父子《漢書標注》之名,而《東漢》一卷,無所附麗,仍為別行,則馬端臨所列是也。至別本乃以攽書為主,而敞、奉世説附入之,故仍題《刊誤》之名,則陳振孫所記是也。厥後遂以《東漢刊誤》併附以行,而《兩漢刊誤》名焉。仁傑之兼補三劉,蓋據後來之本,而其名則未及改也。《文獻通考》載是書十七卷,《宋史·藝文志》則作十卷。今考其書,每卷多者不過十四頁,少者僅十二頁,勢不可於十卷之中析出七卷。而十卷之中補前漢者八卷,補後漢者僅二卷,多寡亦太相懸。殆修《宋史》時已佚其七卷,以不完之本著錄歟②？劉氏之書於舊文多所改正,而隨筆標記,率不暇剖析其所以然。仁傑是書獨引據賅洽,考證詳晰,元元本本,務使明白無疑而後已,其淹通實勝於原書。雖中閒以

“麟止”為“麟趾”之類，閒有一二之附會。要其大致，固瑕一而瑜百者也。曾絳序述周必大之言，以博物洽聞稱之，固不虛矣。

【彙訂】

① “說”，殿本作“記”。

② 今本第九、十兩卷始《帝紀》，迄《外國傳》，其無缺卷可知，殆因《東漢刊誤》已甚詳盡，故吳氏所補，僅得二卷。《文獻通考》之十七卷，“七”字殆衍。（羅振玉：《重刊宋本〈東漢刊誤〉跋》）

三國志六十五卷（內府刊本）

晉陳壽撰，宋裴松之注。壽事蹟具《晉書》本傳，松之事蹟具《宋書》本傳。凡《魏志》三十卷，《蜀志》十五卷，《吳志》二十卷①。其書以魏為正統，至習鑿齒作《漢晉春秋》，始立異議。自朱子以來，無不是鑿齒而非壽。然以理而論，壽之謬萬萬無辭，以勢而論，則鑿齒帝漢順而易，壽欲帝漢逆而難。蓋鑿齒時晉已南渡，其事有類乎蜀，為偏安者爭正統，此孚於當代之論者也。壽則身為晉武之臣，而晉武承魏之統，偽魏是偽晉矣，其能行於當代哉？此猶宋太祖篡立近於魏，而北漢、南唐蹟近於蜀，故北宋諸儒皆有所避而不偽魏。高宗以後偏安江左近於蜀，而中原魏地全入於金，故南宋諸儒乃紛紛起而帝蜀。此皆當論其世，未可以一格繩也。惟其誤沿《史記》周、秦《本紀》之例，不托始於魏文，而托始曹操，實不及《魏書·敘紀》之得體。是則誠可已不已耳。宋元嘉中，裴松之受詔為注，所注雜引諸書，亦時下己意。綜其大致，約有六端：一曰引諸家之論以辨是非，一曰參諸書之說以核譌異②，一曰傳所有之事詳其委曲，一曰傳所無之事補其闕佚，一曰傳所有之人詳其生平，一曰傳所無之人附以同類。其中往往嗜奇愛博，頗傷蕪雜。如《袁紹傳》中之胡母班，本因為董卓使紹而見，乃注曰："班嘗見太山府君及河伯，事在《搜神記》，語多不載。"斯已贅矣。《鍾繇傳》中乃引陸氏《異林》一條，載繇與鬼婦狎昵事；《蔣濟傳》中引《列異傳》一條，載濟子死為泰山伍伯，迎孫阿為泰山令事。此類鑿空語怪，凡十餘處，悉與本事無關，而深於史法有礙，殊為瑕纇。又其初意似亦欲如應劭之注《漢書》，考究訓詁，引證故實。故於《魏志・武帝紀》"沮授"字則注"沮音菹"；"獷平"字則引《續漢書・郡國志》注"獷平，縣名，屬漁陽"；"甬道"字則引《漢書》"高祖二年與楚戰，築甬道"；"贅旒"字則引《公羊傳》；"先正"字則引《文侯之命》；"釋位"字則引《左傳》；"致屆"字則引《詩》；"綏爰"字、"率俾"字、"昏作"字則皆引《書》；"糾虔天刑"字則引《國語》。至《蜀志・郤正傳》，《釋誨》一篇句句引古事為注③，至連數簡。又如《彭羕傳》之"革"不訓"老"；《華佗傳》之"㪍"本似"專"；《秦宓傳》之"棘"、"革"異文；《少帝紀》之"叟"④、"更"異字，亦閒有所辨證。其他傳文句，則不盡然。然如《蜀志・廖立傳》首，忽注其姓曰"補救切"；《魏志・涼茂傳》中，忽引《博物記》注一"緰"字之類，亦閒有之。蓋欲為之而未竟，又惜所已成，不欲刪棄。故或詳或略，或有或無⑤，亦頗為例不純⑥。然網羅繁富，凡六朝舊籍今所不傳者，尚一一見其厓略。又多首尾完具，不似酈道元《水經注》、李善《文選注》皆蒭裁割裂之文。故考證之家取材不竭，轉相引據者，反多於陳壽本書焉。

【彙訂】

①《吳志》原有《敘錄》一卷（今亡），全書共六十六卷。（余

嘉錫：《四庫提要辨證》）

②“説”，殿本作“文”。

③據此書卷四二《蜀志·郤正傳》，《釋誨》乃《釋譏》之誤。

④“少帝紀”，殿本作“明帝紀”，誤。此書卷四《魏書·三少帝紀》載甘露三年秋八月“丙寅，詔曰：‘夫養老興教，三代所以樹風化垂不朽也，必有三老、五更以崇至敬，乞言納誨，著在惇史，然後六合承流，下觀而化。宜妙簡德行，以充其選。關內侯王祥，履仁秉義，雅志淳固。關內侯鄭小同，溫恭孝友，帥禮不忒。其以祥為三老，小同為五更。’車駕親率羣司，躬行古禮焉。”裴注曰：“蔡邕《明堂論》云：‘更’應作‘叟’。叟，長老之稱，字與‘更’相似，書者遂誤以為‘更’。‘嫂’字‘女’傍‘叟’，今亦以為‘更’，以此驗知應為‘叟’也。臣松之以為邕謂‘更’為‘叟’，誠為有似，而諸儒莫之從，未知孰是。”甘露乃高貴鄉公曹髦年號，非明帝曹睿。

⑤裴注的重點在事實的增補與考訂，而對於原文的音切和解釋並不詳備。“亦欲如應劭之注《漢書》，考究訓詁，引證故實……蓋欲為之而未竟，又惜所已成，不欲刪棄。故或詳或略，或有或無”云云，皆屬臆測之辭。（陳乃乾：《〈三國志〉出版説明》）

⑥裴松之加注須視陳書正文內容是否有必要增補修訂，及自己所掌握的材料是否合用，故有或詳或略，或有或無的情形。如其時所見材料以中原地區居多，故《魏志》所補亦最多。（蕭艾：《劉孝標及其〈世説〉注》）

三國志辨誤三卷（兩淮鹽政採進本）

不著撰人名氏，亦莫詳時代。《蘇州府志》載陳景雲字少章，

吳江縣學生，長洲人。少從何焯遊，博通經史，淹貫羣籍。長於
考訂，凡譌謬處能剖析毫芒。所著書凡九種，其四為《三國志校
誤》，似即此書。然考《義門讀書記》中有何焯所校《三國志》三
卷，其《魏志·楊阜傳》"阜嘗見明帝著帽披縹綾半裹袖"一條，
稱："裹、袖古今字，少章疑下一字衍。檢《宋書·五行志》果然"
云云。此書不載此條，則又似非景雲作。疑不能明，闕所不知可
也①。《三國志》簡質有法，古稱良史，而牴牾亦所不免。如孫權
之攻合肥，魏、吳二《志》先後不同，當時已為孫盛所議。明以來
南、北監本，傳寫刊刻，脫誤尤多。是書所辨陳書及裴注之誤，凡
《魏志》二十八條，《蜀志》八條，《吳志》二十一條②。其閒於字之
譌異者，如《三少帝紀》"定陵侯繁"，"繁"當作"毓"，"少府褒"，
"褒"當作"袤"之類；於文之倒置者，如正元二年八月戊辰不當在
辛未後之類；於正文與注淆亂者，如《王肅傳》評末附劉寔語本裴
注所引之類；於原本之闕佚者，如徐詳不當附《胡綜傳》之類，並
參校異同，各有根據。雖所辨僅數十條，不能如何焯書校正之
詳，而不似焯之泛作史評。又大抵以前後文互相考證，參以《後
漢書》、《晉書》，不能如杭世駿書徵據之博，而亦不似世駿之蔓引
雜說。其抉摘精審之處，要不減三劉之於《西漢書》、吳縝之於
《五代史》也。

【彙訂】

　　① 陳景雲為何焯弟子，此條何氏已著之《義門讀書記》中，
故陳氏削而不載。（李慈銘：《桃花聖解盦日記》）

　　② 文淵閣《四庫》本為《三國史辨誤》不分卷，《魏志》二十一
條，《蜀志》七條，《吳志》十四條。（沈治宏：《〈中國叢書綜錄史
部〉著錄失誤原因析》）

三國志補注六卷附諸史然疑一卷(浙江巡撫採進本)[①]

國朝杭世駿撰。世駿有《續方言》,已著錄。是書補裴松之《三國志注》之遺,凡《魏志》四卷,《蜀志》、《吳志》各一卷。松之注捃摭繁富,考訂精詳,世無異議。世駿復掇拾殘賸,欲以博洽勝之。故細大不捐,瑕瑜互見。如某人宅在某鄉,某人墓在某里,其體全類圖經;虞荔之《鼎錄》、陶宏〔弘〕景之《刀劍錄》,皆按年編入,而《鍾繇》等傳書評、書品動輒連篇,其例又如雜記。至於神怪妖異,如嵇康見鬼、諸葛亮祭風之類,稗官小說,累牘不休,尤誕謾不足為據。他如魏文帝角巾彈棋,裴注已引《博物志》,而又引《世說》;曹操之發邱摸金,裴注已載陳琳《檄》,而又引《宋書·廢帝紀》。書各有異,而事蹟不殊,亦何取乎屋上之屋。至於崔琬〔琰〕捉刀[②],劉孝標《世說注》中已辨裴啟《語林》之誤,乃棄置劉語而別引《史通》之文[③];張飛豹月烏,本出葉廷珪《海錄碎事》,乃明標葉書,又冠以《彙苑》之目。大抵愛博嗜奇,故蔓引卮詞,多妨體要。又《異苑》王粲識礨石事,佚其“荆州劉表”數言;諸葛亮《梁甫吟》不載出《藝文類聚》,輾轉稗販,疏漏亦多。然如《魏文帝紀》之王凌謝亭侯一條;《明帝紀》之孔晏乂一條、陳泰年三十六一條;《臧洪傳》之徐衆一條;《崔琬傳》之陳煒一條;《華歆傳》之東海郡人一條、嚴包交通一條;《蔣濟傳》之弊勉一條;《張遼傳》之大呼是名一條;《楚王彪傳》之徙封白馬一條;《蜀志·先主傳》之譙周為從事一條;《後主傳》之不置史官一條;《諸葛亮傳》之躬耕南陽一條;《鄧芝傳》之廖化襄陽人一條;《吳志·孫休傳》二子之名一條;《太史慈傳》之神亭一條;《黃蓋傳》之黃子廉一條;《賀齊傳》之徐盛失矛一條,皆參校異同,頗為精核。餘如黃初《五經》課試之法,王昶考課五事之目,司馬芝復

錢之議，王肅祕書監之表，王象、繆襲之撰《皇覽》；引《正義》辨鄭
元解"稽古同天"之譌，引《後漢書注》證宗賊之義，引《風俗通》證
周生為復姓，引《困學紀聞》證況長寧為蜀人，亦皆足以資考證。
故書雖蕪雜，而亦未可竟廢焉。末附《諸史然疑》一卷，亦世駿所
撰，皆糾史文之疏漏。凡《後漢書》十四條、《三國志》六條、《晉
書》三條、《宋書》二條①、《魏書》八條、《北史》六條、《陳書》三條，
蓋後人鈔其遺槀，錄之成帙。其中引《史通》一條，云："習鑿齒以
劉為偽國者，蓋定邪正之途，明順逆之理爾。而檀道鸞稱其當桓
氏執政，故撰此書，欲以絶彼瞻烏，防茲逐鹿。審若所言，則鑿齒
似未嘗尊蜀者。"案此條見《史通·探賾篇》。核其上下文義，蓋
傳寫《史通》者誤於"以劉"二字之上脱一"不"字。其《稱謂篇》中
自注有曰："習氏《漢晉春秋》以蜀為正統，其敍事皆謂蜀先主為
昭烈帝。"本書之内，證佐甚明。近時浦起龍刻《史通》，以此句文
義違背，改"劉"為"魏"，猶無大害。世駿竟據誤本，遽發創論，殊
失之不考。"牛繼馬後"一條，責《晉書》不當襲舊史。全因《史
通》之説，亦不免剿襲。至於"三老五更"一條，據《楊賜》、《伏
恭》、《周澤》三傳補杜佑《通典》之闕，則蔓延於本書之外，於《後
漢書》絶不相關，亦為自亂其例。然大致訂譌考異，所得為多，於
史學不為無補。以篇頁無多，附載《三國志補注》之後。今亦併
錄存之，以資參訂云。

【彙訂】

　　①"浙江巡撫採進本"，殿本作"兵部侍郎紀昀家藏本"，誤，
《四庫採進書目》中"浙江省第十一次呈送書目"、"浙江採集遺書
總錄簡目閏集"著錄此書。（江慶柏：《殿本、浙本〈四庫全書總
目〉著錄圖書進獻者主名異同考》）

②"崔琬"，當作"崔琰"，下同，乃避嘉慶諱改。殿本作"崔琰"。

③ 崔琰捉刀見《世説·容止》，但無一種《世説》傳本注文中有劉孝標辨裴啟《語林》誤記崔琰捉刀之文。《御覽》卷四四四、七七九引《語林》與《世説》文同，亦無劉孝標之辨。《史通·暗惑》駁《語林》載崔琰捉刀事乃自出胸臆。（楊武泉：《四庫全書總目辨誤》）

④ "二條"，底本作"三條"，據殿本改。《諸史然疑》載《宋書》二條：《張暢傳》、《張敷傳》重出；《張暢傳》脱"食鹽"二字。

晉書一百三十卷（內府刊本）①

唐房喬等奉敕撰。劉知幾《史通·外篇》謂貞觀中詔，前後晉史十八家，未能盡善，敕史官更加纂撰。自是，言晉史者皆棄其舊本，競從新撰。然唐人如李善注《文選》，徐堅編《初學記》，白居易編《六帖》，於王隱、虞預、朱鳳、何法盛、謝靈運、臧榮緒、沈約之《書》，與夫徐廣、干寶、鄧粲、王韶、曹嘉之、劉謙之之《紀》，孫盛之《晉陽秋》、習鑿齒之《漢晉陽秋》、檀道鸞之《續晉陽秋》，並見徵引。是舊本實未嘗棄。毋乃書成之日，即有不愜於衆論者乎②？考書中惟《陸機》、《王羲之》兩傳其論皆稱"制曰"，蓋出於太宗之御撰③。夫典午一朝，政事之得失，人材之良楛，不知凡幾。而九重摛藻，宣王言以彰特筆者，僅一工文之士衡，一善書之逸少。則全書宗旨，大概可知。其所褒貶，略實行而獎浮華；其所採擇，忽正典而取小説。波靡不返，有自來矣。即如《文選注·馬汧督誄》引臧榮緒、王隱《書》，稱馬敦立功孤城④，死於非罪，後加贈祭。而《晉書》不爲立傳，亦不附見於《周處》、

《孟觀》等傳。又《太平御覽》引王隱《書》云："武帝欲以郭琦為佐
著作郎,問尚書郭彰。彰憎琦不附己,答以不識。上曰:'若如卿
言,烏丸家兒能事卿,即堪郎也。'及趙王倫篡位,又欲用琦。琦
曰:'我已為武帝吏,不能復為今世吏。'終於家。"琦蓋始終亮節
之士也,而《晉書》亦削而不載⑤。其所載者大抵宏〔弘〕獎風流,
以資談柄。取劉義慶《世說新語》與劉孝標所注一一互勘,幾於
全部收入。是直稗官之體,安得目曰史傳乎? 黃朝英《緗素雜
記》詆其引《世說》和嶠"峨峨如千丈松,礔砢多節目",既載入《和
嶠傳》中,又以"嶠"字相同,並載入《溫嶠傳》中。顛倒舛迕,竟不
及檢,猶其枝葉之病,非其根本之病也。正史之中,惟此書及《宋
史》後人紛紛改撰,其亦有由矣。特以十八家之書並亡,考晉事
者舍此無由,故歷代存之不廢耳。《音義》三卷,唐何超撰。超字
令升,自稱東京人。楊齊宣為之序。其審音辨字,頗有發明。舊
本所載,今仍附見於末焉。

【彙訂】

① 文淵閣《四庫》本尚有《晉書音義》三卷。(沈治宏:《中國
叢書綜錄訂誤》)

②《史通》所謂"言晉史者皆棄其舊本,競從新撰"者,指當
時泛常之人言之耳。至如博覽之士、藏書之家,類皆嗜古好奇,
兼收並蓄,必不肯遽棄舊本,歷代皆然,不獨《晉書》也。又《文
選》中之作者皆梁以前人,自不得祖述唐修《晉書》,李善又安能
引以作注乎? 且其文字大抵襲自臧榮緒諸家,則即引諸家之書
可矣。至若《初學記》、《六帖》,自窮典故之淵源,無關史裁之得
失。(余嘉錫:《四庫提要辨證》)

③ "之",殿本無。《舊唐書·房玄齡傳》、《唐會要》、宋李上

交《近事會元》卷三《重撰晉書》均謂太宗御撰《晉武帝總論》、《晉宣帝總論》及陸機、王羲之四論，明周嬰《卮林》亦謂親撰四論。（余嘉錫：《四庫提要辨證》；劉遠遊：《四庫提要補正》）

　　④"馬敦"，底本作"馬汧"，據殿本改。《文選·馬汧督誄》李善注引臧榮緒《晉書》："汧督馬敦，立功孤城，為州司所枉，死於圄圉。岳誄之。"又引王隱《晉書》："贈馬敦詔曰：今追贈牙門將軍印綬，祠以少牢。"

　　⑤《晉書》卷九十四《隱逸傳》第九篇即郭琦傳，其文與《太平御覽》所引王隱書事同而加詳，未嘗削而不載。（余嘉錫：《四庫提要辨證》）

　　宋書一百卷（內府刊本）

　　梁沈約撰。約事蹟具《梁書》本傳。約表上其書，謂："本紀、列傳，繕寫已畢，合志、表七十卷。所撰諸志，須成續上。"今此書有紀、志、傳而無表。劉知幾《史通》謂此書為紀十、志三十、列傳六十，合百卷，不言其有表。《隋書·經籍志》亦作《宋書》一百卷，與今本卷數符合。或唐以前其表早佚，今本卷帙出於後人所編次歟①？以志序考之，稱凡損益前史諸志為八門，曰《律曆》、曰《禮》、曰《樂》、曰《天文》、曰《五行》、曰《符瑞》、曰《州郡》、曰《百官》。是《律曆》未嘗分兩門。今本總目題卷十一志第一志序，卷十二志第二曆上，卷十三志第三曆下，而每卷細目作志第一律志序，志第二曆上，志第三曆下。則出於後人編目，強為分割，非約原本之舊次，此其明證矣。八《志》之中，惟《符瑞》實為疣贅。《州郡》惟據《太康地志》及何承天、徐爰原本，於僑置創立、併省分析，多不詳其年月，亦為疏略。至於《禮志》合郊祀、祭祀、朝會、輿服總為一門，以省支節；《樂志》詳述八音衆器及《鼓吹鐃歌》諸樂章以存義訓，如《鐸舞曲·聖人制禮樂篇》，有聲而詞不可詳者②，每一句為一斷，以存其節奏，義例尤善。若其追述前代，晁公武《讀書志》雖以失於限斷為譏，然班固《漢書》增載《地理》，上敘九州，創設《五行》，演明《鴻範》，推原溯本，事有前規。且魏、晉並皆短祚，宋承其後，歷時未久，多所因仍。約詳其沿革之由，未為大失，亦未可遽用糾彈也。觀《徐爰傳》述當時修史，議為桓元〔玄〕等立傳。約則謂桓元、盧循等身為晉賊，非關後代；吳隱、謝混等義止前朝，不宜濫入；劉毅、何無忌等志在興復，情非造宋。並為刊除，歸之晉籍。其申明史例，又何嘗不謹嚴乎？其書至北宋已多散失，《崇文總目》謂闕《趙倫之傳》一卷，陳振孫《書錄解題》謂獨闕《到彥之傳》。今本卷四十六有趙倫之、王懿、張邵傳，惟彥之傳獨闕，與陳振孫所見本同。卷後有"臣穆"附記，謂此卷"體同《南史》，傳末無論，疑非約書"。其言良是。蓋宋初已闕此一卷，後人雜取《高氏小史》及《南史》以補之，取盈卷帙。然《南史》有《到彥之傳》，獨舍而不取。又《張邵傳》後附見其兄子暢，直用《南史》之文，而不知此書卷五十九已有《張暢傳》，忘其重出，則補綴者之疏矣。"臣穆"當即鄭穆，《宋史》有傳，嘉祐中嘗校勘《宋書》。其所考證，僅見此條。蓋重刊之時，削除偶賸。亦足見明以來之刊本③，隨意竄改，多非古式云④。

【彙訂】

① 王鳴盛《十七史商榷》云："今約《書》紀十卷，傳六十卷，適合七十卷之數。外有志三十卷而無表，與《梁書》本傳所云'著《宋書》百卷'適合，則上書表中志、表二字乃衍文也。"如今本有

志、表二字,則下文"諸志須成績上"之語不可通,故《史通》亦不言其有表。(胡玉縉:《四庫全書總目提要補正》)

②"詳",殿本作"解"。

③"刊本",殿本作"刻本"。

④ 宋人校語,除《趙倫之傳》"臣穆"一條外,尚有卷二十二《樂志》後"聖人制禮樂"一條,其他各篇別無考證,宋本與各本皆同,並非明以來之刊本隨意削除。(余嘉錫:《四庫提要辨證》)

南齊書五十九卷(內府刊本)

梁蕭子顯撰。子顯事蹟附載《梁書·蕭子恪傳》。章俊卿《山堂考索》引《館閣書目》云:"《南齊書》本六十卷,今存五十九卷,亡其一。"劉知幾《史通》、曾鞏《敘錄》則皆云八紀,十一志,四十列傳,合為五十九卷,不言其有闕佚。然《梁書》及《南史》子顯本傳實俱作六十卷,則《館閣書目》不為無據。考《南史》載子顯自序,似是據其《敘傳》之詞。又晁公武《讀書志》載其《進書表》云:"天文事祕,戶口不知,不敢私載。"疑原書六十卷為子顯《敘傳》,末附以表,與李延壽《北史》例同。至唐已佚其《敘傳》,而其表至宋猶存。今又併其表佚之,故較本傳闕一卷也。又《史通·序例篇》謂:"令升先覺,遠述丘明,史例中興,於是為盛。沈《宋》之志序、蕭《齊》之序錄,雖以序為名,其實例也。子顯雖文傷塞躓,而義甚優長,為序例之美者。"今考此書,《良政》、《高逸》、《孝義》、《倖臣》諸傳皆有序,而《文學傳》獨無敘。殆亦宋以後所殘闕歟?齊高好用圖讖,梁武崇尚釋氏,故子顯於《高帝紀》卷一引《太乙九宮占》,《祥瑞志》附會緯書,《高逸傳》論推闡禪理。蓋牽於時尚,未能釐正。又如《高帝紀》載王蘊之撫刀、袁粲之郊飲,連綴瑣事，殊乖紀體。至列傳尤為冗雜。然如紀建元創業諸事，載沈攸之書於《張敬兒傳》，述顏靈寶語於《王敬則傳》，直書無隱，尚不失是非之公。《高十二王傳》引陳思之《表》、曹囧之《論》，感懷宗國，有史家言外之意焉，未嘗無可節取也。自李延壽之史盛行，此書誦習者尠，日就譌脫。《州郡志》及《桂陽王傳》中均有闕文，無從補正。其餘字句舛誤，如《謝莊傳》，《南史》作"詔徙越巂"，此書作"越州"①；《崔懷慎傳》，《南史》作"臣子兩遂"，此書作"兩節"者，又不可勝乙。今裒合諸本，參核異同，正其灼然可知者。其或無考，則從闕疑之義焉。

【彙訂】

① 謝莊卒於宋明帝泰始二年，《宋書》有傳，此乃《謝超宗傳》之文。本書《州郡志》載有越州，又益州屬有越巂獠郡。然則越州、越巂，當時皆有其地。《梁書·文學傳·謝幾卿傳》亦云"超宗坐事徙越州"，則非《南齊書》之誤。（余嘉錫：《四庫提要辨證》）

梁書五十六卷（內府刊本）

唐姚思廉奉敕撰。《唐書》思廉本傳稱貞觀三年詔思廉同魏徵撰。《藝文志》亦稱《梁書》、《陳書》皆魏徵同撰。舊本惟題思廉。蓋徵本監修，不過參定其論贊。<small>按，此據《史通·古今正史篇》"魏徵總知其務，凡有贊論，徵多預焉"之文。</small>獨標思廉，不沒秉筆之實也。是書《舊唐書·經籍志》及思廉本傳俱云五十卷，《新唐書》作五十六卷。考劉知幾《史通》謂："姚察有志撰勒，施功未周。其子思廉憑其舊稾，加以新錄，述為《梁書》五十六卷。"則《新唐書》所據為思廉編目之舊，《舊唐書》誤脫"六"字審矣。思廉本推其父意以成書,每卷之後,題"陳吏部尚書姚察"者二十五篇,題"史官陳吏部尚書姚察"者一篇。蓋仿《漢書》卷後題班彪之例。其專稱"史官"者,殆思廉所續纂歟? 思廉承藉家學,既素有淵源,又貞觀二年先已編纂,及詔入祕書省論撰之後,又越七年,其用力亦云勤篤。中如《簡文紀》載大寶二年四月丙子,侯景襲郢州,執刺史蕭方諸,而《元帝紀》作閏四月丙午。則兩卷之內,月日參差。《侯景傳》上云張彪起義,下云彪寇錢塘。則數行之閒,書法乖舛。趙與峕《賓退錄》議其於《江革傳》中則稱"何敬容掌選,序用多非其人",於《敬容傳》中則稱其"銓序明審,號為稱職",尤是非矛盾。其餘事蹟之複互者,前後錯見。證以《南史》,亦往往牴牾。蓋著書若是之難也。然持論多平允,排整次第,猶具漢、晉以來相傳之史法,要異乎取成眾手,編次失倫者矣。

陳書三十六卷(內府刊本)

唐姚思廉奉敕撰。劉知幾《史通》謂:"貞觀初,思廉奉詔撰成二史,彌歷九載,方始畢功。"而曾鞏校上序謂:"姚察錄梁、陳之事,其書未就,屬子思廉繼其業。武德五年,思廉受詔為《陳書》。貞觀三年,論撰於祕書內省。十年正月壬子,始上之。"是思廉編輯之功,固不止於九載矣。知幾又謂:"陳史初有顧野王、傅縡各為撰史學士,太建初中書郎陸瓊續撰諸篇,姚察就加刪改。"是察之修史,實兼採三家。考《隋書‧經籍志》有顧野王《陳書》三卷、傅縡《陳書》三卷、陸瓊《陳書》四十二卷,殆即察所據之本。而思廉為《傅縡》、《陸瓊傳》詳述撰著,獨不言其修史篇第,殊為疏略。至《顧野王傳》稱其撰國史紀傳二百卷,與《隋志》卷帙不符。則疑《隋志》舛譌,思廉所記得其真也[①]。察《傳》見二十七卷，載其撰梁、陳二史事甚詳。是書為奉詔所修，不同私撰。故不用序傳之例，無庸以變古為嫌。惟察陳亡入隋，為祕書丞、北絳郡開國公，與同時江總、袁憲諸人並稽首新朝，歷踐華秩，而仍列傳於《陳書》。揆以史例，失限斷矣[2]。且江總何人，乃取與其父合傳，尤屬自污。觀李商隱贈杜牧詩有"前身應是梁江總"句，乃藉以相譽。豈總之為人，唐時尚未論定耶？書中惟二卷、三卷題"陳吏部尚書姚察"，他卷則俱稱"史臣"。蓋察先纂《梁書》，此書僅成二卷，其餘皆思廉所補撰。今讀其列傳，體例秩然，出於一手，不似《梁書》之參差，亦以此也。惟其中記傳年月，閒有牴牾，不能不謂之疵累。然諸史皆然，亦不能獨責此書矣。

【彙訂】

①《隋書·經籍志》有陸瓊撰《陳書》四十二卷，而無顧、傅二書。兩《唐志》始有顧野王《陳書》三卷、傅縡《陳書》三卷。劉知幾《史通》云："陳史初有吳郡顧野王、北地傅縡各為修史學士，其武、文二帝紀即顧、傅所修。"今《陳書·高祖（武帝）紀》二卷、《世祖（文帝）紀》一卷，顧、傅所修，當即同此，亦即《唐志》所錄兩家書各三卷者。顧野王本傳云："又撰國史紀傳二百卷，未就而卒。"書既未成，則所謂二百卷者，或空張篇目，或唐初已亡，不得以史志為訛舛也。（余嘉錫：《四庫提要辨證》）

② 南北八代大多年祚短促，為之臣者莫不身歷數朝。當時習俗，惟以其在某朝位望稍高、事功較著者，舉以稱其人。唐修五史，限斷之間，亦同斯意。（同上）

魏書一百十四卷（內府刊本）

北齊魏收奉敕撰。收表上其書，凡十二紀、九十二列傳，分為一百三十卷①。今所行本為宋劉恕、范祖禹等所校定②。恕等序錄，謂隋魏澹更撰《後魏書》九十二卷，唐又有張太素《後魏書》一百卷。今皆不傳。魏史惟以魏收書為主。校其亡逸不完者二十九篇，各疏於逐篇之末。然其據何書以補闕，則恕等未言。《崇文總目》謂澹書纔存紀一卷，太素書存志二卷。陳振孫《書錄解題》引《中興書目》，謂收書闕《太宗紀》，以魏澹書補之。志闕《天象》二卷，以張太素書補之。又謂："澹、太素之書既亡，惟此紀、志獨存，不知何據。"是振孫亦疑未能定也③。今考《太平御覽·皇王部》所載《後魏書》，帝紀多取魏收書，而芟其字句重複④。《太宗紀》亦與今本首尾符合，其中轉增多數語。"永興四年，宴羣臣於西宮，使各獻直言"下，多"弗有所諱"四字。"泰常八年，廣西宮起外牆垣，周回二十里"下，多"是歲民饑，詔所在開倉賑給"十一字。案此數語，《北史》有之，然《北史》前後之文與《御覽》所引者絕異。夫《御覽》引諸史之文，有刪無增，而此《紀》獨異，其為收書之原本歟？抑補綴者取魏澹書而閒有節損歟？然《御覽》所引《後魏書》，實不專取一家。如此書卷十二《孝靜帝紀》亡，後人所補，而《御覽》所載《孝靜紀》，與此書體例絕殊。又有西魏《孝武紀》、《文帝紀》、《廢帝紀》、《恭帝紀》，則疑其取諸魏澹書。《隋書·魏澹傳》自道武下及恭帝為十二紀。劉知幾《史通》云："澹以西魏為真，故文帝稱紀。"又此書卷十三《皇后傳》亡，亦後人所補。今以《御覽》相校，則字句多同，惟中有刪節。而末附西魏五后，當亦取澹書以足成之。蓋澹書至宋初尚不止僅存一卷，故為補綴者所取資⑤。至澹書亦闕，始取《北史》以補之。如《崔彧》、《蔣少游》及《西域傳》。故《崇文總目》謂："魏澹《魏史》、李延壽《北史》與收史相亂，卷第殊舛。"是宋初已不能辨定矣。惟所補《天象志》二卷為唐太宗避諱，可信為唐人之書無疑義耳。收以是書為世所詬厲，號為“穢史”。今以收《傳》考之，如云收受爾朱榮子金，故減其惡。其實榮之凶悖，收未嘗不書於冊。至論中所云，若“修德義之風，則韓、彭、伊、霍，夫何足數”。反言見意，正史家之微詞。指以虛褒，似未達其文義。又云楊愔、高德正勢傾朝野，收遂為其家作傳；其預修國史，得陽休之之助⑥，因為休之父固作佳傳。案，愔之先世為楊椿、楊津，德正之先世為高允、高祐。椿、津之孝友亮節，允之名德，祐之好學，實為魏代聞人。寧能以其門祚方昌，遂引嫌不錄？況《北史‧陽固傳》稱固以譏切聚斂，為王顯所嫉，“因奏固剩請米麥，免固官，從征硤石。李平奇固勇敢，軍中大事，悉與謀之”。不云固以貪虐先為李平所彈也。李延壽書作於唐代，豈亦媚陽休之乎？又云盧同位至儀同，功業顯著，不為立傳。崔綽位止功曹，本無事蹟，乃為首傳。夫盧同希元乂之旨，多所誅戮，後以乂黨罷官，不得云功業顯著。綽以卑秩見重於高允，稱其道德，固當為傳獨行者所不遺⑦。觀盧文訴辭，徒以父位儀同，綽僅功曹，較量官秩之崇卑，爭專傳、附傳之榮辱，《魏書》初定本，盧同附見《盧元傳》，崔綽自有傳。後奉敕更審，同立專傳，綽改入附傳。是亦未足服收也。蓋收恃才輕薄，有“驚蛺蝶”之稱，其德望本不足以服眾。又魏、齊世近，著名史籍者並有子孫，孰不欲顯榮其祖父？既不能一一如志，遂譁然羣起而攻。平心而論，人非南、董，豈信其一字無私？但互考諸書，證其所著，亦未甚遠於是非。“穢史”之說，無乃已甚之詞乎？李延壽修《北史》，多見館中墜簡，參核異同，每以收書為據。其為收傳論云：“勒成魏籍，婉而有章，繁而不蕪，志存實錄。”其必有所見矣⑧。今魏澹等之書俱佚，而收書終列於正史，殆亦恩怨併盡而後是非乃明歟？收敘事詳贍，而條例未密，多為魏澹所駁正。

《北史》不取澹書,而澹《傳》存其敍例,絶不為掩其所短,則公論也[9]。

【彙訂】

①《北齊書》、《北史》魏收傳及本書《自序》均云:"勒成一代大典,凡十二紀、九十二列傳,合一百一十卷。五年三月,奏上之……十一月,復奏十志,凡二十卷,續於紀、傳,合一百三十卷。"則一百三十卷乃合紀、傳、志言之。(余嘉錫:《四庫提要辨證》)

②《序錄》後題"臣攽、臣恕、臣燾、臣祖禹謹敍目錄,昧死上"。則此書實劉攽、劉恕、安燾、范祖禹四人同校。(同上)

③《序錄》原文云"數百年間,其書亡逸不完者無慮三十卷,今各疏於逐篇之末"。書中各篇之末所附校語皆明言據何書以補闕。《中興書目》謂收書闕《太宗紀》,以魏澹書補之;志闕《天象》二卷,以張太素書補之者,即據劉恕等校語。(同上)

④"重複",殿本無。

⑤ 今本《孝静帝紀》稱高洋為"今上",必不出於魏澹。《皇后傳》雖與《太平御覽》字句多同,亦復與《北史》大體不異,其為補以《北史》,而用《高氏小史》、《修文殿御覽》附益之,宋人已有明文,是仍多出於魏收,無以見其為魏澹之史也。《太平御覽》所引用書名,特因以前諸家類書之舊,非宋初實有其書,《直齋書錄解題》固已言之。"澹書至宋初尚不止僅存一卷"云云,乃想當然之語。(余嘉錫:《四庫提要辨證》)

⑥ 殿本無"助"上"之"字。

⑦《北史》魏收本傳云:"休之父固,魏世為北平太守,以貪虐為中尉李平所彈,獲罪,載在《魏起居注》。收書云:'固為北

平,甚有惠政,坐公事免官。'又云:'李平甚相敬重。'"考《魏書·陽固傳》云:"除給事中。出為試守北平太守,甚有惠政。久之,以公事免。後除給事中,領侍御史,轉治書。"然後載其世宗末與中尉王顯問對,譏王顯為聚斂之臣,顯因奏免固官。是則固之免官,前後兩事,其在北平,自坐公事,不因王顯奏劾,與《魏書》本傳合。又《魏書》、《北史》李平傳均言徵拜度支尚書,領御史中尉。後王顯代平為中尉。是平之為中尉在王顯之前,與《魏收傳》、《陽固傳》并合。惟《北史·陽固傳》削去其為北平太守一節。《魏書·崔鑒傳》僅云"父綽,少孤,學行修明,有名於世。與盧玄、高允、李靈等俱被徵,語在《允傳》"。《高允傳》亦不見崔綽事蹟,但載允所作《徵士頌》云:"茂祖(崔綽字)縈單,凤離不造,克己勉躬,聿隆家道。敦心《六經》,游思文藻,終辭寵命,以之自保。"則"本無事蹟"諒非誣詞。高允所贊者凡三十四人,固未嘗人人有專傳。(余嘉錫:《四庫提要辨證》)

⑧《北史·魏收傳》論云:"勒成魏籍,追縱班、馬,婉而有則,繁而不蕪,持論序言,鉤深致遠。但意存實錄,好抵陰私,至於親故之家,一無所說,不平之議,見於斯矣。"《總目》裁去下句,甚失立言之旨。(同上)

⑨ 以《魏書》、《北史》互校,往往不同,證以現存《太宗紀》,知亦兼採魏澹。(同上)

北齊書五十卷(內府刊本)

唐李百藥奉敕撰。蓋承其父德林之業,纂緝成書,猶姚思廉之繼姚察也。大致仿《後漢書》之體,卷後各繫論贊。然其書自北宋以後漸就散佚,故晁公武《讀書志》已稱殘闕不完。今所行本，蓋後人取《北史》以補亡，非舊帙矣。今核其書，本紀則《文襄紀》叢集冗雜，《文宣紀》、《孝昭紀》論辭重複。列傳則九卷、十卷、十一卷、十四卷、十五卷、二十六卷、二十七卷、二十九卷至四十卷俱無論贊，二十八卷有贊無論，十二卷、四十六卷、四十七卷、四十八卷、四十九卷有論無贊[1]。又《史通》引李百藥《齊書》論魏收云：“若使子孫有靈，竊恐未挹高論。”又云：“足以入相如之室，游尼父之門，志存實錄，詆訐姦私。”今《魏收傳》無此語，皆掇拾者有所未及也[2]。至如《庫狄干傳》之連及其子士文、《元斌傳》之稱“齊文襄”，則又掇拾者刊削未盡之辭矣。北齊立國本淺，文宣以後，綱紀廢弛，兵事俶擾。既不及後魏之整飭疆圉，復不及後周之修明法制。其倚任為國者，亦鮮始終貞亮之士，均無奇功偉節，資史筆之發揮。觀《儒林》、《文苑》傳敘，去其已見《魏書》及見《周書》者，寥寥數人，聊以取盈卷帙。是其文章萎苶，節目叢脞，固由於史材、史學不及古人，要亦其時為之也。然一代興亡[3]，當有專史。典章之沿革、政事之得失、人材之優劣，於是乎有徵焉，未始非後來之鑒也。

【彙訂】

① 卷四十六至四十九乃有序無贊，未嘗有論也。（余嘉錫：《四庫提要辨證》）

② 凡《宋》、《魏》、《周》、《齊》等書殘缺，出於後人所補者，其取材大抵出於《南》、《北史》，再以《修文殿御覽》、《高氏小史》附益之而已。其意在連綴成篇，首尾完具，非如宋以後輯佚書者，於片言隻字皆所不遺也。又《史通·浮詞篇》自注云：“李百藥《齊書》序論魏收云：‘若使子孫有靈，竊恐未挹高論。’”則此二句乃《齊書》之序，非傳論也。（同上）

③"然",殿本無。

周書五十卷(內府刊本)

唐令狐德棻等奉敕撰。貞觀中修梁、陳、周、齊、隋五史,其
議自德棻發之。而德棻專領《周書》,與岑文本、崔仁師、陳叔達、
唐儉同修①。晁公武《讀書志》稱:"宋仁宗時出太清樓本,合史
館祕閣本,又募天下書而取夏竦、李巽家本,下館閣是正其文字。
其後林希、王安國上之。"是北宋重校,尚不云有所散佚。今考其
書,則殘闕殊甚,多取《北史》以補亡。又多有所竄亂。而皆不標
其所移掇者何卷,所削改者何篇,遂與德棻原書混淆莫辨。今案
其文義,粗尋梗概。則二十五卷、二十六卷、三十一卷、三十二
卷、三十三卷俱傳後無論,其傳文多同《北史》,惟更易《北史》之
稱"周文"者為"太祖"。《韋孝寬傳》連書周文、周孝閔帝,則更易
尚有未盡。至《王慶傳》連書大象元年、開皇元年,不言其自周入
隋,尤剽取《北史》之顯證矣。又如《韋孝寬傳》末刪《北史》"兄
敻"二字,則《韋敻傳》中所云與孝寬並馬者,事無根源;《盧辯傳》
中刪去其曾事節閔帝事,則《傳》中所云及帝入關者,語不可曉。
是皆率意刊削,遂成疏漏。至於遺文脫簡,前後疊出,又不能悉
為補綴。蓋名為德棻之書,實不盡出德棻。且名為移掇李延壽
之書,亦不盡出延壽。特大體未改而已②。劉知幾《史通》曰:
"今俗所行周史,是令狐德棻等所撰。其書文而不實,雅而不檢,
真迹甚寡,客氣尤繁。尋宇文開國之初,事由蘇綽。軍國詞令,
皆準尚書。太祖敕朝廷他文,悉準於此。蓋史臣所記,皆稟其
規。柳虯之徒,從風而靡。案綽文雖去彼淫麗,存茲典實,而陷
於矯枉過正之失,乖乎適俗隨時之義。苟記言若是,則其謬愈

多。爰及牛宏〔弘〕，彌尚儒雅，即其舊事，因而勒成，務累清言，罕逢佳句。而令狐不能別求他述，用廣異聞，惟憑本書，重加潤色，遂使周氏一代之史，多非實錄。"又議其以王劭、蔡允恭、蕭韶、蕭大圜、裴政、杜臺卿之書中有俚言，故致遺略。其詆諆德棻甚力。然文質因時，紀載從實。周代既文章爾雅，仿古製言，載筆者勢不能易彼妍辭，改從俚語。至於敵國詆謗，里巷諺謠，削而不書，史之正體。豈能用是為譏議哉？況德棻旁徵簡牘，意在摭實。故《元偉傳》後於元氏戚屬事迹湮沒者，猶考其名位，連綴附書，固不可概斥為疏略。《庾信傳》論仿《宋書·謝靈運傳》之體，推論六義源流，於信獨致微辭。良以當時儷偶相高，故有意於矯時之弊，亦可見其不尚尚虛辭矣。知幾所云，非篤論也。晁公武《讀書志》祖述其語，掩為己説，聽聲之見，尤無取焉[3]。

【彙訂】

① "唐儉"乃"庾儉"之誤。（柴德賡：《史籍舉要》）

② 據《續資治通鑑長編》卷一九四、《玉海》卷四九引《兩朝志》、《郡齋讀書志》（袁本）卷五所言，曰不完，曰殘缺，曰舛謬亡闕，是則宋初祕閣所藏七史，多非完本，雖經校讎，猶未盡善。故今所傳本，類多譌闕。《周書》既有太清樓本、史館本、祕閣本，又募求天下之書，亦以其殘缺故也。周史本有柳虬、牛弘二家，其與《北史》同者，或因同採自此二家。其所以與《北史》多異，名為移掇李延壽之書而不盡出延壽者，蓋皆取之於《高氏小史》耳。（丁丙：《善本書室藏書志》；余嘉錫：《四庫提要辨證》）

③ 知幾持論，大抵謂史臣敍事、紀言，當具載俚詞，存其口語，務從實錄，不失本真。不須改作華詞，強效書語。既曰"文質因時"，則宇文言類互鄉，辭多醜惡，質既如此，文之奚為？既曰

“紀載從實”，則《周書》博採古文，動遵經典，所載若斯，實於何有？（余嘉錫：《四庫提要辨證》）

　　隋書八十五卷（內府刊本）

　　唐魏徵等奉敕撰。貞觀三年，詔徵等修隋史。十年成紀傳五十五卷。十五年又詔修梁、陳、齊、周、隋五代史志。顯慶元年，長孫無忌上進。據劉知幾《史通》所載，撰紀傳者為顏師古、孔穎達。案《集古錄》據《穎達墓碑》，謂：“碑稱與魏鄭公同修《隋書》，而《傳》不著。”蓋但據《舊唐書》言之，未考知幾書也①。撰《志》者為于志寧、李淳風、韋安仁、李延壽、令狐德棻。案宋刻《隋書》之後有天聖中校正舊跋②，稱同修《紀傳》者尚有許敬宗，同修《志》者尚有敬播。至每卷分題，舊本十《志》內惟《經籍志》題“侍中鄭國公魏徵撰”。《五行志》序或云褚遂良作，紀傳亦有題“太子少師許敬宗撰”者。今從眾本所載，紀傳題以徵，《志》題以無忌云云。是此書每卷所題撰人姓名，在宋代已不能畫一。至天聖中重刊，始定以領修者為主，分題徵及無忌也。其紀傳不出一手，閒有異同。如《文帝本紀》云“善相者趙昭”，而《藝術傳》則作“來和”。又《本紀》云“以賀若弼為楚州總管”，而弼本傳則作“吳州”。蓋卷帙浩繁，牴牾在所不免。至顧炎武《日知錄》所摘“《突厥傳》中上言‘沙鉢略可汗擊阿波破擒之’，下言‘雍虞閭以隋所賜旗鼓西征阿波，敵人以為隋兵所助，多來降附，遂生擒阿波’”一條，則疑上文本言“擊阿波破之”，傳寫誤衍一“擒”字。炎武以為一事重書，似未必然也。其十《志》最為後人所推，而或疑其失於限斷。考《史通·古今正史篇》稱“太宗以梁、陳及齊、周、隋氏並未有書，乃命學士分修，仍以祕書監魏徵總知其務。始以貞觀三年創造，至十八年方就。合為五代紀傳，併目錄凡二百五十二卷。書成，下於史閣，惟有十志，斷為三十卷。尋擬續奏，未有其文。太宗崩後，刊勒始成其篇第，編入《隋書》。其實別行，俗呼為《五代史志》"云云。是當時梁、陳、齊、周、隋五代史本連為一書，十志即為五史而作，故亦通括五代。其編入《隋書》，特以隋於五史居末，非專屬隋也。後來五史各行③，十志遂專稱《隋志》，實非其舊。乃議其兼載前代，是全不核始末矣。惟其時《晉書》已成，而《律曆志》所載《備數》、《和聲》、《審度》、《嘉量》、《衡權》五篇，《天文志》所載《地中》、《晷影》、《漏刻》、《經星》、《中宮二十八舍》、《十煇》諸篇，皆上溯魏、晉，與《晉志》複出，殊非史體。且同出李淳風一人之手，亦不應自剿己説。殆以《晉書》不在五史之數，故不相避歟④？《五行志》體例與《律曆》、《天文》二志頗殊⑤，不類淳風手作。疑宋時舊本題褚遂良撰者，未必無所受之⑥。《地理志》詳載山川，以定疆域；《百官志》辨明品秩，以別差等，能補蕭子顯、魏收所未備。惟《經籍志》編次無法，述經學源流，每多舛誤。如以《尚書》二十八篇為伏生口傳，而不知伏生自有《書》教齊、魯閒；以《詩序》為衛宏所潤益，而不知傳自毛亨；以《小戴禮記》有《月令》、《明堂位》、《樂記》三篇為馬融所增益⑦，而不知劉向《別錄》、《禮記》已載此三篇。在十《志》中為最下。然後漢以後之藝文，惟藉是以考見源流，辨別真偽，亦不以小疵為病矣。

【彙訂】

　　①《集古錄》卷五云："右孔穎達碑……今以其可見者質於《唐書》列傳，傳所闕者，不載穎達卒時年壽；其與魏鄭公奉敕共修《隋書》，亦不著。"此指《新唐書》也。《舊唐書》穎達傳明云："又與魏徵撰成《隋史》，加位散騎常侍。"（余嘉錫：《四庫提要

辨證》)

②《宋天聖二年隋書刊本原跋》謂貞觀十五年又詔左僕射
于志寧、太史令李淳風、著作郎韋安仁、符璽郎李延壽同修五代
史志,與《史通·古今正史篇》所述完全吻合,然《史通》未言始撰
於貞觀十五年,且云五代史紀傳"始以貞觀三年創造,至十八年
方就"。又據《舊唐書》于志寧、李淳風本傳和《北史》卷一百《序
傳》,貞觀十五年時于志寧、李淳風、李延壽官職應各為太子詹
事、太常博士、東宮典膳丞。《北史》卷一百《序傳》又載:"(貞觀)
十七年,尚書右僕射褚遂良時以諫議大夫敕修《隋書》十志,復準
敕召延壽撰錄。"乃李延壽自敘,似較可信。(岳純之:《唐代官
方史學研究》)

③"後來",殿本作"後人"。

④《律曆》、《天文》二志,惟曆法代有變更。至於律與天文
諸篇,既非紀事之文,不過紀其象數而已。又皆同出李淳風一人
之手,則其數同,其象同,其文安得不同?(余嘉錫:《四庫提要
辨證》)

⑤"二志",底本作"三志",據殿本改。

⑥ 天聖間,宋綬等跋云:"《天文》、《律曆》、《五行》三志,皆
淳風獨作。《五行志》序,諸本云褚遂良作。案本傳,未嘗受詔撰
述,疑只為一序,今故略其名氏。"然則宋時舊本題褚遂良撰者,
僅止《五行志》之序而已。(余嘉錫:《四庫提要辨證》)

⑦"三篇",殿本作"二篇",誤。

卷四六

史　部　二

正　史　類　二

南史八十卷（內府刊本）

唐李延壽撰。延壽事蹟附載《新唐書・令狐德棻傳》。延壽承其父大師之志，為《北史》、《南史》。而《南史》先成，就正於令狐德棻，其乖失者嘗為改定。宋人稱延壽之書刪煩補闕，為近世佳史。顧炎武《日知錄》又摘其李安民諸傳一事兩見，為紀載之疏。以今考之，本紀刪其連綴諸臣事蹟，列傳則多刪詞賦，意存簡要，殊勝本書。然宋、齊、梁、陳四朝，九錫之文、符命之說、告天之詞，皆沿襲虛言，無關實證，而備書簡牘，陳陳相因，是芟削未盡也。且合累朝之書，勒為通史，發凡起例，宜歸畫一。今延壽於《循吏》、《儒林》、《隱逸傳》既遞載四朝人物，而《文學》一傳乃因《宋書》不立此目，遂始於齊之邱〔丘〕靈鞠。豈宋無文學乎？《孝義傳》蒐綴湮落，以備闕文，而蕭矯妻羊氏、衛敬瑜妻王氏先後互載，男女無別。將謂史不當有《列女傳》乎？況《北史》謂《周書》無《文苑傳》，遂取列傳中之庾信、王褒入於《文苑》。則宋之謝靈運、顏延之、何承天、裴松之諸人何難移冠《文苑》之前？《北史》謂魏、隋有《列女傳》，齊、周並無此篇，今又得趙氏、陳氏附備

《列女》。則宛陵女子等十四人何難取補《列女》之闕？書成一手，而例出兩岐，尤以矛陷盾，萬萬無以自解者矣。蓋延壽當日專致力於《北史》，《南史》不過因其舊文，排纂删潤，故其減字節句，每失本意，閒有所增益，又緣飾為多。如《宋路太后傳》較《宋書》為詳。然沈約修史，工於詆毀前朝，而不載路太后飲酒置毒之事。當亦揆以前後恩慈，不應存此異説也。延壽採雜史為實錄，又豈可盡信哉？然自《宋略》、《齊春秋》、《梁典》諸書盡亡，其備宋、齊、梁、陳四史之參校者，獨賴此書之存，則亦何可盡廢也。

　　北史一百卷（内府刊本）

　　唐李延壽撰。延壽表進其書，稱本紀十二卷，列傳八十八卷，為《北史》，與今本卷數符合。《文獻通考》作八十卷者誤也。延壽既與修《隋書》十志，又世居北土，見聞較近。參核同異，於《北史》用力獨深，故敍事詳密，首尾典贍。如載元韶之姦利，彭樂之勇敢，郭琬〔琰〕①、沓龍超諸人之節義，皆具見特筆。出酈道元於《酷吏》，附陸法和於《藝術》，離合編次，亦深有別裁。視《南史》之多仍舊本者，迥如兩手。惟其以姓為類，分卷無法。《南史》以王、謝分支，《北史》亦以崔、盧繫派，故家世族，一例連書。覽其姓名，則同為父子，稽其朝代，則各有君臣，參錯混淆，殆難辨別。甚至長孫儉附《長孫嵩傳》，薛道衡附《薛辨傳》，遥遥華胄，下逮雲仍，隔越抑又甚矣。考延壽之敍次列傳，先以魏宗室諸王，次以魏臣，又次以齊宗室及齊臣，下逮周、隋，莫不皆然。凡以勒一朝始末，限斷分明，乃獨於一二高門，自亂其例，深所未安。至於楊素父子，有關隋室興亡，以其系出宏〔弘〕農，遂附見魏臣《楊敷傳》後。又魏收及魏長賢諸人，本非父子兄弟，以其同為魏姓，遂合為一卷，尤為舛迕。觀延壽敘例，凡累代相承者皆謂之“家傳”。豈知家傳之體不當施於國史哉。且南、北《史》雖曰二書，實通為一家之著述。故延壽於《裴蘊傳》云：“祖之平，父忌，《南史》有傳。”《王頒傳》云：“父僧辨，《南史》有傳。”即互相貫通之旨也。乃《南史》既有《晉熙王昶傳》矣，《北史》復有《劉昶傳》；《南史》既有《鄱陽王寶寅傳》矣，《北史》復有《蕭寶夤傳》；《南史》既有《豫章王綜》、《樂良王大圜傳》矣，《北史》復有《蕭贊》、蕭綜入魏改名贊。《蕭大圜傳》。朱修之、薛安都諸人《南史》則取諸《宋書》，《北史》則取諸《魏書》，不為刪併。殆專意《北史》，無暇追刪《南史》，以致有此誤乎？然自宋以後，《魏書》、《北齊書》、《周書》皆殘闕不全，惟此書僅《麥鐵杖傳》有闕文，《荀濟傳》脫去數行，其餘皆卷帙整齊，始末完具[2]。徵北朝之故實者，終以是書為依據。故雖八《書》具列，而二《史》仍並行焉。

【彙訂】

① “郭琬”，當作“郭琰”，乃避嘉慶諱改。殿本作“郭琰”。

② 今本《北史》之《煬帝紀》全篇俱闕，乃取《隋書》補之，略無增減。《魏孝文六子傳》、《李崇傳》、《魏收傳》所脫亦無慮數百字。其他小小脫誤，尤不勝枚舉。（余嘉錫：《四庫提要辨證》）

舊唐書二百卷（内府刊本）

晉劉昫等奉敕撰。《五代史記》昫本傳不言昫撰此書，史漏略也。自宋嘉祐後，歐陽修、宋祁等重撰《新書》，此書遂廢。然其本流傳不絶，儒者表昫等之長以攻修、祁等之短者亦不絶。今觀所述，大抵長慶以前，本紀惟書大事，簡而有體，列傳敘述詳明，贍而不穢，頗能存班、范之舊法。長慶以後，本紀則詩話、書序、婚狀、獄詞委悉具書,語多支蔓。如《文宗紀》云:"上每誦杜甫《曲江行》云:'江頭官殿鎖千門,細柳新蒲為誰綠。'乃知天寶以前,曲江四岸皆有行官臺殿、百司廨署。"又云:"戶部侍郎判度支王彥威進所撰《供軍圖略》,其序"云云。《武宗紀》云:"右庶子呂讓進狀:'亡兄溫女太和七年嫁左衛兵曹蕭敏,生二男。開成三年敏心疾乖忤,因而離婚。今敏日愈,却乞與臣姪女配合。'"又云:"御史臺奏,據三司推勘吳湘獄,謹具逐人罪狀如後:揚州都虞候盧行立、劉群於會昌二年五月十四日,於阿顏家喫酒"云云。列傳則多敘官資,曾無事實,或但載寵遇,不具首尾。如《夏侯孜傳》祇載歷官所至及責讓詔詞,不及一事;《朱朴傳》祇載其相昭宗,而不及其始末。所謂繁略不均者,誠如宋人之所譏。案《崇文總目》,初吳兢撰《唐史》,自創業訖於開元,凡一百一十卷。韋述因兢舊本更加筆削,刊去《酷吏傳》,為紀、志、列傳一百十二卷。至德、乾元以後,史官于休烈又增《肅宗紀》二卷。史官令狐峘等復於紀、志、傳隨篇增輯,而不加卷帙,為《唐書》一百三十卷。是《唐書》舊槀實出吳兢,雖衆手續增,規模未改。昫等用為藍本,故具有典型。觀《順宗紀論》題"史臣韓愈"、《憲宗紀論》題"史臣蔣係",此因仍前史之明證也。至長慶以後,史失其官,無復善本。昫等自採雜說、傳記排纂成之,動乖體例,良有由矣。至於卷一百三十二既有《楊朝晟傳》[①],卷一百四十四復為立傳;蕭穎士既附見於卷一百二,復見於卷一百九十《文苑傳》;宇文韶《諫獵表》既見於卷六十二[②],復見於卷六十四;蔣乂《諫張茂宗尚主疏》既見於卷一百四十一,復見於卷一百四十九。《輿服志》所載條議,亦多同列傳之文。蓋李崧、賈緯諸人各自編排,不相參校。昫掌領修之任,曾未能鉤稽本末,使首尾貫通。舛漏之譏,亦無以自解。平心而論,蓋瑕瑜不掩之作。黨《新書》者必謂事事勝《舊書》,黨《舊書》者又必謂事事勝《新書》,皆偏見也。我皇上獨秉睿裁,定於正史之中二書並列,相輔而行,誠千古至公之道。論史諸家可無庸復置一議矣。

【彙訂】

①"卷一百三十二"乃"卷一百二十二"之誤。(陳乃乾:《讀〈四庫全書總目〉條記》)

②"宇文韶"乃"宇文歆"之誤。(同上)

新唐書二百二十五卷(內府刊本)①

宋歐陽修、宋祁等奉敕撰。其監修者則曾公亮,故書首進表以公亮為首。陳振孫《書錄解題》曰:"舊例修書,止署官高一人名銜②。歐公曰:'宋公於我為前輩,且於此書用力久,何可沒也?'遂於紀、傳各著之。宋公感其退遜。"故書中列傳題祁名,本紀、志、表題修名③。然考《隋書》諸志已有此例,實不始於修與祁。又《宋史·呂夏卿傳》稱《宰相世系表》夏卿所撰,而書中亦題修名,則仍以官高者為主。特諸史多用一人,此用二人為異耳。是書本以補正劉昫之舛漏,自稱"事增於前,文省於舊"。劉安世《元城語錄》則謂事增文省,正《新書》之失,而未明其所以然。今即其說而推之。史官記錄,具載《舊書》,今必欲廣所未備,勢必蒐及小說,而至於猥雜;唐代詞章,體皆詳贍,今必欲減其文句,勢必變為澀體,而至於詰屈。安世之言,所謂中其病源者也。若夫《史》、《漢》本紀,多載詔令,古文簡質,至多不過數行耳。唐代王言,率崇縟麗,駢四儷六,累牘連篇。宋敏求所輯《唐大詔令》,多至一百三十卷。使盡登本紀④,天下有是史體乎?祁一例刊除,事非得已。過相訾議,未見其然。至於呂夏卿私撰《兵志》,見晁氏《讀書志》;宋祁別撰紀、志,見王得臣《麈史》。則同局且私心不滿。書甫頒行，吳縝《糾謬》即踵之而出。其所攻駁，亦未嘗不切中其失。然一代史書，網羅浩博，門分類別，端緒紛挐。出一手則精力難周，出眾手則體裁互異。爰從三《史》，以逮八《書》，牴牾參差，均所不免，不獨此書為然。呂、宋之書，未知優劣；吳縝所糾，存備考證則可。因是以病《新書》，則一隅之見矣。

【彙訂】

① 文淵閣《四庫》本尚有《唐書釋音》二十五卷，宋董沖進撰。（沈治宏：《中國叢書綜錄訂誤》）

②“署”，《直齋書錄解題》卷四“正史類”《新唐書》條原文及殿本作“著”。

③“志表”，殿本作“表志”。

④“本紀”，殿本作“紀傳”，誤。

新唐書糾謬二十卷（兩淮鹽政採進本）

宋吳縝撰。縝字廷珍，成都人。嘗以朝散郎知蜀州，後歷典數郡，皆有惠政。其著此書，專以駁正《新唐書》之譌誤，凡二十門，四百餘事。初名《糾謬》，後改為《辯證》。而紹興閒長樂吳元美刊行於湖州，仍題曰《糾謬》，故至今尚沿其舊名①。王明清《揮麈錄》稱歐陽修重修《唐書》時，縝嘗因范鎮請預官屬之末，修以其年少輕佻，拒之，縝鞅鞅而去。及《新書》成，乃指摘瑕疵為此書②。晁公武嘗引張九齡為相事，謂其誤有詆訶。今觀其書，實不免有意掊擊。如第二十門“字書非是”一條，至歷指偏傍點畫之譌，以譏切修等，大都近於吹毛索瘢③。然歐、宋之作《新書》，意主文章，而疏於考證。抵牾踳駁，本自不少。縝自序中所舉八失,原亦深中其病,不可謂無裨史學也。今世所行刊本,第二十卷《柳宗元傳》至《蘇定方傳》凡六條,皆全脱,而錯入第六卷"郭潛曜姓不同"以下四條之文④。重複舛誤,已非完書。獨兩淮所進本尚屬南宋舊槧,其《柳宗元傳》六條原文具在,謹據以訂正焉。

【彙訂】

① 據吳縝《進〈新唐書糾謬〉表》,此書初名《新唐書正謬》。(余敏輝:《糾摘謬誤　傳信求實——吳縝〈新唐書糾謬〉新探》)

② 王明清《揮塵後錄》卷二曰:"嘉祐中,詔宋景文、歐陽文忠諸公重修《唐書》,時有蜀人吳縝者,初登第,因范景仁而請於文忠,願予官屬之末。上書文忠,言甚懇切。文忠以其年少輕佻,拒之,縝鞅鞅而去。逮夫《新書》之成,乃從其閒指摘瑕疵,為《糾謬》一書。"按《新唐書》於嘉祐五年(1060)修成奏上,而吳縝治平間(1064—1067)始中第。吳氏序謂"自《唐書》頒行,迄今幾三十載"。(余敏輝:《〈新唐書糾謬〉考辨》)

③ "大都近於吹毛索瘢",殿本作"夫修史者但能編撰耳至繕錄刊刻責在校讎縝概歸過於修等誠未免有意索瘢"。吳縝所糾《鄭善果傳》"聊城"誤作"遼城";《僕固懷恩傳》"橫水"誤作"黃水";《王義方傳》"龐萌"誤作"馮萌";《李懷仙傳》"仙"誤作"先",牽涉地理、人名諸多史實問題,不得謂"吹毛索瘢"。(余敏輝:《糾摘謬誤　傳信求實——吳縝〈新唐書糾謬〉新探》)

④ "郭潛曜",殿本作"鄭潛曜",誤。此書卷六有"郭潛曜姓不同"條,謂《新唐書·公主傳》所載臨晉公主下嫁之郭潛曜實即《孝友傳》之鄭潛曜。

舊五代史一百五十卷目錄二卷（永樂大典本）

宋薛居正等奉敕撰。考晁公武《讀書志》云："開寶中詔修梁、唐、晉、漢、周《書》，盧多遜、扈蒙、張澹、李昉、劉兼、李穆、李九齡同修，宰相薛居正等監修。"《玉海》引《中興書目》云："開寶六年四月戊申，詔修《五代史》。七年閏十月甲子，書成。凡百五十卷，目錄二卷，為紀六十一，志十二，傳七十七，多據累朝實錄及范質《五代通錄》為稾本。其後歐陽修別撰《五代史記》七十五卷，藏於家。修沒後，官為刊印，學者始不專習薛《史》。然二書猶並行於世。"至金章宗泰和七年，詔學官止用歐陽修《史》[①]，於是薛《史》遂微。元、明以來，罕有援引其書者，傳本亦漸就湮沒。惟明內府有之，見於《文淵閣書目》[②]，故《永樂大典》多載其文。然割裂淆亂，已非居正等篇第之舊。恭逢聖朝右文稽古，網羅放佚，零縑斷簡，皆次第編摩。臣等謹就《永樂大典》各韻中所引薛《史》，甄錄條繫，排纂先後，檢其篇第，尚得十之八九。又考宋人書之徵引薛《史》者，每條採錄，以補其闕。遂得依原本卷數[③]，勒成一編。晦而復彰，散而復聚，殆實有神物呵護，以待時而出者。遭逢之幸，洵非偶然也。歐陽修文章遠出居正等上，其筆削體例亦特謹嚴。然自宋時論二史者即互有所主。司馬光作《通鑑》、胡三省作《通鑑註》，皆專據薛《史》，而不取歐《史》。沈括、洪邁、王應麟輩為一代博洽之士，其所著述，於薛、歐二《史》亦多兼採，而未嘗有所軒輊。蓋修所作皆刊削舊史之文，意主斷制，不肯以紀載叢碎自貶其體。故其詞極工，而於情事或不能詳備。至居正等奉詔撰述，本在宋初。其時秉筆之臣，尚多逮事五代，見聞較近，紀傳皆首尾完具，可以徵信。故異同所在，較核事蹟，往往以此書為證[④]。雖其文體平弱，不免敘次煩冗之病。而遺聞瑣事，反藉以獲傳，實足為考古者參稽之助。又歐《史》止述《司天》⑤、《職方》二考，而諸志俱闕。凡禮樂、職官之制度，選舉、刑法之沿革，上承唐典，下開宋制者，一概無徵，亦不及薛《史》諸志為有裨於文獻。蓋二書繁簡，各有體裁，學識兼資，難於偏廢。昔修與宋祁所撰《新唐書》，事增文省，足以括劉昫《舊書》，而昫書仰荷皇上表章，今仍得列於正史。況是書文雖不及歐陽，而事蹟較備，又何可使隱沒不彰哉？謹考次舊文，釐為《梁書》二十四卷，《唐書》五十卷，《晉書》二十四卷，《漢書》十一卷，《周書》二十二卷，《世襲列傳》二卷，《僭偽列傳》三卷，《外國列傳》二卷，《志》十二卷，共一百五十卷，別為《目錄》二卷。而蒐羅排纂之意，則著於凡例，茲不贅列焉。

【彙訂】

①“歐陽修”，殿本作“歐陽”。

②《文淵閣書目》宇字號第三櫥書目，存《五代史》十部：十冊者六，十四冊者一，十五冊者二，十六冊者一。均不注卷數，亦不分別新舊。使悉為薛《史》，不應通行之歐《史》反無一存。且薛《史》刊本絕少，亦不應流傳如是之夥。如謂兼而有之，更不應一無區別。再以所分冊數考之，亦似近於歐《史》而遠於薛《史》。明萬曆間連江陳第《世善堂書目》載是書。（張元濟：《校史隨筆》）

③“原本”，殿本作“原書”。

④“證”，殿本作“長”。

⑤“歐史”，殿本作“歐陽”。

新五代史記七十五卷（內府刊本）①

宋歐陽修撰。本名《新五代史記》，世稱《五代史》者，省其文也②。唐以後所修諸史，惟是書為私撰，故當時未上於朝。修祓之後，始詔取其書，付國子監開雕，遂至今列為正史。大致褒貶祖《春秋》，故義例謹嚴；敍述祖《史記》，故文章高簡，而事實則不甚經意。諸家攻駁，散見他書者無論。其特勒一編者，如吳縝之《五代史纂誤》、楊陸榮之《五代史志疑》，引繩批根，動中要害，雖吹求或過，要不得謂之盡無當也。然則薛《史》如《左氏》之紀事，本末賅具而斷制多疏；歐《史》如《公》、《穀》之發例，褒貶分明而傳聞多謬。兩家之並立，當如三《傳》之俱存。尊此一書，謂可兼賅五季，是以名之輕重為史之優劣矣。且《周官》太史掌國之六典，漢法亦天下計書先上太史。史之所職，兼司掌故。八書、十志，遷、固相因。作者沿波，遞相撰述。使政刑禮樂，沿革分明，皆所謂國之大紀也。修作是書，僅《司天》、《職方》二考，寥寥數頁，餘概從刪。雖曰世衰祚短，文獻無徵，然王溥《五代會要》蒐輯遺編，尚哀然得三十卷，何以經修編錄，乃至全付闕如？此由信《史通》之謬談，劉知幾欲廢表、志，見《史通·表曆》、《書志》二篇。成茲偏見。元纂宋、遼、金三《史》，明纂《元史》，國朝纂《明史》，皆仍用舊規，不從修例。豈非以破壞古法，不可以訓乎？此書之失，此為最大。若不考韓通之褒贈，案宋太祖褒贈韓通敕，今載《宋文鑑》中。有所諱而不立傳者，一節偶疏③，諸史類然，不足以為修病也。修之文章，冠冕有宋。此書一筆一削，尤具深心，其有裨於風教者甚大。惟其考證之疏，則有或不盡知者。故具論如右，俾來者有所別白。其注為徐無黨作，頗為淺陋，相傳已久，今仍並錄之焉。

【彙訂】

①　文淵閣《四庫》本為七十四卷附《考證》，書前提要不誤。

（沈治宏：《中國叢書綜錄訂誤》）

②《中興書目》、《郡齋讀書志》及傳世宋、元刻本下至明汪文盛本、南監本均作《五代史記》。"本名《新五代史記》"云云，純係杜撰。（黃永年：《唐史史料學》）

③"疏"，殿本作"誤"。

五代史記纂誤三卷（永樂大典本）

宋吳縝撰。案周密《齊東野語》曰："劉義仲，道原之子也。<small>案道原，劉恕之字也。</small>道原以史學自名。義仲世其家學，摘歐公《五代史》之譌，為《糾謬》一書以示坡公。公曰：'往歲歐公著此書初成，荊公謂余曰："歐公修《五代史》而不修《三國志》，非也。子盍為之乎？"余固辭不敢當。夫為史者網羅千百載之事，其閒豈無小得失耶？余所以不敢當荊公之託者，正畏如公之徒，掇拾於其後耳。'"云云。據其所說，似乎此書為劉義仲作①。然晁公武《讀書志》、陳振孫《書錄解題》載此書五卷，《宋史·藝文志》載此書三卷，雖卷數小異，然均題縝作，不云義仲。又密引《揮麈錄》之言，亦稱縝有此書，而不辨其為一為二，<small>案《揮麈錄》所云乃《新唐書糾謬》，此引為《五代史》，誤。</small>則密亦自疑其說。蓋傳聞異詞，不足據也。是書南渡後嘗與《新唐書糾謬》合刻於吳興，附《唐書》、《五代史》末。今《糾謬》尚有槧本流傳，而是書久佚。惟《永樂大典》頗載其文，採掇裒集，猶能得其次序。晁公武稱所列二百餘事，今檢驗僅一百十二事②，約存原書十之五六，然梗概已略具矣。歐陽修《五代史》義存褒貶，而考證則往往疏舛。如司馬光《通鑑考異》所辨晉王三矢付莊宗等事，洪邁《容齋三筆》所摘失載朱梁輕賦等事，皆譌漏之甚者。至徐無黨注，不知參核事蹟，寥寥數語,尤屬簡陋。繽一一抉其闕誤,無不疏通剖析,切中癥結,故宋代頗推重之。章如愚《山堂考索》亦具列紀、傳不同各條,以明此書之不可以不作。未可遽以輕議前修,斥其浮薄。至如所稱《唐明宗紀》"趙鳳罷"一條③,徐無黨注中"忘其日"三字,檢今本無之;又《晉出帝紀》"射雁於繁臺"句,今本並無"雁"字;《周太祖紀》之"甲辰"當作"甲申",今本亦正作"甲申",不作"甲辰"。繽既糾修誤,不應竟構虛詞。或後來校刊《五代史》者,因其說而追改之耶? 謹依《宋史》目次,釐為三卷。其閒有與薛《史》同異者,並略加附識於下,以備考證焉。

【彙訂】

① 吳繽所作為《五代史記纂誤》,而據徐度《却掃編》卷中,劉義仲之作為《五代史糾謬》。(李裕民:《四庫提要訂誤》)

② 今本實存一百十四條。(張明華:《新五代史研究》)

③ "一",殿本無。

宋史四百九十六卷(内府刊本)

元托克托等奉敕撰。案,托克托原作脱脱,今改正。其總目題本紀四十七,志一百六十二,表三十二,列傳二百五十五。然卷四百七十八至卷四百八十三實為《世家》六卷,總目未列,蓋偶遺也①。其書僅一代之史,而卷帙幾盈五百。檢校既已難周,又大旨以表章道學為宗,餘事皆不甚措意,故舛謬不能殫數。柯維騏《宋史新編》僅引《容齋五筆》辨正向敏中、李宗諤數事,未能旁及。其後沈世泊撰《宋史就正編》,綜覈前後,多所匡糾。如謂《高宗紀》紹興十三年八月戊戌洪皓至自燕②,而《洪皓傳》作七月見於内殿;《朱倬傳》宣和五年登進士第,據《徽宗紀》則宣和六年策進士，是為甲辰科，實非五年。此紀、傳之互異也。《宋準傳》云："李昉知貢舉，擢準甲科。會貢士徐士廉擊登聞鼓，訴昉取舍非當。太宗怒，召準覆試，後遂行殿試。"據《選舉志》則開寶六年御殿給紙筆，別賜殿試，遂為常制。是太祖時事誤作太宗。《蘇舜欽傳》云："康定中河東地震，舜欽詣匭通疏。"據《五行志》，則地震在寶元元年。康定止一年，無地震事。此志、傳之互異也。《杜太后傳》云："母范氏，生五子三女，太后居長。"而《杜審琦傳》則云："審琦，昭憲皇太后之兄。太后昆仲五人，審琦居長。"又《太后傳》云："生太祖、太宗、秦王廷美。"據《廷美傳》，則其母為陳國夫人耿氏。《張浚傳》云："浚擢殿中侍御史，駕幸東南，後軍統制韓世忠所部逼逐諫臣墜水死，浚奏奪世忠觀察使。"據《韓世忠傳》，世忠乃左軍統制，非後軍統制。案，《本紀》後軍統制為張煥。《紀》又云後軍將孫琦等作亂，逼左正言盧臣中隋水死[③]，不言世忠。又《滕康傳》，世忠以不能戢所部坐贓金，康復論世忠無赫赫功，詔降世忠一官。是奏奪世忠觀察使者乃滕康，非張浚。此傳文前後之互異也。譏《宋史》者謂諸傳載祖父之名而無事實，似誌銘之體；詳官階之遷除而無所刪節，似申狀之文。然好之者或以為世系、官資，轉可藉以有考。及證以他書，則《宋史》諸傳多不足憑。如《晁補之傳》云："太子少傅迥五世孫，宗慤之曾孫也。父端友。"據黃庭堅為補之父端友撰《誌銘》云："晁氏世載遠矣。有諱迥者，以太子少保致仕，謚文元。君之曾王父諱迪，贈刑部侍郎。王父諱宗簡，贈吏部尚書。父諱仲偃，庫部員外郎，刑部視文元母弟也。"[①]是補之實非迥五世孫。又《晁迥傳》云："迥子宗慤。"據曾鞏《南豐集》，宗慤父名遘。是補之實非宗慤曾孫[⑤]。《謝絳傳》云："祖懿文，父濤。"據范仲淹撰《謝濤誌銘》"懿文生崇

禮,崇禮生濤,濤生絳。"是謝絳實為懿文曾孫。然則所述世系,
豈足盡信哉?《洪邁傳》云:"乾道二年,知吉州。六年,知贛州。
辛卯,歲饑。十一年,知婺州。十三年,拜翰林學士。淳熙改元,
進煥章閣學士。"據《本紀》,淳熙十四年有翰林學士洪邁言,則
"淳熙改元"當作"紹熙改元"。乾道無十三年,《傳》云"辛卯歲
饑",為乾道七年,則十三年上當加"淳熙"二字⑥。又邁以淳熙
十年知太平州,今《瑞麻讚》、《姑孰帖》尚在太平,而《傳》文闕載。
然則所敘官資,又豈可盡信哉⑦? 至於宋師伐遼,高鳳以易州來
歸,見《北盟會編》,而《宋史》誤作郭藥師;紹興中趙鼎以奉國軍
節度使出知紹興府,見《宰輔編年錄》,而《宋史》誤作忠武軍。失
載王堅之守城不降與林同之題壁自盡,忠義之士,尚多闕落,尤
為疏漏之大者矣。其所攻駁,皆一一切中其失。然其前後複沓
牴牾,尚不止此,世泊亦不能悉舉也。蓋其書以宋人國史為稾
本,宋人好述東都之事,故史文較詳,建炎以後稍略。理、度兩
朝,宋人罕所紀載,故史傳亦不具首尾。《文苑傳》止詳北宋,而
南宋止載周邦彥等數人⑧,《循吏傳》則南宋更無一人,是其明
證。至於南唐劉仁瞻之死節,歐陽修《五代史記》、司馬光《通鑑》
俱為之證明,而此書仍作"以城降";李澣終於遼,未嘗入宋,見
《遼史》本傳,而此書仍附於《李濤傳》⑨。是於久列學官之書、共
在史局之稾,尚不及互相勘證,則其他抑可知矣。自柯維騏以
下,屢有改修。然年代縣邈,舊籍散亡,仍以是書為稾本,小小補
苴,亦終無以相勝。故考兩宋之事,終以原書為據,迄今竟不可
廢焉。

【彙訂】

① 世家本在列傳內,總目所題並非遺漏。(胡玉縉:《四庫

全書總目提要補正》)

②“紹興十三年”,殿本作“紹興二十年”,誤,此書卷三十《高宗紀七》載“(紹興十三年八月)戊戌,洪皓至自金國”。卷三七三《洪皓傳》載“(紹興)十二年七月,見於内殿,力求郡養母”。“十二年七月”應系“十三年八月”之誤,《建炎以來繫年要錄》卷一四九亦作十三年八月。(《宋史》校勘記)

③“隋”,殿本作“墜”。二字相通。此書卷二四《高宗紀一》原文作“墜水死”。

④“視”,底本作“視”,據宋乾道刻《豫章黃先生文集》卷二三《晁君成墓誌銘》及殿本改。

⑤《晁迥傳》云“迥子宗慤”不誤。晁邁為晁迥三弟,晁補之乃晁迥、晁邁長兄晁迪之五世孫,晁宗簡之曾孫。(劉焕陽:《晁補之世系考辨》)

⑥“當”,殿本作“宜”。

⑦ 洪邁知太平州只一次,乃在淳熙十五年九月,其到任謝表云:“一去十八年之間,三叨二千石之寄,末由金華郡,還紬石室書。”蓋自乾道四年六月去國,至淳熙十二年春召還,前後正一十八年,中間歷任贛州、建寧府、婺州,凡三。又《唐人絕句》序云:“淳熙庚子秋,邁解建安郡印歸,取諸家集,一切整彙,凡五七言千四百篇,手書為八帙,起家守婺,齎以自隨。”未言知太平之事。(王德毅:《洪邁年譜》)

⑧“止”,殿本作“僅”。“周邦彦”,殿本作“周彦邦”,誤。周邦彦傳在朱長文、劉異二傳之前,據其本傳,朱“元符初卒”,劉於徽宗即位時“以疾卒”,可知《宋史·文苑傳》列周邦彦為北宋人。王國維《清真年表》、陸侃如《周邦彦年表》、龍沐勳《清真先生年

譜》均謂周邦彥卒於宣和年間。"南宋止載周邦彥等數人"，"周邦彥"應改為"陳與義"。（楊武泉：《四庫全書總目辨誤》）

⑨《宋史》卷二六二《李濤傳》附《李澣傳》云："周廣順二年，澣因定州孫方諫密表言契丹衰微之勢，周祖嘉焉，遣諜者田重霸齎詔慰撫，仍命澣通信。澣復表述契丹主幼弱多寵，好擊鞠，大臣離貳，若出師討伐，因與通好，乃其時也，請速行之。屬中原多事，不能用其言。澣在契丹嘗逃歸，為其所獲，防禦彌謹。契丹應曆十二年六月卒，時建隆三年也。"直以忠良視之，故為之立傳。

遼史一百十六卷（內府刊本）①

元托克托等奉敕撰。至正三年四月，詔儒臣分撰，於四年三月書成②。為本紀三十卷，志三十一卷，表八卷，列傳四十六卷③，《國語解》一卷。考遼制書禁甚嚴。凡國人著述，惟聽刊行於境內。有傳於鄰境者，罪至死。見沈括《夢溪筆談》"僧行均《龍龕手鏡》"條下。蓋國之虛實，不以示敵，用意至深。然以此不流播於天下。迨五京兵燹之後，遂至舊章散失，漸滅無遺。觀袁桷《修三史議》、蘇天爵《三史質疑》，知遼代載籍可備修史之資者，寥寥無幾。故當時所據，惟耶律儼、陳大任二家之書。見聞既隘，又蕆功於一載之內，無暇旁搜，潦草成編，實多疏略。其閒左支右詘，痕蹟灼然。如每年遊幸，既具書於本紀矣，復為《遊幸表》一卷；部族之分合，既詳述於《營衛志》矣，復為《部族表》一卷；屬國之貢使，亦具見於本紀矣，復為《屬國表》一卷；義宗之奔唐、章肅之爭國，既屢見於紀、志、表矣，復屢書於列傳④；《文學》僅六人，而分為兩卷；《伶官》、《宦官》本無可紀載，而強綴三人。此其重複

瑣碎，在史臣非不自知，特以無米之炊足窮巧婦，故不得已而縷
割分隸，以求卷帙之盈。勢使之然，不足怪也。然遼典雖不足
徵，宋籍非無可考。《東都事略》載遼太宗建國，號大遼。聖宗即
位，改大遼為大契丹國。道宗咸雍二年，復改國號大遼。考重熙
十六年《釋迦佛舍利鐵塔記》石刻，今尚在古爾板蘇巴爾漢⑤。
其文稱"維大契丹國興中府，重熙十五年丙戌歲十一月丁丑朔"
云云，與王偁所記合，而此書不載。是其於國號之更改尚未詳
也。《文獻通考》稱遼道宗改元壽昌。洪遵《泉志》引李季興《東
北諸蕃樞要》云："契丹主天祚，年號壽昌。"又引《北遼通書》云：
"天祚即位，壽昌七年改為乾統。"而此書作"壽隆"。殊不思聖宗
諱隆緒，道宗為聖宗之孫，何至紀元而犯祖諱？考今興中故城_即
<small>古爾板蘇巴爾漢，譯言三塔也，故土人亦稱三座塔云</small>⑥。東南七十里柏山，
有《安德州靈巖寺碑》，稱："壽昌初元，歲次乙亥。"又有《玉石觀
音像倡和詩碑》，稱"壽昌五年九月"。又易州有《興國寺太子誕
聖邑碑》，稱"壽昌四年七月"。均與洪遵所引合。又《老學菴筆
記》載聖宗改號重熙，後避天祚嫌名，追稱重熙曰重和。考興中
故城鐵塔旁記有天慶二年《釋迦定光二佛舍利塔記》，稱重和十
五年鑄鐵塔，與陸游所記亦合。而此書均不載，是其於改元之典
章多舛漏也。《潛研堂金石文跋尾》又稱據《太子誕聖邑碑》諸人
結銜⑦，知遼制有知軍州事、通判軍州事、知縣事之名。而《百官
志》亦不載，是其於制度有遺闕也。至厲鶚《遼史拾遺》所摭，更
不可以僕數。此則考證未詳，不得委之文獻無徵矣。然其書以
實錄為憑，無所粉飾。如《宋史》載太平興國七年戰於豐州，據此
書則云宋使請和；《宋史·忠義傳》有康保裔，據此書則云保裔被
擒而降，後為昭順軍節度使。審其事勢，《遼史》較可徵信。此三

史所由並行而不可偏廢歟？

【彙訂】

① 文淵閣《四庫》本為一百十五卷附《考證》，書前提要不誤。（沈治宏：《中國叢書綜錄訂誤》）

② "於"，殿本無。

③ 應作四十五卷。（江慶柏等整理：《四庫全書薈要總目提要》）

④ "屢"，殿本作"累"。

⑤ "古爾板蘇巴爾漢"，殿本作"興中故城即古爾板蘇巴爾漢，譯言三塔也"。

⑥ "即古爾板蘇巴爾漢譯言三塔也故土人亦稱三座塔云"，殿本無。

⑦ "太子誕聖邑碑"，殿本作"太子聖誕邑碑"，誤。《潛研堂金石文跋尾》卷六著錄《易州興國寺太子誕聖邑碑》。

遼史拾遺二十四卷（浙江巡撫採進本）

國朝厲鶚撰。鶚字太鴻，錢塘人。康熙庚子舉人。是書拾《遼史》之遺，有注有補。均摘錄舊文為綱，而參考他書條列於下。凡有異同，悉分析考證，綴以按語。《國語解》先後次第與目錄有不合者，亦悉為釐正。又補輯遼境四至及風俗、物產諸條於後。其中如劉守光自為節度使，《唐書》及《五代史》列傳載之最詳，乃獨取《資治通鑑》一條；李嗣源之救幽州，不引《契丹國志》，亦僅引《通鑑》；王都破唐兵，《五代史》與諸書互有同異，而不加考辨；金克中京，《大金國志》敘次最悉，乃獨取《松漠紀聞》數言；保大以後，遼事載於《宋史》紀傳者最多，皆略而不取。似此之類，皆頗有所遺。又《蘭亭》石刻之類，蔓延鋪敍，與史事毫無所關。亦未免嗜博愛奇，傷於泛濫。然元修三史，莫繁冗於宋，莫疏略於遼。又遼時書禁最嚴，不得傳布於境外，故一朝圖籍漸滅無徵[1]。鶚採摭羣書，至三百餘種，均以旁見側出之文，參考而求其端緒，年月事蹟，一一鉤稽。其補唐中和諸人之傳，及《禮志》之補幡勝、《樂志》之補耵帳、《輿服志》之補金冠窄袍、《食貨志》之補賦稅名目，皆採輯散佚，足備考證。鶚《樊榭詩集》中自稱所注《遼史》，比於裴松之之《三國史》注，亦不誣也[2]。至於卷末《國語解》，對音舛誤，名義多乖。由作史者昧於繙譯，故因仍故牘，致失其真。鶚雖釐正其次第，而索倫舊語既非所知，故舊史駁文未能考定。今三史國語悉蒙欽定，一洗前代之譌，足以昭示萬古。鶚所附贅，存而不論可矣。

【彙訂】

①"又遼時書禁最嚴不得傳布於境外故一朝圖籍漸滅無徵"，殿本無。

②"不誣"，殿本作"有以"。

金史一百三十五卷（內府刊本）

元托克托等奉敕撰。凡紀十九卷，志三十九卷，表四卷，列傳七十三卷。金人肇基東海，奄有中原。制度典章，彬彬為盛。徵文考獻，具有所資。即如《大金弔伐》一錄，自天輔七年交割燕、雲，及天會三年再舉伐宋，五年廢宋立楚，至康王南渡，所有國書誓詔[1]、册表文狀、指揮牒檄，以載於故府案牘者具有年月，得以編次成書。是自開國之初即已遺聞不墜。《文藝傳》稱元好問"晚年以著作自任。以金源氏有天下，典章法制，幾及漢、唐。

國亡史作,己所當任。時金國實錄在順天張萬户家,乃言於張,願為撰述。既因有阻而止,乃搆野史亭,著述其上。凡金源君臣遺言往行,採摭所聞,有所得,輒以片紙細字為記,錄至百餘萬言。纂修《金史》,多本其所著"。又稱劉祁撰《歸潛志》,於金末之事多有足徵。是相承纂述,復不乏人。且考阿魯台等進書表[②],稱:"張柔歸《金史》於其前,王鶚輯金事於其後。是以纂修之命,見諸敷遺之謀,延祐申舉而未遑,天曆推行而弗竟。"是元人之於此書經營已久,與宋、遼二史取辦倉卒者不同。故其首尾完密,條例整齊,約而不疏,贍而不蕪,在三史之中,獨為最善。如載《世紀》於卷首,而列景宣帝、睿宗、顯宗於《世紀補》,則酌取《魏書》之例;《曆志》則採趙知微之《大明曆》,而兼考渾象之存亡;《禮志》則掇韓企先等之《大金集禮》,而兼及雜儀之品節;《河渠志》之詳於二十五埽;《百官志》之首敘建國諸官,咸本本元元,具有條理。《食貨志》則因物力之微,而歎其初法之不慎;《選舉志》則因令史之正班,而推言仕進之末弊;《交聘表》則數宋人三失而惜其不知守險,不能自强,皆切中事機,意存殷鑒,卓然有良史之風。惟其列傳之中,頗多疏舛。如楊朴佐太祖開基,見於《遼史》,而不為立傳;晉王宗翰之上書乞免,見《北盟會編》,瀋王宗弼之遺令處分,見《建炎以來繫年要錄》,皆有關國政,而本傳不書。海陵之失德既見於《本紀》,而諸嬖之猥褻,復詳述於《后妃傳》;王倫以奉使被留,未嘗受職,而傳列於酈瓊、李成之後;《張邦昌傳》既云《宋史》有傳,事具宗翰等《傳》,而復複引《本紀》之文[③],列於劉豫之前,皆乖體例。至昌本之南走、施宜生之泄謀、宇文虛中之謗訕,傳聞異辭,皆未能核定。亦由於祇據實錄,未暇旁考諸書[④]。然《宋史》載兩國兵事,多採摭宋人所記,不免浮詞。如采石之戰，其時海陵士卒聞大定改元，離心自潰。虞允文攘以為功，殊非事實。此書所載，獨得其真。泰和以後諸臣傳，尤能悉其情事。蓋好問等得諸目睹，與傳聞異詞者殊也。卷三十三、卷七十六中有闕文，蓋明代監版之脫誤。今以內府所藏元版校補，仍為完帙云。

【彙訂】

①"誓詔"，底本作"誓誥"，據殿本改。《總目》卷五一《大金弔伐錄》條即作"誓詔"。

②"阿魯台"，底本作"托克托"，據殿本改。《進金史表》乃阿魯圖署銜所上，清人改譯作阿魯台。

③"復"，殿本作"後"。

④ 書中施宜生使宋漏言被誅事實本岳珂《桯史》，非只據實錄。（陸心源：《儀顧堂續跋》）

元史二百十卷（內府刊本）

明宋濂等奉敕撰。洪武二年，得元十三朝實錄，命修《元史》，以濂及王禕為總裁①。二月，開局天寧寺。八月，書成，而順帝一朝史猶未備，乃命儒士歐陽佑等往北平採其遺事。明年二月，詔重開史局。閱六月，書成。為紀四十七卷，志五十三卷，表六卷，列傳九十七卷②。書始頒行，紛紛然已多竊議。迨後來遞相考證，紕漏彌彰。顧炎武《日知錄》摘其趙孟頫諸傳，備書上世贈官，仍誌銘之文，不知芟削；《河渠志》言耿參政，《祭祀志》言田司徒，引案牘之語，失於翦裁。朱彝尊《曝書亭集》又謂其急於成書，故前後複出。因舉其一人兩傳者，條其篇目，為倉猝失檢之病。然《元史》之舛駁不在於蒇事之速，而在於始事之驟。以後世論之，元人載籍之存者，説部、文集尚不下一二百種。以訂史傳，時見牴牾，不能不咎考訂之未密。其在當日，則重開史局距元亡二三年耳。後世所謂古書，皆當日時人之書也。其時有未著者，有著而未成者，有成而未出者，勢不能裒合衆説，參定異同。考徐一夔《始豐槀》有重開史局時與王禕書，云：“近代論史者莫過於日曆。日曆者，史之根柢也。至起居注之設，亦專以甲子起例。蓋紀事之法無逾此也。元則不然，不置日曆，不置起居注，獨中書置時政科，遣一文學掾掌之，以事付史館。及易一朝，則國史院據所付修實錄而已，其於史事固甚疏略。幸而天曆閒虞集倣《六典》法，纂《經世大典》，一代典章文物粗備。是以前局之史，既有十三朝實錄，又有《經世大典》可以參稽，庶而成書。若順帝二十六年之事，既無實錄可據，又無參稽之書，惟憑採訪以足成之。竊恐事未必覈，言未必馴，首尾未必貫穿也。”云云③。則是書之疏漏，未經屬草以前，一夔已預知之，非盡濂等之過矣。惟是事蹟雖難以遽詳，其體例則不難自定，其譌脱則不難自校也。今觀是書，三公、宰相分為兩表；禮、樂合為一志，又分《祭祀》、《輿服》為兩志；列傳則先及《釋老》，次以《方技》，皆不合前史遺規。而删除《藝文》一志，收入列傳之中，遂使無傳之人，所著皆不可考，尤為乖迕。又帝紀則定宗以後、憲宗以前，闕載者三年，未必實錄之中竟無一事，其為漏落顯然。至於《姚燧傳》中述其論文之語，殆不可曉。證以《元文類》，則引其《送暢純甫序》，而互易其問答之辭，殊為顛倒。此不得委諸無書可檢矣。是則濂等之過，無以解於後人之議者耳。《解縉集》有《與吏部侍郎董倫書》，稱“《元史》舛誤，承命改修”云云。其事在太祖末年，豈非太祖亦覺其未善，故有是命歟？若夫《曆志》載許衡、郭守敬之《曆經》，李謙之《曆議》，而并及《庚午元曆》之未嘗頒用者，以證其異同；《地理志》附載潘昂霄《河源考》，而取朱思本所譯梵字圖書分注於下；《河渠志》則北水兼及於盧溝河、御河，南水兼及於鹽官海塘、龍山河道，並詳其繕濬之宜，未嘗不可為考古之證。讀者參以諸書而節取其所長可也。

【彙訂】

①"王褘"，殿本作"王禕"，下同，誤。王褘乃義烏人，著有《王忠文公集》二十四卷等。宋濂《宋學士全集》卷九《王子充字序》："同門友王君子充謂濂曰：'褘名凡三易，初名偉，次名澕，後復更今名。文雖易，皆從韋者，以其聲之近也。其名偉暨澕，時鄉先達內翰柳公、文學吳公嘗為之說。唯今名未有暢其義者，幸同遊學黃文獻公之門，敢以累吾子，尚有以詳告褘也。'濂曰：'子充其欲存古之道哉？夫褘之為物，古之蔽膝，所以被於裳衣之上，覆前者也……若所云"婦人之褘，謂繪綫也，即香纓也，王后之服"、"褘衣，謂畫袍也。褘當為翬，即翬雉也，五彩純備者也"，皆非子充命名之義也。'"而王禕乃夏山人，著有《造邦勳賢錄》一卷，說詳卷七《學易舉隅》條訂誤。（徐永明：《王褘年譜》）

②"九十七卷"，殿本作"一百十四卷"，誤。此書卷一百十四至卷二百一十為列傳。

③徐一夔《始豐稿》卷六《與王待制書》云："獨順帝一朝三十六年之事，以無實錄可據，分遣使者蒐訪，故都圖籍、列郡文稾，有關於三十六年之政體者，俱收並錄，以備採擇，足成一代之書。"又云："今夫順帝一朝三十六年之事，既無實錄可據，又無參稽之書，惟憑採訪以足成之。竊恐其事未必覈，其言未必馴，其首尾未必貫串也。"《總目》"二十六年"顯為"三十六年"之誤。

（楊武泉：《四庫全書總目辨誤》）

欽定遼金元三史國語解四十六卷

乾隆四十六年奉敕撰。考譯語對音，自古已然。《公羊傳》
所稱“地物從中國，邑人名從主人”是也。譯語兼釋其名義，亦自
古已然。《左傳》所稱“楚人謂乳穀，謂虎於菟”，《穀梁傳》所稱
“吳謂善、伊謂稻、緩，號從中國，名從主人”是也。間有音同字異
者，如天竺之為捐篤、身毒、印度，烏桓之為烏丸。正如中國文
字，偶然假借，如《歐陽漢碑》作“歐羊”，“包胥”《戰國策》作“勃
蘇”耳，初非以字之美惡分別愛憎也。自《魏書》改“柔然”為“蠕
蠕”，比諸蠕動，已屬不經。《唐書》謂“回紇”改稱“回鶻”，取輕健
如鶻之意，更為附會。至宋人武備不修，鄰敵交侮，力不能報，乃
區區修隙於文字之間，又不通譯語，竟以中國之言，求外邦之義。
如趙元昊自稱兀卒，轉為吾祖，遂謂吾祖為我翁；蕭鷗巴本屬蕃
名，乃以與曾淳甫作對，以鷗巴、鶉脯為惡謔。積習相沿，不一而
足。元托克托等修宋、遼、金三史，多襲舊文，不加刊正。考其編
輯成書已當元末。是時如台哈布哈號為文士，今所傳納新^{案“納}
新”原本誤作“廼賢”，今改正。《金臺集》首有所題篆字，亦自署曰泰不
華，居然譌異。蓋舊俗已漓，併色目諸人亦不甚通其國語，宜諸
史之譌謬百出矣。迨及明初，宋濂等纂修《元史》，以八月告成，
事迹挂漏，尚難殫數。前代譯語，更非所諳。三史所附《國語解》
顛舛支離，如出一轍，固其宜也。我皇上聖明天縱，邁古涵今，洞
悉諸國之文，灼見舊編之誤，特命館臣詳加釐定，併一一親加指
示，務得其真。以索倫語正《遼史》凡十卷。首君名，附以后妃、
皇子、公主；次宮衛，附以軍名；次部族，附以屬國；次地理，次職

官,次人名,次名物,共七門。以滿洲語正《金史》凡十二卷。首
君名,附以后妃皇子;次部族;次地理;次職官,附以軍名;次姓
氏;次人名,附以名物,共六門。以蒙古語正《元史》凡二十四卷。
首帝名,附以后妃、皇子、公主;次宮衛,附以軍名;次部族,附以
國名;次地理,次職官,次人名,次名物,共七門。各一一著其名
義,詳其字音。字音為漢文所無者,則兩合、三合以取之。分析
微茫,窮極要眇。即不諳繙譯之人,繹訓釋之明,悟語聲之轉,亦
覺釐然有當於心,而恍然於舊史之誤也。蓋自《欽定三合切音清
文鑑》出,而國語之精奧明,至此書出,而前史之異同得失亦明。
不但宋、明二史可據此以刊其譌,即四庫之書凡人名、地名、官
名、物名涉於三朝者,均得援以改正,使音訓皆得其真。聖朝考
文之典,洵超軼乎萬禩矣。

明史三百三十六卷(內府刊本)

國朝保和殿大學士張廷玉等奉敕撰。乾隆四年七月二十五
日書成,表進。凡本紀二十四卷,志七十五卷,表一十三卷,列傳
二百二十卷,目錄四卷。其進表有曰:"仰惟聖祖仁皇帝搜圖書
於金石,羅耆俊於山林。創事編摩,寬其歲月。"蓋康熙十八年始
詔修《明史》,並召試彭孫遹等五十人,入館纂修。以記載浩繁,
異同岐出,遞相考證,未遽定也。又曰:"我世宗憲皇帝重申公慎
之旨,載詳討論之功。臣等於時奉敕充總裁官,率同纂修諸臣開
館排輯。十五年之內①,幾經同事遷流,三百餘卷之書,以次隨
時告竣。"蓋雍正二年詔諸臣續蕆其事,至是乃成書也。又曰:
"籤帙雖多,牴牾互見。惟舊臣王鴻緒之《史稾》,經名人三十載
之用心,進在彤幃,頒來祕閣。首尾略具,事實頗詳。爰即成編,

用為初稾。"蓋康熙中户部侍郎王鴻緒撰《明史稾》三百十卷,惟帝紀未成,餘皆排比粗就,較諸家為詳贍,故因其本而增損成帙也。其閒諸志一從舊例,而稍變其例者二:《曆志》增以圖,以曆生於數,數生算,算法之句股面線,今密於古,非圖則分刌不明。《藝文志》惟載明人著述,而前史著錄者不載。其例始於宋孝王《關中風俗傳》,劉知幾《史通》又反覆申明,於義為允。唐以來弗能用,今用之也。表從舊例者四,曰《諸王》,曰《功臣》,曰《外戚》,曰《宰輔》;創新例者一,曰《七卿》。蓋明廢左右丞相,而分其政於六部②,而都察院糾核百司,為任亦重,故合而七也。列傳從舊例者十三,創新例者三:曰閹黨,曰流賊,曰土司。蓋貂璫之禍,雖漢、唐以下皆有,而士大夫趨勢附羶,則惟明人為最夥,其流毒天下亦至酷。別為一傳,所以著亂亡之源,不但示斧鉞之誅也。闖、獻二寇,至於亡明,剿撫之失,足為炯鑒,非他小醜之比,亦非割據羣雄之比,故別立之③。至於土司,古謂羈縻州也④,不内不外,釁隙易萌。大抵多建置於元,而滋蔓於明,控馭之道,與牧民殊,與禦敵國又殊,故自為一類焉。若夫甲申以後,仍續載福王之號;乙酉以後,仍兼載唐王、桂王諸臣。則頒行以後,宣示綸綍,特命改增。聖人大公至正之心⑤,上洞三光,下昭萬祀,尤自有史籍以來所未嘗聞見者矣。

【彙訂】

①　"五"字前張廷玉等進書表原文及殿本有"有"字。

②　"而",殿本無。

③　"立",殿本作"列"。

④　殿本"謂"上有"所"字。

⑤　"大公至正",殿本作"大正至公"。

右正史類三十八部,三千七百三十九卷①,皆文淵閣著錄。

【彙訂】

①“三千七百三十九卷”,殿本作“三千六百八十一卷”,皆誤。實著錄三千六百九十九卷。

案,注釋諸史之書,皆各從其類。惟《班馬異同》附《漢書》後,以有《漢書》而後考及《史記》,是由《漢書》作也。《兩漢刊誤補遺》附《後漢書》後,後及見前,前尚未及見後也。若茅國縉、蔣之翹之《晉書》,删改原文;《宋史新編》之屬,非其本書;《五代史補》、《五代史闕文》亦增益於本書之外。如斯之類,則均入“别史”焉。

正史類存目

訂正史記真本凡例一卷(編修程晉芳家藏本)

舊本題宋洪遵撰。遵,字景嚴,鄱陽人,皓仲子。官至同知樞密院事①,謚文安。事蹟具《宋史》本傳。是編載曹溶《學海類編》中。前有自序,稱手錄司馬遷《史記》一帙,盡汰去楊惲、褚少孫等所補十篇,并去其各篇中增益之語,而以己所校定者錄於下方。此其書前凡例也。考諸家目錄,皆不載遵有此書。諸家言史學者,如《漢書刊誤》、《新唐書糾謬》、《五代史纂誤》,俱表表於世。自宋以來,亦從無引及此本者。今觀其所刊正,不盡無理。而云得司馬遷名山所藏真本,與今本核其異同,知其孰為楊惲所增,孰為褚少孫所補,則三洪皆讀書人,斷不謬妄至此。豈有由漢及宋,尚有司馬遷真本藏於山中,遵忽然得之者耶? 其為明季妄人託名偽撰，殆無疑義。且既謂之"凡例"矣，而某篇同、某篇異，某篇自某處至某處删若干句、某篇某句下删若干字，直以全書悉載例中，可使人按例而塗乙之，即得真本，無庸更有全書矣。此尤作偽之一證也。

【彙訂】

① "至"，殿本脱。

史記瑣瑣二卷（山東巡撫採進本）

明郝敬撰。敬有《周易正解》，已著錄。黄虞稷《千頃堂書目》載敬《山草堂集》，不詳卷數，今亦未見全本①。此其集中外篇之第十八種也。取《史記》疑義略為考正訓釋，然多臆撰。如《殷本紀》"西伯伐饑國"，蓋"黎"、"饑"古字假借，乃云："《書》作'伐黎'，黎，饑色也。《書》曰'黎民阻饑'，為其民失養而弔伐之。"然則"黎民於變時雍"又當何解？又《周本紀》輕吕之劍謂即赤刀，龍黎謂即龍溺；《項羽本紀》楚歌為激楚之音。皆漫無根據，不足信也。

【彙訂】

① "今"，底本無，據殿本補。

史詮五卷（內府藏本）

明程一枝撰。一枝字巢父，休寧人。是編專釋《史記》字句，校考諸本，頗有發明。惟參雜時人評語，頗近鄉塾陋本。體例亦有過於膠固者，如欲據《荀子》、《樂記》删改禮書、樂書之類，皆不可據為定論也。

班馬異同評三十五卷（浙江汪汝瑮家藏本）

宋倪思撰，劉辰翁評。辰翁，字會孟，廬陵人。景定壬戌廷試對策,忤賈似道,置丙第,遂以親老請掌濂溪書院。後召入史館,及除太常博士,皆不就。宋亡後隱居以終。其文集散佚,僅存《四景詩》及《須溪記鈔》,蓋不及十分之一。今從《永樂大典》袞輯遺篇,始稍成卷帙。惟所評諸書尚傳,此本亦其一也。辰翁人品頗高潔,而文章多涉僻澀。其點論古書,尤好為纖詭新穎之詞,實於數百年前預開明末竟陵之派。此書據文義以評得失,尚較為切實。然於顯然共見者往往贅論,而筆削微意罕所發明。又倪思原書本較其文之異同,辰翁所評乃多及其事之是非,大抵以意斷制,無所考證。既非論文,又非論古,未免兩無所取。楊士奇跋以為“臻極精妙”,過矣。舊無專刻,僅附倪思書以行。然究為以辰翁之書亂思之書,故有疑《班馬異同》即為辰翁作者。語詳《班馬異同》條下。今各著錄,俾兩不相淆焉。

史漢方駕三十五卷(兩江總督採進本)

明許相卿編。相卿字台仲,海寧人。正德丁丑進士,官至兵科給事中。事蹟具《明史》本傳[①]。是編因倪思原本稍為釐訂,改題此名。《陳勝》、《英布》二傳,思書偶遺,此補綴所闕。他如《衛青霍去病傳》附錄諸將,《漢書》別自立傳,與《史記》文不相襲者,思書刪去,此皆掇拾所遺。其先後次第,改從司馬貞《索隱》,亦稍更其序。然所益不及百分之一。惟思書《史記》大書,《漢書》細書,文相連屬,但以字形廣狹為分,頗易混淆。又字旁鉤勒,傳寫尤舛誤。相卿變其體例,以《史》、《漢》相同者直書行中,不同者分行夾註。凡《史記》有而《漢書》無者,偏列於右,《漢書》有而《史記》無者,偏列於左,條理井然,較思書為勝。所列評語,亦因劉辰翁之本稍為損益,頗不及舊文。又舊文皆標置簡端,相

卿意取便覽，或移附句旁，如批點時文之例，反參錯難觀，則未免
於不善變矣。

【彙訂】

①《明史》卷二一八本傳作"字伯台"。（陳乃乾：《讀〈四庫
全書總目〉條記》）

五代史志疑四卷（江蘇巡撫採進本）

國朝楊陸榮撰。陸榮有《易互》，已著錄。歐陽修作《五代
史》，多倣《春秋》書法。自謂"是非之旨，不謬於聖人"。然襃貶
謹嚴，而事蹟或在所略。故重複舛漏，閒亦不免。吳縝作《五代
史纂誤》，頗糾其譌。其本久佚，惟《永樂大典》中尚存梗概。今
奉詔編纂，始排比成帙。陸榮此編成於康熙庚子，蓋未睹縝書，
故以意研求，摘其疏謬。如《梁太祖本紀》謂洹水之戰，擒李克用
子落落，而《家人傳》不載其名；唐昭宗遭難以後，不書立昭宣帝，
則紀中前後所稱天子，不可辨別；《晉出帝紀》謂馬全節戰於榆
林，兩軍俱潰，其一軍不知為誰，又與附錄所載榆林之戰全不相
合；瀛州之戰，書梁漢璋敗績、王清戰死，附錄則書漢璋戰死，而
不及清；《唐太祖兄弟傳》所載太祖有四弟：克讓、克修、克恭、克
寧，而《李嗣昭傳》乃有太祖弟克柔；《唐莊宗諸子傳》謂五子繼
岌、繼潼、繼嵩、繼蟾、繼嶢，而《劉后傳》乃多一幼子滿喜；《晉出
帝家人傳》漏延煦母楚國夫人丁氏，而《張延澤傳》中乃有之①；
《漢隱帝家人傳》漏耿夫人，而《楊邠傳》中乃有之；《王景仁傳》以
朗王存之子友寧為梁太祖子；《羅紹威傳》以兄守文為弟守文；
《白再榮傳》李崧、和凝留鎮州時，契丹已北歸，不應云"隨契丹
留"；《安重榮傳》謂其祖父皆為刺史，不應云"暴至富貴"；《劉昫

傳》不應漏修《唐書》。皆頗有考訂。然其餘不過爭文句之繁簡，論進退之當否，毛舉細故，往往失當。大抵惟就本書之中，互相校勘，所引他書，僅茅坤《五代史鈔評》一條，此外更無旁證也。

【彙訂】

① "張延澤傳"，殿本作"張廷澤傳"。《新五代史》卷五二有《張彥澤傳》："皇子延煦母楚國夫人丁氏有色，彥澤使人求於皇太后。""延"、"廷"均誤，當作"彥"。

宋史偶識三卷（浙江巡撫採進本）①

明項夢原撰。夢原字希憲，秀水人。萬曆己未進士，官至刑部郎中，管河張秋。其書乃讀《宋史》時隨筆摘錄，又他書所見可以參考者附之。間加評斷，亦甚寥寥。蓋當時強授梨棗，以充書帕之本，非有意於著述也。

【彙訂】

① 明天啟六年自刻本此書、《浙江採集遺書總錄》均作《讀宋史偶識》。（杜澤遜：《四庫存目標注》）

右正史類七部，八十五卷，皆附存目。

案，凡考注一代之史者，雖工拙有殊，然非淹貫全書，則不能論著。不比語錄之類，人人皆可成編。故撰述者無多，即存目之書亦寥寥可數。

卷四七

史　部　三

編　年　類

　　司馬遷改編年爲紀傳，荀悦又改紀傳爲編年。劉知幾深通史法，而《史通》分敍六家，統歸二體，則編年、紀傳均正史也。其不列爲正史者，以班、馬舊裁，歷朝繼作，編年一體，則或有或無，不能使時代相續，故姑置焉，無他義也。今仍蒐羅遺帙，次於正史，俾得相輔而行。《隋志》史部有"起居注"一門，著錄四十四部。《舊唐書》載二十九部，併"實錄"爲四十一部。《新唐書》載二十九部①。存於今者，《穆天子傳》六卷，溫大雅《大唐創業起居注》三卷而已。《穆天子傳》雖編次年月，類小説傳記，不可以爲信史。實惟存溫大雅一書，不能自爲門目。稽其體例，亦屬編年。今併合爲一，猶《舊唐書》以實錄附起居注之意也。

【彙訂】

　　①《舊唐書·經籍志》著錄"起居注"類圖籍二十九部，《新唐書·藝文志》著錄三十九部。（張舜徽：《四庫提要敍講疏》；李致忠：《三目類序釋評》）

竹書紀年二卷（內府藏本）

案《晉書・束晳傳》，晉太康二年，汲縣人發魏襄王冢，得古書七十五篇①，中有《竹書紀年》十三篇。今世所行題沈約注，亦與《隋志》相符。顧炎武考證之學最為精核，所作《日知錄》中，往往引以為據。然反覆推勘，似非汲冢原書。考平王東遷以後，惟載晉事，三家分晉以後，惟載魏事。是魏承晉史之明驗。然晉靈公桃園之事，董狐所書，明見《左傳》，孔子稱趙盾為法受惡，足知未改史文。乃今本所載，仍以趙穿蔽獄，則非晉史之舊也。《束晳傳》稱《竹書》"夏年多殷"②、"益干啟位，啟殺之"③，今本皆無此文。又杜預注《左傳》"攜王姦命"句，引服虔說以為伯服，疏併引束晳以為伯盤。今本乃有余臣之說④。使《竹書》原有此文，不應二人皆未睹，則非束晳、杜預所見本也。郭璞注《穆天子傳》，引《紀年》七條。以今本核之，相同者三條，璞稱《紀年》而今在注中者三條。璞時不應先有注，且三條併為一條，文亦不屬。其"穆天子見西王母，西王母止之曰：有鳥𪃂人"一條，今本無之，則非郭璞所見本也。《隋書・經籍志》曰："《紀年》皆用夏正建寅之月為歲首"⑤，今本自入春秋以後，時月並與經同，全從周正，則非隋時所見本也。《水經注》引《竹書》七十六條，皆以晉國紀年，如《春秋》之為魯史，而此本晉國之年皆附周下。又所引"出公六年，荀瑤城宅陽"⑥、"梁惠王元年，鄴師邯鄲，師次于平陽"、"魏襄王六年，秦取我焦"及"齊師伐趙東鄙圍中牟"諸條，今本皆無。其他年月亦多舛異，則非酈道元所見本也。《史通》引《竹書》"文王殺季歷"，今本作"文丁"。又引《竹書》"鄭桓公，厲王之子"，今本錫王子多父命居洛，在宣王二十二年。王子多父為鄭公在幽王二年，皆不云厲王子，則非劉知幾所見本也。《文選注》引《竹書》五條，今惟有“太甲殺伊尹”一條，則非李善所見本也。《開元占經》引《竹書》四條，今本皆無，則非瞿曇悉達所見本也。《史記索隱》引《竹書》晉出公二十三年奔楚，乃立昭公之孫，是為敬公，今本作“出公麃”，又引“秦與衛戰岸門”、“惠王後元十一年會齊于平阿”、“十三年會齊于甄”、“齊桓公君母”、“齊宣王后”、“宋易成肝廢君自立”、“楮里疾圍蒲”七條，今本皆無，則非司馬貞所見本也。《穀梁傳》疏引《竹書紀年》周昭王膠舟之事，以駁《呂氏春秋》，今本但曰王陟，無膠舟事，則非楊士勛所見本也。《元豐九域志》引《竹書》“陰司馬敗燕公子翌于武垣”一條，今本亦無，則非王存所見本也。《路史》引《竹書》周武王年五十四，辨武王非年九十三，今本乃作“九十三”，又注引《竹書》“夏后不降六十九年”，證《世紀》“五十九年”之異，今本乃亦作“五十九”，《路史》又引“梁惠成八年，雨骨于赤鞞”，注又引“夏桀末年社坼裂”[7]，今本並無，則非羅泌、羅苹所見本也。《戰國策注》引《竹書》“魏救中山，塞集胥口”，今本無之，則非鮑彪所見本也。《廣川書跋》引《竹書》“秦穆公十一年取靈邱〔丘〕”，今本無之，則非董逌所見本也。雖其他證以《竹書》往往相合，然《允〔胤〕征》稱“辰弗集于房”，《說命》稱“舊學于甘盤”，均出梅賾《古文尚書》，在西晉之後，不應先見《竹書》。豈亦明人鈔合諸書以為之，如《十六國春秋》類歟？觀其以《春秋》合夏正，斷斷為胡傳盛行以後書也。沈約注外又有小字夾行之注，不知誰作。中“殷小庚”一條，稱：“約案，《史記》作‘太庚’。”則亦當為約說[8]。考《元和郡縣志》，魏武定七年始置海州，隋煬帝時始置衛縣。而注“舜在鳴條”一條稱“今海州”；“夏啟十一年放武觀”一條稱“今頓邱〔丘〕衛縣”，則非約語矣。又所注惟五帝、三王最詳，他皆寥寥，而五帝、三王皆全鈔《宋書·符瑞志》語。約不應既著於史，又不易一字移而為此本之注，然則此注亦依託耳。自明以來，流傳已久，姑錄之以備一説，其偽則終不可掩也。

【彙訂】

①"太康二年"，殿本作"咸和七年"，"篇"，殿本作"卷"，皆誤。《晉書》卷五一《束晳傳》載："初，太康二年，汲郡人不準盗發魏襄王墓，或言安釐王冢，得竹書數十車……大凡七十五篇。"

② 殿本"夏"上有"載"字。

③ "啟"，殿本脱，據《束晳傳》原文。

④ "余臣"，殿本作"余由"，誤。此書卷下載："（周幽王）十一年春正月日暈，申人、鄫人及犬戎入宗周，弑王及鄭桓公。犬戎殺王子伯服，執褒姒以歸。申侯、魯侯、許男、鄭子立宜臼于申，虢公翰立王子余臣于攜。"

⑤ "之"，殿本脱，據《隋書·經籍志》原文。

⑥ "所"，殿本無。"城"，底本作"成"，據《水經注》卷七"濟水"原文及殿本改。

⑦ "圻"，殿本作"圻"，誤，據《路史》卷二三《夏後紀下》"大雨水里社圻"注文。

⑧ 姚振宗《漢書藝文志拾補》卷一："范氏《天一閣書目》云：'《竹書紀年》二卷，梁沈約附注，明司馬公訂，刊版藏閣中。'"司馬公者，謂其遠祖范欽……乃知今本二卷稱沈約注者，為欽所輯錄，其小字夾行之注亦欽所為也。（徐鵬、劉遠遊：《四庫提要補正》）

竹書統箋十二卷（安徽巡撫採進本）①

國朝徐文靖撰。文靖有《禹貢會箋》，已著錄。是編蓋作於孫之騄考定《竹書》以後,亦因偽沈約注為之引證推闡。首仿司馬貞補《史記》例,作伏羲、神農紀年,題曰《前編》,而自為之注。多據毛漸偽《三墳》,殊失考正。次為《雜述》,述《竹書》源流,皆不入卷數。其箋則仿諸經注疏之例[②],發明於各條之下。蓋文靖誤以《紀年》為原書,又誤以其注真出沈約。故以"箋"自名,如鄭元之尊毛萇也[③]。然其引證諸書,皆著出典,較孫之騄為切實。而考正地里,訂正世系,亦較之騄為詳晰。如坊本誤於外丙元年後係以小庚五年、小甲十七年、雍己十二年、太戊三十五年,乃繼以二年陟。蓋舊本顛倒一頁,重刻者因而仍之。陳仁錫作《四書考》,遂據以駁難異同。文靖以《殷本紀》排比,知其脫誤,亦較之騄為密也。

【彙訂】

① 文淵閣《四庫》本尚有卷首二卷。(沈治宏:《中國叢書綜錄訂誤》)

② "仿",殿本作"依"。

③ "尊毛萇",殿本作"于毛公"。

漢紀三十卷(安徽巡撫採進本)

漢荀悅撰。悅字仲豫,潁陰人。獻帝時官祕書監侍中。《後漢書》附見其祖荀淑傳。稱獻帝好典籍,"以班固《漢書》文繁難省,乃令悅依《左氏傳》體為《漢紀》三十篇。詞約事詳,論辨多美"。張璠《漢記》亦稱其"因事以明臧否,致有典要,大行於世"。唐劉知幾《史通·六家篇》以悅書為《左傳》家之首,其《二體篇》又稱其"歷代寶之,有逾本傳,班、荀二體,角力爭先",其推之甚至。故唐人試士,以悅《紀》與《史》、《漢》為一科。《文獻通考》載宋李燾跋曰："悅為此《紀》,固不出班書,亦時有所刪潤。而諫大夫王仁、侍中王閎諫疏,班書皆無之。"又稱:"司馬光編《資治通鑑》,書太上皇事及五鳳郊泰畤之月,要皆舍班而從荀[1]。"蓋以悅修《紀》時,固書猶未舛譌。又稱其君蘭君簡、端瑞、興譽、寬竟諸字與《漢書》互異者,先儒皆兩存之。王銍作《兩漢紀後序》,亦稱:"荀、袁二《紀》,於朝廷紀綱、禮樂刑政、治亂成敗、忠邪是非之際,指陳論著,每致意焉。反復辨達,明白條暢,啟告當代而垂訓無窮。"是宋人亦甚重其書也。其中若壺關三老茂,《漢書》無姓,悅書云姓令狐。朱雲請上方劍,《漢書》作"斬馬",悅書乃作"斷馬"。證以唐張渭詩"願得上方斷馬劍,斬取朱門公子頭"句,知《漢書》字誤。資考證者亦不一。近時顧炎武《日知錄》乃惟取其"宣帝賜陳遂璽書"一條及"元康三年封海昏侯詔"一條,能改正《漢書》三四字,其餘則病其敍事索然無意味,閒或首尾不備,其小有不同,皆以班書為長,未免抑揚過當。又曰:"紀王莽事自始建國元年以後,則云其二年、其三年,以至其十五年,以別於正統。而盡沒其天鳳、地皇之號"云云,其語不置可否。然不曰"盡削"而曰"盡沒",似反病其疏略者。不知班書莽自為傳,自可載其偽號。荀書以漢系編年,豈可以莽紀元哉?是亦非確論,不足為悅病也。是書考李燾所跋,自天聖中已無善本。明黃姬水所刊亦閒有舛譌。康熙中襄平蔣國祥、蔣國祚與袁宏《後漢紀》合刻,後附《兩漢紀字句異同考》一卷。今用以參校,較舊本稍完善焉。

【彙訂】

① "要",《文獻通考》卷一九三《漢紀》條原文及殿本無。

後漢紀三十卷(安徽巡撫採進本)

晉袁宏撰。宏字彥伯,陽夏人,太元初官至東陽太守。事蹟具《晉書·文苑傳》。是書前有宏自序,稱"嘗讀《後漢書》,煩穢雜亂,聊以暇日,撰集為《後漢紀》。其所綴會《漢紀》、案此《漢紀》蓋指荀悅之書涉及東漢初事者,非張璠書也。謝承書、司馬彪書、華嶠書、謝沈書、《漢山陽公記》、《漢靈獻起居注》、《漢名臣奏》,旁及諸部耆舊、先賢傳,凡數百卷。前史闕略,多不次序,錯繆同異,誰使正之。經營八年,疲而不能定,頗有傳者。始見張璠所撰書,其言漢末之事差詳,故復探而益之"云云。蓋大致以《漢紀》為準也。案《隋志》載璠書三十卷,今已散佚,惟《三國志注》及《後漢書注》間引數條。今取與此書互勘,璠《記》所有,此書往往不載,其載者亦多所點竄,互有詳略。如璠《記》稱:"盧芳,安定人。屬國夷數十畔在參蠻,芳從之,詐姓劉氏。"此書則作:"劉芳,安定三川人,本姓盧[①]。王莽末,天下咸思漢。芳由是詐稱武帝後,變姓名為劉文伯。及莽敗,芳與三川屬國羌胡起兵北邊。"以及朱穆論梁冀池中舟覆、吳祐諫父寫書事,皆較璠《記》為詳。璠《記》稱明德馬皇后不喜出遊,未嘗臨御窻牖,此書則作"性不喜出入遊觀"。璠《記》稱楊秉嘗曰:"我有三不惑,酒、色、財也,天下以為名公。"此書刪下一句。又如序王龔與薛勤喪妻事,璠《記》先敘龔而追敘勤,此書則先敘勤而後敘龔。敘呂布兵敗,勸王允同逃事,璠《記》敘在長安陷時,此書追敘於後,亦頗有所移置。而核其文義,皆此書為長。其體例雖仿荀悅書,而悅書因班固舊文,翦裁聯絡。此書則抉擇去取,自出鑒裁,抑又難於悅矣。劉知幾《史通·正史篇》稱"世言漢中興,作史者惟袁、范二家"[②],以配蔚宗,要非溢美也。

【彙訂】

① 底本"盧"下有"氏"字,據此書卷一原文及殿本刪。

② "作",《史通》卷十二《古今正史》篇原文及殿本無。

元經十卷(江蘇巡撫採進本)

舊本題隋王通撰,唐薛收續併作傳,宋阮逸注。其書始晉太熙元年,終隋開皇九年,凡九卷,稱為通之原書。末一卷自隋開皇十年迄唐武德元年,稱收所續。晁公武《讀書志》曰:"案《崇文》無其目,疑阮逸依託為之。"陳振孫《書錄解題》曰:"河汾王氏諸書,自《中說》以外,皆《唐藝文志》所無。其傳出阮逸,或云皆逸偽作也。"唐神堯諱淵,其祖景皇諱虎,故《晉書》戴淵、石虎皆以字行。薛收唐人,於《傳》稱戴若思、石季龍宜也。《元經》作於隋世大業四年,亦書曰"若思",何哉? 今考是書,晉成帝咸和八年書"張公庭為鎮西大將軍",康帝建元元年書"石虎侵張駿"。公庭即駿之字,猶可曰書名書字,例本互通。至於康寧三年書"神虎門"為"神獸門",則顯襲《晉書》,更無所置辨矣。且於周大定元年直書楊堅輔政。通生隋世,雖妄以聖人自居,亦何敢於悖亂如是哉? 陳師道《後山談叢》、何薳《春渚紀聞》、邵博《聞見後錄》並稱逸作是書,嘗以稾本示蘇洵。薳與博語未可知,師道則篤行君子,斷無妄語,所記諒不誣矣。逸,字天隱,建陽人。天聖五年進士,官至尚書屯田員外郎。《宋史·胡瑗傳》"景祐初,更定雅樂,與鎮東軍節度推官阮逸同校鐘律"者,即其人也。王銍《甲申雜記》又載其所作詩,有"易立太山石,難芳上林柳"句,為怨家所告,流竄以終。生平喜作偽書①,此特其一耳。《文獻通考》載是書十五卷,此本止十卷,自魏太和以後,往往數十年不書一事,蓋又非阮逸僞本之全矣。至明鄧伯羔《藝彀》[2],稱是書爲關朗作。朗,北魏孝文帝時人,何由書開皇九年之事? 或因宋人記《關朗易傳》與此書同出阮逸,偶然誤記耶? 其書本無可取,以自宋以來,流傳已久,姑錄存之。而參考諸說,附糾其依託如右。

【彙訂】

① 王通《中說》屢言及《元經》,敍其著作之意甚詳。《中說·王道篇》曰:"銅川府君《興衰要論》七篇,言六代(晉、宋、後魏、北齊、周、隋)之得失。"同書《世家篇》:"銅川府君……遂告以《元經》之事,文中子再拜受之。"可知王通撰《元經》乃承父志。又《文苑英華》卷七三六載王勃《續書序》云:"我先君文中子……考僞亂而修《元經》……經始漢魏託於有晉,擇其典物宜於教者,續《書》爲百二十篇。"顯然《元經》乃續《續書》之作。《舊唐書·文苑·王勃傳》云:"祖通,依《春秋》體例,自獲麟後歷秦、漢至於後魏,著紀年之書,謂之《元經》。"皮日休《皮子文藪》卷四《文中子碑》云:"先生有《元經》三十一篇。"是唐人相傳,實有此書。晁、陳言其書爲《崇文總目》及《唐書·藝文志》所無,蓋謂今本出於阮逸依託爲之。又唐人著述傳至今者,帝諱或避或不避,不可據以斷其書真僞。(余嘉錫:《四庫提要辨證》;王冀民、王素:《文中子辨》)

② "至",殿本無。

大唐創業起居注三卷(浙江巡撫採進本)

唐溫大雅撰。大雅字彥寵[1],并州祁人。官禮部尚書,封黎國公。事蹟具《唐書》本傳。是書《唐志》、《宋志》皆作三卷,惟《文獻通考》作五卷。此本上卷記起義旗至發引四十八日之事,中卷記起自太原至京城一百二十六日之事,下卷記起攝政至即真一百八十三日之事。與《書錄解題》所云記三百五十七日之事者,其數相符。首尾完具,無所佚闕,不應復有二卷,《通考》殆譌"三"為"五"也。大雅本傳稱高祖兵興,引為記室參軍,主文檄。則此書得諸聞見,記錄當真。今取與《高祖本紀》相較,若劉仁恭為突厥所敗,煬帝驛繫高祖。此書稱高祖側耳謂秦王曰:"隋運將盡,吾家繼膺符命。所以不早起兵者,為爾兄弟未集耳。今遭羑里之厄,爾昆季須會盟津之師。"是興師由高祖。而《本紀》則謂舉事由秦王。又此書載隋少帝以夏四月詔曰:"今遵故事,遜於舊邸。"而《本紀》則繫之五月戊午。凡此之類,皆頗相牴牾。書中所謂大郎即建成,二郎即太宗,於太宗殊無所表異。胡震亨跋謂"大抵載筆之時,建成方為太子,故凡言結納賢豪,攻略城邑,必與太宗並稱",殆其然歟?抑或貞觀十七年敬播、房元〔玄〕齡、許敬宗等所修《高祖實錄》,欲以創業之功獨歸太宗,不能無所潤色也。觀大雅所諱,獨宮婢私侍一事耳。至於稱臣突厥,則以不用"書"而用"啟",隱約其詞。而於煬帝命為太原道安撫大使,則載高祖私喜此行,以為天授。於煬帝命擊突厥,則載高祖私謂人曰:"天其或者將以畀余。"俱據事直書,無所粉飾。則凡與唐史不同者,或此書反為實錄,亦未可定也。

【彙訂】

　　① 兩《唐書·溫大雅傳》均作"字彥弘",不作"彥寵"。洪邁《容齋四筆》卷一一"溫大雅兄弟名字"條謂溫氏兄弟名皆從彥,大雅獨以字行者,因唐人避高宗太子弘之諱,改書其字,後人遂改稱其字。宋、清二代諱"弘",改作"宏",形近又譌作"寵"。(李季平:《溫大雅與〈大唐創業起居注〉》;楊武泉:《四庫全書總目辨誤》)

資治通鑑二百九十四卷（內府藏本）

宋司馬光撰，元胡三省音注①。光以治平二年受詔撰《通鑑》，以元豐七年十二月戊辰書成奏上，凡越十九年而後畢。光進表稱精力盡於此書。其採用之書，正史之外，雜史至二百二十二種②。其殘稿在洛陽者尚盈兩屋，既非掇拾殘賸者可比。又助其事者，《史記》、前後《漢書》屬劉邠；三國、南北朝屬劉恕；唐、五代屬范祖禹。又皆通儒碩學，非空談性命之流。故其書網羅宏富，體大思精，為前古之所未有。而名物訓詁，浩博奧衍，亦非淺學所能通。光門人劉安世嘗撰《音義》十卷，世已無傳。南渡後注者紛紛，而乖謬彌甚。至三省乃彙合羣書，訂譌補漏，以成此注③。元袁桷《清容集》載《先友淵源錄》④，稱：「三省天台人，寶祐進士，賈相館之。釋《通鑑》三十年，兵難稿三失。乙酉歲，留袁氏家塾，日手抄《定注》。己丑寇作，以書藏窖中得免。」案三省自序稱「乙酉徹編」，與桷所記正合。惟桷稱《定注》，而今本題作《音注》，疑出三省所自改。三省又稱，初依《經典釋文》例，為《廣注》九十七卷。後失其書，復為之注，始以考異及所注者散入《通鑑》各文之下。曆法、天文則隨目錄所書而附注焉。此本惟考異散入各文下，而目錄所有之曆法、天文書中並未附注一條。當為後人所刪削，或三省有此意而未及為歟？《通鑑》文繁義博，貫穿最難。三省所釋，於象緯推測、地形建置、制度沿革諸大端，極為賅備。故《唐紀》開元十二年內注云：「溫公作《通鑑》，不特紀治亂之迹而已。至於禮樂、曆數、天文、地理，尤致其詳。讀者如飲河之鼠，各充其量。」蓋本其命意所在，而於此特發其凡，可謂能見其大矣。至《通鑑》中或小有牴牾，亦必明著其故。如《周顯王紀》「秦大良造伐魏」條注云：「『大良造』下當有『衛鞅』二字。"《唐代宗紀》"董晉使回紇"條注云："此韓愈狀晉之辭,容有溢美。"又"嚴武三鎮劍南"條注云："武只再鎮劍南,蓋因杜甫詩語致誤。"《唐穆宗紀》"册回鶻嗣君"條注云："《通鑑》例,回鶻新可汗未嘗稱嗣君。"《文宗紀》"鄭注代杜悰鎮鳳翔"條注云："如上卷所書杜悰鎮忠武,不在鳳翔。"凡若此類,並能參證明確,而不附會以求其合,深得注書之體。較尹起莘《綱目發明》附和回護,如諂臣媚子所為者,心術之公私,學術之真偽,尤相去九牛毛也。雖徵摭既廣,不免檢點偶疏。如延廣之佚姓⑤,《出師表》敗軍之事,庾亮"此手何可著賊"之語,劉懷珍之軍洋水⑥,阿那瓌之趨下口,烏丸軌、宇文孝伯之誤句,周太祖詔"今兄"之作"令兄",顧炎武《日知錄》並糾其失。近時陳景雲亦摘地理謬舛者,作《舉正》數十條。然以二三百卷之書,而蹉失者僅止於此,則其大體之精密,益可概見。黃溥《簡籍遺聞》稱是書元末刊於臨海,洪武初取其版藏南京國學。其見重於後來,固非偶矣。

【彙訂】

① 依《總目》體例,當補"光有《溫公易說》,已著錄"。

② "二百二十二種",底本作"三百二十二種",據殿本改。《總目》"史部總敘"云："高似孫《緯略》……又稱光作《通鑑》,一事用三四出處纂成,用雜史諸書凡二百二十二家。"《文獻通考》卷一九三曰："《通鑑》採正史之外,其用雜史諸書凡二百二十二家。"當係援引南宋高似孫《緯略》卷十二。而高氏《史略》卷四《通鑑參據書》條列舉參考書細目,通計二百二十六種。此書實際採用之書,正史以外共三百四十餘種。(鄔國義：《〈資治通鑑〉引書問題——糾正〈四庫提要〉的一則錯誤》;陳光崇：《張氏〈通鑑學〉所列〈通鑑〉引用書目補正》;高振鐸：《〈通鑑〉參據書

考辨》）

③“注”，殿本作“書”。

④《清容居士集》卷三三載此文，題原作《先君子蚤承師友晚固艱貞習益之訓傳於過庭述師友淵源錄》，則省文應作《師友淵源錄》。（江慶柏等整理：《四庫全書薈要總目提要》）

⑤“延廣之佚姓”，底本作“景延廣之名”，據殿本改。《日知錄》卷二七“《通鑑》注”條云：“漢武帝太初三年，膠東太守延廣為御史大夫。注：‘延廣，史逸其姓。’按，延即姓也。”所引見於《資治通鑑》卷二一。景延廣為五代後晉人。（陳尚君、張金耀主撰：《四庫提要精讀》）

⑥“劉懷珍”，底本作“沈懷珍”，據殿本改。《資治通鑑》卷一三二云：“（宋明帝）泰始三年……輔國將軍劉懷珍……與（沈）文炳偕行。……（沈）文秀攻青州刺史明僧暠。帝使懷珍……浮海救之……懷珍軍於洋水。”《日知錄》卷二七“《通鑑》注”條所載略同。（江慶柏等整理：《四庫全書薈要總目提要》）

資治通鑑釋文辨誤十二卷（内府藏本）①

元胡三省撰。《通鑑釋文》本南宋時蜀人史炤所作，淺陋特甚。時又有海陵所刊《釋文》，稱司馬康本。又蜀廣都費氏進修堂版行《通鑑》，亦以注附之，世號“龍爪《通鑑》”。皆視史炤本差略，而實相蹈襲。三省既自為《通鑑音注》，復以司馬康《釋文》本出偽託，而史炤所作譌謬相傳，恐其疑誤後學，因作此書以刊正之。每條皆先舉史炤之誤，而海陵本、龍爪本與之同者，則分注其下。其已見於此書者，《音注》之中即不復著其説。然如《唐德宗紀》“韓旻出駱驛”一條，《音注》云：“史炤謂駱谷關之驛。余案韓旻若過駱谷關驛②,則已通奉天而西南矣。炤説非也。"此類隨文考正者,亦不盡見於《辨誤》。蓋二書本相輔而行,故各有詳略,以便互為考證也。其書援據精核,多足為讀史者啟發之助。所云音訓之學,因文見義,各有攸當,不可滯於一隅。又云晉、宋、齊、梁、陳之疆里不可以釋唐之疆里,其言實足為千古注書之法,又不獨為史炤一人而設矣。

【彙訂】

① 底本與文淵閣庫書次序不符,當置於"通鑑地理通釋十四卷"條之後。殿本不誤。

② "駱谷關驛",殿本作"駱谷之驛"。《資治通鑑》卷二二八《唐德宗紀三》"駱驛"下注云:"駱驛,地名。史炤曰:'駱谷關之驛也。'余按韓旻若至駱谷關之驛,則已過奉天而西南矣。炤説非也。但未知駱驛在何地。"

通鑑胡注舉正一卷(浙江巡撫採進本)

國朝陳景雲撰。景雲里貫,已附見《三國辨誤》條下。是書皆參訂胡三省《資治通鑑音注》之誤,凡六十三條。而所正地理居多,頗為精核。然如周赧王五十七年"大梁夷門監者"注以夷門為大梁北門,不知《史記·信陵君傳》本作東門。又隋煬帝大業元年"奇章公牛宏〔弘〕"注,但引《隋書》、《新唐書》作"其章縣",不知《舊唐書》本作"奇章",謂以縣東八里奇章山得名。又後漢明帝永平十四年"隧鄉"名見《漢書·地理志》"泰山郡蚰邱〔丘〕縣"條下①;唐高祖武德三年"溱州"見《隋書·煬帝紀》大業元年及《地理志》"汝南郡"條下;後晉高祖天福四年"康化軍"見陸游《南唐書·烈祖本紀》,而注皆云無考。凡斯之類,尚未悉舉。考書後附載王峻所作《景雲墓誌》,稱作《通鑑胡注舉正》十卷。而卷末其子黃中跋亦稱:"書本十卷,屋漏鼠齧之餘,僅存什一。"然則是編乃殘闕之稾,其多所挂漏宜矣。要此所存諸條,亦未始不足資考據也。

【彙訂】

① "後",殿本無。

通鑑地理通釋十四卷(江蘇巡撫採進本)①

宋王應麟撰。應麟有《周易鄭氏注》,已著錄。是書以《通鑑》所載地名異同沿革最為糾紛,而險要阸塞所在,其措置得失亦足為有國者成敗之鑒,因各為條列,釐定成編。首歷代州域,次歷代都邑,次十道山川,次歷代形勢,而終以唐河湟十一州、石晉十六州、燕雲十六州。書本十四卷,《宋史》本傳作十六卷,疑傳刻之譌也。其中徵引浩博,考核明確,而敘列朝分據戰攻,尤一一得其要領,於史學最為有功。原書無序,後人以書後應麟自跋移冠於前。所云"上章執徐橘壯之月",乃元世祖至元十六年庚辰八月。是時宋亡已三年,蓋用陶潛但書甲子之義。書內稱"梓慎"為"梓謹",亦猶為宋諱云。

【彙訂】

① 底本與文淵閣庫書次序不符,當置於"資治通鑑目錄三十卷"條之後。殿本不誤。

資治通鑑考異三十卷(安徽巡撫採進本)①

宋司馬光撰。此書於元豐七年隨《通鑑》同奏上。高似孫《緯略》載:"光編集《通鑑》,有一事用三四出處纂成者。"《文獻通考》載:"司馬康所述有司馬彪、荀悅、袁宏、崔鴻、蕭方等,李延壽

及《太清記》、《唐曆》之類。"洪邁《容齋隨筆》所摘有《河洛記》②、
《魏鄭公諫錄》、《李司空論事》、《張中丞傳》、《涼公平蔡錄》、《鄴
侯家傳》、《兩朝獻替記》、《後史補》、《金鑾密記》、《彭門紀亂》、
《平剡錄》、《廣陵妖亂志》之類。不過偶舉其數端,不止是也。其
閒傳聞異詞,稗官既喜造虛言,正史亦不皆實錄。光既擇可信者
從之,復參考同異,別為此書,辨正謬誤,以祛將來之惑。昔陳壽
作《三國志》,裴松之注之,詳引諸書錯互之文,折衷以歸一是,其
例最善。而修史之家,未有自撰一書,明所以去取之故者。有
之,實自光始。其後李燾《續通鑑長編》、李心傳《建炎以來繫年
要錄》皆沿其義,雖散附各條之下,為例小殊,而考訂得失則一
也。至陳桱、王宗沐、薛應旂等欲追續光書,而不能網羅舊籍,僅
據本史編排,參以他書,往往互相牴牾,不能遽定其是非,則考異
之法不講,致留遺議於本書,滋疑竇於後來者矣。其中如唐關播
平章事拜罷,專引《舊唐書》,而不及引《新唐書》紀傳、年表以證
其誤者,小小滲漏,亦所不免。然卷帙既繁,所謂牴牾不敢保者,
光固已自言之,要不足為全體累也。其書原與《通鑑》別行,胡三
省作《音注》,始散入各文之下,然亦頗有漏略。此乃明初所刊單
本,猶光原書卷第,故錄之以存其舊焉。

【彙訂】

①　此條與文淵閣庫書次序不符,當置於"資治通鑑二百九
十四卷"條之後。殿本不誤。

②　"所摘",殿本作"所記"。

資治通鑑目錄三十卷(光祿寺卿陸錫熊家藏本)①

宋司馬光撰。此書亦與《通鑑》同奏上,即進書表所謂"略舉

事目,以備檢閱”者也。其法年經國緯,著其歲陽歲名於上,而各標《通鑑》卷數於下。又以劉羲叟《長曆》氣朔、閏月及列史所載七政之變著於上方,復撮書中精要之語散於其閒,次第鑿然,具有條理。蓋《通鑑》一書,包括宏富而篇帙浩繁。光恐讀者倦於披尋,故於編纂之時,提綱挈要,併成斯編,使相輔而行,端緒易於循覽。其體全仿年表,用《史記》、《漢書》舊例。其標明卷數,使知某事在某年,某年在某卷,兼用目錄之體,則光之創例。《通鑑》為紀、志、傳之總會,此書又《通鑑》之總會矣。至五星淩犯之類,見於各史《天文志》者,《通鑑》例不備書,皆具列上方②,亦足補本書所未及。《書錄解題》稱:“光患本書浩大難領略,而《目錄》無首尾,晚著《通鑑舉要歷》八十卷,其槀在晁說之以道家。紹興初,謝克家任伯得而上之。今其本不傳。”《讀書志》又別載《通鑑節文》六十卷,亦稱光所自鈔,今亦不傳。惟此書以附《通鑑》得存,尚足為全書之綱領云。

【彙訂】

① 此條與文淵閣庫書次序不符,當置於“通鑑釋例一卷”條之後。殿本不誤。

② “具”,殿本無。

通鑑釋例一卷(內府藏本)①

宋司馬光撰。皆其修《通鑑》時所定凡例,後附《與范祖禹論修書帖》二通。有光曾孫尚書吏部員外郎伋跋語,稱遺槀散亂,所藏僅存,脫略已甚,伋輒掇取分類為三十六例。末題“丙戌仲秋”,乃孝宗乾道二年。胡三省《通鑑釋文辨誤》序謂光沒後,《通鑑》之學其家無傳。後因金使問司馬光子孫,朝廷始訪其後之在

江南者,得從曾孫伋,使奉公祀。凡言書出於司馬公者,必鋟梓
行之。蓋伋之始末如此。其編此書時,嘗有浙東提舉常平茶鹽
司版本。惟伋跋稱三十六例,而今本止分十二類,蓋并各類中細
目計之也。伋又稱文全字闕者伋亦從而闕之,而今本並無所闕,
則已非原刻之舊②。胡三省又云:"溫公《與范夢得修書二帖》得
於三衢學宫,《與劉道原十一帖》則得於高文虎氏。伋取以編於
前例之後。"今本止有《與夢得二帖》,而《道原十一帖》無之。殆
後人以《通鑑問疑》别有專本而削去不載歟?其書雜出於南渡
後,恐不無以意損益,未必盡光本旨。而相傳已久,今故與《問
疑》並著於録,以備參考焉。

【彙訂】

① 此條與文淵閣庫書次序不符,當置於"資治通鑑考異三
十卷"之後。殿本不誤。

② 四庫所收本僅十二例,乃不全之本,其三十六例本完整
保存在元初張氏晦明軒刻本《增節入注附音司馬溫公資治通鑑》
卷一中。(鄔國義:《〈通鑑釋例〉三十六例的新發現》)

稽古録二十卷(光禄寺卿陸錫熊家藏本)

宋司馬光撰。光既撰《資治通鑑》及《目録》、《考異》,又有
《舉要歷》,有《歷年圖》,有《百官表》。《歷年圖》仍依《通鑑》,起
於三晉,終於顯德。《百官表》止著宋代。是書則上溯伏羲,下訖
英宗治平之末,而為書不過二十卷。蓋以各書卷帙繁重,又《歷
年圖》刻於他人,或有所增損,亂其卷帙。故芟除繁亂,約為此
編,而諸論則仍《歷年圖》之舊。元祐初表上於朝。陳振孫《書録
解題》曰越本彙聚諸論於一卷,潭本則分係於各代之後。此刻次

第蓋依潭本,較越本易於循覽。《朱子語錄》曰:"《稽古錄》一書,可備講筵宮僚進讀。小兒讀《六經》了,令讀之,亦好。末後一表,其言如蓍龜,一一皆驗。"今觀其諸論,於歷代興衰治亂之故,反復開陳,靡不洞中得失,洵有國有家之炯鑒,有裨於治道者甚深。故雖非洛學之派,朱子亦不能不重之,足見其不可磨滅矣。南渡以後,龔頤正嘗續其書,今《永樂大典》尚有全本。然是非頗乖於公議,陳振孫深不取之。蓋其心術、學問皆非光比,故持論之正亦終不及光也。

　　通鑑外紀十卷目錄五卷(少詹事陸費墀家藏本)

　　宋劉恕撰。恕,字道原,其先世京兆萬年人[1]。祖受為臨川令,葬於高安,因家焉。《宋史》本傳稱其舉進士,入高等,不著何年。考司馬光作此書序[2],稱恕卒於元豐元年九月,年四十七,則當生於明道元年。又稱其登第時年十八,則皇祐元年進士也。初授鉅鹿主簿,尋遷知和川[3]、翁源二縣。會司馬光受詔修《資治通鑑》,奏以恕同司編纂,轉著作郎。熙寧四年,以忤王安石乞終養,改祕書丞[4],仍令就家續成前書,遂終於家。此書乃其臨沒所成也。蓋修《資治通鑑》時,恕欲與司馬光採宋一祖四宗實錄、國史為《後紀》,而摭周威烈王以前事蹟為《前紀》。會遭憂遘疾,右肢痺廢[5],知遠方不可得國書,《後紀》必不能就,乃口授其子羲仲[6],以成此書,改名曰《外紀》。凡《包羲以來紀》一卷,《夏紀》、《商紀》共一卷,《周紀》八卷,又《目錄》五卷[7]。年經事緯,上列朔閏天象,下列《外紀》之卷數,悉與司馬光《通鑑目錄》例相同[8]。金履祥作《通鑑前編》,詆其好奇[9]。今觀其書周成王元年丙戌,稱周公攝王之元年,越七年癸巳,始稱成王元年,則是周公殆類新莽之為矣⑩。又稱魯惠公為隱公娶於宋,見其女好而自納之,生桓公,是惠公先有衛宣之醜。如斯之類,頗為不經。又如齊桓觀龍,殆如戲劇;熊渠射虎,何預勸懲。雖曰細大不捐,亦未免貪多務得。履祥所論,未可謂之吹求。然《外紀》於上古之事,可信者大書,其異同舛誤以及荒遠茫昧者⑪,或分注,或細書,未嘗不具有別裁。《目錄》於共和以後據《史紀‧年表》編年,共和以前皆謂之"疑年",不標歲陽、歲陰之名,並不纍列其數,亦特為審慎。且其自序稱:"陶潛豫為祭文,杜牧自撰墓誌,夜臺甫邇,歸心若飛,不能作《前》、《後紀》而為《外紀》。他日書成,公為《前》、《後紀》,則可刪削《外紀》之繁冗而為《前紀》,以備古今一家之言。"云云。則恕作此書,特創為草稾,儲才備用,如《通鑑》之有長編,以待司馬光之刊定耳。履祥不察當日書局編纂之例,遽加輕訾,操之未免為已蹙矣⑫。

【彙訂】

①"世",殿本無。

② 司馬光曾撰《十國紀年》序,稱道原六世祖度,唐末為臨川令。今傳本《通鑑外紀》序乃刪改此序而成。(陳垣:《書〈通鑑外紀〉溫公序後》)

③"尋",殿本無。"和川",底本作"和州",據《宋史》卷四四四本傳及殿本改。和川今屬山西,和州今屬安徽。(同上)

④ 治平三年,司馬光奏恕同編修《資治通鑑》,遷著作佐郎,非著作郎。改祕書丞,在熙寧三年九月後。見《十國紀年序》及《三劉家集》。(李裕民:《四庫提要訂誤》)

⑤"右肢",底本作"右股",據殿本改。劉恕《通鑑外紀引》云:"熙寧九年,恕罹家禍,悲哀憤鬱,遂中癱痹。右肢既廢,凡欲

執筆,口授稚子義仲書之。"《宋史》卷四四四本傳亦載:"道得風攣疾,右手足廢,然苦學如故。"

⑥"義仲",底本作"義仲",據劉恕《通鑑外紀引》、《宋史·劉恕傳》及殿本改。《文溯閣四庫全書提要》不誤。(杜澤遜:《四庫提要校正》)

⑦劉恕自序云斷以包犧至未命三晉為諸侯為《前紀》,自周共和元年庚申威烈王二十二年丁丑,四百三十八年,見於《外紀》。然今其書實始包犧。(胡玉縉:《四庫全書總目提要補正》)

⑧"相同",殿本作"同"。

⑨殿本"詆"上有"頗"字。

⑩"則是周公殆類新莽之為矣",殿本作"則周公殆類新莽之為"。

⑪"舛誤",殿本作"舛互"。

⑫"為",殿本無。

皇王大紀八十卷(浙江范懋柱家天一閣藏本)

宋胡宏撰。宏字仁仲,號五峯,崇安人,安國之季子也,以蔭補承務郎。紹興中嘗上書忤秦檜,久不調。檜死,始召用,辭疾不赴。事蹟附載《宋史·儒林傳·胡安國傳》中。是書成於紹興辛酉,紹定間嘗宣取入祕閣。所述上起盤古,下迄周末。前二卷皆粗存名號事蹟。帝堯以後,始用《皇極經世》編年,博採經傳,而附以論斷。陳振孫《書錄解題》嘗譏其誤取《莊子》寓言①,及敘邃古之初,無徵不信。然古帝王名號可考,統系斯存,典籍相傳,豈得遽為刪削②。至其採摭浩繁,雖不免小有出入,較之羅泌《路史》,則切實多矣,未可以一眚掩也。朱彝尊《曝書亭集》有是書跋,稱:"近時鄒平馬驌撰《繹史》,體例頗相似。疑其未見是書,正可並存不廢。"今考驌書多引《路史》,而不及《皇王大紀》一字。彞尊以為未見,理或有然。至於此書體用編年,《繹史》則每事標題,而雜引古書之文排比倫次,略如袁樞《記事本末》之法,體例固截然不同③。不知彞尊何以謂其相似,殆偶未詳檢驌書歟?

【彙訂】

① "嘗",殿本無。

② "刪削",殿本作"芟削"。

③ "固",殿本無。

中興小紀四十卷(永樂大典本)

宋熊克撰。克,字子復,建陽人。孝宗時官至起居郎兼直學士院,出知台州。事蹟具《宋史・文苑傳》。是編排次南渡以後事蹟,首建炎丁未,迄紹興壬午,年經月緯,勒成一書。宋制,凡累朝國史,先修日紀,其曰"小紀",蓋以別於官書也。陳振孫《書錄解題》稱:"克之為書,往往疏略多牴牾,不稱良史。"岳珂《桯史》亦摘其記金海陵南侵,誤以薰風殿之議與武德殿之議併書於紹興二十八年,合而為一。蓋以當時之人記當時之事,耳目既有難周,是非尚未論定,自不及李心傳書纂輯於記載詳備之餘。然其上援朝典,下參私記,綴緝聯貫,具有倫理。其於心傳之書,亦不失先河之導。創始難工,固未可一例論也。《宋史・藝文志》載克所著尚有《九朝通略》一百六十八卷。今《永樂大典》僅存十有一卷,首尾零落,已無端委。僅此書尚為完本,惟原書篇第為編纂者所合併,舊目已不可尋。今約略年月,依《宋史》所載原數,仍勒為十卷①。

【彙訂】

　　① 文淵閣《四庫》本書前提要作"四十卷",然《宋史·藝文志》著錄熊克《中興小歷》四十一卷。(王欣夫:《蛾術軒篋存善本書錄》)

　　續資治通鑑長編五百二十卷(永樂大典本)

　　宋李燾撰。燾有《説文解字五音韻譜》,已著錄。燾博極羣書,尤究心掌故。以當時學士、大夫各信所傳,不考諸實錄、正史,家自為説,因踵司馬光《通鑑》之例,備採一祖八宗事蹟①,薈粹討論,作為此書。以光修《通鑑》時先成長編,燾謙不敢言續《通鑑》,故但謂之《續資治通鑑長編》②。《文獻通考》載其進書狀四篇。一在隆興元年知榮州時,先以建隆迄開寶年事一十七卷上進;一在乾道四年為禮部郎時,以整齊建隆元年至治平四年閏三月五朝事蹟共一百八卷上進;一在淳熙元年知瀘州時,以治平後至靖康凡二百八十卷上進;一在淳熙元年知遂寧府時,重別寫呈,并《舉要》、《目錄》計一千六十三卷、六百八十七册上進。故周密《癸辛雜識》稱韓彥古盜寫其書,至盈二廚。然《文獻通考》所載僅《長編》一百六十八卷,《舉要》六十八卷,與進狀多寡迥殊。考陳振孫《書錄解題》稱"其卷數雖如此,而册數至逾三百,蓋逐卷又分子卷,或至十餘"云云,則所稱一千六十三卷者,乃統子卷而計之,故其數較多矣③。又據燾進狀,其書實止於欽宗。而王明清《玉照新志》稱紹興元年胡彥修疏在《長編》一百五十九卷注後,則似乎兼及高宗。或以事相連屬,著其歸宿,附於注末,如《左傳》後經終事之例歟?《癸辛雜識》又稱"燾為《長編》，以木廚十枚，每廚抽替匣二十枚，每替以甲子誌之。凡本年之事有所聞，必歸此匣。分日月先後次第之，井然有條"云云，則其用力之專且久，可概見矣。其書卷帙最多，當時艱於傳寫，書坊所刻本及蜀中舊本已有詳略之不同。又神、哲、徽、欽四朝之書，乾道中祇降祕書省依《通鑑》紙樣繕寫一部，未經鏤版，流播日稀①。自元以來，世鮮傳本。本朝康熙初，崑山徐乾學始獲其本於泰興季氏，凡一百七十五卷，嘗具疏進之於朝。副帙流傳，無不珍為祕乘。然所載僅至英宗治平而止，神宗以後仍屬闕如。檢《永樂大典》"宋"字韻中備錄斯編，以與徐氏本相較，其前五朝雖大概相合，而分注考異，往往加詳。至熙寧迄元符三十餘年事蹟，徐氏所闕而朱彝尊以為失傳者，今皆粲然具存，首尾完善，實從來海內所未有。惟徽、欽二紀原本不載，又佚去熙寧、紹聖間七年之事，頗為可惜。然自哲宗以上，年經月緯，遂已詳備無遺。以數百年來名儒碩學所欲見而不得者，一旦頓還舊物，視現行諸本增多幾四五倍，斯亦藝林之鉅觀矣。昔明成化中，詔商輅等續修《通鑑綱目》，時《永樂大典》庋藏內府，外庭無自而窺，竟不知燾之舊文全載卷內，乃百方別購，迄不能得，論者以為遺憾。今恭逢我皇上稽古右文，編摩《四庫》，乃得復見於世。豈非顯晦有時，待聖世而發其光哉？燾原目無存，其所分千餘卷之次第，已不可考。謹參互校正，量其文之繁簡，別加釐析，定著為五百二十卷。燾作此書，經四十載乃成。自實錄、正史、官府文書以逮家錄、野紀，無不遞相稽審，質驗異同。雖採摭浩博，或不免虛實並存，疑信互見，未必一一皆衷於至當。不但太宗斧聲燭影之事，於《湘山野錄》考據未明，遂為千古之疑竇，即如景祐二年三月賜鎮東軍節推毛洵家帛米一事，核以余靖所撰《墓銘》，殊不相

符,為曾敏行《獨醒雜誌》所糾者,亦往往有之。然燾進狀自稱
"寧失之繁,毋失之略",蓋廣蒐博錄以待後之作者。其淹貫詳
贍,固讀史者考證之林也。

【彙訂】

① "備",殿本無。

② 書中時注有"可刪"、"當考"、"此段當移入阿云自首時"
等字樣,可見《長編》確為其名,並非謙稱。(李裕民:《長編並非
謙稱》)

③ "多",殿本作"夥"。

④ 據周必大《周益公大全集·平園續稿》卷二六《敷文閣學
士李文簡公燾神道碑》、李心傳《建炎以來朝野雜記》甲集四、《玉
海》卷四七等,"淳熙元年知遂寧府"應作"淳熙十年知遂寧府"。
據《玉照新志》卷四,"胡彥修"應作"胡交修"。神、哲、徽、欽四朝
《長編》乃淳熙中進呈,"乾道中"應作"淳熙中"。(裴汝誠、許沛
藻:《續資治通鑑長編考略》)

綱目續麟二十卷校正凡例一卷附錄一卷彙覽三卷(江西巡
撫採進本)

明張自勳撰。自勳,字卓菴,南昌人①。是編成於崇禎癸
未。首為《校正凡例》一卷,列朱子《凡例》與劉友益《書法凡例》,
而各著所疑。次為《附錄》一卷,備列朱子《論綱目手書》十二篇
及李方子《綱目後序》、王柏《書綱目大全後》、徐昭文《綱目考證
序》。證《綱目》一書,非惟分注非朱子手定,即正綱亦多出趙師
淵手,併證劉友益誤以晚年未定之本為中年已定之本,遂不求端
訊末,強辨誣真。其《續麟》二十卷,則案原書次第,摘列《綱目》

及《考異》、《書法》、《發明》、《考證》之文，而一一辨正其是非。《彙覽》三卷，則列增刪正綱者三千六百四十餘字，增刪分注者四百四十餘字。蓋《彙覽》為改正之本，而《續麟》則發明改正之所以然。分注之文，《彙覽》僅改其年號、君名、諡號之類，而其他所當改者，以其文太繁，則散見於《續麟》中。蓋二書詳略互見，相輔為用者也。其宗方孝孺之論，不以統予秦、晉、隋，未免儒生膠固之見。然其他參互比校，每能推其致誤之所以然。如唐以前太子即位皆書名，至唐獨不書名，劉友益曲為之說。自勳則以為太子即位，前史皆書名，至《唐書》本紀獨不書名，《綱目》不過誤從史文，不必強為穿鑿。又如漢景帝中元年十二月晦日食，《綱目》漏書；三年九月晦日食既，《綱目》漏書“既”字。自勳以為皆《漢書·本紀》先漏，《綱目》但據《本紀》而未見《五行志》[②]，故有此失，別無他義。皆足破陋儒附會之說。他若唐太宗貞觀元年書徵隋祕書監劉子翼不至，劉友益《書法》稱：“書‘不至’何？美子翼也。”尹起莘《發明》亦以特書隋官為美之。自勳則據《唐書·劉禕之傳》載子翼後復召拜吳王府功曹參軍，終著作郎、宏〔弘〕文館直學士。謂《綱目》失考，誤以為陶潛一例。如是之類，其說皆鑿鑿有徵，非故與朱子為難者比。至於《凡例》稱曹丕、劉裕書姓，而《綱目》書宋王裕乃無“劉”字；又《凡例》稱宦者封爵皆加“宦者”字，如鄭眾之屬，而《綱目》書鄭眾封鄹鄉侯乃無“宦者”字。用證《綱目》傳寫刊刻，不免譌脫，不必以鈔胥刻工之失，執為朱子之筆削，尤為洞悉事理之言。視徒博尊朱子之名而牽合迂謬，反晦朱子之本旨者，相去遠矣。

　　謹案，《四庫》編纂之例，凡箋注古書者，仍以所箋所注之時代為次。是書本為朱子《綱目》而作。《綱目》經聖祖仁皇帝御批，當以御批為主，已恭錄於史評類中。故編年類中不錄《綱目》，而是編及芮長恤、陳景雲書則仍從《綱目》之次序，列諸此焉。

【彙訂】

① 張自勳為宜春人。（胡思敬：《綱目續麟彙覽跋》）

② "見"，殿本作"考"。

綱目分注補遺四卷（浙江巡撫採進本）

國朝芮長恤撰。長恤字蒿子，原名城，字巖尹，溧陽人，前明諸生。初，朱子因司馬光《通鑑》作《綱目》，以分注浩繁，屬其事於天台趙師淵，師淵《訥齋集》中載其往來書牘甚詳。蓋《分注》之屬師淵，猶《通鑑》之佐以劉、范，在朱子原不諱言。因流傳刊版未題師淵之名，後人遂誤以為《分注》亦出朱子。閒有舛漏，皆委曲强為之辭。長恤考究本原，知不出朱子之手。故凡《分注》之刪削《通鑑》以至失其本事者，悉列原文某句某字之下①。有某句某字於前，而推求事理為之考辨於後，使證佐分明，具有條理。昔元汪克寬力崇道學，篤信新安，而作《考異》一編，訂譌正舛，至今與《綱目》並刊。蓋是非者天下之公，苟一閒未達，於聖人不能無誤，而大儒之心廓然無我，亦必不以偶然疏漏，生迴護之私。是即真出朱子，亦決不禁後儒之考訂，況門人代擬之本哉？且其説皆引據舊文，原書具在，亦非逞臆私談，憑虛肆辨，如姚江末流所為者，是亦可為《綱目》之功臣矣。陳鼎《留溪外傳》列長恤於"理學部"中，稱其手著《綱目存遺》等書。蓋嫌於朱子尚有所遺，待人之補，故改"補"為"存"，以諱其事。門戶之見，又何其陋歟？

【彙訂】

① "下"，殿本作"内"。

綱目訂誤四卷（江蘇巡撫採進本）

國朝陳景雲撰。初，尹起莘所作《通鑑綱目發明》①，凡有疑義，率委曲以通其説②。至周密作《癸辛雜識》，始辨其中宗、武后並書年號一條。然其説不甚確。後作《齊東野語》，又辨綱中北齊高緯殺其從官六十人一條；郭威弑隱帝書"殺"，弑湘陰王書"弑"一條；開元九年冬十一月罷諸王都督刺史等四條；貞元二年十一月皇后不書氏一條，目中開皇十七年赦蕭摩訶一條；貞觀元年太宗詰杜淹一條，則頗中其失。後明末張自勳、國朝芮長恤亦遞有訂正。景雲是書又捃摭諸家所未及，悉引據前史原文，互相考證。其中毛舉細故，雖未免稍涉吹求，然如漢蕭望之誤書下獄；"漢中王即位"條下誤載司馬光論；雍闓之叛，誤"四郡"為"三郡"③；鍾會過王戎，誤書其祖官；曹志免官，誤作除名；拓拔賀傉誤為鬱律之子；石虎擒劉岳④，誤以為殺；王導論劉允〔胤〕語，誤脱"布在江州"四字；乞伏步頹之叛，誤在苻堅敗後；孫恩走郁州，誤作陷廣陵；宋高祖誡義符語，誤删"非如兄詔有"五字；始興王濬在西州，誤删朱法瑜事；沈文季為僕射，誤與蕭坦之並書；賀拔岳誤書雍州刺史；高洋誤漏還晉陽；西魏洛陽、平陽以東地入於齊，誤删"以東"字；陳武帝祔祖於廟，誤作周事；隋文帝斬問事，誤作斬所捶之人；柴紹為長史，誤連下文作諮議；李吉甫漏書罷相；李行言殺强盜，誤作殺北司；官軍亂焚殺李克恭，誤作自焚；羅紹威表詞，誤以設言為實事；梁以錢鏐為吳越國王，誤複上卷；王峻以樞密使同平章事兼領平盧，誤作出鎮，皆指摘精確，足正

傳譌。附糾汪克寬《考異》誤讀高密王恢；陳濟《正誤》誤解太興
殿後廳⑤；胡寅《讀史管見》誤指宇文孝伯讒王軌及誤論安、史；
劉友益《書法》誤論削高侃名諸條，亦皆允當。其於攟實之學，亦
可云愈推愈密矣。

【彙訂】

①"初尹起莘所作通鑑綱目發明"，殿本作"是書因朱子通
鑑綱目纂述舊文頗多譌舛而尹起莘所作發明"。

②"委曲以通其説"，殿本作"委曲回護"。

③"三郡"，殿本作"二郡"，誤。此書卷一"後主建興元年
目"條下云："按綱書'雍闓以四郡叛'，而《分注》中止列益州、牂
牁、越巂三郡，為不相符。蓋中間漏卻圍永昌一事也。"

④"劉岳"，殿本作"劉曜"，誤。此書卷一"明帝太寧三年
目"條下云："虎禽岳殺之"，"按是時石虎禽劉岳，送襄陽，未嘗殺
岳也。後三年洛西之戰，石勒禽劉曜以歸，有令劉岳見曜之事
（見《通鑑》）。岳不死於石虎之手明矣。"

⑤"解"上"誤"字，據殿本補。此書卷二"煬帝大業十三年
目"條下云"遷居大興殿後，聽思廉扶王至閤下"，"陳濟《正誤》云
'聽'即'廳'字，六朝以來乃始加'厂'……陳氏著《正誤》一編，凡
正《集覽》之誤四百餘條，皆援據精審。獨此條殊乖疏"。

大事紀十二卷通釋三卷解題十二卷（浙江吳玉墀家藏本）

宋呂祖謙撰。祖謙有《古周易》，已著錄。是書取司馬遷《年
表》所書，編年系月以紀《春秋》後事，復採輯諸書以廣之。始周
敬王三十九年，迄漢武帝徵和三年。書法皆祖太史公，所錄不盡
用策書凡例。《朱子語錄》所謂"伯恭子約宗太史公之學，以為非

漢儒所及”者，此亦一證也。其書作於淳熙七年。每以一日排比一年之事。本欲起春秋後迄於五代，會疾作而罷。故所成僅此，然亦足見其大凡矣。當時講學之家①，惟祖謙博通史傳，不專言性命。《宋史》以此黜之，降置《儒林傳》中。然所學終有根柢，此書亦具有體例。即如每條下各注“從某書修”云云②，一一具載出典，固非臆為筆削者可及也。《通釋》三卷，如說經家之有綱領，皆錄經典中要義格言。《解題》十二卷則如經之有傳，略具本末而附以己見。凡《史》、《漢》同異及《通鑑》得失，皆縷析而詳辨之。又於名物、象數旁見側出者，並推闡貫通，夾註句下。《朱子語錄》每譏祖謙所學之雜，獨謂此書為精密。又謂：“《解題》煞有工夫，只一句要包括一段意思。”觀書中周慎靚王二年載魏襄王問孟子事，取蘇轍《古史》之論，後《孟子集注》即引用其說。蓋亦心服其淹通，知非趙師淵輩所能望其項背也。所附《通釋》，《文獻通考》作一卷。此本乃宋嘉定壬申吳郡學舍所刻，實分三卷。《通考》蓋傳寫之誤云。

【彙訂】

① “當時”，殿本無。

② 殿本“下”上有“之”字。

建炎以來繫年要錄二百卷（永樂大典本）

宋李心傳撰。心傳字微之，井研人，官至禮部侍郎。事蹟具《宋史·儒林傳》①。是書述高宗朝三十六年事蹟，仿《通鑑》之例，編年繫月，與李燾《長編》相續。寧宗時嘗被旨取進。《永樂大典》別載賈似道跋，稱寶祐初曾刻之揚州。而元代修宋、遼、金三史時，廣購逸書，其目具見袁桷、蘇天爵二集，並無此名。是當時流傳已絕，故修史諸臣均未之見。至明初，始得其遺本，亦惟《文淵閣書目》載有一部二十册②，諸家書目則均不著錄。今明代祕府之本，又已散亡。其存於世者，惟《永樂大典》所載之本而已。其書以國史、日曆為主，而參之以稗官野史、家乘誌狀、案牘奏議、百司題名③，無不臚採異同，以待後來論定。故文雖繁而不病其冗，論雖岐而不病其雜。在宋人諸野史中，最足以資考證。《宋史》本傳稱其重川蜀而薄東南。然如宋人以張栻講學之故，無不堅持門戶，為其父張浚左祖。心傳獨於淮西、富平之償事，曲端之枉死，岳飛之見忌，一一據實直書。雖朱子《行狀》亦不據以為信，初未嘗以鄉曲之私稍為回護。則《宋史》之病是書者，殆有不盡然矣。大抵李燾學司馬光而或不及光，心傳學李燾而無不及燾。其宏博而有典要，非熊克、陳均諸人所能追步也。原本所載秦熺、張匯諸論，是非顛倒，是不待再計而刪者，而並存以備參稽，究為瑕纇。至於本注之外載有留正《中興聖政草》、呂中《大事記講義》④、何俌《龜鑑》諸書，似為修《永樂大典》者所附入。然今無別本可校，理貴闕疑，姑仍其舊。其中與《宋史》互異者，則各為辨證，附注下方。所載金國人名、官名、地名，音譯均多舛誤，謹遵《欽定金史國語解》，詳加訂正。別為考證，附載各卷之末。仍依原第，析為二百卷。至其書名，《文獻通考》作《繫年要記》，《宋史》本傳作《高宗要錄》，互有不同。今據《永樂大典》所題，與心傳《朝野雜記》自跋及王應麟《玉海》相合，故定為《繫年要錄》，著於錄焉⑤。

【彙訂】

① 依《總目》體例，當作"心傳有《丙子學易編》，已著錄"。又據《宋史·儒林傳·李心傳傳》、《道命錄》李心傳序、黃震《戊

辰修史傳》，心傳官至工部侍郎。（胡玉縉：《四庫全書總目提要補正》；徐規點校：《建炎以來朝野雜記》）

　　②　袁桷《清容居士集》卷四一《修遼金宋史蒐訪遺書條刊事狀》所列係建議蒐集的資料，而非已徵集到的資料目錄或國史院現存的資料編目。蘇天爵《滋溪文稾》卷二五《三史質疑》並未詳列修遼、金、宋史所需參考書目，是不足以證明《要錄》在元代流傳已絕。《文淵閣書目》卷六載"李心傳《建炎以來繫年要錄》，一部六十三冊，闕。墊本二十冊"。則元代或有多種版本流傳。（聶樂和：《〈建炎以來繫年要錄〉的編撰和流傳》）

　　③　高、孝、光、寧《四朝國史》理宗淳祐二年（1242）才完成其中的《帝紀》，見《玉海》卷四六及《宋史》卷四〇九《高斯得傳》。部分志、傳至理宗寶祐年間進呈，至度宗咸淳八年（1272）仍未最終完成。見高斯得《恥堂存稾》卷二《經筵進講故事》。而《建炎以來繫年要錄》參閱的資料來源實以《高宗日曆》、《中興小曆》、《中興遺史》等為主，最後定稾於寧宗嘉定元年（1208）前，三年上奏朝廷，其時高宗朝國史尚未開修。且所引《高宗日曆》等國史、日曆材料並非直接採用，或謂其缺漏，過於簡略；或斷為記載有誤，不予採納，實際乃以《時政記》、各種詔令奏議、當事人親歷記載等第一手資料為主要依據。（聶樂和：《〈建炎以來繫年要錄〉的編撰和流傳》；梁太濟：《〈建炎以來繫年要錄〉取材考》；孔學：《〈建炎以來繫年要錄〉取材考》；徐規：《〈建炎以來朝野雜記〉點校説明》；李裕民：《四庫提要訂誤》增訂本）

　　④　"大事記講義"，殿本作"大事記"。呂中著有《類編皇朝大事記講義》，此書中皆引作《大事記》。

　　⑤　《宋史·李心傳傳》作《高宗繫年錄》。《建炎以來朝野雜

記》嘉泰二年十月自序未言及書名，今存諸本皆無心傳自跋，其甲集卷首所載嘉定五年五月《宣取高宗皇帝繫年要錄指揮》、《付出高宗皇帝繫年要錄指揮》皆作《高宗皇帝繫年要錄》。後一通指揮所稱《建炎以來繫年要錄》當係總名，據同書卷首所收《朝省坐國史院劄子行下隆州索取孝宗光宗繫年要錄指揮》、《國史院遵奉聖旨指揮下轉運司抄錄孝宗光宗繫年要錄公牒》，心傳似還曾撰寫了《孝宗皇帝繫年要錄》、《光宗皇帝繫年要錄》，與《高宗皇帝繫年要錄》合稱《建炎以來繫年要錄》。然今傳本《建炎以來繫年要錄》僅高宗一朝，孝宗、光宗兩朝要錄皆不傳，正名亦無必要。（王瑞來：《〈建炎以來繫年要錄〉略論》；陳智超：《四庫本〈建炎以來繫年要錄〉發覆》；梁太濟：《〈建炎以來繫年要錄〉書名考》）

　　宋九朝編年備要三十卷（兩淮鹽政採進本）

　　宋陳均撰。均字平甫，號雲巖，莆田人。端平初有言是書於朝者，敕下福州宣取，賜均官迪功郎。馬端臨《文獻通考》載均《編年舉要》三十卷，《備要》三十卷，又有《中興舉要》十四卷，《備要》十四卷。今《中興舉要》、《備要》皆佚。此書前有紹定二年真德秀序，稱《皇朝編年舉要》與《備要》合若干卷，則當時本共為一書。今《舉要》亦佚，存者惟此編耳。其書取日曆、實錄及李燾《續通鑑長編》刪繁撮要，勒成一帙，兼採司馬光、徐度、趙汝愚等十數家之書，博考互訂①。始太祖，至欽宗，凡九朝事蹟。欲其篇帙省約，便於尋閱，故苟非大事，則略而不書。林岊序謂："取司馬氏之綱，而時有修飾；取李氏之目，而頗加節文。"足以括其體例。然實以《通鑑綱目》為式，特據事直書，不加褒貶耳。觀均自序,其宗旨可見也。

【彙訂】

① 此書乃仿照《通鑑綱目》體例修撰。林岊序云"名曰《皇朝編年舉要備要》",知"舉要"、"備要"並非兩書,所謂"舉要"者,其大書之綱也,"備要"者,其夾注之目也,非《備要》存而《舉要》佚也。其凡例亦視舉要、備要為一體,舉要(綱)不書之細節,則見備要(目)注文。林序又云:"取司馬氏之綱而時有修飾,取李氏之目而頗加節文……司馬溫公雖未為本朝通鑑,先為《稽古錄》,祖《春秋》意,亦本朝史籍之綱也。"可知《總目》所謂採司馬光之書係指《稽古錄》,然此書之綱多不取自《稽古錄》,林説不確。(陸心源:《儀顧堂題跋》;許沛藻:《皇朝編年綱目備要考略》)

續宋編年資治通鑑十五卷(浙江巡撫採進本)

宋劉時舉撰①。時舉里貫無考,其結銜稱通直郎、户部架閣、國史實錄院檢討兼編修官。《宋季三朝政要》載史嵩之父喪去位,詔以右丞相起復。時舉為廩學生,有與王元野、黃道等九十四人上疏力爭一事。其始末則未之詳也。是書所記始高宗建炎元年,迄寧宗嘉定十七年,當成於理宗之世。而書末附論一條,稱"理宗撐拄五十年而後亡,不可謂非幸"云云。其言乃出於宋亡以後,似非時舉原文②。案舊本目錄後有書坊題識一則,稱"是編繫年有考據,載事有本末,增入諸儒集議,三復校正,一新刊行"云云,則書中所附議論,有元時刊書者所增入,非其舊矣。其中紀載,雖以簡約為主,或首尾未具,於事蹟閒有脱遺。然如論張浚不附和議而不諱其黨汪黃、攻李綱、引秦檜之罪;辨李綱之被謗遠謫，而不諱其庇翁彥國、陷宋齊愈之失。褒貶頗協至公，無講學家門戶之見。卷端有朱彝尊題詞，稱其過於王宗沐、薛應旂所撰，殆不誣云。

【彙訂】

①　此書與《續編兩朝綱目備要》所載光宗朝史事應出自同一史源，則此書至多為劉時舉纂鈔而成。（黃雁鴻：《〈四庫全書總目〉提要辨誤——以〈續宋編年資治通鑑〉、〈錢塘遺事〉、〈五代史〉闕文為例》）

②　書中"嘉定十四年"已稱理宗廟號，"嘉定十年"、"嘉定十一年"等不避宋諱，"嘉定四年"、"嘉定六年"稱"成吉思汗皇帝"，當為宋亡後之作。書前署宋官銜，乃示不忘宋。（李裕民：《四庫提要訂誤》增訂本）

西漢年紀三十卷（永樂大典本）

宋王益之撰。益之，字行甫，金華人，官大理司直。所著有《漢官總錄》、《職源》等書①，見馬端臨《經籍考》。蓋能熟於兩漢掌故者。今他書散佚②，惟此本以載入《永樂大典》獨存。考益之自序，稱《年紀》三十卷，《考異》十卷，《鑒論》若干卷，各自為書。今此本不載《鑒論》，而《考異》則散附《年紀》各條之下，與序不合。殆後人離析其文，如胡三省之於《通鑑考異》歟？又序稱自高祖迄王莽之誅，而此本終於平帝，居攝以後闕焉。且其文或首尾不完，中閒已有脫佚。蓋編入《永樂大典》之時，已殘闕矣。司馬光《通鑑》所載西漢事③，皆本班、馬二書及荀《紀》為據，其餘鮮所採掇。益之獨旁取《楚漢春秋》、《說苑》諸書，廣徵博引，排比成書，視《通鑑》較為詳密。至所作《考異》，於一切年月舛誤、紀載異同、名地錯出之處，無不參稽互核，折衷一是，多出二劉《刊誤》①、吳仁傑《補遺》之外，尤《通鑑考異》所未及，其考證亦可謂精審矣。今依益之自序目次，釐為三十卷。其《考異》亦即從舊本仍附各條之下，以便檢覈，不復拘自序之文，別為編次焉。

【彙訂】

①"職源"，底本作"職原"，據殿本改。《文獻通考》卷二百二《經籍考二十九》載《職源》五十卷，"陳氏曰：大理司直金華王益之行甫撰"。陳振孫《直齋書錄解題》卷六著錄亦同。（李裕民：《四庫提要訂誤》增訂本）

②《職源》並未全佚，有節本《歷代職源攝要》一卷傳世。（同上）

③"西漢事"，底本作"漢書"，據殿本改。

④《刊誤》當指劉敞、劉攽、劉奉世兄弟父子合撰《漢書標注》六卷，則"二劉"當作"三劉"。（燕永成：《南宋史學研究》）

靖康要錄十六卷（兩淮鹽政採進本）①

不著撰人名氏。陳振孫《書錄解題》曰："《靖康要錄》五卷，不知作者。記欽宗在儲時及靖康一年之事，案日編次。凡政事制度及詔誥之類，皆詳載焉。其與金國和戰諸事，編載尤詳。"云云。是振孫之時，已莫知出誰手矣②。今觀其書，記事具有日月，載文俱有首尾，決非草野之士不睹國史、日曆者所能作。考《書錄解題》又載"《欽宗實錄》四十卷，乾道元年修撰洪邁等進"③。此必《實錄》既成之後，好事者撮其大綱以成此編，故以《要錄》名也④。宋人雜史傳於今日者，如熊克《中興小紀》、李心傳《建炎以來繫年要錄》之類，大抵於南宋為詳。其詳於北宋者，惟李燾《續資治通鑑長編》。然《長編》已多佚闕，今以《永樂大典》所載補之，亦僅及哲宗而止，徽宗、欽宗兩朝之事遂以無徵。徐夢莘《三朝北盟會編》起政和迄建炎，雖較他書為賅備，而所錄事蹟、章疏，惟以有涉金人者為主，餘則略焉。此書雖敍事少略，載文太繁，而一時朝政具有端委，多有史所不詳者。即以補李燾《長編》，亦無不可也。

【彙訂】

① 文淵閣《四庫》本為十二卷，書前提要不誤。（沈治宏：《中國叢書綜錄訂誤》）

②《直齋書錄解題》卷五《靖康要錄》條並無"案日編次"以下文字，《文獻通考》卷一九七所引同。（余嘉錫：《四庫提要辨證》）

③《直齋書錄解題》卷四《欽宗實錄》條作"乾道四年"，《文獻通考》卷一九四所引同。（同上）

④《宋會要輯稿・職官十八》"實錄院"條下云"（乾道）三年五月十一日，起居舍人、兼權中書舍人、兼同修國史、實錄院同修撰洪邁言：得旨編修《欽宗實錄》、正史，除日曆所發到《靖康日曆》及汪藻所編《靖康要錄》，並一時野史雜說與故臣家蒐訪到文字外，緣歲月益久，十不存一"云云。是此書乃汪藻所撰，洪邁資之以修《欽宗實錄》。謂"《實錄》既成之後，好事者撮其大綱以成此編"，所考適得其反。（同上）

兩朝綱目備要十六卷（永樂大典本）

不著撰人名氏。所紀自宋光宗紹熙元年迄寧宗嘉定十七年事蹟。諸家書目皆不著錄①。考元吳師道《禮部集》有《答陳衆仲問〈吹劍錄〉》云："《續宋編年》於吳曦誅數月後載李好義遇毒死。"又有《題牟成父所作〈鄧平仲小傳〉及〈濟邸事略〉後》云："吳曦之誅，實楊巨源結李好義之功，為安丙輩媢忌掩沒。近有續陳均《宋編年》者，頗載巨源事。雖能書安丙殺其參議官楊巨源，而復以擅殺孫忠銑之罪歸之，大抵當時歸功於丙，故其事不白。"云云。核其所引，與此書所載相合。疑此書在元時嘗稱為《續宋編年》②，然師道亦未嘗明言其撰自何人也。觀其載嘉定十四年六月乙亥"與莒補秉義郎"，其目云："即理宗皇帝。"考宋代條制，舊名亦諱，此乃直斥不避，似乎元人。然其書內宋而外元，又敘元代得國緣始，多敵國傳聞之詞，或宋末山林之士不諳體例者所作歟③？陳均《編年備要》因《通鑑長編》而刪節之，此書則本兩朝《實錄》，參以李心傳所論。中如稱趙鼎為趙丞相、安丙為安觀文、錢象祖為錢參政、李壁為李參政、史彌遠為史丞相，多仍當時案牘之文，未盡刊正。紀金、元啟釁之事，追敘金源創業，譜牒、職官具載顛末，似單行之書，非增續舊史之體。然敘次簡明，議論亦多平允。如蜀中之減重額、湖北之行會子、范祖禹之補諡、何致之罷制科④，胥足補《宋史》所未備⑤。其紀年互異者，《宋史·韓侂胄傳》載薛叔似宣諭京湖，程松、吳曦同赴四川，鄧友龍宣慰兩淮，徐邦憲罷知處州，皆在開禧四年，而開禧實無四年。此書載於二年丙寅，當得其實。其姓氏互異者，如《宋史·趙彥逾傳》有中郎將范任，此書作范仲任；《趙汝愚傳》有宣贊舍人傅昌朝，此書作昌期；步帥閻仲夜，此書作王仲先；《本紀》副都統翟朝宗得寶璽，此書作興宗。俱足以互證異同。惟於史彌遠廢立濟王事，略而不書。或時代尚近，衆論不同，其事未經論定，故闕所疑歟？然彌遠之營家廟，求起復，一一大書於簡，知非曲筆隱諱也⑥。其書世罕傳本，惟見於《永樂大典》者尚首尾完具。謹校正繕錄，以備參稽。原書卷目已不可考⑦，今案年編次，釐為十有六卷。其中閒有敘述失次，端委相淆者，睿鑒指示，曠若發蒙。謹仰遵聖訓詳為核正，各加案語以明之，俾首尾秩然，不惟久湮陳笈得以表章，且數百年未補罅漏，一經御覽，義例益明，尤為是書之幸矣。

【彙訂】

① 明《文淵閣書目》卷六著錄"宋《續編兩朝綱目》，一部二冊，闕"。（汝企和點校：《續編兩朝綱目備要》）

② 此書現存宋刻元修本殘卷與三種影宋抄本均作《續編兩朝綱目備要》。前有無名氏《中興兩朝編年綱目》記高、孝兩朝事，此則續記光、寧兩朝事。（汝企和：《〈續編兩朝綱目備要〉前言》）

③ 書中記寧宗卒後，"皇子成國公以遺詔即皇帝位"，於"成國公"下注"御名"二字，其餘提及理宗名處亦稱"御名"、"御諱"，可證必為宋人作於理宗年間。"理宗皇帝"一詞原本當作"今上"（李裕民：《四庫提要訂誤》增訂本）

④ "何致"，殿本作"何制"，誤。此書卷八有"（開禧元年閏八月）癸酉罷遣應制科何致"條。

⑤ 書中稱安觀文、錢參政、李參政、史丞相之目多數係直接援用李心傳《建炎以來朝野雜記》，而非援用"當時案牘之文，未盡刊正"的結果。"紀金、元啟釁之事，追敘金源創業，譜牒、職官具載顛末"、"蜀中之減重額、湖北之行會子、范祖禹之補謚、何致之罷制科"也是依據《朝野雜記》中現成文字。其"綱"中光宗朝部分與《宋史·光宗紀》往往不合，顯非本諸《實錄》，而大多出自

《朝野雜記》。寧宗朝部分可能有《國史》或《實錄》為依據，其用以補充的著述仍以《朝野雜記》為主。其"目"則除《國史》(《中興四朝國史》的《寧宗皇帝紀》)外，取材於李心傳《朝野雜記》、《道命錄》、《慶元黨禁》及李方《紫陽年譜》、真德秀《對越甲稿》等。(梁太濟：《〈兩朝綱目備要〉史源淺釋——李心傳史學地位的側面考察》)

⑥ 書中卷一一所載實未揭示史彌遠之營家廟，求起復，只可勉強謂之無"隱諱"，然非無"曲筆"也。(同上)

⑦ 三種影宋抄本均為十六卷全本。(汝企和：《〈續編兩朝綱目備要〉前言》)

宋季三朝政要六卷(編修汪如藻家藏本)

不著撰人名氏，卷首題詞稱，理宗國史為元載入北都，無復可考，故纂集理、度二朝及幼主本末，附以廣、益二王事①。其體亦編年之流，蓋宋之遺老所為也。然理宗以後國史，修《宋史》者實見之，故《本紀》所載，反詳於是書。又是書得於傳聞，不無舛誤。其最甚者，謂寶慶元年趙葵、趙范、全子才建守河據關之議，遣楊誼、張迪據洛陽，與北軍戰潰歸。案寶慶元年葵、范名位猶微，其後五年，范始為安撫副使，葵始為淮東提刑。討李全，子才乃為參議官。至端平元年滅金，子才乃為關陝制置使、知河南府、西京留守，有洛陽潰敗之事。上距寶慶元年九年矣，所紀非實也。其餘敘次，亦乏體要。然宋末軼事頗詳，多有史所不載者，存之亦可備參考也。其以理宗、度宗、瀛國公稱為三朝，而廣、益二王則從附錄，體例頗公。卷末論宋之亡，謂君無失德，歸咎權相，持論亦頗正。而忽推演命數，兼陳因果，轉置人事為固然,殊乖勸戒之旨。殆欲附徐鉉作《李煜墓誌》之義而失之者歟?

【彙訂】

① 此書並非如序文所言,是"將理、度二朝聖政及幼主本末纂集成書",而是基本根據宋末元初的野史稗編筆記小説抄撮而成。其史料來源主要包括由宋入元的周密的《齊東野語》和《癸辛雜識》、元劉一清的《錢塘遺事》、不詳撰人的《咸淳遺事》。(王瑞來:《〈宋季三朝政要〉考述》)

宋史全文三十六卷(内府藏本)

不著撰人名氏。原本題曰《續通鑑長編》,而以李燾進《長編》表冠之於前,是直以為燾之《長編》矣。案燾成書在孝宗時,所錄止及北宋。此本實載南宋一代之事,其非出燾手明甚。檢勘此書,每卷標題皆有"宋史全文"四字①,而《永樂大典》"宋"字韻內亦多載《宋史全文》,與《長編》截然二書。又此本目錄前有坊閒原題,稱"本堂得《宋鑒》善本,乃名公所編,前宋已盛行,再付諸梓"云云。蓋本元人所編,而坊賈假託燾名,詭稱前宋盛行耳②。惟《永樂大典》所收之書,皆載入《文淵閣書目》。乃《宋鑒》多至六部,獨不見《宋史全文》之名,或亦楊士奇等編輯時因標題而致誤歟? 又別本之末有商邱〔丘〕宋犖跋曰:"宋李燾有《通鑑長編》百六十八卷,《續長編集要》六十八卷,《續宋編年》十八卷,今世藏書家往往求之甚渴。此三十六卷是元人所刊,卷首割去著書人姓名,卷末割去'大元'字,其為元胡宏《續通鑑長編》無疑。"云云。則又臆斷之語,未見其有確證也。其書自建隆以迄咸淳,用編年之體,以次排纂。其靖康以前,亦本於燾之《長編》,而頗加删節,高、孝二代則取諸留正之《中興聖政草》。今以

《永樂大典》所載《聖政草》相與參校，其文大同小異，留正等所附案語，亦援引甚多。至光、寧以後，則別無藍本可據，為編書者所自綴輯③。故《永樂大典》於光、寧二宗下亦全收此書之文，勘對並合。其於諸家議論，採錄尤富。如呂中《講義》、何俌《龜鑑》、李沆《太祖實錄論》、《足國論》④、富弼等釋、呂源等增釋、陳瓘論《大事記》諸書，雖其立說不盡精醇，而原書世多失傳，亦足以資參考也。惟原本第三十六卷內度宗、少帝及益王、廣王事蹟，俱有錄無書，《永樂大典》亦未採，今姑仍其闕焉⑤。

【彙訂】

① 書中各卷首尾標題共十種七十餘條，其中標《宋史全文續資治通鑑》者占一半，而標《宋史全文》者僅一條。（李裕民：《四庫提要訂誤》增訂本）

② 各卷首尾均有標題，而第三十六卷末記至理宗崩止，未有標題，可證原無度宗、少帝之內容，其目錄乃元刻本所增。又書中提到宋帝廟號均在其號前空一格，還有缺筆改字避宋諱的現象。成書必在宋末。（同上）

③ 此書自建隆迄景定，未記咸淳事。光、寧兩朝，此前有劉時舉《續宋編年資治通鑑》、《兩朝綱目備要》記載。（同上）

④《足國論》乃《國是論》之誤。（同上）

⑤ 元本《宋史全文》三十六卷附《廣王衛王本末》二卷，其《廣王衛王本末》二卷，署陳仲微錄，則從《宋季三朝政要》中摘出，當是重刻時綴補，故《永樂大典》亦未採錄。（楊紹和：《楹書隅錄》）

通鑑前編十八卷舉要三卷（編修邵晉涵家藏本）

宋金履祥撰。履祥有《尚書表注》，已著錄。案柳貫作《履祥行狀》曰："司馬文正作《資治通鑑》,繫年著代。祕書丞劉恕作《外紀》,以記前事。顧其志不本於經,而信百家之説,不足傳信,乃用邵氏《皇極經世書》、胡氏《皇王大紀》之例,損益折衷,一以《尚書》為主,下及《詩》、《禮》、《春秋》,旁採舊史、諸子,表年繫事,復加訓釋,斷自唐堯,以下接於《資治通鑑》,勒為一書。既成,以授門人許謙曰:'二帝、三王之盛,其媺言懿行,後王所當法;戰國申、韓之術,其苛法亂政,亦後王所當戒。自周威烈王二十三年以後,司馬公既已論次,而春秋以前無編年之書,是編固不可少之著也。'"云云。蓋履祥撰述之意,在於引經據典,以矯劉恕《外紀》之好奇。惟履祥師事王柏,柏勇於改經,履祥亦好持新説。如釋"桑土既蠶",引後所謂"桑閒"為證;釋"封十有二山濬川",謂營州當云:"其山碣石,其川遼水";以《篤公劉》、《七月》二篇為豳公當時之詩,非周公所追述,又以《七月》為豳詩,《篤公劉》即為豳雅,皆不免於臆斷。以《春秋》書"尹氏卒",為即與隱公同歸於魯之鄭大夫尹氏,尤為附會。至於引《周書記異》[①],於周昭王二十二年書"釋氏生",則其徵引羣籍,去取失當,亦未必遽在恕書上也。然援據頗博,其審定羣説,亦多與經訓相發明。在講學諸家中,猶可謂究心史籍,不為游談者矣。履祥自撰後序,謂既編《年表》,例須表題,故別為《舉要》三卷。凡所引經傳子史之文皆作大書,惟訓釋及案語則以小字夾註附綴於後。蓋避朱子《綱目》之體,而稍變《通鑑》之式。後來浙江重刻之本,列《舉要》為綱,以經傳子史之文為目,而訓釋仍錯出其閒,已非其舊。又《通鑑綱目》刊本,或以此書為冠,題曰《通鑑綱目前編》,亦後來所改名。今仍從原本,與《綱目》別著於錄,以存其真焉。

【彙訂】

① "周書記異"，殿本作"尚書記異"，誤。此書卷九載"（周昭王）庚戌二十有年，釋氏生"，注文引《周書記異》曰："周昭王二十有二年，釋氏生。"

通鑑續編二十四卷（左副都御史黃登賢家藏本）

舊本題元陳桱撰。桱，字子經，奉化人，流寓長洲。後入明為翰林編修，以附楊憲，遷待制。見《明史》憲本傳①。題元人者誤也②。桱祖著，宋時以祕書少監知台州，嘗作書名《歷代紀統》。其父泌為校官，又續有撰述，世傳史學。桱以司馬氏《通鑑》、朱子《綱目》並終於五代，其周威烈王以上雖有金履祥《前編》，而亦斷自陶唐，因著此書。首述盤古至高辛氏，以補金氏所未備，為第一卷。次摭契丹在唐及五代時事以志其得國之故，為第二卷。其二十二卷皆宋事，始自太祖，終於二王，以繼《通鑑》之後，故以"續編"為名。然大書分注，全仿《綱目》之例，當名之曰《續綱目》。仍襲《通鑑》之名，非其實也。沈周《客座新聞》載桱著此書時，書宋太祖云："匡允〔胤〕自立而還。"未輟筆，忽迅雷擊其案。桱端坐不懾，曰："霆雖擊吾手，終不為之改易也。"云云。此雖小說附會之談，亦足見桱以褒貶自任，乃造作此說。今觀其義例，於宋自太平興國四年平北漢後，始為大書繫統。鄭瑗《井觀瑣言》稱其本晦翁《語錄》，持論已偏。至於金承麟稱末帝，為之紀年，西遼自德宗以下諸主年號，亦詳為分注，雖各本史文，然承麟立僅一日，未成為君，西遼並無事蹟可紀，而必縷列其間，亦不免循名失實。蓋委曲以存昰、昺二王，使承宋統，故輾轉相牽，生是義例，非千古公評③。《明史·何喬新傳》載"喬新年十

一時,侍父京邸,修撰周旋過之。喬新方讀《通鑑續編》,旋問:
'書法何如?'對曰:'吕文焕降元不書叛,張世傑溺海不書死
節④,曹彬、包拯之卒不書其官,而紀義、軒多採怪妄,似未有
當。'"云云。亦未始不中其失也。他如取宋太祖燭影斧聲之譌、
載文天祥黄冠故鄉之語,皆漫無考正,輕信傳述⑤。陳耀文《學
林就正》又謂桱誤以范仲淹《赴桐廬郡至淮遇風》詩為唐介作⑥,
又改詩中"强楚"為"狂楚"、"盡室"為"今日"、"蛟鼋"為"魚龍",
則引據未免疏舛。黄溥《簡籍遺聞》又謂桱紀其先户部尚書顯、
吏部尚書伸、工部尚書德綱諸事,為《宋史》所不載。成化閒,續
《綱目》者亦皆削去,疑其或出於妄托。則挾私濫載,尤不協至
公。然自《通鑑綱目》以後,繼而作者,實始於桱。其後王宗沐、
薛應旂等,雖遞有增修,而才識卒亦無以相勝。姑存以備參考,
亦未為不可也。

【彙訂】

①《明史》無楊憲傳,亦不載陳桱其人。附楊憲事實出自王
鴻緒《明史稾》卷一二二《楊憲傳》。(楊武泉:《四庫全書總目
辨誤》)

② 據《宋元學案》卷八六小傳,桱"以非罪死",當因阿附楊
憲所致。楊憲被殺於洪武三年七月,見《明史·太祖紀》,陳桱之
死當在此前後。故其人入明未久,且其書有元至正十年自序。
書成於元代,題撰者為元人,亦不誤。(同上)

③ 殿本"古"下有"之"字。

④ "節",殿本脱,據《明史》卷一八三何喬新本傳原文。

⑤ "傳述",殿本作"傳聞"。

⑥ "范仲淹",殿本作"范中淹",誤。范仲淹有《赴桐廬郡淮

上遇風》三首（《范文正公集》卷三）。

大事記續編七十七卷（兩江總督採進本）

明王禕撰。禕字子充，義烏人。少遊柳貫、黃溍之門。明初徵為中書省掾。修《元史》成，拜翰林待制。使雲南，抗節死。贈翰林學士，追諡忠文。事蹟具《明史·忠義傳》。此書乃續呂祖謙《大事記》而作，體例悉遵其舊。惟解題即附各條之下，不別為一書。俞恂稱其書自徵和迄宋德祐二年，凡一千三百六十五年。而今所傳本，實自漢武帝徵和四年至周恭帝顯德六年，不知恂何所據而云然。或是書鈔本僅藏蜀王府中，至成化閒始刊版，傳寫有所佚脫歟？考《何喬新集》嘗稱禕此書予奪褒貶，與《綱目》不合。如《綱目》以昭烈紹漢統，章武紀年直接建安，此書乃用無統之例，以漢與魏、吳並從分注；又《綱目》斥武后之號，紀中宗之年，每歲書帝所在，用《春秋》“公在乾侯”例，而此書乃以武后紀年；又李克用父子唐亡稱天祐年號，以討賊為詞，名義甚正，故《綱目》紀年，先晉後梁，此書乃先梁後晉，皆好奇之過。所言亦頗中其失。然其閒考訂同異，如《通鑑》載漢武帝“仙人妖妄”之言、淖方成“禍水”之說，以為出於《漢武故事》、《飛燕外傳》，譏司馬光輕信之失；紀光武帝省并十三國，以地志正《本紀》之誤。此類考證，辨別皆為不苟。又宋庠《紀年通譜》久無傳本，劉羲叟《長曆》僅《通鑑目錄》用以紀年，書亦散佚。此書閒引及之，亦可以備參稽。至前賢議論，薈萃尤多。瑕瑜不掩，讀者節取其長焉可矣。

元史續編十六卷（浙江汪汝瑮家藏本）

明胡粹中撰。粹中名由，以字行，山陰人。永樂中官楚府長史。此書大旨以明初所修《元史》詳於世祖以前攻戰之事，而略於成宗以下治平之蹟，順帝時事，亦多闕漏，因作此以綜其要。起世祖至元十三年，終順帝至正二十八年。編年繫月，大書分注。有所論斷，亦隨事綴載，全仿《通鑑綱目》之例。然《綱目》訖五代，與此書不能相接。其曰“續編”，蓋又續陳桱書也。黃虞稷《千頃堂書目》載有此書十六卷，又別出《元史評》，而不著卷數。疑當時或析其評語別為一本以行，如《後漢書贊》之例歟？其中書法，如文宗之初，知存泰定太子天順年號，而於明宗元年轉削而不紀，仍書文宗所改之天曆二年，進退未免無據。又英宗南坡之變，書“及其丞相”云云，蓋欲仿《春秋》之文，而忘其當為內辭。亦劉知幾所謂貌同心異者。其他議論，雖尺尺寸寸、學步宋儒，未免優孟衣冠，過於刻畫。然如謂張世傑奪舟斷港，未能決性命於義利之間；謂吳直方勸托克托大義滅親，為不知《春秋》之義，持論亦未嘗不正。至於文宗陰謀害兄，更能據故老之傳聞[①]，揭史家未發之隱，尤為有關於懲戒。商輅等修《續綱目》，全取此書為藍本，並其評語亦頗採之。至明太祖起兵稱王以後，《續綱目》即分注元年，斥其國號。而粹中獨大書至正，直至二十八年八月而止。內外之辭，未嘗少紊。其持論之公，非輅等之所及。又宋末二王[②]，不予以統，亦協其平。鄭瑗《井觀瑣言》乃曰“胡粹中《元史續編》又下於陳桱《續編》。德祐北遷，閩、廣繼立，宋之統緒猶未絕也。乃遽抑景炎、祥興之年於分書，非《綱目》書蜀漢、東晉之例”云云，何其偏歟？

【彙訂】

① “之”，殿本無。

② “二王”，殿本作“二主”。

皇清開國方略三十二卷①

乾隆三十八年奉敕撰。洪惟我國家世德緜延，篤承眷顧，白
山天作，朱果靈彰。十有五王，聿開周祚。肇基所自，遐哉源遠
而流長矣。迨我太祖高皇帝以軒轅之敦敏，當榆罔之衰微，丕建
鴻圖，受天明命，帝出乎震，萬物知春。所以提挈天樞，經綸草
昧，亨屯而濟險，保大而定功者，謨烈昭垂，實書契以來所未有。
洎我太宗文皇帝纘承前緒，益擴阪章，日月高衢，煥乎繼照。
成湯秉鉞，十一征罔弗奏功；周武臨河，八百國莫不來會。聲
靈遐播，制作更新。文德武功，繩先啟後。麟麟炳炳，亦史册
之所未聞。然事閱五朝，時逾十紀，舊臣之所誦説，故老之所
歌吟，口耳相傳，或不能盡著於竹帛。而實錄、寶訓，尊藏金
匱，自史官載筆以外，非外廷所得而窺②。是以特詔館臣，恭錄
締造規模，勒成帝典。冠以《發祥世紀》一篇，猶《商頌》之陳
《元〔玄〕鳥》，周《雅》之詠《公劉》。雖時代緜邈，年月不可盡
詳，而事既有徵，理宜傳信，所以明啟佑之自來也。其餘並編
年紀月，列目提綱，自太祖高皇帝癸未年夏五月起兵討尼堪外
蘭克圖倫城始，至天命十一年秋七月訓戒羣臣，編為八卷。自
太宗文皇帝御極始，至順治元年世祖章皇帝入關定鼎以前，編
為二十四卷。蓋神功聖德，史不勝書。惟恭述勳業之最顯著、
政事之最重大、謨猷之最宏遠者，已累牘連篇，積為三十二卷
矣。唐、虞之治，具於典、謨；文、武之政，布在方策。臣等繕校
之餘，循環跪讀。創業之艱難，貽謀之遠大，尚可一一仰窺也。
豈非萬世所宜聰聽者哉？

【彙訂】

① 此條與文淵閣庫書次序不符。文淵閣庫書及殿本均置

"元史續編十六卷"之後。文淵閣《四庫》本尚有卷首二卷。(沈治宏:《中國叢書綜錄訂誤》)

② 殿本"非"上有"亦"字。

御批通鑑輯覽一百十六卷附明唐桂二王本末三卷①

乾隆三十二年奉敕撰②。是書排輯歷朝事蹟,起自黃帝,訖於明代。編年紀載,綱目相從。目所不該者,則別為分注於其下。而音切訓詁,典故事實,有關考證者,亦詳列焉。蓋內府舊藏明正德中李東陽等所撰《通鑑纂要》一書,皇上幾暇披尋,以其褒貶失宜,紀載蕪漏,不足以備乙覽,因命重加編訂。發凡起例,咸稟睿裁。每一卷成,即繕稿進御。指示書法,悉準麟經。又親灑丹毫,詳加評斷,微言大義,燦若日星。凡特筆昭垂,皆天理人情之極則。不獨詞臣載筆,不能窺見高深,即涑水、紫陽亦莫能仰鑽於萬一。所謂原始要終,推見至隱者,文成數萬,其指數千,不可一一縷陳。而尤於系統表年③,著筆削之大旨,予奪進退,悉準至公。故大業冠號,則義等於存陳;至正書年,則旨同於在鄆。知景炎、祥興之不成為宋,而後遯荒棄國者始不能以濫竊虛名;知泰定、天順之相繼為君,而後乘釁奪宗者不得以冒干大統。凡向來懷鉛握槧,聚訟不決者,一經燭照,無不得所折衷。用以斥彼偏私,著為明訓。仰見聖人之心體,如鑑空衡平;聖人之制作,如天施地設。惟循自然之理,而千古定案遂無復能低昂高下於其閒。誠聖訓所謂此非一時之書,而萬世之書也。至明季北都淪覆,大命已傾,福王竊號江東,僅及一載。皇上如天聖度,謂猶有疆域可憑,特命分注其年,從建炎南渡之例。又唐、桂二王蹟同昰、曷,雖黜其偽號,猶軫念其遺臣,亦詔別考始終,附綴書後,俾不致湮沒無傳。大哉王言,量同天地,尤非臣等所能仰贊一辭矣。

【彙訂】

① 文淵閣《四庫》本所附為《唐王本末》一卷,《桂王本末》三卷。(喬治忠:《〈四庫全書總目〉清代官修史書提要訂誤》)

②《清史列傳》卷七一《楊椿附楊述曾傳》云,楊述曾於乾隆二十四年充《通鑑輯覽》撰修官,體例、書法等皆由楊氏擬定。則乾隆二十四年當繫始修之年。《清高宗實錄》卷八○二載乾隆三十三年正月《通鑑輯覽》告成奏進。《東華續錄》所載同。《實錄》卷九九五載,乾隆四十年閏十月又諭令增錄南明唐、桂二王事蹟。(同上)

③ "系統表年",殿本作"系統年表",誤。

御定通鑑綱目三編四十卷

乾隆四十年奉敕撰。初,大學士張廷玉等奉敕採明一代事蹟,撰《通鑑綱目三編》,以續朱子及商輅之書。然廷玉等惟以筆削褒貶求書法之謹嚴,於事蹟多所挂漏。又邊外諸部,於人名、地名多沿襲舊文,無所考正,尤不免於舛譌。夫朱子創例之初,原以綱仿《春秋》,目仿《左傳》。《春秋》大義數十[①],炳若日星。然不詳核《左傳》之事蹟,於聖人予奪之旨尚終不可明。況史籍編年,僅標梗概於大書,而不具始末於細注,其是非得失,又何自而知? 即聖諭所指"福藩田土"一條,其他條之疏略皆可以例推。至於譯語,原取對音。唐以前書,凡外邦人名、地名見於史冊者,班班可考。惟兩宋屈於強鄰,日就削弱,一時秉筆之人，既不能決勝於邊圉，又不能運籌於帷幄，遂譯以穢語，洩其怨心，實有乖紀載之體。沿及明代，此習未除。如聖諭所指朵顏、青海諸人名，書"圖"為"兔"之類，亦往往而有，鄙倍荒唐，尤不可不亟為釐正。是編仰稟睿裁，於大書體例皆遵《欽定通鑑輯覽》，而細注則詳核史傳，補遺糾謬，使端委秩然②。復各附發明，以闡袞鉞之義；各增質實，以資考證之功。而譯語之誕妄者，亦皆遵《欽定遼金元國語解》，一一改正，以傳信訂譌。較張廷玉等初編之本，實倍為精密。聖人制事，以至善為期，義有未安，不以已成之局而憚於改作。此亦可仰窺萬一矣。

【彙訂】

①　"數十"，底本作"數千"，據殿本改。程頤《與金堂謝君書》（《二程文集》卷十）云："《春秋》大義數十，皎如日星，不容遺忘。"

②　殿本"使"上有"終"字。

資治通鑑後編一百八十四卷（江蘇巡撫採進本）

國朝徐乾學撰。乾學有《讀禮通考》，已著錄。是編以元、明人續《通鑑》者，陳桱、王宗沐諸本大都年月參差，事蹟脫落，薛應旂所輯雖稍見詳備，而如改《宋史》"周義成軍"為"周義"，以胡瑗為朱子門人，疏謬殊甚，皆不足繼司馬光之後，乃與鄞縣萬斯同、太原閻若璩、德清胡渭等排比正史，參考諸書，作為是編。草創甫畢，欲進於朝，未果而歿。今原稿僅存，惟闕第十一卷。書中多塗乙删改之處，相傳猶若璩手蹟也。其書起宋太祖建隆元年，迄元順帝至正二十七年。凡事蹟之詳略先

後有應參訂者,皆依司馬光例,作考異以折衷之。其諸家議論
足資闡發者,並採繫各條之下。閒附己意,亦依光書之例,標
"臣乾學曰"以別之。其時《永樂大典》尚庋藏祕府,故熊克、李
心傳諸書皆未得窺。所輯北宋事蹟,大都以李燾殘帙為藁本,
援據不能賅博。其宋自嘉定以後,元自至順以前,尤為簡略。
至宋末昰、昺二王,皆誤沿舊史,繫年紀號,尤於斷限有乖。又
意求博贍,頗少剪裁。如西夏姻戚之盛,備敘世系;慶元偽學
之禁,詳載謝表。元末事蹟,多採《輟耕錄》、《鐵崖樂府》,敘書
藝則稱其"日寫三萬字",紀隱居則述其"懷抱幾時開",無關勸
懲,徒傷煩冗。又載元順帝初生之事,過信《庚申外史》,尤涉
鑿空。然其裒輯審勘,用力頗深。故訂誤補遺,時有前人所未
及。如《宋史・富弼傳》,以樞密使出判揚州,今據《宰輔編年
錄》,改作"河陽";《余玠傳》,淳祐十三年及元人戰於嘉定,今
據家傳,改作"十二年";元末寇陷淮安,《本紀》首尾不具,今從
王逢《梧溪集》,定作趙國用;至正十六年張士誠陷湖州,《本
紀》作"二月",今從《明實錄》,作"四月"。皆案文覈實,信而有
徵。又是時乾學方領《一統志》局,多見宋、元以來郡縣舊志,
而若璩諸人,復長於地理之學,故所載輿地尤為精核。如宋王
堅之守合州,則採《四川總志》;牟子才之諫張燈,則採《西湖遊
覽志》。而明人紀事之書,若劉辰《國初事蹟》、吳寬《平吳錄》
之類,亦並從附載,以資考證。年經月緯,犁然可觀。雖不能
遽稱定本,而以視陳、王、薛三書,則過之遠矣。

　　右編年類三十八部,二千六十六卷,皆文淵閣著錄。

　　　　案,有歷代之編年,《竹書紀年》以下是也;有一代之編
年,《漢紀》以下是也。其閒或有或無,既不相續。今亦各以

作者時代編之,不復以統系為先後。其《通鑑地理通釋》、
《綱目續麟》之類①,則仍附本書之後,便參閱也。

【彙訂】

① 本卷《綱目續麟》條下案語曰:"是書本為朱子《綱目》而
作。《綱目》經聖祖仁皇帝御批,當以御批為主,已恭錄於史評類
中。故編年類中不錄《綱目》,而是編及芮長恤、陳景雲書則仍從
《綱目》之次序,列諸此焉。"則《綱目續麟》並未附於《綱目》之後。
殿本無"綱目續麟"四字,為是。

史 部 四

編 年 類 存 目

考定竹書十三卷（浙江巡撫採進本）

國朝孫之騄撰。之騄有《尚書大傳》，已著錄。是編以沈約所注《竹書紀年》未為詳備，因採摭諸書別為之注。然之騄愛博嗜奇，多所徵引，而不能考正真偽。如帝癸十年地震，引《華嚴合論》大地有六種震動，所謂徧動、徧起、徧涌、徧震、徧吼、徧擊者為説，殊為蕪雜。又劉知幾《史通·疑古篇》中，排詆舜、禹，以末世莽、操心事推測聖人，至為乖謬。而一概引用，漫無辨正。沈約注出依託，尚能知伊尹自立之誣、太甲殺伊尹之妄。之騄乃旁取異説，以熒耳目。云能補正沈注，未見其然。惟《拾遺》記商均暴天下之類，辨別誣妄，《路史》帝杼遷老王之類，考訂譌謬，閒有數處可取耳。至所補逸文[①]，採摭頗備。然如“晉幽公會魯季孫”一條，今本有之，而注曰無。又如湯十九年至二十四年皆書大旱，蓋作《書》者依託《墨子》“湯五年旱”之文，此本竟脱去“二十一年大旱”、“鑄金幣”二條，則亦不可盡據也。

【彙訂】

① “補”，底本作“稱”，據殿本改。

五代春秋二卷（兩江總督採進本）

宋尹洙撰。洙，字師魯，河南人，天聖二年進士，授絳州正平主簿，以薦為館閣校勘，累遷右司諫，知渭州，兼領涇原路經略公事。以爭水洛城事移慶州①。復為董士廉所訟，貶崇信軍節度副使，監均州酒稅，卒。事蹟具《宋史》本傳。考邵伯溫《聞見錄》載歐陽修作《五代史》，嘗約與洙分撰。此書或即作於是時。然體用編年，與修書例異。豈本約同撰而不果，後乃自著此書歟？所載始梁太祖開平元年甲子②，迄周顯德七年正月甲辰。鄭樵《通志‧藝文略》作二卷，與今本合。趙希弁《讀書附志》則作五卷。或別本流傳，以一代為一卷歟？穆修《春秋》之學稱受之於洙③，然洙無説《春秋》之書。惟此一編，筆削頗為不苟，多得謹嚴之遺意④，知其《春秋》之學深矣。已載入所作《河南集》中，此蓋其別行之本。以初原自為一書，故仍存其目焉。

【彙訂】

① "以爭水洛城事移慶州"，殿本作"以爭永樂城事徙慶州"，誤。《宋史》卷二九五尹洙本傳載："以右司諫知渭州，兼領涇原路經略公事。會鄭戩為陝西四路都總管遣劉滬、董士廉城水洛，以通秦渭援兵。洙以為……不可……卒徙洙慶州而城水洛。"

② 此書始於開平元年四月甲子。（李裕民：《四庫提要訂誤》增訂本）

③《總目》卷一五二《穆參軍集》條云："尹洙《春秋》之學，稱受於（穆）修。"又云："宋之古文……（穆）修則一傳為尹洙，再傳為歐陽修。"邵伯溫《易學辨惑》亦云："伯長（穆修字）首為之倡（古文），其後尹源子漸、（尹）洙師魯兄弟始從之學古文，又傳其《春

秋》學。"可知尹為穆之弟子。（楊武泉:《四庫全書總目辨誤》）

　　④ 此書敘事過簡,時致語意不明或出誤,僅是一大事記,缺乏史料價值。故《資治通鑑》、胡三省《資治通鑑注》皆未引用。（李裕民:《四庫提要訂誤》增訂本）

　　少微通鑑節要五十卷（內府藏本）

　　宋江贄編。贄字叔直,崇安人。政和中,太史奏少微星見,朝命舉遺逸之士。有司以贄應詔,贄辭不赴,賜號少微先生。是書取司馬光《資治通鑑》刪存大要,然首尾賅貫究不及原書。此本為明正德中所刊,前有武宗御製序。考羅願《鄂州小集》末載王瓉《月山錄》跋,結銜稱"通鑑節要纂修官"。疑正德時又為重修,非復贄之舊本。又《明史·李東陽傳》稱:"東陽奉命編《通鑑纂要》。既成,瑾令人摘其筆畫小疵,除謄錄官數人名,欲因以及東陽。東陽大窘,屬焦芳與張綵為解,乃已。"又《張元禎傳》稱為《通鑑纂要》副總裁。《纂要》當即《節要》[1],蓋史偶異文。然則此書乃東陽及元禎所定也[2]。

　　【彙訂】

　　①《少微通鑑節要》五十卷,宋江贄編。其正德間刻本前有正德九年御製序,稱:"近偶閱《少微節要》,悅之……前日《纂要》之修,亦備採擇。"可見並非一書。《歷代通鑑纂要》九十二卷在後,成於正德二年。（李裕民:《四庫提要訂誤》增訂本）

　　②"乃",殿本無。

　　續宋編年資治通鑑十八卷（浙江鮑士恭家藏本）

　　舊本題"朝散郎尚書禮部員外郎兼國史院編修官李燾經進"。考《宋史·藝文志》及燾本傳,惟載所著《續通鑑長編》,無此書之名。此本目錄末有“武夷主奉劉深源校定”一行，亦不知為何許人。書中所記皆北宋事蹟，體例與《宋史全文》約略相似，而闕漏殊甚，蓋亦當時麻沙坊本，因纂有《續通鑑長編》，託其名以售欺也。

增節音注資治通鑑一百二十卷（内府藏本）

宋陸唐老編。唐老，會稽人，淳熙中進士第一。故此書亦稱《陸狀元通鑑》[①]。皆於司馬光書内鈔其可備科舉策論之用者，間有音注。然淺陋頗甚，亦寥寥不詳。首有總例云：“學者未能遍曉出處，則於詞賦一場，未敢引用。”足以見其大旨矣。

【彙訂】

① 淳熙年間五科狀元無陸唐老，寶慶《會稽志》卷六所列會稽進士五十人，亦無其人。宋吳自牧《夢粱錄》卷一七《狀元表》、《文獻通考》卷三八《選舉考十一》等均無陸氏。宋潛説友《咸淳臨安志》卷六一《國朝進士表》淳熙十六年己酉（是年無進士科）欄載：“陸唐老，兩優釋褐。”《宋史》卷一五七《選舉志三》：“内舍生校定，分優、平二等。優等再赴舍試，又入優，則謂之兩優釋褐，中選者即命以京秩，除學官。至是（淳熙中），始令先注職官，代還，注職事官，恩例視進士第二人。”又宋趙昇《朝野類要》卷二“釋褐”條：“上舍試中，優等書釋褐，以分數多者為狀元，其名望重於科舉狀元。”（楊武泉：《四庫全書總目辨誤》；李裕民：《四庫提要訂誤》增訂本）

通鑑綱目測海三卷（江西巡撫採進本）[①]

元何中撰。中字太虛，一字養正，撫州人。事蹟具《元史·儒學傳》[②]。是書以糾《通鑑綱目》書法之同異。卷末有大德丙午自跋曰:“朱子作《綱目》,續《春秋》,然其閒書法,可商略者猶多。閒附己意,輯成《綱目測海》三卷,示兒輩。”云云。蓋不知《綱目》出趙師淵之手,猶誤以為朱子書也。書中所列凡三例。一辨胡、呂二家所注。如“魏徙都大梁”條,胡氏謂“魏王不恨不用孟子,而恨不聽公叔之言”,中以為徙都之後六年,孟子方至魏之類是也。一發明二家所未注。如“秦人誅衛鞅”條下,中補注曰“書秦人何?鞅得罪於衆,猶共誅之”之類是也。一乃糾正本書之譌異。於全書之中,不過十之二三耳。其中如“秦魏冉出其故君之妃歸於魏”一條,中謂諸侯之妻宜稱夫人,不宜稱妃,不知“元妃孟子”固《左傳》文也;又“漢元狩六年封三王”一條,中謂宜載誥策之辭,不知《綱目》紀事之書非載文之書也;又“莽廢孺子”一條,中謂既書始建國元年,則不必書莽,不知孺子廢而後成為始建國也;又“秦王世民殺太子建成”一條,中謂宜削“秦王”字,此泥以爵字為褒貶例也;又“張柬之等舉兵討武氏”一條,中謂多“之亂”二字,不知書法在“討”字,此二字刪之固可,存之亦無害也;又“晉主重貴發大梁”一條,中謂宜書“北遷”,不知朱子宋人,避二帝北遷之事,變其文也。其他閒有可取,不過摭拾細碎,不能深禆於史學。《綱目》非無可糾,如中此書,尚未足以糾《綱目》也。

【彙訂】

① “江西巡撫採進本”,殿本作“江蘇巡撫採進本”,誤。此書在《四庫採進書目》中僅見於“江西巡撫第一次呈送書目”。(馮春生、陳淑君:《〈四庫全書〉史部底本所據分析》)

② 何中事蹟見於《元史・隱逸傳》,非《元史・儒學傳》。(楊武泉:《四庫全書總目辨誤》)

通鑑綱目釋地糾繆六卷補注六卷（浙江巡撫採進本）

國朝張庚撰。庚字浦山，秀水人。是書以《通鑑綱目集覽》、《質實》謬誤不少，惟胡三省《通鑑注》頗屬精當，可以正二書之謬。又校以顧祖禹《讀史方輿紀要》及輿圖等書，為《糾繆》以正其失，又為《補注》以拾其遺，用力頗為勤摯。然《集覽》、《質實》之荒陋，本不足與辨。今既與之辨矣，則宜元元本本，詳引諸書，使沿革分合，言言有據，庶幾以有證之文破無根之論。而所糾所補，乃皆不著出典，則終不能鉗其口也。

帝王紀年纂要一卷（戶部尚書王際華家藏本）

元察罕撰，明黃諫補。察罕官至平章事，事蹟具《元史》本傳。諫有《從古正文》，已著錄。其書本《皇極經世》為準，自太皥以下諸帝王，各載其在位年數，而略述興廢大旨於每代之前。察罕成此書在皇慶元年，嘗奏進於朝，程鉅夫為之序。至明景泰中，諫復為續輯，改原本每代“下至延祐戊午若干年”為“下至洪武戊申若干年”，并補入元代諸帝紀年。然簡略太甚，不足以資考訂也。

明本紀一卷（左都御史張若淮家藏本）

不著撰人名氏。紀明太祖事蹟，自起兵濠梁，迄建國金陵，皆分年排載，頗為詳備。蓋亦自實錄中摘出編次者[1]。惟自洪武三年正月以後並闕，或草創未竟之本歟？

【彙訂】

[1] 此書敍事質直，頗存當時語文，《實錄》則已經刪潤，知其成書當較今本《實錄》為早。（顧廷龍：《玄覽堂叢書續集提要》）

世史正綱三十二卷（副都御史黃登賢家藏本）

明邱〔丘〕濬撰。濬有《家禮儀節》，已著錄。是書本明方孝孺《釋統》之意，專明正統。起秦始皇帝二十六年，訖明洪武元年，以著世變事始之所由。於各條之下隨事附論，然立說多偏駁不經。如紀年干支之下皆規以一圈，中書國號。至元代則加以黑圈，迨至正十五年明太祖起兵，則為白圈。其說以為本之太極圖之陰陽，至是天運轉而陽道復，陰翳消也。率臆妄作，為史家未有之變例，可謂謬誕。王士禎《池北偶談》稱其"議論嚴正"，殊為太過。陶輔《桑榆漫志》稱其"義嚴理到，括盡幽隱，深得麟經之旨"，胡應麟《史學佔畢》稱"《春秋》之後有朱氏，而《綱目》之後有邱氏"，更乖舛矣。

通鑑綱目前編三卷（江蘇巡撫採進本）

明許誥撰。誥自號函谷山人，靈寶人。吏部尚書進之子，文淵閣大學士讚之兄，兵部尚書論之弟。宏治己未進士，官至南京戶部尚書。諡莊敏。事蹟附見《明史·許進傳》。是書以司馬光《通鑑》、朱子《綱目》皆不直接《春秋》，中閒闕七十餘年之事，金履祥《通鑑前編》書法又多舛迕，乃重輯是編，以訂譌補闕。其中如辨宋昭公非周元孫，魏文侯未弒晉幽公，趙鞅、趙無卹之卒歲《史記》並誤，亦小有考證。而摹仿《春秋》過甚，拘文牽義，往往畫虎不成。又或生例於《春秋》之外。如《春秋》書"衛侯燬滅邢"，說者謂惡其滅同姓，又或以為因下"衛侯燬卒"之文而譌，已非成例。而誥於楚子章滅陳書名，於越句踐滅吳併削爵。《史記·越世家》越致貢於周，周元王使人賜句踐胙，命為伯。所謂伯者，蓋為方伯，非由子爵晉為伯爵也，誥乃自是俱書越伯。至於《春秋》無事必書時，例也，於春特書"王正月"，明正朔也。誥於無事之年既不備書，又不書"王正月"，必於年下別標一"春"

字，自序謂："行夏時，重歲首也。"亦不善於學步矣。

經世策一卷（安徽巡撫採進本）

明魏校撰。校有《周禮沿革傳》，已著錄。是書編年紀事，起漢高祖奉楚懷王命伐秦之歲，止文帝末年。似於《通鑑綱目》中偶拈一二卷，以己意筆削之。大旨欲仿《春秋》，而既非經體，又非傳體。如高帝元年書曰："沛公掾蕭何收丞相府圖籍，不及收博士所藏，先王典籍遂滅，齊、魯諸儒傳習自孔氏者不復全。"此仿《春秋》何例也？

人代紀要三十卷（兩淮馬裕家藏本）

明顧應祥撰。應祥字惟賢，號箬溪，長興人。宏治乙丑進士，官至南京刑部尚書。是書以編年紀事，雖無事必書其年。蓋合《甲子會紀》、《大事記》而一之。然繁簡失倫，多未盡當。其中無年可編者，亦往往隨意科配。如荀悅著《漢紀》、《申鑒》，皆強係之獻帝乙酉年，恐必不然也。

嘉隆兩朝聞見紀十二卷（浙江巡撫採進本）

明沈越撰。越字韓峯，南京錦衣衛人。嘉靖壬辰進士，官至監察御史。是編以薛應旂《憲章錄》、鄭曉《吾學編》諸書止載武宗以前事，故續取世、穆兩朝政蹟，彙次成編。起正德十六年世宗即位，止於隆慶六年。朱之蕃謂其為野史之良。然所採書目，自《明倫大典》以下僅四十一種，未為贍備。而所附案之文如五元臣皆不利之類，亦體雜說部。

明大政記二十五卷（內府藏本）

明雷禮撰。禮字必進，豐城人。嘉靖壬辰進士，官至工部尚書。《明史·藝文志》載禮《大政記》三十六卷。此本為萬曆中應天周時泰所刊。其中禮所輯者至武宗而止，僅二十卷。其世宗四卷，即范守己之《肅皇外史》，穆宗一卷，則譚希思所續編。卷目與史志不符，蓋時泰已有所合併也。禮明習朝典，以史學自任。而所記多採撮實錄，詳略未能得中，異同亦尟能考據。

明六朝索隱十六卷（兩江總督採進本）

舊本題明雷禮撰，何應元校。應元不知何許人。其書以正統、景泰、天順、成化、宏治、正德六朝事蹟編年紀錄。考《明史·藝文志》不載是書，疑後人從《實錄》鈔撮而成，託名於禮。其稱"索隱"，亦不知何所取義也。

通鑑綱目前編二十五卷（編修邵晉涵家藏本）

明南軒撰。軒字叔後，渭南人。據軒自序，題吏部文選司郎中前翰林院庶吉士。《明史》附見《南居益傳》，亦云官吏部郎中，嘗著《綱目前編》。然又有其門人楊光訓序，稱軒為渭上先生，"壯遊金馬，閱銓曹，歷藩臬"。是其官不終於郎中。《陝西通志》稱其終山東參議，與光訓序合，當得其實。然《太學進士題名碑錄》載軒為嘉靖癸丑進士，而《通志》作甲辰進士，則《通志》又傳寫之誤矣。此書以金履祥《通鑑前編》、陳桱《通鑑前編外紀》合併刪削，共為一編。起自伏羲，終於周威烈王。然不明提綱分目之法，冗瑣糅雜，殊無可取。至於引《爾雅》曰："熊、羆、貔、貅、貙、虎六者，猛獸可以教戰。"引《左傳》曰："龍角亢星也，建戌之月見於東方，故戒民以土工之事。"《爾雅》、《左傳》皆無其文。蓋有明一代，八比盛而古學荒，諸經注疏，皆以不切於時文，庋置高閣，故雜採類書，以譌傳譌，至於如此。又金履祥受業王柏，故徵引師説，稱"子王子"。此書既盡變履祥之例，而引王柏之説，仍稱為"子王子"。是更與"不去葛龔"同一例矣。

龍飛紀略八卷（兩江總督採進本）

明吳樸撰[①]。樸字華甫，詔安人。是編仿《綱目》體例，紀明太祖事蹟。初名《征伐禮樂書》，後改今名。自壬辰至壬午，共五十一年。蓋據《元史》及明初武冑貼黃列傳、則例紀載，旁蒐博採而成。前有嘉靖甲辰林希元序及樸自編通例。是時建文年號未復，故於己卯以後四年仍以洪武紀年，旁注建文於下。自屬當時功令，未足為譏。若自壬辰至丙午，明號未建，順帝儼存，猶是元之天下。乃削去至正年號，惟書甲子，則偏僻太甚，於公議為不協矣。至所謂"成化閒續編《綱目》，托克托用兵六合，有'賊勢大蹙'之句。不知彼時明祖正在六合，罔識諱避"云云。律以臣子之義，鑿然正論。雖起商輅於九原，無詞以解也。

【彙訂】

① 據明嘉靖二十三年吳天祿等刻本，此書作者名吳朴，作"吳樸"誤。（杜澤遜：《四庫存目標注》）

宋元資治通鑑一百五十七卷（內府藏本）

明薛應旂撰。應旂有《四書人物考》，已著錄。是編續司馬光《資治通鑑》而作。朱彝尊《靜志居詩話》嘗譏其"孤陋寡聞。如王偁、李燾、楊仲良、徐夢莘、劉時舉、彭百川、李心傳、葉紹翁、陳均、徐自明諸家之書，多未寓目。并《遼》、《金》二史亦削而不書。惟道學宗派特詳爾"。今核其書，大抵以商輅等《通鑑綱目續編》為藍本，而稍摭他書附益之。於《宋》、《元》二史，未嘗參考其表、志。故於元豐之更官制，至元之定賦法，一切制度，語多闇略。於本紀、列傳亦未條貫。凡一人兩傳，一事互見者，異同詳略，無所考證，往往文繁而事複。如永寧公主衣貼繡鋪翠襦，入宮中請以金飾肩輿，為藝祖所戒。既載於開寶五年矣，復見於開寶八年，而譌為永康公主。丁謂誣謫寇準，王曾疑其太重，丁謂曰："居停主人勿復言。"既載於天禧四年矣，復見於乾興元年。越州升為府，既載於建炎四年矣，復見於紹興元年。甚至真德秀兼宫教，勸濟王"孝敬以俟天命"語，一篇之中，前後兩見。其餘重沓竄易之誤，不可枚舉。所紀元事，尤為疏漏。惟所載道學諸人，頗能採據諸家文集，多出於正史之外。然雜列制誥、贈言、寄札、祭文，鋪敍連篇，有同家牒。律以史法，於例殊乖。至於引用説部以補正史之闕者，又不辨虛實，徒求新異。如載吳曦之誅云："初曦未叛時，嘗校獵塞上。一日夜歸，笳鼓競奏，轔載雜襲。曦方垂鞭四視，時盛秋天宇澄霽，仰見月中有一人，騎而垂鞭，與己惟肖。問左右，所見皆符，殊以為駭。嘿自念曰：'我當貴，月中人其我也。'揚鞭而揖之。其人亦揚鞭。乃大喜，異謀由是決。"云云。其事雖見岳珂《桯史》，小説家無稽之語，可入諸編年之史乎？雖多亦奚以為，此之謂矣。

甲子會紀五卷（江蘇巡撫採進本）

明薛應旂撰。前四卷以六十甲子紀年。上自黄帝八年，下至嘉靖四十二年，為七十二甲子。又每年之下亦略紀大事，以備檢閲。第五卷則取邵子"以元經會"之語，略論洪荒以來，而以邵子《觀化》詩附焉。

憲章録四十七卷（内府藏本）

明薛應旂撰。所載上起洪武，下迄正德，用編年之體。蓋以續所作《宋元通鑑》。然採摭雜書，頗失甄別。如惠帝遜國，事本傳疑，應旂乃於正統五年十二月書思恩州土知州岑瑛送建文帝入京①，號為老佛，豈史氏闕文之義耶？

【彙訂】

①"帝"，殿本無。

考信編七卷（江蘇周厚堉家藏本）

明杜思撰。思字子睿，鄞縣人。嘉靖丙辰進士，官至青州府知府①。是書皆載上古之事，其目有二：曰《原始考》，始自盤古氏，迄於燧人氏；曰《讀墳考》，始自庖犧氏，迄於帝魁。編年紀月，記動記言，全作策書之體。如珥筆其側，親注起居，又不言其何所據。乃題曰"考信"，名實可謂舛迕矣。

【彙訂】

①康熙《鄞縣志》卷一八《品行考・孝友列傳・杜常傳》末云："孫思，嘉靖丙辰進士，歷官青州守，終於臬副（按察司副使）。"又同書卷一〇《選舉考・進士表》，嘉靖三十五年丙辰科載："杜思，運使（都轉運鹽使司都轉運使）。"《嘉靖丙辰同年世講錄》載："杜思……壬戌，升山東青州府知府。丁卯，升湖廣副使。"（楊武泉：《四庫全書總目辨誤》；錢茂偉：《明人史著編年考補》）

昭代典則二十八卷（江蘇周厚堉家藏本）

明黃光昇撰。光昇字明舉，晉江人。嘉靖乙丑進士，官至刑部尚書①。是書起元至正壬辰明太祖起兵，至穆宗隆慶二年而止②。編年紀事，每條皆提綱列目。其前四卷，自至正壬辰迄洪武建元以前，以明紀年，而元事則隨年附見。雖當時臣子之詞，然順帝北行以後，以明紀年可也。若至正戊申以前，非惟元祚未移，儼然共主，即韓林兒龍鳳紀年，明主亦自奉其朔，乃於其初起兵時即削元號，究非萬世之公論也。

【彙訂】

① 乙丑為嘉靖四十四年，然王世貞《弇山堂別集》卷四八《南京尚書表》及《刑部尚書表》均謂黃光昇為"嘉靖己丑（八年）進士"。雍正《福建通志》卷三六《選舉志》、卷四五《人物‧黃光昇傳》及同治《湖州府志》卷六三《名宦錄》亦作嘉靖八年己丑科進士。（楊武泉：《四庫全書總目辨誤》）

② 此書紀事實止於隆慶六年（1572）。（陳旭東：《明代閩人著作 12 種提要》）

成憲錄十一卷（浙江范懋柱家天一閣藏本）

不著撰人名氏。記明太祖至英宗五朝之事。考明太宗廟號至嘉靖十七年始改曰成祖。此書仍稱太宗，是作於成化後，嘉靖前也。書中所載，事實少而誥敕多。如洪武元年二月，詔以太牢祀先師孔子於國學，仍遣使詣曲阜致祭，並載太祖遣祭之諭。今《本紀》乃止書祀國學而不及闕里。又《本紀》載洪武十年十二月高麗使五至，以嗣王未立卻之。十二年十二月高麗貢黃金百斤、白金萬兩，以不如約卻之。而此書又載洪武十二年五月諭遼東守將潘敬、葉旺勿納鄭白一事，亦足以補史傳之闕。然浮文妨要者終多也。

祕閣元龜政要十六卷（浙江孫仰曾家藏本）

不著撰人名氏。書中已稱成祖，則嘉靖以後人作也。所紀皆明太祖事。然起於元順帝至正十六年張士德取常熟，終於洪武二十八年,首尾皆不完具。殆前後各佚一册,今本卷第又傳寫者所改題歟? 大致與《太祖實錄》相出入,亦無異聞也。

明通紀述遺十二卷(浙江汪啟淑家藏本)

舊本一卷、二卷、四卷、五卷、八卷、九卷、十卷、十二卷皆題繡水卜世昌校訂,三卷、六卷、七卷、十一卷皆題繡水屠衡校訂。前有馮夢禎序,惟稱世昌①,又有卜萬祺、屠隆二序,則兼稱衡。蓋二人合作,仿《新唐書》各署姓名例也。其書補東莞陳建《明通紀》之遺,起元至正十一年,終明隆慶六年。編年紀載,多捃拾稗史之言,冗雜特甚。如首卷多載元順帝荒淫瑣事,與明無關,殊失斷限之義。又如以成祖征漠北時太監沐敬進諫之事,竄入建文四年之末。則紀載之無法,可以概見矣。

【彙訂】

① 明萬曆刻本此書馮夢禎序明言卜世昌"閒與其友屠生衡暨從弟輩,揚扢今古,因取稗官叢說,倫鳩編次……為卷一十有二,名曰《通紀述遺》"。(杜澤遜:《四庫存目標注》)

世穆兩朝編年史六卷(內府藏本)

明支大綸撰。大綸字華平,嘉善人。萬曆甲戌進士,由南昌府教授擢泉州府推官,謫江西布政司理問,終於奉新縣知縣。是編成於萬曆丙申。所載自嘉靖元年至四十五年,凡四卷。自隆慶元年至六年,凡二卷。前有項維楨序,但稱"永陵信史"。據大綸自序,蓋先成世宗編年,後乃續以穆宗云。

明大政纂要六十卷(浙江巡撫採進本)

明譚希思撰。希思,茶陵人。萬曆甲戌進士,官至四川巡撫。是書所記,自洪武元年至隆慶六年。凡大事皆編年紀載,每

帝皆有論贊。卷首載萬曆己未修撰韓敬序,有云:"侍御方壺劉
公持斧畿輔,捐俸刻之。"是此書向曾刊刻。今鈔本卷首仍存巡
按直隸監察御史印,則當為未刊以前藏本。其中多塗乙增損之
處,似即希思之原槀也。

大政記三十六卷(兩江總督採進本)①

明朱國楨撰。國楨字文寧,烏程人。萬曆己丑進士,官至文
淵閣大學士,諡文肅。事蹟附見《明史·朱國祚傳》。是書始洪
武元年戊申,終隆慶六年壬申。編年紀載,繁簡多有未當,殊乏
史裁。

【彙訂】

① 此書原名《皇明大政記》,為《皇明史概》五種之一。"皇"
字可去,"明"字則不可去。(陳乃乾:《讀〈四庫全書總目〉
條記》)

兩朝憲章錄二十卷(浙江朱彝尊家曝書亭藏本)

明吳瑞登撰。瑞登字云卿,武進人。由貢生官光州訓導。
先是,薛應旂纂洪武至正德九朝事為《憲章錄》。瑞登因輯嘉靖、
隆慶兩朝以續應旂之書,大抵鈔撮邸報而成。有巡撫河南御史
陳登云、李時華二序,一作於萬曆癸巳,一作於甲午。又有瑞登
自序,惟頌世宗初政及遺詔,併費宏調燮之勳、徐階受顧之蹟。
蓋謂嘉靖中年壞於任用嚴嵩,而不欲顯言也。

國史紀聞十二卷(江蘇周厚堉家藏本)

明張銓撰。銓字宇衡,沁州人①。萬曆甲辰進士,官至監察
御史,巡按遼東。天啟元年,大兵破遼陽,殉節死。贈兵部尚書,
諡忠烈。事蹟具《明史·忠義傳》。是編起元至正十二年明太祖

起兵濠州,迄於武宗之末。編年紀載,有綱有目。名曰《紀聞》者,銓自以職非史官,不得見實錄、記注,僅取各家之書,討論異同,編次成帙,所謂得之傳聞而不敢據以為信也。書成於萬曆庚戌,至天啟甲子始刊行之。徐揭先為之序,其子道瀋又重為校訂云②。

【彙訂】

①《明史·忠義傳三》(卷二九一):"張銓,字宇衡,沁水人,萬曆三十二年(甲辰)進士。"鄒漪《啟禎野乘》卷八《張忠烈傳》、《千頃堂書目》卷二六、《明詩綜》卷七五、《山西通志》卷六九、《江西通志》卷四七、《大清一統志》卷三七、《欽定盛京通志》卷五六皆作沁水人。且各卷卷首均題:"巡撫江西監察御史沁水臣張銓輯"。據《明史·地理志》、《明一統志》卷二一,沁水屬澤州府,而沁州"(洪武)九年直隸布政司。萬曆二十三年五月改屬汾州府,三十二年仍直隸布政司",兩地從不相屬。(楊武泉:《四庫全書總目辨誤》;鞠明庫:《〈四庫全書總目〉正誤五則》)

② 是書傳世天啟四年甲子刻本有萬曆四十八年庚申張銓自序與天啟四年徐揚先序,則"庚戌"乃"庚申"之誤,"徐揭先"乃"徐揚先"之誤。(王重民:《中國善本書提要》;杜澤遜:《四庫存目標注》)

綱鑑正史約三十六卷(內府藏本)

明顧錫疇撰。錫疇字九疇,號瑞屏,崑山人。萬曆己未進士,崇禎末官至南京禮部侍郎。福王時,進尚書。後為總兵官賀君堯所殺。事蹟具《明史》本傳。是書編年紀載,於歷代故實粗存梗概,蓋鄉塾課蒙之本。至"綱鑑"之名,於《綱目》、《通鑑》各摘一字稱之，又顛倒二書之世次，尤沿坊刻陋習也。

　　歷年二十一傳殘本十二卷（浙江巡撫採進本）[①]

　　明程元初撰。元初有《律古詞曲賦叶韻》，已著錄。是書略仿《資治通鑑綱目》之例，以二十一史各編年爲傳，故曰《二十一傳》，然非傳體也。此本惟存《季周傳》十一卷，《嬴秦傳》一卷。其爲刊刻未竟，抑傳本闕佚，均不可知。據所存者觀之，大抵疏漏百出，漫無體例，其佚亦不足惜也。

【彙訂】

　　① “歷年”，底本作“歷代”，據殿本改。《江蘇省第一次書目》、《江蘇採輯遺書目錄》均作《歷年季周傳》，今存明萬曆刻本《歷年季周傳》十一卷，《歷年嬴秦傳》一卷。（杜澤遜：《四庫存目標注》）

　　春秋編年舉要無卷數（兩江總督採進本）

　　明楊時偉撰。時偉有《正韻牋》，已著錄。是書成於崇禎甲戌。凡前、後二編，皆仿《史記》年表之例，以國爲經，以事爲緯。前爲《春秋列國編年舉要》，起周平王四十九年己未，訖敬王三十九年庚申，以括春秋大要。後爲《獲麟後七十七年編年舉要》，起敬王三十九年庚申，訖威烈王二十三年戊寅，以補《通鑑前編》。首有《春秋託始論》，據洪邁《容齋隨筆》之説，謂春秋始隱公，爲治鄭莊，以强侯跋扈實自寢生始也。次爲《春秋列國君臣總論》三篇，隨意斷制，未爲精確。其謂無季氏則魯不昌，無二氏則季孤立，頗爲乖刺。又有《獲麟後編年總論》，辨魏文侯師子夏在未命爲諸侯以前，亦無關大義。二編惟後編有引，稱：“竊於諸書中採十一於千百，私爲《編年舉要》。既而深思，恐開後人以懶惰之端，遂舉覆瓿，不復災木，止存七十七年事。"然則當時僅刊其後編。今則二編俱在，蓋猶其家藏未刻之稾矣。

皇王史訂四卷（陝西巡撫採進本）

國朝李學孔撰。學孔字瞻黃，渭州人。順治中嘗官大寧衛斷事。是編以劉恕《外紀》義類未確，端緒難明，因訂正其文。上自盤古氏，下迄周幽王。東遷而後，《春秋》既作，則不復錄焉。大抵摭拾羅泌《路史》之説，加以臆斷耳。

此木軒紀年略五卷（江蘇巡撫採進本）

國朝焦袁熹撰。袁熹有《春秋闕如編》，已著錄。康熙甲午，故户部尚書王鴻緒纂輯《明史》，袁熹預其事。開局月餘，以持論齟齬辭去，乃自以其意著此書。紀事始於帝堯，編年則始於春秋。撮其治亂興亡之大端，而各繫以論，亦頗考證其異同。未及卒業，僅及漢順帝而止。其門人徐逵照哀輯賸槀，編為此本。首卷及第三卷皆袁熹手自標識，提其綱要。二卷、四卷、五卷則逵仿袁熹之例，補為標識者也。其書敍述簡明，非他家史略不冗即漏者比，持論亦多平允。而愛奇嗜博，好取異説。如周文王商末受命稱王，九年衛武公攻殺其兄共伯而自立。雜書譌異，皆不以為非。甚至何休注《公羊傳》，謂平王之四十九年為魯隱公受命之元年，而比周於二王之後。亦以為其理謬而其意善，殊為乖舛。其訂正事實，多所糾正。然好以明人所刻《竹書紀年》為據，不知其偽。如周威烈王十四年公孫會以廩丘叛、安王十九年田侯剡立之類，皆執以駁《史記》，亦為失考。至於《孟子》所載之曹交，本不云曹君之弟，稱曹君之弟者乃漢趙岐注，朱子偶然因之，失於詳核。袁熹不考舊文，誤執之以疑《史記》，併疑《春秋》，所見更左矣。

　　讀史綱要一卷（直隸總督採進本）

　　國朝王植撰。植有《四書參注》，已著錄。此書紀歷代帝王年號，而附錄僭偽諸國。排比舊文，有如簿籍，不足以當著書。其以西夏、遼、金并列，尤為紕繆。

　　右編年類，三十七部，八百四十七卷，內一部無卷數。皆附存目。

　　　　案，《綱鑑正史約》之類，坊刻陋本，不足以言史矣。然《五經》、《四書》講章雖極陋劣，不能不謂之經解也，故亦附存其目。此類至夥，姑就所見者載之，如經書講章之例。

史 部 五

紀 事 本 末 類

古之史策，編年而已，周以前無異軌也。司馬遷作《史記》，遂有紀傳一體，唐以前亦無異軌也。至宋袁樞，以《通鑑》舊文，每事為篇，各排比其次第，而詳敘其始終，命曰“紀事本末”，史遂又有此一體。夫事例相循，其後謂之因，其初皆起於創。其初有所創，其後即不能不因。故未有是體以前，微獨紀事本末創，即紀傳亦創，編年亦創。既有是體以後，微獨編年相因，紀傳相因，即紀事本末亦相因。因者既眾，遂於二體之外，別立一家。今亦以類區分，使自為門目。凡一書備諸事之本末，與一書具一事之本末者，總彙於此。其不標紀事本末之名，而實為紀事本末者，亦併著錄。若夫偶然記載，篇帙無多，則仍隸諸雜史傳記，不列於此焉。

通鑑紀事本末四十二卷（通行本）

宋袁樞撰。樞字機仲，建安人。孝宗初，試禮部詞賦第一。歷官至工部侍郎。以右文殿修撰知江陵府，尋提舉太平興國宮。事蹟具《宋史》本傳。案唐劉知幾作《史通》，敘述史例，首列六家,總歸二體。自漢以來,不過紀傳、編年兩法,乘除互用。然紀傳之法,或一事而復見數篇,賓主莫辨;編年之法,或一事而隔越數卷,首尾難稽。樞乃自出新意,因司馬光《資治通鑑》區別門目,以類排纂。每事各詳起訖,自為標題。每篇各編年月,自為首尾。始於三家之分晉,終於周世宗之征淮南。包括數千年事蹟,經緯明晰,節目詳具。前後始末,一覽了然。遂使紀傳、編年貫通為一,實前古之所未有也。王應麟《玉海》稱:"淳熙三年十一月,參政龔茂良言,樞所編《紀事》有益見聞。詔嚴州摹印十部,仍先以繕本上之①。"《宋史》樞本傳又稱孝宗讀而嘉歎,以賜東宮及分賜江上諸帥,曰"治道盡在是矣"。朱子亦稱其書"部居門目,始終離合之閒,皆曲有微意,於以錯綜溫公之書,乃《國語》之流"。蓋樞所綴集,雖不出《通鑑》原文,而去取翦裁,義例極為精密,非《通鑑》總類諸書割裂�者可比。其後如陳邦瞻、谷應泰等,遞有沿仿。而包括條貫,不漏不冗,則皆出是書下焉。

【彙訂】

　　① 今存淳熙二年嚴陵郡庠刻本,為此書初印本,可知《玉海》"淳熙三年"當為"淳熙二年"之誤。(陳尚君、張金耀主撰:《四庫提要精讀》)

　　春秋左氏傳事類始末五卷(江蘇巡撫採進本)①

　　宋章沖撰。沖字茂深,章惇之孫也,淳熙中嘗知台州。其妻乃葉夢得女。夢得深於《春秋》,故沖亦頗究心於《左傳》。取諸國事蹟,排比年月,各以類從,使節目相承,首尾完具。前有沖自序及謝諤序。考沖與袁樞俱當孝宗之時。樞排纂《資始通鑑》,創紀事本末之例,使端緒分明,易於循覽,其書刊於淳熙丙申。

沖作是書,亦同斯體。據自序刊於淳熙乙巳,在樞書之後九年,殆踵樞之義例而作。雖篇帙無多,不及樞書之淹博,其有裨學者則一也。惟《通鑑》本屬史家,樞不過理其端緒。《春秋》一書,經則比事屬詞,義多互發;傳文則或先經以始事,或後經以終義,或依經以辨理,或錯經以合異,絲牽繩貫,脈絡潛通。沖但以事類衰集,遂變經義為史裁,於筆削之文渺不相涉。舊列經部,未見其然。今與樞書同隸史類,庶稱其實焉。

【彙訂】

① 文淵閣《四庫》本尚有附錄一卷。(沈治宏:《中國叢書綜錄訂誤》)

三朝北盟會編二百五十卷(左都御史張若溎家藏本)

宋徐夢莘撰。夢莘字商老,臨江人。紹興二十四年進士,為南安軍教授,改知湘陰縣,官至知賓州。以議鹽法不合,罷歸。事蹟具《宋史·儒林傳》。夢莘嗜學博聞,生平多所著述。史稱其“恬於榮進。每念生靖康之亂,思究見顛末,乃網羅舊聞,薈稡同異,為《三朝北盟會編》。自政和七年海上之盟,迄紹興三十一年,上下四十五年。凡敕制、誥詔、國書、書疏、奏議、記序、碑志,登載靡遺。帝聞而嘉之,擢直祕省”云云。今其書鈔本尚存,凡分上、中、下三帙。上為政、宣二十五卷,中為靖康七十五卷,下為炎、興一百五十卷。其起訖年月,與史所言合。所引書一百二種,雜考私書八十四種,金國諸錄十種,共一百九十六種,而文集之類尚不數焉。史所言者殊未盡也。凡宋、金通和用兵之事,悉為詮次本末。年經月緯,案日臚載。惟靖康中帙之末有《諸錄雜記》五卷,則以無年月可繫者,別加編次,附之於末。其徵引皆全錄原文,無所去取,亦無所論斷。蓋是非並見,同異互存,以備史家之採擇,故以《會編》為名。然自汴都喪敗及南渡立國之始,其治亂得失,循文考證,比事推求,已皆可具見其所以然,非徒餖飣瑣碎已也。雖其時說部糅雜,所記金人事蹟,往往傳聞失實,不盡可憑。又當日臣僚劄奏,亦多夸張無據之詞。夢莘概錄全文,均未能持擇。要其博贍淹通,南宋諸野史中,自李心傳《繫年要錄》以外,未有能過之者,固不以繁蕪病矣。考夢莘成書後[①],又以前載不盡者五家,續編次於中、下二帙,以補其闕。靖康、炎興各為二十五卷,名曰《北盟集補》。今此本無之,殆當時二本各行,故久而亡佚歟?

【彙訂】

① 殿本“書”上有“此”字。

蜀鑑十卷(兩淮鹽政採進本)

不著撰人名氏。前有方孝孺序,稱“宋端平中,紹武李文子嘗仕於蜀。蒐採史傳,起秦取南鄭,至宋平孟昶,上下千二百年事之繫乎蜀者,為書十卷”云云。世遂題為文子作。《考亭淵源錄》亦載:“李文子字公瑾,光澤人,<small>案光澤即紹武之屬縣,今尚仍古名。</small>李方子之弟。紹興四年進士。官至知太安軍,綿、閬州,潼川府。著《蜀鑒》十卷。”然考端平三年文子所作序中稱“燕居深念,紬繹前聞,因俾資中郭允蹈緝為一編”云云,則此書為資州郭允蹈所撰,文子特總其事耳。世即以為文子作,亦猶《大易粹言》本曾穜命方聞一作,而《直齋書錄解題》遂誤以為穜作也。其書每事各標總題,如袁樞《通鑑紀事本末》之例;每條有綱有目有論,如朱子《通鑑綱目》之例。其兼以考證附目末,則較《綱目》為詳贍焉。

宋自南渡後，以荆、襄為前障，以興元、漢中為後户，天下形勢，恒
在楚、蜀。故允蹈是書所述，皆戰守勝敗之蹟。於軍事之得失、
地形之險易，恒三致意。而於古人用兵故道，必詳其今在某處。
其經營擘畫，用意頗深。他如辨荆門之浮橋，引《水經注》以證
《荆州記》之誤；陳倉之馬鳴閣，引《蜀志》以證《寰宇記》之誤；斜
谷之遮要，引《興元記》以補裴松之注之闕；諸葛亮之築樂城，引
《通鑑》以辨《華陽國志》、《寰宇記》之異同，於地理亦頗精核。又
所載羅尚之抗李雄、張羅之據犍為，亦較《晉書·載記》及《十六
國春秋》為詳，皆足裨史乘之考證①。唯所論蜀之地勢，可以北
取中原，引漢高祖為證，則與李舜臣《江東十鑑》同意，姑以勵恢
復之氣耳。諸葛亮所不能為，而謂後人能之乎？末二卷敍西南
夷始末。其載犍為郡之置，始於漢代。不知唐之莊、琬〔琰〕②、
播、郎等州即其故地。又所載南詔始末，謂驃信敗於韋皋，而南
蠻始衰。不知敗於高駢，而蠻乃不振。所記未免稍略。然其時
方慮内訌，無暇外攘。著書之志，主於捍拒秦隴之師，振控巴渝
之險。其他邊徼之事，固在所略，亦其時勢為之矣。

　　【彙訂】
　　① 本書卷四《羅尚抗李雄篇》所敍之事，皆見於《華陽國志》
卷八《大同志》中，至於張羅之事，已具於《十六國春秋》卷七十七
《李雄錄》中。（余嘉錫：《四庫提要辨證》）
　　② "琬"，當作"琰"，乃避嘉慶諱。殿本作"琰"。

　　炎徼紀聞四卷（浙江巡撫採進本）
　　明田汝成撰。汝成字叔禾，錢塘人。嘉靖丙戌進士，官至廣
西布政司右參議。事蹟具《明史·文苑傳》。史稱其"博學工古

文,尤善敍述。歷官西南,諳曉先朝遺事,撰《炎徼紀聞》”,即此編也。書凡十四篇。首紀王守仁征岑猛事,次紀岑璋助擒岑猛事,次紀趙楷、李寰事,次紀黃竑請立東宮事,次紀征大藤峽事,次紀奢香事,次紀安貴榮事,次紀田琛事,次紀楊輝事,次紀阿溪事,次紀阿向事,次紀雲南諸夷,次紀猛密、孟養,次雜紀諸蠻夷。每篇各繫以論,所載較史為詳。前有汝成自序,稱:“自涉炎徼,所聞諸事,皆起於撫綏闕狀,賞罰無章。”切中明代之弊。其論田州之事,歸咎於王守仁之姑息;論黃竑之事,歸咎於于謙之隱忍,亦持平之議,不蹈門户之見。史稱“汝成分守右江時,龍州土酋趙楷、憑祥州土酋李寰各弑主自立,與副使翁萬達密討誅之。努灘賊侯公丁為亂,斷藤峽羣賊與相應。汝成復偕萬達設策誘擒公丁,而進兵討峽賊,大破之。又與萬達建善後七事,一方遂靖”云云,則汝成於邊地情形得諸身歷。是書據所見聞而記之,固與講學迂儒貿貿而談兵事者迥乎殊矣。

　　宋史紀事本末二十六卷(兩淮鹽政採進本)[①]

　　明陳邦瞻撰。邦瞻字德遠,高安人。萬曆戊戌進士,官至兵部左侍郎。事蹟具《明史》本傳。初,禮部侍郎臨朐馮琦欲仿《通鑑紀事本末》例,論次宋事,分類相比,以續袁樞之書,未就而沒。御史南昌劉曰梧得其遺槀,因屬邦瞻增訂成編。大抵本於琦者十之三,出於邦瞻者十之七。自太祖代周,訖文、謝之死,凡分一百九目。於一代興廢治亂之蹟,梗概略具。袁樞義例最為賅博,其鎔鑄貫串亦極精密。邦瞻能墨守不變,故銓敍頗有條理。諸史之中,《宋史》最為蕪穢,不似《資治通鑑》本有脈絡可尋。此書部列區分,使一一就緒。其書雖稍亞於樞[②],其尋繹之功,乃視樞為倍矣③。惟是書中紀事既兼及遼、金兩朝，當時南北分疆，未能統一④，自當稱《宋遼金三史紀事》，方於體例無乖。乃專用《宋史》標名，殊涉偏見。至《元史紀事本末》，邦瞻已別有成書。此內如《蒙古諸帝之立》、《蒙古立國之制》諸篇，皆專紀元初事實，即應析歸《元紀》之中，使其首尾相接。乃以臨安未破，一概列在宋編，尤失於限斷。此外因仍《宋史》之舊，舛謬疏漏，未及訂正者，亦所不免。然於記載冗雜之內，實有披榛得路之功。讀《通鑑》者不可無袁樞之書，讀《宋史》者亦不可無此一編也。

【彙訂】

① 文淵閣《四庫》本為二十八卷，書前提要不誤。（沈治宏：《中國叢書綜錄訂誤》）

②"稍"，殿本無。

③ 此書與《元史紀事本末》取材實多出於薛應旂《宋元通鑑》，所以能各用一年左右時間完成。（王樹民：《宋元紀事本末的編著和流傳》）

④"未"，殿本作"不"。

元史紀事本末四卷（江蘇巡撫採進本）①

明陳邦瞻撰。凡列目二十有七。其"律令之定"一條下注一"補"字，則歸安臧懋修所增也。明修《元史》，僅八月而成書，潦草殊甚。後商輅等撰《續綱目》，不能旁徵博採，於元事亦多不詳。此書採掇不出二書之外，故未能及《宋史紀事》之賅博。又於元、明閒事，皆以為應入明國史。遂於徐達破大都、順帝駐應昌諸事，皆略而不書。夫元初草創之迹，邦瞻既列於宋編，又以燕京不守，元帝北徂為當入明史。是一代興廢之大綱，皆沒而不著。揆以史例，未見其然。至至正二十六年韓林兒之死，乃廖永忠沈之瓜步。洪武中，寧王權作《通鑑博論》，已明著其事。不過以太祖嘗奉其年號，嫌於項羽、義帝之事，歸其獄於永忠耳。邦瞻更諱之書"卒"，尤為曲筆。庫庫特穆爾自順帝北遷之後，尚為元盡力，屢用兵以圖興復。故太祖稱"王保保真男子"，以為勝常遇春。後秦王棟妃即納其女。邦瞻乃以為不知所終，亦不免於失實。特是元代推步之法、科舉學校之制，以及漕運、河渠諸大政，措置極詳。邦瞻於此數端，紀載頗為明晰。其他治亂之迹，亦尚能撮舉大概，攬其指要。固未嘗不可以資考鏡也。

【彙訂】

① 此書原刻本六卷，萬曆三十五年黃吉士合刻本乃改為四卷。（王樹民：《〈宋元紀事本末〉的編著和流傳》）

平定三逆方略六十卷

康熙二十一年大學士勒德洪等奉敕撰。紀平定逆藩吳三桂、尚之信、耿精忠事。初，孔有德、尚可喜、耿仲明均以故明將佐，於太祖時率眾來歸，隨八旗征討，多立戰功。有德封定南王，可喜封平南王，仲明封靖南王。吳三桂本明總兵，世祖驅除流寇，定鼎燕京，亦以效命執殳，得邀榮錫封平西王。後有德死殉孤城，至今廟食。惟仲明分藩於福建，可喜分藩於廣東，三桂亦分藩於雲南，膺股肱心膂之寄，恩最洪深。後仲明先歿，以其子精忠嗣封。可喜年老乞閑，以其子之信攝軍事。吳三桂遂獨稱宿將，列重鎮於西南。乃虺毒潛吹，狼心叵測，於康熙十二年十一月稱戈抗命，進薄衡湘，與官軍相距於常德。之信、精忠亦乘機蠢動。聖祖仁皇帝特簡八旗勁旅，迅掃欃槍。相度機宜，指授方略,剿撫並用,以次戡平。三桂勢蹙憂怖,旋伏冥誅,僅孽孫世璠游魂釜底。既而之信、精忠窮迫歸正,均正刑章。至康熙二十年十月,世璠惶懼自戕,三逆並滅。蓋開國之初,殷頑未靖,其勢易於煽惑。其地皆襟帶山海,勢逾於唐之藩鎮。其黨羽皆百戰之餘,嫻習攻守,力逾於漢之七國。故一時蠭起,敢肆披猖。我聖祖時在沖齡,乃從容鎮定而掃蕩之。自茲以後,大定永清,豈非亘古所未有歟? 伏讀《實錄》,載康熙二十五年十一月,大學士勒德洪以此書進呈。蒙諭其中舛錯,如王輔臣由雲南援剿總兵官授為陝西提督,今謂由陝西總兵官陞任。至論贊中援宋太祖杯酒釋兵權事,吳三桂非宋功臣可比,乃唐藩鎮之流,飭酌改之。仰見深籌遠慮,事事皆經聖心,即一二小節,亦毫髮無遺。益徵神謀獨斷,非廷臣所能參贊者矣。當時尚未奉刊布①,僅有寫本,尊藏大內。今蒙皇上宣示,特命繕錄,編入《四庫》。臣等校錄之餘,既欣睹聖祖仁皇帝實兼守成創業之隆,亦彌仰我皇上觀揚光烈之盛云。

【彙訂】

①"尚",殿本無。

親征朔漠方略四十八卷①

康熙四十七年,大學士温達等撰進。聖祖仁皇帝御製序文,深著不得已而用兵之意。蓋噶爾丹凶頑爽誓,寖為邊患。因於康熙三十五年二月,親統六師往征。鋒蝟斧螳,憎慄遠遁,噶爾丹僅以身免,大軍凱旋。是年九月,再幸塞北,諭噶爾丹以束身歸罪,並納其所屬之歸降者。迨明年二月,復統大軍親征。刑天之技既窮,貳負之尸遂桎。於是廓清沙漠,輯定邊陲,為萬古無前之偉績。書中所紀，始於康熙十六年六月厄魯特噶爾丹奉表入貢，及賜敕諭，令與喀爾喀修好，以為緣起。訖於三十七年十月策妄阿拉布坦獻噶爾丹之尸而止。其閒簡煉將卒，經畫糧餉，翦除党惡，曲赦脅從，以及設奇制勝之方，師行緩急之度，凡稟之睿算者，咸據事直書，語無增飾。首載《御製紀略》一篇，後載告成太學及勒銘察罕七羅、拖諾、昭木多、狼居胥山諸碑文。恭誦之餘，仰見大聖人不恃崇高，不懷燕逸，櫛風沐雨，與士卒同甘苦。用能於浹歲之中，建非常之業。竹册昭垂，非獨比隆訓誓矣。

【彙訂】

①"四十八卷"，底本作"四十卷"，據殿本改。文淵閣、文津閣《四庫》本此書及文溯閣本《總目》均作四十八卷。另有卷首一卷。（王重民：《跋新印本〈四庫全書總目〉》）

欽定平定金川方略三十二卷①

乾隆十三年大學士來保等恭撰奏進②。凡二十六卷。後恭錄御製詩文一卷，又附載諸臣紀功詩文五卷。金川土司在四川徼外，本吐蕃之遺種，即《明史》所謂金川寺者是也。國朝康熙中，其土舍色勒奔初慕化歸誠，奉職惟謹。雍正中，頒給印信號紙，俾世守故疆。其子郎卡襲職，漸肆鴟張，稍搏噬其族類。守臣請加征討，以寧九姓之宗。我皇上以荒憬蠻陬，自相蠶食，不足以勞我六師，惟敕慎固邊圉，以防其變。而沙羅奔狼性原貪，鴞音弗改，不思緩行九伐，為寬以悔過之途，仍肆凶殘，自干天討。乃於乾隆十三年冬，特簡大學士傅恒為經略，董率熊羆，翦除蛇豕，靈夔聲震，山鬼伎窮，掃穴焚巢，在於指顧。始知螳螂之

臂不足抗拒雷霆，窮蹙乞降，籲呼請命。於時桓桓七萃，猶思直
斬樓蘭。而我皇上聖度符天，宏開湯網，閔其知罪，許以自新，特
詔班師，貸存餘息。計自犒牙以迄飲至，往返一二萬里，為期不
及兩年。蓋終沙羅奔之身，蜷伏荒巖，莫敢吹虺毒，屬豺牙焉。
雖文王因壘而崇降，舜帝舞干而苗格，豐功盛德，何以加於茲乎？
其閫決機制勝，悉稟睿謨。是編所載詔諭之指授、章奏之批答，
隨在可見神武不殺之至意。併以見厥後索諾木夜郎自大，終戮
藁街，實辜德逞凶，禍由自取，於理於勢，皆不可姑容，非聖人之
有意於用兵也。

　　【彙訂】

　　①"三十二卷"，殿本作"三十八卷"，誤。書前提要不誤。
（修世平：《〈四庫全書總目〉訂誤十七則》）

　　②《清高宗實錄》卷三三五記載，乾隆十四年二月始發諭
旨，至四月才正式開始編纂。《清史列傳》卷十五《來保傳》亦云
乾隆十四年二月，金川凱旋，四月充《平定金川方略》正總裁。
（喬治忠：《〈四庫全書總目〉清代官修史書提要訂誤》）

　　御定平定準噶爾方略前編五十四卷正編八十五卷續編三十
三卷①

　　乾隆三十七年大學士傅恒等恭撰奏進②。凡分三編。考準
噶爾部落系出元阿魯台，譯語轉音，故稱厄魯特。太祖高皇帝
時，嘗遣使入貢。世祖章皇帝時，錫以封爵，俾自領其衆。迨噶
爾丹肆其豕心，侵擾喀爾喀諸部，聖祖仁皇帝親討平之，北邊於
以敉寧。其姪策妄阿拉布坦，先與噶爾丹搆釁，跳而西遁，踞伏
伊犁，後生息漸蕃，稍為邊患。由我聖祖仁皇帝③、世宗憲皇帝

屢申撻伐，折其逆萌。澤旺阿拉布坦之子噶爾丹策凌震我天聲，始戢鋒受命。我皇上化周六幕，威惠交孚，示以綏柔，許通貢市，用廣幬載之仁。後達瓦齊戕噶爾丹策凌之子喇嘛達爾札④，屬擁衆自立⑤。部曲不附，紛紛然內向款關，準噶爾遂大亂。是書《前編》五十四卷，所紀自康熙三十九年七月乙未，至乾隆十七年九月壬申，即詳述其緣起也。嗣杜爾伯特台吉策凌、策凌烏巴什、輝特台吉阿睦爾撒納等先後來歸，籲請天討。以人心之大順，如帝命之式臨，特詔六師，分行兩道。降蕃負弩，忭舞前驅。餘黨倒戈，駢羅膜拜。兵不血刃，五月而定伊犁，俘達瓦齊於圖爾滿。既而阿睦爾撒納豺狼反噬，旋見函顱。波羅尼都、霍集占梟獍齊鳴，亦隨獻馘。天山南北，桴鼓不鳴，展拓黃圖凡二萬餘里。是書《正編》八十五卷，所紀自乾隆十八年十一月甲戌，至二十五年三月戊申，即備錄其始末也。至《續編》三十三卷，則乾隆二十五年三月庚戌以後，至三十年八月乙亥，凡一切列戍開屯、設官定賦、規畫久遠之制，與討定烏什及絕域諸蕃，占風納賮者咸載焉。自有書契以來，未有威弧之所震，如是其遠，皇輿之所拓⑥，如是其廓者，亦未有龍沙蔥雪之閒，控制撫綏，一如中冀，如是之制度周詳者。而運籌策於幾先，計久長於事後，一一出睿謨之獨斷。豈非天錫勇知，以光列聖之緒，而貽奕世之謨哉！伏讀是編，知舜德之賓王母、禹迹之被流沙，均不足與聖功比也。

【彙訂】

　　① 文淵閣《四庫》本《前編》有卷首一卷，《續編》為三十二卷，書前提要不誤。（沈治宏：《中國叢書綜錄訂誤》）

　　② 書前清高宗序明言作於三編皆已修成後，署乾隆三十五年庚寅。《清史》列傳卷十五《來保傳》、十九《汪由敦傳》、卷二十

《傅恒傳》皆言三人於乾隆二十年七月充任《平定準噶爾方略》正
總裁。（喬治忠：《〈四庫全書總目〉清代官修史書提要訂誤》）

　　③“由”，殿本無。

　　④“淩”，殿本脫。

　　⑤“屬”，殿本無。

　　⑥“拓”，殿本作“括”。

　　欽定平定兩金川方略一百五十二卷①

　　乾隆四十六年，大學士阿桂等恭撰奏進。凡御製序文、紀略
一卷，天章八卷冠於前，臣工詩文八卷附於末。所紀平定兩金川
事，自乾隆二十年六月癸亥起，至乾隆四十四年十一月壬午止。
金川自郎卡歸命之後，威稜所憺，已不敢復逞凶鋒。而狼更生
貙，野心不改。其子索諾木與其頭人丹巴沃雜爾煽惑小金川酋
僧格桑，鯨吞九姓，無故稱戈。諭之不從，彌滋狂悖。蓋十稔之
將盈，故兩階之弗格也。且夫貪殘無厭②，谿壑難盈，密邇維州，
將生窺伺。與其後來貽患，待之於邊陲③，不如先發制人，蹙之
於巢穴。是以力排浮議，天斷獨行，再舉六師，重申九伐。雖逆
酋恃其地險，暫肆披猖，而震我雷硠，終歸魚爛。僧格桑專車之
骨，先獻旌門。既而轉鬭千盤，鏟平三窟。索諾木力窮勢蹙，亦
泥首而就俘焉。蓋自三古以來，中國之兵力未有能至其地者。惟
我皇上睿算精詳，天聲震疊，始開闢化外之草昧。是以語其道里，
視河源萬里為近；考其疆界，視天山兩道為狹；計其生齒，不能敵
三十六國之一。而頌聖武者乃覺與乙亥西征，擴地二萬餘里，後
先同軌。豈非以涉歷之遠，至伊犁而極；山川之險，至兩金川而
極，均為克千古之所不能克哉！恭讀是編，具詳決機制勝之始末，

益知戊辰之役,為天心仁愛,不欲窮兵,非力有所不能至也。

【彙訂】

① 文淵閣《四庫》本為一百三十六卷卷首八卷藝文八卷。(沈治宏:《中國叢書綜錄訂誤》)

② "貪殘",底本作"食殘",據殿本改。(陳乃乾:《讀〈四庫全書總目〉條記》)

③ "邊陲",殿本作"邊疆"。

欽定臨清紀略十六卷

乾隆四十二年大學士于敏中等恭撰奏進。乾隆三十九年九月,山東壽張逆寇王倫反,突掠陽穀,趨臨清。直隸、山東合兵蹙之,而大學士舒赫德奉詔統八旗勁旅亦至。王倫窮迫自焚死。盡俘其黨,械送京師,磔於市。因命述戡定始末為此編。我朝自列聖以來,釀化懿綱,重熙累洽,普天率土,含識知歸。我皇上念切痌瘝,德符幬載,求寧求瘼,宵旰憂勞,恒恐一夫之不獲。深仁厚澤,縷數難窮。即田賦之蠲除動千百萬,漕粟之寬貸亦動千百萬,水旱偶沴,賑卹頻仍,更不知其幾千百萬。數十年來,述聖政者亦不勝其紀載。四瀛之內,遍沃衢尊,蓋莫不食福飲和,熙春泳化。無論圓顱方趾,具有彝良。即悍戾鷙忍之徒,亦皆當革彼鴞音,化其鷹眼。王倫等乃肆萌逆節,敢亂天常,遂煩鄭澤之攻,自取貝州之戮。蓋天地之大,無所不生。狼貪實出於性成,虺毒自為其種類。初則事魔喫菜,託以斂財,繼乃聚衆焚香,因而成黨。自知妖言左道,聖世不容,遂僥倖苟延,鋌而走險。變生意外,蓋以此也。然而運策九重,指揮七萃,不旋踵而斧螳鋒蝟殘滅無遺。奏功之速,未有過於是役者。豈非人心之所共憤,即天道之所必誅乎？是編所錄，詳述制勝之機宜，並明倡亂之緣起，所以為天下萬世自外生成之炯戒也。至於安輯流亡，撫綏困乏，兵燹之餘，所以善籌其後者，謀畫無所不周，惠養無所不至。益足見聖德如天，而王倫等之辜恩謀逆，為罪深於梟獍矣。

　　欽定蘭州紀略二十卷①

　　乾隆四十六年奉敕撰。考回人散處中國，介在西北邊者尤獷悍。然其教法，則無異劉智《天方典禮擇要解》，即彼相沿之規制也。其祖國稱默德那，其種類則居天山之南北。後準噶爾據有山北，乃悉避處於山南。今自哈密、吐魯蕃以外，西暨和闐、葉爾羌，皆所居也。迨我皇上星弧遥指，月窟咸歸，諸回部並隸版圖，為我臣僕。中國回人亦時時貿遷服賈，來往其間。姦黠之徒遂詭稱傳法於祖國，別立新教，與舊教搆爭。守臣狃於晏安，不早為防微杜漸。互相讎殺，乃馴至嘯聚稱戈。辛丑四月，循化廳逆回蘇四十三等突陷河州，復擁眾犯蘭州。會援師既集，斷其歸路。而羽林勁卒、益部蕃兵，亦皆奉詔遄征，剋期並赴。逆回飛走路絕，乃退據城南十里龍尾山，扼險死守。然釜魚暫活，禪蛻終殲。填塹焚巢，百道俱進，蹙之於華林寺。或俘或馘，無一人倖漏網焉。蓋是役也，平日醸釁之漸，在大吏之積薪厝火，故猝發而不及防；臨時制勝之方，在聖主之省括張機，故一奉而無不克②。是編所錄，始末釐然。至於規畫兵制，慎固邊防，一切敷陳批答，亦皆備書。併足見長駕遠馭之謀，杜漸防微之略，所以貽萬世之安者，睿慮尤深且遠也。

　　【彙訂】

　　① 文淵閣《四庫》本尚有卷首一卷。（沈治宏：《中國叢書綜

錄訂誤》)

　　②“奉”,殿本作“舉”。

欽定石峯堡紀略二十卷

　　乾隆四十九年奉敕撰。初,撒拉爾逆回之變,渠魁蘇四十三等雖全就殲戮,而馬明心餘孽猶多。我皇上天地為心,兼包並育,不欲盡翦其族類,特命陝甘總督李侍堯密為經理,以杜亂萌,務曲導其自新而陰鋤其怙惡。乃李侍堯籌畫未周,疏於防制,致逆回田五噓馬見心已燼之焰,詭稱官軍將盡剿新教,恐脅回眾,轉相煽惑,醜黨遂繁,因而據險營巢,伏戎于莽。以乾隆四十九年四月十五日,猝起變於小山。迨田五為提督剛塔所敗,勢蹙自戕。餘黨張文慶、馬四娃等復乘機嘯聚,與剛塔相拒於馬家堡。剛塔不能仰承指示,預斷其飛走之路,致翻山宵遁,遂蔓延四出,肆其猖獗。賴我皇上魁柄親操,威弧遐指,赫然天斷,易將臨戎。特命兵部尚書福康安為陝甘總督,統兵進討,復詔大學士阿桂督師策應。摧鋒轉戰,捷書旅來。逆回無路可逃,釜底游魂,羣聚守於石峯堡。石峯堡者,通渭之所屬也。萬山環抱,孤峯云巋,羊腸鳥道,詰屈僅通,自前代號天險。阿桂、福康安等恭承方略,先列柵樹砦,使聲勢相連,以防衝突。復斷其水道,使困喝難存。生路既窮,迫而宵潰。是歲七月初五日,焚巢掃穴,並俘致行殿,明正典刑。鯨鯢梟獍,所殲戮幾及萬人。而後淨盡根株,西陲大定。館臣因恭錄諭旨、奏章,編次月日,勒為一編,以昭睿謨之廣遠。臣等鞠臢恭讀,而深繹裁定之聖算。蓋秦隴左右,跬步皆山,深巖巨谷,繚繞潛通,雖土著或不得其端緒。而逆回陰鷙狡黠,又其天性。故力足抗則鴟張,勢不敵則鼠竄,藉幽蹊曲徑為

蔽藏,得以出入無常,聚散不定。或方在於此,忽移而在彼;方在
於前,忽轉而在後。諸臣用兵之始,但躡其蹤而尾追之,是以左
右周章,卒莫得其要領。我皇上坐照如神,通籌全局,先命斷其
去路,然後合圍而蹙之。故賊之險阻不足據,賊之詭譎無所施。
本欲求為流寇以牽制官軍,至是乃窮而負嵎,苟延殘喘,遂一鼓
而無噍類。仰見睿鑒無遺,超乎萬古。凡聖諭所預籌,一一炳燭
先幾,驗如操券。益信前此之囊括濛汜,底定冉驪,皆早握萬全
之略,非一時偶致也。勒諸册府,洵足垂範千古矣。

　　欽定臺灣紀略七十卷①

　　乾隆五十三年奉敕撰。臺灣孤懸海外,自古不入版圖,然實
閩、粵兩省之屏障。明代為紅毛所據,故外無防禦。倭患蔓延
後,鄭芝龍據之,亦負嵎猖獗。誠重地也。聖祖仁皇帝七德昭
宣,削平鯨窟,命靖海侯施琅等俘鄭克塽而郡縣其地,設官置戍,
屹為海上金城。徒以山箐叢深,百產豐溢,廣東及漳州、泉州之
民爭趨其地。雖繁富日增,而姦宄亦因以竄蹟。故自朱一桂以
後,針蝟斧螳,偶或竊發,然旋亦撲滅。惟林爽文、莊大田等逆惡
鴟張,凶徒蟻附,致稽薰蕕之誅。仰賴神謨,指揮駕馭,乃渠首就
檻,炎海永清。蓋始由官吏之貪黷,司封疆者未察巢穴②。而其
所以蕩平者,則仰藉皇上坐照幾先,於鮫室鯨波,視如指掌。事
事皆預為策及,早設周防。又睿鑒精詳,物無匿狀,申明賞罰,百
度肅清。弛者改而奮,怯者改而勇。並凜凜天威,近猶咫尺。而
重臣宿將乃得以致力其間,生縛獟獝,以申國憲。威棱所憺,併
內臺生番亘古未通中國者,亦先驅效命,助戮元凶,稽首闕廷,虔
修職貢。中外臣民,跽讀御製《紀事語》二篇③,以手加額,謂軒

轅之戮蚩尤,猶親在行間,武丁之克鬼方,非路經海外。今皇上運籌九天之上,而坐照萬里之外。亘古聖帝明王,更無倫比。至《江漢》、《常武》諸什,僅在近地者,更無足道矣。奏凱之後,廷臣敬輯諭旨、批答奏章,分析月日,編排始末,勒成是編,以垂示萬古。臣等回環跽讀,仰見聖神文武,經緯萬端。雖地止一隅④,而險阻重深。委曲籌畫,實與伊犁⑤、回部、金川三大事功烈相等。載筆之下,彌覺歌頌之難罄也。

【彙訂】

① 文淵閣《四庫》本為六十五卷卷首五卷。(沈治宏:《中國叢書綜錄訂誤》)

② 此處有脱文,當據閣本提要作:"蓋始由官吏之貪黷,司封疆者未察,繼由將帥之觀望,議攻守者多歧,致賊得招聚逋逃,葺營巢穴。"(黃煜:《〈四庫全書總目〉與閣本提要差異情形及其原因之考察》)

③ "語",底本作"詩",據殿本改。此書卷首有御製文二篇:《剿滅臺灣逆賊生擒林爽文紀事語》、《福康安奏報生擒莊大田紀事語》。

④ "一隅",殿本作"偏隅"。

⑤ "伊犁",底本作"伊部",據殿本改。《剿滅臺灣逆賊生擒林爽文紀事語》篇首云:"平伊犁、定回部、收金川,是三事皆關大政,各有專文。"

綏寇紀略十二卷(浙江巡撫採進本)①

國朝吳偉業撰。偉業字駿公,號梅村,太倉人。崇禎辛未進士,授翰林院編修。入國朝,官至國子監祭酒。是編專紀崇禎時流寇,迄於明亡,分為十二篇,曰《澠池渡》,曰《車箱困》,曰《真寧恨》,曰《朱陽潰》,曰《黑水擒》,曰《穀城變》,曰《開縣敗》,曰《汴渠墊》,曰《通城擊》,曰《鹽亭誅》,曰《九江哀》,曰《虞淵沈》。每篇後加以論斷。其《虞淵沈》一篇,皆記明末災異,與篇名不相應。考朱彝尊《曝書亭集》有此書跋云:"梅村以順治壬辰舍館嘉興之萬壽宮,輯《綏寇紀略》。久之,其鄉人發雕。是編僅十二卷而止,《虞淵沈》中、下二卷未付棗木傳刻。《明史》開局,求天下野史,盡上史館,於是先生是本出。予鈔入《百六叢書》。歸田之後,為友人借失。"云云。意者明末降闖勸進諸臣子孫尚存,故當時諱而不出歟?此本為康熙甲寅鄒式金所刻,在未開史局之前,故亦闕《虞淵沈》中[②]、下二卷。而彝尊所輯《百六叢書》為人借失者,雖稱後十八年從吳興書賈購得,今亦不可復見。此二卷遂佚之矣[③]。彝尊又稱其書以三字標題,仿蘇鶚《杜陽雜編》、何光遠《鑑戒錄》之例。考文章全以三字標題,始於繆襲《魏鐃歌詞》,鶚、光遠遂沿以著書[④]。偉業敍述時事,乃用此例,頗不免小說纖仄之體。其回護楊嗣昌、左良玉,亦涉恩怨之私,未為公論。然記事尚頗近實,彝尊所謂:"聞之於朝,雖不及見者之確切,而終勝草野傳聞,可資國史之採輯。"亦公論也[⑤]。

【彙訂】

①"浙江巡撫採進本",殿本作"江蘇巡撫採進本",誤。《四庫採進書目》中"浙江續購書"、"浙江採集遺書總錄簡目閏編"皆著錄此書。(江慶柏:《殿本、浙本〈四庫全書總目〉著錄圖書進獻者主名異同考》)

②"闕",殿本作"無"。

③ 吳偉業手稾本《虞淵沈》實存未佚,然並無涉及降闖勸進

諸臣之語。(張元濟:《涵芬樓燼餘書錄》)

④ "遂",殿本無。

⑤ 殿本"亦"下有"屬"字。

明史紀事本末八十卷(通行本)

國朝谷應泰撰①。應泰字賡虞,豐潤人。順治丁亥進士,官至浙江提學僉事。其書仿袁樞《通鑑紀事本末》之例,纂次明代典章事蹟。凡八十卷,每卷為一目。當應泰成此書時,《明史》尚未刊定,無所折衷。故紀靖難時事,深信《從亡》、《致身》諸錄,以惠帝遜國為實,於滇、黔游蹟,載之極詳。又不知懿安皇后死節,而稱其"青衣蒙頭,步入成國公第"。俱不免沿野史傳聞之誤。然其排比纂次,詳略得中,首尾秩然,於一代事實,極為淹貫。每篇後各附論斷,皆仿《晉書》之體,以駢偶行文。而遣詞抑揚,隸事親切,尤為曲折詳盡。考邵廷采《思復堂集‧明遺民傳》,稱:"山陰張岱嘗輯明一代遺事為《石匱藏書》。應泰作《紀事本末》,以五百金購請,岱慨然予之②。"又稱:"明季稗史雖多,體裁未備,罕見全書。惟談遷編年、張岱列傳,兩家俱有本末,應泰並採之以成《紀事》。"據此,則應泰是編取材頗備,集眾長以成完本,其用力亦可謂勤矣。

【彙訂】

① 此書實成於眾手,除張岱為主要作者之一,負責編纂史事本末敍述部分的尚有徐倬、張子壇等人。而其篇目及每篇後的史論部分"谷應泰曰"與明末清初人蔣棻《明史紀事》(棄本今存)雷同,應係抄撮蔣作。(陳錦忠:《〈明史紀事本末〉之作者與史源》;胡益民:《張岱卒年及〈明史紀事本末〉作者問題再考

辨》;徐泓:《〈明清紀事本末·南宮復辟〉校讀:兼論其史源、編
纂水準及作者問題》)

②　張岱《與周戩伯書》(《琅嬛文集》卷三)曰:"今幸逢谷霖
蒼文宗欲作《明史紀事本末》,廣收十七朝邸報,充棟汗牛。弟於
其中,籤揚淘汰,聊成本紀,並傳崇禎朝名世諸臣,計有數十餘
卷。悉送文幾,祈著丹鉛,以終厥役。"可知張岱確實受聘助修過
《明史紀事本末》,但所謂谷氏以五百金購其書顯然不是事實,而
係傳聞。(同上)

滇考二卷(浙江巡撫採進本)①

國朝馮甦撰,甦字再來,臨海人,順治戊戌進士,官至刑部侍
郎。是書乃康熙元年甦為永昌府推官時作。凡一切山川、人物、
物產,皆削不載。惟自莊蹻通滇至明末國初,撮其沿革之舊蹟、
治亂之大端,標題記述,為三十七篇②。每事皆首尾完具,端緒
分明,非採綴瑣聞、條理不相統貫者比。其名似乎輿記,其實則
紀事本末之體也。其中《建文遜蹟》一篇,雖不免沿《致身錄》之
說。至其《征麓川》、《三宣六慰》、《鎮守太監》、《議開金沙江》諸
篇③,皆視史傳為詳。且著書之時,距今僅百餘年。所言形勢,
往往足以資考證。愈於標題名勝,徒供登臨吟詠者多矣。

【彙訂】

①　此條與文淵閣庫書次序不符。文淵閣庫書及殿本皆置
"綏寇紀略十二卷"之後。

②　是書記事至壬寅(康熙元年)冬,則成書當在該年之後。
實有四十六篇。(方國瑜:《雲南史料目錄概說》)

③　"議開",殿本脫,此書卷下有《議開金沙江》。

繹史一百六十卷（通行本）[①]

國朝馬驌撰。驌有《左傳事緯》，已著錄。是編纂錄開闢至秦末之事。首為《世系圖》、《年表》，不入卷數。次太古十卷，次三代二十卷，次春秋七十卷，次戰國五十卷，次別錄十卷。仿袁樞《紀事本末》之例，每一事各立標題，詳其始末。惟樞書排纂年月，鎔鑄成篇，此書則惟篇末論斷出驌自作。其事蹟皆博引古籍，排比先後，各冠本書之名。其相類之事則隨文附注，或有異同譌舛以及依託附會者，並於條下疏通辨證。與朱彝尊《日下舊聞》義例相同。其《別錄》則一為《天官》，二為《律呂通考》，三為《月令》，四為《洪範五行傳》，五為《地理志》，六為《詩譜》，七為《食貨志》，八為《考工記》，九為《名物訓詁》，十為《古今人表》。蓋以當諸史之表、志。其九篇亦薈粹諸書之文，惟《古今人表》則全仍《漢書》之舊[②]。以所括時代與《漢書》不相應，而與此書相應也。雖其疏漏牴牾，閒亦不免，而蒐羅繁富，詞必有徵，實非羅泌《路史》、胡宏《皇王大紀》所可及。且史例六家，古無此式。與袁樞所撰均可謂卓然特創，自為一家之體者矣。

【彙訂】

① 文淵閣《四庫》本卷首尚有《世系圖》一卷《年表》一卷。（沈治宏：《中國叢書綜錄訂誤》）

②“則”，殿本無。

左傳紀事本末五十三卷（浙江巡撫採進本）[①]

國朝高士奇撰。士奇有《春秋地名考略》，已著錄。此書因章沖《左傳事類始末》而廣之。以列國事蹟，分門件繫。其例有曰“補逸”，則雜採諸子史傳與左氏相表裏者；曰“考異”，則與左氏異詞,可備參訂者;曰"辨誤",則糾其傳聞失實,蹖駮不倫者;曰"考證",則取其事有依據,可為典要者;又時附以己見,謂之"發明"。凡周四卷、魯十一卷、齊七卷②、晉十一卷、宋三卷、衛四卷、鄭四卷、楚四卷、吳三卷、秦二卷③、列國一卷。目各如其卷之數。大致亦與沖書相類。然沖書以十二公為記,此則以國為記,義例略殊。又沖書門目太傷繁碎,且於左氏原文頗多裁損,至有裂句摘字,聯合而成者。士奇則大事必書,而略於其細,部居州次,端緒可尋,與沖書相較,雖謂之後來居上可也。

【彙訂】

①"五十三卷",殿本作"五十四卷",誤。清康熙四十年刻本及文淵閣《四庫》本均為五十三卷。

②"七卷",底本作"十卷",誤,據殿本改。

③"秦二卷"當作"秦一卷",即書中卷五十二。

平臺紀略一卷附東征集六卷(江西巡撫採進本)①

國朝藍鼎元撰。鼎元字玉霖,號鹿洲,漳浦人。由貢生官至廣州府知府。是編紀康熙辛丑平定臺灣逆寇朱一貴始末。始於是年四月,迄於雍正元年四月,凡二年之事。前有自序,稱有市《靖臺實錄》者,惜其未經身歷目睹,得之傳聞,其地其人、其時其事多謬誤舛錯,乃詳述其實為此編。蓋鼎元之兄廷珍,時為南澳總兵官,與福建水師提督施世驃合兵進討。七日而恢復臺灣,旋擒一貴。俄世驃卒於軍。其後餘孽數起,廷珍悉剿撫平之。事後經畫,亦多出廷珍之議。鼎元在廷珍軍中,一一親見,故記載最悉。其敘述功罪,亦無所避忌,頗稱直筆。所論半線一路,地險兵寡,難於鎮壓。後分立彰化一縣,竟從其說,至今資控制之力。亦可謂有用之書，非紙上談兵者矣。《東征集》六卷，皆進討時公牘書檄，雖廷珍署名，而其文則皆鼎元作。舊本別行，今附載是書之後，俾事之原委相證益明。其第六卷中紀地形七篇，於山川險要，尤言之井井，可資考證。雍正壬子，鼎元旅寓廣州，始鋟版。天長王者輔序之②。又有廷珍舊序一篇，作於康熙壬寅，稱擇可存者百篇。而此刻之文止六十篇，蓋鼎元又加刪削，存其精要也。

【彙訂】

①"平臺紀略一卷"，底本作"平臺紀十一卷"，據殿本改。文淵閣、文津閣《四庫》本此書及文溯閣本《總目》均作《平臺紀略》一卷。（王重民：跋新印本《四庫全書總目》）

②"王者輔"，殿本作"王輔"，誤。《平臺紀略》卷末有天長王者輔跋。

右紀事本末類，二十二部，一千二百四十七卷①，皆文淵閣著錄。

【彙訂】

①"一千二百四十七卷"，殿本作"一千二百五卷"，誤。殿本實際著錄一千二百五十二卷。

紀事本末類存目

鴻猷錄十六卷（通行本）

明高岱撰，岱字伯宗，京山人。嘉靖庚戌進士，官至景王府長史①。是書乃岱官刑部主事時作。仿紀事本末之體，所錄凡六十事,每事標四字為題,前敘後論。起於龍飛淮甸,終於追戮仇鸞,皆事之關於用兵者也。前有自序曰:"歷代實錄,祕不可見。惟是諸臣傳誌書疏,參質考證,稍得要領。暇日論次,錄而成帙"云。

【彙訂】

①"至",殿本脱。

永陵傳信錄六卷(江蘇巡撫採進本)

明戴笠撰。笠字耘野,吳江人。是書用紀事本末之體。一曰《興獻大禮》,一曰《更定郊祀》,一曰《欽明大獄》,一曰《二張之獄》,一曰《曾、夏之獄》,一曰《經略倭寇》。事各為卷,每卷皆先敘而後斷①。其論河套事,謂為難效之功,幸觸犯上怒,其事中止,不然,"請兵轉餉,工役騷擾,禍患將有大於是者"云云。則自宋以來儒者因循苟且之見,所以終明之世無一日無邊患也。

【彙訂】

①"而",殿本無。

高廟紀事本末無卷數(浙江汪啟淑家藏本)

舊本不著名氏。黃虞稷《千頃堂書目》載有是書,亦云不知撰人。王鴻緒《明史例議》引《紀事本末》,辨太祖葬孝陵之日為閏五月辛酉,而此編無之。則鴻緒所引又別一書矣。其書仿《通鑑紀事本末》之例,載明祖事蹟為四十篇,大抵鈔撮《實錄》之文。如載韓林兒以太祖與張天祐為左、右副元帥,太祖不受。及懿文太子卒,太祖欲立第四子為太子,劉三吾對"何以處秦、晉二王"。此皆《實錄》之説,永樂諸臣之誣詞,非可以傳信者也。

三藩紀事本末四卷（浙江巡撫採進本）

國朝楊陸榮撰。陸榮有《易互》，已著錄。是編成於康熙丁酉。首紀福王、唐王[①]、桂王始末及四鎮、兩案、馬阮之姦。次紀順治初年平浙、平閩、平粵、平江右事蹟，及魯王、益王之亂，饒州死難諸人，金聲桓之亂，及大兵南征，何騰蛟、瞿式耜之死，孫可望、李延齡之變。次為桂王入緬，蜀亂，閩亂及雜亂。其凡例自云：“搜羅未廣，頗有疏漏。”又聞有傳聞異詞者。如《明史·文苑傳》載艾南英以病死，而此載其自縊殉節。亦僅據其耳目所及，未一一詳核也。

【彙訂】

①“唐王”，底本作“康王”，誤，據殿本改。唐王朱聿鍵，稱帝號隆武。清康熙五十六年刻本此書首篇《三藩僭號》記其與福王、桂王始末。

右紀事本末類，四部，二十六卷，內一部無卷數。皆附存目。

史　部　六

別　史　類

　　《漢藝文志》無史名，《戰國策》、《史記》均附見於《春秋》。厥後著作漸繁，《隋志》乃分正史、古史、霸史諸目。然《梁武帝》、《元帝實錄》列諸"雜史"，義未安也。陳振孫《書錄解題》創立"別史"一門，以處上不至於正史，下不至於雜史者①。義例獨善，今特從之。蓋編年不列於正史，故凡屬編年，皆得類附。《史記》、《漢書》以下，已列為正史矣。其岐出旁分者，《東觀漢記》、《東都事略》、《大金國志》、《契丹國志》之類，則先資草創；《逸周書》、《路史》之類，則互取證明；《古史》、《續後漢書》之類，則檢校異同。其書皆足相輔，而其名則不可以並列。命曰"別史"，猶大宗之有別子云爾。包羅既廣，六體兼存。必以類分，轉形瑣屑。故今所編錄，通以年代先後為敘。

【彙訂】

　　①《文獻通考》卷一九五有云："《隋志》七十二部，九百七十一卷；《唐志》雜史八十八家，一百七部一千八百二十八卷；《宋三朝志》雜史九十一部，九百六十八卷；《宋兩朝志》三十一部，六百三十卷；《宋四朝志》二十四部，一千七十三卷；《宋中興志》別史

三十一家，三十六部一千三十四卷。右雜史。"則馬端臨所見《宋中興志》（即《中興四朝國史‧藝文志》）是有別史而無雜史的，這是別史類目在書目中出現並確立的一個重要資訊。又，《文獻通考》卷一七四《總序》引《中興四朝國史藝文志序》云："自紹興至嘉定承平百載，遺書十出八九，著書立言之士又益衆，往往多充祕府。紹定辛卯火災，書多闕。今據《書目》、《續書目》及蒐訪所得嘉定以前書，詮校而志之。"可見《中興四朝國史藝文志》基本上是依據《中興館閣書目》和《續書目》編成的。所以陳騤的《中興館閣書目》創新了"別史"類目，且這個類目與從前的雜史內涵一致。別史的陳振孫創立說不確。（景新強：《〈四庫全書存目叢書〉宋代雜史研究》）

　　逸周書十卷（內府藏本）

　　舊本題曰《汲冢周書》。考《隋經籍志》、《唐藝文志》俱稱此書以晉太康二年得於魏安釐王冢中，則汲冢之說，其來已久。然《晉書‧武帝紀》及《荀勗》、《束晳傳》載汲郡人不準所得《竹書》七十五篇，具有篇名，無所謂《周書》。杜預《春秋集解》後序載汲冢諸書，亦不列《周書》之目，是《周書》不出汲冢也。考《漢書‧藝文志》先有《周書》七十一篇，今本比班固所紀惟少一篇。陳振孫《書錄解題》稱："凡七十篇，敍一篇在其末。京口刊本始以序散入諸篇。"則篇數仍七十有一，與《漢志》合。司馬遷紀武王克商事，亦與此書相應。許慎作《說文》，引《周書》"大翰若翬雉"，又引《周書》"𤞤有爪而不敢以撅"。馬融注《論語》，引《周書‧月令》。鄭元注《周禮》，引《周書‧王會》，注《儀禮》，引《周書》"北唐以閭"[①]。皆在汲冢前，知為漢代相傳之舊。郭璞注《爾雅》，稱《逸周書》，李善《文選注》所引，亦稱《逸周書》。知晉至唐初舊本，尚不題"汲冢"②。其相沿稱"汲冢"者③，殆以梁任昉得竹簡漆書，不能辨識，以示劉顯，顯識為孔子刪書之餘。其時《南史》未出，流傳不審，遂誤合汲冢、竹簡為一事，而修《隋志》者誤採之耶④？鄭元祐作《大戴禮》後序，稱"《文王官人篇》與《汲冢周書·官人解》相出入。《汲冢書》出於晉太康中，未審何由相似"云云，殊失之不考。《文獻通考》所引李燾跋及劉克莊《後村詩話》，皆以為漢時本有此書，其後稍隱，賴汲冢竹簡出，乃得復顯。是又心知其非而巧為調停之說。惟舊本載嘉定十五年丁黼跋，反覆考證，確以為不出汲冢。斯定論矣。其書載有太子晉事，則當成於靈王以後⑤。所云文王受命稱王，武王、周公私計東伐，俘馘殷遺，暴殄原獸，輦括寶玉，動至億萬；三發下車，懸紂首太白，又用之南郊，皆古人必無之事。陳振孫以為戰國後人所為，似非無見。然《左傳》引《周志》"勇則害上⑥，不登於明堂"，又引《書》"慎始而敬終，終乃不困"，又引《書》"居安思危"，又稱"周作九刑"。其文皆在今《書》中，則春秋時已有之。特戰國以後又輾轉附益，故其言駁雜耳。究厥本始，終為三代之遺文，不可廢也。近代所行之本，皆闕《程寤》、《秦陰》、《九政》、《九開》、《劉法》、《文開》、《保開》、《八繁》、《箕子》、《耆德》、《月令》十一篇，餘亦文多佚脫。今考《史記·楚世家》引《周書》"欲起無先"，《主父偃傳》引《周書》"安危在出令，存亡在所用"⑦，《貨殖傳》引《周書》"農不出則乏其食，工不出則乏其事，商不出則三寶絕，虞不出則財匱少"；《漢書》引《周書》"無為創首，將受其咎"，又引《周書》"天子不取，反受其咎"；《唐六典》引《周書》"湯放桀，大會諸侯，取天子之璽，置天子之座"，今本皆無之。蓋皆所佚十一篇之文也。觀李燾所跋，已有"脫爛難讀"之語，則宋本已然矣。

【彙訂】

①"北唐以閭"，殿本作"比黨州閭"，誤，參《儀禮·鄉射禮》引《周書》。

②《隋書·經籍志》只書"《周書》十卷"，"汲冢書"係注文，"似仲尼刪《書》之餘"，亦是懷疑口吻。楊慎《逸周書補注》云："宋太宗修《太平御覽》，始列《汲冢周書》。""晉至唐初"應可修正為"晉至宋初"。（郭殿忱：《〈逸周書〉著錄證聞》）

③殿本"稱"下有"為"字。

④此書本名《周書》，材料多係孔子刪《書》之餘。漢代景、武時有人為之作解（避景帝諱，不避高祖、惠帝、文帝、昭帝、宣帝、元帝等諱），晉五經博士孔晁作注。太康二年，汲郡人不準盜魏襄王冢，得《周書》殘損竹簡本（見《晉書·束晳傳》）。初經荀勖校定，並著錄於《中經新簿》。後李充以"典籍混亂"，"刪除重複"，將傳世孔晁注本與汲冢本歸併為一，釐為十卷。（黃懷信：《〈逸周書〉著錄證聞》、《〈逸周書〉源流諸問題》、《新撰〈四庫全書總目〉提要三則》）

⑤據《太子晉解》序云："晉平公使叔譽於周見太子晉。""平公"為諡號，則此書初編集當於春秋末年晉平公卒（前532）後。序篇又曰："王化雖弛，天命方永，四夷八蠻，攸尊王政……周道於乎大備。"按《史記·周本紀》載周景公二十五年崩，"子丐之黨與爭立，國人立長子猛為王，子朝攻殺猛。猛為悼王。晉人攻子朝而立丐，是為敬王。敬王元年，晉人入敬王，子朝自立，敬王不得入，居澤。四年，晉率諸侯入敬王於周，子朝為臣，諸侯城周。十六年，子朝之徒復作亂，敬王奔於晉。十七年，晉定公遂入敬

王於周。"《太子晉解》序云："晉侯尚力，侵我王略。"當晉人所立
敬王朝必不作此語。而敬王後，周室衰微，已無"王化"、"天命"
可言。且序於文、武、康、穆均稱諡，而於景公則不言。可定成書
下限應在景公二十五年（前520）。（同上）

⑥"勇則害上"，殿本作"勇則犯上"，誤，參《左傳·文公二
年》原文。

⑦"存亡在所用"，殿本作"存亡在所命"，誤，參《史記》卷一
一二《主父偃傳》原文。

東觀漢記二十四卷（永樂大典本）

案《東觀漢記》，《隋書·經籍志》稱長水校尉劉珍等撰。今
考之范《書》，珍未嘗為長水校尉。且此書創始在明帝時，不可題
珍等居首。案，范《書·班固傳》云明帝始詔班固與睢陽令陳宗、
長陵令尹敏、司隸從事孟異共成《世祖本紀》。固又撰功臣①、平
林、新市、公孫述事作列傳、載紀二十八篇。此《漢記》之初創也。
劉知幾《史通·古今正史篇》云："安帝詔史官謁者僕射劉珍、諫
議大夫李尤雜作紀、表、《名臣》、《節士》、《儒林》、《外戚》諸傳，起
建武，訖永初。"范《書·劉珍傳》亦稱鄧太后詔珍與劉騑駼作《建
武以來名臣傳》。此《漢記》之初續也。《史通》又云："珍、尤繼
卒②，復命侍中伏無忌與諫議大夫黃景作《諸王》③、《王子》、《功
臣恩澤侯表》與《單于》、《西羌傳》、《地理志》。元嘉元年，復令大
中大夫邊韶、大軍營司馬崔寔、議郎朱穆、曹壽雜作孝穆崇二皇
及《順烈皇后傳》。又增《外戚傳》入安思等后，《儒林傳》入崔篆
諸人。寔、壽又與議郎延篤雜作《百官表》、順帝功臣孫程、郭願、
鄭眾、蔡倫等傳凡百十有四篇，號曰《漢記》。"范《書·伏湛傳》亦

云："元嘉中，桓帝詔伏無忌與黃景、崔寔等共撰《漢紀》。"《延篤傳》亦稱："篤與朱穆、邊韶共著作《東觀》。"此《漢記》之再續也。蓋至是而史體粗備，乃肇有《漢記》之名。《史通》又云："熹平中，光祿大夫馬日磾、議郎蔡邕、楊彪、盧植著作《東觀》④，接續紀傳之可成者。而邕別有《朝會》、《車服》二志⑤。後坐事徙朔方，上書求還，續成十《志》。董卓作亂，舊文散逸。及在許都，楊彪頗存注紀。"案范《書·蔡邕傳》，邕在東觀，與盧植、韓說等撰補《後漢記》，所作《靈紀》及十《意》⑥，又補諸列傳四十二篇。因李傕之亂，多不存。《盧植傳》亦稱："熹平中，植與邕、說並在東觀，補續《漢記》。"又劉昭補注司馬《書》，引袁崧《書》云："劉洪與蔡邕共述《律曆紀》。"又引謝承《書》云："胡廣博綜舊儀，蔡邕因以為志。"又引謝沈《書》云："蔡邕引中興以來所修者為《祭祀志》。"章懷太子范《書》注稱邕上書云："臣科條諸志，所欲刪定者一，所當接續者四，前志所無，臣欲著者五。"此《漢記》之三續也。其稱"東觀"者，《後漢書注》引《雒陽宮殿名》云："南宮有東觀。"范《書·竇章傳》云："永初中，學者稱東觀為老氏藏室，道家蓬萊山。"蓋東漢初，著述在蘭臺。至章和以後，圖籍盛於東觀，修史者皆在是焉，故以名書。《隋志》稱書凡一百四十三卷，而新、舊《唐書志》則云一百二十六卷，又錄一卷⑦。蓋唐時已有闕佚。《隋志》又稱是書起光武，訖靈帝。今考列傳之文，閔紀及獻帝時事，蓋楊彪所補也。晉時以此書與《史記》、《漢書》為三史，人多習之。故六朝及初唐人隸事釋書，類多徵引。自唐章懷太子集諸儒注范《書》，盛行於代，此書遂微⑧。北宋時尚有殘本四十三卷，趙希弁《讀書附志》、邵博《聞見後錄》並稱其書乃高麗所獻，蓋已罕得。南宋《中興書目》則止存鄧禹、吳漢、賈復、耿弇、寇恂、馮異、祭遵、景丹、蓋延九傳，共八卷。有蜀中刊本流傳，而錯誤不可讀。上蔡任涝始以祕閣本讎校，羅願為序行之，刻版於江夏[⑨]。又陳振孫《書錄解題》稱其所見本，卷第凡十二，而闕第七、第八二卷。卷數雖似稍多，而核其列傳之數，亦止九篇，則固無異於《書目》所載也[⑩]。自元以來，此書已佚。《永樂大典》於鄧、吳、賈、耿諸韻中，並無《漢記》一語。則所謂九篇者，明初即已不存矣。本朝姚之駰撰《後漢書補逸》，曾蒐集遺文，析為八卷。然所採祇據劉昭《續漢書十志補注》、《後漢書注》、虞世南《北堂書鈔》、歐陽詢《藝文類聚》、徐堅《初學記》五書。又往往掇拾不盡，挂漏殊多。今謹據姚本舊文，以《永樂大典》各韻所載，參考諸書，補其闕逸，所增者幾十之六。其書久無刻版[⑪]，傳寫多譌。姚本隨文鈔錄，謬戾百出。且《漢記》目錄雖佚，而紀、表、志、傳、載記諸體例，《史通》及各書所載，梗概尚一一可尋。姚本不加考證，隨意標題，割裂顛倒，不可殫數。今悉加釐正，分為帝紀三卷、年表一卷、志一卷、列傳十七卷、載記一卷。其篇第無可考者，别為佚文一卷。而以《漢紀》與范《書》異同附錄於末。雖殘珪斷璧，零落不完，而古澤斑斕，罔非瑰寶。書中所載，如章帝之詔增修羣祀、杜林之議郊祀、東平王蒼之議廟舞，並一朝大典，而范《書》均不詳載其文。他如張順預起義之謀、王常贊昆陽之策、楊政之嚴正[⑫]、趙勤之潔清，亦復概從闕如，殊為疏略。惟賴兹殘笈，讀史者尚有所稽。則其有資考證，良非淺鮮，尤不可不亟為表章矣。

【彙訂】

①“固”，殿本作“因”，誤，參范曄《後漢書・班固傳》原文。

②“珍尤繼卒”，殿本作“劉珍等卒”。通行本《史通》卷十二

《外篇·古今正史·後漢書》原文作"珍尤繼卒"。

③"命"，殿本作"令"。

④"盧植"，殿本脫，參《古今正史·後漢書》原文。

⑤"有"，殿本作"作"。

⑥"意"，殿本作"志"，誤，參范曄《後漢書·蔡邕傳》原文。

⑦《舊唐書·經籍志》實作一百二十七卷。（余嘉錫：《四庫提要辨證》）

⑧ 范曄《後漢書》南北朝時已有學者為之作音注，足見其盛行，而《東觀漢記》以下諸家《後漢書》由是漸微，何必待至章懷之作注也哉？（同上）

⑨《聞見後錄》卷九、《郡齋讀書附志》卷上均未言高麗所獻為若干卷。據《文獻通考·經籍考》"雜史類"引羅鄂州序，四十三卷本乃任涓舊藏。（同上）

⑩《玉海》卷四六"東觀漢記"條引《中興書目》云存九傳，共八卷。然其卷一六六"漢東觀"條又引《中興書目》無景丹，作八傳。《文獻通考·經籍考》有《東觀漢記》十卷，引陳氏曰："《唐·藝文志》著錄者一百二十卷。今所存者，惟吳漢、賈復、耿弇、寇恂、馮異、祭遵及景丹、蓋延八人列傳而已。其卷第凡十，而闕第七、八二卷，未知果當時之遺否也。"蓋《直齋書錄解題》元本如此，與《中興書目》顯然不同。（同上）

⑪"刻版"，殿本作"刊板"。

⑫"楊政"，殿本作"楊正"，誤。此書卷十七有楊政傳。

建康實錄二十卷（江蘇巡撫採進本）

唐許嵩撰。嵩自署曰高陽，蓋其郡望，其始末則不可考。書中備記六朝事蹟,起吳大帝迄陳後主,凡四百年,而以後梁附之。
六朝皆都建康,故以為名。其積算年數,迄唐至德元年丙申而
止,則肅宗時人也①。前有自序,謂"今質正傳,旁採遺文,具君
臣行事。事有詳簡,文有機要,不必備舉。若土地山川,城池宮
苑,各明處所,用存古蹟。其異事別聞,辭不相屬,則皆注記以益
見知,使周覽而不煩,約而無失"云云。蓋其義例主於類敘興廢
大端,編年紀事,而尤加意於古蹟。其閒如晉以前諸臣事實,皆
用實錄之體,附載於薨卒條下。而宋以後復沿本史之例,各為立
傳,為例未免不純②。又往往一事而重複牴牾。至於名號稱謂,
略似《世說新語》,隨意標目,漫無一定,於史法尤乖。然引據廣
博,多出正史之外。唐以來考六朝遺事者,多援以為徵。如張彥
遠《歷代名畫記》引以證曹不興、顧愷之、陸探微畫品;鄭文寶《南
唐近事》引以證元〔玄〕武湖。劉羲仲《通鑑問疑》載《宋書·高祖
紀》景平二年書日食舛誤;劉恕修《長編》,定日食在是年二月癸
巳朔,皆取此書為據。又陳後主時,覆舟山及蔣山松柏常出木
醴,俗呼"雀餳"之類,《陳書》遺漏不載,王銍《甲申雜錄》亦取此
書為據。謝尚謂:"蔡謨讀《爾雅》不熟,幾為《勸學》死。"_{案《勸學》,}
_{《荀子》第一篇,"蟹有六跪二螯"即是篇之語。}《晉書》誤作"勤學",姚寬
《西溪叢語》亦據此書駁正。又裴子野《宋略》,當時所稱良史,沈
約自以為不及者,今已不傳。《資治通鑑》載有論贊數條,亦多首
尾不具。而是書於劉宋一代,全據為藍本③,並子野論贊之詞尚
存什一,是亦好古者所宜參證矣。《新唐書志》載入"雜史"類,蓋
以所載非一代之事,又不立紀傳之名,尚為近理。《郡齋讀書志》
載入"實錄"類,已不免循名失實。馬端臨《經籍考》載入"起居
注"類,則乖舛彌甚。至鄭樵《藝文略》"編年"一類,本案代分編,

乃以此書繫諸劉宋之下，與《宋春秋》、《宋紀》並列，尤為紕繆。今考所載，惟吳為僭國，然《三國志》已列正史，故隸之於"別史"類焉。

【彙訂】

① 至德元年為肅宗即位改元之年，則許氏當為玄宗、肅宗間人。（張忱石：《〈建康實錄〉點校說明》）

② 宋紀部分仍用實錄之體，在諸臣卒年下附傳。且僅第十四至十八卷為紀傳體，十九、二十卷亦為編年體，非宋紀以下皆用紀傳體。（李裕民：《四庫提要訂誤》；吳金華：《〈建康實錄〉十二題上》）

③《建康實錄》卷十一、十二、十三卷為本之裴子野《宋略》，十四卷紀明帝以下則為取諸《南史》。（蒙文通：《〈宋略〉存於〈建康實錄〉考》）

隆平集二十卷（兩江總督採進本）

舊本題宋曾鞏撰。鞏字子固，南豐人。嘉祐二年進士，調太平州司法參軍，召為集賢校理，出知福、明諸州。神宗時官至中書舍人。事蹟具《宋史》本傳。是書紀太祖至英宗五朝之事，凡分目二十有六，體似會要。又立傳二百八十四，各以其官為類。前有紹興十二年趙伯衛序。其記載簡略瑣碎，頗不合史法。晁公武《讀書志》摘其記《太平御覽》與《總類》為兩書之誤，疑其非鞏所作。今考鞏本傳，不載此集。曾肇作鞏《行狀》及韓維撰鞏《神道碑》，臚述所著書甚備，亦無此集。據《玉海》，元豐四年七月，鞏充史館修撰。十一月，鞏上《太祖總論》，不稱上意，遂罷修《五朝史》。鞏在史館，首尾僅五月，不容遽撰此本以進。其出於依託,殆無疑義①。然自北宋之末已行於世。李燾作《續通鑑長編》,如李至拜罷等事,閒取其説,則當時固存而不廢。至元修《宋史》、袁桷作《搜訪遺書條例》,亦列及此書,以為可資援證。蓋雖不出於鞏,要為宋人之舊笈,故今亦過而存之,備一説焉。

【彙訂】

①《玉海》卷四十六《元豐修五朝史》條云:"四年七月二十四日己酉,詔直龍圖閣曾鞏,素以史學見稱士類,見修《兩朝國史》將畢,當與《三朝史》通修成書(原注:是年十一月廢編修院入史館),宜以鞏充史館修撰,專典史事。十一月,鞏上《太祖總論》,不稱上意。五年四月,遂罷修《五朝史》。"《總目》漏引"五年四月"四字,故誤作"首尾僅五月"。《元豐類槀》卷三十六《擬辭免修五朝國史狀》云:"臣去年八月伏奉敕命,充史館修撰,又奉聖旨專典史事,且將三朝國史先加考詳,候兩朝史了日,一處修定。"可知此狀為元豐五年撰,是時曾鞏仍官史館修撰無疑。《元豐類槀》卷十有《進太祖皇帝總序狀》,《續資治通鑑長編》載之於四年十月甲子日,《玉海》以為十一月鞏始上《太祖總論》者,誤也。(余嘉錫:《四庫提要辨證》;駱嘯聲:《曾鞏及其〈元豐類槀〉考釋》)

古史六十卷(副都御史黃登賢家藏本)①

宋蘇轍撰。轍有《詩傳》,已著錄。轍以司馬遷《史記》多不得聖人之意,乃因遷之舊,上自伏羲、神農,下訖秦始皇,為本紀七、世家十六、列傳三十七。自謂:"追錄聖賢之遺意,以明示來世。至於得失成敗之際,亦備論其故。"以今考之,如於《三皇紀》增入道家者流,謂黃帝以無為為宗,其書與老子相出入;於《老子傳》附以佛家之説，謂釋氏視老子體道愈遠，而立於世之表；於《孟子傳》謂孟子學於子思，得其説而漸失之，反稱譽田駢、慎到之徒，又謂其為佛家所謂"鈍根聲聞"者。班固論遷之失[2]，首在先黄老而後《六經》。轍所更定，烏在其能正遷耶？《朱子語錄》曰："伯恭子約宗太史公之學，某嘗與之痛辨。子由《古史》言馬遷'淺陋而不學，疏略而輕信'，此二句最中馬遷之失，伯恭極惡之。《〈古史〉序》云：'古之帝王，其必為善，如火之必熱，水之必寒；其不為不善，如騶虞之不殺，竊脂之不穀。'此語最好。某嘗問伯恭：'此豈馬遷之所及？'然子由此語雖好，卻又有病處。如云'帝王之道，以無為為宗'之類。他只説得個頭勢大，然下面工夫又皆空疏。"云云。蓋與吕祖謙議論相激，故平日作《雜學辨》以攻轍，此時反為之左祖。然其混合儒、墨之失，亦終不能為之掩也。平心而論，史至於司馬遷，猶詩至於李、杜，書至於鍾、王，畫至於顧、陸，非可以一支一節比擬其長短者也。轍乃欲點定其書，殆不免於輕妄。至其糾正補綴，如《史記》載堯妻舜之後[3]，瞽瞍尚欲殺舜，轍則本《尚書》謂妻舜在瞽瞍允若之後；《史記》載伊尹以負鼎説湯、造父御周穆王見西王母事，轍則删之；《史記》不載禱雨桑林事，轍則增之；《宋世家》，《史記》贊宋襄公泓之戰為禮讓，轍則貶之。辨《管子》之書為戰國諸子所附益；於《晏子傳》增入晏子處崔杼之變，知陳氏之篡與諷諫數事；於宰我則辨其無從叛之事；於子貢則辨其無亂齊之事。又據《左氏傳》為柳下惠、曹子臧、吳季札、范文子、叔向、子産等傳，以補《史記》所未及。《魯連傳》附以虞卿，《刺客傳》不載曹沫。其去取之間，亦頗為不苟。存與遷書相參考，固亦無不可矣。書中間有附注，以葉大慶《考古質疑》考之，蓋其子遜之所作。舊本不載其名，今附著焉④。

【彙訂】

①"六十卷"，殿本作"六十五卷"，誤。文淵閣《四庫》本為六十卷，書前提要亦作六十卷。（修世平：《〈四庫全書總目〉訂誤十七則》）

②"失"，殿本作"説"。班固《漢書》卷六十二《司馬遷傳》："又其是非頗繆於聖人，論大道則先黃老而後《六經》……"則作"失"為善。

③殿本"堯"下有"典"字，衍。

④蘇轍此書後紹聖二年跋已明言："季子遜侍，紬繹往牒，知予去取之意，舉為之注。"（陳乃乾：《〈讀四庫全書總目〉條記》）

通志二百卷（内府刊本）①

宋鄭樵撰。樵有《爾雅注》，已著錄。通史之例，肇於司馬遷。故劉知幾《史通》述二體，則以《史記》、《漢書》共為一體，述六家，則以《史記》、《漢書》別為兩家，以一述一代之事，一總歷代之事也。其例綜括千古，歸一家言。非學問足以該通，文章足以鎔鑄，則難以成書。梁武帝作《通史》六百二十卷，不久即已散佚。故後有作者，率莫敢措意於斯②。樵負其淹博，乃網羅舊籍，參以新意，撰為是編。凡帝紀十八卷，皇后列傳二卷，年譜四卷，略五十一卷，列傳一百二十五卷③。其紀、傳删錄諸史，稍有移掇，大抵因仍舊目，為例不純。其年譜仿《史記》諸表之例，惟聞以大封拜、大政事錯書其中，或繁或漏，亦復多岐，均非其注意所在。其平生之精力，全帙之精華，惟在二十略而已。一曰《氏族》，二曰《六書》，三曰《七音》，四曰《天文》，五曰《地理》，六曰《都邑》，七曰《禮》，八曰《謚》，九曰《器服》，十曰《樂》，十一曰《職官》，十二曰《選舉》，十三曰《刑法》，十四曰《食貨》，十五曰《藝文》，十六曰《校讎》，十七曰《圖譜》，十八曰《金石》，十九曰《災祥》，二十曰《草木昆蟲》④。其《氏族》、《六書》、《七音》、《都邑》、《草木昆蟲》五略，為舊史之所無。案《史通·書志篇》曰："可以為志者，其道有三：一曰《都邑志》，二曰《氏族志》，三曰《方物志》。"樵增《氏族》、《都邑》、《草木昆蟲》三略，蓋竊據是文。至於《六書》、《七音》乃小學之支流，非史家之本義。矜奇炫博，泛濫及之，此於例為無所取矣。餘十五略雖皆舊史所有，然"謚"與"器服"乃禮之子目，"校讎"、"圖譜"、"金石"乃藝文之子目，析為別類，不亦冗且碎乎？且《氏族略》多挂漏，《六書略》多穿鑿，《天文略》祇載丹元〔玄〕子《步天歌》，《地理略》則全鈔杜佑《通典·州郡總序》一篇，前雖先列水道數行，僅雜取《漢書·地理志》及《水經注》數十則，即《禹貢》山川亦未能一一詳載。《謚略》則別立數門，而沈約、扈琛諸家之《謚法》悉删不錄，即《唐會要》所載"杲"字諸謚⑤，亦並漏之。《器服略》，器則所載尊、彝、爵、觶之制，制既不詳，又與《金石略》複出；服則全鈔杜佑《通典》之《嘉禮》。其《禮》、《樂》、《職官》、《食貨》、《選舉》、《刑法》六略，亦但删錄《通典》，無所辨證。至《職官略》中，以《通典》注所引之典故，悉改為案語大書，更為草率矣。《藝文略》則分門太繁。又韓愈《論語解》，"論語"類前後兩出⑥；張弧《素履子》，"儒家"、"道家"兩出；劉安《淮南子》，"道家"、"雜家"兩出。荆浩《筆法記》，乃論畫之語，而列於"法書類"；《吳興人物志》、《河西人物志》乃傳記之流，而列於"名家"類。段成式之《玉格》，乃《酉陽雜俎》之一篇,而列於"寶器"類,尤為荒謬。《金石略》則鍾鼎碑碣,核以《博古》《考古》二圖、《集古》《金石》二錄,脱略至十之七八。《災祥略》則悉鈔諸史《五行志》⑦。《草木昆蟲略》則並《詩經》、《爾雅》之注疏亦未能詳核。蓋宋人以義理相高,於考證之學罕能留意。樵恃其該洽,睥睨一世,諒無人起而難之,故高視闊步,不復詳檢,遂不能一一精密,致後人多所譏彈也。特其採摭既已浩博,議論亦多警闢。雖純駁互見,而瑕不掩瑜,究非游談無根者可及。至今資為考鏡,與杜佑、馬端臨書並稱"三通",亦有以焉。

【彙訂】

①　"内府刊本",殿本作"内府藏本"。此書有乾隆十三年武英殿《三通》刻本,作"刊本"為確。

②　梁武帝以後,有姚康復作《統史》三百卷(《新唐書·藝文志》),高峻父子作《小史》一百二十卷(《玉海》卷四七),皆為通史。(李裕民:《四庫提要訂誤》)

③　"略五十一卷,列傳一百二十五卷",當作"略五十二卷,列傳一百二十四卷"。(王樹民點校:《通志二十略》)

④　"草木昆蟲",當作"昆蟲草木",下同。(同上)

⑤　《唐會要》卷七十九、八十《諡法》未列"杲"字,疑為"景"字之誤。

⑥　書中《藝文略》經類《論語》門分古《論語》、正經、注解、章句、義疏、論難、辨正、名氏譜、音釋、讖緯、續語等十一種。注解項内有:"《論語》,十卷。"下注云"韓愈"。論難項内有:"《論語筆解》,二卷。"下注云"韓愈"。可知此為一人所著之二書,不得謂之前後兩出。(王樹民點校:《通志二十略》)

⑦　《災祥略》中所記水災,自春秋桓西元年至西漢綏和二

年,凡二十五次,比《漢書·五行志》多四次。所記東漢水災二十四次中,不見於《續漢書·五行志》者五次。所記東漢旱災五十二次,比《續漢書·五行志》多三十三次,不可謂"悉抄諸史《五行志》"。(李裕民:《四庫提要訂誤》)

東都事略一百三十卷(浙江孫仰曾家藏本)

宋王偁撰。偁字季平,眉州人。父賞,紹興中為實錄修撰。偁承其家學,旁搜九朝事蹟,採輯成編。洪邁修《四朝國史》,奏進其書,以承議郎知龍州,特授直祕閣。其書為本紀十二、世家五、列傳一百五、附錄八。敍事約而該,議論亦皆持平。如康保裔不列於《忠義》,張方平、王拱辰不諱其瑕疵,皆具史識。熙寧之啟釁、元符之紹述,尤三致意焉。《朱勔傳》後附載僧祖秀《艮岳記》,蓋仿《三國志·諸葛亮傳》後附載文集目錄及陳壽進表之例。雖非史法,亦足資考證。而南宋諸人,乃多不滿其書。蓋偁閉門著述,不入講學之宗派。黨同伐異,勢所必然,未可據為定論也。近時汪琬復謂元修《宋史》,實據此書為藁本。以今考之,惟《文藝傳》為《宋史》所資取,故所載北宋為多,南宋文人寥寥無幾。其餘事蹟異同,如符彥卿二女為周室后,而《宋史》闕其一;劉美本姓龔,冒附於外戚,《事略》直書其事,《宋史》採其家傳,轉為之諱;趙普先閱章奏,田錫極論其非,而《宋史》誤以為羣臣章奏,必先白錫;楊守一以涓人補右班殿直,遷翰林副使,而《宋史》誤作翰林學士;新法初行,坐倉糴米,吳申等言其不便,《宋史》誤以為司馬光之言。至地名、謚法,《宋史》尤多舛謬。元人修史,蓋未嘗考證此書,琬之言未得其實也。其中如張齊賢以雍熙三年忤旨出外,而誤作自請行邊;以副使王履《楚辭》誤屬之李若水^①，又不載王履於《忠義傳》。雖不免閒有牴牾，然宋人私史卓然可傳者，唯俌與李燾、李心傳之書而三^②，固宜為考宋史者所寶貴矣。

【彙訂】

① 殿本"王履"下有"所作"二字。

② "而三"，殿本無。

路史四十七卷（兩江總督採進本）

宋羅泌撰。泌字長源，廬陵人。是書成於乾道庚寅^①。凡《前紀》九卷，述初三皇至陰康、無懷之事。《後紀》十四卷，述太昊至夏履癸之事^②。《國名紀》八卷，述上古至三代諸國姓氏地理，下逮兩漢之末。《發揮》六卷、《餘論》十卷，皆辨難考證之文。其《國名紀》第八卷載《封建後論》一篇、《究言》一篇、《必正剳子》一篇、《國姓衍慶紀原》一篇，蓋以類相附。惟歸愚子《大衍數》一篇、《大衍說》一篇、《四象說》一篇，與封建渺無所涉。考《發揮》第一卷之首，有《論太極》一篇、《明易象象》一篇、《易之名》一篇，與《大衍》等三篇為類。疑本《發揮》之文，校刊者以卷帙相連，誤竄入《國名紀》也。泌自序謂皇甫謐之《世紀》、譙周之《史考》、張愔之《系譜》、馬總之《通曆》、諸葛耽之《帝錄》、姚恭年之《歷帝紀》、小司馬之《補史》、劉恕之《通鑑外紀》，其學淺狹，不足取信。蘇轍《古史》，第發明索隱之舊，未為全書。因著是編。《餘論》之首釋名書之義，引《爾雅》訓"路"為"大"，所謂《路史》，蓋曰大史也。句下注文，題其子苹所撰。核其詞義，與泌書詳略相補，似出一手，殆自注而嫁名於子與？皇古之事，本為茫昧。泌多採緯書，已不足據。至於《太平經》、《洞神經》、《丹壺記》之類，皆道家依託之言,乃一一據為典要,殊不免龐雜之譏。《發揮》、《餘論》皆深斥佛教,而說《易》數篇,乃義取道家。其"青陽遺珠"一條③,論大惑有九,以貪仙為材者之惑、諆佛為不材之惑④,尤為偏駁。然引據浩博,文采瑰麗。劉勰《文心雕龍·正緯篇》曰:"羲、農、軒、皡之源,山瀆、鍾律之要,白魚、赤烏之符,黃金、紫玉之瑞,事豐奇偉,詞富膏腴,無益經典而有助文章。是以後來詞人,採摭英華。"泌之是書,殆於此類。至其《國名紀》、《發揮》、《餘論》,考證辨難,語多精核,亦頗有袪惑持正之論,固未可盡以好異斥矣。

【彙訂】

① 此書之序作於乾道六年庚寅(1170),成書則在其後,又多有增補。慶元六年(1200)尚增入五篇短文。(李裕民:《四庫提要訂誤》)

②《後紀》實為十三卷,卷九、卷十三並分上下。(王重民:《中國善本書提要》)

③ 此書卷三十四有"青陽遺妹"條,作"青陽遺珠"誤。

④ "諆佛",底本作"諆物",據"青陽遺妹"條原文及殿本改。

契丹國志二十七卷(浙江鮑士恭家藏本)①

宋葉隆禮撰。隆禮號漁林,嘉興人。淳祐七年進士,由建康府通判,歷官祕書丞。奉詔撰次遼事為此書。凡帝紀十二卷,列傳七卷,晉降表、宋遼誓書、議書一卷,南北朝及諸國餽貢禮物數一卷,雜載地理及典章制度二卷,《行程錄》及諸雜記四卷。錢曾《讀書敏求記》稱其"書法謹嚴,筆力詳贍,有良史風",而蘇天爵《三史質疑》則謂隆禮不及見國史,其說多得於傳聞,譏其失實甚多。今觀其書，大抵取前人紀載原文，分條採摘，排比成編。穆宗以前紀傳，則本之《資治通鑑》。穆宗以後紀傳及諸雜紀，則本之李燾《長編》等書。其胡嶠《陷北記》，則本之歐《史》[②]；四夷附錄《諸番記》及達錫、伊都等《傳》，則本之洪皓《松漠記聞》；《雜記》則本之武珪《燕北雜記》，案珪書今不傳，其言略見曾慥《類說》。皆全襲其詞，無所更改，閒有節錄，亦多失當。如《通鑑》載太祖始立為王事，上云：“恃強不受代”，故下云：“七部求如約”，今此書刪去“不受代”之文，則所謂如約者果何事乎？又《長編》載聖宗南侵事，云天雄軍聞契丹至，闔城惶遽。契丹潛師城南，設伏狄相廟，遂南攻德清。王欽若遣將追擊，伏起，天雄兵不能進退。其情事甚明。今此書於“闔城惶遽”下即接“伏起”云云，而盡刪其潛師設伏之文，則所伏者果誰之兵乎？又《松漠記聞》載黃頭女真，金人每當出戰，皆令前驅。蓋洪皓所親見，其為金人，事甚明。今此書乃徑改“金人”為“契丹”，採入《遼志》，則益為顛倒事實矣。又《帝紀》中凡日食星變諸事，皆取《長編》所記，案年臚載。然遼、宋曆法不齊，朔閏往往互異。如聖宗開泰九年，遼二月置閏，宋十二月置閏，宋之七月，在遼當為八月，而此書仍依宋法書“七月朔日食”。此類亦俱失考[③]。蓋隆禮生南渡後，距遼亡已久，北土載籍，江左亦罕流傳，僅據宋人所修史傳及諸說部鈔撮而成，故本末不能悉具。蘇天爵所論，深中其失。錢曾蓋未之詳核也。特諸家目錄所載，若《遼庭須知》、《使遼圖鈔》、《北遼遺事》[④]、《契丹疆宇圖》、《契丹事蹟》諸書，隆禮時尚未盡佚，故所錄亦頗有可據。如道宗“壽隆”紀年，此書實作“壽昌”，與遼世所遺碑刻之文並合[⑤]，可以證《遼史》之誤。又《天祚紀》所載與金攻戰及兵馬漁獵諸事，較《遼史》紀、志為詳，存之亦可備參考。

惟其體例參差，書法顛舛。忽而内宋，則或稱遼帝，或稱國主；忽而内遼，則以宋帝年號分注遼帝年號之下。既自相矛盾，至楊承勳劫父叛君⑥，蔑倫傷教，而取胡安國之謬説，以為變不失正，尤為無所別裁。又書為奉宋孝宗敕所撰⑦，而所引胡安國説，乃稱安國之謚，於君前臣名之義，亦復有乖。今並仰遵聖訓，改正其譌，用以昭千古之大公，垂史册之定論焉。

【彙訂】

① 文淵閣《四庫》本為《欽定重訂契丹國志》二十八卷卷首一卷。（沈治宏：《中國叢書綜録訂誤》）

②“歐史”，殿本作“歐陽修五代史記”。

③ 據《遼史》，開泰元年是宋大中祥符五年，而《契丹國志》誤作大中祥符六年。故開泰九年本應是宋天禧四年庚申，《契丹國志》誤為天禧五年辛酉，“秋七月朔日食”即抄自《續資治通鑑長編》卷九十七天禧五年“七月甲戌朔，日有食之”的記載。實際該年遼、宋曆法均無閏月。（劉浦江：《關於〈契丹國志〉的若干問題》）

④“北遼遺事”，殿本脱“北”字。《郡齋讀書志》“偽史類”著録《北遼遺事》二卷。

⑤“遼世”，底本作“遼史”，據殿本改。

⑥“楊承勳”，殿本脱“承”字。此書卷二《太宗孝武惠文皇帝上》載會同七年冬十月，“晉師圍青州經時……其子承勳勸光遠降冀州，全其族，光遠不許。承勳乃斬勸其父反者判官邱濤，送其首於守貞，縱火大噪，劫其父出居私第。上表待罪，開城納官軍。閏月，晉以楊光遠罪大而諸子歸命，難於顯誅，命守貞便宜從事。守貞遣人拉殺光遠，以病死聞。起復其子承勳除汝州

防御使。"館臣注:"原書於此條引胡安國論,詞意偏繆,謹遵聖諭刪正。"

⑦ 烏有理宗淳祐七年進士轉於七十年前奉孝宗敕撰書者乎?(程晉芳:《契丹國志跋》)

大金國志四十卷(兩江總督採進本)①

舊本題宋宇文懋昭撰。前有端平元年進書表一通,自署"淮西歸正人改授承事郎工部架閣",而不詳其里貫。表中有"偷生淮浦,少讀父書"等語,亦不知其父何人也。書中取金太祖至哀宗九主一百十七年事蹟,裒集彙次。凡《紀》二十六卷,《開國功臣傳》一卷,《文學翰苑傳》二卷,《雜錄》三卷,雜載制度七卷,許亢宗《奉使行程錄》一卷。似是雜採諸書,排比而成。所稱義宗即哀宗。《金史》謂息州行省所上諡,而此則云金遺臣所上,與史頗不合。又懋昭既降宋,即當以宋為内詞。乃書中分注宋年,又直書康王出質及列北遷宗族於獻俘,殊為失體。故錢曾《讀書敏求記》嘗稱為無禮於君之甚者。然其可疑之處,尚不止此。詳悉檢勘,紕漏甚多。如《進書表》題端平元年正月十五日,而金亡即在是月十日,相距僅五日,豈遽能成書進獻? 又紀錄蔡州破事如是之詳,於情理頗不可信。又端平正當理宗時,而此書大書宋寧宗太子不得立,立其姪為理宗,於濟邸廢立,略無忌諱。又生而稱諡,舛謬顯然。又懋昭以金人歸宋,乃於兩國俱直斥其號,而獨稱元兵為"大軍",又稱元為"大朝",轉似出自元人之辭,尤不可解。又《開國功臣傳》僅寥寥數語,而《文學翰苑傳》多至三十二人。驗其文,皆全錄元好問《中州集》中小傳而略加刪削。考好問撰此書時,在金亡之後,原序甚明,懋昭更不應預襲其文。

凡此皆疑竇之極大者。其他如愛王作亂等事，亦多輕信偽書，冗雜失次。恐已經後人竄亂，非復懋昭原本，故牴牾若此。然其首尾完具，間有與《金史》異同之處，皆足資訂證。所列制度服色②，亦能與《金史》各志相參考，故舊本流傳不廢③。今亦著其偽而仍錄其書焉④。

【彙訂】

① 文淵閣《四庫》本為《欽定重訂大金國志》四十一卷卷首一卷。(沈治宏：《中國叢書綜錄訂誤》)

② 殿本"色"下有"俱頗該備"四字。

③ 殿本"傳"下有"能至今"三字。

④《契丹國志》與《大金國志》都分為本紀、列傳、表冊文書、制度雜載、行程錄五部分，均有《初興本末》、《九主年譜》、《世系之圖》等，元刊本的款式也是一律。其內容多有"不謀而合"之處，如皆以完顏阿骨打為長子，稱帝建元在遼天慶八年，都與《遼史》、《金史》所記不符。又如同抄自《三朝北盟會編》卷一九七所引《金虜節要》的一段文字，四處增刪完全一致。《四庫全書簡明目錄》稱"或即一手所作，分署二人之名"。《南遷錄》大德丙午(1306)浦元玠跋已提及《金國志》刊行，則兩《國志》之成書當在此之前。(劉浦江：《〈契丹國志〉與〈大金國志〉關係試探》)

古今紀要十九卷(安徽巡撫採進本)

宋黃震撰。震字東發，慈谿人，官至浙東提舉。事蹟具《宋史·儒林傳》。是書撮舉諸史，括其綱要。上自三皇，下迄哲宗元符。每載一帝之事，則以一帝之臣附之。其僭竊割據，亦隨時附見。詞約事該，頗有條貫。非曾先之《十八史略》之類粗具梗概,傷於疏陋者比。所敘前代諸臣,各分品目。惟北宋諸臣事蹟較歷代稍詳,而無忠佞標題,蓋不敢論定之意也。朱子作《通鑑綱目》,始遵習鑿齒《漢晉春秋》之例,黜魏帝蜀。同時張栻作《經世紀年》,蕭常作《續後漢書》,持論並同。震傳朱子之學,故是書亦用《綱目》之例。其謂:"論昭烈者每以族屬疏遠為疑。使昭烈果非漢子孫,曹操蓋世姦豪,豈不能聲其罪而誅其偽。今反去之千百載下,而創疑其譜牒耶?"其所發明①,可謂簡而盡矣。

【彙訂】

①"其所發明",殿本作"一語決疑"。

續後漢書四十七卷(編修莊承籛家藏本)

宋蕭常撰。常,廬陵人,鄉貢進士。初,常父壽朋病陳壽《三國志》帝魏黜蜀,欲為更定,未及成書而卒。常因述父志為此書。以昭烈帝為正統,作帝紀二卷、年表二卷、列傳十八卷,以吳、魏為載記,凡二十卷。又別為《音義》四卷、《義例》一卷①。於《蜀志》增傳三十二②,廢傳四,移《魏志》傳入漢十。《吳志》廢傳二十,《魏志》廢傳八十九。多援裴注以入傳,其增傳亦皆取材於注。閒有注所未及者,建安以前事則據范《書》,建安以後則不能復有所益。蓋其大旨在書法,不在事實也。然其義例精審③,實頗得史法。如魏、吳諸臣本附見二國載記之後,而中有一節可名,如孟宗、陳表等,則別入《孝友傳》;杜德、張悌等,則別入《忠義傳》;管寧、吳範等,則別入《隱逸》、《方技傳》,其體實本之《晉書》。又曹操封魏公、加九錫等事,陳《志》皆稱"天子命公",而此乃書"操自為"云云,則本之范蔚宗《後漢書》本紀。其他筆削,亦類多謹嚴。惟陳《志·先主傳》稱封涿縣陸城亭侯,而常於《昭烈紀》但云："封陸城侯"；陳《志》建安十四年魏延為都督，而常則云："拔魏延為鎮遠將軍。"裴注概無此語，不知常何所本。然常之所長，不在考證。殆偶然筆誤，非別有典據也。常成此書時，嘗以表自進於朝。所列但有本紀、表、傳、載記，而無《音義》，至周必大序始并《音義》言之。或成書之後，又續輯補入歟？

【彙訂】

① 文淵閣《四庫》本此書實為四十九卷。列傳三《諸葛亮》分上、下，為全書之卷七、八。吳載記十二卷，魏載記九卷。（沈治宏：《〈四庫全書總目〉史部圖書著錄失誤原因析》）

② "三十二"，殿本作"四十二"，誤。此書蜀國部分立列傳一百八，《三國志·蜀志》據目錄立列傳七十。

③ "精審"，殿本作"精深"。

續後漢書九十卷（永樂大典本）

元郝經撰。經字伯常，陵川人。官至翰林侍讀學士，贈昭文館大學士、榮祿大夫，追封冀國公，謚文忠。事蹟具《元史》本傳。經以中統元年使宋，為賈似道所拘，留居儀真者十六年。於使館著書七種，此即七種之一也。時蕭常《續後漢書》尚未行於北方，故經未見其本，特著此書，正陳壽帝魏之謬。即《三國志》舊文，重為改編，而以裴注之異同、《通鑑》之去取參校刊定。原本九十卷，中閒各分子卷，實一百三十卷。升昭烈為本紀，黜吳、魏為列傳，其諸臣則以漢、魏、吳別之。又別為《儒學》、《文藝》、《行人》、《義士》、《高士》、《死國》、《死虐》、《技術》、《狂士》、《叛臣》、《篡臣》、《取漢》、《平吳》、《列女》、《四夷》諸傳。復以壽書無志，作八錄以補其闕，各冠以序，而終以議贊。別有義例，以申明大旨。

持論頗為不苟,而亦不能無所出入。如士燮、太史慈皆委質吳廷,而入之漢臣。李密初仕漢,終仕晉,《晉書》以《陳情》一表列之《孝友》,而入之《高士》,則於名實為乖。又黄憲卒於漢安之世,葛洪顯於晉元之朝,而皆入此書,則時代並爽。其他漢、晉諸臣以行事間涉三國而收入列傳者不一而足。又八錄之中,往往雜採《史記》、《前》《後漢書》、《晉書》之文,紀載冗沓,亦皆失於限斷,揆諸義例,均屬未安。然經敦尚氣節,學有本原,故所論説,多有裨於世教。且經以行人被執,困苦艱辛,不肯少屈其志,故於氣節之士,低徊往復,致意尤深。讀其書者,可以想見其為人,又非蕭常、謝陛諸家徒推衍紫陽緒論者比也。是書與經所撰《陵川集》,皆延祐戊午官為刊行。然明以來絶少傳本,惟《永樂大典》所載尚多。核以原目,惟《年表》一卷、《刑法錄》一卷全佚不傳,其全篇完好者猶十之六七,其序文、議贊存者亦十之八九。今各據原目,編輯校正,所分子卷,悉仍其舊。閒有殘闕,其文皆已具於陳《志》,均不復採補,以省繁複。又經所見乃陳《志》舊本,其中字句與今本往往異同,謹各加案語標明,以資考證。書中原注,乃書狀官河陽苟宗道所作。經集載《壽正甫》詩,有"新書總付徐無黨,半臂誰添宋子京"句。正甫即宗道之字,《元史》所謂"經留宋久,書佐皆通於學,苟宗道後至國子祭酒"者是也。宗道序中有"繾綣患難,十有三年"之語。考經以庚申使宋,則是序當作於壬申歲。而書中不書至元九年,蓋時南北隔絶,尚不知中統之改為至元也[1]。其注於去取義例,頗有發明。而列傳中或有全篇無注者,殆傳寫有所佚脱歟?

【彙訂】

① "是序當作於壬申歲而書中不書至元九年蓋時南北隔絶

尚不知中統之改為至元也”,殿本作“是書與注皆當成於至元壬
申矣”。

　　春秋別典十五卷(兩淮鹽政採進本)

　　明薛虞畿撰。前有虞畿自序,不署年月,稱:“嘗閱往牒[①],
見春秋君臣往迹,不下千事,散見百家[②],皆三氏所未錄,閒或微
掇其端,而未究其緒,存其半而不採其全,因不自度,略仿《左》
例,分十二公,以統其世。稽三《傳》人名,以繫其事。凡十五
卷。”末又有其弟虞賓跋,稱“先仲氏輯《春秋別典》,未脱稾而不
幸下世。不無挂甲漏乙、年代倒置之病。故特廣閱博蒐,參互考
訂。世懸者更,數殊者析,删其繁複者十一,苴其闕略者十三”云
云,則此書乃虞畿兄弟二人相續而成也。舊無刊版,此本為朱彝
尊家所藏,有康熙辛巳十月彝尊題字,惜其鈔撮具有苦心,惟各
條之末不疏明出何書。明人之習,大都若是,所譏誠中其病。然
網羅繁富,頗足以廣見聞,要亦博洽之一助也。虞畿序自署曰
“粤瀛”,彝尊跋稱其字里《通志》不載,莫得其詳。虞賓跋中稱
“仲氏列章縫,治博士家言”,蓋廣東諸生也。考胡恂《潮州府志》
曰:“薛虞畿字舜祥,海陽人。初為諸生,後棄去,隱韓山之麓,以
農圃自娛。郡長吏欲致之,鑿垣而遁。著有《聽雨篷稾》。”云云。
當即其人。又考潮州在梁為東陽州,後改曰瀛州,與“粤瀛”之稱
亦合。惟《志》不言其有此書,疑偶未見耳。虞畿序又稱書目、凡
例列在左方。今卷首有凡例七條,而無書目,則傳寫者佚之矣。

【彙訂】

　　①“往”,殿本作“注”,誤,參書前自敍原文。

　　②“見”,書前自敍及殿本作“著”。

欽定歷代紀事年表一百卷[①]

康熙五十一年聖祖仁皇帝御定。初，康熙四十六年聖駕南巡，布衣龔士炯獻《歷代年表》，所載至隋而止。乃詔工部侍郎周清源重修，未蕆事而清源歿。復詔內閣學士王之樞踵修，而以清源子嘉禎佐之，乃相續成編。所載事蹟，上起帝堯元載甲辰，下迄元順帝至正二十八年戊申，首末凡三千七百二十五年。其表以年為經，以國為緯，惟以正統居第一格，為全書之通例。其餘時殊世異，不可限以一法，則每代變例，而各以例說繫表首。大抵準《史記·年表》、《月表》、司馬光《資治通鑑目錄》。惟每條多附史評，又每代各冠以《地理圖》、《世系圖》，而總冠以《三元甲子紀年圖》，為小變舊式耳。考《南史·王僧孺傳》[②]，稱太史公《年表》"旁行斜上，體仿周譜"，則史表實三代之舊法。然《史記》以下，率以一類自為一表，未能貫通。《資治通鑑目錄》亦粗舉大綱，未能詳備。近時萬斯同作《歷代史表》，頗稱賅洽，而其大旨惟考核於封爵世系之閒，亦未能上下數千年，使條目分明，脈絡連屬也。是書網羅歷代，總括始終，記錄無遺而義例至密，剪裁得體而書法至明，誠韓愈所稱"紀事必提其要"、歐陽修所稱"《春秋》之文，簡而有法"者也。讀史者奉此一書，亦可以知所津逮矣。

【彙訂】

①"欽定"，殿本脫，參文淵閣《四庫》本所題書名。

②"王僧孺"，殿本作"王僧虔"，皆不確。實出自《南史·劉杳傳》："王僧孺被使撰譜，訪杳血脈所因。杳云：'桓譚《新論》云："太史《三代世表》旁行邪上，並效周譜。"以此而推，當起周代。'僧孺歎曰：'可謂得所未聞。'"《梁書·劉杳傳》同。

欽定續通志五百二十七卷^①

乾隆三十二年奉敕撰。紀、傳、譜、略，一仍鄭氏之舊。惟鄭氏列傳因諸史舊文，標題錯互，而又稍有所改竄。如《史記》無《隱逸傳》，則析伯夷、四皓諸人以當之；《史記》無《方術傳》，則析司馬季主、扁鵲諸人以當之；《後漢書》無《孝友傳》，則析毛義、江革諸人以當之；《三國志》無《忠義傳》，則析典韋諸人以當之。體例自相矛盾，不因不創，乃至於非馬非嬴。今參考異同，折衷沿革，定為二例。一曰異名者歸一。如《五代史·家人傳》析入《后妃》、《宗室》，《一行傳》析入《隱逸》、《孝友》，《元史·儒學傳》析入《儒林》、《文苑》，《宋史·道學傳》併入《儒林》，《元史·釋老傳》併入《方伎》，《唐書》、《明史》“公主傳”附綴《宗室》。庶各核其實，無致多岐。一曰未備者增修。如《唐書》之《姦臣》、《叛臣》、《逆臣傳》，《明史》之《閹黨》、《流賊》、《土司傳》，皆諸史所無^②，而其目實不可易。今考核事體^③，亦分立此門。又孔氏世系封爵《明史》附入《儒林傳》，今則從鄭氏原書《孔子列傳》例，補立《孔氏後傳》。至於五朝國史，以貳臣別為列傳，新出聖裁，於旌別淑慝之中，寓扶植綱常之意。允昭褒貶之至公，實為古今之通義。今亦恪遵彝訓，於前代別立此門，以昭彰癉，較諸原書體例，實詳且核焉。二十略中，變其例者亦有三。一為《藝文略》，鄭氏但列卷數書名，今各補撰人名氏爵里。一為《圖譜略》，鄭氏原以《索象》、《原學》、《明用》三篇辨其源流，又以《記有》、《記無》二篇考其存佚，今刪除諸名，別以經學、天文、地理、世系、兵刑、食貨、算術、儒學、醫藥為子目。一為《昆蟲草木略》，所記動植之類，不比文章典制，有時代可分。考鄭氏原書，惟以所撰《詩名物志》、《爾雅補注》、《本草外類》約而成編。如百蔬未列瓟匏，九穀不收麰麥,釋魚則存鱣遺鮪,釋獸則有虎無貔,混菖蕾於瓊茅之蕾,合芸薹於夫須之薹,舛漏不一而足。今惟於未載者補其闕遺,已載者正其譌誤。至其鍊石煮丹之類,事涉迂怪,則概不續增。蓋雖同一傳而條理倍為分明,雖同一略而考證尤為精核④。斯由於仰承睿鑒,得所折衷,與鄭氏之徒為大言,固迥然異矣。

【彙訂】

① 文淵閣《四庫》本為六百四十卷,書前提要不誤。(沈治宏:《中國叢書綜錄訂誤》)

② 宋、遼、元、明四史均有《姦臣傳》;宋、金、元三史,均有《叛臣傳》;遼、金、元三史均有《逆臣傳》。(楊武泉:《四庫全書總目辨誤》)

③ "事體",殿本作"事蹟"。

④ "尤",殿本作"益"。

歷代史表五十三卷(副都御史黃登賢家藏本)①

國朝萬斯同撰。斯同有《廟制圖考》,已著錄②。是編以十七史自《後漢書》以下惟《新唐書》有表,餘皆闕如,故各為補撰。宗《史記》、《前漢書》之例,作《諸王世表》、《外戚侯表》、《外戚諸王世表》、《異姓諸王世表》、《將相大臣及九卿年表》。宗《新唐書》之例,作《方鎮年表》、《諸鎮年表》。其《宦者侯表》、《大事年表》,則斯同自創之例也。其書自正史本紀、志、傳以外,參考《唐六典》、《通典》、《通志》、《通鑑》、《册府元龜》諸書及各家雜史,次第彙載,使列朝掌故,端緒犂然,於史學殊為有助。考自宋以前,唯《後漢書》有熊方所補《年表》。他如鄭樵《通志》,《年譜》僅記一朝大事及正閏始末,其於諸王將相公卿大臣興廢拜罷之由,率略而不書。近人作《十六國年表》，亦多舛漏。其網羅繁富，類聚區分，均不及斯同此書之賅備。惟《晉書》既補《功臣世表》，則歷代皆所當補。十六國如成、趙、燕、秦既有《將相大臣年表》，則十國如南唐、南漢、北漢、閩、蜀不當獨闕③。又魏將相大臣中，不載上大將軍。《五代諸王世表》獨闕後漢，注謂後漢子弟未嘗封王。然考承訓追封魏王、承勳追封陳王，與後周郯、杞、越、吳諸王事同一例，何以獨削而不登？ 是皆其偶有脫略者。然核其大體，則精密者居多，亦所謂過一而功十者矣。

【彙訂】

① 文淵閣《四庫》本書名為《補歷代史表》，書前提要不誤。（沈治宏：《中國叢書綜錄訂誤》）

② 依《總目》體例，當作"斯同有《聲韻源流考》，已著錄"。（胡玉縉：《四庫全書總目提要補正》）

③ 留香閣刊本、廣雅書局本為五十九卷，較《四庫全書》本多吳、南唐、南漢、蜀、後蜀、北漢六國將相大臣年表。另有橐本《吳越將相大臣年表》。（李裕民：《四庫提要訂誤》）

後漢書補逸二十一卷（兩江總督採進本）

國朝姚之駰撰。之駰字魯斯，錢塘人。康熙辛丑進士①，官至監察御史。是編蒐輯《後漢書》之不傳於今者八家。凡《東觀漢記》八卷，謝承《後漢書》四卷，薛瑩《後漢書》、張璠《後漢記》、華嶠《後漢書》、謝沈《後漢書》、袁山松《後漢書》各一卷②，司馬彪《續漢書》四卷。劉知幾《史通》稱范蔚宗所採，凡編年四族、紀傳五家。今袁宏《書》尚有傳本，故止於八也。其捃拾細瑣，用力頗勤，惟不著所出之書，使讀者無從考證，是其所短。至司馬彪

《書》雖佚，而章懷太子嘗取其十《志》以補范《書》之遺，今《後漢書》內劉昭所注即彪之《書》③。而之駰不究源流，謂之范《志》，乃別採他書之引司馬《志》者錄之。字句相同，曾莫之悟，其謬實為最甚。然洪邁博極羣書，而所作《容齋隨筆》，亦以司馬《志》為范《志》，則其誤有所承矣。至《東觀漢記》，核以《永樂大典》所載，較之駰所錄，十尚多其五六。蓋祕府珍藏，非草茅之士所能睹，亦不能以疏漏咎之駰也。

【彙訂】

①“辛丑”，殿本作“己丑”，誤。《浙江通志》卷一四二《選舉志·進士》康熙六十年辛丑科鄧鍾岳榜有姚之駰。

②“袁山松”，殿本作“袁崧”，誤。《新唐書·藝文志》著錄袁山松《後漢書》一百一卷。

③“注”，底本作“著”，據殿本改。司馬彪《續漢書》，由劉昭補入范曄《後漢書》者只有八志，非十志。范曄著十志未成，見《史通·古今正史》。“章懷太子嘗取其十《志》以補范《書》”，羌無故實。（楊武泉：《四庫全書總目辨誤》）

春秋戰國異辭五十四卷通表二卷摭遺一卷（兩江總督採進本）

國朝陳厚耀撰。厚耀有《春秋長曆》，已著錄。是編採羣書所載與《春秋》三傳、《國語》、《戰國策》有異同者，分國編次，以備考證，亦間為辨定。又取《史記·十二諸侯表》、《六國年表》合而聯之，為《通表》二卷。其諧談瑣記、神仙藝術，無關體要，難以年次者，別為《摭遺》一卷，以附於後。其《通表》排比詳明，頗有條理。異辭以切實可據者為正文，而百家小說悠謬荒唐之論皆降一格，附於下。亦頗有體例。雖其閒真贋雜糅，如《莊》、《列》之寓言，《亢倉子》之偽書，皆見採錄，未免稍失裁斷。而採摭浩繁，用力可稱勤至。又所引諸書，多著明某篇某卷，蓋仿李涪《刊誤》、程大昌《演繁露》之例。令觀者易於檢核，亦無明人杜撰炫博之弊。蓋馬驌《繹史》用袁樞《紀事本末》體，厚耀是書則用齊履謙《諸國統記》體。而驌書兼採三《傳》、《國語》、《戰國策》，厚耀則皆摭於五書之外，尤獨為其難。雖涉蕪雜，未可斥也。厚耀所著《春秋長曆》及《春秋世族譜》，皆與是編相表裏。而自言平生精力，用於是書者多云。

尚史一百七卷（兵部侍郎紀昀家藏本）

國朝李鍇撰。鍇字鐵君，鑲白旗漢軍。卷首自署曰襄平。考襄平為漢遼東郡治，今為盛京遼陽州地，蓋其祖籍也。康熙中，鄒平馬驌作《繹史》，採摭百家雜說，上起鴻荒，下迄秦代，仿袁樞《紀事本末》之體，各立標題，以類編次，凡所徵引，悉錄原文。雖若不相屬，而實有端緒。鍇是編以驌書為稾本，而離析其文，為之翦裁連絡，改為紀傳之體。作世系圖一卷，本紀六卷，世家十五卷，列傳五十八卷，繫六卷，表六卷，志十四卷，序傳一卷。仍於每段之下，各注所出書名。其遺文瑣事不入正文者，則以類附注於句下。蓋體例準諸《史記》，而排纂之法則仿《路史》而小變之。自序謂始事於雍正庚戌，卒業於乾隆乙丑，閱十六載而後就。其用力頗勤。考古來漁獵百家，勒為一史，實始於司馬遷。今觀《史記》諸篇，其出遷自撰者，率經緯分明，疏密得當，操縱變化，惟意所如。而其雜採諸書以成文者，非唯事蹟異同，時相牴牾，亦往往點竄補綴，不能隱斧鑿之痕。知鎔鑄衆說之難也。此書一用舊文，翦裁排比，使事蹟聯屬，語意貫通①。體如詩家之集句，於歷代史家特為創格，較鎔鑄衆説為尤難。雖運掉或不自如，組織或不盡密，亦可云有條不紊矣②。至於《晉逸民傳》中列杜蕢③、狼瞫、鉏麑、提彌明、靈輒，《逆臣傳》中列趙穿而不列趙盾，《亂臣傳》中列郤芮、瑕呂飴甥④，《嬖臣傳》中列頭須，《魯列女傳》中列施氏婦，予奪多所未允。又諸國公子皆別立傳，而魯、宋、蔡、曹、莒、邾六國則雜列諸臣中。《叛臣傳》中如巫狐庸叛楚入吳，吳、楚兩見；公山不狃叛魯入吳，吳、魯兩見，已為重出。而屈巫見於楚，不見於晉；苗賁皇見於晉，不見於楚，又復自亂其例。如斯之類，不一而足，亦未能一一精核，固不必為之曲諱焉⑤。

【彙訂】

①“此書一用舊文翦裁排比使事蹟聯屬語意貫通”，殿本作“且排比鱗次一用舊文”。

②“於歷代史家特為創格”至“亦可云有條不紊矣”，殿本作“求其翦裁諸説，使聯貫如出一手，比呂東萊之《讀詩記》尤難之又難。今觀其書，於殘膏剩馥掇拾成文，時露湊合之蹟者，固在所不免。而聯絡融貫，位置天然，如百衲之琴，不乖音律；如千狐之腋，不露裁縫者，亦往往而有。不可謂非因難見巧，為史家特出之創格，存之亦足備一體也”。

③“至於”，殿本作“若”。

④“瑕”，殿本脱，此書卷四十七《晉亂臣傳》有瑕呂飴甥。

⑤“亦未能一一精核固不必為之曲諱焉”，殿本作“均不能不謂之瑕纇然史漢且不免駁文司馬光作資治通鑑亦稱其中牴牾不能自保固亦不能獨為鐟咎矣”。

右別史類二十部，一千六百十四卷①，皆文淵閣著錄。

【彙訂】

①"一千六百十四卷"，殿本作"一千四百八十五卷"。實著錄一千六百十九卷。

　　案，《東觀漢記》、《後漢書補逸》之類，本皆正史也。然書已不完，今又不列於正史，故概入此門。其先後從作者時代，亦與"編年類"例同，均稍示區別於正史爾①。

【彙訂】

①"均稍示區別於正史爾"，殿本無。

別 史 類 存 目

歷代帝王纂要譜括一卷（永樂大典本）

不著撰人名氏①。其書敘歷代帝王世系、年號、歲數，亦略及賢否。各以數語括之，簡陋殊甚，蓋村塾俗書也。《永樂大典》載之，亦可云漫無採擇矣。以其為宋人舊帙，姑附存其目焉。

【彙訂】

①《直齋書錄解題》卷四著錄此書，云餘姚孫應符仲潛撰。（胡玉縉：《四庫全書總目提要補正》）

蜀漢本末三卷（浙江范懋柱家天一閣藏本）

元趙居信撰。居信字季明，許州人，至治中官至翰林學士承旨。是書宗《資治通鑑綱目》之說，以蜀為正統。起桓帝延熹四年昭烈之生，終晉泰始七年後主之亡。末有總論一篇，稱至元九年戊子所作，其成書則至元十二年辛卯也。前序一篇，不知誰作，稱："朱子出而筆削《綱目》，有以合乎天道而當乎人心。信都趙氏復因之，廣其未備之文，參其至當之論。"然是書所取議論，不出胡寅、尹起莘諸人之內。所取事蹟則載於《三國志》者尚十不及五，特於《資治通鑑綱目》中斷取數卷，略為點竄字句耳，不足當著書之目也。

十八史略二卷（浙江巡撫採進本）[①]

元曾先之撰。先之字從野，廬陵人[②]。自稱曰"前進士"，而《江西通志·選舉》中不載其名[③]。蓋前明之制，會試中式稱進士，鄉試中式者稱舉人，皆得銓注授官。自唐、宋至元，則貢於鄉者皆稱進士。試禮部中選，始謂之登第。不中選者，次舉仍由本貫取解。南宋之季，始以三舉不中選者一體徑試於禮部，謂之免解進士。先之所謂進士，蓋鄉舉而試不入選者，故志乘無名也。然李肇《國史補》稱唐時進士登第者，遇舊題名處增"前"字。今先之自稱"前進士"，則又相沿失考矣。其書鈔節史文，簡略殊甚。卷首冠以歌括，尤為鄙陋。蓋鄉塾課蒙之本，視同時胡一桂《古今通略》遜之遠矣。

【彙訂】

① 此書在《各省進呈書目》中僅著錄於《浙江省第五次鄭大節呈送書目》及《二老閣呈送書》，則應為浙江鄭大節家藏本，作"浙江巡撫採進本"誤。（江慶柏：《〈四庫全書〉私人呈送本中的鄭大節家藏本》）

② 明初刻本此書及明刻《標題詳注史略補遺大成》皆作字子野，"字從野"疑誤。（杜澤遜：《四庫存目標注》）

③ "江西"，底本作"西江"，據殿本乙。

讀史備忘八卷（浙江范懋柱家天一閣藏本）

明范理撰。理字道濟，天台人，宣德庚戌進士，官至南京吏部右侍郎。其書自西漢迄唐代，先列諸帝於前，而以諸臣事實摘敘於後。大略皆因正史而參以《綱目》。其所分謀臣、丞相、名將、名臣等目，割裂煩碎，殊無體要。如季布入《名臣》，而曹參入《名將》之類，義例尤不可解。蓋隨筆記錄，而於史學殊無當也[①]。

【彙訂】

① "蓋隨筆記錄而於史學殊無當也"，殿本無。

天潢玉牒一卷（戶部尚書王際華家藏本）

不著撰人名氏。載明太祖歷代世系及其自微時以至即位後事，略以編年為次。凡皇后、太子、諸王諡號封爵，皆詳列之。書中稱成祖為"今上"，則永樂時編也。其紀懿文太子為諸妃所生，而高皇后所生者祇成祖及周王二人，與史不合。蓋當時諛妄之詞，不足據為實錄者矣。

　　案，此書述明代世系，於例當入"譜牒"，然譜牒傳本寥寥，不能自為門目，故附著"別史"類中。蓋其文與本紀、世表相出入也。

宋史質一百卷（衍聖公孔昭煥家藏本）

明王洙撰。洙字一江，臨海人。正德辛巳進士，其仕履未詳。是編因《宋史》而重修之，自以臆見，別創義例。大旨欲以明繼宋，非惟遼、金兩朝皆列於外國，即元一代年號亦盡削之。而於宋益王之末，即以明太祖之高祖追稱德祖元皇帝者承宋統；大德三年，以太祖之曾祖追稱懿祖恒皇帝者繼之；延祐四年，以太

祖之祖追稱熙祖裕皇帝者繼之；後至元五年，以太祖之父追稱仁
祖淳皇帝者繼之；至正十一年，即以為明之元年。且於瀛國公降
元以後，歲歲書"帝在某地"云云，仿《春秋》書"公在乾侯"、《綱
目》書"帝在房州"之例，荒唐悖謬，縷指難窮，自有史籍以來，未
有病狂喪心如此人者。其書可焚，其版可斧，其目本不宜存，然
自明以來，印本已多，恐其或存於世，熒無識者之聽，為世道人心
之害，故辭而闢之，俾人人知此書為狂吠，庶邪說不至於誣民焉。

宋史新編二百卷（浙江孫仰曾家藏本）

明柯維騏撰。維騏字奇純，莆田人。嘉靖癸未進士，授南京
戶部主事，未任事而歸。事蹟具《明史·文苑傳》。史稱其家居
三十載，乃成是書。沈德符《敝帚軒剩語》稱其作是書時，至於發
憤自宮，以專思慮，可謂精勤之至。凡成本紀十四卷，志四十卷，
表四卷，列傳一百四十二卷。糾謬補遺，亦頗有所考訂。然托克
托等作《宋史》，其最無理者莫過於《道學》、《儒林》之分傳①，其
最有理者莫過於本紀終瀛國公而不錄二王，及遼、金兩朝各自為
史而不用《島夷》、《索虜》互相附錄之例。蓋古之聖賢，亦不過儒
者而已，無所謂道學者也。如以為儒者有悖於道，則悖道之人何
必為之立傳？如以為儒者雖不悖道而儒之名不足以盡道，則孔
子之詔子夏，其誤示以取法乎下耶？妄生分別，徒滋門戶。且
《太平御覽》五百十卷中嘗引《道學傳》二條，一為樂鉅，一為孔
總，乃清淨棲逸之士。襲其舊目，亦屬未安。此必宜改者也，而
維騏仍之。至於元破臨安，宋統已絕，二王崎嶇海島，建號於斷
檣壞櫓之間，偷息於魚鼈黿鼉之窟，此而以帝統歸之，則淳維遠
遁以後，武庚搆亂之初，彼獨非夏、商嫡冢，神明之胄乎？何以三

代以來，序正統者不及也！他如遼起滑鹽，金興肅慎，並受天明命，跨有中原。必似元經帝魏，盡黜南朝，固屬一偏。若夫南北分史，則李延壽之例，雖朱子生於南宋，其作《通鑑綱目》，亦沿其舊軌，未以為非。元人三史並修，誠定論也。而維駪強援蜀漢，增以景炎、祥興，又以遼、金二朝置之《外國》，與西夏、高麗同列，又豈公論乎？大綱之謬如是，則區區補苴之功，其亦不足道也已。

【彙訂】

①《宋史·道學傳序》云"迄宋南渡，新安朱熹得程氏正傳，其學加親切焉……此宋儒之學所以度越諸子，而上接孟氏者歟？其於世代之污隆、氣化之榮悴，有所關係也甚大。道學盛於宋，宋弗究於用，甚至有屬禁焉。後之時君世主，欲復天德王道之治，必來此取法矣。"可知特創《道學傳》，正為貫徹其"崇道德而黜功利"的修撰原則，並非單純的學術或編撰體例問題。（裴汝誠：《略評〈宋史〉"崇道德而黜功利"的修撰原則》）

徵吾錄二卷（浙江汪啟淑家藏本）

明鄭曉撰。曉有《禹貢圖説》，已著錄。曉初撰《吾學編》，記當時之事。又縷分條析，為《今言》三百四十餘條。復刊汰二書，撮其指要，以成是編。體例略與紀事本末相近，凡三十一篇。然事蹟本繁而篇帙太簡。荀悅刪班固之書尚不能不至三十卷，而欲以寥寥兩卷包括一朝，此雖左氏、司馬之史才，恐亦不能綜括也。

史略詳註補遺大成十卷（內府藏本）

明李紀撰。紀字大正，金谿人。初，元廬陵曾先之撰《十八史略》,至宋而止。明初臨川梁孟寅益以元事,名《十九史略》^①。嘉靖戊戌,紀復以舊註未備,為增補以成是編,然弇陋亦甚。據所列引用書目僅十餘種^②,曰萬氏《史略筌蹄》,曰郭氏《帝王世紀》,曰朱子《四書》,曰倪氏《四書輯釋》,曰蔡氏《書傳》,曰鄒氏《音釋》,曰陳氏《禮記集説》,曰朱子《詩傳》,曰《資治通鑑》,曰《吕氏集註》,曰劉氏《翰墨全書》,曰《左氏春秋傳》,曰林、朱《音訓》,曰李氏、劉氏《宋鑑》。是惡足以談史乎?

【彙訂】

①《十九史略》乃明正統四年劉剡取梁寅《元史略》加以節略校正,附於《十八史略》之後而成。梁寅字孟敬,江西臨江府新喻人,見《總目》卷四《周易參義》條。作"臨川梁孟寅"誤。(杜澤遜:《四庫存目標注》)

②"僅",殿本無。

荒史六卷(兩淮鹽政採進本)

明陳士元撰。士元有《易象鉤解》,已著錄。是書述洪荒開闢之事。《九頭》等十紀之前,增以《元始本紀》,言盤古;《二靈本紀》,言天皇、地皇,共為十二紀。《疏仡紀》則至帝摯止焉,共為三卷。《帝師》、《帝臣》、《叛臣》三傳各一卷。大抵以羅泌《路史》為藍本,而稍附益之,皆恍惚無稽之説。胡宏《皇王大紀》未至侈談神異,陳振孫《書錄解題》已有無徵不信之疑,況動引《道藏》以為史乎?

藏書六十八卷(兩江總督採進本)

明李贄撰。贄有《九正易因》,已著錄。是編上起戰國,下迄於元,各採摭事蹟,編為紀傳。紀傳之中,又各立名目。前有自序曰:"前三代吾無論矣。後三代漢、唐、宋是也。中間千百餘年,而獨無是非者,豈其人無是非哉?咸以孔子之是非為是非,固未嘗有是非耳。然則予之是非人也,又安能已?"又曰:"《藏書》者何?言此書但可自怡,不可示人,故名曰《藏書》也。而無奈一二好事朋友,索覽不已,予又安能以已耶。但戒曰:'覽則一任諸君覽,但無以孔夫子之定本行賞罰也,則善矣。'"云云。贄書皆狂悖乖謬,非聖無法。惟此書排擊孔子,別立褒貶,凡千古相傳之善惡,無不顛倒易位,尤為罪不容誅。其書可燬,其名亦不足以污簡牘。特以贄大言欺世,同時若焦竑諸人,幾推之以為聖人。至今鄉曲陋儒,震其虛名,猶有尊信不疑者。如置之不論,恐好異者轉矜創獲,貽害人心。故特存其目,以深暴其罪焉。

續藏書二十七卷(兩江總督採進本)①

明李贄撰。贄所著《藏書》,為小人無忌憚之尤。是編又輯明初以來事業較著者若干人,以續前書之未備。其書分開國名臣、開國功臣、遜國名臣、靖難功臣、內閣輔臣、勳封名臣、經濟名臣、理學名臣、忠節名臣、孝義名臣、文學名臣、郡縣名臣諸目。因自記其本朝之事,故議論背誕之處比《藏書》為略少。然冗雜顛倒,不可勝舉。如一劉基也,既列之《開國名臣》,又列之《開國功臣》;一方孝孺也,既列之《遜國名臣》,又列之《文學名臣》。經濟本無大小,安見守令設施不足以當經濟,乃於《經濟名臣》外別立《郡縣名臣》。又王禕殉節滇南,不入之《忠節傳》中,而列之《開國名臣》內②。種種踳駁,毫無義例,總無一長之可取也。

【彙訂】

①"兩江總督",底本作"浙江總督",據殿本改。《四庫採進

書目》中"兩江第一次書目"著錄此書。（江慶柏：《殿本、浙本
〈四庫全書總目〉著錄圖書進獻者主名異同考》）

　　②"名"，殿本脫。全書分類列傳，有助於綜合考察相比較
研究，有些人可分屬兩類者，於其中一類列傳，另一類列參見條
目，則各條下不至於有闕漏，文字也不重複，其法甚善。本書並
無《忠節傳》，如何列入？（李裕民：《四庫提要訂誤》）

　　函史上編八十一卷下編二十一卷（江西巡撫採進本）

　　明鄧元錫撰。元錫有《三禮繹》，已著錄①。是編蓋仿鄭樵
《通志》而作，上編即其紀傳，下編即其二十略也。然樵之紀傳
病於因，故體例各隨舊史，不能畫一。其二十略病於創，故多
夸大不根之論。元錫是編則又紀傳病於太創，諸志病於太因。
如紀傳分立多名，以古初至商為《表》，自周以下，正統謂之
《紀》，偏霸列國謂之《志》，后妃謂之《內紀》，宰相謂之《謨》，儒
者謂之《述》，大儒謂之《訓》。尊如孔子，則別名曰《表》，次則
西漢經學及王通則並稱《訓》，餘則總名曰《列傳》。《列傳》之
中，又分大臣、貞臣、良臣、爭臣、忠節、名將、循吏、獨行諸子
目。又以經學、行義、文學、篤行、道學、儒學、循良各別立一
傳，分附歷代之末。以隱逸、方技、貨殖、列女各合立一傳，總
附全編之末。已為糅雜。至《物性》一志，或歸之《下編》之中，
尚為有例，而綴於《上編》，與人並列，更屬不倫。其尤誕者，南
北史中南朝全載吳、晉、宋、齊、梁、陳，而北朝但有北魏，其北
齊、周、隋俱削其君臣不錄，惟隋錄王通一人。宋、金、遼、元四
史中惟錄宋、元，亦不涉遼、金一字，而十六國乃得立志。舛謬
顛倒，殆難僂數。《下編》凡天官、方域、人官、時令、曆數、災

日、賦役、漕河、封建、任官、學校、經籍、禮儀、樂律、財□法、兵制、邊防、戎狄、異教二十一門。而名"書"者三,名"考"者八,名"志"者八,名"記"者二,亦蕪雜可厭。其所敍述,亦僅類書策略之陳言,毫無所發明考訂,與所作《五經繹》均無可取也。

【彙訂】

①《總目》卷二五著錄鄧元錫撰《三禮編繹》。

明書四十五卷(浙江鮑士恭家藏本)

明鄧元錫撰。是書所紀,起於太祖,終於世宗。凡《帝典》十卷,《后妃內紀》一卷,《外戚傳》一卷,《宦官傳》一卷,《臣謨》五卷,《名臣》九卷,《循吏》三卷,《能吏》一卷,《忠節》一卷,《將謨》二卷,《名將》一卷,《理學》三卷,《文學》二卷①,《篤行》一卷,《孝行》、《義行》、《貨殖》、《方技》共一卷,《心學》三卷,《列女》一卷。案二十二史皆列后妃於傳,惟《後漢書》以后為紀,為後儒所譏。元錫獨尊用之,殊為乖刺。他如分《臣謨》、《名臣》、《將謨》、《名將》,又別《篤行》、《義行》於《孝行》之外,則皆元錫之創例,繁碎亦甚,至於《道學》之外,別立《心學》一門。考元錫之學淵源於王守仁,而不盡宗其說。當心學盛行之時,皆謂學惟求覺,不必致力羣書,元錫力排其說,別《心學》於《道學》之外,其說固是。然史者紀一代之政事,其他皆在所輕。《宋史》別《道學》於《儒林》,已為門戶。此更別《心學》於《道學》,是學案而非國史矣。若夫史家之例,必列《外戚》、《宦官》於各傳之後。茲先《外戚》,次《宦者》,而《臣謨》諸傳又次之。次序顛倒,尤不可解。至以張璁、桂萼列於《臣謨》,則曲筆更不免矣。

【彙訂】

①　"《將謨》二卷,《名將》一卷,《理學》三卷,《文學》二卷",殿本作"《將謨》一卷,《名將》一卷,《理學》三卷,《文學》三卷"。明萬曆三十四年刻本《皇明書》四十五卷,凡《帝典》十卷,《后妃內紀》一卷,《外戚傳》一卷,《宦官傳》一卷,《臣謨》五卷,《名臣》九卷,《循吏》二卷,《能吏》一卷,《忠節》一卷,《將謨》一卷,《名將》一卷,《理學》三卷,《文學》二卷,《篤行》一卷,《孝行》、《義行》、《貨殖》、《方技》共一卷,《心學》三卷,《列女》一卷。

綵線貫明珠秋檠錄一卷（浙江巡撫採進本）

不著撰人名氏。所紀歷代帝王,自伏羲至明武宗止,則是嘉靖以後書也。亦史略、蒙求之類,而言不雅馴,觀其立名可知矣。

明帝后紀略一卷（內府藏本）

明鄭汝璧撰。汝璧,緜雲人。隆慶戊辰進士,官至兵部侍郎兼僉都御史,總督宣、大。是編專紀明代帝后即位、冊立年月及生辰、壽數、諡號、山陵之類,而不載其事蹟,故云"紀略"。上自德祖、懿祖、熙祖、仁祖四代,下迄穆宗而止。首冠以《帝系圖》,末以《藩封》附焉。諸王惟錄其有國者,餘則一見其名於《帝系》而已。

邃古記八卷（浙江鮑士恭家藏本）

明朱謀㙔撰。謀㙔有《周易通》,已著錄①。是書所記,始於盤古,迄於有虞。提綱紀事,而雜引諸書以為目。大抵出入於劉恕《外紀》、胡宏《皇王大紀》、羅泌《路史前紀》、金履祥《通鑑前編》之間。所引多緯書荒誕之說,既非信史,又剟異聞。謀㙔號為博洽,平生著述一百餘種,今不盡傳。其傳者此為最劣矣。

【彙訂】

①《總目》卷八著錄為《周易象通》，卷十六《詩故》、卷四十《駢雅》提要亦作《周易象通》。（鞠明庫：《〈四庫全書總目〉正誤五則》）

季漢書五十六卷（內府藏本）①

明謝陛撰。陛字少連，歙縣人。其書遵朱子《綱目》義例，尊漢昭烈為正統。自獻帝迄少帝，為《本紀》三卷，附以諸臣為《內傳》。吳、魏之君則別為《世家》，而以其臣為《外傳》。復以董卓、袁紹、袁術、公孫瓚、公孫度及呂布、張邈②、陶謙諸人為《載記》。凡更事數姓與依附董、袁諸人者則為《雜傳》。又別作《兵戎始末》、《人物生歿》二表，以括一書之經緯。卷首冠正論五條、答問二十二條、凡例四十四條，以揭一書之宗旨。中閒義例既繁，創立名目，往往失當。如晉之劉、石、苻、姚擅號稱尊，各為雄長，自當列之《載記》。董、袁之屬，既非其倫，五季更五姓十主，為之臣者不能定以時代，自當編為《雜傳》。董、袁之賓客僚屬，亦殊是例。陛乃沿襲舊名，實不免於貌同心異。又西京之祚，迄於建安，續漢之基，開於章武，雖緒延一線，實事判兩朝，陛乃於《帝紀》中兼及山陽。其《後漢書》、《晉書》已有專傳者，陛亦概取而附入之，尤為駢拇枝指，傷於繁複。薛岡《天爵堂筆餘》稱其改蜀為季漢，為今人作事偶勝古人。然陳壽《季漢輔臣贊》已在其前，未為創例。沈德符《敝帚軒剩語》稱世之議陛者謂吳中吳尚儉已曾為此書，不知元時郝經、宋時蕭常俱先編葺；案，《宋史·藝文志》又有李杞《改修三國志》六十七卷，不止蕭常，此未詳考。不特謝書非出創見，即吳之舊本亦徒自苦。其言誠當矣③。

【彙訂】

①"內府藏本"，殿本作"內廷藏本"。（馮春生、陳淑君：《〈四庫全書〉史部底本所據分析》）

②"張邈"，殿本作"張揚"。明萬曆刻本《季漢書》六十卷，卷五八為呂布、張邈、陶謙、張揚、公孫瓚載記。

③《北史·儒林傳》云："梁祚撰併陳壽《三國志》，名《國統》。"祚北魏時人，則改撰《三國志》非宋代始有。又據劉克莊《後村先生大全集》卷百三一《答翁仲山禮部書》，宋人修《三國志》者尚有翁浦，不止蕭、李。（余嘉錫：《四庫提要辨證》）

晉史刪四十卷（浙江巡撫採進本）

明茅國縉撰。國縉字薦卿，歸安人。萬曆癸未進士，官至監察御史，謫淅川縣知縣，終於南京工部主事①。是書之名載《浙江通志》中②，卷數與此本相合。大旨以《晉書》原本繁冗，故刪存其要。然不深知史例，刊削者多不甚當。如諸志概行刪去，使一朝制度典章無可考證。是以《新五代史》繩諸史，而不知《新五代史》先非古法也。至所併紀傳，尤往往乖於體例。如羊祜、杜預同傳，以其同鎮荊州，涉吳事也；郭璞、葛洪同傳，以同為方技之流也；陸機、陸雲同傳，以同為文士也；阮籍、嵇康諸人同傳，以同為放達也；陳壽、王隱諸人同傳，以同有記述也。此斷不可移易者，而國縉隨意改併，甚至以庾亮入於《葛洪傳》後，以謝安入於《陶回傳》後。其尤疏舛者，如阮、嵇諸人傳後史臣論詞，專為放達之流而言。國縉以傅元〔玄〕諸人俱合於《阮嵇傳》，而其卷末仍載"史臣論曰"云云，矛盾殊甚。且《晉書》所以猥雜者，正為喜採小說耳。而國縉乃多取瑣碎故實及清談謔語③，與房喬等所見正同，是如塗塗附矣。至於以一傳原文而前後移置，又有節錄傳中數語，移為他傳之分註，大都徒見紛更而毫無義例。以是而改《晉書》，恐無以服修《晉書》者之心也。

【彙訂】

① 據其子茅元儀《石民四十集》卷三六、三七《先考工部都水司郎中二岑府君行實》，國縉終於南京工部都水司郎中。（任道斌：《茅元儀生平、著述初探》）

② 雍正《浙江通志》卷二四三《經籍三》史抄類有茅國縉輯《東漢史刪》（不分卷），未著錄《晉史刪》。

③ "乃多取"，殿本作"所取乃多在"。

南宋書六十卷（浙江鮑士恭家藏本）

明錢士升撰。士升有《周易揆》，已著錄。是編以《宋史》繁冗，故為刪薙。然所刊削者不過奏疏及所歷官階而已，別無事增文省之處，亦不見剪裁鎔鑄之功。又去《姦臣》、《叛臣》之例，仍列於眾人之中。案，《隋書》以前，姦臣、叛臣本不別傳，《新唐書》始另列之。後來作者，多仍其例，亦足見彰癉之公。今併而一之，殊失示戒之意，未足以言復古。至所增鄭思肖數人列傳，亦疏略不詳。惟遵循古例，不以《道學》、《儒林》分傳，能埽除門戶之見，為短中之一長耳。

晉書別本一百三十卷（浙江巡撫採進本）

明蔣之翹撰。之翹字楚稺，秀水人。朱彝尊《靜志居詩話》稱其嘗詳對《晉書》，鏤版以行。而《嘉禾獻徵錄》則又稱其有《晉書註》一百三十卷。此本又題作《刪補晉書》，標目不同。今考之翹所作《釋例》，謂既刪定此書數十卷，質之陳繼儒。繼儒曰："此可為《晉書》別本矣，曷以是顔之?"且引孫盛作《晉陽秋》"先寫別本"之語為證。是《晉書別本》乃其定名也。唐修《晉書》，本據臧榮緒等舊史，而益以諸家小説，煩碎猥雜及牴牾錯互之處，皆所不免。劉知幾《史通·古今正史篇》已極言其病[1]。之翹因芟其冗複，正其遺闕，別為此本。凡節原文者十之四，全删者十之二，正其舛誤者十之三。其文義漏略者則據《元經》、《十六國春秋》、《世説注》、《華陽國志》等書，各加潤色，而稍細書以別之。其事有異同，亦仿《通鑑考異》之例，詮註於下。雖體例不盡精核，然亦犁然有序。其間失之過簡者[2]，如《職官志》、《藝術傳》則全删之，《武十三王傳》删其七，《簡文四王傳》删其二，《四夷諸國》删其十，甚至《明穆皇后》、《孫惠》等傳有關國是者亦多所刊削，未免矯枉過直。又踵宋祁之説，汰去駢體詔令，而於他文亦多評騭優劣。凡《文選》所已載者，即不具錄，殊非史體。又首載《列籍志》，全用焦竑《經籍志》，《年表》全用鄭樵《通志·年譜》，尤無謂也。

【彙訂】

①"古今正史篇"當作"採撰篇"。（陳乃乾：《讀〈四庫全書總目〉條記》）

②"雖體例不盡精核然亦犁然有序其間失之過簡者"，殿本作"其間"。

閲史約書五卷（副都御史黄登賢家藏本）[1]

明王光魯撰。光魯字漢恭，淮安人。是書專為讀史者考訂之用。《地圖》一卷，皆朱書今地名，而墨書古地名，以著古今沿革之異。《地理直音》二卷，圖所不能具者，又詳於此。《歷代事變官制圖譜》一卷,則世表、年表、百官表之類。《古語訓略》一卷。《元史備忘錄》一卷,以元代同名人最多,易相混淆,故記錄重名,以便區別。自敍稱"商評人物者易,語名物制度者難",頗自矜其用力之勤。然其書祇自便於初學尋檢,未為精深,又不無舛誤。至《訓略》一篇,用《釋名》、《廣雅》體以訓釋史文,既不能賅備,則徒然支贅而已。

【彙訂】

① "黃登賢",底本"登"下衍一"登"字,據殿本刪。

讀史圖纂一卷(編修查瑩家藏本)

明俞焕章撰,管一騑刪正。焕章字文伯,一騑字左仲,並宣城人。是書成於萬曆辛亥。凡列圖五十有七。上起三皇,下迄明之神宗,各以世系、地域列而為圖。其割據僭偽之國,亦依各代附見,而歷年甲子附焉。金、元二代無地圖,疑長城以外考之未詳。然遼代則有地圖,其義例殊不可解。明代帝系之外,又增一《世系圖》,敍所自出,亦《春秋》詳內之意。惟自明太祖以下廟諱及神宗御名,一一明註於下,非惟不避,亦併不闕筆,則於禮殊為悖謬矣。

唐紀無卷數(編修勵守謙家藏本)

明孫慤撰。慤字士先,華容人。作《古微書》之孫瑴,即其弟也。是書以新、舊《唐書》皆為踳駁。其所指摘,如《舊書》楊朝晟一人兩傳;《新書》既立《武后本紀》,又復立傳;《舊書》列薛懷義於《外戚》;《新書》附張易之、昌宗兄弟於《張行成傳》;《舊書》於元和四年、麟德元年皆闕不書;穆宗即位之年,桂仲武誅楊清收安南事,六月、八月再見;《李光弼傳》擒周贄事亦再見①;李光顏弟光進從郭子儀收西京事，誤入李光弼弟光進《傳》中[②]；代宗生時，李林甫尚未仕[③]，而《新書》語涉林甫；安祿山至洛陽即不能睹物，而《新書》紀其至長安；祖孝孫之樂律、僧一行之算術，《新書》皆不入《方技傳》；又譚忠之效忠王室，沈既濟之議立中宗紀，申《春秋》之義，《新書》皆不立傳。其説大抵皆當。其體例參取於編年、紀傳之閒，以諸臣列傳分附於本紀之後。蓋仿前代實錄附載諸臣列傳之例，亦未為特創。至删《宰相世系表》，惟存《宰相》、《方鎮》、《公主》三表，義例亦允。然《宰相》、《方鎮》皆甚略，《公主》仍是删節《新書》之文，殊非表體。蓋散附本紀則不能各成一傳，總為一傳又自亂其例。改題曰表，亦不得已之變例也。至删除諸志，而云欲通漢、唐、宋合為一志。其意蓋仿《宋書》、《隋書》，然宋去漢、晉不遠，事多相因，不得不原其沿革。唐享國三百餘載，自有一代之典制，其事迥殊。《隋志》則本名《五代史志》，不過附編於《隋書》，益不可為例矣。前列引用書目，下至明人文集，一一備載。而吳縝《新唐書糾謬》、《五代史纂誤》至為切要，獨不見引。王銍偽《龍城錄》乃屢據以考異同[④]，宜其龐雜冗漫也。簡端及字旁多有批評，乃其姪褆瞿之筆，頗多失考。如"徐勣賜姓"一條，上批曰："賜姓一事，唐為尤甚，其弊至明代始革。"是併江彬、錢寧不知矣。

【彙訂】

①　"擒"，底本作"搶"，據《舊唐書》卷一百十《李光弼傳》、孫慤《唐紀》序及殿本改。

②　"李光顏弟光進從郭子儀收西京事誤入李光弼弟光進傳中"，殿本作"李光弼弟光進從郭子儀收西京事誤入李光顏弟光進傳中"。孫慤《唐紀》序原文作"李光弼弟光進也，與李光顏之

兄光進何與？而《舊書》誤入其傳"。《舊唐書》卷一百六十一《李光進傳》云："光進從郭子儀破賊，收兩京，累有戰功……其弟光顏。"武英殿本卷末考證云："按肅宗去憲宗，閱世者五。光進薨於元和七年，其不及從郭子儀破賊也明矣。此乃光弼弟光進事，錯簡於此。"則此句應作"李光弼弟光進從郭子儀收西京事，誤入李光顏兄光進傳中"。

③　代宗死時年五十三，見《新唐書·代宗紀》，推知生於開元十五年。同書《李林甫傳》云："開元初，遷太子中允。"不得謂"代宗生時，李林甫尚未仕"。（楊武泉：《四庫全書總目辨誤》）

④《龍城錄》非王銍所撰，說詳卷一四四《龍城錄》條注。

書系十六卷（浙江巡撫採進本）

明唐大章撰。大章字士一，仙遊人，天啟中貢生。此書摘漢以來詔令疏奏及前人事略①，迄元而止。以為史家善惡並傳，法戒胥備。此錄善而不及惡，所以養其善心而惡自消。蓋《春秋》之義，褒貶並存，《尚書》所錄，則多以垂法。此編名曰《書系》，實欲續《尚書》，故其例如是也。昔劉知幾序列六體，《尚書》原列一家。然王通擬經，儒者猶議其僭。此書去取踳駁，而自命續《書》，亦太高自位置矣。

【彙訂】

①　"疏奏"，殿本作"奏疏"。

稽古編五十五卷（江蘇巡撫採進本）

明郭之奇撰。之奇，揭陽人①，崇禎戊辰進士。《類姓登科考》載之奇官副使，擢授詹事府詹事，而此書結銜則稱武英殿大學士。考《明莊烈帝五十相傳》無之奇名。而集中所載年月上有闕文,第云"著雍閹茂",乃戊戌歲,當為順治十五年。案,《梧獄紀略》載桂王諸臣有詹事府禮部右侍郎郭之奇。則所云大學士者,亦桂王所授之官。蓋是時雲南未入版圖,故猶題其私署也[②]。所載自上古至秦而止[③],以各代君臣分為表、傳。夏以前則全鈔《路史》"禪通"諸紀。三代至秦則多用《史記》、《漢書》。其所敘君臣各表,有聖賢、大賢、希賢諸名,龐雜殊甚。《漢書》立《古今人表》,後儒多訾其失倫。是書義例多乖,更沿流而失之者矣。

【彙訂】

① "揭陽",底本作"揭揚",據殿本改。《廣東通志》卷三十二《選舉‧進士》崇禎元年戊辰劉若宰榜有郭之奇(三甲一百四十八名),揭陽人。

② 據《南疆逸史‧郭之奇傳》,之奇於永曆五年接東閣(當作"武英殿")大學士兼禮、兵二部尚書,其自序作於永曆十二年戊戌,蓋其時正由交趾入居雷州、廉州間。(朱希祖:《明季史料題跋》)

③ "上",殿本脫。

識大錄無卷數(浙江汪啟淑家藏本)

明劉振撰。振字自成[①],宣城人。其書紀明君臣事蹟[②],仿各史例。惟改本紀為帝典,自太祖至穆宗凡二十四卷。列傳則不分卷數[③],自母后、儲宮、宗室、宰輔以至四裔,皆以類分編。大抵以《實錄》為本,而旁採諸家文集、銘志之類。然敘述疏舛,義例雜糅,不足自名一史也。

【彙訂】

① 梅文鼎《績學堂詩文鈔‧文鈔》卷三《〈章甫集〉詩敘》云

"望之為聘君自我先生肖子……聘君《識大錄》等書",集中另有
《與劉望之書》、《贈劉望之前輩二首》、《次吳街南韻送劉望之歸
百泉二首》,可知劉易字望之,為劉振之子,振字自我。《宣城縣
志・人物志・文苑傳》亦載劉振字自我。(楊晉龍:《論〈詩問
略〉之作者與內容》)

②　殿本"明"下有"一代"二字。

③　"數",殿本無。

從龍譜 無卷數(兩江總督採進本)

原本題錫山莘公李澤長編集。澤長不知何時人。書中多引
邱〔丘〕濬語。又元《陸正傳》末稱正曾孫宗秀編入《大明臣譜》,
知其為明人也。其書諸家書目皆不著錄。前無序例,大概鈔撮
《宋元通鑑綱目續編》而為之。"從龍"之名,不知義何所取。宋
譜則題《歷朝從龍譜》,首載譜系圖,而名之曰《南北宋趙氏譜
系》,稱名已誤,而以夏元昊竊據譜系與宋並列①。次《太祖
紀》②。次為《家譜》,載宣祖及太后、皇后、太子、皇弟。次《前朝
附譜》,專載周恭帝及諸臣事。次《藩國譜》,載南漢劉鋹、蜀孟
昶、北漢劉鈞、南唐李煜、吳越錢俶及周行逢、符彥卿二人。次
《文武人才譜》,則載太祖時諸臣事。太宗以下至宋末,則皆先
《帝紀》,次《藩國》,或曰《藩寇》,或曰《鎮國叛寇譜》。《文武人才
譜》,或曰《文武臣譜》,或曰《文武大臣譜》,或曰《諸臣士行譜》,
或曰《文武官士民譜》。皆隨筆起例,茫無定法。《金元譜系圖》
則列於徽宗之前。金、遼兩朝事實散附於徽、欽以後及南渡各帝
之末,元憲宗以上亦散附焉。又有《南宋黑白譜》,則又專紀元太
祖以至憲宗及諸臣事,以黑●白○黑、白乚為標識。元世祖則獨

立一部③,止名曰《從龍黑白譜》,亦不標元國號。而諸臣之譜則又稱《元朝從龍黑白譜》,成宗以下九帝則並不列譜④。進退顛倒,體例淆雜,全無倫理。而驗其細字密行,朱墨甲乙,尚是當年手鈔之稾,亦可謂勞而罔功矣。

【彙訂】

①　"而",殿本作"又"。

②　殿本"次"上有"更為參錯"四字。

③　"一部",殿本作"一譜"。

④　"列譜",殿本作"立譜"。

明書一百七十一卷(浙江孫仰曾家藏本)

國朝傅維鱗撰。維鱗初名維楨,靈壽人。順治丙戌進士,官至工部尚書。是書為其子汀州府知府燮詞所鐫①。冠以移取咨送諸案牘。蓋康熙十八年詔修《明史》,徵其書入史館。凡本紀十九卷,世家三十三卷,宮闈紀二卷,表十二卷,志二十二卷,記五卷,世家列傳七十六卷,敘傳二卷②。自謂蒐求明代行藏印鈔諸書③,與家乘、文集、碑誌,聚書三百餘種,九千餘卷。參互實錄,考訂異同,可謂博矣。然體例舛雜,不可縷數。《學士祭酒表》已病其繁矣,乃又有《制科取士年表》,上列考官,下列會試第一人、殿試一甲三人。此以志乘之例施之國史也。《司天》、《曆法》分二志,以一主占候、一主推步也。而象緯之變,既已載於《司天》,又別立一《機祥志》,不治絲而棼乎④? 嘉靖時更定祀典,最為紛呶,仿《漢書》別志郊祀可也。《綸渙》一志,惟載詔令,此劉知幾之創說,史家未有用之者。循是而往,不用其載文之例不止矣。《土田》、《賦役》、《食貨》分三志,《服璽》、《輿衛》分二志。此《通典》、《文獻通考》類書之體，非史法也。所謂"記"者，蓋沿《東觀漢記》載記之名，而皇子諸王與元末羣雄合為一類，未免不倫。世家止列王公，其侯伯以下則別入《勳臣傳》，不知《史記·蕭相國世家》、《曹相國世家》皆侯爵也。豈王公世及，侯以下不世及歟？列傳分勳臣、忠節、儒林、名臣、孝義、循良、武臣、隱逸、雜傳、文學、權臣、藝術、列女、外戚、殘酷、姦回，宦官、異教、亂賊、四國、元臣二十一門。無一專立之傳，已與古體全乖，其分隸尤為不允。《忠節傳》列遜國諸臣至盈四卷，而梁良玉、雪菴和尚、補鍋匠乃別入《隱逸傳》中。如曰以死不死為別，則《忠節傳》中之程濟、葉希賢⑤、楊應能固未嘗死⑥，《隱逸傳》中之東湖樵夫又未嘗不死，是何例也？劉基不入《勳臣》，宋濂不入《文學》，以嘗仕元，均與危素等入之《雜傳》是也。納哈出元色目人，何以又入《勳臣傳》乎？張玉、譚淵以其為靖難佐命，入之《亂賊傳》，與唐賽兒聯名，已不倫矣。朱能、邱福，事同一例，何以又入《武臣傳》中？姚廣孝首倡逆謀，尤為亂首，何以又入《異教傳》中乎？《儒林傳》中列邱濬，《名臣傳》中列嚴震直、胡廣、徐有貞、李東陽、呂本、成基命，其於儒林名臣居何等也。嚴嵩入《權臣傳》，與張居正並列，溫體仁、周延儒、薛國觀並泯其姓名；而劉吉、萬安、尹旻、焦芳則入《姦回傳》，嵩等罪乃減於四人耶？石亨、石彪，實有戰功，但跋扈耳。仇鸞交結嚴嵩，冒功縱惡，亦未嘗得幸世宗，與馬昂、錢寧同入佞幸，則非其罪⑦。陸炳有保全善類之事，乃入之《殘酷》，而許顯純、田爾耕竟不著名。此亦未足服炳也。蓋一代之史，記載浩繁，非綜括始終，不能得其條理，而維鱗節節葉葉，湊合成編，動輒矛盾，固亦勢使之然矣。

【彙訂】

① "爕詞"，底本作"爕詞"，據殿本改。清康熙三十四年本誠堂刻本此書有福建汀州知府次男爕詞序。

② 實為本紀十九卷，宮闈紀二卷，表十六卷，志四十八卷，記五卷，世家三卷，列傳七十六卷，敍傳二卷。（武玉梅：《傅維鱗〈明書〉體例評析》）

③ "諸"，殿本作"舊"。

④ 《司天志》、《禨祥志》等同於正史之《天文志》、《五行志》，分別側重天象、人事。（武玉梅：《傅維鱗〈明書〉體例評析》）

⑤ "葉希賢"，殿本作"葉應賢"，誤。此書一百五卷《忠節傳五》有葉希賢。《明史》卷一百四十一亦有傳。

⑥ 楊應能當作楊行祥，説詳卷一七〇《野古集》條注。

⑦ 梁良玉並無忠節事蹟，《明史》亦僅記數語。雪菴和尚、補鍋匠亦無忠節事蹟可考。程濟、葉希賢、楊應能（楊行祥）陪同建文帝出逃，比死者更應入《忠節傳》。東湖樵夫不知姓名，未必為建文遺臣。姚廣孝雖助燕王謀劃，但始終是一僧人。為僧而預世俗事，並著《道餘錄》專詆程朱，正宜入《異教傳》。丘濬入《儒林傳》，乃因著《大學衍義補》、《朱子學的》。嚴嵩首先為權臣，如與劉吉等同入《姦回傳》，則地位不突出。石亨、石彪奪門一事為媚主之舉，難逃佞幸之名。（武玉梅：《傅維鱗〈明書〉體例評析》）

廿二史紀事提要八卷（江西巡撫採進本）

國朝吳綏撰。綏字韓章，無錫人。是書成於順治中。於諸史中擇其大事為綱，而櫽括原文以為之目。起自太古，迄於明末,故以"廿二史"為名。然實取之坊刻《綱鑑》,非採諸全史也。

春秋紀傳五十一卷(浙江巡撫採進本)

國朝李鳳雛撰。鳳雛字梧岡,東陽人,康熙中由拔貢生官曲江縣知縣。是書變編年之體,從史遷之例。以周為本紀,列國及孔子為世家,卿大夫為列傳。又為周、魯《列國世系圖》。其徵引以《左傳》、《國語》為主,輔之以《公》、《穀》、《檀弓》、《國策》、《家語》等書。蒐羅考核,頗為詳備。惟採摭繁富,而皆不著其出典,是其所短。其《列國世系圖》全取馬驌《繹史》,亦嫌諱所自來也。

讀史津逮四卷(江蘇巡撫採進本)

國朝潘永圜撰。永圜字大生,金壇人。是書成於康熙丙午。自三皇五帝迄於有明。屬正統者標曰《世紀》,屬偏霸者標曰《世次》,僭偽叛亂及藩鎮標曰《本末》。皆詳其世系,略標事實。冠以《甲子編年》及《年號考同》,末附《傳國璽考》、《古今都會考》。

季漢五志十二卷(江西巡撫採進本)

國朝王復禮撰。復禮有《家禮辨定》,已著錄。是編以陳壽《三國志》昭烈止於作傳,諸葛、關、張、趙雲等傳亦失之簡略,他如王隱《蜀記》諸書,荒謬尤多。乃參考羣籍,重為纂述。首《昭烈本紀》,次諸葛以下四傳,前冠以《總記》,中附雜事、雜文,將以補《陳志》之闕。獨是陳壽之失,儒者類能言之,無煩辨駁。昭烈君臣,名懸日月,亦不待表章。至於《三國演義》乃坊肆不經之書,何煩置辨。而諄復不休,適傷大雅,亦可已而不已矣。

半竂史略四十二卷（江西巡撫採進本）

國朝龍體剛撰。體剛號鐵芝，永新人。是編輯歷朝史事，各撰為歌，每歌綴以略言。其三十八卷以前，則起上古以訖於明。其三十九卷至四十二卷，則分乾象、坤輿、官制、經史等七類，而撮其要以隸之。亦課蒙之本，無關考據也。

晉記六十八卷（浙江巡撫採進本）

國朝郭倫撰。倫字凝初，號酉山，蕭山人，乾隆丙子舉人。是書前有倫自序，稱讀《晉書・荀勗傳》，至"高貴鄉公欲為變"一語，以為大悖於理。又如宣、景、文，及身不帝，而列諸本紀。孫旂、牽秀，助亂之徒，乃與繆播、閻鼎同列。《賈充》、《姚萇傳》述鬼神事，竟如優俳。諸國載記，不年不月，復雜而無章。譙登、許蕭之忠義①，闕而不載。潘岳諸人之文，無關治亂，乃皆臚之本傳。其閒謀臣碩士，如張華、羊祜、杜預、王濬、劉琨、祖逖、陶侃、王導、溫嶠、謝安之謨猷，以及劉、石諸人之雄武，而本傳蕪冗，曾不足發其不可磨滅之概。至清言娓娓，乃司馬氏所以亂亡，而縷述不衰。皆取舍失衷，是非瞀亂。因重為刊定，勒成此編。其中唯諸志稍有可觀，悉仍舊貫，其餘删其冗瑣②，更易舊文。為世系一，本紀三，內紀一，志八③，列傳四十一，十六國錄十四，積十五年乃成，較原本頗明簡。然亦有體例未善者。如司馬懿父子改為世系是已，至於《呂后本紀》見於《史記》④，實以臨朝，范史沿流，已失編年之本義，倫改傳為紀，於例殊乖。《平吳功臣》，別立名目，史家亦無此法。推其根據，蓋襲《史記・高祖功臣》。然彼自表例，非傳例也。《五行志》散入本紀，固足破附會之論。若删除《列女》，使因事附見於諸傳。設如陶嬰之類，黃鵠不雙，既與時事無關，又無族屬可繫者，將竟遺之乎？阮籍雖未仕晉，然勸進一箋，本集具載。此其意存黨簒，百喙無詞。自當以徐昂發《畏壘筆記》所論為是，載之晉史，所以誅心。乃附之《阮咸傳》中，俾與陶潛稱晉為一例，非至公也。桓溫雖未親簒，而跋扈不臣，至擅廢立。其先導桓元〔玄〕，何啻曹操之開曹丕。律以無將之義，書叛何詞？倫故未減之，亦為好持異論。他如史家之難，莫過表、志。《晉書》既不立表，自宜補作。諸志漏略頗多，《地理》尤無端緒，亦急宜掇拾放逸⑤，為之葺完，乃憚於改作，竟仍其舊，是亦未免因陋就簡者矣。

【彙訂】

①“許肅”，殿本作“許蕭”，誤。《十六國春秋》卷四《前趙錄四·劉聰下》載其事蹟。

② 殿本“刪”上有“皆”字。

③“八”，殿本脫。清乾隆五十一年有斐堂刻本此書卷六至卷十三為志。

④“史記”，殿本作“史紀”，誤。

⑤“急宜”，殿本作“應”。

遼大臣年表一卷金大臣年表一卷（浙江汪啟淑家藏本）

不著撰人名氏。前列諸帝統系圖，後為遼、金二表。俱繫年於上，而以諸臣名爵緯列其下。大抵據二史本紀所載命官年月編次成書，但取便檢尋，無所考訂。

右別史類三十六部，一千三百六卷①，內三部無卷數。皆附存目。

【彙訂】

① "一千三百六卷"，殿本作"一千三百四卷"，誤。

案，晉、宋及明，皆帝王之正傳。其郭倫《晉記》，柯維騏《宋史新編》，鄧元錫、傅維鱗《明書》，亦均一代之紀傳。今並存目於別史者，或私撰之本，或斥汰不用之書也。《舊唐書》、《舊五代史》之類，雖本列正史者，已廢之後，有朝廷之功令乃得復之。則其餘可知矣。

卷五一

史 部 七

雜 史 類

雜史之目，肇於《隋書》。蓋載籍既繁，難於條析。義取乎兼包衆體，宏括殊名。故王嘉《拾遺記》、《汲冢鑪語》得與《魏尚書》、《梁實錄》並列，不為嫌也。然既繫史名，事殊小説，著書有體，焉可無分。今仍用舊文，立此一類。凡所著錄，則務示別裁。大抵取其事繫廟堂，語關軍國。或但具一事之始末，非一代之全編；或但述一時之見聞，祇一家之私記。要期遺文舊事，足以存掌故，資考證，備讀史者之參稽云爾。若夫語神怪，供詼嘲，里巷瑣言，稗官所述，則別有雜家、小説家存焉。

國語二十一卷（户部員外郎章銓家藏本）

吳韋昭注。昭字宏〔弘〕嗣，雲陽人，官至中書僕射。《三國志》作韋曜，裴松之注謂為司馬昭諱也。《國語》出自何人，説者不一，然終以漢人所説為近古。所記之事，與《左傳》俱迄智伯之亡，時代亦復相合。中有與《左傳》未符者，猶《新序》、《説苑》同出劉向而時復牴牾。蓋古人著書，各據所見之舊文，疑以存疑，不似後人輕改也。《漢志》作二十一篇。其諸家所注，《隋志》虞翻、唐固本皆二十一卷，王肅本二十二卷，賈逵本二十卷，互有增減。蓋偶然分併，非有異同。惟昭所注本，《隋志》作二十二卷，《唐志》作二十卷。而此本首尾完具，實二十一卷。諸家所傳南、北宋版，無不相同。知《隋志》誤一字，《唐志》脱一字也。前有昭自序，稱兼採鄭衆、賈逵、虞翻、唐固之注。今考所引鄭説、虞説寥寥數條，惟賈、唐二家援據駁正為多。序又稱凡所發正三百七事。今考注文之中昭自立義者：《周語》凡"服數"一條、"國子"一條、"虢文公"一條、"常棣"一條、"鄭武莊"一條、"仲任"一條、"叔妘"一條、"鄭伯南也"一條、"請隧"一條、"瀆姓"一條、"楚子入陳"一條、"晉成公"一條、"共工"一條、"大錢"一條、"無射"一條，《魯語》"朝聘"一條、"刻桷"一條、"命祀"一條、"郊禘"一條、"祖文宗武"一條、"官寮"一條，《齊語》凡"二十一鄉"一條、"士鄉十五"一條、"良人"一條、"使海於有蔽"一條、"八百乘"一條、"反胙"一條、"大路龍旂"一條，《晉語》"凡伯氏"一條、"不懼不得"一條、"聚居異情"一條、"貞之無報"一條、"轅田"一條、"二十五宗"一條、"少典"一條、"十月"一條、"嬴氏"一條、"觀狀"一條、"三德"一條、"上軍"一條、"蒲城伯"一條、"三軍"一條、"錞于"一條、"呂錡佐上軍"一條、"新軍"一條、"韓無忌"一條、"女樂"一條、"張老"一條，《鄭語》凡"十數"一條、"億事"一條、"秦景襄"一條；《楚語》"聲子"一條、"懿戒"一條、"武丁作書"一條、"屏攝"一條；《吳語》"官帥"一條、"錞于"一條、"自剄"一條、"王總百執事"一條、"兄弟之國"一條、"來告"一條、"向檐"一條，《越語》"乘車"一條、"宰"一條、"德虐"一條、"解骨"一條、"重祿"一條，不過六十七事。合以所正譌字、衍文、錯簡，亦不足三百七事之數。其傳寫有誤，以"六十"為"三百"歟？《崇文總目》作三百十事，又"七"

字轉譌也。錢曾《讀書敏求記》謂《周語》"昔我先世后稷"句，天聖本"先"下有"王"字，"左右免胄而下"句，天聖本"下"下有"拜"字，今本皆脱去。然所引"注曰"云云，與此本絶不相同，又不知何説也。此本為衍聖公孔傳鐸所刊。如《魯語》"公父文伯飲酒"一章，注中"此堵父詞"四字，當在"將使鼈長"句下，而誤入"遂出"二字下。小小舛譌，亦所不免，然較諸坊本則頗為精善。自鄭衆《解詁》以下，諸書並亡。《國語》注存於今者，惟昭為最古。黃震《日鈔》嘗稱其簡潔，而先儒舊訓亦往往散見其中。如朱子注《論語》"無所取材"，毛奇齡詆其訓"材"為"裁"，不見經傳，改從鄭康成"桴材"之説。而不知《鄭語》"計億事，材兆物"句，昭注曰："計，算也，材，裁也。"已有此訓。然則奇齡失之眉睫閒矣。此亦見其多資考證也。

　　案《國語》二十一篇，《漢志》雖載《春秋》後，然無《春秋外傳》之名也。《漢書·律曆志》始稱《春秋外傳》。王充《論衡》云："《國語》，《左氏》之外傳也。《左氏》傳經，詞語尚略，故復選錄《國語》之詞以實之。"劉熙《釋名》亦云："《國語》亦曰《外傳》。《春秋》以魯為內，以諸國為外，外國所傳之事也。"考《國語》上包周穆王，下暨魯悼公，與《春秋》時代首尾皆不相應，其事亦多與《春秋》無關。係之《春秋》，殊為不類。至書中明有《魯語》，而劉熙以為外國所傳，尤為舛迕。附之於經，於義未允。《史通》六家，《國語》居一，實古左史之遺。今改隸之"雜史類"焉。

國語補音三卷（衍聖公孔昭煥家藏本）

唐人舊本，宋宋庠補葺。庠字公序，安陸人，徙居雍邱〔丘〕。

天聖二年進士第一，歷官檢校太尉、平章事、樞密使，封莒國公，以司空致仕，謚文憲[①]。事蹟具《宋史》本傳。自漢以來注《國語》者，凡賈逵、王肅、虞翻、唐固、韋昭、孔晁六家，然皆無音。宋時相傳有《音》一卷，不著名氏。庠以其中"鄯州"字推之，知出唐人，然簡略殊甚，乃採《經典釋文》及《説文》、《集韻》等書，補成此編。觀目錄前列二十一篇之名，詳注諸本標題之異同。後列《補音》三卷，夾注其下曰："庠自撰附於末。"知其初本附韋昭注後，後人以昭注世多傳本，遂鈔出別行。明人刊本又散附各句之下，間多脱誤，蓋非其舊。此本猶從宋本錄出。其例：存唐人舊音於前，舊音所遺及但用直音而闕反切者，隨字增入，皆以"補注"二字別之。其釋正文者，大書其字，夾注其音。其釋韋昭注者，亦大書其字，而冠以"注"字為別。較陸德明《經典釋文》以朱墨分別經注，輾轉傳寫，遂至混合為一者，頗便省覽。自記稱舊本參差不一，最後得其同年宋緘本，大體為詳，因取公私書十五六本，與參互考正，以定是編。其辨證最為詳核。惜其前二十一卷全佚，僅存此《音》也。又庠此《音》實全收唐人舊本，而附益其説，故謂之"補"。諸家著錄，惟署庠名，殊為失考。今仍標唐人於前，以存其實焉。

【彙訂】

①《宋史》卷二八四本傳作"謚元獻"。（陳乃乾：《讀〈四庫全書總目〉條記》）

戰國策注三十三卷（衍聖公孔昭煥家藏本）

舊本題漢高誘注。今考其書，實宋姚宏〔弘〕校本也。《文獻通考》引《崇文總目》曰："《戰國策》篇卷亡闕，第二至第十、第三十一至第三十三闕。又有後漢高誘注本二十卷^①，今闕第一、第五、第十一至二十，止存八卷。"曾鞏校定序曰："此書有高誘注者二十一篇，或曰三十二篇。《崇文總目》存者八篇，今存者十篇。"此為毛晉汲古閣影宋鈔本，雖三十三卷皆題曰"高誘注"，而有誘注者僅二卷至四卷、六卷至十卷，與《崇文總目》八篇數合。又最末三十二、三十三兩卷，合前八卷，與曾鞏序十篇數合。而其餘二十三卷則但有考異而無注^②。其有注者多冠以"續"字。其偶遺"續"字者，如《趙策一》"郄疵"注、"雒陽"注，皆引唐林寶《元和姓纂》；《趙策二》"甌越"注^③，引魏孔衍《春秋後語》；《魏策三》"芒卯"注，引《淮南子注》。衍與寶在誘後，而《淮南子注》即誘所自作，其非誘注，可無庸置辨。蓋鞏校書之時，官本所少之十二篇，誘書適有其十，惟闕第五、第三十一；誘書所闕，則官書悉有之，亦惟闕第五、第三十一。意必以誘書足官書，而又於他家書內掇二卷補之，此官書、誘書合為一本之由^④。然鞏不言校誘注，則所取惟正文也。迨姚宏重校之時，乃併所存誘注入之^⑤。故其自序稱："不題校人并題續注者，皆余所益。"知為先載誘注，故以"續"為別。且凡有誘注復加校正者，並於夾行之中又為夾行，與無注之卷不同。知校正之時，注已與正文並列矣。卷端曾鞏、李格、王覺、孫朴諸序跋，皆前列標題，各題其字。而宏序獨空一行，列於末，前無標題。序中所言體例，又一一與書合，其為宏校本無疑。其卷卷題高誘名者，殆傳寫所增以贗古書耳。書中校正稱"曾"者，曾鞏本也；稱"錢"者，錢藻本也；稱"劉"者，劉敞本也；稱"集"者，集賢院本也；無姓名者，即宏序所謂不題校人為所加入者也。其點勘頗為精密，吳師道作《戰國策鮑注補正》，亦稱為善本。是元時猶知注出於宏，不知毛氏宋本何以全題高誘？考周密《癸辛雜識》稱賈似道嘗刊是書，豈其門客廖瑩中等皆媟褻下流，昧於檢校，一時誤題，毛氏適從其本影鈔歟？近時揚州所刊，即從此本錄出，而仍題誘名，殊為沿誤。今於原有注之卷題"高誘注"，姚宏校正續注原注已佚之卷則惟題"姚宏校正續注"，而不列誘名，庶幾各存其真⑥。宏字令聲，一曰伯聲，剡川人。嘗為刪定官，以伉直忤秦檜，瘐死大理獄中。蓋亦志節之士，不但其書足重也。

　　案《漢藝文志》，《戰國策》與《史記》為一類，歷代史志因之。晁公武《讀書志》始改入子部縱橫家，《文獻通考》因之。案班固稱司馬遷作《史記》，據《左氏》、《國語》，採《世本》、《戰國策》，述《楚漢春秋》，接其後事，迄於天漢。則《戰國策》當為史類，更無疑義。且子之為名，本以稱人，因以稱其所著，必為一家之言，乃當此目。《戰國策》乃劉向裒合諸記併為一編，作者既非一人，又均不得其主名，所謂子者安指乎？公武改隸子部，是以記事之書為立言之書，以雜編之書為一家之書，殊為未允。今仍歸之史部中⑦。

【彙訂】

① "注本二十卷"，殿本作"注二十一卷"，誤，參《文獻通考》卷二百十二《戰國策》條原文。

② 姚氏注本《戰國策》卷二三、二五、三十尚有數條高誘殘注，與《昭明文選》卷二三《詠懷詩》注、《史記·項羽本紀》司馬貞《索隱》引高誘注《戰國策》等相合。（范祥雍：《〈戰國策〉傳本源流考》）

③ "甌越"，殿本作"歐越"，誤。此書卷十九《趙策二》"甌越"下注："《後語》作'臨越'"。

④ 曾鞏重校《戰國策》序曰："劉向所定著《戰國策》三十三篇，《崇文總目》稱十一篇者闕。臣訪之士大夫家，始盡得其書，正其誤謬，而疑其不可考者，然後《戰國策》三十三篇復完。"《崇文總目》載《戰國策》篇卷亡缺"第二至第十，三十一至三闕。又有後漢高誘注本二十卷，今缺第一、第五、第十一至二十，止存八卷。"如何判定高誘注本所存正好補足劉向本的前十卷（除第五卷），而所缺後十卷又正好即劉向本的第十一至三十卷，而曾鞏不過求得第五、第三十一兩卷？（何晉：《〈戰國策〉研究》）

⑤《秦策一》"魏鞅亡魏入秦"章高注："魏人怨而不納故。"姚氏出校："曾下有'還而'字。"同策"蘇秦始將連橫"章注："練濯濯治。"姚氏出校："劉、錢無'治'字，集、曾有。"曾即曾鞏校本，與諸校本皆有高注。（范祥雍：《〈戰國策〉傳本源流考》）

⑥ 周密《癸辛雜識》後集曰："（似道）又欲開手節《十三經注疏》、姚氏注《戰國策》、《注坡詩》，皆未入梓，而國事異矣。"則賈似道實未能刊刻姚注《戰國策》。姚氏注本卷卷題高誘名乃尊崇古注之意。（鄧廷爵：《關於〈戰國策〉研究中的一些問題——讀〈四庫全書總目提要〉》）

⑦《戰國策》所載主要為戰國時遊士的策謀辭令，不乏虛擬增飾，時間、人名、史實錯亂甚多，記事不書年月，事實不求實錄，行文亦無成例，皆與史著的一般標準不合，不宜歸入史部。（何晉：《〈戰國策〉研究》）

鮑氏戰國策注十卷（內府藏本）

宋鮑彪撰。案黃鶴《杜詩補注》、郭知達《集注九家杜詩》引彪之語，皆稱為"鮑文虎說"，則其字為文虎也。縉雲人，官尚書

郎。《戰國策》一書，編自劉向，注自高誘。至宋而誘注殘闕，曾
鞏始合諸家之本校之，而於注文無所增損。姚宏始稍補誘注之
闕，而校正者多，訓釋者少。彪此注成於紹興丁卯，其序中一字
不及姚本。蓋二人同時，宏又因忤秦檜死，其書尚未盛行於世，
故彪未見也。彪書雖首載劉向、曾鞏二序，而其篇次先後，則自
以己意改移，非復向、鞏之舊。是書竄亂古本，實自彪始。然向
序稱：“中書餘卷，錯亂相糅莒。案，“莒”字未詳，今姑仍原本錄之。又
有國別者八篇，少不足。臣向因國別者，略以時次之，分別不以
序者以相補。除重複①，得三十三篇。”又稱“中書本號，或曰《國
策》，或曰《國事》，或曰《短長》，或曰《事語》，或曰《長書》，或曰
《修書》”云云，則向編此書，本裒合諸國之記，删併重複，排比成
帙。所謂三十三篇者，實非其本來次第。彪核其事蹟年月而移
之，尚與妄改古書者有間。其更定東、西二周，自以為考據之特
筆。元吳師道作《補正》，極議其誤。考趙與峕《賓退錄》曰：“《戰
國策》舊傳高誘注，殘闕疏略，殊不足觀。姚令威寬補注，案補注
乃姚寬之兄姚宏所作。此作姚寬，殊誤。謹附訂於此。亦未周盡。獨縉雲
鮑氏《校注》為優，雖閒有小疵，多不害大體②。惟‘東西二周’一
節，極其舛謬，深誤學者，反不若二氏之説。”是則南宋人已先言
之矣③。師道注中所謂“補”者，即補彪注，所謂“正”者，亦即正
彪注，其精核實勝於彪。然彪注疏通詮解，實亦殫一生之力。故
其自記稱：“四易槀後，始悟《周策》之‘嚴氏陽豎’即《韓策》之‘嚴
遂陽堅’，而有校書如塵埃風葉之歎。”雖踵事者益密，正不得遽
沒創始之功矣。

【彙訂】

① 據諸書引劉向此語，“除重複”當作“除複重”。（江慶柏

等整理：《四庫全書薈要總目提要》）

　　②"多"，底本作"殊"，據《賓退錄》卷五原文及殿本改。

　　③《史記·周本紀》以秦昭王五十一年滅西周君為"周初亡"，宋司馬光《資治通鑑》與呂祖謙《大事記》亦以西周為正統。（鄧廷爵：《關於〈戰國策〉研究中的一些問題——讀〈四庫全書總目提要〉》）

　　戰國策校注十卷（兵部侍郎紀昀家藏本）①

　　元吳師道撰。師道字正傳，蘭谿人。至治元年進士，仕至國子博士②，致仕，後授禮部郎中。事蹟具《元史·儒學傳》。師道以鮑彪注《戰國策》，雖云紏高誘之譌漏，然仍多未善。乃取姚宏〔弘〕續注與彪注參校，而雜引諸書考正之。其篇第注文，一仍鮑氏之舊。每條之下，凡增其所闕者，謂之補：凡紏其所失者，謂之正，各以"補曰"、"正曰"別之。復取劉向、曾鞏所校三十三篇、四百八十六首舊第，為彪所改竄者，別存於首③。蓋既用彪注為稾本，如更其次第則端緒益棼，節目皆不相應。如泯其變亂之蹟，置之不論，又恐古本遂亡，故附錄原次以存其舊。孔穎達《禮記正義》每篇之下附著《別錄》第幾，林億等新校《素問》亦每篇之下附著全元起本第幾，即其例也。前有師道自序，撮舉彪注之大紕謬者凡十九條，議論皆極精審。其他隨文駁正，亦具有條理。古來注是書者，固當以師道為最善矣。舊有曲阜孔氏刊本，頗未是正。此本猶元時舊刻，較孔本多為可據云。

　　【彙訂】

　　① 文淵閣《四庫》本尚有卷首一卷。（沈治宏：《中國叢書綜錄訂誤》）

②“仕”，殿本作“官”。

③ 今本《戰國策》實共四百九十章。（王樹民：《史部要籍解題》）

　　貞觀政要十卷（内府藏本）

　　唐吳兢撰。兢，汴州浚儀人。以魏元忠薦，直史館。累官太子左庶子，貶荆州司馬，歷洪、舒二州刺史，入為恒王傅。天寶初，年八十卒。事蹟具《唐書》本傳①。宋《中興書目》稱兢於《太宗實錄》外，採其與羣臣問答之語，作為此書，用備觀戒，總四十篇。《新唐書》著錄十卷，均與今本合。考《舊唐書·曹確傳》，載確奏“臣覽《貞觀故事》，太宗初定官品”云云，其文與此書《擇官篇》第一條相同。而《唐志》所錄，別無《貞觀故事》，豈即此書之別名歟？其書在當時嘗經表進，而不著年月。惟兢自序所稱“侍中安陽公”者，乃源乾曜，“中書令河東公”者，乃張嘉貞。考《元宗本紀》，乾曜為侍中，嘉貞為中書令，皆在開元八年，則兢成此書，又在八年以後矣。書中所記太宗事蹟，以《唐書》、《通鑑》參考，亦頗見牴牾。如新、舊《唐書》載太宗作《威鳳賦》，賜長孫無忌，而此作賜房元齡；《通鑑》載張蘊古以救李好德被誅，而此謂其與囚戲博，漏泄帝旨，事狀迥異。又《通鑑》載皇甫德參上書賜絹二十四匹，拜監察御史，而此但作賜帛二十段。又《通鑑》載宗室諸王降封，由封德彝之奏；貞觀初放宮人，由李百藥之奏，而此則謂出於太宗獨斷，俱小有異同。史稱“兢敍事簡核，號良史，而晚節稍疏牾”。此書蓋出其耄年之筆，故不能盡免滲漏②。然太宗為一代令辟，其良法善政、嘉言嬺行臚具是編，洵足以資法鑒。前代經筵進講，每多及之。故《中興書目》稱歷代寶傳，至今無闕。伏讀皇上御製《樂善堂集》，開卷首篇，即邀褒詠。千年舊籍，榮荷表章。則是書之有裨治道，亦概可見矣。書中之注，為元至順四年臨川戈直所作③。又採唐柳芳、晉劉昫、宋宋祁、孫甫、歐陽修、曾鞏、司馬光、孫洙、范祖禹、馬存、朱黼、張九成、胡寅、呂祖謙、唐仲友、葉適、林之奇、真德秀、陳惇修、尹起莘、程奇及呂氏《通鑑精義》二十二家之說附之，名曰《集論》。吳澄、郭思貞皆為之序。直字伯敬，即澄之門人也。

【彙訂】

①《新唐書》本傳云："天寶初，入為恒王傅……卒，年八十。"《舊唐書》同傳云："天寶初……入為恒王傅……天寶八年，卒於家，時年八十餘。"可知天寶初指入為恒王傅之時。天寶八年（749）不得稱"天寶初"。（楊武泉：《四庫全書總目辨誤》）

②《舊唐書》張嘉貞本傳載罷中書令在開元十一年正月，源乾曜本傳載罷相在開元十七年六月，則《貞觀政要》成書進呈應不晚於開元十七年（729），甚或早於開元十一年，距其亡故尚有二十餘年，不得稱"耄年之筆"。（謝保成：《貞觀政要集校敘錄》）

③此書本有景龍三年（709）正月上書表，是早在中宗時即已撰成，至開元年間稍事修訂重撰序文進上而已。戈直注本無景龍上書表。（黃永年：《唐史史料學》）

渚宮舊事五卷補遺一卷（江蘇巡撫採進本）

一名《渚宮故事》，唐余知古撰。其銜稱將仕郎守太子校書①，里貫則未詳也。其書上起鬻熊，下迄唐代，所載皆荊楚之事，故題曰《渚宮》。渚宮名見《左氏傳》，孔穎達疏以為當郢都之南，蓋楚成王所建，樂史《太平寰宇記》則以為建自襄王，未詳何據也。書本十卷。《唐書‧藝文志》著錄此本，惟存五卷，止於晉代。考晁公武《郡齋讀書志》載《渚宮故事》十卷，則南宋之初，尚為完本。至陳振孫《書錄解題》所言，已與今本同。則宋、齊以下五卷，當佚於南宋之末。元陶宗儀《說郛》節鈔此書十餘條②，晉以後乃居其七。疑從類書引出，非尚見原本也。《唐書‧藝文志》載此書，注曰文宗時人。又載《漢上題襟集》十卷，注曰段成式、溫庭筠、余知古，則與段、溫二人同時倡和。此書皆記楚事，其為游漢上時所作，更無疑義。陳氏以為後周人，已屬譌誤。《通考》引《讀書志》之文，併脫去“余”字，竟題為“唐知古撰”，則謬彌甚矣。今仍其舊為五卷。其散見於他書者，別輯為《補遺》一卷，附錄於後焉。

【彙訂】

①“其銜”，殿本作“結銜”。

②“元”，殿本無。

東觀奏記三卷（浙江范懋柱家天一閣藏本）

唐裴庭裕撰。庭裕一作廷裕，字膺餘，聞喜人，官右補闕。其名見《新書‧宰相世系表》，所謂“裴氏東眷”者也。王定保《摭言》稱其乾寧中在內廷，文書敏捷，號“下水船”。其事蹟則無可考焉。其書專記宣宗一朝之事。前有自序，稱：“上自壽邸即位二年，監修國史丞相晉國公杜讓能奏選碩學之士十五人，分修三聖實錄。以吏部侍郎柳玭、右補闕裴庭裕、左拾遺孫泰、駕部員外郎李允〔胤〕、太常博士鄭光庭專修《宣宗實錄》。自宣宗至今垂四十載，中原大亂，日曆、起居注不存一字。謹採耳目聞覩，撰成三卷，奏記於晉國公①，藏之於閣，以備討論。”蓋其在史局時所上監修槀本也。序末不署成書年月。考杜讓能以龍紀元年三月兼門下侍郎，十二月為司徒。景福元年守太尉，二年貶死。昭宗之二年，即大順元年。此序云“奏記於監國史晉國公”，則當在大順、景福之閒。其云自宣宗至是垂四十年，蓋由大中以來約計之辭。若以宣宗末年計，至光化初年始為四十載，則杜讓能之死已久，無從奏記矣。書中記事頗具首尾。司馬光作《通鑑》，多採其説，而亦不盡信之。蓋聞見所及，記近事者多確，恩怨未盡，記近事者亦多誣。自古而然，不但此書矣。

【彙訂】

①“國”，殿本脱，據自序原文。

五代史闕文一卷（浙江巡撫採進本）

宋王禹偁撰。禹偁字元之，鉅野人。太平興國八年進士，官至知黃州，事蹟具《宋史》本傳。是書前有自序，不著年月。考書中“周世宗遣使諭王峻”一條，自注云：“使即故商州團練使羅守素也①，嘗與臣言以下事蹟。”是在由左司諫謫商州團練副使以後，其結銜稱翰林學士，則作於真宗之初②。是時薛居正等《五代史》已成，疑作此以補其闕。然居正等書凡一百五十卷，而序稱“臣讀《五代史》總三百六十卷”，則似非指居正等所修也。晁公武《讀書志》曰凡十七事。此本梁史三事，後唐史七事，晉史一事，漢史二事，周史四事，與晁氏所記合，蓋猶舊本。王士禎《香祖筆記》曰：“王元之《五代史闕文》僅一卷，而辨正精嚴，足正史官之謬。如辨司空圖清真大節一段，尤萬古公論，所繫非眇小也。如敘莊宗三矢告廟一段，文字淋漓慷慨，足為武皇父子寫生。歐陽《五代史·伶官傳》全用之，遂成絕調。惟以張全義為亂世賊臣，深合《春秋》之義。而歐陽不取，於全義傳略無貶詞，蓋即舊史以成文耳。終當以元之為定論也。"云云。其推挹頗深。今考《五代史》，於朱全昱、張承業、王淑妃、許王從益、周世宗符皇后諸條，亦多採此書，而《新唐書·司空圖傳》即全據禹偁之說，則雖篇帙寥寥，當時固以信史視之矣。

【彙訂】

①　王禹偁《小畜集》卷二九有《故商州團練使翟公墓誌銘》，志主名翟守素，"羅守素"誤。（淮沛：《〈四庫提要〉辨正四則》）

②　《續資治通鑑長編》卷三二載，王禹偁於淳化二年九月自左司諫、知制誥貶為商州團練副使。同書卷三七與《翰苑羣書·學士年表》載王禹偁於至道元年正月為翰林學士，五月罷知滁州。此書署名結銜"翰林學士"，則當成於至道元年正月至五月，即太宗末年。（同上）

五代史補五卷（浙江朱彝尊家曝書亭藏本）

宋陶岳撰。岳字介立，潯陽人①。宋初薛居正等《五代史》成，岳嫌其尚多闕略，因取諸國竊據、累朝創業事蹟，編次成書，以補所未及。自序云："時皇宋祀汾陰之後，歲在壬子。"蓋真宗之祥符五年也。晁公武《讀書志》載此書，作《五代補錄》。然考岳自序，實稱《五代史補》，則公武所記為誤。公武又云共一百七事，今是書所載梁二十一事、後唐二十事、晉二十事、漢二十事、周二十三事，共一百四事，較公武所記少三事。考王明清《揮塵錄》載"毌邱〔丘〕儉貧賤時②，借《文選》於交遊，閒有難色。發憤異日若貴，當版鏤之，遺學者。後仕蜀為宰相，遂踐其言刊之。印行書籍，創見於此。事載陶岳《五代史補》"云云。今本無此條，殆傳寫有遺漏矣。此書雖頗近小説，然敍事首尾詳具，率得其實。故歐陽修《新五代史》、司馬光《通鑑》多採用之。其閒如"莊宗獵中牟為縣令所諫"一條云"忘其姓名"，據《通鑑》則縣令乃何澤。又"楊行密詐盲"一條云"首尾僅三年"，考行密詐盲至殺朱三郎，實不及三年之久。又"王氏據福建"一條云王審知卒，弟延鈞嗣。據《薛史》、《通鑑》，延鈞乃審知之子。又"梁震禪贊"一條云莊宗令高季興歸，行已浹旬，莊宗易慮，遽以詔命襄州節度劉訓伺便因之。季興行至襄州，心動，遂棄輜車南走。至鳳林關，已昏黑，於是斬關而去。是夜三更，向之急遞果至。《通鑑考異》辨莊宗當時並無詔命遣急遞之事，岳所據乃傳聞之誤③。凡此之類，雖亦不免疏失，然當《薛史》既出之後，能網羅散失，裨益闕遺，於史學要不為無助也。

【彙訂】

① 陶岳，湖南祁陽人。侃之後。自署潯陽者，著族望，非潯陽人也。（陸心源：《儀顧堂題跋》）

② "王明清"，殿本作"王清明"，誤。王明清《揮麈餘話》卷二載此事，毋丘儉乃毋昭裔之誤。毋丘儉乃三國魏人，與刻書無涉。據吳任臣《十國春秋》卷五二《毋昭裔傳》引《五代史補》，刻書者乃毋昭裔。（楊武泉：《四庫全書總目辨誤》）

③《資治通鑑》卷二七二未提及中牟縣令為何澤，同卷另記莊宗為洛陽令何澤所諫事，未見史載何澤曾為中牟令。同卷所附考異云："按季興自疑，故斬關夜遁耳，未必莊宗追之也，今從薛《史》。"似未肯定"並無"，《新五代史》卷六九仍採陶説。（萬芳珍點校：《五代史補》）

北狩見聞錄一卷（兩江總督採進本）

宋曹勛撰。勛字功顯，陽翟人，宣和五年進士，南渡後官至昭信軍節度使。事蹟具《宋史》本傳。是編首題“保信軍承宣使知閤門事兼客省四方館事臣曹勛編次”①，蓋建炎二年七月初至南京時所上。其始於靖康二年二月初七日，則以徽宗之入金營，惟勛及姜堯臣、徐中立、丁孚四人得在左右也。所記北行之事，皆與諸書相出入。惟述密齋衣領御書及雙飛蛺蝶金環事，則勛身自奉使，較他書得自傳聞者節次最詳。末附徽宗軼事四條，亦當時所並上者。紀事大都近實，足以證《北狩日記》諸書之妄，且與高宗繼統之事尤為有關。雖寥寥數頁，實可資史家之考證也。

【彙訂】

①“閤門”，殿本作“閣門”，誤。《宋史》卷三七九曹勛本傳云：“靖康初，為閤門宣贊舍人，勾當龍德宮，除武義大夫。”

松漠紀聞一卷續一卷（兩淮鹽政採進本）

宋洪皓撰①。皓字光弼，鄱陽人，政和五年進士。建炎三年以徽猷閣待制假禮部尚書，為大金通問使。既至金，金人迫使仕劉豫。皓不從，流遞冷山，復徙燕京。凡留金十五年，方得歸。以忤秦檜貶官，安置英州而卒。久之，始復徽猷閣學士，諡忠宣。事蹟具《宋史》本傳。此書乃其所紀金國雜事。始於留金時，隨筆纂錄。及歸，懼為金人蒐獲，悉付諸火。既被譴謫，乃復追述一二，名曰《松漠紀聞》②。尋有私史之禁，亦祕不傳。紹興末，其長子适始校刊為正、續二卷。乾道中，仲子遵又增補所遺十一事③。明代吳琯嘗刻入《古今逸史》中，與此本字句閒有異同，而大略相合。皓所居冷山，去金上京會寧府纔百里④，又嘗為陳王延教其子，故於金事言之頗詳。雖其被囚日久，僅據傳述者筆之於書，不若目擊之親切。中閒所言金太祖、太宗諸子封號，及遼林牙達什北走之事，皆與史不合。又不曉音譯，往往譌異失真⑤。然如敘太祖起兵本末，則《遼史·天祚紀》頗用其說，其"熙州龍見"一條，《金史·五行志》亦全採之。蓋以其身在金庭，故所紀雖真贋相參，究非鑿空妄說者比也。

【彙訂】

①《宋史》皆書"洪皓"，然影宋本《盤洲文集》附錄載洪适行狀及神道碑銘，皆書父晧。其諸叔父之名均從日（曦、暐、映、暉、曜、杲），故以"洪晧"為是。（王德毅：《洪邁年譜》）

② 洪邁跋所稱"火其書"，原指焚其所著之書，不包括原始材料，故此書中尚詳錄不少官制劄子和詔書的原文。（李裕民：《四庫提要訂誤》）

③ 洪适校刊在紹興二十六年，下距紹興三十二年尚有六年，不當稱為"紹興末"。而補遺作於乾道九年，次年即改為淳熙，"乾道中"當作"乾道末"。（同上）

④ 書中卷下云："冷山去燕山三千里，去金國所都二百餘里。"（同上）

⑤ 此書中多次明言乃親歷親聞，如卷一曰："契丹自賓州混同江北八十餘里建寨以守。予嘗自賓涉江過其寨，守禦已廢，所存者數十家耳。"自始祖至熙宗十三位金主中，此書所用譯名與《金史》完全相吻合者三人，音近字異者九人，不得謂"不曉音譯，往往譌異失真"。（李菁：《南宋四洪研究》）

燕翼詒謀錄五卷（浙江鮑士恭家藏本）

宋王栐撰。栐字叔永，自署稱晉陽人。寓居山陰，號求志老叟。其名氏不概見於他書。今考書中有紀紹興庚戌仲父軒山公以知樞密院兼參知政事一條。庚戌為紹興元年，核之《宋史》，是年五月甲午[①]，王藺知樞密院。是栐當為藺之猶子。藺，《宋史》無傳[②]。據徐自明《宰輔編年錄》載，藺，無為軍人。是書第三卷中所述無為軍建置特詳，可以為證。其稱晉陽者，蓋舉祖貫而言。書中又有"余曩仕山陽"語，知其嘗官淮北，而所居何職，則已不可考矣。其書大旨以宋至南渡以後典章放失，祖宗之良法美政俱廢格不行，而變為一切苟且之治，故採成憲之可為世守者，上起建隆，下迄嘉祐[③]，凡一百六十二條，并詳及其興革得失之由，以著為鑑戒，蓋亦《魚藻》之義。自序謂："悉考之國史、實錄、寶訓、聖政等書，凡稗官小說，悉棄不取。"今觀其臚陳故實，如絲聯繩貫，本末粲然，誠雜史中之最有典據者也。

【彙訂】

①"五月"，底本作"正月"，據殿本改。此書卷五原文作紹熙庚戌。紹興元年正月己亥朔，當月無甲午。又紹興元年為辛亥，庚戌為紹熙元年。據《宋宰輔編年錄》卷一九、《宋史》本傳、《光宗紀》、《宰輔表四》，均載淳熙十六年（1189）五月甲午，以王藺知樞密院事兼參知政事。紹熙元年（1190）七月乙卯，"以留正為左丞相，王藺樞密院使"。（昌彼得：《說郛考》；莊劍：《〈四庫全書總目提要〉訂誤兩則》；李裕民：《四庫提要訂誤》增訂本）

②《宋史》卷三八六有《王藺傳》。（李裕民：《四庫提要訂誤》增訂本）

③ 王栐自序云："夷考建隆迄於嘉祐，良法美意，燦然具陳。

治平以後，此意泯矣。今備述如後，與識者商榷之，以稽世變云。"説明亦記治平以後事。書中南宋之事仍有所載。（同上）

太平治蹟統類前集三十卷（江蘇巡撫採進本）

宋彭百川撰。百川字叔融，眉山人。是書凡八十八門，皆宋代典故。《文獻通考》載《前集》四十卷，又《後集》三十三卷，載中興以後事。此本乃朱彝尊從焦竑家藏本鈔傳，但有《前集》，不分卷數。又中閒譌不勝乙。彝尊跋謂焦氏本"卷帙次第為裝釘者所亂。備書人不知勘正，別用格紙鈔錄①，以致接處文理不屬②。"初，紹興中江少虞作《皇朝事實類苑》，李攸又作《皇朝事實》，與百川此書皆分門隸事。少虞書採摭雖富，而俳諧瑣事一一兼載，體例頗近小説。攸書於典制特詳，記事頗略。惟此書於朝廷大政及諸臣事蹟，條分縷析，多可與史傳相參考。雖傳寫久譌，而規模終具。闕其斷爛之處，而取其可以考見端委者，固與李心傳《建炎以來朝野雜記》均一代記載之林矣③。

【彙訂】

①"鈔錄"，殿本脱，參朱彝尊《曝書亭集》卷四十五《眉山彭氏〈太平治蹟統類〉跋》原文。

②殿本"屬"下有"也"字，衍，參《眉山彭氏〈太平治蹟統類〉跋》原文。

③此書正文中百分之九十八九全從《續資治通鑑長編》摘抄而來，甚至間有照抄李燾所作的附注。即將編年體的《長編》改編為紀事本末體裁。趙希弁《郡齋讀書附志》卷上著錄《太平治蹟統類》四十卷、《中興治蹟統類》三十五卷，陳振孫《直齋書錄解題》卷五則合二書為一，著錄為《皇朝治蹟統類》七十三卷，可

知《太平治蹟統類》乃前集之專名,不得謂其包有後集。據《四庫採進書目》所載,當時此書共採進三部,一為浙江汪啟淑家進呈曝書亭寫本(今存朱彝尊原抄本首尾俱無汪氏收藏印記,亦無曾進呈四庫館的任何印記,疑汪氏所進呈之本為轉抄本),不分卷,十冊;一為兩淮鹽政進呈本,不分卷,二十冊;一為江蘇巡撫採進本,三十卷,十冊。則提要所云"但有《前集》,不分卷數",非江蘇巡撫採進本。(鄧廣銘:《對有關〈太平治蹟統類〉諸問題的新考索》)

　　咸淳遺事二卷(永樂大典本)

　　不著撰人名氏。《宋史·藝文志》不著錄,惟明《文淵閣書目》載有此書一冊。核其詞意,疑宋之故臣遺老為之也[1]。其書於尊崇錫命諸政典紀載頗詳,並備錄學士院所行制命之詞,而朝廷大政乃多闕略不載。或兵火之餘,收僅存之案牘,排比成編歟? 然其遺聞瑣記,多史氏之所未備。雖識小之流,亦足以資考訂而明鑑戒也。考度宗咸淳紀號盡於十年,而《永樂大典》載是書,自即位改元迄於八年而止,尚闕其後二年,不知何時散佚。其文字亦多脫誤,不盡可讀。以宋代遺編頗存舊事,外間絕無傳本,不可竟使之湮沒。謹釐訂其文,編為二卷,備史籍之一種焉。

【彙訂】

　　① 卷首開端即云"時大元世祖皇帝之至元元年也",似非宋故臣遺老語氣。且元本稱蒙古,至元八年十一月始改國號曰元,疑元人偶得當時邸報排比之。(胡玉縉:《四庫全書總目提要補正》)

大金吊伐錄四卷（永樂大典本）

不著撰人名氏。其書紀金太祖、太宗用兵克宋之事，故以"吊伐"命名。蓋薈萃故府之案籍，編次成帙者也。金、宋自海上之盟已通聘問，以天輔六年以前舊牘不存[①]，故僅於卷首一條，略存起事梗概。自天輔七年交割燕雲，及天會三年四月再舉伐宋，五年廢宋立楚，所有國書、誓詔、册表、文狀、指揮、牒檄之類，皆排比年月，具錄原文，迄康王南渡而止，首尾最為該貫[②]。後復附以降封昏德公、重昏侯海濱詔書及所上各表，而終於劉豫建國之始末。所錄與徐夢莘《三朝北盟會編》詳略互見，不識夢莘何以得之。考張端義《貴耳集》曰："道君北狩，凡有小小吉凶喪祭節序[③]，金主必有賜賚，一賜必要一謝表。集成一帙，刊在榷場中博易。四五十年，士大夫皆有之，余曾見一本。"云云。此書殆亦是類歟？然夢莘意存忌諱，未免多所刊削。獨此書全據舊文，不加增損，可以互校闕譌，補正史之所不逮，亦考古者所當參證也。《永樂大典》所載，未分篇目，不知原本凡幾卷。今詳加釐訂，析為四卷著於錄。

【彙訂】

①"以"，殿本作"因"。

② 此書所採仍有遺漏，如李綱《與大金國書》（《梁溪集》卷三三）、《康王趙構與元帥書》（《建炎以來繫年要錄》卷二六引《國史拾遺》）、《劉豫建元阜昌榜》、《劉豫遷都汴京榜》、《金人廢劉豫指揮》（《三朝北盟會編》卷一八〇）。（李裕民：《四庫提要訂誤》增訂本）

③"吉凶"，《貴耳集》卷下原文及殿本作"凶吉"。

汝南遺事四卷（永樂大典本）

元王鶚撰。鶚字伯翼[①]，東明人。金正大元年登進士第一，哀宗時為左右司員外郎。金亡降元，官至翰林學士承旨。事蹟具《元史》本傳。是編即隨哀宗在蔡州圍城所作，故以“汝南”命名。所記始天興二年六月，迄三年正月。隨日編載，有綱有目，共一百有七條。皆所身親目擊之事，故紀載最為詳確。其稱哀宗為“義宗”，則用息州行省所上諡也。《金史·哀宗本紀》及烏庫哩鎬、《金史》作“烏古論鎬”，今改正。完顏仲德、張天綱等傳皆全採用之，足徵其言皆實錄矣。鶚身事兩朝，不能抗西山之節，然本傳載其祭哀宗一事，猶有惓惓故主之心。其作是書，於喪亂流離亦但有痛悼而無怨謗，較作《南燼錄》者猶末減焉。自序云四卷，《元史》本傳作二卷，蓋傳刻之譌。今仍從自序所言，編為四卷。

【彙訂】

①《元史》本傳作“字百一”，《新元史》同傳、原本提要同。係取鄒陽《上書吳王》“鷙鳥累百，不如一鶚”之義。（楊武泉：《四庫全書總目辨誤》）

錢塘遺事十卷（浙江汪啟淑家藏本）

元劉一清撰。一清，臨安人，始末無可考。其書雖以錢塘為名，而實紀南宋一代之事。高、孝、光、寧四朝，所載頗略，理、度以後，敘錄最詳。大抵雜採宋人說部而成，故頗與《鶴林玉露》、《齊東野語》、《古杭雜記》諸書互相出入。雖時有詳略同異，亦往往錄其原文。如一卷“十里荷花”一條，二卷“辛幼安詞”一條、“韓平原”一條、“大字成犬”一條，皆採自《鶴林玉露》。既不著其書名,其中所載"余謂"、"愚聞"及"余亦作一篇"云云,皆因羅大經之自稱,不加刊削,遂使相隔七八十年,語如目睹,殊類於不去葛龔。又書中稱"北兵",稱"北朝憲宗皇帝",稱帝㬎曰"嗣君",稱謝后曰"太皇太后",似屬宋人之詞;而復稱元曰"大元",稱元兵曰"大兵"、曰"大元國兵",稱元世宗曰"皇帝",乃全作元人之語。蓋雜採舊文,合為一帙,故內外之詞,不能畫一,亦皆失於改正。然於宋末軍國大政以及賢姦進退,條分縷析,多有正史所不及者。蓋革代之際,目擊僨敗,較傳聞者為悉。故書中大旨,刺賈似道居多。第九卷全錄嚴光大所紀德祐丙子祈請使行程,第十卷全載南宋科目條格故事,而是書終焉。殆以宋之養士如此周詳,而諸臣自祈請以外,一籌莫效,寓刺士大夫歟?孔齊《至正直記》所列元朝典文可為史館之用者,一清是書居其一。世無刊本,傳寫頗稀,陶宗儀《說郛》僅載數條。此乃舊鈔足本,前後無序跋。惟卷端題識數行,惜高宗不都建康而都於杭,士大夫湖山歌舞,視天下事於度外,卒至納土賣國。不署名氏,詳其詞意,殆亦宋之遺民也。

平宋錄三卷(浙江鮑士恭家藏本)

舊題杭州路司獄燕山平慶安撰。一名《大元混一平宋實錄》,又名《丙子平宋錄》。前有大德甲辰鄧錡、方回、周明三序。紀至元十三年巴顏下臨安及宋幼主北遷之事,與史文無大異同。惟元世祖封瀛國公詔、巴顏賀表諸篇及追贈河南路統軍鄭江事,為史所未備,頗足以資參考。此書黃虞稷《千頃堂書目》以為劉敏中作。今按周明序稱平慶安請於行省,奏加巴顏封諡,建祠於武學故基武成王廟之東,且鋟梓王行實行於世。後又有"大德八年甲戌月案大德元年為甲辰，九月當建甲戌，此蓋當時習俗之文，不合古例，謹附識於此。燕山平慶安開版印造《平宋錄》”一行，俱不言新著此書。是此書實劉敏中所撰，慶安特梓刻以傳。後人以其書首不題敏中姓名，未加深考，遂舉而歸之慶安耳。今改題敏中名，從其實焉。敏中字端甫，章邱〔丘〕人，由中書掾歷官至翰林學士承旨，卒，追封齊國公。事蹟具《元史》本傳。

　　弇山堂別集一百卷（兩江總督採進本）

　　明王世貞撰。世貞字元美，太倉人。嘉靖丁未進士，官至南京刑部尚書。事蹟具《明史·文苑傳》。是書載明代典故，凡《盛事述》五卷，《異典述》十卷，《奇事述》四卷，《史乘考誤》十一卷，表三十四卷，分六十七目，考三十六卷，分十六目。世貞自序云："是書出，異日有裨於國史者，十不能二；耆儒掌故取以考證，十不能三；賓幕酒筵，以資談謔，參之十，或可得四。其用如是而已。"然其閒如《史乘考誤》及《諸侯王百官表》，《親征》、《命將》、《諡法》、《兵制》、《市馬》、《中官》諸考，皆能辨析精覈，有裨考證。蓋明自永樂閒改修《太祖實錄》，誣妄尤甚。其後累朝所修實錄，類皆闕漏疏蕪^①。而民閒野史競出，又多憑私心好惡，誕妄失倫。史愈繁而是非同異之蹟愈顛倒而失其實。世貞承世家文獻，熟悉朝章，復能博覽羣書，多識於前言往行，故其所述，頗為詳洽。雖徵事既多，不無小誤，又所為各表，多不依旁行斜上之體，所失正與雷禮相同。其《盛事》、《奇事》諸述，頗涉詼諧，亦非史體。然其大端可信，此固不足以為病矣。

　　【彙訂】

　　①"疏蕪"，殿本作"蕪疏"。

革除逸史二卷（浙江范懋柱家天一閣藏本）

明朱睦㮮撰。睦㮮有《易學識遺》，已著錄。是書以建文帝一朝事蹟編年敘之。《明史·藝文志》載睦㮮《遜國記》二卷，不載此名。然不容同記一事，乃分著兩書，卷數又復相同①，殆即此書之別名也。革除一事，其初格於文禁，記載罕傳，在當日已無根據。迨公論大明，人人以表章忠義為事，撰述日夥，而《從亡》、《致身》諸錄遂相續而出。真偽相半，疑信互爭，遂成一聚訟之案，糾結靡休。符驗、黃佐稍有辨正，尚未能確斷。睦㮮自序獨辨建文帝髡緇遯去及正統間迎入大內之說，乃好事者為之。故載建文四年六月事，祇以宮中火起，帝遜位為傳疑之詞。亦可謂善持兩家之平矣。

【彙訂】

①“相同”，殿本作“相合”。

欽定蒙古源流八卷

乾隆四十二年奉敕譯進。其書本蒙古人所撰，末有自序，稱：“庫圖克徹辰鴻台吉之裔小徹辰薩囊台吉，願知一切①。因取各汗等源流，約略敘述。並以《講解精妙意旨紅册》、沙爾巴胡土克圖編纂之《蓬花漢史》、雜噶拉斡爾第汗所編之《經卷源委》、《古昔蒙古汗源流大黃册》等七史合訂。自乙丑九宮值年八宮翼火蛇當值之二月十九日角木蛟鬼金羊當值之辰起，至六月初一日角木蛟鬼金羊當值之辰告成。”書中所紀乃額納特珂克土伯特蒙古汗傳世次序，及供養諸大喇嘛闡揚佛教之事。而其國中興衰治亂之蹟，亦多案年臚載。首尾賅備，頗與《永樂大典》所載《元朝祕史》體例相近。前者我皇上幾餘覽古，以元代奇渥溫得

姓所自,必史乘傳譌,詢之定邊左副將軍喀爾喀親王成袞札布,
因以此書進御。考證本末,始知"奇渥温"為"却特"之誤。數百
年之承譌襲謬,得藉以釐訂闡明。既已揭其旨於《御批通鑑輯
覽》,復以是編宣付館臣,譯以漢文,潤色排比,纂成八卷。其第
一卷内言風壇、水壇、土壇初定,各種生靈降世因由,及六噶拉卜
乘除算量運數,而歸於釋迦牟尼佛教之所自興,是為全書緣起。
次紀額納特珂克國汗世系,首載星哈哈努汗之曾孫、薩爾幹阿爾
塔實迪汗之子丹巴多克噶爾成佛事,而自烏迪雅納汗以下崇信
佛教諸大汗及七贊達、七巴拉、四錫納等汗則俱詳著其名號,與
《藏經》内之《釋迦譜》約略相仿。次紀土伯特汗世系,始於尼雅
特贊博汗,在善布山為衆所立,終於札實德汗,大致亦頗與西番
《嘉喇卜經》合。其中載持勒德蘇隆贊娶唐太宗女文成公主,持
勒丹租克丹汗娶唐中宗弟景德王女金城公主。核之《唐書》,太
宗貞觀十五年以宗女文成公主妻吐蕃贊普棄宗弄贊,中宗景龍
初以雍王守禮女為金城公主妻吐蕃贊普棄棣蹜贊,其事蹟多屬
相符。是土伯特即吐蕃國號,而《唐書》所稱棄宗弄贊,乃持勒德
蘇隆贊之譌[2]。其汗世以"贊博"為名,與《唐書》所稱"贊普"亦
音相近也。其第三卷以後則皆紀蒙古世系,謂土伯特色爾持贊
博汗之季子布林特齊諾避難至必塔地方,其衆尊為君長,數傳至
勃端察爾,母曰阿隆郭幹哈屯,感異夢而生。又九傳至元太祖。
與《元本紀》多相合,而閒有異同。其稱元太祖為索多博克達青
吉斯汗,元世祖為呼必賚徹辰汗,元順帝為托歡特莫爾烏哈噶圖
汗。自順帝北奔,後世傳汗號至林丹庫克圖汗,而為我朝所克。
中閒傳世次序、名號、生卒、年歲,釐然具載,詮敘極為詳悉。明
代帝系,亦附著其略。其最蹖駁者,如以庫色勒汗為元明宗弟,

在位二十日，史無其事。又以明太祖為朱葛，仕元至左省長官，讒殺托克托噶太師，遂舉兵迫逐順帝，亦為鑿空失實。其他紀年前後，亦往往與史乖迕。蓋內地之事，作書者僅據傳聞錄之，故不能盡歸確核。至於塞外立國，傳授源流，以逮人地諸名，語言音韻，皆其所親知灼見，自不同歷代史官摭拾影響附會之詞，妄加纂載，以致魯魚謬戾，不可復憑。得此以定正舛謬，實為有裨史學。仰惟我國家萬方同軌，中外嚮風，蒙古諸部，久為臣僕。乃得以其流傳祕册，充外史之儲藏，用以參考舊文，盡却耳食沿謬之陋，一統同文之盛治，洵亘古為獨隆矣。

　　謹案，此書為外藩所錄，於例應入“載記類”中。然所述多元朝帝王之事，與高麗、安南諸史究有不同，是以仍編於“雜史”。

【彙訂】

①“願”，底本作“原”，據書末自序原文及殿本改。

②“持勒德蘇隆贊”，底本作“特勒德蘇隆贊”，據此書卷二及殿本改。

右雜史類二十二部，二百七十三卷，皆文淵閣著錄。

史　部　八

雜史類存目一

左逸一卷短長一卷（兩江總督採進本）

是書凡《左傳》逸文三則，《戰國策》逸文三則。二書各有小引。前稱："嶧陽樵者獲石篋，得竹簡漆書古文《左傳》。讀之，中有小牴牾三，余得而錄之。或謂秦、漢人所傳而託也，余不能辨。"後稱："耕於齊野者，地墳得大篆竹策一襲，曰《短長》。劉向敍《戰國策》一名《短長》。所謂《短長》者，豈《戰國逸策》歟？"然多載秦及漢初事。意文、景之世，好奇之士偽託以撰。前題"延陵蔣謹手次"及"子世枋重訂"。又冠以世枋序，稱二峽為其先人手錄，貯篋中者四十年，未詳作者誰氏，並所序嶧陽、齊野二説亦不知何人，惟是紀事用意，筆法遒古，非秦、漢以下所能道隻字云云。漆書竹簡，豈能閱二千年而不毀，其偽殊不足辨也。

戰國策談概十卷（兩江總督採進本）

明張文燿撰。文燿字維昇，仁和人。是書全用吳師道補正鮑彪之本，惟增入李斯《諫逐客書》、《楚人以弱弓微繳説頃襄

王》、《中山君饗都士大夫》三章，為吳本所無。注中國名、人名，
或閒補數言。餘皆採諸家評語，書之簡端，冗雜特甚。所謂"談
㮖"，即指是也。"㮖"，《集韻》："蘇后切，與藪同。""談㮖"即"談
藪"，特變易其字以見異耳。

　　七雄策纂八卷（安徽巡撫採進本）

　　明穆文熙編。文熙字敬止，東明人。嘉靖壬戌進士，官吏部
員外郎。是編取《戰國策》之文，加以評語，並集諸家議論附於上
闌。大抵剿襲陳因，無所考證。

　　戰國策去毒二卷（江蘇周厚坅家藏本）

　　國朝陸隴其編。隴其有《古文尚書考》，已著錄。此書前有
自記，謂："《戰國策》一書，其文章之奇，足以悅人耳目，而其機變
之巧，足以壞人心術，如厚味之中有大毒焉。故今舉文士所共讀
者，指示其得失，庶幾嚌其味而不中其毒也。故以'去毒'名。"
其持論甚正。然百家諸子，各自為書，原不能盡繩以儒理。既
以縱橫為術，又安怪其但言縱橫。況自漢以來，孔孟之道大
明。如《戰國策》之類，不過史家或考其事蹟，詞人或取其文
章，是以至今猶存。原無人奉為典型，懸以立教。與釋氏之近
理亂真、異學之援儒入墨，必須辨別者，截然不同。是固不必
懲羹而吹虀也。

　　藝祖受禪錄一卷（永樂大典本）

　　舊本題宋趙普、曹彬同撰。記太祖初生及幼時事特詳。末
云："先是，晉天福中兩浙兒童聚戲，率以'趙'字為語助，如得曰
趙得，可曰趙可。"云云。亦侈陳符瑞之故智。帝王受命自有本
原，豈以小兆為驗耶？

龍飛記一卷（永樂大典本）

舊本題宋趙普撰。書作於建隆元年，記太祖受禪事。普時為樞密學士，蓋太祖即位之初也。然普既有《受禪錄》，何以又為此書？疑與《受禪錄》皆後人所依託，以普及曹彬為文武佐命，各假借其名耳[1]。

【彙訂】

[1] 宋人所記，皆以此書為趙普撰，而《藝祖受禪錄》皆不知其撰者。（張其凡：《趙普著述考》）

景命萬年錄一卷（永樂大典本）

不著撰人名氏。記太祖受禪之事，略與趙普《龍飛記》同，而敘得姓及前數代事特詳。末載"顯德末，有男子升中書政事堂，據案而坐曰：'宋州官家教我來。'范質曰：'此人病風，急遣之。'忽不見。是時太祖始鎮許州，至是乃驗"云云。頗類小說家言，殊出於附會也。

青溪寇軌一卷（編修程晉芳家藏本）

宋方勺撰。勺字仁聲，婺州人。元祐中，蘇軾知杭州，值省試，嘗薦送之。《浙江通志》載潘良貴之言，稱其"超然遐舉，神情散朗，如晉、宋間高士"，似以隱遯終身者。而所作《泊宅編》中，記虔州安遠、龍南二縣有瘴，因自述其管勾常平季點到邑事，則亦曾官於江右也。是編記宣和二年青溪妖寇方臘作亂，童貫、譚稹等討平之事，原載勺《泊宅編》中。曹溶摘入《學海類編》，因改題此名[1]。所述睦州之陷，及譚稹之為兩浙制置使，劉延慶、王稟、王渙、楊維忠之功，皆與《宋史》不合，蓋傳聞異詞。後附論二則。其一追述魔教之始，不署姓名。其一署曰"容齋"，追敍致亂之故甚詳。併載韓世忠時為王淵裨將，潛行谿谷，問野婦，得徑，即挺身直前，度險數重，搗其穴，格殺數十人，擒臘以出。又稱："泊宅翁之志寇軌也，蘄王猶未知名，故略之。且時宰猶多在朝，臘等陰謀亦多忌諱，故削不載。今表而出之，以戒後世司民者。"容齋為洪邁之號，疑或邁所附題歟？《宋史·韓世忠傳》載其平青溪之功，與此所載合，當即據此載入也[②]。

【彙訂】

① 明人胡楫《古今學海》叢書"逸事家"類已輯入《青溪寇軌》，有嘉靖二十三年雲間陸氏儼山書院刊本，早於《學海類編》二百八十餘年。（吳企明：《〈青溪寇軌〉非曹溶改題》）

② 《青溪寇軌》實際上只是一件關於方臘事蹟的史料彙編性質的簡單文本，僅四段文字而已，尚不足以成為專書。其中首兩段出自方勺《泊宅編》，末段出自莊綽《雞肋篇》卷上，第三段是"容齋逸史曰"，而此段中言宣和間花石綱之擾民，與洪邁《容齋續筆》卷十五《紫閣山村詩》兩段文字極為相似。且《宋史》的《童貫傳》所附方臘事蹟與《青溪寇軌》首兩段相符，《韓世忠傳》、《朱勔傳》與"容齋逸史曰"一段相符，《何執中傳》與《青溪寇軌》末段相符。可推斷《宋史》此諸人列傳基本上應係依據洪邁《四朝國史》列傳而修，而《四朝國史》關於方臘事蹟則應係採自《青溪寇軌》。《青溪寇軌》不可能是方勺所撰，應是洪邁在乾道、淳熙年間主持修纂《四朝國史》之際為備修史而輯集的一件史料文本。（郁之：《〈青溪寇軌〉作者平質作》）

清溪弄兵錄二卷（浙江范懋柱家天一閣藏本）

宋王彌大編。彌大字約父，爵里未詳。是編記宣和中方臘寇睦州事，分前、後二篇。其前篇從方勺《泊宅編》錄出，其後篇從《續會要》第二百五十三卷《出師》門中錄出。後有自識，稱："嘉泰元年夏，在金陵時命表姪陳知新摘錄，以備參考。"蓋袞合舊文，非所自撰也。青溪縣即今浙江淳安縣，宋屬睦州，字當作"青"。此本從"水"作"清"，傳寫者誤耳。

　　避戎夜話一卷（兩江總督採進本）①

　　宋石茂良撰。按陳振孫《書錄解題》載茂良字太初，其爵里則振孫亦未詳，無可考也②。是編載靖康元年十一月，金人陷汴京事。蓋親在圍城之內，記所見聞。其中多言都統制姚友仲守禦東、南兩壁之功③。史不為友仲立傳，然《欽宗本紀》頗採用之。徐夢莘《三朝北盟會編》第九十八卷引此書有云"汴京城陷，僕逃難於鄉人王升卿舍館。夜論朝廷守禦之方，一話一言，莫不驗其文，摭其實，直而不訐④，非所見聞，則略而不書"云云，蓋茂良自敍之詞。此本為明末李蕡刊入《璵探》內者⑤，檢勘並無此文，知為刪節不全之本矣。尤袤《遂初堂書目》載有《靖康夜話》，疑即此書。晁公武《讀書志》列《金人背盟錄》七卷、《圍城雜記》一卷、《避戎夜話》一卷、《金國行程》十卷、《南歸錄》一卷、《朝野僉言》一卷，總注曰："皇朝汪藻編。記金人叛契丹⑥，迄於宣和乙巳犯京城。《圍城雜記》等五書，皆記靖康時事。"其意蓋謂《金人背盟錄》以下六書皆靖康時人所作，藻合而編之耳。而其文義混淆，似乎六書皆出於藻，故有引是書為汪藻作者⑦。其實《書錄解題》載《朝野僉言》為夏少曾作，《南歸錄》為直祕閣沈琯作，此書為茂良作，各有主名也。況汪藻未從北行，安得有《金國行程》乎？

【彙訂】

①"兩江總督採進本"，底本作"兩浙總督採進本"，據殿本改。清無兩浙總督一職。（江慶柏：《殿本、浙本〈四庫全書總目〉著錄圖書進獻者主名異同考》）

②《嘉泰吳興志》卷一七載石茂良為吳興人，建炎二年（1128）進士。（李裕民：《四庫提要訂誤》增訂本）

③"兩"，殿本無。

④"許"，殿本作"詐"，誤，參《三朝北盟會編》卷九八《靖康中帙》所引。

⑤"璅探"，底本作"璪探"，據殿本改。明李蓘編《璅探》十種十卷，今存明崇禎三年自刻本，第四種為石茂良《避戎夜話》一卷。（杜澤遜：《四庫存目標注》）

⑥"叛"，殿本作"伐"。

⑦"汪"，殿本無。

孤臣泣血錄一卷（編修汪如藻家藏本）

舊本題宋太學丁特起撰。所紀自欽宗靖康元年十一月五日起，至高宗建炎元年五月一日即位止。載汴京失守，二帝播遷之事，徐夢莘《北盟會編》頗採之。《文獻通考》載其書三卷，又《補遺》一卷。此本僅存一卷，然首尾完具，年月聯貫，不似有所闕佚者，殆後人所合併耶？然其中稱范瓊為高義，而於瓊殺吳革一事亦無貶詞，頗乖公論。特起不知何許人。又直書"太學生丁特起上書"者三，皆不似自述之語。前載特起自序，粗鄙少文，其敍事亦多俚語，豈當時好事者所為，以特起上書有名，故以託之歟？此本為明吳思所刊。前有思序，而附載汪旦復評語。語皆凡鄙，仍多舛誤。如"吳革起兵謀反正"句，實以當時僞楚僭號，故以"反正"為文。乃誤讀"正"字屬下句[1]，謂以"謀反"書革，乃特起之微詞。則其謬不足與辯矣。

【彙訂】

[1] "下"，殿本作"上"，誤。

靖康蒙塵錄一卷（浙江范懋柱家天一閣藏本）

不著撰人名氏。所載宋徽、欽二帝北狩事，與世所傳《南燼紀聞》文多相同。徐夢莘《三朝北盟會編》載所采集書目甚詳，亦無此書。蓋坊賈改易其名以欺世者。卷後附有《建炎復辟錄》一卷，似為高宗苗、劉之變而作。而所紀仍北狩本末，寥寥數條，年月皆舛錯不合。作偽之尤甚者也。

靖康紀聞拾遺一卷（浙江巡撫採進本）

不著撰人名氏。案《文獻通考》載"《靖康拾遺錄》一卷，何烈撰。又名《靖康小史》，又名《草史》"，疑即是書也。考《東都事略》載靖康元年閏十一月癸巳，迎土牛以借春，不言其故。是書則謂去年十二月冬至[1]，術者以為大忌，因於是月借春。此類頗足以考故事。又《東都事略》載王雲以靖康元年二月使金，十月重使金。而是書則謂九月再遣雲使金，亦可以考異。惟是書大旨，在責宋不於太原未下之前早割三鎮與金，致有青城之禍。考《宋史》載靖康元年十月[2]，金人遣楊天吉、王汭來，欲割三鎮，朝廷以三鎮稅數遣王雲與汭行[3]。則是下太原之後，金何嘗不仍以割三鎮要和，宋又何嘗不以三鎮稅數與之，然終無解於汾、澤之攻陷。則此書割地請和之說，仍誤國之餘唾矣。

【彙訂】

①“冬至”，殿本作“立春”。明鈔本、《學津討原》本此書原文均作“立冬”。

②“載”，殿本作“稱”。

③“與”，殿本作“同”。

北狩行錄一卷（浙江吳玉墀家藏本）

舊本題宋蔡絛撰。絛，蔡京之子，尚茂德帝姬，靖康元年從徽宗北行者也。然是書卷末云：“北狩未有行紀。太上語王若沖曰：‘一自北遷，於今八年。所履風俗異事，不為不多。深欲紀錄，未得其人。詢之蔡絛，以為學問文采無如卿者，為予記之。’”云云，則是此書為若沖所作。惟是《宋史·藝文志》亦以此書為蔡絛撰，疑不能明。或絛述其事，而若沖潤色其文歟？馬端臨《文獻通考》載是書，亦並列二人之名。是時去靖康僅百餘年，當尚見舊本。獨其以“絛”為“條”，則刊本之誤。按《宋史》，條於是時久已流竄嶺南，未嘗從徽宗入金也。書中多諛頌徽宗之詞，在當時臣子之言自不得不爾，未足為異。惟稱“太上紹述神考之志，未嘗忘懷。適有貨《王安石日錄》者，欣然以絹十匹易之”云云，則絛等堅護紹述之局，至敗亡而不變，為可恨耳。書中稱徽宗在金，“嘗得《春秋》，披覽不倦。凡理亂興廢之蹟、賢君忠臣之行，莫不採摭其華實，探涉其源流、鉤纂樞要而編節之、改歲篇而成書”。併稱：“太上賦詩寄淵聖，用親仁善鄰事，曰：此出《春秋》。”然則徽宗嘗刪纂《左傳》，勒為一書矣①。此則古來志經籍者所未及，朱彝尊《經義考》中亦未引及，是亦可資異聞矣。

【彙訂】

①"矣"，殿本無。

靖炎兩朝見聞錄二卷（兩淮鹽政採進本）

舊本題曰陳東撰。東字少陽，鎮江丹陽人。欽宗時貢入太學。嘗伏闕上書，請去蔡京、王黼而用李綱。高宗即位，召至行在，又劾黃潛善、汪伯彥，為二人所搆論死。後追贈承信郎，又加贈朝奉郎、祕閣修撰。事蹟具《宋史》本傳。是編記徽、欽北遷①，高宗改元時事特詳。末及紹興以後事，亦足資考據。然東以建炎元年八月見殺，何由得記紹興後事？蓋傳本闕撰人，後人不考，誤題為東也。

【彙訂】

①"徽欽"，底本作"徽宗"，據殿本改。

建炎時政記三卷（浙江范懋柱家天一閣藏本）

宋李綱撰。綱字伯紀，邵武人。政和二年進士，積官至太常少卿。欽宗時授兵部侍郎，尚書右丞。南渡後拜尚書右僕射，兼中書侍郎。為御史所劾，罷為觀文殿大學士。事蹟具《宋史》本傳。是編乃綱奉詔所編，前有奏書原序。起建炎元年六月，終八月，即其《奏議》附錄中之一種。《永樂大典》亦別載之，則自明以前，已析出單行矣。惟綱代高宗所草通問徽、欽二帝表，內所稱"臣某言"者，乃高宗署名，故諱而不書。《永樂大典》本俱誤作"臣綱言"，蓋明人不知而妄改。今此書尚仍原文，則所據者未改之本也。

建炎通問錄一卷（浙江范懋柱家天一閣藏本）

宋傅雱撰。雱始末未詳。考李心傳《建炎以來繫年要錄》載建炎元年六月，宣議郎傅雱特遷宣教郎，充大金通問使。此錄即所述奉使之事。《文獻通考》載此書，稱宣教郎傅雱撰，建炎初李丞相所進。蓋李綱以其書上於朝也。書終以館伴李侗之語，其文未畢。《北盟會編》一百十卷所載，闕處亦同。蓋後人從徐氏書中錄出也。

建炎維揚遺錄一卷（浙江范懋柱家天一閣藏本）

不著撰人名氏，記高宗建炎二年冬至次年三月事。高宗自建炎元年十月如揚州，至三年二月如杭州。此所記者由揚入杭之事，故以“維揚”為名。《文獻通考》云：“《戊申維揚錄》一卷，無名氏。”戊申即建炎二年，當即此書也。別有《維揚巡幸記》一卷，自二月初十日以前與此本字句小異，而敍述盡同，惟無錫令任讜逸其名姓。初十日以後則至十五日而止。凡此所載，詔書悉不錄。蓋一本而傳寫互異，又有所刪竄於其間，不及此本之詳也。

維揚巡幸記一卷（浙江巡撫採進本）

不著撰人名氏。記建炎三年金兵至天長，高宗自揚州奔杭州事。起正月十三日，盡二月十五日。大意罪汪伯彥、黃潛善之苟且晏安，變生倉卒而不知。《北盟會編》一百二十三卷所載，與此本全同，亦後人錄出別行者也。

己酉航海記一卷（浙江巡撫採進本）

宋李正民撰，亦曰《乘桴記》。正民字方叔，揚州人。政和二年進士，高宗時官至中書舍人，徽猷閣待制。建炎三年己酉七月，高宗在金陵，聞金兵深入，遂趨平江，歷越州、明州。十二月乘舟航海，避兵台、溫之間。正民時以中書舍人從行，按日記駐蹕之所。蓋起居注體也。正民尋奉使通問隆祐宮，故所記止於四年正月二十一日,蓋非完稾。《北盟會編》一百三十四卷、王明清《揮麈三錄》第一卷皆全載其文。明清記尤衺謂高宗東狩四明,數月之閒,排日不可稽考。後於茂苑得此書,所記頗備。蓋當日國史實藉此書考定矣。

燕雲錄一卷(浙江巡撫採進本)

宋趙子砥撰。子砥以宗室子官鴻臚寺丞。靖康丁未,隨二帝北行。建炎戊申遁還,持徽宗御札,謁高宗於揚州,仍命以故官。子砥在金,嘗密刺其國事,備知情狀,又與續歸之楊之翰互相參證。所述金事,一曰陷沒宗室從官,二曰陷沒百姓,三曰金人族帳所出與設官之實,四曰政事之紀,五曰虛實之情,六曰南北離潰之情。皆據所見聞,與《金史》或同或異。惟其末稱"金人必不可和"[1],則其後驗如操券,可謂真得其虛實矣。

【彙訂】

①"惟",殿本作"至"。

建炎復辟記一卷(江蘇巡撫採進本)

不著撰人名氏。《書錄解題》亦不知為何人作。但稱其敘苗傅、劉正彥事始末[1],文頗繁冗[2]。末敘世忠戰功特詳,疑即韓氏之客所為。理或然歟[3]?

【彙訂】

①"記苗、劉作難至復辟事"乃《直齋書錄解題》卷五中上一條《渡江遭變錄》之解題文字。(朱家濂:《讀〈四庫提要〉劄記》)

②"文",殿本作"亦"。

③ 魏了翁《鶴山先生大全集》卷六一《跋鄭忠穆公家問遺事》:"敘南守鄭君繼道以其大父忠穆公手澤及遺事一編《建炎復

辟記》,屬了翁識其末。"鄭忠穆公即鄭毅,在苗傅、劉正彦事中起了重要作用。此書殆其孫鄭繼道所作歟? (董運來:《〈四庫全書總目〉補正十則》,情)

紹興甲寅通和錄一卷(浙江范懋柱家天一閣藏本)

宋王繪撰。紹興四年,以和議未成,遣魏良臣如金,繪副之。是時金軍壓境,朱勝非尚主和議,趙鼎頗不以為然。良臣等行至天長,僅達國書而還。繪因備錄其事,蓋鄙勝非等之無謀也。繪父名仲通,宣和中為平海軍承宣使。以書抵蔡攸,力言用兵有十不可,其書附載卷末。蓋其父子皆有度時之識云。

順昌戰勝錄一卷(浙江鮑士恭家藏本)

宋楊汝翼撰。紹興十年劉錡順昌之戰,汝翼適在軍中,因紀其事。末附順昌倅汪若海劄子,所言亦大概略同。

淮西從軍記一卷(編修程晉芳家藏本)

不著撰人名氏。據書中所言,蓋劉錡幕客也。敘錡自紹興十年春赴東都留守,中途戰於順昌。十一年戰於柘皋。及張俊、楊沂中濠州之敗,錡全軍得歸事。

回鑾事實一卷(編修程晉芳家藏本)

宋万俟卨撰。卨,事蹟具《宋史》本傳。紹興十二年,宣和太后至自金。卨新為參知政事,紀事獻頌,稱為千載一時之榮遇。蓋貢諛之詞,非其事實也。

采石戰勝錄一卷(編修程晉芳家藏本)

宋員興宗撰。興宗字顯道,仁壽人。未第時,讀書九華山,因以自號。用薦,除教授。召試,擢著作郎,國史編修,實

錄院檢討。乾道中疏劾貴倖，中讒奉祠去，僑居潤州以終。所
著《辯言》及《九華集》，歲久散佚，近始從《永樂大典》採摭成
帙。惟此書世有傳本，所記乃虞允文督師江上，拒金海陵王之
事①，大致與史文相出入。《永樂大典》亦載之，題曰《采石大戰
始末》，而冠以"九華集"字。蓋其集中之一篇，後人析出，別立
此名也。

【彙訂】

① 殿本"拒"下有"破"字。

南渡錄二卷竊憤錄一卷（編修汪如藻家藏本）

此二書所載，語並相似。舊本或題無名氏，或並題為辛棄疾
撰。蓋本出一手所偽託，故所載全非事實①。按金太宗建號天
會，十三年崩。熙宗襲舊號，兩年乃改元，故天會止於十五年。
天輔乃金太祖年號，止於七年。此錄既誤以天輔為太宗年號，又
妄謂天輔十七年改元天眷，乖謬殊甚。金太宗生日在十月，名
"天清節"，金熙宗生日在正月，名"萬壽節"。此錄記天輔十一年
徽、欽二帝在雲州，正月值金主生日作宴。是徒聞金主生日有在
正月者，而不知朝代之不合也。金太宗天會五年三月，以宋二帝
至燕，十月徙之中京。六年七月，徙之上京。八月，以見太祖廟，
封徽宗為昏德公，欽宗為重昏侯。十月，徙之韓州。熙宗天會十
四年，昏德公薨。皇統元年，改昏德公為天水郡王，重昏侯為天
水郡公。事並見《金本紀》。是天水之封，實在徽宗歿後。此錄
乃云靖康二年五月至燕京，見金主，封太上為天水郡公、帝為天
水郡侯；後徙安肅軍，又徙雲州；天輔十一年三月，徙西漢州；十
四年，徙五國城。核以正史，無一不謬且妄。夫二帝不能死社

稷，舉族北轅，其辱固甚，亦何至卑污苟賤，如錄所云云。且金朝開國，具有規模，野利亦何至面人之祖，淫其女孫，如所謂"醜惡之聲，二帝共聞"者耶？此必南北宋間亂臣賊子不得志於君父者，造此以洩其憤怨，斷斷乎非實錄也。

【彙訂】

①　此書版本衆多，尚有《南燼紀聞》之異名，作者或題黄冀之、周煇。（張蓉：《〈南燼紀聞〉版本與作者問題續說》）

御侮錄二卷（浙江鄭大節家藏本）

不著撰人名氏。紀宋南渡後與金人搆兵及和議之事。書中稱高宗為太上皇帝，蓋孝宗時人所作。《宋史·藝文志》載此書作一卷。而此本實二卷，疑後人所分析也。書中於金人初起事蹟記載頗略。至於紹興三十二年金海陵王南侵①，及孝宗初年張浚出兵撓敗始末，則節目具詳。自乾道元年魏杞使回，和議既成以後，則不復具載。前後皆系日編次，於朝廷拜罷、禋祀諸大事，亦閒及焉。似從日曆、國史諸書節採而成。中閒如劉彦宗在遼官僉書樞密院事，國破降金，未嘗事宋，而稱為"吾叛臣"；金世宗由東京留守即位，而以為燕京，此類皆為失實。知為鄰國傳聞，不盡實錄也。

【彙訂】

①　金主完顔亮大舉南侵始於紹興三十一年九月，至十一月乙未亮被殺，金軍隨即北歸，見《宋史·高宗紀》、《金史·海陵紀》。（楊武泉：《四庫全書總目辨誤》）

重明節館伴語錄一卷（永樂大典本）

宋倪思撰。思有《班馬異同》，已著錄。此書據《永樂大典》

標題，乃思《承明集》之一篇。蓋紹熙二年七月，金遣完顏兗、路伯達來賀重明節，思為館伴。因紀一時問答之詞、餽送之禮。考宋制，凡奉使、伴使皆例進語錄於朝。馬永卿《嬾真子》記蘇洵與二子同讀富鄭公《使北語錄》，則自北宋已然。此其偶存之一也。時金强宋弱，方承事不遑，而序謂北人事朝廷方謹，遣使以重厚為先，已為粉飾。其他虛夸浮誕，不一而足。上下相欺，苟掩耳目，亦可謂言之不怍矣。

正隆事迹記一卷（兩淮鹽政採進本）

宋張棣撰。棣始末無考。書中但稱“歸正官”，蓋自金入宋之後，述所見聞也。所記皆金海陵煬王之事。始於初立，終於瓜州之變，凡十有二年。煬王凡三改元，但稱正隆，要其終也。大抵約略傳聞，疏漏殊甚。末附錄世宗立後事數條，亦殊草略。不足以為信史也[1]。

【彙訂】

[1] 此書記載海陵興兵到敗亡的一系列重大事件與正史所載相印證，不為虛造。（景新強：《〈四庫全書存目叢書〉宋代雜史研究》）

金圖經一卷（兩淮鹽政採進本）

一名《金國志》。自京邑至族帳、部曲，凡十七門。陳振孫《書錄解題》曰：“淳熙中歸正人張棣撰，記金事頗詳。”振孫又言：“又一卷，不著名氏，似節略張棣書。其末又雜錄金主亮以後事。”此本僅一卷，不著棣名[1]，疑即陳氏所稱節本也。

【彙訂】

[1] “著”，殿本作“署”。

燭王江上錄一卷（兩淮鹽政採進本）

不著撰人名氏。敘宋內侍梁漢臣為金人所得，謀欲弱金事。所載漢臣勸金主都燕山，營汴梁，開海口，進兵采石，退至瓜州，為其下所害諸事，皆首尾畢具。觀其"燭王"之稱，當為金人所撰。故虞允文拒守之事，略不一言也①。

【彙訂】

① 書中稱完顏亮曰虜主，稱宋曰大宋，顯非金人之詞。其敘虞允文拒守之事二百餘字，載《三朝北盟會編》卷二百四十三。（余嘉錫：《四庫提要辨證》）

使金錄一卷（編修汪如藻家藏本）

宋程卓撰。卓字從元，休寧人，大昌從子。淳熙十一年進士，歷官同知樞密院事，封新安郡侯。贈特進資政殿大學士，諡正惠。嘉定四年，卓以刑部員外郎同趙師喦充賀金國正旦國信使，往返凡四閱月。是書乃途中紀行所作。於山川道里及所見古蹟①，皆排日載之。中閒如順天軍廳梁題名、光武廟石刻詩句之類，亦閒可以廣見聞。然簡略太甚，不能有資考證。又稱接伴使李希道等往還不交一談，無可紀述。故於當日金人情事，全未之及。所記惟道途瑣事。世傳宋高宗泥馬渡江，即出此書所記"磁州崔府君"條下。蓋建炎之初，流離潰敗，姑為此神道設教，以聳動人心，實出權謀，初非實事。卓之所錄，亦當時臣子之言，未足據也。

【彙訂】

① "古蹟"，殿本作"故蹟"。

襄陽守城錄一卷（兩淮馬裕家藏本）

宋趙萬年撰。萬年里籍未詳。開禧二年，元兵二十萬圍襄陽，趙淳新知府事，以萬餘人禦之。自十一月至次年二月，大戰者十二，水陸攻劫者三十有四。措置多方，出奇制勝，元兵竟解去。萬年時為幕僚，詳錄其事。後附戰具諸法頗詳。惟文多殘闕，不盡可辨，為足惜耳。

誅吳錄一卷（永樂大典本）

宋張革之撰。革之字西仲，潼川人。吳曦據蜀叛，合江倉官楊巨源倡義討逆，與隨軍轉運安丙共謀誅曦。既而丙嫉其功，以計殺之。革之此書，蓋以鳴巨源之冤。自序云“時從旁目擊，懼久失其傳，因直書以詔後世”云。

丁卯實編一卷（永樂大典本）

宋毛方平撰。方平不知何許人。安丙害楊巨源，時方平為四川茶馬司幹辦公事，因作此書，大旨與張革之同。自序云：“一夫不獲，則六月飛霜；匹婦抱恨，則三年致旱。”其詞至為痛切。考郭士寧《平叛錄》，與巨源陰謀誅曦者九人，方平為首，所記當為實錄。曰“丁卯”者，曦之叛在開禧二年丙寅，而誅於三年丁卯也。陳振孫《書錄解題》作李珙撰。今檢《永樂大典》標題及序中署名均作方平，則振孫所載誤矣。

平叛錄一卷（永樂大典本）

宋郭士寧撰。士寧始末未詳。其作此書時，則與毛方平同官四川茶馬司幹辦公事也。吳曦之叛，不受偽官者，有蜀帥楊輔，瀘帥李寅仲，史次秦、范仲壬、陳咸、毛午，起義者有薛九齡，死節者有楊震仲。而陰謀誅曦者惟毛方平、李好義、李好古、楊君玉、党公濟、程夢錫、李坤辰、陳安、楊巨源等。此《錄》所載較史為詳，蓋亦表章忠義之志云。

辛巳泣蘄錄一卷（浙江吳玉墀家藏本）

宋趙與襃撰。與襃，宗室子。官蘄州司理，權通判事。寧宗
嘉定十四年，金兵圍蘄州，與襃偕郡守李誠之拒守。時朝命權殿
前司職事馮榯將兵應援，榯逗遛不進。誠之等竭力捍禦，凡二十
五日而城陷。誠之及其僚佐家屬皆死之。與襃全家十五人亦並
歿於難，僅以身免。其後事定，乃為是錄。具詳被兵始末、同時
與難諸人。朝廷褒贈誠之等勘狀、告詞，一一備錄。按，與襃，
《宋史·李誠之傳》作與裕，蓋“襃”轉為“裕”，因譌為“裕”。又載
與襃率民兵百餘人奪關外出云云，與是編所言單身出城，及於積
屍中死而復活，夜半奔從南門之語，俱有異同。且“十五人”作
“十六人”，其數亦不相合。疑十五人之數，當以自敍為據。其奪
關外出，則自敍諱之也。

使北日錄一卷（浙江巡撫採進本）[①]

宋鄒伸之撰。理宗紹定六年癸巳，史嵩之為京湖制置使，與
蒙古會兵攻金。案是時尚未建大元之號，故史仍以國名為稱。會蒙古遣
王檝來通好，因假伸之朝奉大夫、京湖制置使參議官往使。以是
歲六月，偕王檝自襄陽啟行。至明年甲午二月，始見蒙古主於行
帳。尋即遣回，以七月抵襄陽。計在途者十三月。因取所聞見
及往復問答，編次紀錄，以為此書。案《宋史·理宗本紀》，宋與
大元合圍汴京，案，此大元為史臣追書之詞。金主奔蔡州。大元再遣
使議攻金，史嵩之以鄒伸之報謝，蓋即此事。特《宋史》稱王檝來
議攻金，而此《錄》祇言通好。又《宋史》載伸之出使在紹定五年
十二月，而此《錄》實以六年六月出疆。皆當以此《錄》所紀為得
其實。時孟珙已會蒙古滅金，廷議遂欲出師取河南。蒙古復遣

王檝來責敗盟,因再進伸之二秩,遣之報謝。史載同使為李復禮、喬仕安、劉溥等,據此《錄》皆先曾副行之人。復禮假京西路副總管,溥假京西兵馬都監,仕安以東南第七正將神勁馬軍統制充防護官。其官爵亦史所未詳云。

【彙訂】

①《浙江採集遺書總錄》、《浙江續購書》皆作《使韃日錄》。(杜澤遜:《四庫存目標注》)

廣王衛王本末一卷(浙江汪啟淑家藏本)

宋陳仲微撰。仲微字致廣,高安人。嘉泰二年舉進士,調莆田尉。咸淳中為兵部侍郎。丙子宋亡,從二王入廣。目擊時事,逐日鈔錄。厓山敗,仲微遁入安南而歿。事蹟具《宋史》本傳①。其後安南國使攜此書入覲,因傳於世。文多簡略,不甚賅備。其書載入《宋季三朝政要》中,後人鈔出別行。而卷末跋語猶《政要》原文,則其失於刊削也。

【彙訂】

①《宋史》本傳云:“厓山兵敗走安南,越四年卒,年七十有二。”厓山之戰四年後為至元二十年(1283),上推七十二年,則嘉泰二年(1202)陳仲微尚未出生。雍正《江西通志》卷五一《選舉志》宋嘉熙二年(1238)進士科有陳仲微,可知《宋史》本傳與《總目》“嘉泰”乃“嘉熙”之誤。(楊武泉:《四庫全書總目辨誤》)

三朝野史一卷(兩淮鹽政採進本)

不著撰人名氏。記理、度、恭三朝軼事瑣言①,僅十有九條,疑非完本。書中附記丙子三宮赴北事,蓋亦宋遺民所作也。詞旨猥瑣,殊不足觀。

【彙訂】

① 所記實有理、度、恭、端四朝事。（寧稼雨：《中國志人小說史》）

平巢事蹟考一卷（浙江巡撫採進本）

舊本題曰宋人撰，不著名氏，曹溶收入《學海類編》。近時平湖陸烜又刊入《奇晉齋叢書》，後有烜跋，稱為元人鈔本。今考其書，即明茅元儀之《平巢事蹟考》，但删去元儀原序耳。蓋溶為狡黠書賈所紿，烜又沿溶之誤也。

碧溪叢書八卷（浙江汪汝瑮家藏本）

不著編輯者名氏。諸家書目亦不著錄。其目凡八，曰《吳武安公功績記》，記吳玠戰功。曰蔡絛案，“絛”當作“絛”。《北狩行錄》，記從徽宗入金事。曰万俟卨《皇太后回鑾事實》，記韋太后南歸事。曰《順昌戰勝錄》，記劉錡遇金兵事①。曰洪皓《松漠記聞》，記金國事。曰洪皓《金國文具錄》，記宇文虛中為金定制事。曰湘水樵夫《紹興正論》②，記不附秦檜和議人姓名。曰楊堯弼《偽豫傳》，記劉豫僭逆事。其書皆删節之本，蓋書賈從《説郛》中鈔合，偽立此名者也③。

　　案，此編以八種為一帙，應從叢書之例，入之“雜編”。然“雜編”之名，為不名一家者立也。此八種皆史之流別，故仍入之“雜史類”焉。

【彙訂】

①“劉錡”，底本作“劉琦”，據殿本改。劉錡，《宋史》卷三六六有傳。

② 據清抄本（汪汝瑮進呈原本）子目，“湘水樵夫”乃“湘山

樵夫"之誤。（杜澤遜:《四庫存目標注》）

③ "者"，殿本無。

焚椒錄一卷（內府藏本）

遼王鼎撰。鼎字虛中，涿州人。清寧五年進士，官至觀書殿學士。事蹟具《遼史·文學傳》。是書紀道宗懿德皇后蕭氏為宮婢單登搆陷事。前有大安五年自序，稱待罪可敦城，蓋讁居鎮州時也。王士禎《居易錄》曰:"《契丹國志·后妃傳·道宗蕭皇后本傳》云'性恬寡欲，魯王宗元之亂，道宗同獵[1]，未知音耗。后勒兵鎮帖中外，甚有聲稱。崩葬祖州'云云而已。《焚椒錄》所紀，絕無一字及之。又《錄》稱后為南院樞密使惠之少女[2]，而《志》云贈同平章事顯烈之女[3]。《志》云勒兵，似嫻武略，而《錄》言幼能誦詩，旁及經子[4]，所載《射虎應制》諸詩及《回心院》詞皆極工，而無一語及武事。且《本紀》道宗在位四十七年，改元者三，清寧、咸雍、壽昌，初無太康之號，而耶律乙辛密奏'太康元年十月'云云，皆牴牾不合。"按《遼史·宣懿皇后傳》雖略，而與《焚椒錄》所紀同，蓋《契丹志》之疏耳。今考葉隆禮《契丹國志》皆雜採宋人史傳而作，故蘇天爵《三史質疑》譏其未見國史，傳聞失實。又沈括《夢溪筆談》稱遼人書禁甚嚴，傳至中國者，法皆死。是書事涉宮閫，在當日益不敢宣布，宋人自無由而知。士禎以史證隆禮之疏，誠為確論。或執《契丹國志》以疑此書，則誤矣。

【彙訂】

① "同獵"，殿本作"因亂"，誤，參《居易錄》卷二六原文。《契丹國志》卷十三《后妃傳·道宗蕭皇后》作"與同射獵"。

② "后為"，殿本無。

③"贈同平章事顯烈"，殿本作"同平章事顯然"。《居易錄》卷二六原文作"贈同平章事顯然"。《契丹國志》卷十三《后妃傳·道宗蕭皇后》作"贈同平章事蕭顯烈"。

④"經子"，殿本作"經史"，誤，參此書及《居易錄》卷二六原文。

南遷錄一卷（浙江范懋柱家天一閣藏本）

舊題金通直郎、祕書省著作郎、騎都尉張師顏撰。紀金愛王大辨叛據五國城，及元兵圍燕，貞祐遷都汴京之事。按《金史》，世宗太子允恭生章宗，而夔王允升最幼。今此書乃作長子允升，次允猷，次允植。允升、允猷以謀害允植被誅，而允植子得立為章宗。世次俱不合。又稱章宗被弒，磁王允明立為昭王。磁王又被弒，立濰王允文為德宗。德宗殂，乃立淄王允德為宣宗。與史較，多一代，尤不可信。至《金史》鄭王允蹈誅死絕後，不聞有愛王大辨其人。所稱天統、興慶等號，《金史》亦無此紀年。舛錯謬妄，不可勝舉。故趙與峕《賓退錄》、陳振孫《書錄解題》皆斷其偽。振孫又謂："或云華岳所作。"岳即宋殿前司軍官嘗作《翠微南征錄》者。今觀其書所言，亂金國者章宗、大辨，皆趙氏所自出。又謂"大辨初生，其母夢一人乘馬持刀，稱南紹興主遺來"云云，蓋必出於宋人雪憤之詞，而又假造事實以證佐之，故其牴牾不合如此。或果出岳手，未可知也。羅大經《鶴林玉露》以遣秦檜南還事，見此書所載張大鼎疏而證其可信，未免好異。然《金史》所載宣宗見浮碧池有狐相逐而行，遂決南遷之計①，其事實本此書。不知元時修史者又何所見而採用之也。

【彙訂】

①《金史》未載此事。（鄧廣銘：《〈大金國志〉與〈金人南遷

錄〉的真偽問題兩論》)

南宋補遺無卷數（兩淮鹽政採進本）

舊本題古吳謝朱勝復廬撰。不知朱勝為何許人。其書稱南宋而中有宋末之語①，當為元人所作。跋語所稱丙申，蓋元成宗元貞二年，非宋理宗之丙申也。載南渡後將帥軼事，并採及詩詞書啟，於韓、岳尤詳，亦閒及靖康時事，然多他書所習見，殊鮮異聞。殆亦鈔撮宋人説部而成歟？

【彙訂】

①“其”，殿本無。

皇元聖武親征錄一卷（兩淮鹽政採進本）

不著撰人名氏。首載元太祖初起及太宗時事。自金章宗泰和三年壬戌，始紀甲子，迄於辛丑，凡四十年。史載元世祖中統四年，參知政事修國史王鶚請延訪太祖事蹟，付史館。此卷疑即當時人所撰上者①。其書序述無法，詞頗蹇拙。又譯語譌異，往往失真，遂有不可盡解者。然以《元史》較之，所紀元初諸事實，大概本此書也。史言太祖滅國四十，而其名不具，是書亦不能悉載。知太祖時事，世祖時已不能詳，非盡宋濂、王禕之挂漏矣②。

【彙訂】

① 書中所載烈祖神元皇帝、太祖聖武皇帝謚號皆至元三年所追謚，則此書必為至元三年後所撰。（錢大昕：《十駕齋養新錄》）

②“王禕”，殿本作“王禕”，誤，説詳卷四六《元史》條訂誤。

平猺記一卷（浙江吳玉墀家藏本）

元虞集撰。集字伯生，號道園，崇仁人。仕至翰林直學士，兼國子祭酒。事蹟具《元史》本傳。元統二年冬，猺寇賀州、富州。至元元年，廣西宣慰使章巴顏案巴顏，原本作伯顏，今改正。討平之。集為記其始末。後有舊跋云："此紀章巴顏平粵西猺洞事蹟，備國史之採也。而同事出師之人，不記其姓名，及上功於朝之諸臣名，以某某概之，失史家法矣。"今核其文體，乃勒石紀功之作，非勒為一書上之於史館者，故所存之槁皆闕其名姓以待填。猶之唐、宋文集，書首稱"年月日某再拜"、墓誌之末稱"某年月日葬公於某原"例耳。遽以有乖史法詆之，非也。

大狩龍飛錄二卷（左都御史張若溎家藏本）

明世宗肅皇帝御撰。嘉靖十八年二月，帝幸湖廣承天府，相度顯陵。三月，享上帝於龍飛殿，奉睿宗配。四月，還京。是編皆紀其事。上卷乃自啟行以迄回蹕，祭告郊社宗廟，及所過山川羣祀之文。下卷為前後所降敕諭，末附以龍飛殿奏告上帝樂章及途中御製賦一首、詩十六首、詩餘二首。

洪武聖政記二卷（戶部尚書王際華家藏本）

明宋濂撰。濂有《篇海類編》，已著錄。是書略倣《貞觀政要》之例，標題分記，分嚴祀事、正大本、肅軍政、絕倖位、定民志、新舊俗六類。而新舊俗下又分申禁令、覈實效、育人才、優前代、正禮樂之失、去海嶽之封、嚴宮閫之法、屬忠節之訓、剗積歲之弊九子目。濂自為序，見所作《文憲集》中①，蓋當時奏御之書也。梅純《損齋備忘錄》曰："本朝文章近臣，在洪武初，則學士宋濂，其所記當時盛美，有《洪武聖政記》。自永樂以後，則少師楊士奇，有《三朝聖諭錄》。至天順改元，則少保李賢，有《天順日錄》、《二錄》。皆近有印本，而《聖政記》獨亡，僅見其序文，惜哉！"據其所云，則此書在成化閒已無傳本，不知何以得存於今。然勘驗文義，實非贗託。或純偶未見，遽以為佚歟？然是書之不行於明代，亦可見矣②。

【彙訂】

① 宋濂《〈洪武聖政記〉序》明言全書分為"上、下卷，凡七類"，《總目》漏載《昭大分第三》。（許振興：《〈四庫全書總目〉"洪武聖政記"條考誤》）

② 《總目》卷五三著錄明霍韜編《明良集》十二卷，曰："是書所錄，凡宋濂《洪武聖政記》一卷，金幼孜《北征前錄》一卷、《後錄》一卷，楊士奇《三朝聖諭錄》三卷，楊榮《北征記》一卷，李賢《天順日錄》一卷，李東陽《燕對錄》一卷。"今傳世明嘉靖十二年刻本《明良集》第一種即為宋濂《洪武聖政記》。清同光閒胡鳳丹輯《金華叢書》本《洪武聖政記》，其《重刻〈洪武聖政記〉序》謂"從《金聲玉振集》中鈔成付梓"，而《金聲玉振集》乃袁褧於明嘉靖二十九年至三十年閒編刻。足見《洪武聖政記》絕非"不行於明代"。（同上）

庚申外史二卷（編修汪如藻家藏本）

明權衡撰。衡字以制，號葛溪，吉安人。元末兵亂，避居彰德黃華山。明初歸江西，寓居臨川以終。是書見於《明史·藝文志》者，卷目與此相合。陳繼儒嘗刻入《祕笈》，佚脫譌舛，殆不可讀。此乃別行鈔本，猶當日原帙也。所紀皆元順帝即位以後二十八年治亂大綱。時順帝猶未追謚，以其庚申年生，故稱之曰庚申帝。又《元史》亦尚未修，故別名曰《史外見聞錄》。所言多與《元史》相合。於宮庭搆煽、盜賊縱橫之事，皆能剖析端委。至於順帝誅博囉，原作孛羅，今改正。與秀才徐思奮謀之，博囉誅，思奮不受賞，逃去；及危素為權臣草詔諸事，皆他書所不載。惟其中稱順帝為瀛國公子一條，最為無稽。厥後袁忠徹著之於文集，寧王權載之於《史略》，程敏政又選忠徹之文入《明文衡》，錢謙益又引余應之詩證實寧王權之説。其端實自此書發之。蓋元之中葉，宋遺民猶有存者。因虞集草詔，有"託歡特穆爾非明宗之子"一語，遂造此言以泄其怨。明人又讎視元人，遂附合而盛傳之。核以事實，渺無可據，實為荒誕之尤，非信史也。書前別附一序，稱"洪武二年，迪簡受命訪庚申帝史事"云云，不著其姓。詳其文，乃《庚申帝大事紀》序，非此書之序，後人移綴此書中耳。考王褘《造邦勳賢錄》稱[①]："劉迪簡，宜春人，國初徵授尚賓副使。"則迪簡當為劉姓。又考黃溥《閩中今古錄》稱劉尚賓集《庚申帝大事紀》，則此序為劉迪簡《大事紀》序明矣。

【彙訂】

①"王褘"，底本作"王褘"，據殿本改。説詳卷七《學易舉隅》條訂誤。

國初禮賢錄一卷（浙江范懋柱家天一閣藏本）

舊本題明劉基撰。基字伯溫，青田人。元至順中舉進士，除高安丞，罷去。旋起為江浙儒學副提舉，再投劾歸。復辟為元帥府都事，為方國珍所搆，羈管紹興。後從石抹宜孫剿捕山寇[①]。執政者抑其功，僅授總管府判，遂棄官還里。明初聘入禮賢館，參預機密，拜御史中丞，兼太史令。又授宏文館學士，敘功封誠意伯。正德九年，追諡文成。事蹟具《明史》本傳。此書《藝文志》、《千頃堂書目》皆作基撰。然錄中所載，即明太祖任用基及葉琛、章溢、宋濂四人事，且有"基馳驛歸里，居家一月而薨"之文,則非基所作審矣。其中紀述多與史傳相合,無他異同。又基、溢皆載其卒時事,而宋濂得罪徙蜀事則無之,葉琛事蹟亦甚寥寥。蓋後人雜採成書,故詳略不同如此也。

【彙訂】

① "石抹宜孫",殿本作"舒穆嚕宜遜"。

平蜀記一卷(户部尚書王際華家藏本)

不著撰人名氏。載明洪武四年遣湯和等伐蜀,明昇出降事,後附劉基《平西蜀頌》一篇。末有袁裒跋,稱"定遠黄金《開國功臣錄》載平蜀事,於穎川侯傅友德、德慶侯廖永忠傳中甚詳,惟平章楊璟與明昇書乃詳於斯記"云。

北平錄一卷(户部尚書王際華家藏本)

不著撰人名氏。載明洪武三年徐達、李文忠分道出塞,追王保保及襲破應昌府事,紀錄頗為簡略。惟達與文忠所上二表及太祖封爵諸臣詔諭,則全篇載之。疑後人從《實錄》中鈔出者也①。

【彙訂】

① "者",殿本無。

别本北平錄一卷(浙江范懋柱家天一閣藏本)

不著撰人名氏。紀明洪武元年命徐達、常遇春等北征之事,而終以君臣鑑戒之語。其年月皆與史合。核檢其文,亦從《實錄》鈔出也。

雲南機務鈔黄一卷(户部尚書王際華家藏本)

明張紞編。紞字季昭,富平人①。洪武初,以通經舉送京師。歷官雲南左布政使，召為吏部尚書。燕王篡立，仍其故官。
後以建文時變亂祖制事詰責，紞懼自殺。事蹟具《明史》本傳。
是編乃洪武初以雲南梁王未下，命潁川侯傅友德等帥師征之②，
紞以左參政在行間。後平定雲南，紞擢布政使，留治其地。因檢
閱錄黃槁本，取前後制敕詔誥之文有關軍務者，彙為一編，藏之
文廟尊經閣。自十五年二月至二十一年七月，凡三十七篇。紞
自為之序。《明史》本傳載紞出為左參政在平定雲南之後，殆偶
未考紞此序歟③？

【彙訂】

①《國朝獻徵錄》卷二四鄭曉《吏部尚書張公紞傳》云："張
公紞字昭季，富平人。"雍正《陝西通志》卷五七上廉能人物張紞
傳，據《名山藏》引張芹《備遺錄》亦云："字昭季，富平人。"《明
史·張紞傳》、《列朝詩集小傳》甲集"張尚書紞"條亦作"字
昭季"。（楊武泉：《四庫全書總目辨誤》）

② 傅友德征雲南始於洪武十四年，應稱"洪武中"。（同上）

③ 鄭曉《吏部尚書張公紞傳》："洪武十二年冬升通政司左
參議，試左通政，十五年雲南平，出為左參政。"可知《明史》本傳
不誤。書中載洪武十九年九月二十四日，"皇帝諭雲南等處承宣
布政使司左參政張紞曰"云云，可知"平定雲南，紞擢布政使"不
確。（同上）

明高皇后傳一卷（浙江范懋柱家天一閣藏本）

不著撰人名氏。前有永樂四年明成祖與徐皇后二序，俱謂
永樂九年類輯《古今列女傳》①，以高皇后聖訓與古后妃為一卷，
而諸侯大夫、士庶人妻各為卷。徐后請以《高皇后傳》別刻之，遍

賜內外。然則此即《古今列女傳》之文而別出之者，其文則永樂初詞臣所撰也。又前有世宗致楚王書，并章聖太后誥諭楚藩一道。章聖太后即興獻后也，嘉靖七年上尊號曰慈仁。九年頒太后製《女訓》於天下。此在十年之春，蓋與所頒《女訓》同賜藩服。其時高帝、高后之諡號尚未改定，故仍前號也。其楚王即端王榮，以嘉靖十三年卒，為昭王楨之四世孫，故世宗以叔祖稱之云。

　　案此編亦傳記之類。然皇后為天下母儀，敵體人主，不可參錯諸傳記中。今變例置之於"雜史"，亦所謂禮以義起者也。

【彙訂】

　　① 據《總目》卷五八《古今列女傳》條，"永樂九年"乃"永樂元年"之誤。（杜澤遜：《四庫存目標注》）

　　漢唐祕史二卷（兩淮鹽政採進本）

　　明寧王權撰。權自號臞仙，太祖第十七子。洪武二十四年封。逾二年，就藩大寧。燕王謀反，挾之同行。為燕王草檄，約中分天下。永樂元年秋，封南昌而仍其故號。正統十三年始薨。事蹟具《明史》本傳。《傳》載此書作二卷，與今本合。權自序云："洪武二十九年，奉命纂輯，成於辛巳六月。"考是年為建文三年，權已為燕軍所劫，故不書建文年號①。而其弟安王楹跋，亦第書"歲在壬午"也。其書以劉三吾等洪武閒進講漢唐事實類次成編，故詞多通俗。其諸帝論贊，皆太祖御撰。唐末繫司馬光論，亦奉敕載入，故特題曰"欽取"。其大旨以後世之亂亡，皆推本於貽謀之不善，所論不為無理。而擇焉弗精，多取委巷之談。如高帝斬蛇，蛇後轉生王莽之類②，皆偽妄不足辨也。

【彙訂】

① 今存明建文刊本此書自序"辛巳"上鏟去二字,則原文固有建文年號也。(王重民:《中國善本書提要補編》)

②"蛇",殿本無。

奉天靖難記四卷(浙江汪啟淑家藏本)

不著撰人名氏。紀明成祖初起至即位事。蓋永樂初年人所作。其於懿文太子及惠帝,皆誣以罪惡,極其醜詆,於王師皆斥為賊。故黃虞稷《千頃堂書目》稱其"語多誣偽,殊不可信"。按建文元年十一月,成祖戰勝白溝河,上惠帝書,并移檄天下。軍中倉卒,語多可笑。《姜氏祕史》所載,最得其真。是書於上惠帝書頗有刪潤,而移檄則置之不錄。則其文飾概可見矣。

別本洪武聖政記十二卷(浙江汪啟淑家藏本)

不著撰人名氏。其書與宋濂《洪武聖政記》同名,而載至太祖之末。又有成祖時夏元吉等進《太祖實錄》表文。卷端有浙江丁敬題語數行,稱其"繕寫古雅,疑出永樂時沈度諸人手。檢連江陳氏所藏只四卷,絳云樓所藏亦只八卷。此得一十二卷,真祕册也"云云。然其文皆鈔撮《實錄》,別無異聞。其繕寫亦鈔胥俗書,未見所謂古雅者。疑書與跋語皆書賈贗託耳。

國初事蹟一卷(浙江范懋柱家天一閣藏本)

明劉辰撰。辰字伯静,金華人。太祖起兵之初,署吳王典籤。又入李文忠幕府,建文中,擢監察御史。永樂初,李景隆薦修《太祖實錄》。後官至北京刑部左侍郎。事蹟具《明史》本傳①。此書卷首有"臣劉辰今將太祖高皇帝國初事蹟開寫"一行。後俱分條件繫,頗似案牘之詞。蓋即修《實錄》時所進事略草本也。辰於明初嘗使方國珍，又嘗在李文忠幕下，所見舊事皆真確。而其文質直，無所隱諱，明代史乘多採用之。故其文並散見於他書，轉無異聞之可取焉。

【彙訂】

①《明史》本傳：“（永樂）十四年，起行部左侍郎。”康熙《金華府志》卷一七《人物·劉辰傳》、光緒《金華縣志》卷九《人物·政事·劉辰傳》均作“行部左侍郎”。（楊武泉：《四庫全書總目辨誤》）

北征錄一卷後北征錄一卷（戶部尚書王際華家藏本）

明金幼孜撰。幼孜本名善，以字行，新淦人。建文己卯舉人，授戶科給事中①。燕王篡位後，改翰林檢討，歷官禮部尚書，兼武英殿大學士。卒諡文靖。事蹟具《明史》本傳。幼孜在永樂中，參預機務。因北征阿嚕台時扈從出塞，紀所歷山川古蹟及行營之所見聞，以成《前錄》。本傳稱：“成祖重幼孜文學，所過山川要害，輒命記之，幼孜據鞍起草立就。”又稱所撰有《北征》前、後二錄，即此本也。《前錄》自永樂八年二月至七月，《後錄》自永樂十二年三月至八月，並按日記載。其往返大綱，均與史傳相合。其瑣語雜事，則史所不錄者也。

【彙訂】

① 己卯為建文元年。然王世貞《弇山堂別集》卷四五《內閣輔臣年表》云：“金幼孜名善，以字行，江西新淦人。由洪武庚辰進士。”庚辰即建文二年，明人避忌稱洪武庚辰。《明史·金幼孜傳》亦云：“建文二年進士。”雍正《江西通志》卷七四《金幼孜傳》引《列卿錄》云：“建文進士，授戶科給事中。”可知金幼孜出身進

士。（楊武泉：《四庫全書總目辨誤》）

後北征記一卷（戶部尚書王際華家藏本）

明楊榮撰。榮初名子榮，字勉仁，建安人。建文庚辰進士，除翰林編修。燕王篡位後，入直內閣，更今名。歷官工部尚書，兼謹身殿大學士。卒諡文敏。事蹟具《明史》本傳。榮以永樂二十二年四月扈從北征，記其往還始末，著此書。編排月日，敍述頗詳。榆木川之事，即是役也。其事世多異説，榮所記則與史符合①。蓋史官以其帷幄之臣，身預顧命，故用以為據。然其實錄與否，亦無可考矣。

【彙訂】

①"合"，殿本無。

小史摘鈔二卷（副都御史黃登賢家藏本）

不著撰人名氏。《明史·藝文志》亦未著錄。蓋洪、永閒人所編。皆載明太祖瑣事，末附建文遺事八條。大抵多委巷之語①。如李文忠納款於張士誠、劉基死後焚屍揚灰，皆必無之事。其謬妄固不待辨也。

【彙訂】

①"語"，殿本作"説"。

史 部 九

雜史類存目二

三朝聖諭錄三卷（左都御史張若溎家藏本）

明楊士奇撰。士奇名寓，以字行，泰和人。建文中充翰林編修官。燕王篡位[①]，入內閣典機務，官至華蓋殿大學士。諡文貞。事蹟具《明史》本傳。士奇自降附燕王以後，歷事仁宗、宣宗、英宗，以功名終始。是編乃自錄其永樂、洪熙、宣德三朝面承詔旨及奏對之語。蓋仿歐陽修《奏事錄》、司馬光《手錄》之例。《明史》士奇本傳多採用之。序題壬戌十二月，為正統七年，乃士奇未卒之前二年也。

【彙訂】

① "篡位"，殿本作"篡立"。

天順日錄一卷（浙江汪啟淑家藏本）

明李賢撰。賢字原德，鄧州人。宣德癸丑進士，景泰初由文選郎中超拜兵部右侍郎，轉吏部。英宗復位，兼翰林學士，入直文淵閣，歷官華蓋殿大學士，諡文達。事蹟具《明史》本傳。是錄隨手紀載，於天順時事頗詳。史稱自"三楊"以來，得君無如賢者。然自郎署結知景帝，超擢侍郎，而所著書顧謂景帝為荒淫。今觀此《錄》，於景帝一則曰"荒淫失度"，再則曰"流於荒淫"，毀詆頗為失實。史之所譏，蓋即指此。又謂學士王文與太監王誠謀取襄王子為東宮；昌平侯楊洪不急君父之難，當寇薄宣府，驚惶無措，閉門不出，頗與正史不合。至於葉盛、岳正、羅倫諸人之事，諱而不言，其他事亦概未紀及，皆未免愛憎之見。然日久論定，是非亦曷可掩也。

否泰錄一卷（浙江范懋柱家天一閣藏本）

明劉定之撰。定之有《易經圖釋》，已著錄。初，英宗北狩，額森案，額森原作也先，今改正。乞遣報使，景帝不許。定之疏引故事以請，帝下廷議，竟不果遣。天順改元，定之由右庶子調通政使，歷官翰林學士，入直文淵閣。蓋以是疏蒙遇也。此書所記，即英宗北狩之事。自言參用楊善《奉使錄》暨錢博所述《袁彬傳》，其曰："出征之月為否卦用事之月，回鑾之年當景泰紀元之年。先以否，繼以泰，雖世運而關天數焉。"蓋所記訖於英宗初歸之時，未敘及後來丁丑復辟之事，故其立言如此。其曰"身備史官"者，正其遷右庶子時。他書引此，或作"閣老劉定之撰"者，據其所終之官言之耳。

朝鮮紀事一卷（浙江巡撫採進本）①

明倪謙撰。謙字克讓，錢塘人，徙上元，正統己未進士，官至南京禮部尚書，諡文僖。是編乃景泰元年謙奉使朝鮮頒詔紀行之作。自鴨綠江至王城，計一千一百七十里，所歷賓館凡二十有八。語意草略，無足以資考證。時朝鮮國王、世子並稱疾不迎詔，謙爭之不得，亦無如之何。蓋新有土木之變，正國勢危疑之日也。亦足見明之積弱,雖至近而令亦不行矣。

【彙訂】

① 此書在《各省進呈書目》中僅著錄於《浙江省第九次進呈
書目》與《浙江採集遺書總錄》,又見於《二老閣進呈書》,"浙江巡
撫採進本"應為"浙江鄭大節家藏本"之誤。(江慶柏:《四庫全
書私人呈送本中的鄭大節家藏本》)

南征錄一卷(浙江范懋柱家天一閣藏本)

明張瑄撰。瑄字延璽,江浦人。正統壬戌進士,官至南京刑
部尚書。是編乃天順八年瑄為廣西右布政使時,值廣西諸峒蠻
搆廣東肇、高、雷、連土寇為亂。遣左參將范信、都指揮徐寧督官
兵四千、土兵一萬討之,以瑄監其軍。瑄因述其征剿始末為此
書。始於是年正月初二日,止於三月初九日,逐日紀載①。所述
當日軍政,殊無紀律,蓋明人積弱,自其盛時已然,非一朝一夕之
故也②。

【彙訂】

①"逐日",殿本作"按日"。

②"也",殿本作"矣"。

出使錄一卷(浙江范懋柱家天一閣藏本)

一名《使北錄》。明李實撰。實字孟誠,合州人。正統壬戌
進士,官至右都御史。以居鄉暴橫,斥為民。事蹟附見《明史·
楊善傳》。景泰初,額森議和,朝議遣使報之,實時為禮科給事
中,自請行。乃權為禮部右侍郎,偕少卿羅綺往使,頗得額森要
領。及楊善再往,遂奉英宗南還。此乃所紀在漠北見英宗及與
額森辨論之語。史稱:"實謁上皇,請還京引咎自責,失上皇意。"

而《錄》中乃云：“實以上昔任用非人，當謙遜避位之理，懇切應對，上喜從之。”與史不合。蓋英宗急於求返，陽諾而陰憾之，實未之覺也。

　　東征紀行錄一卷（左都御史張若澂家藏本）

　　明張瓚撰。瓚字宗器，孝感人。正統戊辰進士，官至總督漕運左副都御史。事蹟具《明史》本傳。瓚為四川巡撫時，以播州宣慰司楊輝言，所屬夭壩干^①、灣溪寨及重安長官司為生苗竊據，率兵討平之。此書所錄，乃其自重慶啟行，迄於班師之事。起成化十二年丙申十月，終次年丁酉正月，凡一百三日。皆排日紀載，閒附以所作詩句。《明史》瓚傳載此事在成化十年，與此書互異。然此書為瓚所自記，年月必無舛誤也。《史》又稱：“瓚功名著西蜀，其後撫蜀者如謝士元輩，雖有名，不及瓚。惟夭壩干之役，或言楊輝溺愛少子友，欲官之，詐言生苗為亂。瓚信而興師，其功不無矯飾。”今觀《錄》中所記，瓚但駐於黃平，居中調度，實未督兵親行。或出於所屬之妄報，瓚不加審核^②，遽以入告歟？此則當以史文為據，不以所自記者為據矣。

【彙訂】

　　①“夭壩干”，底本作“大壩干”，據殿本及下文改。《明史》卷一七二張瓚本傳及明鈔《國朝典故》本此書均作“夭壩干”。

　　②“加”，殿本無。

　　馬端肅三記三卷（戶部尚書王際華家藏本）

　　明馬文升撰。文升字負圖，鈞州人。景泰辛未進士，官至兵部尚書，加少師、太子太師，端肅其諡也。事蹟具《明史》本傳。此三篇皆所自述。一曰《西征石城記》，紀成化初為陝西巡撫，與項忠平滿四之亂事。一曰《撫安遼東記》，紀成化十四年遼東巡撫陳鉞冒功激變，而文升奉命撫定之事。一曰《興復哈密記》，紀宏治初土魯番襲執哈密忠順王，而文升持議用兵，遣許進等討平之事。三《記》本在文升所著集中，此其析出別行之本也。

案，此三《記》皆文升所自述[①]，宜入"傳記類"中。然三事皆明代大征伐，文升特董其役耳，實朝廷之事，非文升一人之事也，故仍隸之"雜史類"焉。

【彙訂】

① "此"，殿本無。

復辟錄一卷（浙江吳玉墀家藏本）

明楊暄撰。暄字廷獻，豐城人。景泰甲戌進士[①]，官至浙江按察使。當徐有貞等奪門時，暄官御史，事皆目覩，又嘗劾曹吉祥、石亨，坐譴論戍，於二人事蹟知之尤悉。故其辨于謙、王文之被誣，石亨、曹吉祥之恣肆，皆與史合。後附李賢《天順日錄》、祝允明《蘇材小纂》、陳循《辨冤疏》、葉盛《水東日記》、王瓊《雙溪雜記》數條，蓋皆同時親與其事者。故引以為據，明所述之不誣云[②]。

【彙訂】

① 楊暄，據《明史》卷一六二、王鴻緒《明史稿》卷一四七、楊守陳《楊公瑄墓誌銘》（載《國朝獻徵錄》卷八四）、《明一統志》卷四九《南昌府人物》、雍正《江西通志》卷五三《選舉志》，其名均作"瑄"。（楊武泉：《四庫全書總目辨誤》；黃細嘉點校：《復辟錄》）

② 于謙、王文被殺在天順元年，石亨被誅在天順四年，曹吉

祥被誅在天順五年,均見《明史・英宗後紀》。而祝允明生於天順四年,見陳麥青《祝允明年譜》,王瓊生於天順三年己卯,見霍韜《王公瓊神道碑銘》(載《國朝獻徵錄》卷二四),豈能"親與其事"?《蘇材小纂》、《雙溪雜記》成書皆晚於《復辟錄》,此兩段引文當係後人所加。(同上)

　　平蠻錄一卷(左都御史張若溎家藏本)

　　明王軾撰。軾字用敬,公安人。天順甲申進士,官至南京兵部尚書,參贊機務,諡襄簡。事蹟具《明史》本傳。史稱軾於宏治十三年督貴州軍務①,討普安賊婦米魯。用兵五月,破賊砦千餘,盡平其地。是編所錄,即其奏捷之疏也。

　　【彙訂】

　　①"務",殿本脱,參《明史》卷一七二本傳。

　　北征事蹟一卷(浙江范懋柱家天一閣藏本)

　　明袁彬撰。彬字文質,江西新昌人。以錦衣衛校尉從英宗北狩。護蹕南歸,官至掌錦衣衛都督僉事,蒞前軍都督府。事蹟具《明史》本傳。是編乃憲宗初年詔詢從行事蹟,彬具述本末上之,宣付史館。書中首尾,皆用題本之式。末有成化元年七月二十二日所奉諭旨①。蓋即當時錄進本也。所述與劉定之《否泰錄》大略相似,然有《否泰錄》所載而是書闕者,亦閒有互異者。如《否泰錄》有正統十四年十一月二十三日額森遣使求索大臣迎駕,及景泰元年正月初七日英宗書至求索大臣來迎二事,此書皆未載。又《否泰錄》稱天順元年七月初一日李實、羅綺、馬顯等至額森營,十三日見英宗,而是書載在五月内,《明史》本紀則載在六月②。其他與《明史》異者,若喜寧等燒毁紫荆關,殺都御史孫祥事,此書在正統十四年九月,而《明史》則在十月。彬日侍英宗左右,其見聞當獨真,而所記與他書輒有異同。豈其書上於成化元年,距從征之年前後凡十有七載③,諸所記憶,或有疑闕歟?《千頃堂書目》載此書云“一作尹宣撰”,未知何據,似不然也④。

【彙訂】

①“二十二日”,殿本作“二十日”,誤,參明嘉靖袁氏嘉趣堂刻《金聲玉振集》本此書。

②《明史·景帝紀》景泰元年六月己亥:“給事中李實、大理寺丞羅綺使瓦剌。”同書《英宗後紀》無此記載。劉定之《否泰錄》載景泰元年,“(上)遣禮部侍郎李實、大理寺少卿羅綺、指揮馬顯與脫懽等,以七月初一日行,十一日至也先營所……十二日,遣人引實等至伯顏帖木兒營,見太上,實等拜泣問起居。”可知“天順元年”、“十三日”皆誤。(楊武泉:《四庫全書總目辨誤》)

③“有”,殿本無。

④《千頃堂書目》卷五載:“袁彬《北征事蹟》一卷。一作尹宣。”校記云:“別本‘宣’作‘直’。”《總目》誤“直”作“宣”。《金聲玉振集》本篇末題“臣尹直謹識”。(孫瑾:《〈四庫全書總目〉引〈千頃堂書目〉考校》)

正統臨戎錄一卷(浙江范懋柱家天一閣藏本)

不著撰人名氏。記明英宗北狩始末。考《明史·藝文志》有楊銘《正統臨戎錄》一卷。此書末專敘銘官職陞遷之事,當即銘所述也。銘本名哈銘,蒙古人。幼從其父為通事。至英宗北狩,銘與袁彬俱隨侍。及從帝還,賜姓楊。數奉使外蕃為通事。孝宗立,汰傳奉官,銘以塞外侍衛功,獨如故。以壽卒於官。事蹟附見《明史・袁彬傳》。此書所記，與《北征事蹟》略同，而詳悉過之。惟首尾俱作通俗語，蓋銘未必知書，當時口述，令人書之於册爾。

燕對錄一卷（浙江巡撫採進本）

明李東陽撰。東陽字賓之，號西涯，茶陵人。天順甲申進士，官至謹身殿大學士，謚文正。事蹟具《明史》本傳。是書自宏治十年三月至正德六年八月，凡召見奏對之詞，悉著於編。其中所載有數大事。若《明本紀》宏治十七年三月癸未定太廟各室一帝一后之制，此書載定制端末甚悉。蓋《禮志》中所未及詳。又考《本紀》，宏治十一年二月己巳，小王子遣使求貢，夏五月戊申，甘肅參將楊翥敗小王子於黑山。此書則載六月小王子求貢甚急，大同守臣以聞，已許二千人入貢，既而不來。六月閒走回男子報小王子有異謀，内閣具揭帖以聞。證之《本紀》，繫求貢於二月，先後差五月。又《本紀》載楊翥敗小王子在五月，則小王子之叛已在五月前矣，而此書載六月閒始報小王子有異謀，頗為不合。考《本紀》載小王子之敗在五月戊申，而六月首標己酉，次標癸亥。戊申距己酉止一日，則五月之戊申乃五月盡日，當六月閒内閣揭帖時，或猶不及聞耳。書末載正德六年四月命閲會試錄一條，八月召對禦流賊劉七、齊彦明等一條，與楊廷和所著《視草餘錄》全符，似足徵信。又考謝遷、劉健於正德九年十月致仕，楊廷和於二年十月入閣，梁儲於五年九月入閣。故是書於宏治十八年以後皆止書遷、健，至正德六年則書廷和及儲也。

平吳錄一卷（戶部尚書王際華家藏本）

不著撰人名氏。末有袁褧跋，稱此書相傳為吳文定公所撰。

案吳寬字原博,號匏菴,長洲人。成化壬辰進士第一,官至禮部尚書,諡文定。《明史》載入《文苑傳》。則所謂吳文定者,乃寬也①。《千頃堂書目》別載有黃標《平吳錄》一卷,與此書同名。其書見陸楫《古今說海》中,與此本詳略不同,截然二書。則謂此書為寬作,或亦有所傳歟?所紀皆張士誠據吳始末,起元順帝至正十三年,迄明太祖吳元年,敍述頗有條理。然亦多史所已具者。惟明初書檄之文皆全載之,則他書所未及耳。

【彙訂】

①《明史》卷一八四《吳寬傳》云:"吳寬字原博,號匏菴,長洲人,以文行有聲諸生間,成化八年(壬辰)會試、廷試皆第一。"《明史·文苑傳》無吳寬事蹟。(楊武泉:《四庫全書總目辨誤》)

史餘一卷(兩淮鹽政採進本)

不著撰人名氏。相傳為明王鏊撰。鏊字濟之,吳縣人。成化乙未進士,官至戶部尚書,文淵閣大學士①,諡文恪。事蹟具《明史》本傳。是編紀明代朝廷典故,凡四十九條。中多及正德初年事,或其致政以後所作。間附考證,署曰"五川"。五川者,常熟楊儀別號也。豈儀嘗點勘是書,隨手附注,而後人為之錄入歟②?

【彙訂】

①"文淵閣大學士",殿本作"武英殿大學士",誤,參《明史》卷一八一本傳。

②"為之",殿本無。

明政要二十卷(浙江汪啟淑家藏本)

明婁性撰。性,上饒人。成化辛丑進士,官至南京兵部武庫司郎中。《明史・馬中錫傳》所謂兵部郎中婁性與守備太監蔣琮相訐，坐除名者，即其人也。是書仿《貞觀政要》之體，編載明太祖、太宗、仁宗、宣宗、英宗五朝之事。凡四百五十二條，分類四十。弘治十六年表進於朝[①]。自稱篇目皆其父諒所定，凡歷十餘年始纂成書。所錄英宗之事，大抵在天順以後，則以正統初政之不綱也。諒字克貞，吳與弼之門人。王守仁亦嘗從之受業。事蹟具《明史・儒林傳》。

【彙訂】

[①] "弘治"，底本"弘"字缺末筆，殿本作"宏治"，均避乾隆諱。

蘇州府纂修識略六卷（浙江汪汝㻅家藏本）

明楊循吉撰。循吉字君謙，吳縣人。成化甲辰進士，官禮部主事。《明史・文苑傳》附見《徐禎卿傳》中。正德元年，以修《孝宗實錄》，禮部遣官至江南采訪事蹟。蘇州亦開局編類，而請循吉總其事。因為撮紀大略，凡分十五目，所錄皆已得旨舉行之事[①]。其奏疏、碑記等作有關時事者亦附載之，而以蘇州府公牒一通冠諸卷首。

【彙訂】

[①] "已"，殿本無。

安楚錄十卷（浙江汪啟淑家藏本）

明秦金撰。金字國聲，無錫人。宏治癸丑進士，官至南京兵部尚書，諡端敏。事蹟具《明史》本傳。是書乃其以副都御史巡撫湖廣時討平猺寇所作也。卷一為敕諭，卷二、卷三為奏疏，卷四、卷五為檄文，卷六至卷九為題贈詩文，卷十附錄《封邱〔丘〕遺事》。蓋金曾任河南左參政，禦流寇有功，土人為立生祠，併輯其詩為《天成集》，以紀金之戰績。故以類附見焉。

東征忠義錄_{無卷數}（江西巡撫採進本）

明劉昭撰。昭字仲賢，號東崖，廬陵人。宏治癸丑進士，官至嘉興府知府。正德中，昭罷官里居，寧王宸濠反，王守仁起兵討之。昭時在幕府。及事平，昭紀其始末為此書。中閒闕略頗多，而大旨在著己之長，暴王守仁等之短。所紀亦不盡實。如謂守仁往福建勘事，至吉安始知遺敕書在贛，因不赴宸濠之宴。又謂伍文定、邢珣諸人破賊時，舟中金寶俱為所得。厥後伍、謝二繡衣以得銀太多，假他事謫官云云。考守仁討宸濠，始末詳見《明史》及《陽明全集》，俱不載遺敕書事，其有無蓋不可知。至伍文定、邢珣之擄掠，當時諸璫忌守仁之功，沮其賞格，原有斯言，然究不得其確證。觀昭所記，則文定等之謗，正以昭等爭功故也。其自謂破省城時禁止殺掠，釋放脅從諸事，皆出其所畫諾。既不見於他書。又謂守仁不聽其言，奏捷疏遲，以致激怒武宗南巡，荼毒地方。不知武宗數出遊幸，諸璫皆欲邀功，親征之詔固不在奏捷之遲速也。以此歸罪守仁，是尤未免於巧詆矣。

治世餘聞二卷（浙江范懋柱家天一閣藏本）

不著撰人名氏。所記皆明孝宗時事。考《明史・藝文志》有陳洪謨《治世餘聞》四卷。此書止分上下二卷，而卷上標目又闕焉。蓋即洪謨之書，傳鈔者合併其卷帙耳。其題曰《治世餘聞錄》，“錄”字亦後人所增也。洪謨字宗禹，武陵人，宏治丙辰進士，官至兵部左侍郎。

繼世紀聞五卷（浙江范懋柱家天一閣藏本）

不著撰人名氏。據《明史·藝文志》，亦陳洪謨撰。然此書與《治世餘聞》史皆作四卷，此本乃有五卷，其第三卷僅一頁有奇，疑又為傳寫者誤分也①。其書皆記武宗時事，謂韓文等劾劉瑾，司禮監太監王岳等佐之，瑾已垂誅，李東陽黨於瑾，先期漏言，遂不可制，卒成擅權之禍，所以罪東陽者甚至。其事容或有之，至謂張綵於瑾多所匡正，反復為辨其枉，則公論具在，安能以一手掩乎？

【彙訂】

① 萬曆四十五年（1617）陳於庭《紀錄彙編》本作六卷，其第三卷與他卷同。《總目》所據乃不全之本。（李裕民：《四庫提要訂誤》增訂本）

壬午功臣爵賞錄一卷壬午功臣別錄一卷（左都御史張若湉家藏本）①

明都穆撰。穆字元敬，吳縣人。宏治己未進士，官至禮部主客司郎中，加太僕寺少卿，致仕。燕王篡立以後，封賞功臣，藏其籍於有司。正德壬申九月，穆官禮部。簡視故牘，得其名數而繕寫失次，因略加修整，編成《爵賞錄》一卷，凡三十三人。後二月復得指揮而下功賞之數，又次第為《別錄》一卷，以補前錄之闕。建文五年歲在壬午，革除以後稱洪武三十五年，次年乃改元永樂云②。

【彙訂】

① 明鈔《國朝典故》本、明萬曆刻《國朝典故》本等此書皆題作《壬午功賞別錄》。（杜澤遜：《四庫存目標注》）

② 據《明史·成祖紀一》，建文四年燕王稱帝，以是年為洪武三十五年，以明年為永樂元年。故壬午為建文四年。（楊武泉：《四庫全書總目辨誤》）

平番始末一卷（浙江范懋柱家天一閣藏本）

明許進撰。進字秀升，靈寶人。成化丙戌進士，官至兵部尚書，諡襄毅。事蹟具《明史》本傳。初，宏治七年，土魯番阿黑麻攻陷哈密，執忠順王陝巴去。進為甘肅巡撫，潛師襲復其城。致仕後，因檢閱奏櫜案牘，編為此書。嘉靖九年，其子誥疏進於朝，詔付史館。其述用兵始末及西番情事頗詳。今《明史·土魯番》、《哈密》諸傳，大略本之於此。

南城召對錄一卷（浙江范懋柱家天一閣藏本）

明李時撰。時字宗易，號松溪，任邱人。宏治壬戌進士，官至華蓋殿大學士，諡文康。事蹟具《明史》本傳。是編乃世宗親祀祈嗣壇，時與大學士翟鑾、尚書汪鋐、侍郎夏言等侍於南城御殿。召見論郊廟禮制，兼及用人賑災之事。時因錄諸臣問答之詞。史稱時"恒召對便殿，接膝諮詢。雖無大匡救，而議論多本於厚"。於是編亦略見一斑云。

南巡日錄一卷北還錄一卷（兩江總督採進本）

明陸深撰。深字子淵，號儼山，上海人。宏治乙丑進士，官至詹事府詹事，兼翰林院學士，卒諡文裕。事蹟具《明史·文苑傳》。世宗嘉靖十八年，南幸承天，相度顯陵。深時官學士，命掌行在翰林院印扈行。是編乃紀其往返程頓，自二月癸丑至四月壬子，凡六十日之事。《南巡日錄》中載有《永樂後內閣諸老歷官年月》一篇，乃得之於孫元者。深最留心史學，故隨所見而錄之云。

革除編年無卷數（浙江范懋柱家天一閣藏本）

不著撰人名氏。《浙江通志》作嘉善袁仁撰，而朱彝尊又稱陳洪謨有《革除編年》一書。《明史·藝文志》俱無之^①，未知孰是也。其書提綱列目，用編年之體，諸臣列傳即詳附目中。大致與諸書所記略同。書末終於建文四年六月己卯。自庚辰以後至乙丑破金川門，凡十日，事俱闕焉，疑殘其末數頁也。

【彙訂】

① "無之"，殿本作"不載"。

姜氏祕史一卷（浙江汪啟淑家藏本）

明姜清撰。清，弋陽人。正德辛未進士，官至尚寶司少卿。自靖難之後，建文一朝事蹟大抵遺失。是書於故案文集搜輯遺聞，編年紀載^①。至於地道出亡等事，則未嘗載及。紀錄頗見精核。案《明史稾》例議^②，辨野史所載建文元年二月燕王來朝，行御道，登陛不拜，為御史曾鳳韶所劾，以為必無之事。而是書載鳳韶劾燕王事^③，云本《吉安府志》，又證以南京錦衣百戶潘瑄貼黃冊內載："校尉潘安三月二十三日敍撥隨侍燕王還北平陸坐云云^④。據此，則來朝明矣。"第不知所云潘瑄貼黃者，果足徵信否也。又世傳王艮於成祖入城前一日，與胡靖、解縉集吳溥舍，靖、縉陳說慷慨，艮流涕而已，其後獨艮死節。是書載其事而辨之，以為艮家譜載艮以建文辛巳九月卒，上遣黃觀諭祭，未嘗及成祖之來也^⑤。其言似乎可據。然革除之際，誅鋤異己，凡效忠於建文者，皆禍及子孫。安知王氏家譜非為宗族之計，諱其死難以自全，未必遽為定論。《明史》艮傳仍用前說^⑥，蓋必有所考也。

【彙訂】

①《革除編年》與《姜氏祕史》除個別字句及少數內容稍有差異外，其餘部分幾乎完全相同，實為一書。嘉靖《浙江通志》未載袁仁撰《革除編年》，朱彝尊著作亦未載陳洪謨有《革除編年》，文集卷四五有《姜氏祕史》跋，謂弋陽姜清撰。《革除編年》建文四年五月癸未以後文字闕如。（吳德義：《四庫全書總目》糾誤兩則）

②"案"，殿本作"惟"。

③"鳳韶"，殿本作"曾鳳韶"。

④"陸"，殿本作"住"，皆誤。清初鈔本此書載："又南京錦衣衛百戶潘瑄貼黄册內載：校尉潘安（三月）二十三日欽撥隨侍燕王還北平任，坐以拿張昺功，陞職。據此，則來朝明矣。"

⑤"也"，殿本無。

⑥ 殿本"仍"前有"乃"字。

明良集十二卷（浙江范懋柱家天一閣藏本）

明霍韜編。韜字渭先，南海人。正德甲戌進士，官至太子少保，禮部尚書，諡文敏。事蹟具《明史》本傳。是書所錄，凡宋濂《洪武聖政記》一卷，金幼孜《北征前錄》一卷、《後錄》一卷，楊士奇《三朝聖諭錄》三卷，楊榮《北征記》一卷，李賢《天順日錄》一卷，李東陽《燕對錄》一卷①。韜後序但稱若宋濂、金幼孜、楊士奇、李賢、李東陽等，而不及楊榮，又序云"赴召過韶，以貽韶守臣鄭騮等"，或騮等付梓時增入《北征記》歟？

【彙訂】

① 明嘉靖十二年刻本子目同，亦僅九卷。（杜澤遜：《四庫存目標注》）

革朝志十卷（兩淮鹽政採進本）

明許相卿撰。相卿有《史漢方駕》，已著錄。是編記建文一朝君臣始末。仍用記傳之體，而以門目分褒貶。一曰《君紀》。二曰《閫宮傳》，記后妃、諸王。三曰《死難列傳》，記方孝孺等四十八人。四曰《死事列傳》，記鐵鉉等四十人。五曰《死志列傳》，記黃鉞等八人。六曰《死遁列傳》，記彭與明等十六人。七曰《死終列傳》，記王度等三人。八曰《傳疑列傳》，記王璡等十二人。九曰《別傳》，記沐春等六人。十曰《外傳》，記李景隆等二十五人。其說仍主出亡為僧，故有《死遁》一傳。其持論非不正，然革除年號，當時格於祖宗之所廢，不敢遽復，相卿不奏論於朝廷之上，而私著一書以復之，於義反有所未安矣。

維禎錄一卷附錄一卷（浙江范懋柱家天一閣藏本）

明陳沂撰。沂字魯南，號小坡，其先鄞人，徙家南京。正德丁丑進士，官至太僕寺卿，"宏治十子"之一也。《明史·文苑傳》附見《顧璘傳》中。是書雜記朝廷典章及明初故事，鈔撮而成，殊多疏略。其載景帝時英宗在南宮，有勸為不利者，帝怒，踐其疏地上。後英宗復辟，見疏有踐污蹟。詢知其言，因復景皇帝號。案景帝復號在憲宗成化初，非英宗之事，此類未免失實也。

平漢錄一卷（户部尚書王際華家藏本）

明童承敘撰。承敘字漢臣，沔陽人。正德辛巳進士，官至左春坊左庶子。是編紀太祖平陳友諒事。首載宋濂《平江漢頌》一首，次即載史臣贊一首。而以《友諒興滅本末》附於其後，謂之"外傳"。

茂邊紀事一卷（户部尚書王際華家藏本）

明朱紈撰。紈字子純，長洲人。正德辛巳進士，官至提督浙閩海防軍務，巡撫浙江右副都御史。事蹟具《明史》本傳。此書乃嘉靖十五年紈官四川兵備副使時，與副總兵何卿共平深溝諸砦番，因述其措置始末，作四六文一篇，而各以崖略分注其下。又附以紀事詩五十章，及李鳳翔《靖柔編》、王元正《平蠻或問》各一首，彭汝實等詩二十一首。末有自跋，稱“此本藏篋中二十年。及開府浙閩，憂讒畏譏，回思前事，大小一轍，乃萃為卷，錄原行文移足之。”蓋紈在閩，以嚴立海禁，為勢家所齮齕，鬱鬱不得志，故託此以致意也。卒為衆口所排，飲酖齎恨。士大夫雖漁利以自肥，然姦民得志，内外交通，海氛不靖者十餘年，生靈塗炭者數千里。仕閩、浙者咸以紈盡忠賈禍為戒，無敢復嬰衆怒者。蓋有明朝議，有朋黨而無是非，自其中葉已然矣。

革除遺事節本六卷（浙江范懋柱家天一閣藏本）

明黄佐撰。佐有《泰泉鄉禮》，已著錄。是書有列傳無本紀。《明史·藝文志》載黄佐《革除遺事》六卷，當即此書。然佐書實有本紀，其所自撰序可考。又郁衮《革朝遺忠錄》別載佐序，稱：“舊本繁文，今皆芟之，定為七卷。”是知十六卷之《革除遺事》，乃佐之全書[①]。此則佐所自節之本，通本紀為七卷。此本佚其本紀，故止有列傳六卷也。又原書如姚廣孝諸人皆別為外傳，此則不復分析，其體例亦稍不同。

　　　案，此本惟存列傳，似應入“傳記類”中。然實原有本紀而佚之，則仍以“雜史”論矣。

【彙訂】

①"十六卷全書"云云不知何據。（牛建強：《明代中後期建文朝史籍纂修考述》）

楚紀六十卷（浙江范懋柱家天一閣藏本）

明廖道南撰。道南字鳴吾，蒲圻人。正德辛巳進士，官至翰林院侍講學士，謫徽州府通判，尋復舊職。此書乃道南歸田以後為世宗而作也。世宗以興王繼統，實受封於楚之安陸府。道南大旨以為太祖平陳理於武昌，實開定鼎之基，世宗復由安陸履帝位，更啟中興之業。故以楚地為受命之符，天心所屬。博採古今，鋪張潤色，為紀十有五。曰皇運，曰國基，曰徵獻，曰懋庸，曰崇道，曰昭文，曰孚諫，曰稽謀，曰樹節，曰經變，曰考履，曰闡幽，曰登績，曰穆風，曰景則。每紀分內外，內外中又分前後。凡一人一事，與楚稍有所涉者，亦必牽引以入焉。道南於當時頗負文名①，此書亦殫十餘年精力。其末卷《景則紀》中，有《原胄》、《敘宗》、《感遇》等篇，詳述己之世系出處，仿《太史公自敘》。蓋隱然自以其書比於《史記》。然其體例蕪雜，援引附會，殊不足觀也。

【彙訂】

①"於"，殿本作"在"。

哈密事蹟一卷附趙全讞牘一卷（浙江范懋柱家天一閣藏本）

是編不題書名，亦不著撰人名氏。前載正德中土魯番侵擾哈密，及經略彭澤與王瓊搆釁事。又附載經略張海奏議一篇。後載嘉靖閒刑部議讞煽誘諳達_{原作俺答，今改正。}叛人趙全等九人奏牘。蓋明人雜鈔之殘帙也。其序瓊、澤二人事，語皆祖瓊。謂澤因靳貴、陸完納賂於錢寧以求召。後又附《通紀略》一條，則載

瓊激錢寧以傾澤。其説自相矛盾,今《明史》從《通紀》之説。其
敘趙全之事亦與《明史》無大異同,但曲折差詳。蓋讞牘之與史
傳各有體耳。

今言四卷(兩江總督採進本)

明鄭曉撰。曉有《禹貢圖説》,已著錄。此書補《吾學編》
所未備。首有薛三省序,稱此書之輔《吾學編》而行[1],猶《漢》、
《史》之外有《西京雜記》與《東觀漢記》。凡三百四十四條,其
中為憲言者十之四,為世言者十之二,為事言、品言者十之三,
為證言、術言者十之一。蓋據所見聞,隨筆記錄,古雜史之支
流也。

【彙訂】

①"之",殿本無。

雲中紀變一卷(浙江范懋柱家天一閣藏本)

明孫允中撰。案世宗時有兩孫允中。其一太原人,嘉靖癸
未進士,官至應天府丞。事蹟附見《明史·楊允繩傳》。其一即
此孫允中,魯府儀衛司人。嘉靖癸未進士,官至山西按察司僉
事[1]。嘉靖十二年,大同兵變,殺總兵官李瑾。遣總督侍郎劉源
清討之。會巡撫潘倣繫賊首以獻,請班師,而源清縱兵大掠城
下,五堡遺孽遂盡反。源清圍城久不下,詔奪其職,以張瓚代之。
未至而督餉郎中詹榮等已悉捕斬首惡,亂乃定。時議者俱以源
清用兵為非。允中前後入城撫定,并力言將士妄殺狀。為源清
所惡,以他事劾罷。黃綰奏其功,得復官致仕。因據所目擊,作
此書以紀之,大抵皆歸獄源清之詞。末題丁酉八月,乃嘉靖之十
六年也。

【彙訂】

① 檢《明清進士題名碑錄》,嘉靖二年癸未科進士僅一魯府儀衛司孫允中,同書載嘉靖二十六年丁未科進士有太原孫允中。雍正《山西通志》卷六八《科目志》載嘉靖二十六年丁未科進士孫允中,太原右衛人。(楊武泉:《四庫全書總目辨誤》)

遼記一卷(浙江汪啟淑家藏本)

明田汝成撰。汝成有《炎徼紀聞》,已著錄。是編載遼東邊事。始於洪武二年,迄於嘉靖十六年①,敘事疏略,挂漏至多。又多載未行之奏議,殊不足以資考訂。又三衛之中,惟福餘跨遼而東,泰寧已為遼西境,朵顏則大寧都司地,非遼東地矣。書中詳於朵顏,是疆域且未分明,無論記事矣。

【彙訂】

① 是書所載遼事,迄於嘉靖十七年八月。(李裕民:《四庫提要訂誤》)

龍憑紀略一卷(浙江范懋柱家天一閣藏本)

明田汝成撰。是編紀龍州土酋韋應、趙楷、李寰之亂。已見於《炎徼紀聞》中,此其摘出別行之本。

行邊紀聞一卷(浙江汪啟淑家藏本)

明田汝成撰。前有嘉靖丁巳顧名儒序。以書中所載考之,即汝成《炎徼紀聞》也,但闕後論數條。又彼分四卷,此為一卷耳。名儒序稱:"私寶前帙十載,乃出而梓之。"蓋所得乃其初槀。後汝成編次成帙,改易書名。名儒未及見之,故與《炎徼紀聞》至今兩行於世也①。

【彙訂】

① "也",殿本作"焉"。

洗海近事二卷(浙江巡撫採進本)

明俞大猷撰。大猷字志輔,晉江人。嘉靖中舉武進士,累官至都督同知①,兼征蠻將軍,進右都督,謚武襄。考《明史》大猷傳稱:"海賊曾一本者,吳平黨也,既降復叛,執澄海縣知縣②,敗官軍,守備李茂才中礮死③。詔大猷暫督廣兵協討。隆慶二年,一本犯廣州④,尋犯福建,大猷合郭成、李錫軍擒滅之。"是書乃大猷裒輯用兵之時奏疏、公牘、書札,始於隆慶二年正月,終於三年閏六月。前載譚綸、張瀚、朱炳如薦疏,後附操法及兵部覆本。並錄成功後友人賀贈之文,而終以剿林道乾諸議。卷首有大猷自序。是書論用兵委曲,較史為詳。而不先敘其事之始末,編紀年月以為提綱。雖諸篇以次編排,而端緒不一,閱之猝不能了了。蓋大猷雖通曉文翰,而於著書敘事之法則尚未習,故不能使經緯燦然,首尾該貫也。

【彙訂】

① "至",殿本無。

② "澄海縣","縣"字殿本及《明史》俞大猷本傳無。

③ "李茂才",底本作"李茂材",據《明史》俞大猷本傳及殿本改。

④ "廣州",殿本作"廣東",誤,參《明史》俞大猷本傳。

奉天刑賞錄一卷(户部尚書王際華家藏本)

自題"懶生袁子",不著其名。以《千頃堂書目》考之,蓋袁裒所撰也。其書皆紀成祖靖難時爵賞誅戮之事。多本都穆《壬午功臣錄》、無名氏《教坊錄》，復雜採《客座新聞》、《震澤紀聞》、《立齋閑錄》諸書以附益之。所載建文死事諸臣家屬被禍慘毒①，殆非人理。稱皆得於官府故牘，似不盡誣。成祖毒虐之政，至於此極。亦可證史書所載，尚未能得其什一矣。

【彙訂】

① "慘毒"，殿本作"慘酷"。

廣右戰功錄一卷（户部尚書王際華家藏本）

明唐順之撰。順之字應德，一字義修，武進人。嘉靖己丑進士，官至右僉都御史，巡撫淮揚，天啟中追謚襄文。事蹟具《明史》本傳。此錄述右江參將、都督同知沈希儀討平廣西諸蠻事。順之工於古文，故敍事具有法度，《明史》希儀本傳全採用之。惟《錄》稱希儀為臨淮人，而史稱貴縣人，稍有不同。蓋希儀世官指揮，史據其衛籍言之，而《錄》則仍書本貫也。其書已載《荊川集》中。此為袁褧摘出，錄入《金聲玉振集》者也。

建文事迹備遺錄一卷（左都御史張若溎家藏本）

不著撰人名氏。前有自序，稱"嘉靖辛卯陽月，太嶽山人書於水竹村居"。考《明史・藝文志》、黃虞稷《千頃堂書目》皆不載此書之名，不知其為何人。明人惟張居正號太岳，亦不聞有此書，莫能詳也。錄中皆紀建文死事諸臣，殊多傳聞失實。其稱太祖恒欲廢燕王，賴廷臣力諫得免。又嘗幽於別苑，不許進食，賴高后私食之，得不死。皆荒唐無稽之言，不足取信。

平濠記一卷（編修程晉芳家藏本）

明錢德洪撰。德洪本名寬，字德洪，後以字行，改字洪甫①，餘姚人。嘉靖壬辰進士，官至刑部郎中。事蹟具《明史・儒林傳》。初，王守仁之平宸濠也，其大綱具於《敘功疏》，其細目具於《年譜》。德洪受業守仁，據師友所見聞，其陰謀祕計及一切委曲彌縫之處，有《疏》及《年譜》所不詳者，因作此《記》以補之。凡黄綰所說四條，龍光所說二條，雷濟所說一條，附載德洪隨事附論者五條，又自跋一條。大旨謂寧藩之敗，由於遲留半月始發。其遲留半月，則由於守仁多設反閒以疑之。守仁在日，祕不言。守仁歿後，始得其《閒書》、《閒牌》之槀於龍光。而駕馭峒酋葉芳及陰令知縣陳冕詭漁舟以誘擒宸濠，皆當時所不盡知者云。

【彙訂】

① 殿本"字"下有"曰"字。

南泰紀略一卷(浙江范懋柱家天一閣藏本)

明尹耕撰。耕字子莘，蔚州人。嘉靖壬辰進士，官至河南按察司僉事①。明嘉靖四年，廣西土舍李寰、盧四、趙楷等煽亂，副使翁萬達以計討平之，而未蒙遷擢。耕因作是書紀其功。然書中於盧四煽九司作亂及韋應附從諸事，俱未能悉敘，未免脱略，不及《明史·張經》、《翁萬達》及《土司列傳》中載此事為詳也。

【彙訂】

①《山西通志》卷六十八"尹耕，孝義人，蔚州衛籍，河閒知府"，《畿輔通志》卷五十九："尹耕，孝義人，進士"。依《總目》體例，當著錄其原籍汾州府孝義，蔚州乃其軍籍。(胡露 周錄祥：《〈四庫全書總目〉存目補正十二則》)

處苗近事一卷(浙江范懋柱家天一閣藏本)

明李愷編。愷字克諧，惠安人。嘉靖壬辰進士，官至辰沅兵備副使。是書分征討、巢穴、哨道、轉運、調發、防守六目。蓋記洪武至嘉靖湖廣苗民叛服征剿之事。

革除遺事十六卷（浙江范懋柱家天一閣藏本）

明符驗撰。驗字大充，號松巖，黃巖人。嘉靖戊戌進士，官至廣西按察司僉事。此書卷首有驗序，稱"泰泉欲修國史之闕，出檇李郁氏本，俾覈訂為十六卷，以復於泰泉"。泰泉者，黃佐之別號。蓋驗此書，實因嘉興郁袞舊本而修緝之，肇其議者則黃佐也。又有一序，舊本題為郁袞作，其文與《黃佐集》中所載此書之序正同。蓋傳寫者誤題袞名。袞書有傳無紀，此書則列傳十卷、外傳一卷，冠以本紀五卷，截然兩書，不容移甲為乙。別本或兼題佐名。考"中書徐妙錦"一條，佐集載之，題曰《徐妙錦傳》，然則佐亦潤色其間矣。朱彝尊嘗謂黃佐《革除遺事》與當時紀建文事諸書，皆不免惑於《從亡》、《致身》二錄。蓋於虛傳妄語，猶未能盡加芟削云。

安南奏議一卷（左都御史張若溎家藏本）

不著撰人名氏。嘉靖中，安南莫登庸篡國，國主之孫黎寧遣其臣鄭惟僚等赴京告難，乞興師問罪。廷議請討之，眾論不一，已而中罷。至十七年，詔申前議，以咸寧侯仇鸞總督軍務，兵部尚書毛伯溫為參贊，剋日進師。而兩廣總督張經上疏，頗以為難。兵部不能決，奏請廷議。議上，帝責諸臣不能協心謀國，復罷不行，而留鸞、伯溫別用。是書所載乃兵部尚書張瓚等會題疏槀及所奉詔旨也。

議處安南事宜一卷（左都御史張若溎家藏本）

不著撰人名氏。嘉靖十八年，復命仇鸞、毛伯溫征安南。伯溫抵廣西，傳檄諭意。莫登庸自至鎮南關請降，伯溫承制赦之，馳疏以聞。詔改安南國為安南都統使司。此本列伯溫原疏、兵部揭帖及詔旨一通,而兵部議覆疏未載,疑尚有所闕佚也。

伏戎紀事一卷(浙江鮑士恭家藏本)

明高拱撰。拱有《春秋正旨》,已著錄。拱在內閣時,值俺達之孫巴罕孛吉原作把漢那吉,今改正。率衆來降。拱決策脅俺達內附,且定封貢、互市諸約。因記其前後本末為此書。考之《明史》,巴罕孛吉既降,總督王崇古上言,宜給官爵,豐館餼,飾輿馬,以示諳達。諳達急則使縛送諸叛,不聽即脅誅巴罕牽沮之,又不然,因而撫納。據此,則封巴罕以脅諳達,乃崇古先主其計,拱第力贊成之。而此書乃謂己先定計,遺書崇古,使之奉行,與史不合。又《明史》本紀謂高拱及張居正同主是議,居正本傳亦同,而是書乃略不及居正,亦可見拱之矜功自伐,其所紀未足盡憑也①。

【彙訂】

①“其”,殿本無。

靖夷紀事一卷(河南巡撫採進本)

明高拱撰。隆慶四年,貴州土司安國亨與安智相讎殺,撫臣以叛聞。拱因推太僕寺少卿阮文中為巡撫①。文中意欲剿之,拱議遣給事中賈三近往勘。國亨聽命,遂平其亂。拱因著是篇,以紀其事。

【彙訂】

①“寺”,殿本無。

綏廣記事一卷(河南巡撫採進本)

明高拱撰。時廣東久遭寇亂,拱自錄其在內閣時籌畫地方事宜奏疏，及與人往復書札。書頗多自矜語，如《答殷士儋書》"非公在彼，孰能經略；非僕在此，孰能主張"諸語，則其沾沾自喜，已見於此。宜其不獲以功名終也。

防邊紀事一卷（河南巡撫採進本）

明高拱撰。拱於隆慶四年再入内閣，兼理吏部①。時邊事孔棘，拱有議添設協理戎政侍郎及議處邊鎮諸疏，彙為此書②。其所條畫利害，多與《明史》相合。

【彙訂】

①《明史·高拱傳》："（隆慶）三年冬，帝召拱以大學士兼掌吏部事。"同書《穆宗紀》、《宰輔年表》所載同，時間均在隆慶三年十二月。《提要》作"隆慶四年"，誤。（楊武泉：《四庫全書總目辨誤》）

② 高拱再入閣後，《明史》本傳云："又以時方憂邊事，請增置兵部侍郎，以儲總督之選。由侍郎而總督，由總督而本兵，中外更番，邊材自裕。"此與"協理戎政"非一事。戎政府始置於嘉靖二十九年，長官為"總督京營戎政"，由勳臣一員任之（其後太監亦任之）。副長官為"協理京營戎政"，由文臣一員（多為兵部侍郎）任之，見孫承澤《天府廣記》卷十九戎政府條。京營戎政任務是保衛京師，並非邊防。高拱所議實為增置備邊鎮總督之選的兵部侍郎。（同上）

平倭錄無卷數（江蘇周厚堉家藏本）

不著撰人名氏。紀明任環平倭事蹟。萬曆中，吏科給事中翁憲祥、巡撫陝西監察御史吉人重刊。憲祥作前序，人作後序，亦不言為誰所作也。嘉靖癸丑，倭寇由越入吳，環時為蘇州府同

知,力戰殲之。以功晉山東布政司參政,卒贈光祿卿。是編首
《乞歸終制疏》,蓋環用兵時適丁生母艱,事平因上此疏。次錄諭
祭碑文誌銘及其孫可復所錄事蹟,又以環所著詩文簡牘名《山海
漫談》並列之。末又附後人歌頌詩文,合為一帙。編次叢雜,漫
無體例。海虞陳禹謨《說儲》載"環方出兵時,以《靈棋經》占得益
友卦。其繇曰:'客有王孫,來叩我門,語我福慶,往得蒙恩①。'
薄暮,常熟王公鈇果叩門②,遂決策進兵,我師大克"云云,而此
錄無之。蓋小說附會之談,不足據也。

【彙訂】

①"往",底本作"主",據《靈棋經》卷上原文及殿本改。《說
儲》未載此文。

②"鈇",底本作"鐵",據殿本改。王鈇,《明史》卷二百九十
有傳。

世廟識餘錄二十六卷(浙江巡撫採進本)

明徐學謨撰。學謨有《春秋億》,已著錄。是書乃其歸田以
後所作,記嘉靖一代之事。學謨練習典故,於《世宗實錄》多所駁
正。如謂瑞州知府宋以方為宸濠所殺,而國史誤稱赴水死;謂汪
鋐通李資坤賄,曲媚張孚敬,國史以為內行修潔者不足信;謂仇
鸞之戮由徐階密揭,作史者不及知;謂楊繼盛劾嚴嵩疏中顯指陸
炳,國史以私沒其姓名;謂郭希顏雖以邪說取死,亦由嚴嵩傾陷,
史臣評駁,稍涉苛刻;謂沈坤以桀驁被劾,國史曲為辨雪,未免黨
護;謂任環忠義之士,能遇賊直前,國史謂其俘斬甚衆,亦為失
實;謂抗御史黃廷聘之陳安,乃湘潭知縣,國史誤記為衡山;謂議
禮諸臣互有得失;謂郭郧專權驕恣而能不受饋遺,未嘗無一節可

取，均與史臣所記互有異同。然學謨在世宗時嘗為禮部祠祭司郎中。第十九卷中載拒王金之賂及抑昚義金事，所云郎某者，即學謨自謂。又學謨為荊州知府，以拒景王徵沙市地租事得罪，第二十四卷中亦具載之，稱"沙市本不在景王所給莊田之數，王上疏密竄入其中，司農莫之省，獨學謨執不肯與"云云。皆自述所長，明標簡牘。劉知幾《史通・敍傳篇》謂："揚雄以降，其自敍也，始以誇尚為宗。身兼片善，行有微能，皆剖析具言，一二必載。豈所謂憲章前聖，謙以自牧？"繩以是義，殊於體例有乖。又趙文華之攘功卸罪，構陷張經，其事炳然在人耳目。而學謨以為史臣所記，過甚其詞。亦不免恩怨之私，未孚公論也。

　　西南紀事六卷（江蘇巡撫採進本）

　　明郭應聘撰。應聘字君賓，莆田人。嘉靖庚戌進士，官至南京兵部尚書，諡襄靖。事蹟具《明史》本傳。粵西"府江，上起陽朔，下達昭平，亙三百餘里。諸猺夾江而居，怙險剽竊。隆慶四年，攻圍荔浦①、永安府。應聘代殷正茂為巡撫，集漢、土兵六萬征之，三閱月悉定。"又討平懷遠、陽朔、洛容、上油、邊山五叛猺，尋以憂歸。因錄其攻取之略，以成是書。其刊版則萬曆八年復起巡撫廣西時也。所言與《明史》應聘本傳及《李錫傳》大略相符。

【彙訂】

　　①"荔浦"，殿本作"節浦"，誤，參《明史》卷二二一郭應聘本傳。

　　交黎撫剿事略五卷（浙江汪啟淑家藏本）

　　明方民悅撰。民悅，麻城人。嘉靖乙未進士，官至廣東按察

司副使。嘉靖二十八年,安南范子儀及瓊州黎那燕入寇。時歐
陽必進方總督兩廣,檄都指揮俞大猷等討平之。民悦述其始末
為此書。卷一為地圖,卷二至卷四為奏疏,卷五為公移。案《明
史·俞大猷傳》,是役皆大猷之力。以嚴嵩薄其賞,不得敘。民
悦專歸功於督府,亦非事實也。

召對錄一卷(内府藏本)

明申時行撰。時行有《書經講義會編》,已著錄。此書乃記
萬曆十三年五月迄十八年七月召對之語。時行時為首輔,六年
中凡召對九次。當神宗怠政之際,君臣否隔,萬事叢脞,時行不
能匡救,乃反謂孝宗後此典久廢不舉,至是復行,沾沾誇為盛事,
過矣!

平夷功次錄一卷(浙江汪啟淑家藏本)

明焦希程編。希程榜姓周,象山人。嘉靖辛丑進士,官至貴
州兵備副使。希程在四川時,值宜賓夷人作亂,巡撫張臬檄希
程剿平,因彙刻當時部檄以成此書①。

【彙訂】

①“部檄”,殿本作“書檄”。

嘉靖倭亂備鈔二卷(兩淮鹽政採進本)

不著撰人名氏。始嘉靖二十三年日本入貢,終於四十五年閏
十月。凡倭之搆亂以及平戢始末,皆載之。大旨謂倭亂始於謝氏
之通海,成於嚴嵩之任用非人,功罪顛倒。所言比正史為詳。

瀛艖談苑十二卷(左都御史張若淮家藏本)

舊本題釣瀛子撰。不知何許人。所紀故事至弘治而止①,

所紀年號至正德而止，蓋在嘉靖以後矣。其體例仿佛李心傳《建炎以來朝野雜記》，多紀明代典章。分目編次，無所論斷，大致與史傳相出入。

【彙訂】

①"弘治"，底本"弘"字缺末筆，殿本作"宏治"，乃避乾隆諱。

平黔三記一卷（浙江范懋柱家天一閣藏本）

不著撰人名氏。記明洪武中傅友德等平雲南暨正統中王驥平麓川、嘉靖中呂光洵平武定三事。末署"隆慶庚午十月①，點蒼山人書於玉屏精舍"，蓋雲南人所為。其題曰"平黔"者，以雲南亦黔中地，故稱之耳。三《記》雖並列，而意則在於表彰呂光洵之功。光洵字信卿，浙江新昌人。嘉靖間巡撫雲南。其誅鳳繼祖事在嘉靖四十五年，《明史》及《雲南通志》載之甚詳。此書前有張元忭、鄔璉二序。張元忭之父與鄔璉皆嘗在軍中，親贊其策，所言不容有誤。而元忭序作於辛未，鄔璉序作於壬申，正當書成之時。序中亦言不知出誰手。蓋當時光洵以人言去位，同事者相繼褫謫，其功抑而不揚。是書獨紀實不諱，故有所避而不敢言也。考《明史·藝文志》、《千頃堂書目》俱載趙汝謙《平黔三記》一卷，則是書實汝謙所著②，而隱其名者爾③。

【彙訂】

①"署"，殿本作"書"。

② 明刻《名臣寧攘要編》本此書題"大理趙汝濂著"，《千頃堂書目》、《明史·藝文志》皆誤作趙汝謙。（杜澤遜：《四庫存目標注》）

③"者",殿本無。

使琉球錄二卷（浙江巡撫採進本）

明郭世霖撰。據《浙江遺書目錄》稱："世霖,永豐人,官吏科給事中。"而《類姓登科考》載①:"嘉靖癸丑進士郭汝霖,永豐人,官至南京太僕寺卿。"當即其人,特譌"世"為"汝"耳②。萬曆中,蕭崇業《使琉球錄》稱陳侃、郭世霖二《錄》,其明證也。初,嘉靖十一年,命吏科左給事中陳侃、行人高澄册封中山王尚清。侃述其事為《琉球錄》,自為之序。至嘉靖三十七年,又遣世霖與行人司行人李際春册封中山王尚元。世霖因取侃舊本,綴續成編,所言大略與《明史·琉球傳》合。惟每條列原錄於前,而附所續於後,皆以"霖按"二字冠之。似乎考訂舊聞,實則鋪敍新事,於體例殊未協也。

【彙訂】

①"而",殿本無。

②《明史·外國琉球傳》云:"(嘉靖)三十六年,貢使來,告王尚清之喪。先是,倭寇自浙江敗還,抵琉球境。世子尚元遣兵邀擊,大殲之,獲中國被掠者六人,至是送還。帝嘉其忠順,賜賚有加,即命給事中郭汝霖、行人李際春封尚元為王。至福建,阻風未行。"《明史》其他卷中亦作郭汝霖。清雍正《江西通志》卷七九載:"郭汝霖字時望,嘉靖進士。官吏科給事⋯⋯以南太常卿乞歸。"浙江圖書館存明萬曆二十五年郭汝霖《石泉山房文集》十三卷家刻本,其詩集部分多首詩與出使琉球有關。而郭世霖無使琉球事蹟見載於《明史》及地方史志。(王菡:《〈重修使琉球錄〉的刻本及其作者》)

卷五四

史 部 十

雜史類存目三

平播始末二卷（江西巡撫採進本）

明郭子章撰。子章有《蠙衣生易解》，已著錄。萬曆間，播州宣慰使楊應龍叛。子章方巡撫貴州，被命與李化龍同討平之。化龍有《平播全書》，備錄前後進剿機宜。子章亦嘗有《黔記》，頗載其事。晚年退休家居，聞一二武弁造作平話，_{案《永樂大典》有“平話”一門，所收至夥，皆優人以前代軼事敷衍成文而口說之①}。左袒化龍，飾張功績，多乖事實。乃倣記事本末之例，以諸奏疏稍加詮次，復為此書，以辨其誣。

【彙訂】

① “敷衍成文”，殿本作“衍為俗語”。

平播全書十五卷（副都御史黃登賢家藏本）

明李化龍撰。化龍字于田，長垣人。萬曆甲戌進士，歷官兵部尚書，諡襄毅。事蹟具《明史》本傳。播州楊氏，自唐乾符中據有其地，歷二十九世，八百餘年。萬曆初，楊應龍為宣慰使，恃險作亂。詔起化龍巡撫四川，尋進總督四川、湖廣、貴州軍務，進討平之,以其地置遵義、平越二府。因裒軍中前後文牘,編為是書。前五卷為進軍時奏疏,六卷為善後事宜奏疏,七卷為咨文,八卷至十一卷為牌票,十二卷至十四卷為書札,十五卷為評批,為祭文。明代用兵,大抵十出而九敗,不過苟且以求息事,而粉飾以奏功。惟平播一役,自出師至滅賊,凡百有十四日,成功頗速。史稱化龍是役可與韓雍、項宗垿。其出師次第雖載其大綱,而情形曲折則不及此書之詳。具錄存其目,亦足資參考也。末有萬曆辛丑四川布政使參議王嘉謨後序,稱身在軍中,備見行事。蓋所言猶為實錄云①。

　　案,此書雖載文而不紀事,然其文全為平定播州而作,實具斯一事之始末。其載文即紀事也。又雖冠以奏疏②,而僅三之一,不可入"奏議"。雖出一人之手,而大抵書記吏胥之所為,不可以入"別集"。故從其本事,入之"雜史類"焉。

【彙訂】

① "明代用兵"至"蓋所言猶為實錄云",殿本無。

② "奏疏",殿本作"奏議"。

建文朝野彙編二十卷(兩淮馬裕家藏本)

明屠叔方撰。叔方,秀水人。萬曆丁丑進士,官至監察御史。其書分遜國編年、報國列傳①、建文傳紀、建文定論諸目,蓋雜採野史傳聞之說,裒合成編。大抵沿襲譌傳,不為信史。至摭典故輯遺之謬說,謂宣宗為惠帝之子,尤無忌憚矣。

【彙訂】

① "報國列傳",殿本作"遜國列傳",誤,參明萬曆刻本

此書。

明祖四大法十二卷（内府藏本）

明陳棟如撰[1]。棟如字子極，無錫人。萬曆戊戌進士，官至太僕寺少卿。事蹟附見《明史·馮應京傳》。是書乃其自襄陽推官下獄釋歸時所輯。以明太祖事實分心法、治法、祀法、兵法四門，皆於《寶訓》、《實錄》中擇其有關政體者，分條類載。蓋本宋濂《聖政記》而擴充之。然配隸多未切合，詳略亦往往失中，不足以資檢核也。

【彙訂】

[1] 明萬曆四十二年刻本作《皇祖四大法》十二卷，題"江東臣何棟如謹輯"。《明史·馮應京傳》亦作何棟如。（杜澤遜：《四庫存目標注》）

蕭皇外史四十六卷（内府藏本）

明范守己撰。守己字介儒，洧川人。萬曆甲戌進士，官至按察司僉事。是編記明世宗一代朝政，編年系月，立綱分目，頗見詳備，而詞近瑣碎[1]，不合史體。當時南京書坊嘗刻其節本，附雷禮《大政記》以行[2]。此則其全書也。

【彙訂】

[1] "詞"，殿本作"時"。

[2] 與《大政記》合刻之本文句有增，有刪，有改，則非節本，實為修訂本。（王重民：《中國善本書提要》）

聖典二十四卷（山東巡撫採進本）

明朱睦㮮撰。睦㮮有《易學識遺》，已著錄。是書紀太祖開國事蹟，分八十一目。仿《貞觀政要》之體，視宋濂《洪武聖政記》

所載較詳。

　　倭患考原二卷（兩淮鹽政採進本）

　　明黃俣卿撰。自題曰閩人，其始末未詳。俣卿以嘉、隆閒福建瀕海郡縣嘗被倭患，故為是書以推其致禍之由。上卷溯洪武初年遣使通倭，終萬曆初廣賊林鳳之亂。下卷恤援朝鮮，則紀宋應昌、楊鎬東征事也。卷末附以《倭俗考》，其中所載閩事居多。草野傳聞，殊為簡略。

　　典故紀聞十八卷（浙江吳玉墀家藏本）

　　明余繼登撰。繼登字世用，號雲衢，交河人。萬曆丁丑進士，官至禮部尚書，諡文恪。事蹟具《明史》本傳。是編雜記前明故事[1]，自洪武迄於隆慶。然其“帝曰”云云之屬，多屬空談，大抵皆記注、實錄潤色之詞。亦頗及瑣屑雜事，不盡關乎政要。如太祖攻婺城時，見五色云，無論其事真偽，總不在法戒之列。又如成祖時靈邱〔丘〕民一產三男[2]，有司議給廩至八歲，成祖命給至十歲。亦細故不足毛舉也。

　　【彙訂】

　　①“前明”，殿本作“前朝”。

　　②“民”，底本作“氏”，據明萬曆王象乾刻本此書卷七原文及殿本改。

　　使琉球錄二卷（浙江汪啟淑家藏本）

　　明蕭崇業、謝杰同撰。崇業，雲南臨安衛人。隆慶辛未進士，官至右僉都御史，提督操江。杰，長樂人。萬曆甲戌進士，官至戶部尚書，總督倉場。萬曆七年，崇業為戶科給事中，杰為行人司行人，奉使往封琉球國世子尚永為中山王。是年六月，渡海抵其國，十月還閩。因記其行事儀節及琉球山川風俗為此書。大抵本嘉靖十三年陳侃、四十年郭世霖二《錄》而稍潤益之。《明史·藝文志》載謝杰《使琉球錄》六卷。此本止分上、下二卷，檢勘並無闕佚，殆"六"字為傳寫之誤歟？

乙未私志一卷（浙江范懋柱家天一閣藏本）

明余寅撰。案明有兩余寅。其一字仲房，歙縣人，與徐渭、沈明臣俱入胡宗憲幕中。《明史》附見《徐渭傳》中。此余寅鄞縣人，本字君房，晚年改字僧杲。萬曆庚辰進士，官至太常寺少卿。萬曆二十三年乙未冬，帝以軍政失察，貶科道官三十餘人，九卿力諫不納。既而惡大學士陳于陛論救，復命改謫遠方。吏部尚書孫丕揚等再抗疏諫，帝益怒，盡除其名。寅因作此書，紀其本末及貶削諸臣姓名。案《明史·陳于陛傳》載此事作"兩都言官"，而《孫丕揚傳》則作"南京言官"，微有不同。據寅所紀，乃北京科道耿隨龍等、南京科道伍文煥等，與《于陛傳》相合。知《丕揚傳》中"南"字，以與"兩"字形似而譌也。

馭倭錄九卷（浙江巡撫採進本）

明王士騏撰。士騏字冏伯，太倉人，尚書世貞子。萬曆己丑進士[①]，官至吏部員外郎，坐妖書逮獄削籍。《明史·文苑傳》附載世貞傳末。是編乃其為兵部主事時採明一代倭寇事蹟，起洪武元年，訖萬曆二十四年。凡當時所奉詔旨及諸臣章奏並中外戰守方略，案年編紀，本末頗具。自序以為薛浚《考略》、王文光《補遺》、鄭若曾《籌海圖編》多取野史為證，往往失真，故所錄皆就國史中拈出。然當時奏報亦多掩敗為功，欺蔽蒙飾，國史所載，正未必盡為實錄也。

【彙訂】

① "己丑"，殿本作"乙丑"，誤。《明史》卷二八七《文苑三·王世貞傳》載："世貞子士騏，字同伯，舉鄉試第一，登萬曆十七年進士，終吏部員外郎，亦能文。"據《明清進士題名碑錄》，王士騏乃萬曆十七年(1589)己丑科二甲第三十一名進士。

建文書法儗五卷（江蘇巡撫採進本）

明朱鷺撰。鷺字白民，吳縣人。其書作於萬曆乙未詔復革除年號之時①。蓋欲上之於朝以補國史，故稱曰"儗"，而署名自稱曰"臣"。其書前編一卷，紀惠帝初生至為太孫時事。正編二卷，記惠帝在位四年事，體例全仿朱子《通鑑綱目》。附編二卷，則雜錄明人之論述。卷首冠以《頌聖德》十條，紀明歷朝恩待惠帝君臣之旨；《述公論》六條，紀歷朝請復革除年號之奏章；《儗書法》十六條，則自敍其紀事之例。其論惠帝之失，惟在削宗藩，變祖制，持論未嘗不正。惟行遯從亡，尚沿舊説。又成祖未即位以前，削帝稱王，於義雖當，然不宜出於明之臣子。至序末題識一條，稱萬曆甲午，夢明太祖示以"一朝表譜"四金字。次日具奏，焚孝陵下，復夢太祖召見，則幾於妖言矣。

【彙訂】

① 萬曆二十三年欽叔陽序云："萬曆甲午冬，吳諸生臣朱鷺輯《建文書法儗》，以屬臣序。臣未遑也。明年乙未秋九月，上俞言官，請復建文年號，中外歡頌明聖。"（錢茂偉：《明人史著編年考補》）

繩武編三十四卷（浙江巡撫採進本）

明吳瑞登撰。瑞登有《兩朝憲章錄》，已著錄。是編成於萬

曆壬辰。以洪武至隆慶事蹟，分類編輯。其例一依真德秀《大
學衍義》，凡四大綱，一曰格致，二曰誠正，三曰修身，四曰齊
家。為目十有二，又分子目五十。然明自太祖開創之初，已多
過舉。成祖篡立，虐焰橫煽。英宗以下，亦瑕多瑜少。至世
宗、穆宗，善政不及什之一，稗政逾於十之九矣。瑞登乃臚列
虛詞，使與古帝王媲美，雖臣子之體宜然，然非事實也。至於
法戒並存，在德秀編錄前代史書，自無不可。瑞登乃舉歷朝之
失，昌言排擊孔子諱內之謂何，是又併非臣子之體矣。此所謂
進退無據也。

　　北樓日記二卷（浙江巡撫採進本）

　　不著撰人名氏。考《明史·神宗本紀》，萬曆二十年，寧夏致
仕副總兵哱拜殺巡撫都御史党馨、副使石繼芳，據城反。此書即
記其事。北樓者，寧夏鎮城樓賊所據以為變者，故以名編。所載
自正月己丑始亂，至九月辛未平賊，按日繫事，頗為詳悉。其中
月日先後，往往與史不合。如賊聚眾殺馨，縱獄囚，焚案牘，在二
月戊申，而史作三月戊辰；總督魏學曾下檄安撫，在二月壬子，而
史作三月壬申；河套諸部大入助賊，在三月庚午，而史作六月丁
未[①]；葉夢熊代為總督，在六月甲午，而史作七月甲申；都督李如
松以遼陽宣大兵至，在六月戊申，而史作四月甲辰之類，不一而
足。似當以此書為得實，史蓋所見異詞。其記原州總兵李昫率
副總兵王通、參將趙武等統兵馬五萬屯靈州討賊，及河套諸部再
入定邊，掠延慶，數千騎渡河云云，《本紀》皆不載，亦偶遺之。蓋
史書該一朝之事，總其大綱，私記載一方之事，具在細目[②]，體例
固各不同爾。

【彙訂】

①"六月丁未",底本作"六月乙未",據殿本改。《明史》卷二十《神宗本紀一》亦載:"(二十年)六月丁未,諸軍進次寧夏,賊誘河套部入犯,官軍擊卻之。"

②"在",殿本作"其"。

明寶訓四十卷(江蘇巡撫採進本)

明萬曆壬寅南京禮部郎中陳治本、工部郎中吕允〔胤〕昌、禮部主事朱錦等所刊。蓋裒合歷朝官撰之本以為一編者也。原本洪武六卷,成於永樂十六年。永樂十五卷、洪熙二卷,均成於宣德五年。宣德十二卷,成於正統三年。正統十二卷,成於成化三年。成化十卷,成於宏治四年。宏治十卷,成於正德四年。正德十卷,成於嘉靖四年。嘉靖二十四卷,成於隆慶五年。隆慶八卷,成於萬曆二年。皆有當時御製序,統紀一百一十三卷①。此本四十卷,治本等所合併也。建文本無實錄,景泰雖有實錄而未修寶訓,故所刊止於十朝。英宗一朝,併入天順年事,總以正統標名,殊乖體例。蓋當時官書本題廟號,而治本等彙刻,改題年號,以從簡易。既不可一書兩名,遂總題為正統也。其書皆自實錄撮出,分類編載,門目大同小異,皆以《貞觀政要》為式云。

【彙訂】

①"統紀",殿本作"統計"。

吳淞甲乙倭變志二卷(浙江巡撫採進本)

明張鼐撰。鼐字世調,華亭人。萬曆甲辰進士,官至南京吏部右侍郎兼詹事府詹事。吳淞倭患,在嘉靖甲寅、乙卯之間,故記二歲事獨詳。上卷分紀兵、紀捷、殲渠、周防四目,下卷分十德、十勳、十忠、十節、僧兵、狼兵、鹽丁、遣祀、三太學、四辯士、兩孝子、三乞兒、三腐儒等十三目。《明史·藝文志》著於錄。此本題曰《甲乙倭變》，鈔錄者省其文也。蕭自序云："松之難，松之遺老能道之。然案之《籌海圖編》及《海防考》諸書，其日月頗不合。得非境外事境外人不能傳耶？吾寧信其目擊者焉。"今考正史，倭寇松江始於嘉靖甲寅，而此云癸丑。張經王江涇之捷，歲紀乙卯，而此云甲寅。諸所記載，率差一年，非第日月而已。蕭作是書時，已官諭德，直史館，於故府典故得以考核，不應差謬至此，疑其必有所受之也。書中"汪直"俱作"王真"，未喻其故，殆傳寫之誤耶①？

【彙訂】

① "耶"，殿本作"耳"。

兩朝平攘錄五卷（浙江巡撫採進本）

明諸葛元聲撰。元聲，會稽人。是書凡紀五大事。考《明史》載隆慶五年三月己丑，封諳達為順義王。六月甲寅，順義王諳達貢馬，告廟受賀。丙辰，諳達執趙全餘黨十三人來獻。此書卷一紀其事。又萬曆元年九月丙戌，四川都掌蠻平。此書卷二紀其事。又萬曆二十年三月戊辰，寧夏致仕副總兵哱拜殺巡撫党馨、副使石繼芳，據城反。壬申，總督魏學曾討寧夏賊。秋七月，以葉夢熊代之。九月壬申，寧夏賊平。十一月壬辰，御午門受寧夏俘。此書第三卷紀其事。又萬曆二十年五月，倭犯朝鮮。二十一年正月，李如松攻倭於平壤①，克之。四月，倭使小西飛納款。二十四年九月，平秀吉復攻朝鮮。二十六年十二月，總兵官陳璘破倭於乙山，朝鮮平。此書第四卷紀其事。又萬曆二十五年七月，楊應龍叛，掠合江、綦江。二十八年二月，李化龍帥師分路進討播州。六月，克海龍囤，楊應龍自縊，播州平。是書第五卷紀其事。卷首有萬曆丙午商濬序。考丙午為萬曆三十四年，則元聲之成是書，得之目睹為多也。

【彙訂】

①"平壤"，底本作"平攘"，據《明史》卷二十《神宗本紀一》原文及殿本改。

梃擊始末一卷（浙閩總督採進本）

明陸夢龍撰。夢龍有《易略》，已著錄。是書乃其官刑部員外郎時所記，備述張差事始末，"明末三案"之一也。於一時諸人牽就彌縫情狀，摹寫甚詳。核以《明史·張問達傳》，語皆相合，蓋實錄也。

遜國君記鈔一卷臣事鈔六卷（兩淮鹽政採進本）

舊本題曰"鹽官淡泉翁編，句吳潛菴子訂"。淡泉，鄭曉之別號。其書多與《吾學編》相出入，蓋因曉之書而增改之。觀其中載隆慶六年詔書，則潛菴子為明季人，但不知名氏為誰耳。其《君記鈔》載惠帝及太后、皇后、儲貳、諸王事。《臣事鈔》分為十類，曰首事並諫死，曰謀國死，曰戰守死，曰守義死，曰事後圖報死，曰出隱死，曰論逮死，曰事後自盡死，曰隱避傳，曰外傳。其辨湯宗曾事文皇，終於宣德之世，足正《吾學編》、《表忠記》之誤。而於建文皇子育宮中一事，隱取宣宗為建文帝子之説，殊妄誕不足取矣①。

【彙訂】

①"殊"，殿本作"又"。

虐政集一卷邪氛集一卷倒戈集一卷（兩淮鹽政採進本）

不著撰人名氏。皆載天啟中閹禍始末，各以年月編次。《虐
政集》記東林黨人先後被難之事。《邪氛集》記閹党諸人進擢柄
用之事。《倒戈集》則以閹黨既盛，其徒自相攻擊，旋有被逐而去
者，因併記之。每條有綱有目，備載當時所行詔旨，而閒為評論。
如"知縣唐紹堯逮治"一條，稱實刑曹姚誠立下手，而猶翶翔藩
臬。又"御史方大任"一條，稱大任如此受苦而竟忘之。蓋崇禎
初年韓爌等既定逆案之後，被禍者皆得牽復，而斥逐起用，猶有
所未盡，故有是言。然明季門戶喧呶，黨同伐異，實有牢不可破
者，固未可據一人好惡之口，而概以為定論也。

泰昌日錄一卷（浙江汪啟淑家藏本）

明楊惟休撰。惟休字叔度，豐城人，天啟中監生。明光宗以
萬曆四十八年八月朔即位，改明年為泰昌元年。九月庚辰，熹宗
即位，又改明年為天啟，於是以萬曆四十八年八月以後為泰昌。
是書所記光宗在位一月之事，皆正史所具，無甚異同，文句亦頗
蹇拙。末載所撰《河清賦》，亦不甚工。

閹黨逆案一卷（兩淮鹽政採進本）

明崇禎二年正月，大學士韓爌等奉敕定。以黨附魏忠賢諸
臣，分別首從，擬為等次。每名之下，各著罪狀，皆當日之爰書。
其夾注科分籍貫，則似乎後人附益也。

遜國逸書七卷（內府藏本）[①]

明錢士升編。士升有《周易揆》，已著錄。是書前有崇禎甲
申自序。所錄書凡四種。一曰《拊膝錄》，稱玉海子劉琳撰，琳不
知何許人，所記皆建文君臣事迹，分紀傳三十餘篇。一曰《從亡

隨筆》，稱程濟撰；一曰《致身錄》，稱史仲彬撰，皆敘建文帝出亡之事。一曰《鐵老先生冤報錄》，所記陳瑛中菁之惡，尤極穢褻，乃惡瑛者所為，大都誕妄不可信也。

【彙訂】

① 明崇禎刻本四種書皆作一卷，實僅四卷。（杜澤遜：《四庫存目標注》）

守鄖紀略一卷（浙江巡撫採進本）

明高斗樞撰。斗樞字象先，鄞縣人。崇禎戊辰進士，由刑部主事累官湖廣按察使，分守鄖陽。自辛巳六月以後，屢被寇攻。斗樞盡力守禦者兩載，城幸獲全①。癸未六月，斗樞具疏請援，朝廷始知鄖尚在。而閣臣陳演與斗樞有隙，乃別推鄖陽知府徐起元為鄖陽巡撫，僅加斗樞太僕寺少卿銜。及甲申二月，始遷斗樞陝西巡撫。時全陝已陷，不能之官。後福王建國南京，以斗樞巡撫湖廣，道路不通，斗樞亦竟未聞。國亡後，遯歸故里而卒。事蹟具《明史》本傳。此書乃其歸里後追述守鄖之事。所載戰守法頗具，亦陳規《守城錄》之類也。

【彙訂】

①“幸”，殿本作“卒”。

建文史待無卷數（内府藏本）

明陳繼儒撰。繼儒字仲醇，松江華亭人，事蹟具《明史·隱逸傳》。是書乃所輯建文事蹟。前列引用書凡一百二十六種。首為《遜國編年》，次《報國列傳》，次有官職而姓名無考者四人，次有姓名而官職無考者七人，次隱遁十五人，次宮闈十五人。末附以《建文傳疑》，則遜國出亡之說也。

事辭輯餘無卷數（浙江巡撫採進本）

明沈謥撰。前有謥自序。其私印一曰“沈謥之印”，一曰“渚椒”。卷首又有“渚椒手書”一長印，“天彝”二字一連珠印。署曰“歸安沈炳震錄字”，字蹟與序出一手。炳震近人，蓋重錄其先世舊本，仍以先世私印識之也。序稱嘗撰《明事詞類輯》^①，繼見同郡朱國禎所撰《大政》、《大事》二紀^②，復爲此書。目錄分七略，曰除官略，曰武功略，曰封貢略，曰宮藩略^③，曰貴幸略，曰禮制略，曰內閣事實略。復有《補遺》六篇附於末。此本僅存前六略，其《內閣事實略》及《補遺》並佚，蓋殘闕之本。國禎官內閣，得見國史所紀時事年月，較野史爲真。如《五朝注略》載嘉靖間言官劾尚書王瓊及起王守仁南兵部尚書、彭澤兵部尚書俱在十六年六月^④，而此書載在四月。梁儲致仕在四月，而此書載在五月。又《注略》於正德十六年五月稱分遣行人存問在籍韓文、劉健、章懋、謝遷、王鏊、楊一清，而證之此書，則存問劉健在五月，謝遷、韓文在七月，王鏊、楊一清、章懋在十二月，皆當以此書爲正。然簡略太甚，於諸事皆有綱而無目，究不能有資於考證也。

【彙訂】

① “明事詞類輯”，殿本作“明事辭類輯”。

② “朱國禎”，底本作“朱國楨”，下同，據殿本改。朱國禎撰有《皇明大政紀》三十六卷、《皇明大事記》五十卷。

③ “宮藩略”，殿本作“官藩略”，疑誤。

④ 據《明史》各本傳，《總目》所述王瓊等四人之事均在正德十六年，世宗即位之初，“嘉靖間言官”當作“正德間言官”。（楊武泉：《四庫全書總目辨誤》）

遜國正氣紀二卷（副都御史黃登賢家藏本）

明曹參芳撰。紀明建文時事蹟①，大略鈔撮《致身錄》、《靖難紀》、《遜國記》諸書而成。上卷首詔諭，次年表，次本紀。下卷首外紀，次從亡諸臣。每條之下，各附以論斷。其所載事蹟，如燕王來朝，行御道，登陛不拜，及程濟等從亡以後諸事。又以“牢落西南四十秋”一律為惠帝之詩。大抵沿襲傳聞，無所考正。參芳爵里無考②，惟所著《本紀表》一篇③，自署“南國郡博士弟子員”。又載崇禎甲申上建文尊諡，稱為“今上”，其從亡諸臣傳內復稱愍帝為“先皇帝”，其書殆成於福王南渡時歟？《明史・藝文志》作九卷，今本二卷，然首尾完具，疑“九”字為傳寫誤也④。

【彙訂】

①“紀明”，殿本作“所記”。

② 據《千頃堂書目》卷十、乾隆《池州府志》卷四六《列傳八・儒林》載，曹參芳乃貴池人。（董運來：《〈四庫全書總目〉補正十則》，情）

③“篇”，殿本作“卷”。

④ 今傳明末刻本為八卷。（楊豔秋：《明代建文史籍的編撰》）

嘉靖大政類編二卷（三通館本）

明茅元儀撰。元儀字止生，歸安人。茅坤之孫，茅國縉之子也。崇禎初，以薦授翰林院待詔。尋參孫承宗軍務，改授副總兵官，守覺華島，旋以兵譁下獄，遣戍漳浦而卒①。是編記嘉靖一朝大政，自“大禮”②、“四郊”以下，計十九類。鈔本多闕譌。末有萬曆己酉跋語，記“茲編始事於癸巳，脫槁於丁酉③，藏之篋

笥,已侵蟫蠹。屢有目眥,弗能再加訂正。爰口占數語,付諸剞
劂之役④"。然則當時蓋別有刻本矣。

【彙訂】

①　茅元儀天啟三年巳應召入孫承宗幕府,從征遼東。據其
《石民四十集》、《三戍叢談》等所記,次年因功擢為翰林院待詔。
五年,任副總兵。明年春,督覺華水師,旋放歸。崇禎二年冬復
起,次年署大將軍印,復以翰林院待詔督覺華島水師。不久被誣
"貪橫激變",入獄,謫戍福建。崇禎四年六月赴閩,十一月逮回
江南,"代人償海運"。七年得詔免罪,重回戍所。八年因軍功離
閩返江南。崇禎十年秋又第三次戍閩。崇禎十三年卒。(任道
斌:《茅元儀生平、著述初探》)

②　"大",殿本脫,參明萬曆三十七年刻本此書。

③　癸巳為萬曆二十一年,而茅元儀《石民甲戍集》卷一《甲
戍元日》自注:"余生於甲午。"甲午乃萬曆二十二年,故此書非茅
氏所著。明萬曆三十七年刻本此書題"西吳茅元儀止生甫校",
卷末有萬曆己酉識語乃黃鳳翔撰,可知此書作者為黃鳳翔。(任
道斌:《茅元儀生平、著述初探》;杜澤遜:《四庫存目標注》)

④　"役",底本作"後",據黃鳳翔跋原文及殿本改。

平巢事蹟考一卷(兩江總督採進本)

明茅元儀撰。是編因明季流賊猖獗,官兵不能禦。元儀建
策,欲用宣大降丁剿之。因謂唐黃巢發難時,沙陀五百,即能殲
其眾。而唐人疑不肯用,迄至亡國。故敘錄其事,冀鑒其禍而用
己說。其大旨見自序中,然亦一偏之見。自古以來,召外兵以救
內難,無論克與不克,未有不終於致亂者也。書中所載,始於唐

僖宗乾符元年王仙芝作亂，迄於中和四年平黄巢，皆全剿《資治通鑑》之文。有刪除他事不盡者，如乾符五年鄭畋、盧攜憤爭南詔事是也；有偶遺本事者，如廣明元年漏載義武軍節度使王處存舉兵入援，而其下敘王重榮事，突出處存之名，莫知所自來是也。蓋元儀姑借巢事以寄意，故疏略至於如是耳。

定保錄無卷數（浙江汪啟淑家藏本）

明趙元祉撰。元祉，無錫人。是書成於崇禎十年。以明諸帝事蹟仿《貞觀政要》之體，分修身、尊賢、訓儲、納諫、馭臣、嚴宦寺、子民、詰戎兵、帝訓爲九類[①]。編爲三集。首集載太祖事。二集載成祖事。三集載仁宗至世宗六朝[②]，僅寥寥數言，不復分類。大抵序述冗雜，頗無體例。自題稱“錫山草莽臣”，而又有“師鄒期楨謹訂”一行。疑元祉本期楨弟子，故標此稱。然亦太創矣。

【彙訂】

① “分修身、尊賢、訓儲、納諫、馭臣、嚴宦寺、子民、詰戎兵、帝訓爲九類”，此句殿本在“二集載成祖事”下，且“分”上有“各”字。

② 殿本“朝”下有“事”字。

蜀國春秋十八卷（浙江巡撫採進本）

明荀廷詔撰。廷詔字宣子，成都人，崇禎癸未進士[①]。其書自一卷至十四卷，上溯唐、虞，下迄元、明。凡興廢事蹟之有關蜀國者，均分代紀之。若西漢之公孫述、東漢之劉焉、西晉之李雄、唐之王建、後唐之孟知祥、元之明玉珍皆附焉。自十五卷至末，則通釋郡縣之沿革。大抵從正史鈔出，別無蒐討，較《蜀中廣記》

諸書不及十之一二。且議論亦多未醇正,不出明末積習也。

【彙訂】

①"崇禎癸未進士",殿本作"崇禎中舉人",不確。據《明清進士題名碑錄》,明崇禎十六年癸未科三甲第二百八十二名進士為苟廷詔。清乾隆《四川通志》卷三十四《選舉·進士》、卷三十六《選舉·舉人》均作苟廷詔。《經義考》卷二七六亦著錄《蜀國春秋》十八卷乃苟廷詔撰。

先撥志始二卷(浙江巡撫採進本)

明文秉撰。秉字蓀符,吳縣人,大學士震孟之子。是書《江南通志》作六卷,此本乃僅二卷,然首尾無闕,或卷數有分合耶? 所記皆明末遺事。上卷起萬曆訖天啟四年,下卷起天啟五年訖崇禎二年。如妖書,梃擊、紅丸、移宮三案,以及魏忠賢亂政,崇禎欽定逆案之類,靡不詳載。自序謂:"首紀國本,著門戶之所由始也。終以逆案,著貞佞之所由判也。名曰《先撥志始》,所謂辨之於早也。"又別一鈔本,後附《逆案》十九頁。有跋云:"《欽定逆案》一冊,與《先撥志始》微異,得之石惠珍家,而石則得之馮涿州家。有刻本,因錄於館中。"又附《東林列傳》十頁,乃江陰陳鼎所編。又附《魏忠賢建祠》二頁。此三種皆非秉書,不知何人彙附於卷末也。

守汴日志一卷(大學士英廉家藏本)

明李光壂撰,光壂,祥符人,崇禎十五年以城守功由貢生議敘知縣。是編成於崇禎癸未,光壂流寓南京之時。記李自成三攻開封,終於河決城沒之事。大致與史傳相出入,而分日記載,於情事委曲特為詳細①。史稱陳永福射李自成,眇其左目,此記為永福之子守備陳德所射。光壂登埤目擊,當得其真。光壂創造車營，擬連抵河畔，以應北岸之援兵。眾議相持，車成未試而城圮，頗以為恨。然時非三代而車戰是資，恐終為房琯之續。故康熙乙巳鄢陵梁熙跋是書，亦深以是舉為疑。又諸書記城中擬決河以灌賊，反以自灌。光壁此《志》，殊無是事。且《志》稱九月初一日以後，守城之兵，每日餒死三四百人。其枵腹待盡者不滿千人，守埤尚且不能，況能攖賊之鋒，出而荷鍤？熙跋亦謂決灌寇營乃諫垣之議，城中不及與聞。或亦持平之論乎？是役也，賊三攻不克，光壁與生員張爾猷最為有力，而推官黃澍、總兵陳永福拒守尤堅。其後永福終降自成，澍亦歸附國朝，復潛入徽州誘執金聲，皆非忠於所事者。此特記其一時之功耳。

【彙訂】

①“詳細”，殿本作“詳備”。

東林始末一卷（編修程晉芳家藏本）

明蔣平階撰。平階字大鴻，華亭人。是書述東林門户始末。始於萬曆二十一年史部稽勳司員外郎虞淳熙、兵部職方司郎中楊于廷之中京察，終於崇禎十六年大學士周延儒之賜死。惟敍朋黨攻擊之事，故於梃擊、紅丸、移宮之爭，客、魏之禍，與遼東經撫之搆，均不敍述。蓋意在齊、楚、浙三黨勝負之閒，餘非所詳。然諸案正諸人之假以攻擊者，既以楚案著沈、郭搆釁之由，而不及諸案，則遺漏孔多。中如記顧憲成之援李三才、徐石麒之譽吳昌時，一著其受欺之由，一著其畏禍之故，頗無隱諱。而延儒通曹化淳以復相，由張溥之力，乃歸其事於丹陽監生賀順及應城之侯氏，未免曲筆。至吳昌時之改吏部，由交通周延儒，乃歸其事於鄭三俊，與延儒若無預者，尤非事實矣。

談往一卷（大學士英廉家藏本）

舊本題“花村看行侍者偶錄”，不知何許人。蓋明之遺民，遁跡為僧者也。所記皆明末軼聞，凡二十七條。其中“搗錢造鈔”一條、“票擬部覆”一條，足以見當時塗飾之弊、巧詐之習。“兩讞翻案”一條、“宜興再相”一條，足以見當時上下蒙蔽之失。惟“宜興再相”一條，以周延儒之賜死為過；“項周惡遇”一條①，力鳴項煜、周鍾之冤，殊乖公論。至“前朝宮女”一條，極述莊烈帝之奢侈，如宮中日食三千金，一宴用十萬金，冬月金銀火爐以數千計之類，亦似非實錄。又“燈廟二市”一條，謂明之亡，亡於變奢為儉，其持論尤謬也。

【彙訂】

①“惡遇”，底本作“惡過”，據清康熙刻《說鈴》本此書及殿本改。

平叛記二卷（浙江巡撫採進本）①

國朝毛霦撰。霦字荊石，掖縣人。是書記崇禎四年叛兵李九成等攻圍萊州始末。大旨著知府朱萬年、總兵楊御蕃、參將彭有謨、巡撫御史徐從治、謝璉等死守全城之功，而著孫元化、劉宇烈、余大成撫寇誤國之罪。始於是年閏十一月二十八日吳橋之激變，終於崇禎六年四月十三日蘇坨之捷②。分日記載，有綱有目。其事皆霦所目擊，故纖悉具備。其自序云：“使當年之文武諸臣，誰為墨守，誰為血戰，誰為痛哭而乞師，誰為選愞而縱寇，為功為罪，靡不昭然。”明季軍政之壞，此亦可見一斑云。

【彙訂】

①“平叛記”，殿本作“平叛紀”，誤。康熙刻本及諸清鈔本

皆作"平叛記"。

②"蘇坨",殿本作"麻坨"。清康熙五十五年毛貢刻本此書卷下原文作"蘇坨"。

平寇志十二卷（浙江巡撫採進本）

舊本題"管葛山人撰",不著姓名。前有序文,題曰"龍湫山人李確著"。以"著"之一字推之,疑即出於確手①。案《海鹽縣志》,李天植字因仲,前明崇禎癸酉舉人。甲申後遁蹟龍湫山中,改名確,字潛初,當即其人也。是編載明末羣盜之亂,分年紀載。起崇禎元年,迄國朝順治十八年平定滇南張獻忠餘黨孫可望、李定國等而止,敍述頗為詳悉。其閒有關於兵機之勝負、國事之興亡者,附以論斷,其持議頗為平允。然體例未免蕪雜,敍事亦不無重複參錯。如以郭中傑為副總兵充督輔中軍,已見於甲申正月己酉日下,復見於乙卯日下。賊射偽詔於城中,都城未陷以前之事,而敍於莊烈帝崩後。王章死於彰義門外,城初陷時事,而編於帝出宮之後。丁未都城始陷,而敍內城陷及帝幸南宮於丁未之先。又於帝崩之下附所作大行輓詞八首,殊非史例。又如孫傳庭,而此作"傅庭";陳永福降賊,而此云為賊所殺;襄城伯李國禎降賊已久經論定,而此云斬衰徒步,哭大行,殯畢自縊,尚仍野史之誤。周奎被賊拷不死,後復還吳,而此云賊令擔水執爨以死;閭爾梅即世所稱閭古古,康熙中尚在,而此僅附存其疑,皆記載之失實者。蓋自甲申以後,南北閒隔,傳聞異詞,故所載不能盡確也。

【彙訂】

① 管葛山人乃彭孫貽別號,《千頃堂書目》、《明史·藝文

志》皆著錄彭孫貽《流寇志》十四卷。《流寇志》乃原槁,《平寇志》已多有改訂。(杜澤遜:《四庫存目標注》)

　　明倭寇始末一卷(編修程晉芳家藏本)

　　舊本題國朝谷應泰撰。應泰有《明紀事本末》,已著錄。此即《本末》中之一卷,書賈鈔出,以給收藏之家者也。

　　見聞隨筆二卷(浙江巡撫採進本)

　　國朝馮甦撰。甦有《滇考》,已著錄。是編首載李自成、張獻忠傳,次敘永明王竊號始末,及載何騰蛟①、堵允〔胤〕錫、瞿式耜、張同敞、陳子壯、張家玉、陳邦彦、李元允〔胤〕、李乾德、楊展、王祥、皮熊、楊畏知、沐天波、李定國十五人傳。蓋時方開局修《明史》,總裁葉方藹以甦久官雲南,詢以西南事實,因摭所記憶,述為此編,以送史館。毛奇齡分纂《流寇傳》,其大略悉取材於此。以視稗野之荒誕者,較為確實,然亦不能一一詳備也。

　　【彙訂】

　　①“及”,殿本作“次”。

　　安南使事記一卷(兩淮鹽政採進本)

　　國朝李仙根撰。仙根字南津,遂寧人。順治辛丑進士,官至戶部侍郎。康熙七年,仙根以內祕書院侍讀偕兵部職方司主事楊兆傑使安南還,備述宣諭事實,編為此書。其詞多質樸少文。蓋隨筆記錄,未及刪潤也。

　　交山平寇本末三卷附詩一卷詳文一卷書牘一卷(浙江汪啟淑家藏本)

　　國朝夏騆撰。紀交城知縣趙吉士剿賊事也。交山故為盜藪。康熙七年，吉士往蒞事，以計次第擒之，閱四年而盡平。駰時客吉士幕中，因紀其本末。上溯盜起之由，中述定計之豫，終陳制勝之略。松江陸慶臻為之評點，並附賀贈詩篇於後。餘姚邵以發復取吉士詳文、書牘有關平寇者，別為二帙，評論而刊之。駰字宛來①，湖州人。吉士字天羽，錢塘人，順治辛卯舉人，官至戶科給事中。

【彙訂】

①“宛來”，底本作“宛東”，據殿本改。清康熙刻本此書邵以發《交山平寇文案序》，陸慶臻、潘耒《交山平寇本末序》均作“宛來”。

平閩記十三卷（直隸總督採進本）

國朝楊捷撰。捷字元凱，鑲黃旗漢軍，官至昭武將軍、江南提督。是編皆其康熙十七年征剿鄭成功時奏疏及箋啟①、咨文②、牌檄、告示諸稟。馮溥、王廣心序，葉映榴跋，皆稱《平閩紀事》。前有張玉書序，則又稱《平閩記》。蓋初名《紀事》，復改今名也。

【彙訂】

① 鄭成功逝世於康熙元年，楊捷所征討者為鄭經。（吳麗珠：《〈四庫全書〉收錄臺灣文史資料之研究》）

②“咨”，殿本脫，清康熙二十二年世澤堂刻本此書卷五至卷九為咨文。

師中紀績一卷（山西巡撫採進本）

國朝王得一撰。得一字種龍，螺陽人，福建水師提督萬正色之幕友也。是書皆紀正色戰功，凡二十三事。始於康熙十二年由興安調守寧羌州，迄於康熙二十年議征臺灣，計首尾十年之事。正色與姚啟聖異議，堅不欲攻臺灣，為啟聖所奏。得旨調陸路提督，而以施琅提督水師。然琅卒蕩平餘孽，則正色之議未足為據。得一以議罷遠征為紀績之一，未免曲筆矣。

武宗外紀一卷（浙江巡撫採進本）

國朝毛奇齡撰。奇齡有《仲氏易》，已著錄。是書記明武宗之事，凡九十四條，皆取之於《實錄》。前有自序，謂：“同館之為史者，凡武宗諸可鑒事，皆軼而不書，故作此以補之。”然本紀自有體裁，無縷陳瑣屑之例。且其事已具《實錄》中，而野史又多備載。既無異聞，何必複贅耶？奇齡註《大學》，備引漢以來訓“一切”二字為苟且，斥朱子《章句》誤解“一切”之謬，證據確然。乃於《彤史拾遺記‧仁宗張皇后傳》中有“勿干預一切”語，此書復有“上一切行禮”語。在《張后傳》猶曰述其原書，未可潤色，此書則敍事語矣。是亦負氣求勝，不顧其後之一端也。

後鑒錄七卷（浙江巡撫採進本）

國朝毛奇齡撰。皆記有明一代盜賊之事。蓋亦《明史》擬稾之所餘也。自敍稱建溪謝給舍作《後鑒錄》，大抵輯明代治盜始末，定為爰書。是編因襲故老舊聞，彙積成帙，仍用謝書之舊名。其事蹟今率見正史中，無大異聞。惟推論致亂之由，謂明三百年過於輕武，儒臣以奴隸遇閫帥。尺籍冒濫，病坊菜傭，漫不經省。師中動掣兩肘，又中官監進止無已，則冠惠文者操名法以持其後。亦目擊之篤論也。

封長白山記一卷（大學士英廉家藏本）

國朝方象瑛撰。象瑛字渭仁，遂安人。康熙丁未進士，官至翰林院侍講。是編記康熙十六年聖祖仁皇帝遣官至長白山事。

大略言是年六月三日由烏喇啟行，歷文德痕河、阿虎山、庫納納林邪爾薩河①、渾陀河、法布爾堪河、納丹佛勒地方、輝發江、法河水、敦林巴克塔河、納爾渾河、敦敦山、卓龍窩河諸處，至訥陰。十一日復自訥陰啟行，十四日乃至山麓。併記所見諸靈瑞。蓋驛括當日奏疏為之，故僅粗述梗概。而使臣亦佚其名，但稱"覺羅武某"云。

【彙訂】

① 清康熙刻《昭代叢書》本此書原文作"庫納訥林祁爾薩河"。

辦苗紀略八卷（浙江巡撫採進本）①

國朝俞益謨撰。益謨字嘉言，號澹菴，寧夏人，官至湖廣提督。康熙四十二年，辰州紅苗為亂，詔吏部尚書席爾達督荊州駐防兵及廣西、貴州、湖南三省漢土兵剿平之。益謨時率湖南兵從征，攻奪小天星寨，以臨天星寨，而紅苗乞降。是編詳記其事。首以地圖，次以明以來用兵得失及近時啟釁之由，次為條議案牘記事之文。大意謂明事壞於"撫"字，廢雕剿之法，而土豪營弁又緣以為利。釀變者非一日，至是始一舉底定云。

【彙訂】

① "辦"，底本誤作"辨"，據殿本改。（杜澤遜：《四庫存目標注》）

遜代陽秋二十八卷（內府藏本）

國朝余美英撰。美英一名珣，字璈伯，錢塘人。其書專紀明惠帝事蹟。一卷至十二卷為《君紀》，凡分三十二篇，附以論九首、書一首。十三卷至二十四卷為《臣紀》，皆建文諸臣列傳。二十五卷為《後死表》、《闕表》。二十六卷為《歸命表》。二十七卷為《不義表》。二十八卷為《備遺篇》、《餘閏》。書中蒐採頗富，而採用《從亡》、《致身》諸錄，自建文四年後每歲具書帝在某處，帝幸某處，言之鑿鑿，不存疑案，未免失之於誤信也。

二申野錄八卷（浙江巡撫採進本）

國朝孫之騄撰。之騄有《重編尚書大傳》，已著錄。是編採錄明一代妖異之事，編年紀載。始於洪武元年戊申，終於崇禎十七年甲申，故以"二申"為名。與《明史·五行志》亦多相合。其誕者則小說家言也。

衡湘稽古五卷（兩江總督採進本）

國朝王萬澍撰。萬澍字霪霖，別號勉亭，常寧人。卷首題"衡湘野人述"而不著名，名字乃見於他人序中，亦好僻之士也。大意以衡湘為古帝王巡狩都會之區，春秋時芈楚兼併，聖人屏之，後人遂忘其先之盛。於是歷述伏羲、神農、黃帝、少昊、顓頊、帝嚳、堯、舜、夏、商二代以迄周昭，撰為此錄。每事標舉其綱，而雜引羣書為目，多摭自《路史》諸書。既非地志，又非史傳，與廖道南之《楚紀》，其叢雜約略相等云。

右雜史類一百七十九部，七百五十七卷，內七部無卷數。皆附存目。

史 部 十 一

詔 令 奏 議 類

記言記動,二史分司。起居注,右史事也,左史所錄薎聞焉。王言所敷,惟詔令耳。《唐志》史部初立此門,黃虞稷《千頃堂書目》則移"制誥"於集部,次於"別集"①。夫渙號明堂,義無虛發,治亂得失,於是可稽。此政事之樞機,非僅文章類也。抑居詞賦,於理為褻。《尚書》誓誥,經有明徵。今仍載史部,從古義也。《文獻通考》始以"奏議"自為一門,亦居集末。考《漢志》載《奏事》十八篇,列《戰國策》、《史記》之閒,附《春秋》末。則論事之文,當歸史部,其證昭然。今亦併改隸,俾易與紀傳互考焉。

【彙訂】

①《舊唐書·藝文志》史部並無"詔令"門,僅在"起居注"類中著錄《晉書雜詔書》等十一部詔令之書。《新唐書·藝文志》又加錄十部。《千頃堂書目》在"別集"之後另立"制誥類",實際並不屬於集部,只是附於集部之後。(李致忠:《三目類序釋評》)

太祖高皇帝聖訓四卷

康熙二十五年聖祖仁皇帝恭編。凡九十有二則,分二十六門。乾隆四年,我皇上敬製序文,宣付剞劂,昭示萬方。昔者有明末葉,海水羣飛,景命有歸,真人首出。亶聰明而應運,錫智勇以匡時,以遺甲一十三人,仗順興師,肇開鴻業。威弧震疊,妖孛熸芒。仰溯臨御之日,大抵秉旄執鉞者居多。然而外播天聲,内修王政,經綸創造,文武兼資。凡一時指授開陳,皇極敷言,罔非彝訓。黃帝七十戰而銘著於巾机,成湯十一征而義彰於誓誥。以今方古,厥道同符。特以國初淳樸,僅傳於故老舊臣之口,故記載未詳。聖祖仁皇帝追維前烈,敬勒鴻編,昭千古之帝圖,垂萬年之家法,《書》所謂"啟佑我後人,咸以正無缺"者。締造規模,猶可仰窺而見焉。

　　太宗文皇帝聖訓六卷

　　順治末,世祖章皇帝編次未竟,康熙二十六年聖祖仁皇帝續成。凡一百一十一則,分二十三門。乾隆四年,皇上御製序文刊布。惟我太宗文皇帝續承前緒,益拓鴻基。因壘崇墉,觀兵坶野,威棱震耀,既遠邁成周。至於敦敍彝倫,正名百物,禮樂大備,書契肇興,則與軒帝膺圖,外奮涿野之威而内肅合宮之典者,後先同揆。誠以守成而兼創業,奮武而並揆文。蓋宰馭乎萬類者,其聰明睿智必超乎萬類之上,太祖有焉;垂裕乎萬年者,其制作精神必周乎萬年之後,太宗有焉。稱天上謚,尊以經天緯地之大名,義所稱也。豐功偉烈,史臣珥筆,已恭紀琅函。至於聖德所形,聲律身度,一舉一動,效法乎乾坤,一話一言,表裏乎典誥者,則恭傳天語,具在斯編。於以上彰祖德,下啟孫謀,理珠囊而握金鏡,誠億萬世之法守矣。

　　世祖章皇帝聖訓六卷

　　康熙二十六年聖祖仁皇帝恭編。凡一百一十三則,分三十二門①。乾隆四年,皇上御製序文刊布。洪維我世祖章皇帝夙齡踐祚,定鼎燕京,視帝堯起自唐封,尚先五載。然生而神靈,幼而徇齊,長而敦敏,則比德於黃軒。是以提挈天樞,驅策羣力,削平三蘗,底定四瀛。大同文軌,建億載之丕基。加以宵旰之餘,始終典學。《御注孝經》則操至德要道之原,《御纂內則衍義》則昭篤近舉遠之本,《御製人臣儆心錄》則振舉政典,澄敘官方,《御撰資政要覽》則敦敘綱常,砥礪世教。凡聖賢之理蘊,無不闡明;凡帝王之治法,無不講貫。固已本心出治,舉措咸宜。至於教闡聖謨,言為世則,亦出同綸綍,寶並球圖。夫天不可測,測以星辰之行;地不可度,度以山川之紀;聖不可知,知以典籍之所傳。堯誠湯銘,貽留奕禩,亦庶幾稍窺高厚之萬一矣。

【彙訂】

① 殿本"二"上有"有"字。

聖祖仁皇帝聖訓六十卷

雍正九年,世宗憲皇帝恭編。乾隆六年,皇上御製序文刊布。凡三十二類,總一千九百餘則,篇帙視列聖為富。蓋我聖祖仁皇帝道符帝緯,命自天申。景祚延洪,卜年久遠。六甲五子,首末循環,與天運相終始①。故神功聖德,史不勝書。實錄數盈千卷,而貽留大訓,亦紀載獨繁。伏考《周易》有曰:"日月得天而能久照,四時變化而能久成②,聖人久於其道而天下化成。"寶祚綿長,故彝訓最為詳備。此誠帝王之盛軌也。然其故有不止於此者。昔虞舜鳴《韶》,鳳儀獸舞,而皋陶颺拜,猶期以慎憲省成,慮其始勤而終惰也。使歷年久遠而暇豫之念或萌,則怠氣所乘,又安能於天下之事一一為之衡量,於在廷之臣一一為之啟導。

今跽讀聖謨所為保泰而持盈,謹小而慎微者,六十一年殆如一日③。然則聖訓之獨多,固在享國之永,亦在蒞政之勤矣。周公誥誡成王,歷舉太戊、武丁、祖甲、文王之壽考而歸本於無逸。聖人之心,固異世而同符也。

【彙訂】

①“終始”,殿本作“始終”。

②“成”,殿本作“行”,誤。恒卦《象傳》云:“日月得天而能久照,四時變化而能久成,聖人久於其道而天下化成。”

③“殆”,殿本無。

世宗憲皇帝聖訓三十六卷

乾隆五年,皇上恭編,御製序文刊布。分三十類,九百十六則,卷帙亦極繁富。蓋我世宗憲皇帝勵精圖治,日昃不遑,端拱九重而念周四海。為萬世永賴之計,故理繁治劇而不避其煩;廑一夫不獲之心,故慮遠防微而不遺於細。所由都俞吁咈,誥誡特詳。且癸卯踐祚以前,侍聖祖仁皇帝之日長。上則政教之條制,刑賞之權衡,聞之最悉;下則百度之利弊,萬物之情偽,知之最深。故睿照無遺,如金鑑澄明,物來畢肖,隨時誨示,每泛應無窮。而皇上問視龍樓①,親聆綸綍,亦二十餘載。御極以後,聖慕彌深,追述玉音始末,猶能詳備十三年中之記錄,積盈三十餘卷。元元本本,有自來矣。《堯典》、《禹謨》,流傳簡册。大聖人健行不息之心,明作有為之政,昭垂天壤,炳然與日月齊光也。

【彙訂】

① 殿本“皇”上有“我”字。

世宗憲皇帝上諭内閣一百五十九卷

雍正七年，世宗憲皇帝俯允廷臣之請，命和碩莊親王允祿繕錄刊布。所載起御極之初，止於是年。以雍正九年告成。皇上即祚以後，復命和碩和親王弘晝編次雍正八年至十三年上諭，校正續刻，補為全書。以乾隆六年告成。原本皆以每月別為起訖，不標卷數。今恭依舊次，釐為一百五十九卷。原本亦未題書名。今恭繹諭旨，由内閣宣示者居多，謹題曰《上諭内閣》，以別於《上諭八旗》諸編焉。伏考國家舊制，始置内三院，後乃改置内閣，以出納綸音。恭逢列聖膺圖，乾綱獨握。自增用奏摺以後，皆高居紫極，親御丹毫，在廷之臣，一詞莫贊，即硃批諭旨是也。其題本由内閣票擬者，遇事涉兩岐，輒恭繕雙籤以請，無敢擅專。至於訓誥特頒，則指授内直諸臣於禁廷具草。有纖微未達聖意者，必御筆塗乙添注，亦罔敢以私意參其間。鑒定之後，降付内閣，宣布中外而已。更無由如前代宰輔假批答以竊威福者。此一百五十九卷，名為臣工所繕錄，實與御札手敕無以異。勵精宵旰之懷，謹持魁柄之意，萬世可伏讀而見之也。我皇上御跋程頤經筵劄子，力斥其"天下安危繫於宰相"之說，誠所謂聰聽彝訓，垂裕後昆者矣。

世宗憲皇帝硃批諭旨三百六十卷①

雍正十年奉敕校刊，乾隆三年告成。冠以世宗憲皇帝諭旨，殿以皇上御製後序。所載臣工奏摺凡二百二十三人，多者以一人分數册，少者以數人合一册。所奉朱批，一一恭錄。或在簡端，或在句旁，或在餘幅。少者數十言，多者每至數百言。其肯綮之處，經御筆圈出抹出者，尤為詳悉。無不循名責實，斥偽求真。或即委而知源，或見微而識著。玉衡之平②，不可欺以重輕；金鑑之明③，不可炫以妍醜，推求一事而旁燭萬端，端拱九天而坐照四海。凡堯徵舜咨，具寓於羲畫禹書之中。天下臣民，循環跪誦，蓋皆得而仰喻焉。伏考典謨所載，都俞吁咈，大抵面陳。秦、漢以後，章奏既興，載於史者不過有省有不省，有行有不行耳。所謂"鳳尾諾"，不過一字，未有連篇累牘，一一手敕報之者。唐、宋以後，多出代言。故諸臣文集，或以批答為内制之一體。如宋太祖於"截木"之章、宋真宗於"鄰壞"之字，皆偶然涉筆，不過數言，亦未有句櫛字比，標注甲乙，無幾微之不到者。至於集彼書囊，積為巨帙，多至三四百卷，而敷奏報聞，無煩訓示者，不與焉。内外章牘，由内閣奏進者，亦不與焉。尤書契以來所未嘗聞見者矣。臣等校錄之餘，知我皇上勵精無逸，登七袞而彌勤者，家法淵源有所自來也。以上專集。

【彙訂】

①　文淵閣《四庫》本尚有卷首一卷。（沈治宏：《中國叢書綜錄訂誤》）

②　"平"，殿本作"正"。

③　"鑑"，殿本作"鏡"。

世宗憲皇帝上諭八旗十三卷上諭旗務議覆十二卷諭行旗務奏議十三卷①

雍正九年，和碩莊親王允祿等奉敕編。凡三集，共為一書。自康熙六十一年十一月十七日以後所奉諭旨，涉於八旗政務者，曰《上諭八旗》。其前錄諭旨而附載八旗大臣所議於後者，曰《上諭旗務議覆》。其前錄八旗大臣所奏而恭錄諭旨於後者，曰《諭行旗務奏議》。並兼用國書^②、漢書，刊刻頒行。伏考三代以上，兵與民同體，文與武亦不分途。故凡其著名版籍者，十六以下上所長，六十以上上所養。無事皆可合以訓練，有事即人人可以荷戈。而當時之將帥，亦即以卿大夫為之，未嘗治民而不治兵，治兵而不治民也。三代以下，時異勢殊，雖堯、舜、禹、湯亦不能復行古法。維我國家八旗之制，則古法猶存。雖臂指相維，統以軍律。而其人如比閭族黨之相保，民事具焉，其官如郡國州縣之相隸，吏事具焉。故六職百司之政，八旗無不備，而科條案牘亦遂至劇至繁。我世宗憲皇帝深維根本之重，睿謨規畫，鉅細咸周，故宣於綸綍者特多。猶慮纖毫之或遺也，謀及卿士，而議覆積而成帙；詢於芻蕘，而奏議亦積而成帙。蓋輦轂之側，視聽至近，籌度周詳，諮詢周密，猶若此。然則萬方廣遠，百度殷繁，睿慮精勤，一息而周四海者，不益可仰窺哉！

【彙訂】

①　底本此條與文淵閣庫書次序不符。文淵閣庫書及殿本置於"世宗憲皇帝聖訓三十六卷"之後。

②　"兼"，殿本無。

謹案，列聖御製及官撰諸書，並恪遵聖諭，冠於國朝著作之首。惟詔令奏議一門，例以專集居前，總集居後。而所錄漢、唐詔令，皆總集之屬，不應在專集之前。是以恭錄聖訓、聖諭，弁冕此門。前代詔令列後焉。

唐大詔令集一百三十卷（編修朱筠家藏本）

宋宋敏求編。敏求字次道，趙州平棘人，參知政事綬之子。進士及第，官至史館修撰、龍圖閣直學士。事蹟具《宋史》本傳。

敏求嘗預修《唐書》，又私撰唐武宗以下實錄一百四十八卷，於唐代史事，最為諳悉。此集乃本其父綏手輯之本，重加緒正，為三十類①。熙寧三年自為之序，稱"繕寫成編，會忤權解職。顧翰墨無所事，第取唐詔令目其集而弆藏之"云云。蓋其以封還李定詞頭，由知制誥罷奉朝請時也。其書世無刊本，輾轉鈔傳，譌誤頗甚。中闕卷第十四至二十四、八十七至九十八，凡二十三卷②。參校諸本皆同，其脱佚蓋已久矣。唐有天下三百年，號令文章，粲然明備。敏求父子復為裒輯編類，使一代高文典册，眉列掌示，頗足以資考據。其中不盡可解者，如裴度《門下侍郎彰義軍節度使宣慰等使制》，據《舊唐書》，其文乃令狐楚所草。制出後，度請改制內"翦其類"為"革其志"，改"更張琴瑟"為"近輟樞衡"，改"煩我台席"為"授以成算"，憲宗從之，楚亦因此罷內職。是當時宣布者即度奏改之辭。今此集所載，尚仍楚原文，不從改本，未詳何故。又寶曆元年册尊號赦書，據《敬宗本紀》，時李紳貶官，李逢吉等不欲紳量移，乃於赦書節文內但言左降官已經量移者量移近處，不言未量移者宜與量移。翰林學士上疏論列，帝命追赦書添改之。今此集所載，祇及赦罪一條，而無左降官量移之文，疑亦有所佚脱。又《舊唐書》所載詔旨最多，今取以相較，其大半已入此集，而亦有遺落未載者。如紀號則改元天祐詔；除授則尹思貞御史大夫、李光弼兵馬副元帥諸制；追贈則張說贈太師，楊綰、顏真卿、李絳贈司徒，郭曖贈太傅，鄭朗贈司空，田布贈僕射諸詔；優禮則杜佑、蕭俛致仕諸詔；獎勸則勞解琬、獎李朝隱、褒美令狐彰、獎伊西北庭二鎮諸詔；謫降則王毛仲、韓皋、呂渭、張又新、李續之、熊望貶官諸詔；誅竄則決殺長孫昕，流裴景仙、裴茂諸敕。皆關朝廷舉措之大者，而此集並闕而不登。

以敏求博洽,不應疏於蒐採。或即在散佚之中,亦未可定也③。然唐朝實錄,今既無存,其詔誥命令之得以考見者,實藉有是書,亦可稱典故之淵海矣。

【彙訂】

① 據宋敏求熙寧三年自序,"三十類"乃"十三類"之誤,范鎮《宋諫議敏求墓誌》、《玉海》卷六四《詔令門·詔策》亦作"十三類"。(黃煜:《〈唐大詔令集〉類目小議》)

② "二十三卷",殿本作"三十三卷",誤。

③《除李光弼兵馬副元帥制》,按其性質當入卷五九《大臣》類《將帥》門《命將》項下,追贈各詔當入卷六二《大臣》類《冊贈》門,不應在散佚諸卷中。宋綬編集此書僅為"衰唐之遺音、號令非常所出者",敏求亦不過據其舊橐稍事增益,未言欲將唐一代詔令廣蒐無遺。且集中所選入的詔令也多有刪節。(趙守儼:《〈唐大詔令集〉出版説明》;黃永年:《唐史史料學》)

兩漢詔令二十三卷(副都御史黃登賢家藏本)

《西漢詔令》十二卷,宋林虙編。《東漢詔令》十一卷,宋樓昉所續編也。虙字德祖,吳郡人①,嘗為開封府掾。昉字暘叔,鄞縣人,官宗正寺主簿。先是,虙以《西漢文類》所載詔令闊略,乃採括紀傳,得《西漢詔令》四百一篇。以世次先後,各為一卷。大觀三年,程俱為之序②。南渡後,昉又依虙之體,編《東漢詔令》以續之,有嘉定十五年自序。是編合為一書,題曰《兩漢詔令》,而各附原序於後。其首又載洪咨夔所作《兩漢詔令總論》一篇。案咨夔有《兩漢詔令擥鈔》,見於本傳。而此《總論》內云③:"夔假守龍陽,縱觀三史,裒其詔制、書策、令敕之類,事著其略,每常以臆見繫之。"然則所云《擘鈔》者,必尚有咨夔議論之辭。而今書內無之,則此特後人取林慮、樓昉二書合編,而掇咨夔之《論》冠其前耳。其與《擘鈔》,實非一書也。兩漢詔令,最為近古,慮等採輯詳備,亦博雅可觀。雖陳振孫謂其平、獻兩朝,莽、操用事,如錫莽及廢伏后之類,皆當削去。是於裁制亦閒有未合④。然其首尾完贍,殊便觀覽,固有足資參考者焉。以上總集。

【彙訂】

① 林慮,福州福清人,祖概、父旦、伯父希,《宋史》皆有傳。(陸心源:《儀顧堂題跋》)

② 此書編次一出程俱之手,觀其序可知。王應麟《玉海》卷六四引《中興書目》:"《西漢詔令》十二卷,林慮採括,程俱纂成之。"(劉遠遊:《四庫提要補正》)

③ "總論",殿本作"總編",誤。

④ "裁制",殿本作"體裁"。

右詔令奏議類"詔令"之屬,十部,八百二十二卷,皆文淵閣著錄。

案,詔令之美,無過漢、唐。《唐大詔令》為宋敏求蒐輯而成,多足以裨史事。《兩漢詔令》雖取之於三史,然彙而聚之,以資循覽,亦足以觀文章爾雅、訓詞深厚之遺。兩宋以後,國政得失,多見於奏議,內外制亦多散見於諸集,故所錄從略焉。

政府奏議二卷(江蘇巡撫採進本)

宋范仲淹撰。仲淹字希文,其先邠州人,後徙家江南,遂為吳縣人①。大中祥符八年進士,歷官資政殿學士、戶部侍郎、知

青州。卒贈兵部尚書,謐文正。事蹟具《宋史》本傳。仲淹自慶
歷三年拜參知政事,五年罷為陝西四路宣撫使,在政府者首尾三
載。是編皆其時奏劄,故以為名。分治體、邊事、薦舉、雜奏四
類,凡八十五篇。皇祐五年,韓琦為河東經略安撫使,始序而行
之。稱輯之者為寺丞君,謂仲淹子純仁也。《宋史·藝文志》載
仲淹《奏議》十五卷,與此本不同。考琦序稱《奏議》十七卷、《政
府論事》二卷,所謂十七卷者,當即《宋志》所載。特《宋志》荒
謬②,誤“七”為“五”。所謂二卷者,當即此本。特名曰《論事》,
不名曰《奏議》。然陳振孫《書錄解題》有《范文正公奏議》二卷,
則其名《奏議》久矣。史稱方仲淹執政時,仁宗銳意治平,數問以
當世要務,嘗開天章閣,手詔諮詢。仲淹退而條上十事,仁宗悉
採用之,獨府兵法,衆以為不可而止。今集中答詔條陳治道一
篇,蓋即其事。又請以輔臣兼制諸曹,其疏亦在集中。蓋仲淹方
以天下為己任,意在裁削倖濫,考覈官吏,而論者多不以為然。
自所陳之十事既行,任子之恩薄,磨勘之法密,僥倖者益不便,相
與造作謠謗,仲淹因不安其位而去。其所施為,亦遂稍稍沮罷。
觀於是集③,其條制規畫,猶略可考見。史贊所稱宏〔弘〕毅之
器④,足任斯責者,亦庶幾乎無愧矣。

【彙訂】

①“其先邠州人”乃沿《宋史》本傳之誤。《范文正公集》末
附富弼撰《范仲淹墓誌銘》云:“四代祖隋,唐末為幽州良鄉縣主
簿,遭亂奔二浙,家於蘇之吳縣,自爾遂為吳人。”同書卷十三載
其兄《仲溫墓誌銘》,亦稱“四代祖為幽州人”。蓋“幽”與“邠”之
異體“豳”形近致誤。(楊武泉:《四庫全書總目辨誤》)

②《郡齋讀書附志》亦作十五卷,不得謂《宋志》荒謬。(陳

樂素：《宋史藝文志考證》）

　　③“於”，殿本作“宏”，誤。

　　④“宏”，殿本作“於”，誤。所謂“史贊”即指《宋史·范仲淹傳》：“論曰：‘……考其當朝，雖不能久，然先憂後樂之志，海內固已信其有弘毅之器，足任斯責，使究其所欲為，豈讓古人哉！’”

　　包孝肅奏議十卷（編修朱筠家藏本）

　　宋包拯撰。拯字希仁，廬州合肥人。天聖五年進士，歷官御史中丞、知開封府，終禮部侍郎、樞密副使。贈禮部尚書，諡孝肅。事蹟具《宋史》本傳。案《宋志》載拯《奏議》十五卷。今此本為拯門人張田所編①，自《應詔》至《求退》，分三十門，止有十卷②，田序亦稱十卷，與史志不合。然《宋志》顛倒悖謬，為自來史家所未有，不可援以為據，殆誤衍“五”字歟③？惟是田所編次，多不可曉。《文獻通考》引汪應辰序曰：“公《奏議》分門編類，其事之首尾，時之先後，不可考也。如《請那移河北兵馬》凡三章，其二在八卷《議兵》門，其一迺在九卷《議邊》門，其不相貫穿如此。”所言與此本相符。序又云：“今考其歲月，繫於每章之下，而記其履歷於後。若其歲月見於章中，與夫不可得而考者，不容以不闕也。庶讀者尚可以尋其大概。”是應辰於是編固每篇皆為箋注，而此本無之。蓋應辰箋注久佚，今存者仍原本耳。序又云：“如劾罷張方平、宋祁三司使，而《奏議》不載。豈包氏子孫所不欲以示人者耶？”案史稱拯攻去張方平、宋祁，朝廷遂以拯代祁為三司使。歐陽修有“蹊田奪牛”之奏，拯家居避命者久之。應辰所云，蓋指此事。然拯之剛正，豈逐人而覬其位者？修雖有此奏，特宋人好為議論之習。拯之心迹，天下後世皆可諒之。邃諱而削其橐,反若拯實有此短者。此張田編次之無識,非拯志也。張田字公載,澶州人,嘉祐中嘗知廬州,甚著清譽,蓋能不愧其師者。此書第九卷中有進張田《邊說》七篇狀,併附以賜張田敕書,與他篇例異,知確為田之所編。應辰以為其子孫諱之,非其實矣。

【彙訂】

① "今此本為",殿本作"此本題"。

② 殿本"止"上有"乃"字。明正統元年胡儼序本言:"自《應詔》至《求退》凡三十有一類。"《四庫》文淵閣本所收《包拯奏議集》分類亦為三十一門。《奏議》前有張田《包孝肅奏議集題辭》:"列三十門,凡一百七十一篇,為十卷,恭題《孝肅包公奏議集》。"《總目》沿其誤。(趙正羣:《〈四庫全書總目·包孝肅奏議十卷〉勘誤》)

③《宋史·藝文志七》著錄為"包拯奏議十卷",謂"有奏議十五卷"者乃《宋史》卷三一六本傳。王珪《兩朝國史》、王偁《東都事略》、柯維騏《宋史新編》、合肥《包氏家乘》收錄胡松等撰包拯傳記均言《奏議》為十五卷。吳奎撰《包拯墓誌銘》載:"前後奏議為十五卷。"張田所編乃"取其大者"的選集。(楊毅:《〈包孝肅奏議〉版本考辨》;趙正羣:《〈四庫全書總目·包孝肅奏議十卷〉勘誤》;祝尚書:《四庫宋集提要糾誤》)

盡言集十三卷(山東巡撫採進本)

宋劉安世撰。安世字器之,大名人。少師事司馬光。哲宗初,以光薦,除祕書省正字。又以呂公著薦,除右正言,遷左諫議大夫。紹聖初,落職知南安軍,又貶新州別駕,英州安置。徽宗立,移衡州。尋以濮州團練副使,鼎州居住。後復直龍圖閣,卒。事蹟具《宋史》本傳。安世有集二十卷,今未見傳本。此集皆其奏劄,不知何人所編①。前有隆慶辛未石星、張應福序,皆云得鈔本於西亭王孫家。西亭者,朱睦㮮也。星序稱是集凡三卷,而此本實十三卷,與序不合。然證以《永樂大典》所載,一一相符②。殆校讎偶疏,"三"字上脫"十"字也。史稱安世忠孝正直似司馬光,而剛勁則過之,故彈擊權貴,盡言不諱,當時有"殿上虎"之稱。集中所論諸事,史不具載,頗足以考見時政。其中稍有遺議者,如吳處厚之劾蔡確,本出羅織,而安世申處厚之說,章凡一十二上,務欲置確於死地,殊不免意見之偏。然由其嫉惡太嚴,至於已甚,故徒知確為憸邪,而不察處厚非善類,見無禮於君者,遂如鷹鸇之逐,實非故相排擠之比。觀歐陽棐為蘇軾所善,程子為蘇軾所讎,而安世論棐差遣不當,章凡九上,併程子詆為"五鬼",絕無所區別於其閒。是亦其孤立無黨之一證,不足以為疵瑕也。惟是氣質用事,詞或過激。故王偁《東都事略》論之曰:"為君子不能深思遠慮,優游浸漬以消小人之勢,而痛心疾首,務以口舌爭之。事激勢變,遂成朋黨。"是為平允之論。至朱子作《名臣言行錄》,於王安石、呂惠卿皆有所採錄,獨以安世嘗劾程子之故,遂不載其一字,則似乎有意抑之矣③。要其於朝廷得失,知無不言,言無不盡,嚴氣正性,凜凜如生。其精神自足以千古,固非人力所能磨滅也。

【彙訂】

① 據宋刻《諸儒鳴道集》卷五三載胡珵《劉先生道護錄》所記,《盡言集》當為劉安世生前由其子編定。(占旭東:《盡言集研究》)

②　今存《永樂大典》殘編所引《劉元城盡言彙》（或引作《元城盡言彙》）篇目內容，頗不同於隆慶刻本《盡言集》。（同上）

③《名臣言行錄》前、後集錄劉安世二十餘事。（魏源：《書〈宋名臣言行錄〉後》）

讜論集五卷（永樂大典本）

宋陳次升撰。次升字當時，興化仙遊人。熙寧六年第進士，知安邱〔丘〕縣。以薦為監察御史，提點淮南河東刑獄。入為殿中侍御史，進左司諫，貶南安軍監酒稅。徽宗立，召還，為右諫議大夫。復除名，編管循州。政和中復舊職，卒。事蹟具《宋史》本傳。次升為太學諸生時，即斥王安石《字說》為秦學，坐是屏棄。通籍後三居言責，建議鯁切，為時所憚。其最大者在止呂升卿之使嶺南①，劉安世謂其大有功於元祐諸臣。至其彈劾章惇、蔡京、蔡卞、曾布諸疏，尤為明白痛切，聳動耳目。雖其根株不能盡拔，卒為所中，以致垂老投荒，而剛直之氣，凜然猶可想見。本傳載所陳前後凡十餘事，皆有關於賢姦消長、政治得失之故，為他人所不敢發。而謂其他所言曾肇、王覿、黃庭堅、賈易、李昭玘、呂希哲、范純禮、蘇軾等，公議或不謂然，今即集中所存諸疏觀之。其論王覿也，以曾布所善；其論曾肇也，以布之至親；其論呂希哲也，亦以韓忠彥之親；其論范純禮也，以對遼使誤犯御名。事各有因，與曲加指摘者不同。且是是非非，雖當代清流亦不肯稍存假借。此正其破除成見，毫無黨同伐異之私。作史者乃以門戶之局為次升之病，謬之甚矣。是集為次升兄子南、安丞、安國所編，取哲宗顧問之語以名之。所錄奏疏凡二百七篇，久佚不傳。惟《永樂大典》中頗散見其篇題，採掇編次，共得八十六篇②。又於《歷代名臣奏議》中增補三十篇，較諸原本所存，僅什之五六。然昌言偉論，為史册所未載者，尚可考見其梗概。謹考證時事，次第先後，釐為五卷。而以《行實》一篇附於卷末，庶讀史者得以參證焉。

【彙訂】

①"呂升卿"，底本作"呂惠卿"，據殿本改。此集卷末所附陳士壯《待制陳公行實》載："元符改元，京等興同文館獄，竟不得其要領。乃更遣呂升卿、董必使嶺外，欲盡殺元祐黨人。公聞之，亟見上奏曰：'陛下初欲保全元祐臣僚，今乃欲殺之，何耶？'上曰：'無之，卿何為出此語？'公曰：'以升卿為廣南按察，豈非殺之耶？升卿乃惠卿之弟，元祐閒負罪家居。其人資性慘刻，善求人過。今使擁使節元祐臣僚遷謫之地，理無全者。'上翻然大悟，即日罷升卿按察職。元城劉公安世聞之曰：'陳當時有功於元祐人居多。'"

②《四庫》所輯《永樂大典》本卷一《上神宗論轉運及選用責任考課三法狀》（元豐七年上），實乃陳升之撰，嘉祐二年上。見趙汝愚《國朝諸臣奏議》卷六七、《續資治通鑑長編》卷一八六、《宋會要輯稿》職官五九之七、《宋史》卷三一二《陳升之傳》。（尹波：《〈讜論集〉誤收陳升之上神宗狀》）

左史諫草一卷（兩淮馬裕家藏本）①

宋呂午撰。午字伯可，歙縣人。嘉定四年進士，官至起居郎、右文殿修撰、知漳州。事蹟具《宋史》本傳。是編凡奏議六首，後附其子沆奏議一首，後又附載家傳、詩文之類，最後載呂氏節女事。皆因家傳附編者也。午兩為諫官，以風節自勵，知無不言。理宗嘗稱其議論其明切，又謂其論邊事甚好。此六疏皆理宗嘉熙二年所上。雖篇數無多，而宋末時事頗可考見。其論宋宰相臺諫之弊，尤極詳懇。其子沆一疏，并方回所為午及沆傳，亦多與《宋史》本傳可以相證。回稱午文集名《竹坡類稾》，是午本有全集而今佚之^②。兹六疏蓋存於散軼之餘者，其他遺文則頗散見於《新安文獻志》諸書中云。

【彙訂】

① 文淵閣《四庫》本附《家傳》二卷，元方回撰。（沈治宏：《中國叢書綜錄訂誤》）

②《竹坡類稾》未佚，國家圖書館有藏，凡五卷，序、記、雜説、題跋、墓誌銘各一卷，可見為別集，而非全集，且並不包含此六首奏疏。（李裕民：《四庫提要訂誤》增訂本）

商文毅疏稾略一卷（浙江范懋柱家天一閣藏本）

明商輅撰。輅字宏〔弘〕載，淳安人。正統乙丑進士第一，官至吏部尚書、謹身殿大學士，卒諡文毅。事蹟具《明史》本傳。是集為其子侍講良年所編。後有其孫汝蹟跋，稱輅"《素菴文集》凡數十卷，兩遭回祿，悉為煨燼。幸此卷獨存，因鋟諸梓"云云。此本為天一閣所鈔，則刊版又佚矣，其偶傳者幸也。所載奏疏凡三十三篇。《明史》所載景泰時請清理塞上軍田，招集開封、鳳陽諸處流民；成化時首陳八事及辯林誠之誣、請皇太子視紀妃疾、弭災八事、劾西廠太監汪直諸疏，今皆在集中。惟劾汪直一疏，史載列直十一罪，而不言其目。此集所載乃止十條，或為傳寫佚脱一條，抑或史文誤衍"一"字歟？又《邊務》一疏，凡言二事。其一論養軍莫善於屯田。若不屯田，雖傾府庫之財，竭軍民之力，不能使邊城充實。宜禁勢豪侵佔,令邊軍分二班耕種,非專言清理官田。史但稱覈還之軍,未盡其實。其一論守邊為上,守關次之。若徒守京城,最為下策。不宜全調保定等處精銳官軍備禦京城,而以紫荊、倒馬諸要隘委之輪撥京兵,致望風先潰。其言尤深中明代之弊,史削而不載,亦刪除過當。是集所載,乃其全文,尤足以補史闕也。

王端毅公奏議十五卷(浙江巡撫採進本)

明王恕撰。恕有《玩易意見》,已著錄。恕《吏部奏議》九卷,宏治四年文選郎孫交編次,李東陽序之。後兵部尚書王憲取其自大理寺左寺副至南京兵部尚書時奏議六卷,刻於蘇州。御史程啟元又刻於三原。此本則正德辛巳三原知縣王成章合二本而刻之者。第一卷為大理寺及巡撫荊襄、河南時所上,二卷為南京刑部、戶部及總理河道時所上,三卷為雲南巡撫時所上,四卷為前參贊機務時所上,五卷為巡撫南直時所上[①],六卷為後參贊機務時所上,七卷至十五卷皆吏部所上。劉昌《懸笥瑣探》稱恕"歷仕四十五年,凡上三千餘疏",則此猶汰而存之者矣。《明史》恕本傳稱其"歷歷中外五十餘年,剛正清嚴,始終一致"。集中所載,如參奏鎮守太監及論中使擾人等疏,皆剴切直陳,無所回護。又如處置地方及撥船事宜諸狀,皆籌畫詳盡,具有經略。其他亦多有關一時朝政,可資史傳之參證。沈德符《顧曲雜言》稱邱〔丘〕濬作《五倫全備》雜劇,王恕謂其程學大儒[②],不宜留心詞曲。濬大恨之,遂謂恕所刻疏槀,凡成化閒留中之疏,俱書不報,故彰先帝拒諫之失。侍醫劉文泰因以此事疏攻恕,恕因去位,所以報恕之輕詆也。《明史》恕傳則謂二人因爭坐位,故搆是獄。

案,潛本很愎,恕一日不去則潛一日不得快其私。其忌恕未必以此數語,亦未必以此一事。然恕亦殊乖避人焚草之意,故史謂其昧於遠名之戒。今刊本已無此二字,或後來削之歟?

【彙訂】

①"南直",殿本作"南京",誤,此書卷五為巡撫南直隸所上奏議。

②《顧曲雜言》及《萬曆野獲編》卷二五"丘文莊填詞"條,均作"理學大儒"。(楊武泉:《四庫全書總目辨誤》)

馬端肅奏議十二卷(浙江巡撫採進本)

明馬文升撰。文升有《三記》①,已著錄。案文升砥礪廉隅,練達政體,朝端大議往往待之而決,與王恕、劉大夏俱負一時重望。此集奏議五十五篇,乃嘉靖丁未其孫天祐所編次,而以《恩命錄》及《行略》、《墓誌》等文附之。凡史傳所載直言讜論,全文皆具在集中。其請正北岳祀典於渾源州一疏,則本傳不載而見於《禮志》。其為左都御史時所言振肅風紀十五章,本傳不詳其目,今亦獨見此書。大抵有關國計,不似明季臺諫惟事囂爭。惟文升於成化中巡撫遼東、總督漕運,當時必多所建白,而集中概不之及,則不詳其何故矣。

【彙訂】

①"三記",底本作"三紀",據殿本改。《總目》卷五三著錄馬文升撰《馬端肅三記》三卷。

關中奏議十卷(直隸總督採進本)

明楊一清撰。一清字應寧,安寧人①。成化壬辰進士,官至華蓋殿大學士,諡文襄。事蹟具《明史》本傳。此編以其生平章疏分為五類。卷一、卷二曰馬政類,卷三曰茶馬類,宏治十五年以副都御史督理陝西馬政時所上。卷四、卷五、卷六曰巡撫類,則寇入花馬池,命巡撫陝西時所上。卷七、卷八、卷九曰總制類,則正德初寇犯固原、隆德,一清以延綏、甘肅、寧夏有警不相援,患無所統攝,請遣大臣領之,即命一清總制時所上。第十卷曰後總制類,則其忤劉瑾致仕後,以安化王寘鐇反復起時所上也[2]。以所陳多陝甘邊事,故以“關中”為名。嘉靖初始刊行於南京。其閒所載,不盡皆一清奏稾。凡當時部臣覆疏及前後所奉諭旨,悉編入之,故於時事本末頗為詳盡。史稱一清官陝西提學副使時,即詳究邊情利弊,嘗當“羽書旁午,一夕草十疏,悉中機宜”。“其才一時無兩,或比之姚崇云”。

【彙訂】

① 據《明史》卷一九八本傳、《大清一統志》卷二七九《岳州府》、《湖南通志》卷一七〇《人物志十一·岳州府》、《岳州府志》卷二二《人物志》、《直隸澧州志》卷十六《流寓》、《巴陵縣志》卷二九《人物志》,雲南安寧乃楊一清世望,其父景徙家巴陵,一清遂附籍巴陵。(趙振興:《〈四庫全書〉中湘籍作家里貫考定》)

② 文淵閣《四庫》本為十八卷,分為六類,卷十一至十八曰提督類,書前提要不誤。(沈治宏:《〈四庫全書總目〉史部圖書著錄失誤原因析》)

楊文忠公三錄七卷(浙江孫仰曾家藏本)

明楊廷和撰。廷和字介夫,新都人,成化戊戌進士,官至華蓋殿大學士,諡文忠。事蹟具《明史》本傳。是編名為“三錄”,實則《題奏前錄》一卷,《題奏後錄》一卷,《視草餘錄》一卷[1],《辭謝錄》四卷,凡四種。《題奏前錄》正德時所上,《題奏後錄》嘉靖時所上,喬宇為之序。《視草餘錄》蕭大亨為之序。又有自序,謂官內閣時,凡朝廷奏對之詞,政事可否之議,隨事錄之。序題嘉靖六年,而所記止於嘉靖二年,則廷和以嘉靖三年正月去位也。其中有足與史參考者。如《武宗本紀》十三年正月丙午至自宣府,命羣臣具彩帳羊酒郊迎,御帳受賀。是其事竟行也。廷和本傳則言帝命回鑾日羣臣各製旗帳迎,廷和執不從,乃已。是又未行。此書載上傳諭五府及團營三大營各為旗帳奉迎,廷和不從。錢寧及廖鵬、張龍屢傳旨要脅,廷和終不從。駕回,竟不用旗帳,上意亦無所忤。據此,則《本紀》書其始,未詳其卒,知本傳所言為是。又此書載正德十四年正月七日散本官送兵部侍郎馮清奏捷本至內閣,欲擬旨獎勵威武大將軍,廷和執不可。張龍、錢寧相繼催取,廷和卒擬旨獎勵馮清,而不及威武大將軍一字。又載慈壽遣散本官,傳諭欲改"懿旨"為"聖旨",廷和力爭至再方寢。又載壽安後崩,世宗堅欲持喪三年,且擬頒遺誥。廷和力爭,乃僅服二十七日於宮中,遂止遺誥之命。凡此數事,《本紀》及廷和本傳俱不載。又若擒戮江彬及議興獻廟,曲折始末,亦較史為詳。《辭謝錄》皆辭職謝恩諸疏,林俊為之序。其卷帙多於《三錄》,而不在《三錄》之數。以一人之事,非國政也。其奏疏有過於樸率之病。然告君以達意為主,不以修詞為工。如正德中《請慎重郊廟疏》、《請還宮疏》,嘉靖中《請停齋醮疏》,皆指陳時弊,在當日可謂讜言。其他亦多切直中理。言雖質直而義資啟沃,固與春華自炫者異矣。

【彙訂】

① 文淵閣《四庫》本此書為八卷,其中《視草餘錄》二卷。

（沈治宏：《〈四庫全書總目〉史部圖書著錄失誤原因析》）

胡端敏奏議十卷（江蘇巡撫採進本）①

明胡世寧撰。世寧字永清②，號靜菴，仁和人。宏治癸丑進士，官至兵部尚書。事蹟具《明史》本傳。世寧為推官時，屢折岐藩之勢。為主事時，上書極論時政闕失。與李承勛、魏校、余祐善稱“南都四君子”。為江西副使時，上疏劾寧王宸濠，為所構中，危禍幾於不免。宸濠敗後復起，又屢糾中官趙欽、剛聰等，風節震一世。惟議大禮與張璁、桂萼合，而他事又無一不與璁、萼忤。蓋意見偶同，非有所依附也。是集所錄奏議，皆與史傳相發明。史稱世寧“呐不出口。及具疏，援據古今，洞中窾會”。今觀是集良然。中多辭職乞罷之疏。考正德末，宸濠、劉瑾內外交訌③。嘉靖初，璁、萼專權相軋④。世寧牴牾其閒，動多掣肘，遂時時有引退之心。蓋孤立危疑，不能自安其位，不得已而出於斯。或以恬退稱之，非其志矣。薛應旂《方山文錄》有世寧小傳曰：“公嘗言學貴經濟，不在詩文。故其奏議二十卷及所著書數十種，皆有裨於世務，非空言也。”今此本乃止十卷，汪汝瑮家藏本亦同。豈應旂所見乃其全稾，後授梓時僅汰存其半歟？

【彙訂】

① 底本此條與文淵閣庫書次序不符。文淵閣庫書與殿本皆置“關中奏議十卷”條之後。

② “永清”，殿本作“天清”，誤，參《明史》卷一九九本傳、許相卿《明少保兵部尚書胡端敏公神道碑銘》（《云村集》卷十一）、吳鼎《胡端敏墓銘》（《明文海》卷四百五十）。

③ 宦官劉瑾擅權始於武宗即位之初，至正德五年八月己伏

誅。而宸濠於正德十四年六月起兵，同年七月兵敗被殺，與劉瑾擅權並非同時。（楊武泉：《四庫全書總目辨誤》）

④ "璁萼"，殿本作"萼璁"。

何文簡疏議十卷（兩淮馬裕家藏本）

明何孟春撰。孟春字子元，郴州人。宏治癸丑進士，授兵部主事。累官右副都御史，巡撫雲南。入為吏部左侍郎，以爭大禮，左遷南京工部左侍郎，尋削籍。隆慶初贈禮部尚書，諡文簡。事蹟具《明史》本傳。孟春沒後，遺槀散佚。萬曆初，巡撫湖廣僉都御史汝陽趙賢始搜輯其詩文，刻之永州。又別錄其奏議為一集，刊於衡州，即此本也。前二卷為官兵部時作，第三卷為官河南參政入為太僕寺卿時作，第四卷至八卷為巡撫雲南時作①，末二卷為官侍郎時作。孟春少游李東陽之門，學問該博。而詩文頗拙，卒不能自成一家。惟生平以氣節自許，歷官所至，於時事得失，敷奏劌切，章疏乃卓然可傳。本傳所載如救言官龐泮等、請停萬歲山工役、清寧宮災②，陳八事；出理陝西馬政，上釐弊五事；諫武宗幸宣府；嘉靖初以旱潦相仍，條奏八事。皆侃侃鑿鑿，有關大計。然此集所載，讜論尚多，史特舉其最著者爾。

【彙訂】

① 殿本"第"上有"其"字。

② "清寧宮"，殿本作"坤寧宮"，誤，參《明史》卷一九一《何孟春傳》。

垂光集二卷（安徽巡撫採進本）

明周璽撰。璽字天章，號荊山，合肥人。宏治丙辰進士①，官至禮科都給事中。為劉瑾所搆，斃於廷杖。瑾敗後，禮科給事中孫禎疏訟其枉[②]。詔復官，蔭其一孫。事蹟具《明史》本傳。是集上卷載疏十三篇，上於宏治朝者七，上於正德朝者六。言皆痛切，而劾瑾二疏，則尤直氣坌涌，聲溢簡外。《明史》本傳但稱其劾法王、真人，劾太監齊元，侍郎李溫，太監苗逵，尚書崔志端、熊翀、賈斌，都御史金澤、徐源[③]。又應詔陳八事，劾大僚賈斌等十一人、太監李興等三人[④]、勳戚張懋等七人、邊將朱廷等三人。又稱其論太監韋興不當命守郧陽，及忤瑾黨楊玉，不及劾瑾之事。此集可補史之闕。疏後附載家書一通，其許國忘家之意，已早決於未劾逆瑾之前，與《盡忠錄》陳東八月二十五日家書詞氣相似。亦可謂食其祿，不避其難者矣。下卷附錄敕命、祭文、墓表、碑記及題詠詩歌[⑤]。其中嘉靖二年諭祭文曰：“權姦搆禍，削籍歸田。抑鬱未伸，遽焉淪沒。”似謂璽卒於歸田之後者，與史載璽杖斃事狀絕不相符。豈當時諱其杖死，案牘所載僅以削籍為詞耶？亦足見明政不綱，恣為欺罔矣。

【彙訂】

①“丙辰”，殿本作“癸丑”，誤。《明史》卷一八八《周璽傳》云弘治九年進士，《明清進士題名碑錄》載周璽為弘治九年丙辰（1496）三甲第一百六十九名。

②“孫禎”，殿本作“孫楨”，誤。《明武宗實錄》卷一百五載正德八年冬十月辛丑，升禮科都給事中孫禎為山東布政司左參政。當即其人。

③“金澤徐源”，殿本作“金渾徐元”，誤，參《明史》周璽本傳。

④“李興”，殿本作“李鼎”，誤，參《明史》周璽本傳。

⑤文淵閣《四庫》本為疏十三篇一卷，無附錄。（沈治宏：

《〈四庫全書總目〉史部圖書著錄失誤原因析》)

　　孫毅菴奏議二卷(浙江范懋柱家天一閣藏本)

　　明孫懋撰。懋字德夫，號毅菴，慈溪人。正德辛未進士，官至應天府尹。事蹟具《明史》本傳。懋官給事中時，武宗方狎昵小人，嬖倖用事，言官多所謫降，懋獨抗直不回。如劾奏太監於喜、史宣、張澤諸疏，俱能直陳無隱，頗著丰采。又所奏湖廣之管解綿花絨及嚴考察各條，皆足補《明史·食貨》、《選舉》各志所未備。又懋是時扈從行在，其請急定平宸濠功賞，又請還京。屢陳邊警，直指天變，至千餘言，亦具見忠讜。其劾江彬也，史言"人皆為懋危，而彬方日侍帝娛樂，亦不之見。"懋以幸免。亦可謂彈劾權貴，奮不顧身者矣。集中諸疏，史但摘其大端，不能備載。今備錄存之，以與本傳相參考，猶可想見其遺直也。惟疏中所劾諸人，刻本多劃除其姓名，蓋其子孫避怨之計。今無從一一考補，亦姑從其舊焉。

　　玉坡奏議五卷(浙江巡撫採進本)

　　明張原撰。原字士元，三原人。正德甲戌進士，授吏科給事中。以疏論時事，謫貴州新添驛丞。嘉靖元年，召復故官。坎坷八年，其志不挫，益以慷慨直諫自許。如《正殷通等升職世襲疏》、《趙雲陞命疏》、《選近習疏》、《請逐太監蕭敬二疏》、《論錦衣衛朱宸等罪狀疏》、《寢楊倫職命疏》、《停國戚張鶴齡等恩典疏》、《停司禮監乞請疏》、《論國戚張延齡等罪狀疏》、《論內宦提督織造疏》、《論張璁、桂萼疏》，皆力折權倖，不避禍患，言人所不能言。今具載集中。當其賜環之初，趙漢與之同科，贈之以詩，有"碧桃雨露空千樹，老竹冰霜見一竿"句，又有"回來龍劍星文在，遲暮提攜得共看"句，今載漢《漸齋詩槀》中。觀於是集，原可謂不愧斯言矣。

　　南宮奏槀五卷（編修勵守謙家藏本）

　　明夏言撰。言字公謹，貴溪人。正德丁丑進士，授兵科給事中。歷官禮部尚書、武英殿大學士。後以主復河套，為嚴嵩所搆，坐與曾銑交關，棄市。隆慶初，追復原官，謚文湣。事蹟具《明史》本傳。言初以才器受知世宗，而柄用之後，志驕氣溢，傲愎自專，卒以致敗，其事業殊無可稱。特學問淹博，於故事夙所留意。又值世宗銳意改制之時，故於一朝典禮，多所酌定。如南北郊分祀、更定文廟祀典及大禘禮儀、立先蠶壇之類，悉言所贊成。迨帝擢掌禮部，益力舉其職。前後奏牘，亦多有可採。此本為御史王廷贍所刊行，即其官尚書時所上。自郊廟大典以至封爵、貢舉，大端略具。其間牽合古義附會時局者，往往不免。然明代典章，至嘉靖而一大變。史志但撮舉綱要，不能具其建議之所以然。觀於是集，端委一一具在。錄而存之，亦議禮者得失之林，非謂其持論之皆當也。

　　訥溪奏疏一卷（浙江巡撫採進本）

　　明周怡撰。怡字順之，號都峯，改號訥溪，太平人。嘉靖戊戌進士，授順德府推官，擢吏科給事中。以疏劾嚴嵩廷杖，下錦衣獄三年。世宗感乩仙之言，得與楊爵、劉魁同出獄。未幾，以熊浹劾乩仙誣妄激世宗怒，復逮入獄。又二年，始得釋。隆慶初，召為太常寺少卿。又上疏忤中官，外調山東按察使僉事。稍遷司業，仍為太常寺少卿以卒[①]。蓋其平生觸犯權幸，至再至三，困躓顛連，僅存一息。而其志百折不改，勁直忠亮，卓然為一代完人。是集為其弟恪所編②，許毅為之序。凡吏科奏疏十一篇，太常奏疏二篇。雖卷帙無多，而生氣凜然，猶足以見其梗概也。卷末乞休一疏，注曰"李石麓相公不允上"。李石麓者，大學士李春芳號也。蓋怡放廢以後，不欲再出。而春芳以穆宗新政，欲獎用直臣，故格之不使上達。然怡訖不得大用，殆亦郭公之善善歟？

【彙訂】

① 周怡，《明史》卷二百九有傳，依《總目》體例，當補"事蹟具《明史》本傳"。

② "恪"，殿本作"格"，誤。此書萬曆二年刻本卷端題"同懷弟恪敬輯"，末有周恪跋。

譚襄敏奏議十卷（兩江總督採進本）

明譚綸撰。綸字子理，宜黃人。嘉靖甲辰進士，官至兵部尚書，襄敏其諡也①。事蹟具《明史》本傳。此編乃其歷官疏草，分為三集。曰《閩稾》，嘉靖四十二年再起為右僉都御史，巡撫福建時所上也。曰《蜀稾》，嘉靖四十四年起為陝西巡撫，會大足民作亂，陷七城，調任四川以後所上也。曰《薊遼稾》，隆慶元年至四年，由兵部右侍郎進左侍郎，兼右僉都御史，總督薊遼保定軍務時所上也。史稱綸沉毅知兵。為台州知府時，即與戚繼光立束伍法，練兵破倭寇，禽斬殆盡。官浙江海道副使時，又連破之。再起為浙江右參政時，破饒平賊林朝曦。調福建參政時，郡縣多為倭所陷，力戰恢復，閩地以平。官四川巡撫時，滅雲南叛酋鳳繼祖於會理。總督兩廣時，岑岡賊江月照等望風而降。朝廷倚以辦賊，遇警輒調，居官無淹歲。後在薊遼，與戚繼光協力修邊備，三衛諸部迄不敢南牧。終始兵事垂三十年，積首功二萬一千五百。計其功名，不在王守仁下。而儒者顧豔稱守仁，則以守仁聚徒講學，羽翼者衆也。今特錄是集，以見其謀畫之大略，庶不沒其實焉。

【彙訂】

①"襄敏其諡也"，殿本作"諡襄敏"。

潘司空奏疏七卷（浙江巡撫採進本）①

明潘季馴撰。季馴字時良，烏程人。嘉靖庚戌進士，官至總督河道、工部尚書，兼右都御史，事蹟具《明史》本傳。此集凡《巡按廣東奏疏》一卷，《督撫江西奏議》四卷，《兵部奏疏》二卷②。季馴巡按廣東在嘉靖三十八年。奏疏後有其子大復附記，稱原槁幾三寸許，散佚不存，僅從披垣覓之，故所錄止此。其督撫江西在萬曆四年。奏疏之前有李遷、萬恭二序。其為南京尚書則在萬曆九年。舊本列在兵部之前，編次誤也。季馴雖以治河顯，而所至皆有治績。集中如《查議弓兵工食》及損益南京兵政諸疏，皆足補《明會典》所未備。又《查解兵衛存留糧餉濟邊》諸奏，亦深切當時弊政，足與史志相參考云。

【彙訂】

①"七卷"，底本作"六卷"，據文淵閣《四庫》本此書及殿本改。（沈治宏：《〈四庫全書總目〉史部圖書著錄失誤原因析》）

②"二卷"，底本作"一卷"，據文淵閣《四庫》本此書及殿本改。（同上）

兩河經略四卷（浙江范懋柱家天一閣藏本）①

明潘季馴撰。萬曆初，河決高家堰，淮、揚、高、寶皆為巨浸。季馴建議築堤防，疏淤塞，論水勢之強弱，復黃河之故道，條上六事,詔如議行。書中所載,皆其時相度南北兩河奏疏。首冠以圖,末附書一通,不著所上者為何人。書中有"奉大司空之教,親往閱視"之語。考是時工部尚書李幼滋始終主張其事,殆即其人歟[②]?季馴先後總河務二十七年,晚輯《河防一覽》。其大旨在以堤束水,以水刷沙,卒以此奏功。此集所載諸疏,並規度形勢,利弊分明,足以見一時施工之次第。與所作《河防一覽》,均為有裨實用之言,不但補史志之疏略,備輿圖之考證已也。

【彙訂】

① 文淵閣《四庫》本尚有卷首一卷。(沈治宏:《中國叢書綜錄訂誤》)

② 此乃上張江陵書,其第一函及此後覆函,均載張居正《太岳集》中。(陳乃乾:《讀〈四庫全書總目〉條記》)

兩垣奏議一卷(山東巡撫採進本)

明逯中立撰。中立有《周易劄記》,已著錄。是書凡奏議六篇,皆中立為給事中時所上。以歷官吏、兵二科,故稱"兩垣"。其中《論公用舍》、《論修史用人》及《論會推閣臣》三疏,本末略具《明史》本傳。蓋中立以是三疏,一忤旨停俸,一見忌輔臣,一被貶外授,故史特摘錄於本傳。其《請罷織造》、《論東倭》及《請停例金》三疏,雖事不施行,然亦皆錚錚不阿,無愧封駁之職,不得以卷帙之少廢之矣。舊本附刻中立所作《周易劄記》後。今既分隸四庫,則列於經部為不倫,故析出別著錄焉。

周忠愍奏疏二卷(福建巡撫採進本)

明周起元撰。起元字仲先,號綿貞,海澄人。萬曆辛丑進士,官至右僉都御史,巡撫江南。以忤璫魏忠賢被害[①]。崇禎初，追贈兵部侍郎，諡忠愍，改諡忠惠。事蹟具《明史》本傳。是集凡《西臺奏疏》十一首為一卷，乃擢湖廣道御史巡漕時所上。曰《撫吳奏疏》十九首為一卷，乃巡撫江南時所上②。原本第一卷所載皆起元之傳③。第四卷為《蘭言錄》，皆係題贈詩文。第五卷為《崇祀錄》，皆呈詞碑記。後又錄諸人贈祭詩文及起元遺詩七首。蓋出其後裔搜輯開雕，故隨得隨增，無復次第。又明末積習，好以譁訐取名，其奏議大抵客氣浮詞，無裨實用。起元諸疏，尚多有關國計民生，非虛矜氣節者比。其人其言，足垂不朽。今錄其奏疏二卷，以遺詩七首附後。至起元名光史册，初不藉傳志以傳。茲並從删汰，以省繁複焉④。

【彙訂】

① "瑃"，殿本無。

② 殿本"上"下有"也"字。

③ "第一卷"應為"第三卷"之誤，參清同治刻《周忠潛公傳疏》五卷本。

④ "原本第一卷所載皆起元之傳"至"以省繁復焉"，殿本作"當魏忠賢肆虐之日，國事日非，幾幾乎毒焰熏天，狂瀾汩地。無恥者從風而靡，代為搏噬無論矣，即皭然自好者，亦潔身去之而已。起元獨與楊、左諸人奮起而嬰其鋒。雖卒至白骨銜冤，黃泉茹痛，而士大夫尚賴此數十君子，知世間有廉恥事，亦不可謂非中流之砥柱也。其人足重，斯其言可傳。豈明末臺諫連篇累牘、徒以譁訐取名者所可同日語哉？錄而存之，以表章忠義之氣也"。

張襄壯奏疏六卷（浙江巡撫採進本）

國朝張勇撰。勇字飛熊，上元人。積功官至靖逆將軍，提督

甘肅軍務。封靖逆侯,加少傅兼太子太師[1]。是集為其子雲翼
所編。始於順治六年謝實授甘肅總兵官疏,終於康熙二十三年
甘州遺疏,凡百二十篇。勇初任甘肅總兵官時,即内值肅州回民
作亂,外值昂漢夷人窺邊,日事攻討。中閒奉調南征,旋回甘肅,
復值王輔臣之亂。往來征剿,日無寧晷。其沒也,猶以防禦麥力
幹之故,力疾出師,卒於軍營。計始終兵閒四十餘年。王進寶、
趙良棟等,皆由其偏裨起為名將。自康熙十三年以後,箭創病
足,以肩輿督師者十年。屢乞解職,皆荷優詔,慰留卧理。蓋兩
朝受知之深,諸將無逾於勇者。今觀集中諸疏,大抵皆兵閒所
作,並剴切詳明,言無不盡。讀之可見開國之初,底定秦隴之方
略,並可見列聖知人善任,風雲際會,極千載一時之盛焉。

【彙訂】

① 周中孚《鄭堂讀書記》卷二一"張襄壯奏疏"條云:"勇,字
飛熊,咸寧人,順治康熙閒,積功官至靖逆將軍。"《清史稿·張勇
傳》:"字非熊,陝西咸寧人……(康熙)十三年……命授靖逆將
軍……封靖逆侯……少傅兼太子太師。"道光《上元縣志》及同治
《上(元)江(寧)兩縣志》均不載張勇其人,惟嘉慶新修《江寧府
志》卷三九"仕績"云:"張宗仁,其先陝西人,靖逆侯太子太保張
勇之孫……至宗仁襲封,遂家金陵,賜第於大中橋。"則為上元人
者乃張勇之孫宗仁。(楊武泉:《四庫全書總目辨誤》)

靳文襄奏疏八卷(直隸總督採進本)[1]

國朝靳輔撰。輔字紫垣,鑲紅旗漢軍。初授翰林院修撰,官
至總督河道、兵部尚書,文襄其諡也。是編皆前後治河奏疏,其
子治豫彙刊之。輔自安徽巡撫擢授河道總督時,值河患方棘,洪

流逆溢，高堰橫潰，合淮水而東注，故道反湮。輔疏言："河水挾沙而行，易於壅閼。惟賴清水助刷，始能無滯。當審其全局，徹首尾而合治之。"不可漫為施工堵②，使東築西決，終歸無益。因條具八事八告，聖祖仁皇帝悉俞其請。於是疏運河及清口，以至海口河道。又開白洋清河以東引水河，而黃流始暢，開清口瀾汛淺諸引河，而淮水始出敵黃。築河崖遙堤縷堤，修高堰，堵翟壩，置減水六壩，而宣洩咸有所恃。至開中河、皁河諸役，尤其設施之大者。其持論以"築堤崖，疏下流，塞決口，有先後而無緩急"數語為綱領，故在事十年，具著成績。諸疏並在集中，無不指陳原委，言之鑿鑿，至今論治河者猶稱輔焉。末附輔官巡撫時奏疏三篇，其極論騷擾驛站，亦具見風力云。

【彙訂】

①"靳"，殿本無。文淵閣本尚附《撫皖題稿》一卷。（沈治宏：《中國叢書綜錄訂誤》）

②"堵"，殿本無，疑下脫"塞"字。

華野疏稿五卷（山東巡撫採進本）

國朝郭琇撰。琇，即墨人，華野其字也。康熙庚戌進士，官至湖廣總督。此編乃其歷官奏疏。起康熙二十七年，迄四十一年，凡四十四篇。疏末多載原奉諭旨，蓋琇所恭錄，而其後人併敬刊也。琇初由吳江知縣行取入臺，即劾罷大學士明珠、余國柱等。聖祖仁皇帝嘉其敢言，洊擢左僉都御史，進左都御史。復劾奏王鴻緒、高士奇、徐乾學等黨援交通，亦皆譴退。後緣事鐫秩，復起為湖廣總督。在官四年，別以紅苗搶掠一事褫職歸。蓋當其彈抨得實，則拔擢以旌其忠，當其貽誤封疆，則罷斥以明其罪，仰見聖祖仁皇帝行政用人，大公獨斷，賞罰悉視其自取，而無一毫畸輕畸重於其閒。前者纂輯《五朝國史》列傳，特命於明珠傳中載琇劾疏全文，毋庸删削。嗣復命於王鴻緒、高士奇、徐乾學諸傳中補載琇之劾疏，毋庸隱諱。並復頒示綸音，闡明其進退之由。俾共知琇之擢用，無人能排擠報復；琇之罷官，亦非由有人傾軋。百爾臣工，仰承誥誡，已無不曉然共喻。臣等謹錄琇此編，並恭錄前奉諭旨冠諸卷端。庶彝訓昭然，永垂成憲，益共知所警勵焉。以上專集。

　　　案，以上所錄皆以奏議自爲一集者。其或編入文集之中，則仍著錄於集部。

諸臣奏議一百五十卷（浙江巡撫採進本）

宋趙汝愚編。前有淳熙十三年劄子，稱：“嘗備數三館，獲觀祕府四庫所藏及累朝史氏所載忠臣良士便宜章奏。收拾編綴，殆千餘卷。文字紛亂，疲於檢閱。自假守閩郡，輒因政事之暇，因事爲目，以類分次。而去其複重與不合者，猶餘數百卷，釐爲百餘門。始自建隆，迄於靖康，推尋歲月，粗見本末。若非芟繁舉要，恐勞乙夜之觀。欲更於其閒擇其至精至要，尤切於治道者，每繕寫十卷，一次投進。”又有淳祐庚戌史季溫序，稱其“開端於閩郡，奏書於錦城”。是其經歷歲時，屢經簡汰，乃成是編。故其去取頗不苟，自稱“上可以知時事之得失、言路之通塞，下可以備有司之故實”。其大旨以備史氏之闕遺，非夸飾也。凡分君道、帝系、天道、百官、儒學、禮樂、賞刑、財賦、兵制、方域、邊防、總議十二門，子目一百一十四。每篇之末，各附注其人所居之官與奏進之年月，亦極詳核。其奏劄自序及史季溫序皆稱《名臣奏議》,而此本題曰《諸臣奏議》,豈以中有丁謂、秦檜諸人而改其名歟[①]? 案《朱子語錄》云:"趙子直要分門編奏議。先生曰:'只是逐人編好。因論舊編精義,逐人編自始終有意。今一齊節去,更拆散了,不見其全意矣。'"云云。今此集仍以門分,不以人分,不用朱子之説。蓋以人而分,可以綜括生平,盡其人之是非得失,為論世者計也;以事而分,可以參考古今,盡其事之沿革利弊,為經世者計也。平心而論,汝愚所見者大矣。

【彙訂】

① 趙汝愚劄子及《郡齋讀書附志》卷下總集類、《直齋書錄解題》卷一五均作"名臣",而劉光祖撰趙汝愚《墓誌銘》及《宋史》本傳作"諸臣",應無褒貶之義,只是同書異名。(孔繁敏:《趙汝愚〈國朝諸臣奏議〉初探(上)》;祝尚書:《宋人總集敍錄》)

歷代名臣奏議三百五十卷(兩淮鹽政採進本)

明永樂十四年黃淮、楊士奇等奉敕編。自商、周以迄宋、元,分六十四門。名目未免太繁,區分往往失當。又如文王、周公、太公、孔子、管仲、晏嬰、鮑叔、慶鄭、宮之奇、師曠、麥邱〔丘〕邑人諸言,皆一時答問之語,悉目之為奏議。則《尚書》颺言,何一不可採入? 亦殊踳駁失倫。然自漢以後,收羅大備。凡歷代典制沿革之由、政治得失之故,實可與《通鑑》、《三通》互相考證。當時書成,刊印僅數百本,頒諸學宮。而藏版禁中,世頗希有。崇禎閒,太倉張溥始刻一節錄之本。其序自言"生長三十年,未嘗一見其書。最後乃得太原藏本,為删節重刊,卷目均依其舊"。所不同者此本有"慎刑"一門,張本無之。張本有"漕運"一門,此本無之。不知為溥所改移,為傳本互異[①]。然溥所去取,頗乏鑒裁，至唐、宋以後之文盡遭割裂，幾於續鳧斷鶴，全失其真。此本為永樂時頒行原書，猶稱完善。雖義例蕪雜，而採摭賅備，固亦古今奏議之淵海也。

【彙訂】

① 此書永樂内府原刻與崇禎張溥刻本均有"漕運"門，後者目錄無"慎刑"門，而正文有之。（柏克萊加州大學東亞圖書館編：《柏克萊加州大學東亞圖書館中文古籍善本書志》）

名臣經濟錄五十三卷（浙江巡撫採進本）

明黄訓編。訓，歙縣人。嘉靖己丑進士，官至副都御史①。是書輯洪武至嘉靖九朝名臣經世之言。中闕建文一朝，以革除諱之也。分十門，凡開國一卷，保治十卷，内閣四卷，吏部四卷，户部五卷，禮部七卷，兵部十三卷，刑部三卷，工部五卷，都察院、通政司、大理寺共一卷。每門各有子目。開國、保治二門②，以時代為序。吏、禮、兵、工四部各以所屬四司分四類。户部分圖志、田土、賦役，給賜、黄册、屯田、婚姻、糧運、禄俸、鹽法、茶法、課程、賑恤十三類。刑部分律例、論奏、題奏、雜論四類。以二部諸司，皆以省分，無專掌一事者故也。内閣無子目，百司之總，無不該也。都察院、通政司、大理寺亦無子目，篇帙寡也。明永樂間，敕黄淮等編《歷代名臣奏議》，至元而止。雖門目浩繁，不無冗雜，而二千年訏謨碩畫，歷歷可徵。是編所載，如《陶安傳》、《劉基行狀》、《蹇義墓誌》、《李東陽年譜》諸篇，兼紀言行；漢府、趙府、石亨、曹吉祥之變諸篇，並録時事；以及謝鐸《焉用彼相説》、何依《休菴詩序》之類，採及雜文；邱〔丘〕濬《大學衍義補》之類，至節取所著之書，不純為奏議之體。故但以《經濟錄》為名。

其實奏議居十之九,與淮等所編時代相接,頗足以資考鏡。今附之"奏議"類中。其閒如《湖廣碑錄》之類,閒有濫收,或亦朱子《名臣言行錄》取呂惠卿,趙汝愚《名臣奏議》不遺章惇[3]、秦檜之意歟? 分別觀之可矣。

【彙訂】

①《歙縣志》小傳載:"初授嘉興令……竟授郎署。"《經義考》卷一五九云:"知嘉興縣,入為部郎。"均未言官至副都御史。(王重民:《中國善本書提要》)

②"二",殿本作"一",誤。

③"章惇",殿本作"丁謂"。按,趙汝愚《皇朝諸臣奏議》未收章惇奏議,而卷九十八有丁謂《上真宗乞禁銷金》。

欽定明臣奏議四十卷[1]

乾隆四十六年奉敕編。以皇子司選錄,而尚書房入直諸臣預繕寫。每成一卷,即恭呈御覽,斷以睿裁。蓋敷陳之得失,足昭法戒。而時代既近,殷鑒尤明。將推溯勝國之所以亡,與昭代之所以興者,以垂訓於無窮,故重其事也。考有明一代,惟太祖以大略雄才,混一海內。一再傳後,風氣漸移。朝論所趨,大致乃與南宋等。故二百餘年之中,士大夫所敷陳者,君子置國政而論君心,一劄動至千萬言,有如策論之體;小人舍公事而爭私黨,一事或至數十疏,全為訐訟之詞。迨其末流,彌增詭薄。非惟小人牟利,即君子亦不過爭名。臺諫閧於朝,道學嘩於野。人知其兵防吏治之日壞,不知其所以壞者由閣臣、奄豎為之奧援;人知閣臣奄豎之日訌,不知其所以訌者由門户朋黨為之煽搆。蓋宋人之弊,猶不過議論多而成功少,明人之弊,則直以議論亡國而已矣。然一代之臣，多賢姦並進，無人人皆忠之理，亦無人人皆佞之理；即一人之身，多得失互陳，無言言皆是之事，亦無言言皆非之事。是以衆芳蕪穢之時，必有名臣碩輔，挺出於其閒；羣言淆亂之日，必有讜論嘉謨，揺拄於其際。所謂披沙簡金，在乎謹為持擇也。是編稟承訓示，辨別瑕瑜，芟薙浮文，簡存偉議。研求史傳，以後效驗其前言。考證情形，以衆論歸於一是。譬諸童謠婦唱，一經尼山之删定，而列在六經。一代得失之林，即千古政治之鑒也。至於人非而言是，不廢蒐羅，論正而詞乖，但為删潤。聖德之廣，一善不遺，聖度之宏，大公無我，尤非尋常所可測量矣。以上總集。

【彙訂】

①“四十卷”，底本作“二十卷”，據殿本改。文淵閣、文津閣《四庫》本此書及文溯閣本《總目》均作四十卷。另有目錄一卷。（王重民：《跋新印本〈四庫全書總目〉》）

右詔令奏議類“奏議”之屬，二十九部，七百二十六卷①，皆文淵閣著錄。

【彙訂】

①“七百二十六卷”，殿本作“六百五十二卷”，誤。殿本實際著錄七百四十七卷。

卷五六

史 部 十 二

詔令奏議類存目

火警或問一卷（左都御史張若溎家藏本）

明世宗肅皇帝御製。時大内東偏火，帝詔户、禮二部及都察院命百官修省，復製此文。大略謂火本非災異，而人事不可不修，並非惑於禍福事應之説。前有帝所作自序，後附修省敕諭六條。案《明史·五行志》，宫中之火在嘉靖十年正月辛亥，此本《或問》末亦題“嘉靖辛卯正月終旬”，與史相合。而敕諭末乃作“嘉靖九年十二月”，歲月俱誤。疑傳鈔之譌，當以史文為正也。

案此書為世宗御製之文，敕諭乃其附錄。然宣示中外，是亦詔令類矣，故《明堂》、《從祀》諸編著錄於“故事”。此編無預典禮，則附諸“詔令”焉。

代言錄一卷（江西巡撫採進本）

明楊士奇撰。士奇有《三朝聖諭錄》，已著錄。是書乃其《東里別集》之一種，所錄皆在内閣撰擬碑册詔誥之文。自永樂四年至正統九年，每篇末具標年月日，核諸《明實錄》俱合。惟《上皇太后尊號詔》標曰“洪熙元年七月十五日”，而《明宣宗實錄》是詔實載在七月丁丑。是月戊辰朔，丁丑則初十日也。又《實錄》載七月乙亥上奉册寶尊母后張氏為皇太后。乙亥為是月初八日，未有初八日已上册，至十五日始下詔者。又《實錄》載"七月戊寅行在禮部奏恭上皇太后尊號，已詔告天下"云云，戊寅為是月十一日，於十一日云已詔告天下，則詔在十一日以前無疑。此書標十五日，蓋傳寫之誤。又洪熙元年六月十二日《即位詔》款有云："原差去官養官員人等即便回京，毋致重擾軍民。"《實錄》載此篇"毋致重擾軍民"句作"不許托故遲延"。則此書當為士奇初稾①，臨時或更加潤飾，《實錄》由定本錄之耳。又如洪熙元年八月初六日《諭吏部申明薦舉救》②，"自中有廉潔公正"句下尚有十五句，而今本《實錄》載此篇皆脱之。又如宣德二年十一月十五日《皇子生詔》第一條載大赦天下，今《實錄》於第一條則僅載蠲免税糧鹽糧三分，而大赦反載在第六。此類文字異同，頗可與《實錄》相參，然其事則皆史所已具也。

【彙訂】

① "此"，殿本作"是"。

② "如"，底本作"加"，據殿本改。

諭對錄三十四卷（浙江汪啟淑家藏本）

明張孚敬所奉世宗密諭及其奏草也。孚敬初名璁，字秉用，永嘉人。正德辛巳進士，歷官少師、華蓋殿大學士，諡文忠。事蹟具《明史》本傳。孚敬以議禮被遇，六年而秉大政，甚為世所詬病。而世宗始終眷禮不衰，每稱"少師蘿山"而不名。嘗諭孚敬"朕有密諭毋泄"、"朕有御筆悉親書"。又仿楊士奇故事，賜孚敬銀章二，以便封奏。前後所奉手救凡三百八十一道，因彙為一

書,並奏對劄子皆隨事附之於後。蓋孚敬既沒,其孫汝紀、汝經等所裒輯也。_{以上專集。}

明詔制八卷(浙江范懋柱家天一閣藏本)

明霍韜編。韜有《明良集》,已著錄。是編載明代詔制,始洪武元年,終嘉靖十八年。大抵皆典禮具文,不足考一代之政令。

明詔令二十一卷(浙江汪啟淑家藏本)

不著編輯者名氏。所載自太祖至嘉靖十八年止,蓋嘉靖時人所為也。考秦、漢天子之語皆謂之詔。宋以來以璽印頒天下之書乃謂之詔,臣下面奉玉音謂之聖旨。是書若兼載聖旨,則所遺不可勝道。若專載詔令,則吳元年《遇變省躬旨》、《授宋濂學士》等旨及正統中《諭五府三法司》等旨皆不當載,而又雜廁其間,編次龐雜,殊無義例。

絲綸捷要便覽一卷(兩淮馬裕家藏本)

不著編輯者名氏。乃明萬曆、天啟中內閣票旨成式,以曹司為次,分類標載。蓋兩房中書舍人所鈔撮而成者。末題秋審題本^①,亦一時案牘之文。_{以上總集。}

【彙訂】

① "題",殿本作"載"。

　　案,此編無類可歸,以其為當日王言之式,附錄於"詔令"之末。

右詔令奏議類"詔令"之屬,六部,六十六卷,皆附存目。

田表聖奏議一卷(浙江范懋柱家天一閣藏本)

宋田錫撰。錫字表聖,其先京兆人,唐末徙蜀之洪雅^①。登太平興國三年進士，官至諫議大夫。事蹟具《宋史》本傳。其奏議見於《宋史·藝文志》者二卷，已久散佚。此本乃明給事中安磐所搜輯。共得奏疏十四篇，附以錫所作箋序二篇、本傳及《墓誌銘》二篇。世所傳《咸平集》②，今尚有傳本。凡是編所錄者③，已具載集中。磐蓋未見其書，故復為裒輯。焦竑《國史經籍志》載錫《奏議》一卷，與《宋史》不合，蓋亦僅據此本也。

【彙訂】

①"徙"，殿本作"徒"，誤。

②"世所傳"，殿本作"考錫所撰"。

③"者"，殿本無。

范文正公奏議二卷書牘一卷范忠宣公奏議二卷（浙江巡撫採進本）

明范惟一編。惟一為仲淹十六世孫，官湖廣按察司僉事。卷首題朱希周、孫承恩、文徵明、陸師道同校，前後無序跋，止於《文正奏議》前載韓琦舊序一篇。國朝康熙中，范時崇巡撫廣東，往來吳中，再謁祠宇，因捐貲命主奉孫能濬校刊。能濬後序云："舊本《忠宣集》二十卷，獨闕奏議。明嘉靖中，世孫惟一視學兩浙，復續編文正、忠宣《奏議》《書牘》，命嚴州守韓叔陽梓行。"即此本也。案此本《忠宣奏議》，其目錄標題、編次前後與時崇本不合。能濬後序中又云："合家藏舊本，細加校勘，正其譌謬。文集悉遵舊本摹刻，而《忠宣奏議》則考《趙忠定奏議》標目而次第其年月，分為二卷。其前此續刻附錄中①，有前後簡編斷續錯亂者，稍為序次而條分諸目，以便稽考。"云云。是重刻之本已多所校定②，然《忠宣奏議》實賴此為初刻。故別存其目，以不沒經始之勤焉③。

【彙訂】

①“附錄”，殿本作“附奏”，誤，參清康熙四十六年范時崇歲寒堂刻本《范文正公集》附范時崇、范能濬《重刻范文正公忠宣公全集後序》原文。

②“已”，殿本作“也”，誤。

③ 殿本“没”下有“其”字。

李忠定奏議六十九卷附錄九卷（內府藏本）

宋李綱撰。綱有《建炎時政記》，已著錄。案陳俊卿作綱《梁谿集》序，稱其子秀之編其表章奏劄為八十卷。此本僅六十九卷，已非秀之之舊。卷末附錄，一曰《靖康傳信錄》，一曰《建炎進退志》，一即《建炎時政記》，共為三卷。第四卷以下皆綱所為制詔表劄，疑即《宋史》所云《建炎制詔表劄集》也。俱已編入《梁谿集》中，故僅存其目，不復錄焉。

朱子奏議十五卷（兩江總督採進本）

明朱吾弼編。吾弼字諧卿，號密林，高安人。萬曆己丑進士，官至南京太僕寺卿。事蹟具《明史》本傳。是編皆自《晦菴集》中鈔出，凡章奏十卷，書狀、劄子五卷。《朱子文集》家弦戶誦①，此刻可謂屋下屋，牀上牀矣。

【彙訂】

① 殿本“家”上有“已”字。

奏對錄一卷（浙江巡撫採進本）

明楊士奇撰。皆其正統初在內閣所上奏疏，凡十九篇。多關係軍國大計，已載入《東里別集》中。此其單行之本也。

葉文莊奏疏四十卷（浙江巡撫採進本）

明葉盛撰。盛字與中，崑山人。正統乙丑進士，官至吏部左侍郎，諡文莊。事蹟具《明史》本傳。盛初官兵科給事中，有《西垣奏草》九卷。出官山西參政，協贊軍務，有《邊奏存稾》七卷。巡撫兩廣，有《兩廣奏草》十六卷。巡撫宣府，有《上谷奏草》八卷。其子淇，初併《水東稾》、《開封紀行稾》、《菉竹堂》、《涇東稾》，合為九十卷，刻於衡州。此本則崇禎辛未其六世孫重華所刊也。

兩廣奏草十六卷（江西巡撫採進本）

明葉盛撰。已載入所著《奏議》中。據卷首嘉靖辛亥張寰序，稱盛"著作頗多，其子若孫已刻之家塾。獨《兩廣奏議》未有刻本，至是始續成之"云云。蓋初刻本自為一帙，後乃與他奏議合為一編，故又有此別行之本傳於世也。

王介菴奏稾六卷（兩淮鹽政採進本）

明王恕撰。恕有《玩易意見》，已著錄。是編乃其官南京兵部尚書時所刻。有成化乙巳程廷珙序，又有陳公懋後序，作於壬寅，李東陽後序，作於宏治壬子，皆初刻也。又有謝應徵序，則嘉靖丁未揚州重刻所作，又有程啟元序，正德壬申三原重刻所作。諸序皆不言篇數卷數，程啟元序稱六卷，亦據舊刻。惟宏治壬戌楊循吉序稱："東魯王公，往使關中，得疏草二百餘篇。"又稱"以余之居郡下[1]，授而使編。焉馬魯魚[2]，讎勞得效。刊正得八十六篇，釐為六卷"云云，然則此本循吉所定也。其疏各以官標目，始於大理寺，次撫治荆襄，次南京刑部，次總理河道，次南京戶部，次巡撫雲南，次前參贊機務，次巡撫南直隸，次後參贊機務。所謂參贊機務，皆官南京時所兼，非北京閣務也。惟吏部諸疏不在編內。後正德辛巳,三原知縣王成章始益以吏部諸疏,刻為全帙。然此本先出,世亦並行③,故今亦仍存其目焉④。

【彙訂】

①"郡下",殿本作"部下",誤,參《王端毅奏議》所附楊循吉《新刊介菴奏議後跋》原文。

②"焉馬",殿本無。楊循吉跋原文作"魯魚亥豕"。

③"世亦",殿本作"至今"。

④"今亦",殿本無。

晉溪奏議十四卷（江蘇周厚堉家藏本）

明王瓊撰。瓊字德華,太原人。成化丙戌進士,官至吏部尚書,諡恭襄。事蹟具《明史》本傳①。是書刊於嘉靖甲辰,皆其官兵部尚書時所上,故又名《本兵敷奏》。分地為卷。首京畿,次遼、薊、宣、大、三關,次陝西延寧、甘肅,次山東、河南、四川、南畿、兩浙、湖廣,次江南,次閩、粵、云貴,又次則清軍、驛傳、馬政,而以"雜行"類終焉,共十四卷②。《明史·藝文志》作四卷,殆刊版誤脫"十"字歟？史稱:"正、嘉間,瓊與彭澤皆有才略,相中傷不已,亦迭為進退。而瓊險忮,公論尤不予。"楊廷和《視草餘錄》亦痛詆之。蓋其才幹足稱,而心術則不足道也。

【彙訂】

①《國朝獻徵錄》卷二四霍韜《王公瓊神道碑銘》、《弇山堂別集》卷四七《吏部尚書表》及卷六四《總督陝西三邊都御史年表》王瓊條、《明史·王瓊傳》、《明史稾·王瓊傳》、雍正《山西通志》卷一〇七太原府人物均謂王瓊為成化二十年(1484)甲辰進士,非二年丙戌(1466)進士。（楊武泉:《四庫全書總目辨誤》）

② 明嘉靖二十三年廖希顔等刻本此書湖廣類後為福建類、南贛類、江西類、兩廣類、云貴類,無江南類。

密勿稿三卷(兩江總督採進本)

明毛紀撰。紀字維之,掖縣人。成化丁未進士,官至謹身殿大學士,諡文簡。事蹟具《明史》本傳。是編皆在內閣所進奏疏、題本、揭帖。第一卷二十五首,武宗北巡時作。其請車駕還京諸疏,皆在卷內。二卷十四首,武宗南征時作。三卷十七首,嘉靖初政時作。皆紀歸田以後彙輯舊稿,手自編定者也。

辭榮錄一卷(兩江總督採進本)

明毛紀撰。紀自為禮部侍郎至大學士,凡有朝命,必具疏陳辭,合之得二十有六首。每首各注年月。其第一首乃正德七年壬申作,而註曰壬午,蓋坊刻譌也①。

【彙訂】

①"坊刻",殿本作"刻本字"。

毛襄懋奏議二十卷(江西巡撫採進本)

明毛伯溫撰。伯溫字汝厲,吉水人。正德戊辰進士,官至僉都御史,巡撫寧夏、山西、順天,晉工部尚書,改兵部尚書。天啟初,追諡襄懋。事蹟具《明史》本傳。是集乃其歷任奏疏,以一官為一集。凡臺中、撫臺、內臺、總邊、宮賓、平南、總憲、樞垣八集。其籌邊諸議,頗詳晰當時利弊云。

方改亭奏草無卷數(江蘇巡撫採進本)

明方鳳撰。鳳字時鳴,改亭其號也,崑山人。正德戊辰進士,官至廣東提學僉事。是編載奏議一十八首。其兄鵬跋云①:

“時鳴舊槀凡五十餘疏，今散失，止存此。”考《江南通志》稱鳳當武宗時官御史，屢諫巡幸。胡世寧為寧王宸濠所搆[②]，力辨其誣。世宗初大禮議起，尤力持正論，頗著風裁。然以其兄鵬附和張璁、桂萼遂併其兄劾之，又自劾以謝其兄，則矯激已甚。使其兄首倡邪説，事關君父，竟大義滅親可也。考興王而伯孝宗，其根株在璁與萼[③]，其兄不過依阿其間。破璁、萼之局，則鵬不攻自敗耳，何必先操同室之戈乎？卷首有王守仁題詞，其詞凡近，不類守仁他作。其題名稱“餘姚新建伯王守仁撰”，守仁之陋亦不應至此。守仁於大禮一議，不甚非張璁、桂萼。其稱“大禮一疏，力折姦諛”，尤不似守仁之語。疑其後人假守仁之名以為重也。

【彙訂】

① 殿本“跋”下有“後”字。

②“胡世寧”，殿本作“胡世憲”，誤，參《江南通志》卷一百四十《方鳳傳》原文。胡世寧，《明史》卷一百九十九有傳。

③“株”，殿本作“柢”。

石峯奏疏四卷（直隸總督採進本）

明邵錫撰。錫字天佑，號石峯，安州人。正德戊辰進士，官至右副都御史，巡撫山東。是集前三卷為官御史給事中時所上奏疏，後一卷為官巡撫時所上奏疏。錫立朝頗著風節。武宗幸昌平，疏請回鑾。議北征，陳不可者十。及駕出，又偕同官遮道泣諫。史不具載。今諸疏並在集中，尚可考見云。

桂文襄奏議八卷（江西巡撫採進本）

明桂萼撰。萼字子實，安仁人。正德辛未進士，嘉靖初以議禮驟貴，官至吏部尚書，武英殿大學士，諡文襄。事蹟具《明史》本傳。是集冠以《大禮疏》。案其初議但稱興獻帝曰皇考，而別立廟於大内，未及入廟稱宗，如末流之甚。其後何淵希旨，遂請入興獻帝神主於太廟。萼上《請罷非議以全大禮疏》，斥為"破壞典章，姦邪陷君"云云，則初意亦未甚決裂。厥後希旨固寵，循聲附和，遂以數載之榮華，博千秋之詬厲。凡所建白，均為讀史者所厭觀矣。衡以彰癉之公，此集固在所必斥也。

漕河奏議四卷（浙江范懋柱家天一閣藏本）

明王以旂撰。以旂字士招，江寧人。正德辛未進士，官至兵部尚書，總督三邊，卒諡襄敏。事蹟具《明史》本傳。當嘉靖時，徐、呂二洪水竭，運船膠滯，命以旂以兵部右侍郎兼僉都御史，總理河漕。逾年，渠水通，晉秩一等。是編其督漕時題奏章疏。前後無序跋，亦無目錄，不知為完本否也。

諫垣奏草四卷（兩江總督採進本）

明毛憲撰。憲字式之，武進人。正德辛未進士，即於是年八月除刑科給事中。至正德十三年二月，以禮科給事中致仕。前後在諫垣八年，所上凡三十一疏。前附鄉試策一篇。憲別有《古菴文集》，此其集外別行者也。

夢虹奏議二卷（江西巡撫採進本）

明鄧顯麒撰。顯麒字文瑞，奉新人，夢虹其號也。正德甲戌進士，授行人司副。時諸臣共諫南巡，其疏稿為顯麒所擬，故再予廷杖，謫國子監學正。嘉靖初，擢監察御史。是集為其子夷惠所編，凡三十一篇，有嘉靖甲寅李楨序。後舊版漫漶，其裔孫繡又重刊之。前有凡例，稱："以事之大小，時之先後，改易舊次。"

考顯麒以正德時諫疏得名，其嘉靖講學疏不過循例陳言，體同策論，而此本乃列諫疏於講學疏後，蓋明人以講學為至榮，故視為第一大事，取以冠編，而不計其年月顛倒也。卷首載《一統志·顯麒傳》，稱其劾戚畹陳萬言及論蔚州買木二事。此本乃無其疏，殆原槀散佚歟？

　　桂洲奏議二十一卷（安徽巡撫採進本）

　　明夏言撰。言有《南宮奏槀》，已著錄。是編又益以諫垣所上，分為二十一卷。乃言入閣之後，巡撫江西副都御史王暐等所刊，事在嘉靖十八年。後暐以事獲罪，主其獄者即言也。言以論南北郊分祀受知世宗，遂被擢用。史稱其"奏定典禮，多可採者"。今核其所論，實惟議禮一事有關典制沿革，故錄其《南宮奏槀》，而此集則別存其目焉。

　　復套議二卷（江蘇周厚堉家藏本）

　　明曾銑撰。銑字子重，江都人①。正德丁丑進士②，官至兵部侍郎，總督陝西三邊軍務。事蹟具《明史》本傳。嘉靖二十五年，銑建議欲西自定邊營，東至黃甫川，千五百里，築邊牆以禦剽掠。並以河套諸部久為中國患，因上疏請復其地，條八議以進。嗣又與諸撫鎮條上方略十八事。此即其前、後疏槀。是時夏言主銑議，後卒以此為嚴嵩所構，言及銑併棄市。王肯堂《鬱岡齋筆塵》云："徐階門客呂生者，殺人亡命河套中。三年盡得其山川之險易、城堡之虛實，因悉繪為圖。謂其地不難於攻而難於守，於是併調畫守禦之策若干條，挾以説總督曾銑。銑聞而深信之，遂以白夏言。"云云。則銑諸奏蓋皆據呂生目睹之説也。

【彙訂】

① 民國《台州府志》卷一〇三《人物傳考異》云："（曾銑）蓋初依江都商，故遂占其籍耳。嘉慶《太平志》：'祖居松門南城外，徙黃巖之倉頭街，今黃巖北門倉頭街，有曾銑巷故址。'"（楊武泉：《四庫全書總目辨誤》）

② 丁丑為正德十二年，然《弇山堂別集》卷六四《總督陝西三邊都御史年表》曾銑條、《明史·曾銑傳》、《江南通志》卷一百四十四、《浙江通志》卷一百七十三、《山西通志》卷八十五均載曾銑為嘉靖八年己丑科進士。（同上）

奏對槀十二卷（江蘇巡撫採進本）

明張孚敬撰。孚敬有《諭對錄》，已著錄。其《諭對錄》中乃備載世宗密諭，即當時奏草亦併載於中。共三十四卷，篇帙頗夥。是編乃萬曆中巡按浙江御史楊鶴所選，凡十一卷①，視原集汰三之二。第十二卷附刻序文十九篇，蓋刪繁舉要，以便流傳。然李綱《奏議》六十九卷，為世所貴，不病其多而難讀也。田錫《奏議》一卷，為世所貴，亦非取其少而易竟也。

【彙訂】

① "其諭對錄中乃備載世宗密諭"至"凡十一卷"，殿本作"孚敬奏疏皆附載所撰諭對錄中以篇帙繁重萬曆中巡按浙江御史楊鶴選為此本"。

督撫經略疏八卷（浙江巡撫採進本）

明李遂撰。遂字邦良，號克齋，豐城人。嘉靖丙戌進士，官至南京參贊機務，兵部尚書，諡襄敏，事蹟具《明史》本傳。是編乃其以右僉都御史巡撫鳳陽四府時所上奏疏①。起嘉靖三十六年，至三十八年遷秩還京，因裒輯成帙。史稱遂官巡撫時，淮揚三中倭②，歲復大水，且日役民輓大木輸京師。遂請餉增兵，恤民節用，次第畫戰守計。劉景韶序亦稱其時值凋弊之秋，獨以急病厚生為念，請蠲恤之疏不下數十章。今觀集中請恤疏止數篇，餘皆言倭寇事。序弁書前，不應顯相矛盾，或有所刪汰歟？

【彙訂】

①"所上"，殿本無。

②"淮揚"，殿本作"淮陽"，誤，參《明史》卷二百五《李遂傳》原文。

前川奏疏二卷（江西巡撫採進本）

明曾忭撰。忭號前川，泰和人。嘉靖丙戌進士，官至兵部都給事中。《千頃堂書目》載《前川奏疏》二卷，與此本合。其作曹忭①，則以字形相近而譌也。忭，《明史》無傳，惟《劉源清傳》附載其申救源清下詔獄事。其疏今在集中，然疏中陳處置大同事宜頗詳，申救源清，特其中之一事。則未審為史文之略，為其後人有所潤色也。卷末有跋，不署名氏。核其語意，似忭族人所作。稱忭叔監察御史翀，嘉靖乙未，亦以劾汪鋐廷杖死。泰和東門內有叔姪諫臣坊，即為翀、忭所建云。

【彙訂】

①"曹忭"，底本作"曹抃"，據殿本改。《千頃堂書目》卷三十載曹忭《前州曹先生奏議》二卷。

本兵疏議二十四卷（江西巡撫採進本）

明楊博撰。博字惟約，蒲州人。嘉靖己丑進士，官至吏部尚書，諡襄毅。事蹟具《明史》本傳。此集為其子士俊所編。始嘉靖三十四年，迄隆慶六年，皆博為兵部尚書時所上，故名曰《本兵疏議》①。是時倭寇亂於南，諳達侵於北。請餉請兵，羽檄旁午。故案牘之繁，至於如是。考本傳稱博於肅州奏金塔之功，薊鎮著馬蘭之績，大同有牛心之捷。西北兵機為所素習，宜其言之頗悉。然當時倭患之不熄，由經略內倚權相，顛倒是非。博身居本兵，不能糾趙文華之姦，辨張經之枉。其依違牽就，抑亦不無可議矣。

【彙訂】

①"故名曰本兵疏議"，殿本無。

臺省疏稾八卷（江西巡撫採進本）

明張瀚撰。瀚字元洲，仁和人。嘉靖乙未進士，官至吏部尚書，謚恭懿。事蹟具《明史》本傳①。是集分門編次，一卷曰賀謝類，二卷、三卷曰前後關中類，四卷②、五卷曰漕運類，六卷、七卷、八卷曰兩廣類。咸當時案牘之文。

【彙訂】

①《御定佩文齋書畫譜》卷四十三引馮夢禎《快雪堂集》曰："張瀚，字子文，別號元洲，仁和人，嘉靖乙未進士，官至吏部尚書。"《國朝獻徵錄》卷二十五所收《吏部尚書張恭懿瀚傳》、《千頃堂書目》卷二十三、《明史》卷二百二十五、《大清一統志》卷二百十八、《江南通志》卷一百十七、《浙江通志》卷一百五十八、《陝西通志》卷五十一、《廣西通志》卷五十三均載張瀚"字子文"。（鞠明庫：《〈四庫全書總目〉訂誤六例》）

②"卷"，殿本脫。

平倭四疏三卷（浙江鄭大節家藏本）

明章煥撰①。煥字揚華，一字茂實，長洲人。嘉靖戊戌進士，官至督理南京倉儲、右副都御史。煥初由刑部主事改吏部，擢南京太僕寺卿。值倭犯兩浙諸郡，乃上《平倭疏》凡十二策。及轉光祿寺卿，復上《安攘八事》。旋擢右僉都御史，巡撫福建，又陳《明職守》、《授成算》二疏。前後四疏，皆為倭事而發。此本乃嘉靖己未煥由河南巡撫拜督漕之命，將去汴時，周藩鎮國中尉睦㮮為序而刻之者也。

【彙訂】

①"章煥"，底本作"張煥"，據殿本改。《浙江省第五次鄭大節呈送書目》及《浙江採集遺書總錄》均著錄作"章煥"。（杜澤遜：《四庫存目標注》）

南宮奏牘二卷（安徽巡撫採進本）

明高拱撰。拱有《春秋正旨》，已著錄。嘉靖壬戌，拱為禮部左侍郎，改吏部，進禮部尚書，召入直廬，皆在一年之中。自序云"視篆南宮未久，故奏牘無多。然一二有關處分者，皆自屬草，故特存之"云。

綸扉內槀一卷外槀一卷（安徽巡撫採進本）

明高拱撰。拱於嘉靖丙寅入閣，隆慶丁卯罷，己巳復召還。是編乃其先後在閣時疏槀也。前有自序，稱"內閣有關機密，人不與知者不敢泄，惟言外事及辭免諸疏則存之"云。

掌銓題槀十四卷（安徽巡撫採進本）

明高拱撰。拱於隆慶己巳復召入內閣，兼掌吏部事者凡二年。是編皆其疏槀也。史稱拱在吏部，欲徧識人材，授諸司以籍，使署賢否，誌爵里姓氏，月要而歲會之。倉卒舉用，無不得人。蓋其才固有足取者矣。

獻忱集二卷（安徽巡撫採進本）

明高拱撰。所載皆賀謝奏疏。自序云："國制，廷臣賀謝皆無疏。近歲章奏寖盛，節賀無俟言，凡有瑞應必疏賀，而大僚遷官及有譴有賜無不疏謝者。乃次第成帙，名《獻忱集》。"《明史·藝文志》作五卷。豈先有別行之本五卷，後編入文集，乃删併為二卷耶？

奏疏輯略一卷（兩江總督採進本）

明董傳策撰。傳策字原漢，上海人。嘉靖庚戌進士，授刑部主事。以疏劾嚴嵩，謫戍南寧。隆慶初，復故官。萬曆初，官至南京禮部右侍郎。事蹟具《明史》本傳。是編有其弟傳文識後云："伯子由常博至右宗伯，疏草半逸。今輯梓者寥寥十餘疏耳。"考傳策始以論嚴嵩欺君誤國，遣戍南寧，乃其生平大節，宜以弁集，而乃冠以《極陳時政疏》[①]，實則未上之槀。附錄之尚為空言鬻直，況首列乎？此則編次之失也。

【彙訂】

① "以"，殿本無。

粵西疏槀三卷（浙江巡撫採進本）

明吳文華撰。文華字子彬，連江人。嘉靖丙辰進士，官至南京兵部尚書，諡襄惠。事蹟附見《明史·鄒應龍傳》[①]。此集乃其巡撫廣西時所上諸疏，凡二十一首。葉向高作文華《濟美堂集》序，稱其"督粵東西[②]，所削平林箐巨憝，累世為患害者，不可勝紀"。今集中《敘報雕剿人員疏》、《地方賊情疏》、《剿平上下四屯疏》、《剿平北山等處地方疏》、《題報地方賊情疏》，皆其事也。然史稱河池、峝峈、北三猺未為逆，總督凌雲翼喜事，殺戮甚慘，得蔭襲，文華亦受賞遷户部侍郎。則向高所云，不免有所文飾矣。

【彙訂】

①《明史》卷二一〇《鄒應龍傳》附張檟傳，吳文華傳附於卷二二一《郭應聘傳》。（楊武泉：《四庫全書總目辨誤》）

②"東"，底本脱，據明萬曆刻本《濟美堂集》葉向高序原文及殿本補。

留都疏槀一卷（浙江巡撫採進本）

明吳文華撰。文華於萬曆十五年任南京工部尚書，十六年進兵部尚書，旋以病乞歸。此其兩年之中所上諸疏，凡十一首。謝恩者三，乞休者二，爲人請蔭者一，其四皆營伍常事。惟乞誅内監張鯨一疏，尚見風力云。

存笥錄一卷（江西巡撫採進本）

明張檟撰。檟字叔養，號心吾，江西新城人。嘉靖己未進士，官至南京工部右侍郎。事蹟附見《明史・鄒應龍傳》。是編乃其曾孫道登所刻。首載誥敕，末錄墓碑誌銘。所載檟文，惟奏疏六篇而已。一爲救論嚴嵩言官吳時來，一復召上論三事，一薦王世貞，一薦石星，一劾内監滕祥，一劾大學士高拱。卷首標題之下，側註"摘要"二字，蓋非完本也。

王文肅奏草二十三卷（江蘇巡撫採進本）

明王錫爵撰。錫爵字元馭，號荆石，太倉人。嘉靖壬戌進士，官至建極殿大學士，諡文肅。事蹟具《明史》本傳。是集乃其綸扉進御之詞，自萬曆十三年訖三十八年，以歲月先後編次。其子衡所輯，其孫時敏所刊也。

小司馬奏草六卷（兩江總督採進本）

明項篤壽撰。篤壽字子長，秀水人。嘉靖壬戌進士，官至兵部郎中。是編即篤壽官兵部時議覆內外陳奏之文。凡《駕部彙》一卷，《職方彙》五卷。其曰“小司馬”者，蓋取《周禮·夏官》之屬。然明無此職，以古名題後世之奏牘，似有據而實不典也。

沖菴撫遼奏議二十卷督撫奏議八卷（江蘇周厚堉家藏本）

明顧養謙撰。養謙字益卿，南通州人。嘉靖乙丑進士，官至戶部侍郎，總督薊遼兼經略。以議倭封貢事被劾去。《撫遼奏議》乃巡撫遼東時所上，凡九十餘疏。《督撫奏議》乃總督薊遼時所上，凡三十餘疏。

敬事草十九卷（山西巡撫採進本）

明沈一貫撰。一貫有《易學》，已著錄。是書乃其歷官所上奏疏揭帖。始於萬曆四年正月初充講官，迄於三十四年七月以大學士乞休。一貫當國，頗為清議所不滿。如《明史》本傳所載楚獄、妖書二案，所不待言，即京察一事，集中深自辨白，然終無以解免於物論也。本傳稱一貫位至建極殿大學士，據此編所書銜名乃中極殿，蓋史家偶異詞云。

內閣奏題彙十卷（浙江巡撫採進本）

明趙志皋撰。志皋字汝邁，蘭溪人。隆慶戊辰進士，官至建極殿大學士，諡文懿。事蹟具《明史》本傳。史稱志皋身在床褥，於罷礦、建儲諸大政，數力疾草疏爭。在告四年，疏八十餘上。此本乃其在內閣十年之奏彙，於萬曆二十八年手自編定者也。《明史·藝文志》作十六卷，與此本卷數不合。殆志皋尚有他奏議，《明史》總舉其數歟？

　　王文端奏疏四卷（兩江總督採進本）

　　明王家屏撰。家屏字仲伯，山西山陰人。隆慶戊辰進士，官至東閣大學士，謚文端。事蹟具《明史》本傳①。家屏輔政在萬曆中年，奏疏多為册儲之事，餘皆占謝之詞②。本傳稱其“柄國僅半載而去，朝野惜之。閱八年，儲位始定。遣官存問，齎金幣羊酒”。是編終以此篇，明其志也。諸疏已載入所著《文端集》，此蓋初出別行之本。目錄作二卷，而書實四卷，蓋目錄之誤。其編校亦可謂疏矣。

【彙訂】

　　①《明史》本傳、《弇山堂別集》卷四五《內閣輔臣年表》王家屏條、雍正《山西通志》卷一一八《大同府·人物·王家屏傳》皆作“字忠伯”。（楊武泉：《四庫全書總目辨誤》）

　　②“占謝”，殿本作“申謝”。

　　奏議二卷（江西巡撫採進本）

　　明李頤撰。頤字維貞，號及泉，餘干人。隆慶戊辰進士，官至總督河漕、都察院右都御史，兼工部侍郎。事蹟具《明史》本傳。是編皆其歷官時所上奏疏，與《明史》相合。《獻徵錄》載《頤行狀》，稱《奏議》十卷。今止二卷，乃國朝段藻所重刊。末附《重建儒學祭器庫記》一首，而以誌傳、行狀、制誥及諭祭敕葬文冠於卷首。

　　掖垣題稾三卷（刑部員外郎顧蒣家藏本）

　　明顧九思撰。九思字與睿，長洲人。隆慶辛未進士，官至通政司右通政。是編皆其為給事中時所上奏疏。在戶科者一，在禮科者十三，在兵科者二十。其閒如持宗藩之冒封、劾邊將之驕詐,皆具有風節。《江南通志》亦謂其"條奏多關切軍國大計,時咸推其讜直"云。

諫垣疏稾四卷(兩江總督採進本)

明姚學閔撰。學閔字順山,武陵人。隆慶辛未進士,由知縣歷官禮、刑、兵三科給事中。嘗一視京營,一閱宣大、山西邊務。以其前後奏疏,彙為此編。卷首有陳所蘊序,稱"當時不察,有以紛榆故相為口實者。今疏稾具在,有一左祖相君語乎?"又有其門人吳中明序,亦云:"先生當柄國時,世或蘄為同而能不為同;迨其後也,世或蘄為異而能不為異。"蓋學閔官諫垣時在萬曆初,正其鄉人張居正獨相之日,故二人並為辨別心蹟云。

海防奏議四卷(江蘇周厚垍家藏本)

明萬世德撰。世德,山西偏頭千戶所人。隆慶辛未進士,歷官右都御史,總督薊遼。萬曆二十五年,倭寇朝鮮,議設海防巡撫,以世德為都察院僉都御史,管理天津、登萊、旅順等處海務。至二十六年,改世德經理朝鮮,而以汪應蛟為代。是編所載,自二十五年九月至二十六年六月,一年之中條上一切海防事宜,凡為疏四十八篇。

治河奏疏四卷(直隸總督採進本)

明李化龍撰。化龍有《平播全書》,已著錄。是編奏疏乃萬曆三十一年化龍以工部右侍郎總督河道時所上。時黃河橫決,化龍徧行淮徐,得泇河遺蹟,乃奏請疏鑿。凡開二百六十丈,工訖而為流沙所阻。化龍持之益力,復改鑿嶧頭一路,運道遂通。故此編於泇河一事最為注意[①],言之尤為懇切云。

【彙訂】

① "一",殿本無。

黃門集三卷（浙江巡撫採進本）

　　明陳與郊撰。與郊有《檀弓集註》,已著錄。是編為其《奉常俟槀》之第二種①,皆其為給事中時奏疏。與郊黨附大學士申時行、王錫爵。其論大峪壽宮事,詆李植、江東之,其疏今載集中。《明史・萬國欽傳》又載給事中李春開劾趙南星、張士昌,與郊助之。亦以二人糾政府私人也。

【彙訂】

① "是編",殿本作"是集"。

奏疏遺槀無卷數（江蘇巡撫採進本）

　　明吳達可撰。達可字安節,宜興人。萬曆丁丑進士,官至通政司左通政。是集為其孫洪裕等所編,分西臺、同寺、勳寺、銀臺四類。詞氣頗多率易。惟官御史時劾兵部尚書田樂等一疏,頗為切直。疏中極數樂子爾耕開門納賄之罪。爾耕即後以世蔭官錦衣,黨附魏忠賢,鍛鍊楊漣、左光斗諸人,流毒天下者。達可可云先見矣。

周中丞疏槀十六卷（江西巡撫採進本）

　　明周孔教撰。孔教字明行,臨川人。萬曆庚辰進士,官至右都御史,總理河道。是集凡《西臺疏槀》二卷,《中州疏槀》五卷,《江南疏槀》九卷。其《西臺疏》內極論趙志臯、石星等封日本棄朝鮮之非。《江南疏》內停織造、止加派及丁未救荒諸疏,尤具見風力。其餘則案牘之文為多。據趙南星序,此集乃孔教由應天巡撫遷總督河道時所刊。其時吳中士民請留孔教,言者劾為孔教陰使之。孔教由此去國，乃衷刊平日之疏，使南星序之。而顧憲成、高攀龍亦為之序。三人皆一代名臣，所言當不假借。然當嫌疑交起之際，而急刻《疏稿》以自表。日相激薄，黨禍遂成。是則東林諸人負氣求勝之過，難盡委諸命數也。

青瑣藎言二卷（江西巡撫採進本）

明楊東明撰。東明字啟昧，_{案《明史》作字啟修。}號晉安，虞城人。萬曆庚辰進士，官至刑部右侍郎。事蹟附見《明史・王紀傳》。東明為禮科給事中時，正當萬曆閒朝政紕繆，東明多所建白。如停逮譚一召、安希范及東事、播事諸疏，持論頗正而不激。後卒以抗論被斥，家居二十六年。因彙其前後疏稿為一集，寧陵喬允序之。允亦嘗官御史，與東明同以言罷者也。

掖垣諫草五卷（兩江總督採進本）

明張貞觀撰。貞觀字惟誠，別號惺宇，沛縣人。萬曆癸未進士，官至禮科給事中。萬曆甲午，以請皇長子出閣講讀，罷職為民。此其歷年疏草也。凡在兵垣者二卷，工垣者一卷，禮垣者二卷。

蘭臺奏疏_{無卷數}（直隸總督採進本）

明馬從聘撰。從聘有《四禮輯疑》，已著錄①。是集為從聘所自編，凡二十六疏。前有自序，稱"萬曆戊戌題於兩淮公署"。蓋其為江西道御史出理鹽課時所刊也。

【彙訂】

①《四禮輯疑》乃《四禮輯宜》之誤，説詳卷二五《四禮輯》條訂誤。

畿南奏議六卷（山西巡撫採進本）

明王紀撰。紀字惟理，號憲葵，芮城人。萬曆己丑進士，官至刑部尚書，事蹟具《明史》本傳。此其自萬曆四十一年至四十五年巡撫保定時所上奏疏也。於閭閻災病，言頗詳盡。史亦稱其“居四年，部內大治”云。

楊全甫諫草四卷（山西巡撫採進本）

明楊天民撰。天民號全甫，山西太平人。萬曆己丑進士，官至禮科右給事中，降永從縣典史，後贈光祿寺少卿。事蹟具《明史》本傳。天民在諫垣，敢於言事。建儲之疏至十二上，卒以是謫死。其鄉人為梓先後疏彙共成四卷，後附贈官制及諭祭文。贈官在天啟二年九月，諭祭在三年十月，而卷首許維新序作於天啟元年十一月，已有“臺臣請加卹錄”之語，蓋奏請在前，得允在後耳。

督蜀疏草十二卷（浙江巡撫採進本）

明朱燮元撰。燮元字懋和，浙江山陰人。萬曆壬辰進士，歷官兵部尚書，總督四川、貴州軍務，晉左柱國、少師，諡襄毅。事蹟具《明史》本傳。燮元久膺閫寄，歷樹邊功，威望著於西南。史稱其“治事明果，軍書絡繹，不假手幕佐”。此編乃其總督四川時經理苗疆事宜及舉劾僚屬諸疏，其曾孫人龍校刻者也。

朱襄毅疏草十二卷（浙江巡撫採進本）

明朱燮元撰。是書皆其總督云貴時論平定諸苗奏疏與督蜀諸疏，始末均具《明史》本傳中。其事蹟委曲、年月先後，則較史為詳。

朱少師奏疏八卷（兩江總督採進本）

明朱燮元撰。此編為其曾孫世衛所重刊。冠以倪元璐所撰《行狀》及劉宗周所撰《墓誌銘》。末有世衛跋，稱燮元奏疏原鑴成二十四卷，案，此即以《督蜀疏草》十二卷、《朱襄毅疏草》十二卷合而計之，非別有二十四卷之本。以版留家塾。又別鈔一百三十餘疏，合《蜀事紀略》共為一帙。其《蜀中疏草》删為四卷，《黔中疏草》删為三卷。《蜀事紀略》又自為一卷，冠於《蜀中疏草》之前。

留垣奏議四卷（福建巡撫採進本）

明黃起龍撰。起龍字應興，號雨石，莆田人。萬曆戊戌進士，官至南京吏科給事中。是編為起龍所自刊，分十六類。曰儲講，曰藩封，曰國典，曰聖政，曰修省，曰賑恤，曰糧儲，曰錢法，曰財用，曰謚典，曰起廢，曰用人，曰考選，曰糾邪，曰時事，曰請告。共計疏三十六首，而以戶部議覆三疏附其後。曰《留垣奏議》者，以當時稱南京為留都也。

留垣疏草無卷數（兩江總督採進本）

明黃建中撰。建中字良輔，揚州興化人。萬曆戊戌進士，官至南京戶科給事中。是集凡疏二十四篇。其中若《論舊撫疏》，劾李三才論救劉光復原為自救。考《明史‧李三才傳》，稱光復坐事下獄，三才陽請釋之，則與建中疏意相符。而建中疏劾之事，則不見於《三才傳》中，此疏實可以補其闕。又若《惡監狂逞疏》，劾稅璫高寀，尤見風力。至於《案臣輕去疏》，劾應天巡按御史荊養喬而申理熊廷弼。考《明史》，廷弼督學南畿，嚴明有聲。以杖死諸生事，與荊養喬相訐奏。養喬投劾去，廷弼亦聽勘，不及詳其始末。據《定陵註略》，則湯賓尹奪人聘妻，逼貞女自盡，諸生芮應元等不平而鳴之官。廷弼為賓尹所取士,因杖應元殺之。其事曲在廷弼。建中此疏,顛倒是非實甚。建中《明史》無傳。《江南通志》載其初授南陽府推官,下車即置姦掾於法。邑令餽金,笞其使,令解綬去。為給事中時,遇事敢言,中内計罷去。則其人非附宣黨者,殆一時意見之偏耶?

湖湘五略十卷(浙江巡撫採進本)

明錢春撰。春字梅谷,武進人。萬曆甲辰進士,官至户部尚書。事蹟附見《明史・錢一本傳》。萬曆四十年,春以監察御史巡按湖廣,至四十二年代還。因輯其在官時所作章疏文移,彙為此編。凡《疏略》三卷,《牘略》一卷,《檄略》二卷,《詳略》二卷,《讞略》二卷,大都案牘之文。其中《請釋滿朝薦》一疏,自言當時具草未上,而亦載之編中。殆與董傳策刻《極陳時政》一疏其事等矣。

兵垣奏疏一卷(陝西巡撫採進本)

明劉懋撰。懋字養中,別號渭溪,臨潼人。萬曆癸丑進士,官至兵科給事中。是集凡奏疏十二篇。案《平寇志》稱“崇禎元年,給事中劉懋、御史毛羽健請裁驛站,以足國用,非敕使不得給郵符,歲省費無算。謂蘇驛累也。而燕、趙、秦、晉輪蹄孔道,游手之民多仰食驛糈,至是益無賴,又歲儉無所得食,遂羣聚為盜”云云。考天、崇之間,政亂而民困,重以饑歲,即不裁驛站,亦必亂,未可專以咎二人。況天下之驛皆裁,而亂獨起於秦,是亦不由裁驛之明徵矣。《平寇志》又載懋崇禎三年論流寇二疏,於當日情形極切,而此集佚之,則不知其何故也。

吳侍御奏疏一卷(山西巡撫採進本)

明吳玉撰。玉,壽陽人。天啟壬戌進士,官至河南布政司參議。此編乃其崇禎初官廣西道監察御史時所上之疏，凡十篇。
劾魏忠賢餘黨者三，劾輔臣者二，劾本兵者三，清釐國用者一。
其末一篇則懇辭加銜者也。

　　按晉疏草無卷數（兩江總督採進本）

　　不著撰人名氏。亦無卷次目錄，惟分四巨册。皆明崇禎五
年、六年奏疏。每篇首署“巡按山西監察御史李”，而不書其名，
末各載所奉諭旨。疑皆當時胥吏鈔錄副本，未經重繕者。案《山
西通志》，崇禎閒巡按御史有李嵩者，棗強人。《畿輔通志》載嵩
字影石，天啟壬戌進士，官至布政使。是此書即嵩案晉時疏稾
也。時流賊勢已猖獗，故疏中言兵事者十之八九。其五年八月
《急請移兵厚餉》一疏，稱寧武兵驕而狡，一遇大敵，非鼓噪即脫
逃。標營兵悍而猾，經過地方，橫索如虎，避盜如鼠。即有一二
守法者，又遲迴不用命。明季軍政敝壞至此，固不待獻、闖並熾，
而亡徵先見矣。

　　治河奏疏二卷（侍講劉亨地家藏本）

　　明周堪賡撰。堪賡字仲聲，號五峯，寧鄉人。天啟乙丑進
士，官至工部侍郎。集中有崇禎十六年十二月陞南京户部尚書
《乞賜骸骨疏》，《三藩紀事本末》亦載福王時起用户部尚書周堪
賡，以疾不赴。則堪賡雖未南京任事，實以尚書歸里也。《明
史·河渠志》載崇禎十五年“流賊決河灌城，民盡溺死。總河侍
郎黃希憲以身居濟寧，不能攝汴，請特設重臣督理。命工部侍郎
周堪賡督修汴河”。此《治河奏疏》蓋即是時所上。然史載“十六
年六月堪賡言：‘河之大勢盡歸於東，運道已通，陵園無恙。’疏甫
上，決口再潰。帝趣鳩工，未奏績而明亡”云云。而集中有十六

年十二月"汴工築塞已完，歲修防守宜豫"一疏，與史不符，未詳何故也。

真定奏疏一卷附刻一卷（陝西巡撫採進本）

明衛楨固撰。楨固字紫嵐，韓城人。崇禎甲戌進士，歷官雲南道監察御史。此其巡按真定時所上疏稾也①，凡二十六篇。其論劾白廣恩淫掠及領兵官潘鳳閣擅責縣官諸疏，於明季軍政不修可以概見一二。其子執蒲跋而刻之。執蒲字禹濤，國朝順治辛丑進士，官至左都御史。其初授監察時，適亦得雲南道，遂以己疏一冊附刻其後。

【彙訂】

① 殿本"其"上有"乃"字。

文襄公奏疏十五卷附年譜一卷（山東巡撫採進本）

國朝李之芳撰。之芳字鄴園，武定人。順治丁亥進士，官至文華殿大學士，諡文襄。是編奏疏前十一卷，為總督浙江時所上。又《臺諫集》二卷，為監察御史時所上。康熙甲申，耿精忠之變①，經理征剿疏稾，亦具載集中。末附《年譜》一卷，淄川唐夢賚所編也。

【彙訂】

① 康熙甲申（四十三年）乃甲寅（十三年）之誤，時"三藩"之一的耿精忠於福建起兵反清。（楊武泉：《四庫全書總目辨誤》）

郝恭定集五卷（直隸總督採進本）

國朝郝惟訥撰。惟訥字敏公，霸州人。順治丁亥進士，官至吏部尚書。此集凡《都察院奏疏》八篇，《刑部奏疏》四篇，《禮部奏疏》一篇，《戶部奏疏》九篇，《吏部奏疏》六篇。其《禮部請行釋奠疏》、《户部税銀款目疏》，皆註"疏存部案"字。蓋當時同官公議，而惟訥具草，故仍刻之私集也。

清忠堂奏疏_{無卷數}（江蘇周厚堉家藏本）

國朝朱宏〔弘〕祚撰。宏祚字徽蔭，高唐人。是編乃其官廣東巡撫時奏疏。始於康熙二十六年十二月，終於三十一年八月，凡七十五篇。前有梁佩蘭序，稱其在粤五年，凡上一百六十有五疏。則此刻亦選擇而存之者也。

西臺奏議一卷京兆奏議一卷附曲徙錄一卷（陝西巡撫採進本）

國朝楊素蘊撰。素蘊字筠湄，宜君人。順治壬辰進士，官至湖廣巡撫。《西臺奏議》，其為四川道監察御史時所上。《京兆奏議》，其官順天府尹時所上。《曲徙錄》則東明劉祚昌集其劾奏吳三桂疏及謫官復起始末也[①]。然三桂逆蹟一形，素蘊即邀擢用，未可謂之"曲突徙薪無恩澤"也。祚昌之命名，亦不思之甚矣。

【彙訂】

① "及"，底本作"又"，據殿本改。

大觀堂文集三卷（浙江巡撫採進本）

國朝余縉撰。縉字仲紳，號浣公，諸暨人。順治壬辰進士，官至河南道監察御史。是集即其官御史時所上諸疏，凡四十三篇。其外官告病諸疏，皆縉私擬未上之藁，未嘗見之施行，不當一例附入也。

疏藁一卷（兩江總督採進本）

國朝胡文學撰。文學字卜言，鄞縣人。順治壬辰進士，官至福建道監察御史。此即為御史時題奏之稾也①。自順治十七年起，至康熙元年巡視兩淮鹽政止，凡十六篇。

【彙訂】

① "也"，殿本無。

存菴奏疏無卷數（江蘇巡撫採進本）

國朝徐越撰。越字山琢，山陽人。順治壬辰進士，官至監察御史，遷兵部督捕左理事官，仍留御史之任。是集皆其所上奏疏，自順治十七年至康熙十二年止，凡五十四篇。皆具年月，併恭載諭旨。《江南通志》稱其"在臺十有三年，所條奏皆有關時政之大者。言漕河事先後凡十六疏，歷陳淮、黃分合變遷及兩河衝決狀尤悉"。

楊黃門奏疏無卷數（浙江巡撫採進本）

國朝楊雍建撰。雍建字自西，一字以齋，海寧人。順治乙未進士，官至兵部侍郎。此編乃其官給事中時所上奏疏，故以"黃門"為名。前有康熙元年胡兆龍序，謂雍建"壬寅假歸，梓其前後疏章三十餘篇"。又自序云："歷吏、禮、兵、刑四垣，章凡三十餘上。"今卷內實五十一篇。末四篇稱《西臺奏議》，蓋康熙十八年官左副都御史時也。目錄後有自識云："余以內陞，復入垣署，章奏及西臺諸疏，原稾散失無存。賴吾姪存理、中發留心蒐輯，得以續梓。"然則此所載者蓋合前後所刻通為一編矣。

撫黔奏疏八卷（浙江巡撫採進本）

國朝楊雍建撰。雍建自康熙十八年巡撫貴州，凡在任六年。內陞兵部侍郎，閱一年有餘，告請終養。是編合載貴州及兵部奏疏共五百四十一篇。

于山奏牘七卷附詩詞一卷（江蘇周厚堉家藏本）

國朝于成龍撰。成龍字北溟，永寧人。前明拔貢生。入國朝，授廣西羅城縣知縣，官至湖廣總督①。此集刊於康熙癸亥。自卷一至卷七，皆載其歷任所上奏疏，及詳文、牌示並一時同官往來書牘。第八卷則詩詞，而終之以制藝一首。其後《政書》之刻，即因此本而增損之，此編蓋猶其初稿。至於詩詞，本非所長，制藝一首尤不入格。亦不如《政書》之刊除潔淨也。

【彙訂】

① 于成龍乃明崇禎十二年副貢生，官至兩江總督，未嘗任湖廣總督。（鄧之誠：《清詩紀事初編》）

平岳疏議一卷平海疏議一卷附平海諮文一卷師中小札一卷（山西巡撫採進本）

國朝萬正色撰。正色號中菴，晉江人。康熙十三年，正色以岳州水師總兵官征吳三桂，累立戰功。《平岳疏議》作於是時。尋提督福建水師，同總督姚啟聖平海壇及金①、廈兩島。《平海疏議》及《諮文》作於是時。《小札》亦是時師中作也。

【彙訂】

① “姚啟聖”，底本作“姚啟盛”，據殿本改。姚啟聖，《清史稿》卷二百六十有傳。

督漕疏草二十二卷（山東巡撫採進本）

國朝董訥撰。訥字茲重，號默菴，平原人。康熙丁未進士，官至江南總督。是編乃其督理漕河時所上疏草，皆吏牘之文。

奏議彙無卷數（江西巡撫採進本）

國朝江蘩撰。蘩有《四譯館考》，已著錄①。是編冠以康熙二十五年十月繇由靈寶縣知縣擢御史時御試策二道，次為陝西道御史時疏三篇，次為巡視東城時疏二篇，次為協理江西道時疏三篇，次為巡視北城時疏一篇，次為巡視長蘆鹽課時疏三篇，次為掌山東道時疏一篇、掌京畿道時疏一篇。

【彙訂】

①《總目》卷八三著錄江蘩撰《四譯館考》，在《奏議彙》之後，且未述江蘩身世。（楊武泉：《四庫全書總目辨誤》）

撫豫宣化錄四卷（內府藏本）

國朝田文鏡撰。文鏡，正黃旗漢軍。官至河東總督，謚端肅。是編乃文鏡官河南巡撫時，奏疏一卷、條奏一卷、文移一卷、告示一卷。內文移又分一子卷。均始於雍正二年七月，迄五年九月。惟告示迄於五年正月。前有河南布政使費金吾①、按察使彭維新、分守開歸河道楊夢琬〔琰〕②、河務兵備道祝兆鵬、分守河北兵備道朱藻、分巡南汝光道孫蘭芬會請刊刻詳文一道，及文鏡批詞。

【彙訂】

①"費金吾"，殿本作"費金"，誤。雍正五年自刻本此書有費氏跋。費金吾，《浙江通志》卷一五九有傳。

②"楊夢琬"，當作"楊夢琰"，乃避嘉慶諱改。殿本作"楊夢琰"。

河防疏略二十卷（兩淮馬裕家藏本）

國朝朱之錫撰。之錫字孟九，號梅麓，義烏人。康熙壬辰進士①，官至兵部尚書，都察院右副都御史，總督河道。是編即其治河奏槀也。以上專集。

【彙訂】

① 壬辰為康熙五十一年,而李元度《國朝先正事略·朱梅麓尚書事略》云:"康熙五年二月,兵部尚書河道總督朱公之錫薨於位。"檢李桓《國朝耆獻類徵初編》卷一五二《朱之錫傳》、錢儀吉《碑傳集》卷七六陸耀《治河名臣小傳》、雍正《浙江通志》卷一四二《選舉志》、《嘉慶一統志·金華府·人物》、嘉慶《義烏縣志》卷一〇《選舉志》均載朱之錫乃順治三年丙戌科進士。(楊武泉:《四庫全書總目辨誤》)

赤城論諫錄十卷(浙江巡撫採進本)

明謝鐸、黃孔昭同編。鐸字鳴治,天順甲申進士,官至禮部侍郎,兼國子監祭酒,諡文肅。孔昭字世顯,天順庚辰進士,官至工部侍郎,諡文毅。事蹟具《明史》本傳。二人皆天台人①。是編裒其鄉先輩奏議,自南宋至明初,凡十四人,文六十六篇②。又吳芾、葉夢鼎二人在宋末亦以言事著稱,而奏槀不可復得,亦附名於後,略載其出處行事,以存其人焉。

【彙訂】

① 天台為台州府屬縣。然《明史·謝鐸傳》作"太平人"。《明史·地理志》浙江太平縣條云:"成化五年(1469)十二月,以黃巖縣之太平鄉置,析樂清地益之。"謝鐸成進士時(天順甲申,1464)尚為黃巖。《總目》卷七三《赤城新志》提要云:"時台州已升為府,又析黃巖為太平縣,故(謝)鐸為太平人云。"《明史·黃孔昭傳》作"黃巖人"。《國朝獻徵錄》卷五三吳寬《黃孔昭傳》:"唐末有諱緒者,為昭武鎮都監,避亂自閩中徙家台之黃巖。後其地割為太平,故今為太平人。"然據民國《台州府志》卷一〇一

《黃孔昭傳》，居地雖屬太平，但因其地隘，再遷舊邑，故仍為黃巖人。（楊武泉：《四庫全書總目辨誤》）

② 此書今存清王氏柔橋隱居抄本，據其卷前總目與正文所載，依次為侍郎陳公（名公輔）三首、陳獻肅公（名良翰）八首、侍郎王公（名居安）七首、杜清獻公（名范）十七首、司業陳公（名耆卿）一首、玉峯車公（名若水）一首、郭正肅公（名磊卿）一首、祕書戴公（名良齊）二首、布衣葉公（名兌）一首、僉事編修二鄭公（名士元、士利）二首、分教葉公（名伯巨）一首、修撰王（名叔英）一首、遯志方公（未錄名，即孝孺）十九首，計十四人，文六十四篇（鄭氏兄弟每人各一篇）。

大儒奏議六卷（江蘇巡撫採進本）[1]

明邵寶編[2]。寶有《左觿》，已著錄。是書取宋二程子及朱子奏議彙鈔成帙。蓋寶督學江西時所刊。然三子以道學傳，不以經濟見也。

【彙訂】

① 傳世諸本及《江蘇省第一次書目》、《江蘇採輯遺書目錄》均作《大儒大奏議》。（杜澤遜：《四庫存目標注》）

② "編"，殿本作"撰"。

右編四十卷（直隸總督採進本）

明唐順之編。順之有《廣右戰功錄》，已著錄。是編所錄皆歷代名臣論事之文[1]，凡分二十一門，九十子目。古來崇論宏議，切於事情，可資法戒者，菁華略備。其曰《右編》者，取"右史記言"之義也。然其槀未定而順之沒。後萬曆中焦竑得其殘本，南京國子監祭酒劉曰寧、司業朱國楨仿《左編》義例，為定其部分,且補其遺軼,付之梓。然其中所補之文,如司馬師《上高貴鄉公勸學書》、李斯《諫秦王逐客書》及唐武后時諸臣所上書,多以詞藻見收,恐非順之本意。又如《論晉鑄刑鼎》一書,自是左氏之文,而題曰仲尼,尤為無識。蓋明自萬曆以後,國運既頹,士風亦佻。凡所著述,率竊據前人舊軼,而以私智變亂之。曰寧等之補此書,亦其一也。

【彙訂】

① "論",殿本作"議"。

明疏議輯略三十七卷(內府藏本)

明張瀚編。是書乃瀚官大名知府時,督學御史阮鶚以世所行《名臣經濟錄》、《名臣奏議》二書去取猥雜,因屬瀚別加刪補,以成此本。略倣《宋名臣奏議》之例,分君道、聖學、修省、釐正、納諫、史職、銓選、考課、財計、賦役、徵権、漕運、荒政、禮儀、律曆、陵廟、祀典、制科、學校、武備、征伐、撫治、馬政、禦邊、議獄、屯田、河渠、營繕、風紀、糾劾三十門。然當時有所避忌,所載亦不能盡備也。

嘉隆疏鈔二十卷(內府藏本)

明張鹵編。鹵字召和,儀封人。嘉靖乙未進士①,歷官右副都御史,調南京太常寺卿。是編專錄嘉靖、隆慶兩朝臣僚奏疏,分三十七類,凡四百餘篇。蓋續張瀚《疏議輯略》而作。故類例雖稍有出入,而大致略相仿佛云。

【彙訂】

①《總目》卷一七八《張滸東集》條云:"明張鹵撰。鹵字召和,號滸東,儀封人,嘉靖己未進士,官至右副都御史,巡撫保定。

以忤張居正、馮保，左遷南京太常寺卿。"馮琦《張公鹵墓表》（載
《國朝獻徵錄》卷六八）亦作登進士第在嘉靖三十八年（己未）。
（楊武泉：《四庫全書總目辨誤》）

　　兩朝疏鈔十二卷（浙江范懋柱家天一閣藏本）

　　明顧爾行編。爾行，歸安人。萬曆甲戌進士，官大名府推
官。初，張瀚撰《疏議輯略》，所載止武宗以前。故爾行復錄世
宗、穆宗朝諸疏，以續其書。明至世宗以後，紀綱日弛，議論
日多。當時諸疏，或忿爭詬戾，使聽者不平；或支蔓冗沓，使
讀者欲臥。士大夫淳厚忠樸之風，自是漸壞。其間忠義激
發，非為名計者，亦參雜其中，混淆而不能別矣[1]。是則世運
為之也。

【彙訂】

[1] 殿本"混"上有"然"字。

　　留臺奏議二十卷（浙江巡撫採進本）

　　明朱吾弼、李雲鵠、蕭如松、孫居相同編。取正、嘉、隆、萬閒
南京御史所上奏疏，分二十門。所載諸疏，四人自撰者為多。露
才揚己，蓋所不免焉。吾弼有《朱子奏議》，已著錄[1]。雲鵠字黃
羽，內鄉人，萬曆壬辰進士。如松字鶴侶，內江人。居相字伯輔，
沁水人，並萬曆壬辰進士[2]。時皆官南京御史，故與吾弼同輯是
編也。

【彙訂】

[1] "吾弼有朱子奏議已著錄"，殿本無。

[2] "壬辰"，殿本作"己丑"，誤。參《明清進士題名碑錄》，孫
居相為萬曆二十年壬辰科三甲第一百三十七名。

右編補十卷（直隸總督採進本）

明姚文蔚編。文蔚字元素，錢塘人。萬曆壬辰進士，官至太僕寺卿①。初，唐順之為《右編》，其書未完，劉曰寧補而輯之，尚多闕略。文蔚因取永樂中所修《名臣奏議》，拾其所遺。其門目則仍從《奏議》之舊，分四十二類，大抵皆習見之文。特於順之所不錄者，覆為掇拾，以成一編耳。

【彙訂】

① 依《總目》體例，當作"文蔚有《周易旁注會通》，已著錄"。

古奏議無卷數（兩江總督採進本）

明黃汝亨編。汝亨字貞父，仁和人。萬曆戊戌進士，官至江西提學僉事，轉布政司參議。此書輯古人奏議，自戰國迄於唐、宋，共一百一十首，每首繫以評論。然若蘇秦、范雎、韓非輩，不過辨士功利之談。論文則當取其工，論奏議則當斥其詭，奈何托始於是也。

二李先生奏議二卷（副都御史黃登賢家藏本）

明徐宗夔所編李夢陽、李三才二人奏議也①。夢陽以風節振一世。三才結納東林，亦負當代之望，而智數用事不及夢陽之亢直，其為人不甚相類。宗夔以二人俱產關中，故合刻之②。末各附詩數首，於體例亦為不倫。宗夔字傚虞，蘇州人③。

【彙訂】

① "明徐宗夔所編李夢陽李三才二人奏議也"，殿本作"明徐宗夔編宗夔字效虞蘇州人是集選錄李夢陽李三才二人奏議"。

② 李三才，順天通州人，且平生為官未入關中，見《明史》本傳。（楊武泉：《四庫全書總目辨誤》）

③"宗夔字傚虞蘇州人",殿本無。

奏議稽詢四十四卷（湖北巡撫採進本）

國朝曹本榮編。本榮,黃岡人。順治己丑進士,官至侍講學士。是書仿《歷代名臣奏議》之體,彙輯自周訖明諸臣奏疏,分六十六門①。然自《君德》至《弭盜》六十五門,止二十六卷。其中《律曆》一門,又有錄無書。最後《禦邊》一門,自二十七卷起至四十四卷止,共十八卷。未免繁簡不倫,體例未能盡善,疑草創未全之本也。以上總集。

【彙訂】

①"六十六",殿本作"三十六",誤。

右詔令奏議類"奏議"之屬,九十部,八百十八卷①,內十部無卷數。皆附存目。

【彙訂】

①"八百十八",殿本作"八百一十八"。

史 部 十 三

傳 記 類 一

　　紀事始者，稱傳記始黃帝，此道家野言也。究厥本源，則《晏子春秋》是即家傳，《孔子三朝記》其記之權輿乎？裴松之註《三國志》、劉孝標註《世說新語》，所引至繁。蓋魏、晉以來，作者彌夥。諸家著錄，體例相同。其參錯混淆，亦如一軌。今略為區別。一曰聖賢，如孔、孟年譜之類。二曰名人，如《魏鄭公諫錄》之類。三曰總錄，如《列女傳》之類。四曰雜錄，如《驂鸞錄》之類。其杜大圭《碑傳琬琰集》、蘇天爵《名臣事略》諸書，雖無傳記之名，亦各核其實，依類編入。至安祿山、黃巢、劉豫諸書，既不能遽削其名，亦未可薰蕕同器。則從叛臣諸傳附載史末之例，自為一類，謂之曰"別錄"。

孔子編年五卷（浙江范懋柱家天一閣藏本）

　　舊本題宋胡舜陟撰。考書首有紹興八年舜陟序，乃自靜江罷歸之日，命其子仔所撰，非舜陟自作也。舜陟字汝明，績溪人[1]。大觀三年進士，靖康間官侍御史。南渡初，知廬州，有禦寇功。更歷數鎮，最後為廣西經略使。欲為秦檜父建祠，高登不

可,因劾登以媚檜。會以他事忤檜意,亦逮治死於獄。事蹟具
《宋史》本傳。仔字元任,後流寓吳興,嘗輯詩話行於世,即所謂
《苕溪漁隱》者是也。是書輯錄孔子言行,以《論語》、《春秋三
傳》、《禮記》、《家語》、《史記》諸家所載,按歲編排,體例亦如年
譜。其不曰年譜而曰編年,尊聖人也。自周、秦之間,讖緯雜出,
一切詭異神怪之說,率托諸孔子,大抵誕謾不足信。仔獨依據經
傳,考尋事實,大旨以《論語》為主而附以他書,其採掇頗為審慎。
惟諸書紀錄聖言,不能盡載其歲月,仔既限以編年,不免時有牽
合。如《左氏》襄公二十一年"鄭人游鄉校",傳"仲尼聞是語也"
云云,杜預注謂仲尼於是年實是十歲[2],長而後聞之。知孔子為
此言,不當在是年也。仔乃繫其事於十歲之下,殊為疏舛[3]。又
《禮記·儒行篇》"對魯哀公"云云,則繫之六十八歲;《哀公問篇》
"大禮何如"云云,則又繫之七十二歲,不知何所據而云然。此類
尤失於穿鑿。然由宋迄元、明,集聖蹟者,其書日多,亦猥雜日
甚。仔所論次,猶為近古。故錄冠"傳記"之首,以見濫觴所
自焉。

【彙訂】

① 明正統間江西張懋丞撰《苕溪漁隱圖序》云胡仔乃兵部
侍郎則之從孫,《宋史》卷二九九胡則本傳謂婺州永康人,則作
"績溪人"誤。(莫伯驥:《五十萬卷樓藏書目錄初編》)

② "年實是",殿本無。

③ 鄭人游鄉校,《左傳》載於襄公三十一年。杜注:"仲尼以
二十二年生,於是十歲,長而後聞之。"傳、注均不涉二十一年。
(楊武泉:《四庫全書總目辨誤》)

東家雜記二卷（浙江范懋柱家天一閣藏本）

宋孔傳撰。傳字世文，至聖四十七代孫。建炎初，隨孔端友南渡，遂流寓衢州。紹興中，官至右朝議大夫，知撫州軍州事，兼管內勸農使，封仙源縣開國男。是編成於紹興甲辰①。上卷分九類，曰姓譜，曰先聖誕辰諱日，曰母顏氏，曰娶亓官氏，曰追封諡號，曰歷代崇封，曰嗣襲封爵沿改，曰改衍聖公，曰鄉官。下卷分十二類，曰先聖廟，曰手植檜，曰杏壇，曰後殿，曰先聖小影，曰廟柏，曰廟中古碑，曰本朝御製碑，曰廟外古蹟，曰齊國公墓，曰祖林古蹟，曰林中古碑。其時去古未遠，舊蹟多存。傳又生長仙源，事皆目睹，故所記特為簡核。前有《孔子生年月日考異》一篇，末題“淳祐十一年辛亥秋九月戊午朔去疾謹書”，末有《南渡廟記》一篇，題“寶祐二年二月甲子汝騰謹記”。二人宋宗室子，故皆不署姓。去疾稱舊有尹梅津跋。此本無之，而後有淳熙元年葉夢得跋。蓋三篇皆重刻所續入也。去疾《考》中歷駁諸家之誤，而以為春秋用夏正，定孔子生於十月二十一日，卒於四月十八日。其說殊謬。殆由是時理宗崇重道學，胡安國《傳》方盛行，故去疾據以為說歟？錢曾《讀書敏求記》曰：“壬戌冬日，葉九來過芳草堂②，云有宋槧本《東家雜記》，因假借繕寫。此書為先聖四十七代孫孔傳所編。首列《杏壇圖說》，記夫子車從出國東門，因觀杏壇，歷級而上，顧弟子曰：‘茲魯將藏文仲誓將之壇也。’睹物思人，命瑟而歌。其歌曰：‘暑往寒來春復秋③，夕陽西去水東流。將軍戰馬今何在，野草閑花滿地愁。’考諸家琴史俱失載，附錄於此。詳其語意，未知果為夫子之歌否也。”云云。案此歌偽妄，不辨而明。曾乃語若存疑，蓋其平生過尊宋本之失。然曾云三卷，此本實二卷。曾云首列《杏壇圖說》，此本《杏壇》為下卷第三篇，且有説無圖，亦無此歌。不知曾所見者又何本也，其或誤記歟？

【彙訂】

① 紹興無甲辰，乃甲寅（1134）之誤。（周洪才：《孔子故里著述考》）

② "芳"，應作"訪"，參錢曾《讀書敏求記》卷二"東家雜記"條。

③ "暑往寒來"，殿本作"寒暑往來"。《讀書敏求記》作"寒暑往來"，《琳琅祕室叢書》本此書卷首原文作"暑往寒來"。

右傳記類"聖賢"之屬，二部，七卷，皆文淵閣著錄。

案以上所錄，皆聖蹟也。以存目之中有諸賢之敘錄，名統於一，故總標曰"聖賢"。

晏子春秋八卷（編修勵守謙家藏本）

舊本題齊晏嬰撰。晁公武《讀書志》："嬰相景公，此書著其行事及諫諍之言。"《崇文總目》謂後人採嬰行事為之，非嬰所撰。然則是書所記，乃唐人魏徵《諫錄》、李絳《論事集》之流，特失其編次者之姓名耳。題為嬰者，依託也。其中如王士禎《池北偶談》所摘齊景公圉人一事，鄙倍荒唐，殆同戲劇。則妄人又有所竄入，非原本矣。劉向、班固俱列之"儒家"中。惟柳宗元以為墨子之徒有齊人者為之，其旨多尚兼愛，非厚葬久喪者，又往往言墨子聞其道而稱之。薛季宣《浪語集》又以為《孔叢子·詰墨》諸條今皆見《晏子》書中，則嬰之學實出於墨。蓋嬰雖略在墨翟前，而史角止魯，實在惠公之時，見《呂氏春秋·仲春記·當染篇》，故嬰能先宗其説也。其書自《史記·管晏列傳》已稱為《晏子春秋》。故劉知幾《史通》稱晏子、虞卿、呂氏、陸賈其書篇第本無年月，而亦謂之《春秋》。然《漢志》惟作《晏子》，《隋志》乃名《春秋》，蓋二名兼行也。《漢志》、《隋志》皆作八篇，至陳氏、晁氏《書目》乃皆作十二卷，蓋篇帙已多有更改矣。此為明李氏綿眇閣刻本。《內篇》分《諫上》、《諫下》、《問上》、《問下》、《雜上》、《雜下》六篇，《外篇》分上、下二篇，與《漢志》八篇之數相合。若世所傳烏程閔氏刻本，以一事而《內篇》、《外篇》複見，所記大同小異者，悉移而夾註《內篇》下，殊為變亂無緒。今故仍從此本著錄，庶幾猶略近古焉。

　　　案《晏子》一書，由後人摭其軼事為之。雖無傳記之名，實傳記之祖也。舊列子部，今移入於此。

魏鄭公諫錄五卷（浙江鮑士恭家藏本）

　　唐王方慶撰。方慶名綝，以字行，其先自丹陽徙咸陽。武后時，官至鸞臺侍郎、同鳳閣鸞臺平章事。終於太子左庶子，封石泉縣公，諡曰貞。事蹟具《新唐書》本傳。此書前題“尚書吏部郎中”，蓋高宗時所居官。而本傳不載[1]，則史文脫略也[2]。傳稱方慶“博學練朝章，著書二百餘篇”，此乃所錄魏徵事蹟。《唐書·藝文志》以為魏徵《諫事》，司馬光《通鑑書目》以為《魏元〔玄〕成故事》，標題互異。惟洪邁《容齋隨筆》作《魏鄭公諫錄》，與此相合[3]。方慶在武后時，嘗以言悟主，召還廬陵。後建言不斥太子名，以示復位之漸，皆人所難能。蓋亦思以抗直自見者。故於徵諫爭之語，摭錄最詳。司馬光《通鑑》所記徵事，多以是書為依據。其未經採錄者，亦皆確實可信，足與正史相參證。元至順中，翟思忠又嘗作《續錄》二卷，世罕流傳。明蘇州彭年採《通鑑》、《唐書》補為一卷。今思忠所續錄二卷已於《永樂大典》內裒輯成編。年書寥寥數條，殊為贅設。今故刪年所補，不復附綴此書之末焉。

【彙訂】

①"而"，殿本無。

②"則"，殿本無。

③《舊唐書·經籍志》子部雜家類、《新唐書·藝文志》子部儒家類俱標《諫事》五卷為魏徵撰，與王方慶之《諫錄》非一書。《通鑑考異（非書目）》中未見《魏玄成故事》一書，惟《宋史·藝文志》中有《魏玄成故事》三卷，可能即劉禕所撰六卷本《文貞公故事》，其書與《諫錄》並不相干。《宋史·藝文志》另有王方慶撰《魏玄成傳》一卷，應即《新唐書·藝文志》之《文貞公事錄》、《通鑑考異》之《文貞公傳錄》。（楊志玖：《〈魏文貞公故事〉與〈魏鄭公諫錄〉辨》）

李相國論事集六卷（浙江孫仰曾家藏本）

舊本題曰《李深之文集》，唐李絳撰。深之，絳字也，隴西人。擢進士，補渭南尉，歷中書門下平章事。事蹟具《新唐書》本傳。今考其書，乃唐史官蔣偕編絳奏議之文與論諫之事。雖以集名，實魏徵《諫錄》之類也。前有大中五年偕自序，稱"今中執法夏侯公授余以公平生所論諫，凡數十事。其所爭皆磊磊有直臣風概，讀之令人激起忠義。始自內廷，終於罷相，次成七篇，著之東觀，目為《李相國論事集》"云云①，其說本明，此本標題殆後人傳寫所妄改歟？偕序稱七篇，今佚其一。所存惟為翰林學士時四十六事，為戶部侍郎時四事，為宰相時十五事，共六十五條。敘事

朴拙，頗乏文采。謝狀、賀表之類，雜錄其間，多與論諫無關。又
“批答賀屏風”一條、“宣示李栻密疏”一條、“盛夏對宰臣”一條，
皆憲宗之事，尤與絳無涉。編次蕪雜，亦乖體例。然遺聞舊事，
紀錄頗詳，多新、舊《唐書》所未載，亦足以備考核。王楙《野客叢
書》引其“救鄭絪”一條、“論採擇良家子”一條，謂足補《唐書》之
疏。葉夢得《避暑錄話》引其“論吐突承璀安南寺碑樓”一條，訂
《唐書》之誤。是亦有裨史事之一證矣。《陸游集》有此書跋，稱
舊有兩本。“其一本七卷，無序；其一本一卷，史官蔣偕作序。以
序考之，偕所序蓋七卷者”。今一卷之本未見，而此為七卷之殘
本，乃有偕序，豈後人以游跋更正歟[2]？

【彙訂】

①據蔣偕序可知此集實為夏侯孜所編。（王重民：《中國善
本書提要》）

②《郡齋讀書志》卷十七（袁本卷四上）著錄《李司空論諫
集》七卷，“史官蔣偕序”，則此序固非後人以陸游跋更正。（葉德
輝：《郋園讀書志》）

杜工部年譜一卷（江蘇巡撫採進本）

宋趙子櫟撰。子櫟字夢授，太祖六世孫。元祐六年進士，紹
興中官至寶文閣直學士。事蹟具《宋史》本傳。子櫟與魯訔均紹
興中人。然子櫟撰此譜時，似未見訔《譜》，故篇中惟辨呂大防謂
甫生於先天元年之誤。考宋人所作甫年譜，又有蔡興中、黃鶴二
家[1]，皆以甫五十九歲為大曆庚戌。獨子櫟持異議，以為卒於辛
亥之冬，不知辛亥甫年六十矣[2]。且子櫟以《五年庚戌晚秋長河
送李十二》為甫絕筆[3]。甫生平著述不輟，若以六年冬暴疾卒，

何至一年之内竟無一詩，此又其不確之證也。其所援引亦簡略，不及魯《譜》之詳。以其舊本而存之，以備參考焉爾。

【彙訂】

① "蔡興中"乃"蔡興宗"之誤。（周采泉：《杜集書錄》）

② "矣"，殿本無。

③ 詩題當作《五年庚戌晚秋長沙送李十二》，"河"為"沙"之誤。（周采泉：《杜集書錄》）

杜工部詩年譜一卷（江蘇巡撫採進本）

宋魯訔撰。訔字季欽，嘉興人，官至福建提點刑獄公事。周必大《平園集》有《訔墓誌》，述其官階始末甚詳。諸書或云字季卿，或云海鹽人，或云仕至太府卿，皆誤也。訔曾注杜詩，今存者惟此譜。篇首有訔編次杜工部詩序。末有王士禎跋，謂甫年譜創始於呂汲公大防，訔以甫生於睿宗先天元年壬子，卒於大曆五年庚戌，蓋承呂《譜》之舊也。考甫生卒之歲，諸書往往錯誤①。《舊唐書》謂甫卒於永泰二年。永泰在大曆之前，甫詩有大曆三年以下諸作，則《舊書》為誤，王觀國辨之是也。然觀國云甫生於先天元年癸丑，卒於大曆五年辛亥，不知癸丑乃先天之二年，即開元元年，辛亥乃大曆六年，則觀國亦未深考矣。元稹作《甫墓誌》云："享年五十九。"王洙原叔《註子美詩序》曰②："大曆三年③，甫下峽入湖，南游衡山，寓居耒陽。五年夏，一夕醉飽卒。"大曆五年為庚戌歲，上距先天元年壬子適五十有九年，則甫生於壬子無疑。訔此《譜》根據呂《譜》，未嘗誤也。姚桐壽《樂郊私語》云："《杜少陵集》自游龍門至過洞庭，詩目次第，為季卿編定。一循少陵平生行蹟，可以見其詩法。近時滏陽張氏、吳江朱氏所註杜詩，其《年譜》大率仿此而推拓之。"知密於趙子櫟《譜》多矣。雖閒有附會，又烏可以一眚掩乎？

【彙訂】

① "錯誤"，殿本作"錯互"。

② 王洙所作乃《注子美詩後記》。（周采泉：《杜集書錄》）

③ "大曆三年"，殿本作"大曆五年"，誤，參王洙《注子美詩後記》原文。

紹陶錄二卷（江蘇巡撫採進本）

宋王質撰。質有《詩總聞》，已著錄。質於淳熙中奉祠山居，以陶潛、陶宏〔弘〕景皆棄官遺世，其同時唐汝舟、鹿何可繼其風，因作此書。上卷載《栗里》、《華陽》二譜，而各摘其遺文遺事為題，別為詞以咏之。下卷紀唐、鹿事，而附以林居咏物之詩。其曰《山友詞》者，皆咏山鳥；曰《水友詞》者，皆咏水鳥；曰《山友續詞》者，皆咏山草；曰《水友續詞》者，皆咏水草；曰《山水友續詞》者，則雜咏禽蟲諸物。蓋質以耿直忤時，阨於權倖。晚歲欲絶人逃世，故以鳥獸草木為友。蓋亦發憤之作。舊於《雪山集》外別行。國朝康熙中，商邱〔丘〕宋犖嘗摘錄其《山友》諸詞，分為五卷，改題曰《林泉結契》，亦取其有寄懷塵外之致也。今觀錄中諸作，雖惟意所云，往往不甚入格。然人品既高，神思自別。誦其詞者，賞之於酸鹹之外可矣。

金陀稡編二十八卷續編三十卷（兩淮鹽政採進本）

宋岳珂撰。珂有《九經三傳沿革例》，已著錄。是編為辨其祖岳飛之冤而作。珂別業在嘉興金陀坊，故以名書。《稡編》成於嘉定戊寅，《續編》成於紹定戊子。《稡編》凡《高宗宸翰》三卷，

《鄂王行實編年錄》六卷,《鄂王家集》十卷,《籲天辨誣》五卷,《天定錄》三卷。《籲天辨誣》者,記秦檜等之鍛煉誣陷,每事引當時記載之文,如熊克《中興小歷》①、王明清《揮塵錄》之類,而珂各繫辨證。《天定錄》者,則飛經昭雪之後,朝廷復爵褒封諡議諸事也。《續編》凡《宋高宗宸翰摭遺》一卷,《絲綸傳信錄》十一卷,《天定別錄》四卷,《百氏昭忠錄》十四卷。《絲綸傳信錄》者,飛受官制劄及三省文移劄付。《天定別錄》者,岳雲、岳雷、岳霖、岳甫、岳琛等辨誣復官告制劄及給還田宅諸制。《百氏昭忠錄》者,飛歷陣戰功及歷官政績,經綸於國史②,及宋人劉光祖等所作碑刻行實,黃元振等所編事蹟,以次彙敘者也。其《宸翰拾遺》中《舞劍賦》,乃唐喬潭之作,因高宗御書以賜,故亦載焉。編首自序稱"況當規恢大有為之秋,魚復之圖,穀城之略,豈無一二可俎豆於斯世。檢其所當行,稽其所可驗,而勿視之芻狗之已陳"云云。殆開禧敗衄之後,端平合擊以前,時局又漸主戰,故珂云爾也。其書歲久散佚。元至正二十三年重刻於江浙行省,陳基為之序。又有戴洙後序,稱:"舊本佚闕,徧求四方,得其殘編斷簡,參互考訂,復為成書。"故書中脫簡闕文,時時而有。明嘉靖中刻本,並仍其舊。今無從考補,亦姑仍嘉靖舊刻錄之焉。

【彙訂】

①"中興小歷",殿本作"中興小記"。

②"經綸",殿本作"經編"。

象臺首末五卷(浙江鄭大節家藏本)①

宋胡知柔編。知柔父夢昱,字季昭,號竹林愚隱,吉水人。嘉定丁丑進士,官大理評事。以論濟王事貶死象州。寶慶元年,追贈員外郎。咸淳三年,追諡剛簡[②]。知柔始末未詳。考高斯得《恥堂存稿·有感》一首,稱:"近者,昌言多出諸賢之後。"其注中有"胡評事夢昱之子",不著其名,或即知柔歟? 則亦以忠諫世其家者也。知柔於寶祐四年編其奏疏、遺文,後又益以諡議及諸家贈答題跋之作,以成此書,而彈文亦具載焉。其編次頗無法度。如第一卷封事及上史彌遠書之下,忽攙以李孝先、梁成大糾彈夢昱二疏及徐瑄救夢昱書。其下又為夢昱《祭弟文》一篇[③],其下又以追復省劄之類,共為一卷。第二卷告詞行述之下,忽攙以夢昱所進劄子四篇,其下又贅以趙文等所作夢昱《水石圖贊》五首,共為一卷。第三卷諸人贈詩十八首之下,忽攙入夢昱自咏《步王盧溪韻》詩二首、《再寄》二首,其下又載他人詩七首,共為一卷。夢昱自咏《榕陰圖》一首,其下又載他人詩十六首,共為一卷。第四卷為諸家哀詞、祭文、題跋。而第五卷省劄、諡議反居其後。末附像贊六首,又與《水石圖贊》各編。而出身印紙題跋亦與封事題跋各編。均龐雜無緒。又其書作於宋理宗時,安得載及元、明人詩文? 殆必其後人所竄亂,非知柔之舊矣。徒以夢昱氣節足重,故流傳至今。而《宋史》夢昱無傳,所載亦不免闕漏。今特著之錄,以示表章之義焉。

【彙訂】

① 文淵閣《四庫》本尚有附錄一卷。(沈治宏:《中國叢書綜錄訂誤》)

② 書中卷一錄有胡夢昱《象州祭弟利用行十八文》云:"維寶慶三年歲次丙戌五月乙卯朔,越二十有三日丁丑。"據其干支,"寶慶三年"當為"寶慶二年"之誤。又據卷二《胡夢昱行述》,實

卒於寶慶二年(1226)九月丙申。"寶慶元年,追贈員外郎"顯誤。《續資治通鑑》卷一六三載胡夢昱上書言濟王事,在寶慶元年九月,隨即遭貶,"象州羈管"。次年三月,"徙欽州編管",後死於貶所。而據羅大經《鶴林玉露》卷六"象郡送行詩"條、周密《齊東野語》卷一四"巴陵本末"條,胡氏得平反在史彌遠死後之端平元年(1234),追贈即在此時。(楊武泉:《四庫全書總目辨誤》;余光煜點校:《竹林愚隱集》)

③"為",殿本作"有"。

魏鄭公諫續錄二卷(永樂大典本)

不著撰人名氏。案元伊足鼎原作亦祖丁,今改正。《〈魏鄭公諫錄〉序》云:"唐王綝《諫錄》五卷,至順初下邳翟思忠為常州知事,摭其餘為《續錄》二篇①。"其書刻於元統中,明初已罕流傳。故彭年蒐採遺文為《續錄》一篇,以補其闕。此本載《永樂大典》中,綴王綝所作《諫錄》之後,篇數與伊足鼎所說合,蓋即翟思忠所續本也。王氏所輯《諫錄》,僅據其所見聞,未能賅備。《唐書·魏徵本傳》所云"前後凡二百餘奏,無不剴切當帝心"者,已不盡傳。其他片語單詞,隨時獻納者,更為史所不盡紀。此本雖捃拾眾說,與史傳閒有異同,且有實非諫諍之事而泛濫入之錄中者。然大旨明白切要,於治道頗為有補,要非他小說雜記比也。據伊足鼎序,稱思忠起家為儒官,曾著《易傳》、《衍太元〔玄〕》,蓋亦好學稽古之士。然朱彝尊《經義考》二書悉不著錄。蓋不特著作散佚,併其名氏翳如矣。茲編得復見於世,豈非幸乎?

【彙訂】

①"篇",底本作"卷",據殿本改。

忠貞錄三卷附錄一卷（江蘇巡撫採進本）

明李維樾、林增志同編。維樾字蔭昌，增志字可任，俱吉州安福人。是編為其同里卓敬而作①。卷一為遺槀，凡詩十九首、序二首、誌銘一首②，而冠以像贊及遺槀序。卷二、卷三為後人記載題咏詩文，而附錄《黃養正》、《陳茂烈》二傳，皆敬鄉人也。然養正為敬門人，又死於土木之難，其附錄為宜。茂烈於敬別無淵源，而又以棄官養母終於鄉里，其事截然不類，附之《忠貞錄》中，名實舛矣。敬非惟死節慷慨，震耀千古，即於乘燕王來朝之時，密請乘其不意，徙封之於南昌，計亦良善。其疏雖無完本，然劉球所作《傳》中，尚載其略。不錄之於遺槀中，亦編次之疏也。敬在明初，不以詩名，而所作落落有氣格。如五言之“小舟衝浪出，幽鳥背人飛”；七言之“白云忽去山在戶，紅日乍晴人倚欄”；絕句《晚眺》云：“浣花溪上雙楠木，老杜草堂生夏寒。門外青山三十六，讀書終日倚欄杆。”《題山水》云：“長松雨過秋聲滿，日日攜琴自往回。安得扁舟乘晚興，載將山色過江來。”《栽梅》云：“風流東閣題詩客，蕭灑西湖處士家。雪冷江深無夢到，自鋤明月種梅花。”亦皆有致。惜其所傳不多，不能自為一集。故仍從《崔與之集》例，入之“傳記類”焉。

【彙訂】

① 明代吉州屬山西，其下屬無安福縣，而江西有安福縣，屬吉安府。然各種《安福縣志》均無李維樾、林增志。而清嘉慶十三年重修浙江《瑞安縣志》卷八《人物·循吏》有其傳，卷七《選舉》本縣歷代舉人進士名單中亦有其名。（侯詠梅：《〈忠貞錄〉的内容及其產生的時代背景——兼論〈四庫全書總目〉所撰〈忠貞錄〉提要之一誤》）

②“誌銘”,殿本作“志錄”,誤。卷一末為《明贈奉政大夫修正庶尹禮部郎中繼道先生葉公墓誌銘》。

諸葛忠武書十卷（兩江總督採進本）

明楊時偉編。時偉有《春秋編年舉要》,已著錄。初,太倉王士驥撰《武侯全書》十六卷。時偉病其蕪累,更撰是書,存其連吳、南征、北伐、調御、法檢、遺事六卷,而增年譜、傳略、紹漢、雜述四卷,共為十卷。昔陳壽所進《諸葛亮集》二十四篇,其文久佚,惟其目尚見《亮傳》末。今世所傳亮集四卷,由後人採摭而成,文多依託。如《梁父吟》、《黃陵廟記》之類,時偉皆釐正其譌。又如小說所載轉生韋皋之類,亦援據正史,糾其附會。較他本特為詳審。其排比事蹟,具有條理,可以見亮之始末,亦較士驥原本特為精核。舊本與《陶潛集》合刻,題曰《忠武靖節二編》。蓋寓意於進則當為亮,退則當為潛。然潛之詩文自為別集之流,亮之事蹟自為傳記之類,難以併為一書。故今錄此書於史部,而潛集則仍著錄於集部焉。

寧海將軍固山貝子功績錄一卷（內府藏本）①

不著撰人名氏。所記乃惠獻貝子富喇塔平定浙東之事。康熙十三年,耿精忠據福建反,聖祖仁皇帝命富喇塔為寧海將軍,同大將軍康親王傑書統兵討之。是年至台州,破賊於黃瑞山。又連破之紫雲山、九里寺山。十四年,敗其衆於黃土嶺。賊將曾養性乘夜遁去。遂復黃巖縣,進取溫州,浙東底定。其事具載《宗室王公功績表傳》及《八旗通志》中。是書蓋即台人所編,自十三年四月耿逆初叛,至十四年八月賊黨自台州遁還溫州,凡所聞見,各舉崖略,隨條紀錄。所述戰功次第,雖不若國史所載見於奏報者明晰賅備，而情事之委折，節目之纖悉，土人得諸目擊者，縷舉為詳。以與本傳相校，亦時有足資參核者焉。書前原有《記略》一篇，別記貝子溫、台二郡戰績。又《撫嵊事實》一篇，紀嵊縣土寇應賊，貝子遣兵討定之事，亦俱不言何人所撰。又《平閩功績聞見錄》一篇，為閩人金泳所作，乃記貝子自浙進兵平閩之事，其文亦頗詳悉。謹各仍其舊，附錄於末，以備互稽。惟原本各條下俱綴以七言絕句，凡九十六首，詞旨淺俚，無足採錄，今並從刊刪云。

【彙訂】

① "内府藏本"，殿本作"内廷藏本"。

朱子年譜四卷考異四卷附錄二卷（兵部侍郎紀昀家藏本）

國朝王懋竑撰。懋竑字予中，寶應人。康熙戊戌進士，授安慶府教授。雍正癸卯特召，入直内廷，改翰林院編修。初，李方子作《朱子年譜》三卷，其本不傳。明洪武甲戌，朱子裔孫境別刊一本，汪仲魯為之序，已非方子之舊。正德丙寅，婺源戴銑又刊《朱子實紀》十二卷，惟主於鋪張褒贈，以誇講學之榮，殊不足道。至嘉靖壬子，建陽李默重編《年譜》五卷，自序謂："猥冗虛謬不合載者，悉以法削之。"視舊本存者十七。然默之學源出姚江，陰主朱、陸始異終同之說。多所竄亂，彌失其真。國朝康熙庚辰，有婺源洪氏續本，又有建寧朱氏新本及武進鄒氏《正譌》本，或詳或略，均未為精確。懋竑於朱子遺書研思最久，因取李本、洪本互相參考，根據《語錄》、《文集》，訂補舛漏，勒為四卷。又備列其去取之故，仿朱子校正韓集之例，為《考異》四卷。併採掇論學要語，為《附錄》二卷，綴之於末。其大旨在辨別為學次序，以攻姚

江《晚年定論》之説。故於學問特詳，於政事頗略。如淳熙元年
劾奏知台州唐仲友事①，後人頗有異論，乃置之不言。又如編類
《小學》，既據《文集》定爲劉子澄，而編類《綱目》乃不著出趙師
淵。《楚辭集注》本爲趙汝愚放逐而作，乃不著其名。至於生平
著述，皆一一縷述年月，獨於《陰符經考異》、《參同契考異》兩書
不載其名，亦似有意諱之。然於朱子平生求端致力之方，考異審
同之辨，元元本本，條理分明。無程瞳、陳建之浮囂，而金谿、紫
陽之門徑開卷瞭然。是於年譜體例雖未盡合，以作朱子之學譜，
則勝諸家所輯多矣。

【彙訂】

①《朱子年譜》淳熙九年七月書："劾奏前知台州唐仲友不
法。"《宋史·朱熹傳》、《續通鑑》卷一四八亦作"淳熙九年"。（楊
武泉：《四庫全書總目辨誤》）

右傳記類"名人"之屬，十三部、一百十三卷，皆文淵閣著錄。

案，此門所錄，大抵名世之英與文章道德之士也。不曰
"名臣"而曰"名人"者，其中或苦節卓行而山林終老，或風流
文采而功業無聞，概曰名臣，殊乖其實。統以有聞於後之
稱，庶爲兼括之通詞爾。

古列女傳七卷續列女傳一卷（内府藏本）

漢劉向撰。向字子政，本名更生，楚元王之後。以父任爲輦
郎，歷中壘校尉。事蹟具《漢書》本傳。《漢書·藝文志》"儒家
類"載向所序六十七篇，註曰："《新序》、《説苑》、《世説》、《列女傳
頌圖》也。"《隋書·經籍志》"雜傳類"載《列女傳》十五卷，註曰：
"劉向撰，曹大家註。"其書屢經傳寫，至宋代已非復古本。故曾

鞏《序錄》稱："曹大家所註，離其七篇為十四，與《頌義》凡十五篇，而益以陳嬰母及東漢以來凡十六事，非向本書然也。"嘉祐中，集賢校理蘇頌始以《頌義》編次，復定其書為八篇，與十五篇者並藏於館閣。是鞏校錄時已有二本也。又王回序曰："此書有母儀、賢明、仁智、貞順①、節義、辨通、孽嬖等目，而各頌其義，圖其狀，總為卒篇。傳如《太史公記》，頌如《詩》之四言，而圖為屏風。然世所行向書，乃分傳每篇上下，併頌為十五卷。其十二傳無頌，三傳同時人，五傳其後人，通題曰向撰，題其頌曰向子歆撰，與漢史不合。故《崇文總目》以陳嬰母等十六傳為後人所附。予以頌考之，每篇皆十五傳耳。則凡無頌者宜皆非向所奏書，不特自陳嬰母為斷也。向所序書多散亡，獨此幸存，而復為他手所亂。故併錄其目，而以頌證之，刪為八篇，號《古列女傳》。餘十二傳，其文亦奧雅可喜，故又以時次之，別為一篇，號《續列女傳》。"又稱："直祕閣呂縉叔、集賢校理蘇子容、象山令林次中各言嘗見母儀、賢明四傳於江南人家，其畫為古佩服，而各題其頌像側。"是回所見一本，所聞一本，所刪定又一本也。錢曾《讀書敏求記》曰："此本始於有虞二妃，至趙悼后，號《古列女傳》。周郊婦人至東漢梁嫕等，以時次之，別為一篇，號《續列女傳》。頌義大序，列於目錄前。小序七篇，散見目錄中閒。頌見各人傳後。而傳各有圖，卷首標題'晉大司馬參軍顧愷之圖畫'。蘇子容嘗見江南人家舊本，其畫為古佩服，各題其頌像側者，與此恰相符合，定為古本無疑。"云云。此本即曾家舊物，題識、印記並存。驗其版式紙色，確為宋槧，誠希覯之珍笈。惟蘇頌等所見江南本在王回刪定以前，而此本八篇之數與回本合，《古列女傳》、《續列女傳》之目亦與回本合，即嘉祐八年回所重編之本②。曾據以為江南舊本，則稍失之耳。其頌本向所作，曾鞏及回所言不誤。而晁公武《讀書志》乃執《隋志》之文，詆其誤信顏籀之註。不知《漢志》舊註凡稱"師古曰"者乃籀註，其不題姓氏者皆班固之自註。以頌、圖屬向乃固説，非籀説也。考《顏氏家訓》稱"《列女傳》劉向所造，其子歆又作《頌》"。是譌傳《頌》為歆作，始於六朝。修《隋志》時，去之推僅四五十年，襲其誤耳，豈可遽以駁《漢書》乎③？《續傳》一卷，曾鞏以為班昭作，其説無證，特以意為之。晁公武竟以為項原作，則舛謬彌甚。《隋志》載項原《列女後傳》十卷，非一卷也。必牽引旁文，曲相附會，則《隋志》又有趙母注《列女傳》七卷、高氏《列女傳》八卷、皇甫謐《列女傳》六卷、綦毋邃《列女傳》七卷，又有曹植《列女傳頌》一卷、繆襲《列女讚》一卷，將《續傳》亦可牽為趙母等，《頌》亦可牽為曹植等矣，又豈止劉歆、班昭、項原乎？今前七卷及《頌》題向名，《續傳》一卷則不署撰人，庶幾核其實而闕所疑焉。

【彙訂】

①　"貞順"，殿本作"貞慎"，誤。此書卷四為《貞順傳》。

②　錢曾舊藏本八篇與王回定本並不相同，後者為《古列女傳》傳七篇頌一篇，無《續列女傳》。（張濤：《劉向〈列女傳〉的版本問題》）

③　姚振宗《隋書經籍志考證》卷二十云："案本志載劉歆此《頌》，本自一帙，與父書各不相涉……歆之頌，顏氏既見之，唐時又流傳外藩，《文選·思玄賦》李善注引劉歆《列女傳頌》曰'材女修身，廣觀善惡'，今本一百十一頌中無此文，是可知別為一書，亡已久矣。"是公武疑《列女傳頌》固劉歆作，不為無識。（孫猛：《郡齋讀書志校正》）

高士傳三卷（江蘇巡撫採進本）

晉皇甫謐撰。謐字士安，自號元〔玄〕晏先生，安定朝那人，漢太尉嵩之曾孫。嘗舉孝廉，不行。事蹟具《晉書》本傳。案南宋李石《續博物志》曰："劉向傳列仙七十二人，皇甫謐傳高士亦七十二人。"知謐書本數僅七十二人，此本所載乃多至九十六人。然《太平御覽》五百六卷至五百九卷全收此書，凡七十一人，其七十人與此本相同。又東郭先生一人，此本無而《御覽》有，合之得七十一人，與李石所言之數僅佚其一耳。蓋《御覽》久無善本，傳刻偶脱也。此外子州支父、石户之農、小臣稷、商容、榮啟期、長沮、桀溺、荷蓧丈人、漢陰丈人、顏斶十人，皆《御覽》所引嵇康《高士傳》之文。閔貢、王霸、嚴光、梁鴻、臺佟、韓康、矯慎、法真、漢濱老父、龐公十人，則《御覽》所引《後漢書》之文。惟披衣、老聃、庚桑楚、林類、老商氏、莊周六人為《御覽》此部所未載，當由後人雜取《御覽》，又稍摭他書附益之耳。考《讀書志》亦作九十六人，而《書錄解題》稱："今自披衣至管寧，惟八十七人。"是宋時已有二本，竄亂非其舊矣。流傳既久，未敢輕為刪削。然其非七十二人之舊，則不可以不知也①。

【彙訂】

① 文淵閣《四庫》本此書僅載六十九人。皇甫謐《高士傳序》云："自堯至魏凡九十餘人。"曾慥《類説》亦引作"凡九十餘人"，《類説》成於紹興六年，《郡齋讀書志》成於紹興二十一年，均早於《續博物志》。《後漢書》作者范曄生年上距皇甫謐之卒一百一十六年，只能是《後漢書》引用《高士傳》。今本《高士傳》自上卷被衣至下卷焦先，共九十一傳，九十六人，與《郡齋讀書志》著錄相合。今本目錄漏刻嚴君平一目，則管寧前恰為八十二傳，八

十七人。若從實核計，加上管寧至焦先八傳，仍為九十一傳，九十六人，《直齋書錄解題》所錄當係"傳刻偶脫"之殘本。《太平御覽》各卷所引《高士傳》共七十九人。（昌彼得：《説郛考》；魏明安：《皇甫謐〈高士傳〉初探》）

卓異記一卷（內府藏本）

舊本題唐李翱撰。《唐書·藝文志》則作陳翱，注曰："憲、穆時人。"案李翱為貞元、會昌間人，陳翱為憲、穆間人，何以紀及昭宗？其非李翱亦非陳翱甚明。《宋史·藝文志》作陳翰，而注曰："一作翱。"亦不言為何許人。其序稱"開成五年七月十一日"，乃文宗之末年，其次年辛酉乃為武宗會昌元年，何以書中兩稱武宗？則非惟名姓舛譌，併此序年月亦後人妄加，而書則未及竄改耳。其書皆紀唐代朝廷盛事，故曰"卓異"。然中宗、昭宗皆已廢而復辟，一幽囚於悍母，一迫脅於亂臣，皆國家至不幸之事①。稱為"卓異"，可謂無識之尤矣。又《讀書志》稱所載凡二十七事。今檢其標目，僅有二十六條。或佚其一，或中宗、昭宗誤合兩事為一事，均未可知也。

【彙訂】

① "至"，殿本無。

春秋列國諸臣傳三十卷（兩江總督採進本）

宋王當撰。當字子思，眉山人。元祐中，蘇軾以賢良方正薦。廷對策入四等，調龍游縣尉。蔡京知成都，舉為學官，不就。及京為相，遂不仕。事蹟具《宋史》本傳①。史稱其"嘗舉進士不中，退居田野，歎曰：'士之居世，苟不見用，必見其言。'遂著《列國名臣傳》五十卷。"則此書其未仕時作也。所傳凡一百九十人，各以贊附於後。陳振孫《書錄解題》稱其"議論純正,文詞簡古,於經義多所發明"。今核其書,如謂魯哀公如討陳恒,即諸侯可得之類,持論不免蹖駁,殊非聖人之本意。史稱當"博覽古人,惟取王佐大略"。蓋其學頗講作用,故其説云然。然其編次時世,前後證引《國語》《史記》等書,補《左傳》闕略,該備無遺,於經傳則實有補。《宋史·藝文志》載是書作五十一卷,本傳則作五十卷,均與此本不合。殆"三"、"五"字形相近,傳寫誤歟?《玉海》又載當同時有長樂鄭昂字尚明者,亦作《春秋臣傳》三十卷,以人類事,凡二百十五人,附名者又三十九人,《宋志》亦著於錄。與此書同名,但無"列國"字。後人傳錄此書,或省文亦題《春秋臣傳》,溷昂書矣。今仍以舊名標題,俾有別焉。

【彙訂】

① 王當傳在《宋史·儒林傳二》,傳云:"元祐中,蘇轍以賢良方正薦,廷對慷慨,不避權貴,策入四等,調龍游縣尉。"不及蘇軾(惟嘉慶《眉州屬志》作蘇軾)。(楊武泉:《四庫全書總目辨誤》)

　　廉吏傳二卷(浙江巡撫採進本)①

　　宋費樞撰。樞字伯樞,成都人。自序題宣和乙巳,蓋作於宋徽宗末年。前有辛次膺序,稱其以藝學中高第。其仕履始末則無考也。是書《書錄解題》作十卷,此本祇分上、下二卷,與舊目不符。然斷自列國,訖於隋唐,凡百十有四人,與陳振孫所記人數相合,則卷數有所合併,文字無所刪薙也。大旨以風厲廉隅為主,故但能謹飭簠簋,即略其他事,節錄一長。每傳各繫以論斷。如華歆、褚淵之屬,皆極為揚榷,褒貶或偶失謹嚴。如史稱蓋寬饒深刻，喜陷害人，樞既病其清太介②，不能容物，庫狄士文史亦稱其深文陷害③，樞又惜其公正受禍，持論亦自相矛盾。然如載公孫宏〔弘〕並著其忌賢之謀，載牛僧孺亦書其朋黨之罪。綜核大致，其議論去取，猶可謂不諛不隱者矣。

【彙訂】

①"浙江巡撫採進本"，殿本作"江蘇巡撫採進本"。《四庫採進書目》中"江蘇省第一次書目"、"浙江省第八次呈送書目"、"江蘇採輯遺書目錄簡目"、"浙江採集遺書總錄簡目"皆著錄此書。（江慶柏：《殿本、浙本〈四庫全書總目〉著錄圖書進獻者主名異同考》）

②"其清太介"，底本作"其太清介"，據殿本乙。此書卷上"蓋寬饒"條曰："蓋清則必介，介則必不容物。嗚呼，與其清不容物，孰若清而不介之為愈也。"

③"亦"，殿本無。

紹興十八年同年小錄一卷（兩淮馬裕家藏本）①

宋王佐榜進士題名錄也。考劉一清《錢塘遺事》，宋時廷試，放榜唱名後，謁先聖先師，赴聞喜宴，列敘名氏、鄉貫、三代之類具書之，謂之《同年小錄》。是科為紹興戊辰，南渡後第七科也。所取凡三百三十人，又特奏名四百五十七人。其四百五十六人原本佚闕，《錄》內僅存一人。首載前一年御筆手詔，次載策問及執事官姓名，又次載進士榜名，末乃載諸進士字號、鄉貫、三代。後又有附錄②，記董德以下三十二人之事，而狀元王佐等三人對策之語亦載其略。皆附會和議甚力，不知何人所記。疑宋、元閒相率而成③，非出一人之手也。宋代同年小錄，今率不傳。惟寶祐四年榜以文天祥、陸秀夫、謝枋得三人為世所重，如日星河岳，亙古長留，足以捄拄綱常，振興風教。而是榜以朱子名在五甲第九十，講學之家亦自相傳錄，得以至今。明宏治中，會稽王鑑之重刻於紫陽書院④，改名曰《朱子同年錄》。夫進士題名，統以狀頭，曰"某人榜進士"，國制也；標以年號，曰"某年登科小錄"，亦國制也。故以朱子傳是書可也，以朱子冠是書而黜特選之大魁，進綴名之末甲，則不可；以朱子重是書可也，以朱子名是書而削帝王之年號，題儒者之尊稱，則尤不可。鑑之所稱，蓋徒知標榜門户，而未思其有害於名教。今仍以原名著錄，存其真焉。

【彙訂】

① 殿本"紹"上有"宋"字。

② "有"，殿本無。

③ "率"，殿本作"績"。

④ "刻"，殿本作"刊"。

伊雒淵源錄十四卷（副都御史黃登賢家藏本）

宋朱子撰。書成於乾道癸巳，記周子以下及程子交遊門弟子言行。其身列程門而言行無所表見，甚若邢恕之反相擠害者，亦具錄其名氏以備考。其後《宋史·道學》、《儒林》諸傳多據此為之。蓋宋人談道學宗派，自此書始，而宋人分道學門户，亦自此書始。厥後聲氣攀援，轉相依附。其君子各執意見，或釀為水火之爭；其小人假借因緣，或無所不至。葉紹翁《四朝聞見錄》曰："程源為伊川嫡孫，無聊殊甚，嘗糴米於臨安新門之草橋。後有教之以干當路者，著為《道學正統圖》，自考亭以下，剿入當事姓名，遂特授初品，因除二令。又以輪對改合入官，遷寺監丞。"

是直以伊雒為市矣。周密《齊東野語》、《癸辛雜識》所記末派諸人之變幻，又何足怪乎？然朱子著書之意，則固以前言往行矜式後人，未嘗逆料及是。儒以《詩》、《禮》發家，非《詩》、《禮》之罪也。或因是併議此書，是又以噎而廢食矣。

名臣言行錄前集十卷後集十四卷續集八卷別集二十六卷外集十七卷（浙江鄭大節家藏本）[①]

《前集》、《後集》並朱子撰。《續集》、《別集》、《外集》李幼武所補編。幼武字士英，廬陵人。據其《續集》序文，蓋理宗時所作。其始末則未詳。觀其《外集》所錄皆道學宗派，則亦講學家矣。趙希弁《讀書附志》載此書七十二卷。今合五集計之，實七十五卷。殆傳刻者誤以"五"為"二"歟[②]？朱子自序謂："讀近代文集及紀傳之書，多有裨於世教，於是掇取其要，聚為此書。"乃編中所錄如趙普之陰險、王安石之堅僻、呂惠卿之姦詐，與韓、范諸人並列，莫詳其旨。明楊以任序謂："是書各臚其實，亦《春秋》勸懲之旨，非必專以取法。"又解"名臣"之義，以為名以藏偽，有敗有不敗者。其置詞頗巧。然劉安世氣節凜然，爭光日月，《盡言集》、《元城語錄》今日尚傳，當日不容不見，乃不登一字，則終非後人所能喻[③]。考呂祖謙《東萊集》有《與汪尚書書》曰："近建寧刻一書，名《五朝名臣言行錄》，案祖謙所見乃《前集》，故但稱"五朝"。云是朱元晦所編，其閒當考訂處頗多。近亦往問元晦，未報。不知曾過目否？"《晦菴集》中亦有與祖謙書曰："《名臣言行錄》一書，亦當時草草為之。其閒自知尚多謬誤，編次亦無法，初不成文字。因看得為訂正，示及為幸。"云云。則是書瑕瑜互見，朱子原不自諱[④]，講學家一字一句尊若《春秋》[⑤]，恐轉非朱子之意矣。

又葉盛《水東日記》曰："今印行《宋名臣言行錄前集》、《後集》、《續集》、《別集》、《外集》，有景定辛酉浚儀趙崇砱引，云其外孫李幼武所輯。且云朱子所編止八朝之前，士英所編則南渡中興之後四朝諸名臣也⑥。今觀《後集》一卷有李綱，二卷有呂頤浩，三卷有張浚，皆另在卷前，不在目錄中。又闕殘脫版甚多。頗疑其非朱子手筆，為後人所增損必多。蓋朱子纂輯本意，非為廣聞見，期有補於世教，而深以虛浮怪誕之説為非。今其閒呂夷簡非正人，而記翦髭賜藥之詳；余襄公正人，而有杖臀懷金之恥；蘇子瞻蘇木、私鹽等事亦無甚關係。若此者蓋不一也。李居安所謂'翦截纂要'，豈是之謂歟？嘗見章副使繪有此書，巾箱小本。又聞叔簡尚寶家有宋末廬陵鍾堯俞所編《言行類編舉要》十六卷前、後集。尚俟借觀，以袪所惑。"云云。則盛於此書亦頗有所疑。顧就其所錄觀之，宋一代之嘉言懿行略具於斯。旁資檢閱，固亦無所不可矣。幼武所補，大抵亦步亦趨，無甚出入，其所去取，不足以為重輕。以原本附驥而行，今亦姑並存之，備考核焉。

【彙訂】

①　此書未著錄於《浙江省第五次鄭大節呈送書目》及《二老閣呈送書》，"浙江鄭大節家藏本"誤。（江慶柏：《四庫全書私人呈送本中的鄭大節家藏本》）

②　《四朝名臣言行錄》正、續、別集各十六卷，連同朱子《八朝言行錄》二十四卷，正共七十二卷，與《郡齋讀書附志》所著錄者契合。《總目》所據七十五卷本乃後代重編坊本。（昌彼得：《跋宋建刊殘本〈四朝名臣言行錄〉》）

③　宋刻《五朝名臣言行錄》十卷《三朝名臣言行錄》十四卷，

後者採《元城語錄》者凡三節。（張元濟：《寶禮堂宋本書錄》）

④《朱子語類》卷一百三十云："《涑水紀聞》，呂家子弟力辨以為非溫公書，蓋其中有記呂文靖公數事，如殺郭俊等。某嘗見范太史之孫某說親收得溫公手寫稿本，安得為非溫公書？某編《八朝言行錄》，呂伯恭兄弟亦來辨。為子孫者，只得分雪，然必欲天下之人從己，則不能也。"則祖謙所謂"當考訂處甚多"者，亦即為朱熹採用《涑水紀聞》記其祖夷簡事而發也。所謂"自知尚多謬誤"者，其意實不欲與祖謙辨，以傷為人子孫者之心，姑為異詞以謝之云耳。（余嘉錫：《四庫提要辨證》）

⑤ 殿本"家"下有"堅持門戶"四字。

⑥ 今存宋建刊殘本《四朝名臣言行錄》前後無序跋，書中亦未署纂集人。趙希弁《郡齋讀書附志》、《宋史・藝文志》皆未言何人所編。題李幼武撰者乃據此本重編。（昌彼得：《跋宋建刊殘本〈四朝名臣言行錄〉》）

名臣碑傳琬炎〔琰〕集一百七卷（浙江孫仰曾家藏本）

宋杜大珪編。大珪，眉州人。其仕履不可考。自署稱進士，而序作於紹熙甲寅，則光宗時人矣。墓碑最盛於東漢，別傳則盛於漢、魏之間。張晏註《史記》，據墓碑知伏生名勝；司馬貞作《史記索隱》，據班固《泗上亭長碑》知昭靈夫人姓溫；裴松之註《三國志》，亦多引別傳。其遺文佚事，往往補正史所不及，故講史學者恒資考證焉。由唐及宋，撰述彌繁。雖其間韓愈載筆，不乏諛言；李覯摘詞，亦多誣說，而其議論之同異，遷轉之次序，拜罷之歲月，則較史家為得真①。故李燾作《續通鑑長編》，李心傳作《繫年要錄》，往往採用，蓋以此也。顧石本不盡拓摹，文集又皆散見，互考為難。大珪乃蒐合諸篇，共為三集。上集凡二十七卷，中集凡五十五卷，下集凡二十五卷。起自建隆、乾德，訖於建炎、紹興。大約隨得隨編，不甚拘時代、體制。要其梗概，則上集神道碑，中集誌銘、行狀，下集別傳為多。多採諸家別集，而亦閒及於實錄、國史。一代鉅公之始末，亦約略具是矣。中如丁謂、王欽若、呂惠卿、章惇、曾布之類，皆當時所謂姦邪，而並得預於名臣，其去取殊為未當。然朱子《名臣言行錄》、趙汝愚《名臣奏議》亦濫及於丁謂、王安石、呂惠卿諸人[2]。蓋時代既近，恩怨猶存。其所甄別，自不及後世之公。此亦事理之恒，賢者有所不免，固不能獨為大珪責矣。

【彙訂】

① "得"，殿本無。

② 《名臣言行錄》無丁謂、呂惠卿。《名臣奏議》亦無呂惠卿，當改為秦檜，方合此書所收。（李裕民：《四庫提要訂誤》增訂本）

錢塘先賢傳贊一卷（浙江鄭大節家藏本）

宋袁韶撰。韶字彥純，慶元人[1]。淳熙十三年進士[2]，授吳江丞。歷參知政事，贈太師、越國公。事蹟具《宋史》本傳。韶嘗知臨安府，請於朝，建許由以下三十九人之祠，而各為之傳贊，事在寶慶丙戌。至景定五年甲子而祠毀。至正二年，有呂淵者復其祠，重錄《傳贊》。後二年丙戌，浙江等處儒學提舉班惟志敘而行之。是編猶元時舊刻。所紀錄者雖止及一鄉之耆舊，其中郎簡、謝絳等十餘人，又俱見於正史。然是書為宋人所撰，又在元人修史之前，於事實多所綜覈。如《東都事略·謝絳傳》稱陽夏人，是書稱富陽人。考《宋史》本傳，謂其先陽夏人，祖懿文，為杭州鹽官令，葬富陽，遂為富陽人。則是書較為得實。又《東都事略》絳本傳不載絳判吏部流內銓及太常禮院，亦不載覈吏部官職田及使契丹事，此書詳之。又是書《錢彥遠傳贊》載楊懷敏妄言契丹宗真死，乃除入內副都知；內侍黎用信以罪竄海島，赦歸，遽得環衛官；許懷德高年未謝事，彥遠上疏極論之。又言楊景宗、郭永祐小人③，宜廢不用。而《東都事略》彥遠本傳不載。又《錢藻傳贊》載藻改翰林侍讀學士，知審官東院卒，神宗知其貧，特賻錢五十萬，贈太中大夫。而《東都事略》藻本傳不載。又《錢勰傳贊》載王安石許用以御史，勰辭謝。安石知不附己，命權鹽鐵判官。又載奉使高麗，却島王金銀器事。而《東都事略》勰本傳不載。《沈遘傳贊》載知開封府後遷右諫議大夫，丁母憂，上賜黃金百兩。居喪，日一食，既葬，廬墓側以卒。而《東都事略》遘本傳不載。凡此多得之故老流傳，頗為詳贍。修正史者因採以入傳，故與《宋史》頗相吻合。傳贊亦古雅可誦，固非後來地志家夸飾附會之比也。

【彙訂】

① 袁韶字彥淳，《宋史》本傳、《南宋館閣續錄》卷七、《宋元學案》卷七五袁韶小傳及鄞縣地方志所載均同。（楊武泉：《四庫全書總目辨誤》）

② 據《宋史·孝宗紀》、《文獻通考》卷三二選舉考，淳熙十三年無進士科。《南宋館閣續錄》卷七、康熙《鄞縣志》卷一三《選舉考》、雍正《寧波府志》卷二〇《袁韶傳》均載袁韶為淳熙十四年王容榜進士，《宋史》本傳偶誤作淳熙十三年。（同上）

③ 據此書"宋諫院錢公"條及《宋史》卷三一七錢彥遠本傳，

"郭永祐"乃"郭承祐"之誤。

　　慶元黨禁一卷（永樂大典本）

　　不著撰人名氏。《宋史·藝文志》亦不著錄。惟見《永樂大典》中，題曰滄州樵叟撰。蓋與《紹興正論》均出一人之手[①]。序稱淳祐乙巳[②]，則作於宋理宗十八年也[③]。考黨禁起於寧宗慶元二年八月，弛於嘉泰二年二月。是書之作，蓋距弛禁時又四十四年矣。宋代忠邪雜進，黨禍相仍，國論喧呶，已一見於元祐之籍。迨南渡後和議已成，外憂暫弭。君臣上下，熙熙然燕雀處堂。諸儒不鑒前車，又尋覆轍，求名既急，持論彌高，聲氣交通，賢姦混糅。浮薄詭激之徒相率攀援，釀成門戶。遂使小人乘其瑕隙，又興黨獄以中之。蘭艾同焚，國勢馴至於不振。《春秋》責備賢者，不能以敗亡之罪獨諉諸韓侂胄也。且光、寧授受之際，趙汝愚等謀及宵人，復處之不得其道，致激成禍變，於謀國尤疏。恭讀御題詩章，於揖盜開門，再三致意，垂訓深切，實為千古定評，講學之家不能復以浮詞他説解矣。書中所錄偽黨共五十九人，如楊萬里嘗以黨禁罷官，而顧未入籍。其去取之故，亦頗難解。蓋萬里之薦朱子，實出至公，與依草附木，攀援門戶者迥異。故講學之家，終不引之為氣類。觀所作《誠齋易傳》，陳櫟、胡一桂皆曲相排抑，不使入道學之派。知此書之削除萬里，意亦如斯，未可遽執為定論也[④]。至如薛叔似晚歲改節，依附權姦；皇甫斌猥瑣梯榮，僨軍辱國，侂胄既敗之後，又復列名韓黨，與張巖、許及之諸人並遭貶謫。陰陽反覆，不可端倪，而其姓名亦並見此書中，豈非趨附者繁，梟鸞並集之一證哉？總之，儒者明體達用，當務潛修，致遠通方，當求實濟。徒博衛道之名，聚

徒講學，未有不水火交爭，流毒及於宗社者。東漢不鑒戰國之
橫議，南、北部分而東漢亡；北宋不鑒東漢之黨錮，洛、蜀黨分
而北宋亡；南宋不鑒元祐之敗，道學派盛而南宋亡；明不鑒慶
元之失，東林勢盛而明又亡[5]。皆務彼虛名，受其實禍。決裂
潰覆之後，執門戶之見者猶從而巧為之詞，非公論也。張端義
《貴耳集》曰：“朝廷大患，最怕攻黨。伊川見道之明，不能免
焉。淳熙則曰道學，慶元則曰偽學。深思由來，皆非國家之
福。”斯言諒矣。謹恭錄御題冠此書之端，用昭萬年之炯戒，併
詳著古來黨禍之由，俾來者無惑焉。

【彙訂】

①《總目》卷六一《紹興正論》條稱湘山野夫撰，《直齋書錄
解題》卷五題為瀟湘野夫，滄州與瀟湘相去數千里，兩書作者決
非一人。且《紹興正論》載於《三朝北盟會編》引用書目，《會編》
作於紹熙五年(1194)，已早於《慶元黨禁》五十餘年。（李裕民：
《四庫提要訂誤》）

②“淳祐”，底本作“淳熙”，據原序及殿本改。淳熙乃孝宗
年號。

③淳祐乙巳為理宗二十一年，非十八年。（胡玉縉：《四庫
全書總目提要補正》）

④據《宋史·儒林·楊萬里傳》所載其仕歷，當韓侂胄用事
之時，萬里久已去官家居，不與朝政，其慶元五年之致仕，出於陳
乞，非侂胄排抑之也。實未嘗以黨禁罷官。（余嘉錫：《四庫提
要辨證》）

⑤“勢盛”，殿本作“勢衆”。

寶祐四年登科錄一卷（兩淮馬裕家藏本）[①]

宋文天祥榜進士題名也。首列御試策題一道及詳定編排等官姓名。其覆考檢點試卷官為王應麟。故《宋史·文天祥傳》載考官王應麟奏其卷，稱：“古誼若龜鑑，忠肝如鐵石，敢為國家得人賀也。”其一甲第九人為王應鳳，即應麟之弟。蓋當時法制猶疏，未有回避之例耳[②]。天祥本列第五，理宗親擢第一。第二甲第一人為謝枋得，第二十七人為陸秀夫。與天祥並以孤忠勁節，搘拄綱常。數百年後，睹其姓名，尚凜然生敬。則此《錄》流傳不朽，若有神物呵護者，豈偶然哉？五甲第一百八十九人朱唏以下，原本脫去二十四人。今檢《錄》中四甲二百二十七人趙與溥下注“兄與鎮同榜”，而《錄》無其名。又《括蒼彙紀》有趙時、陳塈，《衢州府志》有羅雷春，《萬姓統譜》有趙良金，並稱寶祐四年進士，而此《錄》亦無之。則皆在所闕內矣。後有天祥對策一道，理宗御製賜進士詩及天祥恭謝詩各一首。天祥是年登第後，即丁父憂歸。至己未，始授簽書寧海節度判官廳公事。故謝表中有“自叨異數，亦既三年”之語。此《錄》併載其表文，乃後人所增附者也。

【彙訂】

①　文淵閣《四庫》本為《宋寶祐四年登科錄》四卷。（沈治宏：《中國叢書綜錄訂誤》）

②　“回避之例”，殿本作“引嫌回避之制”。後世科場條例似亦無覆試外簾官而回避己中舉子之例。（徐時棟：《煙嶼樓讀書志》）

京口耆舊傳九卷（永樂大典本）

不著撰人名氏[①]。明楊士奇《文淵閣書目》、焦竑《國史經籍

志》皆載其名，亦不云誰作。考書中《蘇庠傳》末云："予家世丹
陽，先人知其狀為詳，又從其孫嘉借家傳。"則作者當為丹陽人。
庠卒於紹興十七年，而作者得交其孫，則當為南宋末年人也。其
書採京口名賢事蹟，各為之傳。始於宋初，迄於端平、嘉熙閒。
其中忠烈如陳東，經濟如張愨、張縝、湯東野、劉公彥，風節如王
存、王遂、蔣猷、劉宰，文學如沈括、洪興祖，書畫如米芾父子，雖
皆著在史傳，而軼聞逸事則較史為詳。至《湯東野傳》稱明受赦
書至，東野謀於張浚，欲匿赦不宣，而《宋史》浚本傳稱浚命守臣
湯東野祕不宣，其説互異。證以劉宰《漫塘集・湯侍郎〈勤王錄〉
跋》，乃與此書所載合，則足以訂《宋史》記錄之誤。《漫塘集》稱
陳東於欽宗時凡六上書，高宗時凡四上書，《宋史》東本傳第云於
欽宗時五上書，高宗時三上書。證以此書，乃知《宋史》有據，《漫
塘集》為傳聞之譌。王鞏《甲申雜記》謂陳亢以熙寧八年生廓與
度。證以此書，廓中熙寧九年進士，則距生歲止一年；度中元豐
三年進士，則距生歲止四年，尤足以糾小説附會之謬。如此之
類，不一而足。蓋是書體例，全倣正史。每為一傳，首尾該貫，生
卒必詳。與諸家雜説隨筆記載，不備端末者不同。故事實多可
依據，於史學深為有裨。《文淵閣書目》載是書不列卷數，《經籍
志》則作四卷。今據《永樂大典》所載，裒合成編，釐為九卷。考
《宋史・地理志》，京口凡丹徒、丹陽、延陵②、金壇四縣。神宗熙
寧五年，改延陵為鎮，併入丹陽，則所存者僅三縣。而此書《吳致
堯傳》，其人在宣和之季，乃仍稱曰延陵人。蓋沿襲舊名，偶然失
改。猶漢高帝十一年已改真定為東垣③，而《南越王傳》猶稱尉
佗為真定人。史氏駁文，不足為據。今仍以三縣分隸，庶從其
實。至於諸書所載，互有同異，則併附載各條之下，以資考證焉。

【彙訂】

① 宋劉宰《漫塘文集》卷八《回知鎮江史侍郎彌堅》云自撰《京口耆舊傳》。其先世初徙丹陽，後遷金壇。（陳慶年：《京口耆舊傳撰人考》）

② “延陵”，底本作“延令”，下同，據《宋史》卷八八《地理四》及殿本改。文淵閣《四庫》本書前提要不誤。

③ 此書卷五明言“延陵故地，今隸丹陽”，則不可謂“失改”。且《史記》卷九三《陳豨傳》：“（漢高帝）十一年冬……十二月，上自擊東垣，東垣不下，卒罵上。東垣降，卒罵者斬之，不罵者黥之。更命東垣為真定。”又《漢書·地理志下》：“真定國……縣四：真定，槁城，肥纍，綿曼。”“真定”下注曰“故東垣，高帝十一年更名”。則“漢高帝十一年已改真定為東垣”乃“漢高帝十一年已改東垣為真定”之誤。（霍麗麗：《〈四庫全書總目〉辨誤》）

昭忠錄一卷（兩淮馬裕家藏本）

不著撰人名氏。所記皆南宋末忠節事蹟，故以“昭忠”名篇。自紹定辛卯元兵克馬嶺堡，總管田璲等死節，迄於國亡徇義之陸秀夫、文天祥、謝枋得等，凡一百三十人。詳其詞義，蓋宋遺民之所作也。每條先列姓名官爵於前，而記其死難事實於後。其文閒有詳略，而大都確實可據。以《宋史·忠義傳》互相校核，其為史所失載者甚多。即史傳所有，亦往往與此書參錯不合。如紹定辛卯西和州徇難之陳寅，《宋史》亦有傳。而其同死之守將楊銳，則史竟失載其戰沒事，且譌其姓為王銳。又《宋史·林空齋傳》以空齋為林同之子，考此書方知即同之號。史又誤以劉仝子為劉同祖，併失載其被執自縊及其妻殉節等事。凡此皆當以是書為得實。又張世傑在崖山及謝枋得被徵事，所載亦比諸書為詳。考袁桷《清容居士集》、蘇天爵《滋溪文集》均有修《元史》時採訪遺書之目，不載此名。孔齊《至正直記》所列修史應採諸書，亦無此名。知元時但民間傳錄，未嘗上送史館，故至正間纂修諸臣無由見也。此本乃舊傳鈔帙，文字亦間有譌脱，而大略尚可考見。謹著之於錄，庶一代忠臣義士未發之幽光，復得以彰顯於世，且俾讀《宋史》者亦可藉以考正其疏略焉。

史 部 十 四

傳 記 類 二

敬鄉錄十四卷（浙江汪啟淑家藏本）

元吳師道撰。師道有《戰國策校註》，已著錄。是編以宋婺守洪遵《東陽志》所記人物尚有遺漏，因蒐錄舊聞，以補其闕。始自梁朝，迄於宋末。每人先次其行略，而附錄其所著詩文。亦有止著其目者，或已散佚，或從删汰也。明正德閒，金華守趙鶴有《金華文統》十三卷，蓋以是《錄》為藍本。然鶴所編次，往往重複舛漏。如此《錄》載潘良貴《矯齋記》、《静勝齋記》、《答雷公達書》、《君子有三戒說》四篇，而《文統》止載《矯齋記》及《雷公達書》二篇，删汰漫無義例，殊不及師道本書。又如宋方符所編《宗忠簡遺集》，師道謂不及見，故集中封事諸篇，此《錄》不載。然此《錄》有《贈雞山陳七四秀才》五言一首，方符所編轉未之及。則零篇散什，藉以存者不少矣。至所編輯宋人小傳，猶在《宋史》未成以前，故記載多有異同。若謂梅執禮密與諸將謀奪萬勝門，夜入金營，劫二帝歸。范瓊以為無益，獨吳革與趙子方結軍民得眾數萬。王時雍、徐秉哲聞之懼，使瓊泄謀於金師。《宋史》及《東都事略》本傳俱不載，僅略見《三朝北盟會編》中，惟此書言之頗悉。又若《宋史》載嘉定十四年三月丁亥金師破黄州,知州事何大節棄城遁死。己亥金師陷蘄州,知州事李誠之死之。是《錄》載李誠之死事與《宋史》合。而於何大節之遁,則引劉克莊《答傅諫議伯成書》,辨大節初護齊安官吏士民過武昌,復自還齊安固守。半月,城破,金師擁入,大節死於赤壁磯下。則大節實未嘗遁。此事與史頗異,亦可以資考證。元好問《中州集》以詩存史,為世所重。師道此書,殆與相埒。以其因人物以存文章,非因文章以存人物,與好問體例略殊,故隸之於"傳記類"焉。

唐才子傳八卷(永樂大典本)

元辛文房撰。文房字良史,西域人。其始末不見於史傳。惟陸友仁《研北雜志》稱其能詩,與王執謙齊名,蘇天爵《元文類》中載其《蘇小小歌》一篇耳①。是書原本凡十卷,總三百九十七人②。下至妓女、女道士之類,亦皆載入。其見於新、舊《唐書》者僅百人,餘皆從傳記、說部各書採輯。其體例因詩繫人,故有唐名人非卓有詩名者不錄。即所載之人亦多詳其逸事及著作之傳否,而於功業行誼則祇撮其梗概。蓋以論文為主,不以記事為主也。大抵於初、盛稍略,中、晚以後漸詳。至李建勳、孫魴、沈彬、江為、廖圖、熊皦、孟賓于、孟貫、陳搏之倫,均有專傳,則下包五代矣。考楊士奇《東里集》有是書跋,是明初尚有完帙,故《永樂大典目錄》於"傳"字韻內載其全書③。今"傳"字一韻適佚,世閒遂無傳本。然幸其各韻之內尚雜引其文。今隨條摭拾,裒輯編次,共得二百四十三人,又附傳者四十四人,共二百八十七人④。謹依次訂正,釐為八卷。案楊士奇跋稱是書"凡行事不關大體,不足為勸戒者不錄",又稱"雜以臆說,不盡可據"。今考編

中如《許渾傳》稱其夢遊崑崙，《李羣玉傳》稱其夢見神女，雜採孟
棨《本事詩》、范攄《雲溪友議》荒唐之説，無當史裁。又如儲光羲
污祿山偽命而稱其養浩然之氣，尤乖大義。他如謂駱賓王與宋
之問唱和靈隱寺中，謂《中興閒氣集》為高適所選，謂李商隱曾為
廣州都督，謂唐人學杜甫者惟唐彥謙一人⑤，乖舛不一而足。蓋
文房鈔掇繁富，或未暇檢詳，故謬誤牴牾，往往雜見。然較計有
功《唐詩紀事》，敍述差有條理，文筆亦秀潤可觀。傳後閒綴以
論，多掎摭詩家利病，亦足以津逮藝林，於學詩者考訂之助⑥，固
不為無補焉。

【彙訂】

①《元文類》實收辛文房詩二首，除卷四載《蘇小小歌》，卷
八有《清明日游太傅林亭》詩。（李裕民：《四庫提要訂誤》）

② 此書尚存十卷元刻完本，實收二百七十八人，附傳一百
二十人，總三百九十八人。（同上）

③ 據《永樂大典目錄》，卷二六四九至卷二六五二"才"字韻
為《唐才子傳》。（史廣超：《〈永樂大典〉輯佚研究》）

④ "共得二百四十三人，又附傳者四十四人，共二百八十七
人"，殿本作"共得二百三十四人，又附傳者四十四人，共二百七
十八人"。文淵閣《四庫》本實收二百三十四人，附傳四十二人，
共二百七十六人。

⑤ "學"，殿本作"效"。

⑥ "助"，殿本作"功"。

元朝名臣事略十五卷（大學士于敏中家藏本）

元蘇天爵撰。天爵字伯修，真定人，由國子學生試第一，釋

褐授從仕郎,蘇州判官,終浙江行省參知政事①。事蹟具《元史》本傳。此書記元代名臣事實,始穆呼哩,_{原作木華黎,今改正。}終劉因,凡四十七人。大抵據諸家文集所載墓碑、墓誌、行狀、家傳為多。其雜書可徵信者,亦採掇焉。——註其所出,以示有徵。蓋仿朱子《名臣言行錄》例,而始末較詳。又兼仿杜大珪《名臣碑傳琬琰集》例,但有所棄取,不盡錄全篇耳。後蘇霖作《有官龜鑑》,於當代事蹟皆採是書,《元史》列傳亦皆與是書相出入,足知其不失為信史矣。

【彙訂】

① "浙江"當作"江浙"。(陳乃乾:《讀〈四庫全書總目〉條記》)

浦陽人物記二卷(浙江范懋柱家天一閣藏本)

明宋濂撰。濂有《洪武聖政記》,已著錄①。是書凡五目,曰忠義,曰孝友,曰政事,曰文學,曰貞節。所紀共二十有九人,而以《進士題名》一篇附於後。歐陽元〔玄〕序稱其"至公甚當,不以私意為予奪"。蓋濂本以文章名世,故所作皆具有史法。其書本成於元時,後人編輯濂集者,止採錄其論贊,而全書則仍別行。此本為明宏治中歷陽王珍所重刻。卷末有濂自跋,稱:"始立稾,而廉侯景淵遽取刊布,牴牾者多。今補定五十餘處,視舊行為小勝。"末題"至正十三年"。此跋濂集亦未收。蓋濂元時所作,集多失載。今所傳未刻稾皆至正時之遺文,可以互證也。

【彙訂】

① 依《總目》體例,當作"濂有《篇海類編》,已著錄"。

古今列女傳三卷(兩江總督採進本)

明解縉等奉敕撰。先是,明洪武中①,孝慈高皇后每聽女史讀書,至《列女傳》,謂宜加討論。因請太祖命儒臣考訂②,未就。永樂元年,成祖既追上高皇后尊諡册寶,仁孝皇后因復以此書爲言,遂命縉及黃淮、胡廣、胡儼、楊榮、金幼孜、楊士奇、王洪、蔣驥、沈度等同加編輯。書成上進,帝自製序文,刊印頒行。上卷皆歷代后妃,中卷諸侯大夫妻,下卷士庶人妻。時仁孝皇后又作《貞烈事實》③,以闡幽顯微④,頗留意於風教⑤。故諸臣編輯是書,稍爲經意,不似《五經四書大全》之潦草。所錄事蹟,起自有虞,迄於元明。漢以前多本之劉向書,後代則略取各史《列女傳》,而以明初人附益之,去取頗見審慎。蓋在明代官書之中猶爲善本。此本爲秀水項元汴家所藏⑥,猶明内府初刊之版。黃虞稷《千頃堂書目》稱此書成於永樂元年十二月。今考成祖御製序,實題"九月朔旦"。知虞稷未見原書,僅據傳聞著錄矣。

【彙訂】

① "明",殿本無。

② 殿本"請"下有"於"字。

③ "又",殿本無。

④ "顯微",殿本作"微顯",誤。

⑤ "於",殿本無。

⑥ "本",殿本無。

殿閣詞林記二十二卷(浙江范懋柱家天一閣藏本)

明廖道南撰。道南有《楚紀》,已著錄。道南自正德辛巳改庶吉士,由編修歷官侍講學士。在詞垣最久①,嫺習掌故。因集詞林殿閣宮坊臺省諸臣舊事,分類記載,以成是編。其例,凡仕至華蓋、武英諸殿者曰殿學,文淵、東閣者曰閣學,兼六館者曰館學②，晉詹事者曰宮學，屬春坊者曰坊學，屬宏文者亦曰館學，典成均者曰廱學，陞本院者曰卿學，有節義者曰贈學，擅書翰者曰藝學，終始本院者曰院學。大概仿列傳之例，悉載其官階恩遇，而事實亦附見焉。自卷九以下，標題皆作“國子監祭酒黃佐、侍講學士廖道南同編”。蓋道南採掇黃佐《翰林記》之文，不沒所自，猶有前輩篤實之遺。今亦仍從舊本，並存其名焉③。

【彙訂】

①“詞垣”，殿本作“禁垣”。按編修、侍講學士不在“詞臣”之列，稱“詞垣”不確。殿本為是。

② 明刊本嘉靖乙巳廖道南自序作“其兼六部者名曰部學”。（胡玉縉：《四庫全書總目提要補正》）

③ 自序稱“嘗讀中祕，與泰泉黃君佐纂《翰林雜記》六冊”，則九卷以下所載《翰林記》之文明是同編，未必專事採掇也。（同上）

嘉靖以來首輔傳八卷（浙江汪啟淑家藏本）

明王世貞撰。世貞有《弇山堂別集》，已著錄。是編乃紀世宗、穆宗、神宗三朝閣臣事蹟。案明自太祖罷設丞相，分其事權於六部。至成祖始命儒臣入直文淵閣，參預機務，但稱閣臣而不以相名。其後閹倖干政，閣臣多碌碌充位。至嘉靖間，始委政內閣，而居首揆者責任尤專。凡一時政治得失，皆視其人為輕重。故世貞作此書，斷自嘉靖為始，以明積漸所由來。前有總序，稱“閣臣沿革始末，已具《年表》”者，即指《弇山堂別集》中之《百官表》也。其所載始楊廷和，訖申時行，皆以首輔為主，而閒以他人事蹟附之。於當時國事是非，及賢姦進退之故，序次詳悉，頗得史法。惟世貞與王錫爵同鄉，錫爵家嘗妄言其女得道仙去，世貞據為作傳。當時劾錫爵者，或並及世貞①。世貞作此書時②，仍載入曇陽子事，不免文過遂非③。其餘所紀，則大抵近實，可與正史相參證，不以一節之謬棄其全書也。

【彙訂】

① “及”，殿本作“劾”。

② 殿本“世”上有“及”字。

③ 殿本“不”上有“以申己説”四字。

明名臣琬炎〔琰〕錄二十四卷續錄二十二卷（浙江孫仰曾家藏本）①

明徐紘編。紘字朝文，武進人。宏治庚戌進士，以刑部郎中出為廣東按察司僉事，分巡嶺東，終於雲南按察司副使②。是書乃仿宋杜大珪《名臣碑傳琬琰集》而作③，所輯自洪武迄宏治九朝諸臣事蹟。《前錄》所載一百十有七人，《續錄》所載九十五人，凡碑銘、誌傳以及地志、言行錄之類悉具焉。其中如李景隆之喪師誤國，不得謂之名臣。惠安伯張昇在戚里中雖有賢聲，而始終未嘗任事，亦難與勳臣並列。又如《陳泰墓誌》中稱寇深忌其才名，嗾人誣劾，而李賢所作《深墓誌》亦在《錄》中，乃極稱其持法嚴明。雖自附識語調停，究不免彼此矛盾。然明自成、宏以前，風會淳厚，士大夫之秉筆者，類多質直不支，無緣飾夸大之詞，尚屬可以取信。且其中如郁新、吳壽昌等凡數十人，皆史傳所不詳。考獻徵文，亦足以資證據，固非小説家言掇拾傳聞，搆虛無據者比也。

【彙訂】

① “炎”，應作“琰”，乃避嘉慶諱。殿本作“琰”。

②“終於雲南按察司副使”，殿本作“終雲南按察使副使”。

③“乃”，殿本無。

今獻備遺四十二卷（浙江巡撫採進本）

明項篤壽撰。篤壽有《小司馬奏草》，已著錄。是編採明代名臣事蹟，編為列傳。起洪武，訖宏治，計二百四人①，蓋本袁袠所著而稍增損之。《明史·藝文志》亦載其目，其曰“備遺”者，自序謂姑備遺忘，蓋謙不以作史自任耳。明人學無根柢，而最好著書，尤好作私史。其以累朝人物彙輯成編者，如雷禮之《列卿記》、楊豫孫之《名臣琬炎〔琰〕錄》、焦竑之《國史獻徵錄》，卷帙最為浩博，而冗雜泛濫，不免多所牴牾。惟篤壽此書頗簡明有法。其中所載，如劉基飲西湖上，見西北雲氣，謂是天子氣在金陵，我當輔之。此術家附會悠謬之談，篤壽乃著之《基傳》中，殊失別擇。又如徐有貞之悍鷙、李東陽之模棱、張孚敬之偏愎，皆未可稱一代完人，而篤壽推尊過甚，其進退亦為寡識。然敍述詳贍，凡年月先後、事蹟異同，皆可為博考參稽之助，於史學亦未嘗無裨焉。

【彙訂】

① 文淵閣本書前提要云：“起洪武，訖嘉靖，計二百四人。”書中張孚敬傳、梁震傳等均言及嘉靖中事，卷四一《楊一清傳》云：“嘉靖二十七年贈太保、諡文襄。”（楊武泉：《四庫全書總目辨誤》）

百越先賢志四卷（兩淮鹽政採進本）

明區大任撰。大任字楨伯，廣東順德人。嘉靖壬戌以歲貢除江都訓導，遷光州學正，又遷國子監博士，官至南京戶部郎中。

《明史·文苑傳》附見《黃佐傳》中①。蓋大任，佐之門人也。南方之國越為大，自句踐六世孫無疆為楚所敗，諸子散處海上。其著者東越無諸，都東冶至漳、泉，故閩越也；東海王搖都於永嘉，故甌越也；自湘、灘而南，故西越也；牂柯西下邕、雍、綏、建，故駱越也。統而名之，謂之百越。大任家於南越，因蒐輯百越先賢，斷自東漢，得一百二十人，各為之傳。所收兼及會稽，以句踐舊疆自南越北盡會稽故也。惟秦會稽郡跨有吳地者不載，以非越之舊也。書中所載，如趙煜〔曄〕以著述見收，而作《越紐錄》之袁康、吳平，事出王充《論衡》，而不見載②。《方技》收徐登、趙炳、董奉、介象，而作《參同契》之魏伯陽亦上虞人，名見葛洪《神仙傳》，復不見載。蓋大任多憑史傳，而不甚採錄雜書，其閒有遺漏在此。其體例謹嚴，勝於地志之冗蔓，亦即在此。至於引用史文，刊除不盡。如《梅福傳》稱“語見《成紀》”，此自《漢書》之文，此書無《成帝本紀》，何得有此語，亦未免失之因仍。而每傳之末必註所據某書，又據其書參修，一句一字，必有所本，尤勝於他家之杜撰，均未可以一眚議之。黃佐修《廣東新志》，漢以前之人物小傳皆採是書，蓋亦深知纂述之不苟矣。萬曆壬辰，其鄉人游朴嘗為鋟版。歲久散佚，僅存鈔本③。第二卷中《養奮傳》、《傅蠱地傳》、《鄧盛傳》、《縈毋俊傳》、《李進傳》皆殘闕，陳某一傳殘闕尤甚，僅存姓而佚其名。今亦各仍原本，從闕疑之義焉。

【彙訂】

①《明史·文苑傳·黃佐傳》附有《歐大任傳》，顯然“區大任”即“歐大任”也。然該附傳載歐大任“歷官南京工部郎中”。而由歐大任同族曾孫歐必元所撰的《家虞部公傳》中亦載：“公諱大任，字楨伯，廣州順德人，以歲薦起家，歷仕至南京工部虞衡司

郎中,故又稱虞部公。"《順德縣志·傳》載:"歐大任,字楨伯,龍
津人……歷國博、虞衡郎中。"《廣東通志·傳》載:"歐大任,字楨
伯,順德人,博涉史籍……以明經授江都訓導,歷虞衡郎中。"清
官修《大清一統志》亦載歐大任歷官工部郎中。(鞠明庫:《〈四
庫全書總目〉訂誤六例》)

②"而",殿本作"乃"。

③"鈔本",殿本作"鈔帙"。

元儒考略四卷(浙江巡撫採進本)

明馮從吾撰。從吾字仲好,長安人。萬曆己丑進士,改庶吉
士,又改御史。以上疏言事廷杖,歷遷左副都御史。以爭紅丸、
梃擊事乞歸。起工部尚書,以疾辭,後竟削奪。及奄黨敗,詔復
官,諡恭定。事蹟具《明史》本傳。是編乃集元代諸儒事實,各為
小傳。大抵以《元史·儒學傳》為主,而旁採志乘附益之。中有
大書特傳者,亦有細書附傳者,皆據其學術之高下以為進退,體
例頗為叢碎。又名姓往往乖舛,如歐陽元〔玄〕別號圭齋,今乃竟
題作歐陽圭。既以號作名,又刪去一字,校讎亦未免太疏。然宋
儒好附門牆,於淵源最悉。明儒喜爭同異,於宗派尤詳①。語
錄、學案,動輒災梨,不啻汗牛充棟。惟元儒篤實,不甚近名,故
講學之書,傳世者絕少,亦無彙合諸家,勒為一帙,以著相傳之系
者。從吾掇拾殘剩,補輯此編,以略見一代儒林之梗概,存之亦
足資考證。物有以少見珍者,此之謂歟?

【彙訂】

①"宗派",底本作"宋派",據殿本改。文淵閣本書前提要
不誤。(周春健:《讀〈四庫總目〉小札》)

欽定八旗滿洲氏族通譜八十卷①

乾隆九年奉敕撰。凡甲族謂之大姓，其次則謂之乙姓。各詳其受氏之源與始居之地②，猶劉之標望於彭城、韓之溯派於昌黎也。或同姓而異居者，則以其地識之，_{如蘇完瓜爾佳氏、葉赫瓜爾佳氏之類}。猶王之別太原、瑯琊，李之判隴西、趙郡也。或雖同姓而異旗者，則連類附見之，猶裴之有東、西，阮之有南、北也。其賜姓者，仍列於本族。惟詳其蒙賜之由，以昭光寵，而不淆其昭穆。蒙古、高麗、尼堪、臺尼堪、撫順尼堪，久隸八旗者，亦追溯從來，附著於末。每一姓中，取其勳勞茂著者冠冕於首，各系小傳，以示旌異。其子孫世系官爵，以次綴書，如《元和姓纂》之例。考古者族姓掌於官。至春秋之末，智果別族為輔氏，猶聞於太史。秦、漢以來，古制不存，家牒乃作。劉歆《七略》稱案揚子雲《家牒》，以甘露三年生是也③。_{案語見李善《文選註》。}私記之書亦作，《世本》是也。六代及唐，雖以門第相高，而附會攀援，動輒疏舛。白居易一朝名士，自敍世系乃以楚白公勝、秦白乙丙一脈相承，他可概見矣。洎乎兩宋，譜學遂絕，非世家舊姓，罕能確述其宗派者。豈非不掌於官，各以臆說之故歟？惟我國家，法度修明，自開創之初，從龍部屬，皆什伍相保，聚族而居，有古比閭族黨之遺意，故其民數可考。而生卒必聞於官，子孫必登於籍，故其族系亦最明。披讀是編，古太史之成規猶可概見。八旗之枝幹相維，臂指相屬，亦可概見。聖人制作，同符三代類如此，猗歟盛矣。

【彙訂】

① 底本此條與文淵閣庫書次序不符。文淵閣庫書與殿本皆置"欽定蒙古王公功績表傳十二卷"條之後。

　　②“與”，殿本作“並”。

　　③“三年”，殿本作“二年”，皆誤。清胡克家影宋本《文選·王文憲集序》，李善注引揚雄《家牒》作“子雲以甘露元年生”，嚴可均輯《全漢文》卷五十四《楊雄》末附《家牒》亦作“元年”。（杜澤遜：《四庫提要校正》）

欽定宗室王公功績表傳十二卷①

　　乾隆四十六年奉敕撰。初，乾隆二十九年命宗人府、內閣考核宗室王公功績，輯為表一卷，詳列封爵世系；傳五卷，第一卷、第二卷為親王，第三卷為郡王，第四卷為貝勒、貝子、鎮國公、輔國公，第五卷為王、貝勒獲罪褫爵而舊有勳勞者，通三十一人。又附傳二十一人。於乾隆三十年六月告成。嗣以所述簡親王喇布、順承郡王勒爾錦、貝勒洞鄂事實皆不詳悉，又《順承郡王傳》中“生有神力”之語，亦涉不經。乃詔國史館恭檢實錄紅本，重為改撰。前表後傳，體例如舊。立傳人數亦如舊。而事必具其始末，語必求其徵信，則視舊詳且核焉。考古者同姓分封，惟周為盛。然文昭武穆，惟魯公伯禽有淮、徐之功耳。諸史列傳載從龍戰伐雖不乏懿親，亦從無多至四五十人，並奮起鷹揚，銘勳竹帛，共襄萬世之鴻基者。蓋我國家世德作求，克承天眷，貞元會合，光嶽氣鍾。太元渾灝之精，既挺生乎列聖；扶輿清淑之氣，遂並萃於宗盟。《記》所謂“天降時雨，山川出雲，乘時佐命”，非偶然也。至我皇上，篤念周親，不忘舊績，俾效命風雲之會者，得以表章，併使席榮珪組之班者，知所觀感。用以本支百世，帶礪萬年，所為垂訓而示勸者，聖意尤深遠矣。參稽詳慎，必再易稾而始成書者，豈徒然哉！

【彙訂】

① 文淵閣《四庫》本尚有卷首一卷。（沈治宏：《中國叢書綜錄訂誤》）

欽定蒙古王公功績表傳十二卷

乾隆四十四年奉敕撰。體例與《宗室王公功績表傳》同①。考今蒙古諸部，其人率元之部族，其地則遼之故疆。自遼初上溯於漢初，攻伐之事未嘗絕，自元末下迄於明末，攻伐之事亦未嘗絕。固由風氣剛勁，習於戰鬥，恒不肯服屬於人，亦由威德不足以攝之，故不為用，而反為患也。我國家龍興東土，七德昭宣，叛盟者芟鋤，歸命者綏輯。自察哈爾林丹汗恃其頑梗，卒就滅亡外，天命四年，科爾沁首先內附，郭爾多斯、杜爾伯忒、劄賴特隨之。天聰元年，敖漢、奈曼來歸。二年，巴林、札魯特來歸。三年，土默特來歸。六年，阿祿科爾沁、歸化城土默特來歸。七年，四子部落、吳喇忒、翁牛特、喀喇沁來歸。八年，蒿齊忒、烏朱穆秦、克西克騰、毛明安來歸。九年，阿霸垓、蘇尼特、鄂爾多斯來歸。崇德初，阿霸哈納爾亦來歸。莫不際會風雲，攀龍附鳳，執殳效命，拔幟先登。雖彭、濮、盧、髳景從周武，亦蔑以加於是焉。故折衝禦侮之力，名列乎旂常②；分茅胙土之榮，慶延於孫子。迄今檢閱新編，披尋舊蹟，仰見我列聖提挈乾綱，驅策羣力，長駕遠馭之略，能使柳城松漠，中外一家，咸稽首而效心膂。其炳然可傳者，章章如是，誠為前史所未聞，不但諸王公勳業爛然，為足炳耀丹青也。

【彙訂】

① 文淵閣本《四庫全書》無十二卷《欽定蒙古王公功績表

傳》一書，唯史部傳紀類中有《欽定外藩蒙古回部王公表傳》一百二十卷卷首一卷目錄一卷，卷首有二篇諭旨，其一云："乾隆四十四年七月二十九日奉上諭，我國家開基定鼎，統壹寰區，蒙古四十九旗及外劄薩克、喀爾喀諸部咸備藩衛，世篤忠貞，中外一家，遠邁前古。在太祖、太宗時，其舒誠效順，建立豐功者固不乏其人。而皇祖、皇考及朕御極以來，蒙古王公之宣猷奏績、著有崇勳者亦指不勝屈。因念伊等各有軍功事實，若不為之追闡成勞，裒輯傳示，非獎勸猷而昭來許之道。著交國史館，會同理藩院，將各蒙古劄薩克事蹟譜系詳悉採訂，以一部落為一表傳，其有事實顯著之王公等，即於部落表傳後每人立一專傳。則凡建功之端，委傳派之，親疏皆可按籍而稽，昭垂奕世。該總裁大臣等即選派纂修各員，詳慎編輯，以清、漢、蒙古字三體合繕成帙，陸續進呈。俟朕閱定成書後，即同宗室王公表傳以漢字錄入《四庫全書》，用垂久遠。"其二云："乾隆四十四年九月初二日奉上諭：朕因內外劄薩克等於皇祖、皇考及朕臨御以來，宣力勤勞、克懋厥績者甚多，已交國史館會同理藩院將伊等以前功績追表各立表傳，以示久遠。再，各城回子等自投誠以來，在軍營宣力勤勞，業已晉封王、貝勒、貝子者亦復不少。理宜一體施恩，纂立表傳。著交該部，查明伊等內實心效力、克奏軍功者，會同國史館，與蒙古王公一體纂立表傳宣諭，以示朕優卹回臣一體之意。"提要或據前一諭旨寫成，又因本書"體例與《宗室王公功績表傳》（十二卷）同"，故亦誤作十二卷。另，祁韻士《年譜》中著錄《蒙古回部王公表傳》"百十二卷"，《總目》或據此本而遺漏"百"字，成"十二卷"。（史秀蓮：《四庫全書總目訂誤一則》）

　　②"列"，殿本作"勒"。

欽定勝朝殉節諸臣錄十二卷

乾隆四十一年奉敕撰。明自萬曆以還，朝綱日紊，中原瓦解，景命潛移。我國家肇造丕基，龍興東土。王師順動，望若雲霓。而當時守土諸臣，各為其主，往往殞身碎首，喋血危疆。逮乎掃蕩妖氛，宅中定鼎，乾坤再造，陬澨咸歸。而故老遺臣，猶思以螳臂當車，致煩齊斧，載諸史冊，一一可稽。我皇上幾餘覽古，軫惻遺忠，念其冒刃攖鋒，雖屬不知天運，而疾風勁草，百折不移，要為死不忘君，無慚臣節，用加贈典，以勵綱常。特命大學士、九卿、京堂、翰詹科道集議於廷，俾各以原官，賜之新諡。蓋聖人之心，大公至正，視天下之善一也。至於崇禎之季，銅馬縱橫，或百戰捐生，或孤城效死。雖將傾之廈，一木難支，而毅魄英魂，自足千古。自范景文等二十餘人，已蒙世祖章皇帝易名賜祭，炳耀丹青外，其繫馬埋輪，沈淵伏劍，在甲申三月以前者，並命博徵載籍，詳錄芳蹤。若夫壬午革除，傳疑行遯，《致身》一錄，見聞雖有異詞，抗節諸臣，生死要為定據，亦詳為甄錄，追慰忠魂。大抵以欽定《明史》為主，而參以官修《大清一統志》、各省通志諸書，皆臚列姓名，考證事蹟，勒為一編。凡立身始末，卓然可傳，而又取義成仁，揩拄名教者，各予專諡，共三十三人。若平生無大表見①，而慷慨致命，矢死靡他者，彙為通諡。其較著者曰"忠烈"，共一百二十四人，曰"忠節"，共一百二十二人，其次曰"烈愍"，共三百七十七人，曰"節愍"，共八百八十二人。至於微官末秩，諸生韋布，及山樵市隱，名姓無徵，不能一一議諡者，並祀於所在忠義祠，共二千二百四十九人。如楊維垣等失身閹黨，一死僅足自贖者，則不濫登焉。書成奏進，命以《勝朝殉節諸臣錄》為名，併親製宸章，弁諸簡首，宣付武英殿刊刻頒行，以垂示久遠。臣等竊惟自古代嬗之際，其致身故國者，每多蒙以惡名。故鄭樵謂晉史黨晉而不有魏，凡忠於魏者目為叛臣。王凌、諸葛誕、毋邱〔丘〕儉之徒，抱屈黃壤；齊史黨齊而不有宋，凡忠於宋者目為逆黨。袁粲、劉秉、沈攸之之徒，含冤九原。可見阿徇偏私，率沿其陋。其閒即有追加褒贈，如唐太宗之於堯君素，宋太祖之於韓通，亦不過偶及一二人而止。誠自書契以來，未有天地為心，渾融彼我，闡明風教，培植彝倫，不以異代而岐視，如我皇上者。臣等恭繹詔旨，仰見權衡予奪，袞鉞昭然。不獨勁節孤忠，咸邀渥澤，而明昭彰癉，立千古臣道之防者，《春秋》大義亦炳若日星。敬讀是編，彌凜然於皇極之彝訓矣。

【彙訂】

①“平生”，殿本作“生平”。

明儒學案六十二卷（山東巡撫採進本）

國朝黃宗羲撰。宗羲有《易學象數論》，已著錄。初，周汝登作《聖學宗傳》，孫鍾元又作《理學宗傳》。宗羲以其書未粹，且多所闕遺，因蒐採明一代講學諸人文集、語錄，辨別宗派，輯為此書。凡《河東學案》二卷，列薛瑄以下十五人。《三原學案》一卷，列王恕以下六人。《崇仁學案》四卷，列吳與弼以下十人。《白沙學案》二卷，列陳獻章以下十二人。《姚江學案》一卷，列王守仁一人，附錄二人。《浙中相傳學案》五卷，列徐愛以下十八人。《江右相傳學案》九卷，列鄒守益以下二十七人，附錄六人。《南中相傳學案》三卷，列黃省曾以下十一人。《楚中學案》一卷，列蔣信等二人。《北方相傳學案》一卷，列穆孔暉以下七人。《閩越相傳學案》一卷，列薛侃等二人。《止修學案》一卷，列李材一人。

《泰州學案》五卷，列王艮以下十八人。《甘泉學案》六卷，列湛若水以下十一人。《諸儒學案上》四卷，列方孝孺以下十五人。《諸儒學案中》七卷，列羅欽順以下十人。《諸儒學案下》五卷，列李中以下十八人。《東林學案》四卷，列顧憲成以下十七人。《蕺山學案》一卷，列劉宗周一人。而以《師說》一首冠之卷端①，所列自方孝孺以下十七人。大抵朱、陸分門以後，至明而朱之傳流為河東，陸之傳流為姚江。其餘或出或入，總往來於二派之閒。宗羲生於姚江，欲抑王尊薛則不甘，欲抑薛尊王則不敢，故於薛之徒，陽為引重而陰致微詞，於王之徒，外示擊排而中存調護②。夫二家之學，各有得失。及其末流之弊，議論多而是非起，是非起而朋黨立。恩讎輵轇，毀譽糾紛。正、嘉以還，賢者不免。宗羲此書猶勝國門戶之餘風，非專為講學設也。然於諸儒源流分合之故，敍述頗詳，猶可考見其得失。知明季黨禍所由來，是亦千古之炯鑑矣。卷端仇兆鼇序及賈潤所評皆持論得平，不阿所好，併錄存之，以備考鏡焉。

【彙訂】

①“一首冠之卷端”，殿本作“一卷冠之”。

②黃宗羲在此書序言和凡例中，反復申言：“學術之不同，正以見道體之無盡也。奈何今之君子，必欲出於一途，眂其成說，以衡量古今，稍有異同，即詆之為離經畔道。”“夫先儒之語錄，人人不同，只是印我之心體，變動不居。若執成定局，終是受用不得。”故《學案》一書，“上下諸先生，深淺各得，醇疵互見”，“此編所列，有一偏之見，有相反之論。學者於其不同處，正宜著眼理會，所謂一本而萬殊也。以水濟水，豈是學問！”這些主張貫徹於全書，表現了思想史家的寬廣胸懷。雖然從內容上看，主要

篇幅是關於陽明學派的,所謂“以大宗屬姚江”,但這是明代學術大勢的實際狀況,而非出於門戶之見。(郭齊:《〈明儒學案〉點校説明》)

中州人物考八卷(浙江鮑士恭家藏本)

國朝孫奇逢撰。奇逢有《讀易大旨》,已著錄。是編載河南人物,分為七科。一理學,二經濟,三忠節,四清直,五方正,六武功,七隱逸,而文士不與焉。蓋意在黜華藻,勵實行也。所錄皆明人,惟“忠節”之末附元蔡子英一人。人各為傳贊,多者連數紙,少或僅一行,云無徵者則不詳,不以詳略為褒貶也。後一卷曰補遺、曰續補,不復以七科標目,蓋不欲入之七科中,故託詞於補、續云爾。然猶與七科一例,雖布衣以“公”稱。最後有名無傳者三十四人,則直書其名矣。其贊恕於常人而責備於賢者,頗為不苟。惟張玉傳贊最為紕繆。考玉以元樞密知院叛而歸明,而奇逢以為善擇主。是六臣奉璽歸梁,皆善擇主也。玉後輔佐燕王,稱兵犯順,歿於鐵鉉濟南之戰[1],而奇逢以為得死所。是李日月助李希烈,隕身鋒鏑,亦得死所也。且蔡子英義不忘元,閒關出塞,卒歸故主以終[2]。奇逢既列之“忠節”矣,而又獎張玉之叛亂,不自相矛盾乎?至薛瑄本河津人,李夢陽本慶陽人,牽合而歸之中州,又其末節矣。奇逢雖以布衣終,而當時實負重望,湯斌至北面稱弟子。其所著作,非他郡邑傳記無足輕重者比。故存其書而具論之,俾讀是編者知其瑕瑜不相掩焉。

【彙訂】

①《明史·恭閔帝紀》:“(建文二年)十二月甲午,燕兵犯濟寧,薄東昌。乙卯,盛庸擊敗之,斬其將張玉。”同書《張玉傳》、《鐵

鉉傳》、談遷《國榷》建文二年十二月乙卯條所載皆同。"鐵鉉濟南之戰"為"盛庸東昌之戰"之誤。（楊武泉：《四庫全書總目辨誤》）

②"歸"，殿本作"奉"。

東林列傳二十四卷（浙江巡撫採進本）①

國朝陳鼎撰。鼎字定九，江陰人。明萬曆閒，無錫顧憲成與高攀龍重修宋楊時東林書院，與同志講學其中。聲氣蔓延，趨附者幾遍天下。互相標榜，自立門户，流品亦遂糅雜。迨魏忠賢亂政之初，諸人力與搘拄②，未始非謀國之忠。而同類之中，賢姦先混，使小人得伺隙而中之。於是黨禍大興，一時誅斥殆盡，籍其名頒示天下。至崇禎初，權閹既殄，公論始明。而餘孽尚存，競思翻案，議論益糾紛不定。其閒姦黠之徒見東林復盛，競假借以張其鋒。水火交爭，彼此報復。君子博虛名以釀實禍，小人託公論以快私讎。卒至國是日非，迄明亡而後已。是編所載一百八十餘人，蓋即東林黨人榜及沈潅、溫體仁等《雷平》、《蠅蚋》諸錄所著名者也。以節義炳著者彙載於前，餘亦分傳並列，臚敘事蹟頗詳。其中碩士端人，固所不乏，而依草附木者，實繁有徒。厥後樹幟分朋，干撓時政，禍患卒隱中於國家。足知聚徒講學，其流弊無所不至。雖創始諸人，未必逆料及此③，而推原禍本，一二君子不能不任其咎也。此書仿龔頤正《元祐黨籍傳》之例，於諸人之姓名履貫，無不本末燦然，俾讀者論世知人，得以辨別賢姦，而深思其熏蕕雜廁之所以然。前事不忘，後事之師，其亦千古炯鑑矣。

【彙訂】

① 文淵閣《四庫》本尚附《熹宗原本本紀》二卷。（沈治宏：

《中國叢書綜錄訂誤》)

　　②“揹拄”,殿本作“枝拄”。

　　③“及此”,殿本作“如此”。

儒林宗派十六卷(編修周永年家藏本)

　　國朝萬斯同撰。斯同有《廟制圖考》,已著錄①。是編紀孔子以下迄於明末諸儒授受源流,各以時代為次。其上無師承,後無弟子者,則別附著之②。自《伊雒淵源錄》出,《宋史》遂以《道學》、《儒林》分為二傳。非惟文章之士,記誦之才,不得列之於儒。即自漢以來傳先聖之遺經者,亦幾幾乎不得列之於儒③。講學者遞相標榜,務自尊大。明以來談道統者,揚己淩人,互相排軋,卒釀門戶之禍,流毒無窮。斯同目擊其弊,因著此書。所載斷自孔子以下,杜僭王之失,以正綱常,凡漢後唐前傳經之儒,一一具列,除排擠之私,以消朋黨,其持論獨為平允。惟其“附錄”一門,旁及老、莊、申、韓之流,未免矯枉過直④。又唐啖助之學傳之趙匡、陸淳,宋孫復之學傳於石介,皆卓然自立一家,宋代說經,實濫觴於二子。乃列之散儒之中,不入宗派,亦有所未安。至於朱、陸二派,在元則金、吳分承,在明則薛、王異尚。四百年中,出此入彼,淵源有自,脈絡不誣,亦未可以朝代不同,不為明其宗系。如斯之類,雖皆未免少疏。然較之學統、學案諸書,則可謂滌除錮習,無畛域之見矣。世所傳本僅十二卷。此本出自歷城周氏,較多四卷,蓋其末年完備之定本云。

　　【彙訂】

　　① 依《總目》體例,當作“斯同有《聲韻源流考》,已著錄”。(胡玉縉:《四庫全書總目提要補正》)

② “則”，殿本無。

③ “之”，殿本無。

④ “直”，殿本作“正”。

明儒言行錄十卷續錄二卷（浙江巡撫採進本）

國朝沈佳撰。佳字昭嗣，號復齋，仁和人。康熙戊戌進士①，官安化縣知縣。是編仿朱子《五朝名臣言行錄》之例，編次有明一代儒者。各徵引諸書，述其行事，亦閒摘其語錄附之。所列始於葉儀，迄於金鉉，凡七十五人，附見者七十四人。《續錄》所列，始於宋濂，迄於黃淳耀，凡五十九人，附見者九人。佳之學出於湯斌，然斌參酌於朱、陸之閒，佳則一宗朱子。故是編大旨，以薛瑄為明儒之宗，於陳獻章則頗致不滿。雖收王守仁於正集，而守仁弟子則刪汰甚嚴，王畿、王艮咸不預焉。其持論頗為淳謹②。初，黃宗羲作《明儒學案》，採摭最詳。顧其學出於姚江，雖於河津一派不敢昌言排擊，而於王門末流諸人流於倡狂恣肆者，亦頗為回護。門户之見，未免尚存。佳撰此《錄》，蓋陰以補救其偏。鄞縣萬斯大，宗羲之弟子也，平生篤信師說。而為佳作是錄序，亦但微以過嚴為說，而不能攻擊其失，蓋亦心許之也。學者以兩家之書互相參證，庶乎有明一代之學派可以得其平允矣。正不必論甘而忌辛，是丹而非素也。

【彙訂】

① 康熙《錢塘縣志》卷一○選舉表、同書卷二二《人物‧文苑‧沈佳傳》、雍正《浙江通志》卷一四二選舉志、民國《杭州府志》卷一三八《儒林傳》據沈廷芳撰《墓誌銘》皆謂沈佳為康熙二十七年戊辰科進士，而康熙五十七年戊戌科無此人。（楊武泉：

《四庫全書總目辨誤》）

②“其”，殿本無。

史傳三編五十六卷（江西巡撫採進本）

國朝朱軾撰。軾有《周易傳義合訂》，已著錄。是編凡《名儒傳》八卷、《名臣傳》三十五卷，又《續編》五卷、《循吏傳》八卷。成於雍正戊申。時《明史》尚未成書，故所錄至元而止。明以來傳名儒者大抵宗宋而祧漢、唐，而宋又斷自濂、洛以下。軾所為傳，上起田何、伏生、申公諸人，不沒其傳經之功；中及董仲舒、韓愈諸人，不沒其明道之力。於宋則胡瑗、孫復、石介、劉敞、陳襄，雖軌轍稍殊，亦並見甄錄，絕不存門戶之見，可謂得聖賢之大公。其以遷就利祿，削揚雄、馬融；以祖尚元虛，削王弼、何晏；以假借經術，削匡衡、王安石，亦特為平允。惟胡寅修怨於生母，王柏披猖恣肆，至刪改孔子之聖經，咸預斯列，似為少濫。據王福時之虛詞，為薛收作贊，亦未免失之不考耳。《名臣傳》所列凡一百八十人，去取頗為矜慎。《續編》所列又三十九人，其凡例曰：“《續編》者何，擇其次焉者也。或卷帙編次已定，附之於後焉耳。”然見為稍亞而乙之，與失於偶漏而補之，其品第則有閒矣。混而無別，亦稍疏也。《循吏傳》所列凡一百二十一人，雖體例謹嚴，而頗未賅備。如何易於之類，表表在人耳目者，多見刊削。其去取之例，亦未明言，殆不可解。要其標舉典型，以示效法，所附論斷，亦皆醇正，固不失為有裨世教之書矣。前有軾及蔡世遠總序二篇，又三編各有專序一篇。蓋《名儒傳》為李清植所纂，《名臣傳》為張江、藍鼎元、李鍾僑所纂，《循吏傳》為張福昶所纂。世遠商榷之，而軾則裁定之云。

閩中理學淵源考九十二卷（福建巡撫採進本）

國朝李清馥撰。清馥字根侯，安溪人，大學士光地之孫。以光地蔭，授兵部員外郎，官至廣平府知府。是編本曰《閩中師友淵源考》，故序文、凡例尚稱舊名。此本題《理學淵源考》，蓋後來所改。序作於草創之時，成編以後，復有增入也。宋儒講學，盛於二程，其門人游、楊、呂、謝號為高足。而楊時一派，由羅從彥、李侗而及朱子，輾轉授受，多在閩中。故清馥所述，斷自楊時。而分別支流，下迄明末。凡某派傳幾人，某人又分為某派，四五百年之中，尋端竟委，若昭穆譜牒，秩然有序。其中家學相承以及友而不師者，亦皆並列，以明其學所自來。其例每人各為小傳，傳末各注所據之書，併以語錄、文集有關論學之語摘錄於後，考據頗為詳核。其例於敗名隳節、貽玷門牆者，則削除不載。閒有純駁互見者，則棄短錄長。如《廖剛傳》中刪其初附和議一事；《胡寅傳》中但敘不持生母服，為右正言章厦所劾，而不詳載其由。是則門戶之見猶未盡融，白璧微瑕，分別觀之可也。

右傳記類"總錄"之屬，三十六部，八百八卷，皆文淵閣著錄。

案，合眾人之事為一書，亦傳類也。其源出《史記》之《儒林》、《游俠》、《循吏》、《貨殖》、《刺客》諸傳。其別自為一書，則成於劉向之《列女傳》。《冊府元龜》有"總錄"之目，今取以名之。

孫威敏征南錄一卷（浙江鄭大節家藏本）

宋滕元發撰。元發初名甫，後以避高魯王諱，以初字元發為名，而更字曰達道。東陽人。舉進士，歷官龍圖閣學士。諡章敏。事蹟具《宋史》本傳。此本前有結銜題"承奉郎守大理評事通判湖州軍州事滕甫”，蓋猶未改名時所作也。其書乃記皇祐四年孫沔平儂智高事。其時沔為安撫，狄青為宣撫使。沔與青會兵計議，進破智高於歸仁鋪，沔留治後事。及師還，余靖勒銘長沙，專美狄青。朝廷亦以青為樞密使，賞賚甚厚。沔止加秩一等。甫以為南征之事，本出沔議。其措置先備^①，又能以身下狄青，卒攘寇難。因述為此書，以頌沔之績。蓋沔知杭州時嘗奇甫才，授以治劇守邊方略，具有知己之分，故力為之表暴如此。考《宋史》載征儂智高事，亦於《狄青傳》為詳，而沔《傳》頗略。然此書備見於《宋史·藝文志》、陳振孫《書錄解題》，當時皆不以為誣殆，殆必有說。是亦考史者所宜兼存矣。

　　案，削平寇亂之事，宜入“雜史”。然此書為表孫沔之功，非記儂智高之變，故入之“傳記類”中。

【彙訂】

①“先備”，殿本作“完備”。

驂鸞錄一卷（浙江鮑士恭家藏本）

宋范成大撰。成大字致能^①，號石湖居士，吳郡人。紹興二十四年進士，孝宗時累官權吏部尚書、參知政事^②，進資政殿學士，提舉洞霄宮。卒諡文穆。事蹟具《宋史》本傳。此編乃乾道壬辰成大自中書舍人出知靜江府時，紀途中所見。其曰“驂鸞”者，取韓愈詩“遠勝登仙去，飛鸞不暇驂”語也。書末有云：“若其風土之詳，則有《桂海虞衡志》焉。”考《虞衡志》作於自桂林移帥成都時，其初至粵時未有也，則此書殆亦追加刪潤而成者歟？中間序次頗古雅。其辨元結《浯溪中興頌》一條，排黃庭堅等之刻論，尤得詩人忠厚之旨。其載仰山孚忠廟有楊氏稱吳時加封司徒竹册尚存,文稱寶大元年③。又稱向得吳江村寺石幢所記,亦以寶大紀年。因疑錢氏有浙時或曾用楊氏正朔,以此二物爲證。然考之於史,錢、楊屢相攻擊,互有負勝④,其勢殊不相下,斷無臣事淮南之理。而楊氏亦自有武義、順義、乾貞、太和諸年號。其吳越之寶大,正當順義四五年,亦不應有一國兩元之事。成大所見,或出自後人僞造也。吳任臣作《十國春秋紀元表》,於此事不加辨證,當由未檢此書歟?

【彙訂】

① 周必大《平園續稿》卷二二《資政殿大學士贈銀青光祿大夫范公成大神道碑》:"公諱成大,字至能。"《石湖詩集》兩次提及"至先兄",各本均作"至"不作"致",可知范成大應字至能。清謝啟昆《粤西金石略》卷九載《鄭少融題名》兩則、《范至能題名》一則中亦均作范至能。"至"作"致"之誤始於《宋史》本傳。(于北山:《范成大年譜》;周小山:《〈范石湖集〉校正舉隅》)

② 殿本"參"上有"拜"字。

③ "寶大",殿本作"保大",下同,誤。寶大(924—925)爲吳越錢鏐年號,保大(943—957)爲南唐中主李璟年號。

④ "負勝",殿本作"勝負"。

吳船錄二卷(浙江鮑士恭家藏本)

宋范成大撰。成大於淳熙丁酉,自四川制置使召還。取水程赴臨安,因隨日記所閱歷,作爲此書。自五月戊辰,迄十月己巳。於古蹟形勝言之最悉,亦自有所考證。如釋繼業紀乾德二年太祖遣三百僧往西方求舍利貝多葉書路程,爲他説部所未載,頗足以廣異聞。又載所見蜀中古畫,如伏虎觀孫太古畫李冰父子像,青城山丈人觀孫太古畫黃帝及三十二仙真,長生觀孫太古畫龍、虎,及玩丹石寺唐畫羅漢一版[1],皆可補黃休復《益州名畫記》所未及。又杜甫《戎州》詩"重碧拈春酒"句,印本"拈"或作"酤",而成大謂敘州有碑本乃作"粘"字[2],是亦註杜集者所宜引據也。

【彙訂】

[1]"寺",殿本作"亭",誤。此書卷上原文云:"前渡雙溪橋,入牛心寺……祠堂後一石尤佳,可以箕踞晏坐,名玩丹石。寺有唐畫羅漢一板,筆蹟超妙,眉目津津,欲與人語。"《峨嵋山志》"牛心寺至黑水寺圖說"條載:"牛心寺……乃孫真人思邈修煉處……藥爐丹竈,在峯頂石洞中……洞外一石可以箕踞晏坐,名玩丹石。寺壁相傳有張僧繇畫羅漢像,眉目栩栩欲活,頗著靈異。一云吳道子畫,今毀。"可知館臣句讀有誤,以玩丹石為寺名,應作"牛心寺唐畫羅漢一版"。(馬新廣:《〈四庫全書總目〉辨誤一則》)

[2]"粘",殿本作"拈",誤,參此書卷下原文。

入蜀記六卷(光祿寺卿陸錫熊家藏本)[1]

宋陸游撰。游字務觀,號放翁,山陰人。佃之孫,宰之子。初以蔭補登仕郎。隆興初,賜進士出身。嘉泰初,官至寶謨閣待制。事蹟具《宋史》本傳[2]。游以乾道五年授夔州通判。以次年閏六月十八日自山陰啟行,十月二十七日抵夔州[3]。因述其道路所經,以為是記。游本工文,故於山川風土敍述頗為雅潔,而於考訂古蹟,尤所留意。如丹陽皇業寺即史所謂皇基寺,避唐元宗諱而改;李白詩所謂"新豐酒"者,地在丹陽、鎮江之間,非長安之新豐；甘露寺很石^①、多景樓皆非故蹟；真州迎鑾鎮乃徐溫改名，非周世宗時所改；梅堯臣題瓜步祠詩誤以魏太武帝為曹操；廣慧寺《祭悟空禪師文》石刻^⑤，保大九年乃南唐元宗，非後主；庾亮樓當在武昌，不應在江州，白居易詩及張舜臣《南遷志》並相沿而誤；歐陽修詩"江上孤峯蔽綠蘿"句，綠蘿乃溪名，非泛指藤蘿；宋玉宅在秭歸縣東，舊有石刻，因避太守家諱毀之。皆足備輿圖之考證。他如解杜甫詩"長年三老"字及"攤錢"字；解蘇軾詩"玉塔臥微瀾"句；解南方以七月六日作七夕之由；辨李白集中《姑孰十詠》、《歸來乎》、《笑矣乎》、《僧伽歌》、《懷素書歌》諸篇，皆宋敏求所竄入，亦足廣見聞。其他搜尋金石、引據詩文以參證地理者，尤不可殫數，非他家行記徒流連風景，記載瑣屑者比也。

【彙訂】

① 文淵閣《四庫》本為四卷，書前提要不誤。（沈治宏：《中國叢書綜錄訂誤》）

②《建炎以來繫年要錄》高宗紹興三十二年十月條稱"賜樞密院編修官陸游、尹穡進士出身"，本傳亦稱孝宗即位（在紹興三十二年六月），賜出身。（莊劍：《〈四庫全書總目提要〉訂誤兩則》）

③ 此書卷一首條載："乾道五年十二月六日得報差通判夔州，方久病未堪遠役，謀以夏初離鄉里。六年閏五月十八日晚行，夜至法雲寺。兄弟餞別，五鼓始決去。"則閏六月乃閏五月之誤。（李裕民：《四庫提要訂誤（續）》）

④ "很石"，殿本作"狠石"。

⑤ "廣慧寺"，殿本作"唐慧寺"，誤，參此書卷一原文。

西使記一卷（兩淮鹽政採進本）

元劉郁撰。郁，真定人①。是書記常德西使皇弟錫里庫軍中，往返道途之所見，王惲嘗載入《玉堂雜記》中。此蓋別行之本也②。《元史·憲宗紀》二年壬子秋，遣錫喇征西域蘇丹諸國，是歲錫喇薨。三年癸丑夏六月，命諸王錫里庫及烏蘭哈達帥師征西域法勒噶巴哈台等國。八年戊午，錫里庫討回回法勒噶③，平之，擒其王，遣使來獻捷。考《世系表》，睿宗十一子，次六曰錫里庫，而諸王中別無錫喇。《郭侃傳》，侃壬子從錫里庫西行，與此《記》所云"壬子歲，皇弟錫喇統諸軍奉詔西征④，凡六年，拓境幾萬里"者相合，然則錫喇即錫里庫。因《元史》為明代所修，故譯音譌舛。一以為錫喇，一以為錫里庫，誤分二人。而《憲宗紀》二年書錫喇薨，三年重書錫里庫西征，遂相承誤載也。此《記》言常德西使在己未正月，蓋錫里庫獻捷之明年所記。雖但據見聞，不能考證古蹟，然亦時有異聞。《郭侃傳》所載，與此略同，惟譯語時有譌異耳。我皇上神武奮揚，戡定西域，崑崙、月窟，盡入版圖。計常德所經，今皆在屯田列障之內。業已欽定《西域圖志》，昭示億齡。郁所紀錄，本不足道。然據其所述，亦足參稽道里，考證古今之異同，故仍錄而存之也⑤。

【彙訂】

①《金史·文藝傳》："劉從益，字雲卿，渾源人……子祁字京叔。"王惲《秋澗大全集》卷五八《渾源劉氏世德碑》："祁，字京叔……（弟）郁字文季。"卷九四《玉堂佳話》具載劉郁《西使記》，末署"中統四年三月渾源劉郁記"。可證劉郁為渾源人無疑。（李裕民：《四庫提要訂誤》）

②"蓋"，殿本作"其"。

③ 底本“噶”下有“巴”字，據殿本删。“法勒噶”，《元史·憲宗本紀》作“哈里發”，《欽定元史語解》作“法勒哈”。

④ “征”，殿本作“行”，誤，參此書原文。

⑤ “也”，殿本作“焉”。

保越錄一卷（浙江吳玉墀家藏本）

不著撰人名氏①。載元順帝至正十九年明師攻紹興事。是時明將為胡大海，禦之者張士誠將呂珍也。凡攻三月，卒不能下，乃還。是《錄》稱士誠兵曰“我軍”，稱珍曰“公”，殆士誠未亡時，紹興人所紀。其中稱明為“大軍”，及“太祖高皇帝”字，則疑士誠亡後，明人傳鈔所改耳。紹興自是以後，猶保守八年，及至正二十六年，始歸於明。珍亦至是年湖州之敗，乃降於徐達。雖初事非主，晚節不終，而在紹興則不為無功矣。大海攻紹興挫衄，及其縱兵淫掠，發宋陵墓諸惡蹟，《明史》皆不載。所錄張正蒙妻韓氏、女池奴，馮道二妻抗節事，《明史》亦皆不書，尤足補史傳之遺②。

【彙訂】

① 此書乃徐勉之撰，有至正十九年自序。（陸心源：《皕宋樓藏書志》）

② 殿本“遺”下有“也”字。張正蒙妻韓氏、女池奴抗節事，見於《元史·列女傳》。（余嘉錫：《四庫提要辨證》）

閩粵巡視紀略六卷（浙江巡撫採進本）

國朝杜臻撰。臻字肇餘，秀水人。順治戊戌進士，官至禮部尚書。康熙二十二年，臺灣既平，諸逆殄滅，沿海人民皆安堵復業。臻時為工部尚書，奉詔與内閣學士石柱往閩粵撫視，畫定疆理。以十一月啟程，二十三年五月竣事。因述其所經理大略，為此書。首《沿海總圖》，次《粵略》三卷，次《閩略》二卷，次附紀臺灣、澎湖合為一卷。蓋臻巡歷由廣達閩，故以為先後之序。臺灣則未經親歷其地[①]，第據咨訪所得者錄之，故附於編末也。書中排日記載，凡沿海形勢及營伍制度、兵數多寡，縷列甚詳。於諸洋列戍控置事宜，俱能得其要領。其山水古蹟及前人題咏，閒為考證，亦可以資博覽。蓋據所目見言之，與摭拾輿記者固異也。

【彙訂】

① "歷"，殿本作"履"。

扈從西巡日錄一卷（大學士英廉家藏本）[①]

國朝高士奇撰。士奇有《春秋地名考略》，已著錄。康熙癸亥，聖祖仁皇帝巡幸山西，駐蹕五臺山。士奇時以侍講供奉內廷，扈從往來。因記途中所聞見，始於二月十二日甲申，迄於三月初七日戊申。凡山川古蹟、人物風土，皆具考源流，頗為詳核。而鑾輿時巡，太平盛典，亦一一具載。伏而讀之，猶仰見聖化咸熙，豫游和樂之象，洵足以傳示來茲。卷末載詩二十四首，皆其途中所作，彙附於後者也。士奇筆札本工，又幸際聖朝，預驂法從，因得以筆之簡牘，流布至今。亦可謂遭逢之至幸，而文士之至榮矣。

【彙訂】

① "家藏"，殿本作"購進"。

松亭行紀二卷（通行本）[①]

國朝高士奇撰。康熙辛酉二月癸酉，聖祖仁皇帝恭奉太皇太后行幸溫泉。四月戊子駕出喜峯口。士奇皆扈從，因紀其來往所經。謂喜峯口為古松亭關，故以名書。然松亭關在喜峯口外八十里，士奇合而一之，未詳考也。所述灤河源流，亦不明確。至温泉有朱砂、礬石、硫磺三種，聖祖御製《幾暇格物編》中言之甚明。士奇日侍禁闥，典文翰之職，不應不睹，乃仍襲宋唐庚揣測之説，殆不可解。以其敍述山川風景，足資考證，而附載詩文，亦皆可觀。故所著《塞北小鈔》別存其目，而此編則仍錄之焉。

【彙訂】

① 底本與文淵閣庫書次序不符。文淵閣庫書與殿本皆列"閩粵巡視紀略六卷"條之後。"松亭行紀"，殿本作"松亭行記"，誤，參文淵閣《四庫》本此書題名。

右傳記類"雜錄"之屬，九部，二十一卷，皆文淵閣著錄。

案，傳記者，總名也。類而別之，則敍一人之始末者為"傳"之屬，敍一事之始末者為"記"之屬。以上所錄皆敍事之文。其類不一，故曰"雜"焉。

卷五九

史　部　十　五

傳記類存目一

孔子世家補十二卷（永樂大典本）

宋歐陽士秀撰。士秀，廬陵人，仕履未詳。是書成於淳祐辛亥。大抵據《皇極經世》以駁《史記·孔子世家》之譌。然邵子精於數學，不聞精於史學，所書先聖事蹟，亦未必盡確。自序又稱"慮夫事之精粗隱顯，大小本末，錯糅其閒，而不易見，則著《年表》以提其綱，列《世本》以類其族，且綴《弟子年名》於其終。於以稽其是非，用決羣疑，而祛己惑"。今考《永樂大典》所載，已無所謂《年表》[①]、《世本》、《弟子年名》者，則已非完書矣。

【彙訂】

① "已"，殿本作"並"。

孔氏實錄一卷（永樂大典本）

不著撰人名氏。末一條云："大蒙古國領中書省耶律楚材奏准皇帝聖旨，於南京特取襲封孔元措令赴闕里奉祀。"案，元措以金承安二年襲封衍聖公[①]。此書或即元措等所撰歟[②]？首錄歷代褒崇之典，凡碑文、詔旨皆載其略，末載孔氏鄉官甚詳。然敍次頗無體例。如首載聖母顏氏及聖配亓官氏,而孔子以上歷世之事獨不一敘。疑或傳寫佚脱,非完帙也。考明《文淵閣書目》有《孔子實錄》一册,《永樂大典》所載則作"孔氏",未詳孰是。然《文淵閣書目》傳寫多譌,未足盡據。今仍從《永樂大典》之名著於錄焉。

【彙訂】

①《孔氏祖庭廣記》卷一載,孔元措於金"章宗明昌二年四月補文林郎,襲封衍聖公"。(杜澤遜:《四庫存目標注》)

② 此書實即孔元祚撰《孔氏續錄》十四卷,有曲阜文管會藏明抄殘本(存五卷),非孔元措撰《祖庭廣記》。(周洪才:《孔子故里著述考》)

孔子論語年譜一卷(編修程晉芳家藏本)

舊本題元程復心撰。復心字子見,婺源人。皇慶癸丑,江浙行省以所撰《四書纂釋》進於朝,授徽州路教授。致仕,給半俸終其身。是編以《論語》各章分隸於孔子年譜之内,而又雜採《左傳》諸事附會之。如云九歲見季札,觀樂於魯;三十五歲從昭公出亡,留齊七年,此因旁文而牽合孔子者也。又云五十三歲孔子"聘於齊,執圭鞠躬如也"云云,此因《論語》而妄生旁文者也。又云六十三歲"阨於陳蔡,不得已,浮海至楚,曰道不行,乘桴浮於海"云云。陳、蔡之間何由浮海,郢都又豈海道可通,尤夢囈之語,可資笑噱者矣。至所分隸之《論語》,以"子釣而不綱"章為三十一歲,以"子以四教"章、"子所雅言"章、"子罕言"章、"子不語"章、"自行束脩以上"章為三十四歲,以"八佾"、"雍徹"諸章為三十五歲,以"君子食無求飽"章為四十三歲,"道千乘之國"章為四十八歲之類,不可殫數,均不知其何所據而云然。復心師朱洪範，友胡炳文，雖亦講學之家，原不究心於考證，然不應繆妄至於如是。考篇末辨季本《聖蹟圖考》之妄。本，王守仁之弟子，元人何自見其書？殆明季妄人所為，而傳錄者偽題復心之名歟？

孟子年譜一卷（編修程晉芳家藏本）

舊本題元程復心撰。復心既作《論語年譜》，更取《孟子》七篇為編年。其以某章為某年之言，謬妄與《孔子年譜》相等。其謂孟子鄒人乃陬邑，非鄒國也。語極辯而不確，亦好異之談。蓋與《孔子年譜》一手所偽撰也。考朱彝尊《經義考》載譚貞默《孟子編年略》一卷，今未見其書。然彝尊所載貞默《自述》一篇，則與此書之《自述》不異一字。疑直以貞默之書詭題元人耳，偽妄甚矣。

闕里誌二十四卷（浙江汪啟淑家藏本）

明陳鎬撰，孔允〔胤〕植重纂。鎬，會稽人[1]，成化丁未進士，官至右副都御史，巡撫湖廣。允植，孔子六十五世孫，襲封衍聖公。闕里向無志乘，僅有《孔庭纂要》、《祖庭廣記》諸書。宏治甲子，重修闕里孔廟成，李東陽承命致祭。時鎬為提學副使，因屬之編次成志。崇禎中，允植重加訂補，是為今本。以圖像、禮樂、世家、事蹟、祀典、人物、林廟、山川、古蹟、恩典、弟子、譔述、藝文分類排纂，而編次冗雜，頗無體例。如歷代誥敕、御製文贊，不入《追崇恩典志》，而另為提綱。"碑記"本"藝文"中一類，乃別增"譔述"一門，均為繁複。

【彙訂】

[1] 道光《會稽縣志稾》卷一八《人物・宦績》云："陳鎬，字宗之，其先會稽人，占籍南京欽天監。"嘉慶新修《江寧府志》卷三十

《科貢表》成化二十三年丁未科進士陳鎬條注云：“欽天監籍，官巡撫右副都御史。”道光《上元縣志》卷一五《仕績篇》亦云欽天監籍。（楊武泉：《四庫全書總目辨誤》）

孔顏孟三氏誌六卷（兩江總督採進本）

明劉濬編。濬，永嘉人，成化中官鄒縣教諭。鄒，孟子所生地[①]，孟廟在焉。濬因考證孔、顏、孟三氏世系，以及褒崇諸典，彙輯成書。先以地圖，次以世系年譜，次以廟制，次以誌事，附《述聖》於卷後。而前列《提綱》一卷，則壬子四月紫陽楊奐所述《東遊記》也。壬子為元憲宗二年。而濬於“壬子”下註云：“元憲宗淳祐十二年。”紀年既誤，而又以宋理宗年號移之於元，殊為疏舛。即此一端，其他可概見矣。

【彙訂】

① “地”，殿本作“也”。

孔孟事蹟圖譜四卷（浙江汪啟淑家藏本）

明季本撰。本有《易學四同》，已著錄。是書前說後譜，于孔孟事實頗有考核。如云孔子未嘗至楚見昭王，孟子先至齊而後梁，此一二條皆有所見。然其餘大抵習聞者多。

素王記事無卷數（浙江朱彝尊家曝書亭藏本）

舊本卷首題“明浙江嚴州府通判太原傅汝楫校正”，則非汝楫所撰。卷末楊奐《東遊記》之首又題“河南開封府知府西蜀黃濬輯錄”，則似為濬之所撰。然不列名於書首，而綴於書後，體例叢脞，殊不可曉。其書則摭拾《闕里志》為之，亦茫然無緒[①]。蓋當時書帕之本，本不以著書為事者也。案顧炎武《日知錄》曰：“昔時入覲之官，其饋遺一書一帕，謂之書帕。”又曰：“歷官任滿，則必刻一書以充饋遺[②]，此亦甚雅。而鹵莽就工,殊不堪讀。"陸深《金臺紀聞》亦稱:"有司刻書,祇以供餽贐之用。其不工反出坊本下。"今藏書家以書帕本為最下,蓋由於此。

【彙訂】

① 元泰定二年崇文書塾刻元王廣謀《新刊標題孔子家語句解》六卷,附有《素王事紀》一卷,明初《文淵閣書目》卷四著錄《素王事紀》一部四冊殘缺,明弘治十八年刻《闕里志》李東陽序、徐源跋、陳鎬跋均稱創修《闕里志》所據有《素王事紀》等。"其書則摭拾《闕里志》為之"云云恐誤。(杜澤遜:《四庫存目標注》)

② "則",殿本無。

夷齊錄五卷(浙江范懋柱家天一閣藏本)

明張玭撰。玭字席玉,石州人,嘉靖乙未進士,官至南京户部右侍郎。永平府城西十八里孤竹故城有清德廟,以祀夷、齊。玭守永平時,因蒐輯歷代祀典、諸家藝文,編為一帙。據目錄,原本有圖,此本無之,蓋為傳寫者所佚矣。

孔聖全書三十五卷(衍聖公孔昭焕家藏本)

明蔡復賞編。復賞,巴陵人。卷端自題恩貢出身,南京户部修職郎,不知其為何官也。前有自序,稱"是書始成,就正於兵部侍郎姜廷頤。廷頤乃次為六卷。上卷曰經書,中卷曰子史,下卷曰雜說,首卷曰帝王崇重盛典,尾卷曰經術經理世務,六卷内復條分為四十卷"云云。案序稱上、中、下卷,首、尾卷,祇有五卷,不應稱六卷。又書三十五卷,與四十卷之數亦不合。其閒鄙俚荒唐,龐雜割裂,鬼神怪誕之語、優伶褻諢之詞無不載入,謂之侮聖人可也。

尊聖集四卷(浙江范懋柱家天一閣藏本)

明陳堯道編。堯道里籍未詳,嘉靖末,官大埔縣教諭。是書分圖像、世家、事蹟、遺澤、制敕、譔述、封事七門。多剿襲《祖庭》、《纂要》諸書，無所考證。

仲志五卷（兩淮馬裕家藏本）

明劉天和撰。天和字養和，麻城人，正德戊辰進士，官至兵部尚書，提督團營，謚莊襄。事蹟具《明史》本傳。是編乃天和官總督河道都御史時，以濟寧仲家淺有先賢仲子祠，故志其建置之由，而并及其生平行事大略，名之曰《令名志》。崇禎中，仲子裔孫于陛等復增損舊本，易以今名。又繪像列圖於卷首，殊不雅馴。

閔子世譜十二卷（安徽巡撫採進本）

明張雲漢撰。雲漢字倬侯，宿州人。是編兼及閔子後裔之事，故曰“世譜”。首姓氏，次里居，次特傳、列傳，次祀典，次修葺，次官生，次世系，次遷徙，次復業，次列女，次藝文，次家約。宿州舊有閔子墓，歷代祠祀不絕。蓋閔子本宿人。春秋時宿屬青州，為齊地，故《家語》以為齊人云[①]。

【彙訂】

①《家語·七十二弟子解》云：“閔損，魯人。”《史記·仲尼弟子列傳》閔損條，《集解》引鄭玄曰：“《孔子弟子目錄》云：‘魯人。’”《春秋經》隱公元年：“及宋人盟于宿。”杜注：“宿，小國，東平無鹽縣地。”無鹽春秋時屬魯國。而明代宿州即今安徽宿州市，從未屬青州，亦與春秋時齊、魯無涉。（楊武泉：《四庫全書總目辨誤》）

夷齊考疑四卷（浙江巡撫採進本）

明胡其久撰。其久，崇德人，隆慶丁卯舉人，官龍南知縣。是編以好事者所傳《夷齊世系》，名字皆據《韓詩外傳》、《呂氏春秋》而附會之。並以叩馬、恥粟等事亦多不實，因各為駁正，而以先賢論定之語及傳記詩文附其後。其議論亦頗博辨。然傳聞既久，往事無徵，疑以傳疑可矣，不必盡以臆斷也。

夷齊志六卷（浙江巡撫採進本）

明白瑜撰。瑜字紹明，永平人，萬曆乙未進士，官至刑部左侍郎。事蹟具《明史》本傳。此書乃因張玭《夷齊錄》損益而成，所載視舊《錄》加詳。

道統圖贊一卷（浙江巡撫採進本）

不著撰人名氏。據卷首樊維城序，蓋衍聖公家所刻。維城為萬曆己未進士，則此書出於明季也。即《聖蹟圖》舊本，而前增以伏羲、神農、黃帝、堯、舜、禹、湯、文、武、周公十像，後附以顏、曾、思、孟林廟八圖。雖以“圖贊”為名，而僅圖前有說數行，無所謂贊，尤不可解。

聖賢圖贊無卷數（兩江總督採進本）

此書摹仁和縣學石刻而不著刊書人姓名。首冠以明宣德二年巡按浙江監察御史海虞吳訥序，謂像為李龍眠筆。高宗於紹興十四年即岳飛第作太學。三月臨幸，首製《先聖贊》。後自顏回而下亦譔詞。二十六年十二月，刻石於學。又稱舊有秦檜記，磨而去之。則是石刻之題識，非木本之跋語。故顏、曾二子後皆有高攀龍贊，知為近時人刻也。考《玉海》，紹興十四年三月十一日己巳，幸太學，覽唐明皇帝以及太祖、真宗御製贊文[①]，令有司取從祀諸贊悉錄以進。二十四日乙亥，御製御書《宣聖贊》，令揭於大成殿刻石，頒諸路州學。二十五年，又製《七十二賢贊》，親札刻石頒降焉。二十六年十二月戊午，廷臣請頒諸州郡學校，從之。據此，則高宗所撰《宣聖贊》，刊石在紹興十四年；《七十二賢贊》，刊石在紹興二十五年。訥序謂《先聖》及《七十二賢贊》俱於二十六年十二月刊石②，殊誤。所列七十二子，較《史記》及《唐六典》所載七十七人少十人，增五人，與《宋史·禮志》所載八十二人則少十人，與唐、宋典制皆異③。考《玉海》卷一百十三又云：“高宗《七十二子贊》，去《史記》公良孺、公夏首、公肩定、顏祖、鄡單、句井疆、罕父黑、申黨、原亢、顏何、公西輿如十一人，增申根、蘧伯玉、陳亢、林放、琴牢、申堂續六人，遂為七十二人”，與此書人數正合。然《玉海》謂所去十一人内有申黨，而此書仍列申黨；《玉海》稱增申堂續，而此書於申黨之外乃增申根，互相刺謬④。又如顏子封復聖公，曾子封宗聖公，皆始於元至順中。紹興中作贊，安得標此？又考唐開元二十七年贈顏子兗公，閔子以下至卜商九人皆侯，曾參以降六十七人皆伯；宋祥符二年，贈閔子以下至卜商九人皆公，曾參以下七十二人皆侯⑤。今書標爵皆襲開元，高宗作贊，亦不應近廢祥符而遠從唐制，疑非宋之原石。且李公麟北宋人，安得至紹興中作圖？其圖畫諸賢，多執書卷，既非古簡策之制，而樊遲名須⑥，即作一多髯像；梁鱣字叔魚，即作手持一魚像。尤如戲劇，其妄決矣。

【彙訂】

①“以及太祖”，底本作“及太宗”，據《玉海》卷三一《聖文·紹興宣聖贊·七十二賢贊》條原文及殿本改。“真宗”下尚有“徽考”二字。（余嘉錫：《四庫提要辨證》）

②“二十六年”，底本作“三十六年”，紹興年號無三十六年，據《玉海》卷三一《聖文·紹興宣聖贊七十二賢贊》條、卷一一三《紹興太學》條原文及殿本改。《咸淳臨安志》卷十一《御製宣聖

七十二賢贊并序》題下注云："紹興二十六年十二月臣寮言,望詔有司奉安石刻於國子監為不朽之傳,仍造碑本,遍賜州府軍監學校,用彰右文之化,從之。"可知《玉海》所謂二十五年又製《七十二賢贊》刻石頒降者,謂命臨安府刻石後,以拓本頒賜近臣也。所謂二十六年廷臣請頒諸州郡學校者,謂將贊序石刻奉安國子監後,普頒拓本於諸州學也。吳訥舉其最終者言之,則並歸於二十六年,亦未可謂之為誤。（同上）

③ 唐《開元禮》、宋《開寶禮》均作七十二子,高宗所撰正依兩朝通禮。（同上）

④《七十二賢贊》與《玉海》刺謬者,獨申黨之名未去,又無新增之中堂續。（同上）

⑤ 開元二十七年實於曾參以降贈伯者,多至七十二人,祥符二年曾參以降封侯者,僅得六十二人。（同上）

⑥ "樊遲",底本作"樊須",據殿本改。《史記·仲尼弟子列傳》載:"樊須字子遲。"

闕里書八卷（兩淮馬裕家藏本）

明沈朝陽撰,陳之伸補。朝陽,江寧人。天啟間貢生,官池州府學教授。之伸,海鹽人,仕履未詳。是編雜採聖賢事蹟,湊合成篇。每篇各繫以贊,詞意膚淺,考訂甚疏。如《越絕書》所載子貢事之類,皆無所辨正。

聖門志六卷（江蘇巡撫採進本）

明呂元善撰。元善字季可,號冠洋,海鹽人,天啟中官山東布政司都事,後殉流寇難。其書一卷為《聖門表傳》,二卷為《從祀列傳》①,三卷為《四氏封典》,四卷為《禮樂》,五卷為《古蹟》,

六卷為《東野氏仲氏世系》,分子目六十有五。蓋元善官山東時,所得孔氏諸家譜牒為詳,因輯其宗系,述為此編。又取後代理學諸儒,附於弟子之後。然如魁名内閣,無關道統,而詳悉臚列,別次於從祀諸儒之末,殊為不倫。又以諸儒未入祀典者,別載擬祀三十五人。中如岳飛之精忠,不在乎闡明理學;錢唐之直諫,亦未聞其銓釋聖經,乃欲例諸歷代儒林,擬議亦為失當。元善書成未梓,其子兆祥重加校訂。海鹽令樊維城為刻入《鹽邑志林》中。末附崇禎初曲阜祠祀元善及四氏子孫等給區案牘,冗雜尤甚。

【彙訂】

①"從祀列傳",殿本作"從事列傳",誤,參明崇禎刻本此書。

三遷志五卷(安徽巡撫採進本)

明吕元善撰。蓋因史鶚、胡繼先二家舊本為之訂補。未脱稿而元善殉寇難,其子兆祥、孫逢時乃續成之。所載孟廟事蹟,每卷之中又各分三子卷,凡二十一類。每類前為四言贊一首,紀載頗詳。而體例標目俱未能雅馴。

宗聖志十二卷(浙江汪啓淑家藏本)

明吕兆祥撰。案曾子祠、墓在今山東嘉祥縣①。嘉靖中,詔錄其後為五經博士世襲。求得其裔孫賢粹,居江西之永豐。令還嘉祥,世守祠廟。而歷代崇祀本末,記載未備。兆祥始修訂成書。卷一為《像圖志》,卷二為《世家志》,卷三、卷四為《追崇志》,卷五、卷六為《恩典志》,卷七、卷八為《事蹟志》,卷九至卷十二為《藝文志》。書成於崇禎中,而《世家志》述其譜系,乃載及國朝康熙中事,《恩典志》内亦載及順治初年,不知何人所增,蓋非盡兆祥之舊矣。

【彙訂】

① 殿本“在”上有“皆”字。

陋巷志八卷（兩淮馬裕家藏本）

明呂兆祥撰。顏子陋巷相傳在曲阜孔廟東北六百步，舊無紀載。正德中，提學副使陳鎬始為作志。萬曆中，御史楊光訓又續編輯之。而兆祥是編蓋因二家之本重為訂定①，所載皆歷代崇祀典禮，而冠以《退省》、《從行》諸圖。

【彙訂】

① “而”，殿本無。

東野志四卷（浙江巡撫採進本）

舊本題海鹽呂兆祥撰，裔孫東野武訂。考兆祥與武皆明末人。而是編二卷之末附錄順治、康熙中奏議，詳載聖祖仁皇帝恩授東野沛然為五經博士，蓋即沛然因兆祥舊志稍為續補也。前有呂化舜、方應祥原序。而粘本盛跋則作於康熙壬寅，陳良謨序則作於康熙丙寅，亦續刻所加也。考《元和姓纂》載伯禽少子別為東野氏，則東野氏系出周公，更無疑義。世承厥職，原非濫膺。惟是所敘世譜，稱第三代生二子，長暉，次晞；六代生二子，長緒，次紳。其人皆在春秋以前，則兄弟聯名已在應瑒、應璩之前。又二代東野宗，於田中勝處建祠以安先靈，則大夫之廟可不建於家。十六世東野穫，字穫德，號白雲，則別號已見於戰國。二十一代東野質，遭楚滅魯，負子攜譜，竄於東吳。是別族不必於太史，而戰國之末尚延吳祚。蓋譜牒之學，古來即不一說。司馬遷敘五帝世系，往往與載籍牴牾，而白居易自敘世系，亦與《左傳》

相違。記載異同，固不足怪也。

孔子年譜綱目一卷（兩江總督採進本）

明夏洪基撰。洪基字元開，高郵人。其書成於崇禎中。於
先聖事蹟，分年編輯。各提其要為綱，而詳載其事為目。於諸書
異同稍有訂正，而亦未一一精核也①。

【彙訂】

①“也”，殿本無。

孔門弟子傳略二卷（兩江總督採進本）①

明夏洪基撰。其書合《家語》、《史記》所載孔門弟子，得八
十人。卷首凡例稱《家語·弟子解》止記姓名邑里，而言行散
見別卷；《史記》雜撮經書，語無倫次；《四書人物考》及《備考》
收錄羣書，龐亂無紀。是編各傳首敘聖賢教學，次及行事，終
以評語。於經史典確者大書，列為正傳，事瑣文異者小書附
焉，妄誕者雜錄備覽，其蒐擇頗勤。然《論語》、《禮記》之文，人
人習讀，亦一字一句備錄不遺，未免冗贅。卷末附錄者九人，
為仲孫何忌、仲孫說、左丘明、伯魚、子思、孟子、顏涿聚、公罔
之、裘序點，其辨仲孫說與南宮适為二人，顏涿聚與顏讎由為
二人，《論語》左丘明與傳《春秋》者為一人，皆為典核。至公伯
寮之列於弟子，雖據《史記》，然明代已罷其祀，洪基仍濫載入，
則不免失考也。

【彙訂】

①“孔門”，底本作“孔子”，據殿本改。今存明崇禎刻本等
諸本及《兩江第一次書目》均作《孔門弟子傳略》。（杜澤遜：《四
庫存目標注》）

聖門志考略二卷（兩江總督採進本）

不著撰人名氏[1]，惟書中自稱其名曰淐[2]。“檜樹”一條後稱崇禎三年庚午春，隨其大父登岱，詣孔林；“祀典”一條後稱康熙八年以廷對留京，則國朝人也。而考康熙庚戌《進士題名碑》，是科無名淐者，殆貢生也。其書雜鈔闕里諸志為之，殊不足以資考證。

【彙訂】

① 據清康熙刻本所題，此書作者為沈德淐，館臣所見或非完帙。（夏定域：《四庫全書提要補正》；杜澤遜：《四庫存目標注》）

②“自稱”，底本作“目稱”，據殿本改。

闕里廣志二十卷（浙江汪啟淑家藏本）

國朝宋際、慶長同撰[1]。際字羕修，慶長字簡臣，俱松江人。《闕里志》自前明陳鎬後，屢有修輯，皆蕪雜不足觀。康熙十二年，際為孔廟司樂，慶長為典籍，相與蒐求典故，因舊志而增損之。分圖像、世家、禮樂、林廟、山川、古蹟、恩典、弟子、職官、聖裔、賢裔、藝文十二門。所載於故實較詳，然亦不能有所考訂也[2]。

【彙訂】

①“慶長”，殿本作“李慶長”，誤。清康熙十三年刻本此書諸序稱“雲間宋君際為司樂，宋君慶長為典籍”、“兩宋君”等。

②“也”，殿本無。

三遷志十二卷（江蘇巡撫採進本）

國朝孟衍泰、王特選、仲蘊錦同撰。書成於康熙壬寅。以呂元善舊志歲久湮漫，而國朝尊崇之典及子孫世系、林廟增修，亦未纂錄成編，乃以次輯補，分為二十一門。特選，滕縣人。蘊錦，濟寧人。衍泰為孟子六十五代孫，世襲五經博士。

孟子生卒年月考一卷（江蘇巡撫採進本）

國朝閻若璩撰。若璩有《古文尚書疏證》，已著錄。是編博引諸書，考孟子出處始末。初辨孟子所生之鄒是邾非鄹，次考來往梁、齊、滕、宋之年月，中閒旁及萬鎰、百鎰之數與所以去齊不入燕之故。而於生卒年月，卒無的據。案《山堂肆考》具載孔、孟生卒，謂孟子生於周定王三十七年四月二日，卒於赧王二十六年正月十五日，年八十四，若璩獨不引之。蓋先儒詁經，多不取雜書。鄭元註《禮記》“南風之詩”不引《尸子》，郭璞註《爾雅》“西王母”不引《穆天子傳》、《山海經》，皆義取謹嚴，非其疏漏也。

孔子年譜五卷（直隸總督採進本）

國朝楊方晃撰。方晃字東陽，號鶴巢，磁州人。是書中三卷為年譜，以天、地、人分紀之。其前一卷曰卷首，末一卷曰卷尾。中閒於《史記‧世家》歷聘紀年、《闕里》舊志諸書頗有糾正。然註太冗瑣，又參以評語，皆乖體例。至卷首本《祖庭廣記》作《麟吐玉書圖》，殊未能免俗。卷尾泛引雜史為身後異蹟。如魯人泛海見先聖、七十子遊於海上及唐韓滉為子路轉生諸事，連篇語怪，尤屬不經矣。

至聖編年世紀二十四卷（江蘇巡撫採進本）

國朝李灼、黃晟同編。灼字松亭，嘉定人。晟字曉峯，歙縣人。是書成於乾隆辛未。一卷至十六卷為《至聖年譜》，十七卷至二十四卷為歷代至國朝尊崇之典，冠以灼所作《孔子生日說》、

《孔門出妻辨》、《增祀孔璇論》三篇①。其《生日説》謂《公羊》②、《穀梁》二傳與《史記》所記差一年。《公》、《穀》記其懷姙之年③，司馬遷記其誕生之年，殊為穿鑿。自古及今，未聞以懷姙之年筆之於書者也。至孔門出妻，謂之記載舛誤則可，必謂庶氏之母為庶子之母，子思嫡長，安得謂之庶乎？書中辨野合之説，病亦同此。周道衰微，百氏橫議，造作言語以誣聖者，不可殫陳。史遷妄採，張華誤述，不過斷以一語，斥諸名教之外耳。乃附會其詞，以為禱於尼山，野宿懷孕，故曰野合，是又愈鑿而愈舛矣。

【彙訂】

① 殿本“增”上有“及”字。

② 殿本“其”下有“所作”二字。

③ “公穀”，殿本作“公羊穀梁乃”。

洙泗源流無卷數（編修勵守謙家藏本）

不著撰人名氏。前有自序，亦不署年月①。序稱所採始於堯、舜，以為洙泗之源，終於顏、曾、思、孟，為洙泗之流。今考其書，僅自唐、虞訖孔門弟子二十餘人至子思而止，未及孟子，蓋不全之本。前有錢曾二印，一曰“虞山錢曾遵王藏書”，一曰“雒陽忠孝家”。篆刻拙惡，朱色猶新，蓋庸陋書賈所贗託也。

【彙訂】

① “署”，殿本作“著”。

右傳記類“聖賢”之屬，三十二部，二百三十一卷，內三部無卷數。皆附存目。

案，孔子稱伯夷、叔齊為古之賢人。孟子亦曰：“伯夷，聖之清者也。”故孤竹之錄得入“聖賢”。其餘非親炙鄒魯之堂者,概不濫預焉。蓋聖賢之名,惟聖賢能論定之。司馬遷敘仲尼弟子為列傳,而七十子之門人不及焉,孟子弟子亦不及焉,慎之至也。

別本晏子春秋六卷(內府藏本)

舊本題齊晏嬰撰。其書原本八卷,已著於錄。此本為烏程閔氏朱墨版[1]。以《外篇》所載已見《內篇》者,悉移綴其文附於《內篇》各條之下。與梅士享所刻《管子》同一竄亂古書。然今代所行,大抵此本,恐久而迷其原第,因附存其目,以著其失焉。

【彙訂】

[1] 今存明淩澄初朱墨套印本《晏子春秋》六卷,"烏程閔氏朱墨版"誤。(杜澤遜:《四庫存目標注》)

王文正公遺事一卷(浙江巡撫採進本)

宋王素撰。素字仲儀,旦之幼子也,舉進士,官屯田員外郎,歷工部尚書,諡曰懿。事蹟具《宋史》本傳[1]。是編所述旦事,雖子孫揚詡之詞,然大概與史傳相出入,且本賢相故也。惟記真宗東封西祀之後,令近臣編錄符瑞。旦言:"兩為大祀使,所奏符瑞,一一非臣目睹。令堂吏取司天監邢中和狀,稱有此瑞。乞令編修官實錄臣奏,不可漏落一事。"云云。於事理殊為不近。蓋旦於符瑞齋醮不能匡正,論者有遺議焉。故素以此陰解之,非實錄也。晁公武《讀書志》作四卷,註稱凡五百條。此本僅一卷,蓋非完書。然陳振孫《書錄解題》已稱一卷,則南宋末已行此節本矣。

【彙訂】

[1]《宋史》本傳作諡曰"懿敏"。王珪《華陽集》卷五八《王懿

敏公素墓誌銘》,張方平《樂全集》卷三七《諡懿敏王公神道碑銘》
亦作“懿敏”。(楊武泉:《四庫全書總目辨誤》)

　　韓魏公家傳二卷(江蘇巡撫採進本)①

　　不著撰人名氏。記宋韓琦平生行事。陳振孫《書錄解題》以
為是其家所傳。晁公武《讀書志》則以為其子忠彥所撰錄。公武
去忠彥世近,當有所據也。其書隨年排次,頗為繁冗。公武引陳
瓘之言,謂:“魏公名德,在人耳目如此,豈假門生子姓之閒區區
自列。”其説當矣。

　　【彙訂】

　　①《江蘇省第一次書目》著錄《韓魏公家傳》二本,《江蘇採
輯遺書目錄》作郭朴著,可知館臣所見為萬曆十五年郭朴刻本或
據此傳鈔之本。郭朴刻本與傳世諸刻本皆作十卷,“二卷”或緣
“二本”致誤。(杜澤遜:《四庫存目標注》)

　　韓魏公別錄三卷(浙江范懋柱家天一閣藏本)

　　宋王巖叟撰。巖叟字彥霖,清平人,鄉舉、省試、廷對皆第
一,調欒城簿,歷樞密直學士,簽書院事①。事蹟具《宋史》本傳。
巖叟嘗在韓琦幕府,每與琦語,輒退而書之。琦歿後,乃次為《別
錄》三篇。上篇皆琦奏對之語,中篇乃琦平日緒言,下篇則雜記
其所聞見也。《讀書志》稱:“以國史考之,歲月往往牴牾,蓋失之
誣。”其書《讀書志》作四卷。《書錄解題》載有《語錄》一卷,亦稱
“與《別錄》小異而實同。《別錄》分四卷,此總為一篇”,皆與此本
三卷不合。其為何時所併,不可考矣。

　　【彙訂】

　　①“簽書院事”,殿本作“簽書封事”,誤。《宋史》卷三百四

十二王巖叟本傳載"元祐六年,拜樞密直學士,簽書院事"。

韓忠獻遺事一卷（內府藏本）

宋強至撰。至字幾聖,錢塘人。諸書不詳其始末。此書結銜稱羣牧判官、尚書職方員外郎。以其《祠部集》中詩文考之,則登第之後,謁選得泗州掾。以薦歷浦江、東陽、元城三縣令,終於三司戶部判官、尚書祠部郎中。其《上河北都運元給事書》所謂"四歷州縣、三任部屬"者,雖不盡可考,參以此書所題,尚可見其大略也。至嘗佐韓琦幕府,故此編敍琦遺事頗詳。世所傳琦《重陽》詩"不嫌老圃秋容淡,且看黃花晚節香"句,諸家詩話遞相援引。其始表章者,實見至此編焉。

豐清敏遺事一卷（浙江范懋柱家天一閣藏本）

宋李樸撰。樸字先之,興國人。紹聖中進士,官至國子祭酒。事蹟具《宋史》本傳。是書編次其師禮部尚書豐稷事蹟。《宋志》著錄一卷,與今本同。末有紹熙二年朱子後序,幷附墓誌、本傳於後。稷歷仕神宗、哲宗、徽宗三朝,屢著讜論,時稱名臣。樸所敍錄,較史傳為詳。書末又有稷註《孟子》三章、《幸學》詩一首及曾鞏所贈歌行、袁桷《祠記》,則明景泰中其十一世孫河南參政慶所搜討增入也。

种太尉傳一卷（浙江鄭大節家藏本）

宋趙起撰。起字得君,自稱河汾散人。河汾地廣,不知其里貫何所也。其書專記龍驤四衛指揮使知延州种諤事蹟。諤為世衡次子,與兄古、弟診號"關中三种",頗著威名,《宋史》附載世衡傳後。起所敍述,較史加詳。末云:"次其行事,作《种諤傳》。"而此本前題《种太尉傳》。考史不言諤官太尉[①],此《傳》亦無此文。

蓋自唐以後,武臣顯貴者往往加至太尉,遂習為尊稱,不必實居
是職。如李煜歸宋後祇為特進隴西郡公,而徐鉉奉詔往謁,乃語
閽者稱"願見太尉"。蓋當時流俗有此等稱謂,意其猶宋人舊題
也。史稱諤雖名將,而喜事貪功,實開永樂之釁。今《傳》中無貶
詞,殆亦不無溢美矣。

【彙訂】

① "太尉",底本作"大尉",據殿本改。

三蘇年表二卷(永樂大典本)

宋孫汝聽撰。陳振孫《書錄解題》載《三蘇年表》三卷,右奉
議郎孫汝聽編,即此本也。然《永樂大典》所載惟存蘇洵一卷、蘇
轍一卷。蘇軾則別收王宗稷《年譜》,而汝聽之本遂佚。蓋當時
編錄,不出一手,故去取互異如是。今仍以《三蘇年表》著錄,從
其本名也。

東坡年譜一卷(永樂大典本)

宋王宗稷撰。宗稷字伯言,五羊人。自記稱"紹興庚申隨外
祖守黃州,到郡首訪東坡先生遺蹟,甲子一周矣。思諸家詩文皆
有年譜,獨此尚闕。謹編次先生出處大略,敘其歲月先後為《年
譜》"云云。今刻於《東坡集》首者,即此本也。迨國朝查慎行補
註蘇詩,於此《譜》多所駁正,皆中其失。蓋創始者難工,踵事者
易密,固事理之自然耳。

范文正年譜一卷補遺一卷附義莊規矩一卷(浙江巡撫採進本)

《年譜》一卷,宋樓鑰撰。鑰字大防,鄞縣人。隆興元年進
士,官至參知政事,除資政殿大學士,提舉萬壽觀,卒諡宣獻。事
蹟具《宋史》本傳。《補遺》一卷,不知何人所作。前有自識一條,

謂："取舊《譜》所未載者,見之各年之下。"所摭前《譜》闕遺頗多,
亦足以互相考證。元天曆三年,仲淹八世孫國儁與《文正奏議》
同刊行之。其《義莊規矩》一卷,則仲淹嘗買田置義莊於蘇州,以
贍其族,創立規矩,刻之版牓。後其法漸隳。治平中,其子純仁
知襄邑縣,奏乞降指揮下本州,許官司受理,遂得不廢。南渡後,
其五世孫左司諫之柔復為整理,續添規式。其本為范氏後人所
錄,凡皇祐二年仲淹初定規矩十條,又熙寧、元豐、紹聖、元祐、崇
寧、大觀閒純仁兄弟續增規矩二十八條。其慶元二年十二條,則
之柔所增定。書中稱"二相公"者謂純仁,"三右丞"者謂純禮,
"五侍郎"者謂純粹,皆其子孫之詞也。

　　綦崇禮年譜一卷(永樂大典本)

　　宋綦煥撰。煥,崇禮孫也。仕至通直郎,知饒州德興縣,主
管勸農事[1]。是《譜》詳敘歷官,而繫以所作詩文。崇禮有《北海
集》,歲久散佚。近始蒐《永樂大典》所載,編次成帙。此《譜》頗
可考其著作年月之前後焉。

　　【彙訂】

　　[1] 殿本"事"上有"公"字。

　　吕忠穆公遺事一卷(永樂大典本)

　　不著撰人名氏。陳振孫《書錄解題》載之,亦不云誰作。所
記吕頤浩言行,每條必曰"公於某事"云云。蓋其後人所述也。

　　吕忠穆公年譜一卷(永樂大典本)

　　不著撰人名氏。中頗載頤浩詩句,與他家年譜體例小異[1]。

　　【彙訂】

　　[1] 年譜引詩乃宋人所作年譜之通例。(李裕民:《四庫提要

訂誤》增訂本）

　　涪陵紀善錄一卷（浙江巡撫採進本）

　　宋馮忠恕撰。忠恕，臨汝人，紹興初官黔州節度判官。其父理，師事伊川程子，與尹焞為同門友，忠恕又師事焞。焞自金人圍洛，脫身奔蜀，紹興四年止於涪。時忠恕官峽中，及遷黔州，往來必過涪。紹興六年，焞被召赴都。明年，忠恕以鞫獄來涪，因紬繹舊聞，輯而錄之，以成此編。忠恕之侍焞多在涪，涪為程子謫居之地，而是書之成又適在涪，故以《涪陵記善錄》為名。前有忠恕自序。《宋史·尹焞傳》稱焞言行見於《涪陵紀善錄》為詳，則修史時即採此書也。

　　尹和靖年譜一卷（永樂大典本）

　　不著撰人名氏。和靖，尹焞諡也。據書中稱謂，蓋其門人所編。焞講學以存養為先，著述無多。又立朝不久，亦無所表見。故是《譜》所記事蹟，殊甚寥寥，又不及《涪陵記善錄》矣。

　　周子年譜一卷（浙江鄭大節家藏本）①

　　宋度正撰。正字周卿，合州人，紹熙元年進士②，官至禮部侍郎。事蹟具《宋史》本傳。是編乃嘉定十四年正官於蜀時所作。自云於周子入蜀本末為最詳，其他亦不能保其無所遺誤。此本前有像贊，後附行錄、誌銘及《宋史》本傳。蓋後人又有所增入，非正原本矣。明張元禎嘗與《朱子年譜》合刻之。

　　【彙訂】

　　① 此書未著錄於《浙江省第五次鄭大節呈送書目》及《二老閣呈送書》，"浙江鄭大節家藏本"誤。（江慶柏：《四庫全書私人呈送本中的鄭大節家藏本》）

② "紹熙"，殿本作"紹興"，誤，參《宋史》卷四二二《度正傳》。

二梅公年譜二卷（兩淮鹽政採進本）

《梅詢年譜》一卷，宋淳熙中陳天麟撰。《梅堯臣年譜》一卷，元至元中張師曾撰。二人皆籍宣城，與梅氏為同里也。明萬曆中，梅一科合而刻之。又於詢譜後載《詩略》一卷、《附錄》一卷，堯臣譜後載《文集拾遺》一卷、《附錄》一卷。

韓柳年譜八卷（編修汪如藻藏本）

《韓文類譜》七卷，宋魏仲舉撰。仲舉，建安人，慶元中書賈也。嘗刊《韓集五百家註》，輯呂大防、程俱、洪興祖三家所撰譜記，編為此書，冠於集首。《柳子厚年譜》一卷，宋紹興中知柳州事文安禮撰，亦附刊集中。近時祁門馬曰璐得宋槧柳集殘帙，其中《年譜》完好，乃與《韓譜》合刻為一編，總題此名云。

朱子年譜一卷（江西巡撫採進本）

宋袁仲晦撰。案《朱子年譜》，宋洪友成刻者為洪本，閩省別刻者為閩本，明李默刻者為李本。此本前有朱子後裔懷慶序，謂因各本不同，因訂正重刊。然校以王懋竑本，此本猶多漏略，不能一一精核也。

君臣相遇錄十卷（浙江汪啟淑家藏本）

不著撰人名氏，載宋韓琦事蹟。考晁、陳二家書目，自今所傳《韓魏公家傳》、《韓魏公別錄》、《韓忠獻遺事》外，尚有《韓魏公語錄》一卷。又韓忠彥所撰《辨欺錄》一卷。《語錄》即《別錄》之文，而顛倒其先後，惟卷末多一條。《辨欺錄》為忠彥記其父嘉祐末命事，與文、富諸人辨。今雖未見其本，而書中大旨皆可考。

惟此書晁、陳皆不著錄,不知何人所作。蓋南宋時其家子孫所為,合《辨欺錄》、《別錄》所載裒為一書①。觀書末載曾孫名十二人,而無侂胄,蓋諱而削之,知其成於開禧後矣。

【彙訂】

① 此書與《忠獻韓魏公家傳》實為同書異名。(杜澤遜:《四庫存目標注》)

鄱陽遺事錄一卷(浙江巡撫採進本)

宋陳貽範撰。貽範,天台人。初,范仲淹嘗守鄱陽,有善政,饒人為之立祠。紹聖乙亥,貽範為通判,因取仲淹在饒日所修創堂亭遺蹟及其游賞吟咏之地,採而輯之,以志遺愛。自《慶朔堂》至《長沙王廟記》,凡十有三目。前有貽範自序。

范文正遺蹟一卷(浙江巡撫採進本)

不著撰人名氏。輯范仲淹生平遊歷。自其出於吳中,長於山東,以及洛陽、陝西、睦池、饒、潤諸地為仕宦所經,後人傳為遺蹟者,採其名目,共為一編,閒附以前人題咏碑刻。至於西夏堡寨,亦并載之。中有《文正書院》等六圖,為仲淹裔孫安崧所繪,蓋亦其後人所編也。

言行拾遺事錄四卷(編修程晉芳家藏本)

不著撰人名氏①。記范仲淹言行事蹟為《行狀》、《墓誌》所未載者,故曰《拾遺》。大抵取諸《實錄》、《長編》、《東都事略》、《九朝通略》諸書,而說部之可採者亦附列焉。其第四卷所錄,則仲淹子純佑②、純仁、純體、純粹四人遺事也。

【彙訂】

① "著",殿本作"題"。

②“純佑”，底本作“純祐”，據殿本改。《范文正集》補編卷二《宋太師中書令兼尚書令魏國公文正公傳》云：“四子：純佑、純仁、純禮、純粹。”《宋文鑑》卷一三九收錄富弼《范純佑墓誌銘》。

道命錄十卷（內廷藏本）

宋李心傳編。心傳有《丙子學易編》，已著錄。是書載程子、朱子進退始末，備錄其褒贈、貶謫、薦舉、彈劾之文。《宋史》心傳本傳作五卷。此本十卷，與本傳不合。考卷首元至順癸酉新安程榮秀序，稱“宋秀巖先生李公《道命錄》五卷，刻梓在江州，燬於兵。榮秀嘗得而讀之，疑其為初稾，尚欲删定而未成者。齋居之暇，僭因原本，略加釐定，彙次為十卷如左”云云。然則此為榮秀所編，非心傳之舊稾矣①。《永樂大典》載有心傳原本。然所記惟程子事，與此本前六卷相同者過半。此本所有而《永樂大典》不載者凡二十八條，《永樂大典》所有而此本不載者凡八條。第七卷以下《永樂大典》全無之。則榮秀大有所增删，并所記朱子諸條，亦疑為榮秀所附益②。則所謂“略加釐正”者，特諱不自居於改竄耳，非其實也。其大旨不出門户之見。其命名蓋以孔子比程朱，然於“道命”之義亦未得其解。御製詩序及識語已闡之至悉，茲不具論焉。

【彙訂】

①《知不足齋叢書》本此書第十卷“濂溪、明道、伊川、橫渠、晦菴五先生從祀指揮”條下注有“此下續增”字樣，同卷“濂溪先生加封道國公制詞”條下也注“此下新增”字樣。有的條文下記

有延祐、天曆、至順、至正等元代年號,顯為後人增益。而程榮秀刻本成書於元至順癸酉(1333),《知不足齋叢書》本所載尚有至正二十二年(1362)所續條目。可知續補此書者不僅程氏一人。(來可泓:《李心傳事蹟著作編年》)

　　② 李心傳《建炎以來朝野雜記》甲集卷六《朝事·道學興廢》一目成書於寧宗嘉泰二年以前,尚處於嚴禁偽學之時,所述仍涉及朱熹的不少事實,可以看成是《道命錄》的提綱或原型。而解除黨禁,追錄黨人的形勢下成書的《道命錄》反倒不錄朱熹事目,未免不可思議。且《知不足齋叢書》本此書從第五卷開始,已有關於朱熹事目的記載。全為程榮秀所附益的看法沒有根據。(同上)

　　饒雙峯年譜一卷(永樂大典本)

　　不著撰人名氏。雙峯,宋饒魯號也。魯自稱從黃榦、李燔遊,距朱子僅再傳。當時重其淵源,多相趨附。歷主講於東湖、白鹿、西澗、安定諸書院。故是《譜》所記,亦惟講學之事為詳。案周密《齊東野語》深致不滿於魯,且稱其自詭為黃榦弟子。疑以傳疑,蓋莫能明,然亦不足深辨也[①]。

　　【彙訂】

　　① 饒魯為黃榦弟子,見《宋元學案》卷八三饒魯小傳。周密所記不實。然"自詭為黃榦弟子"不見於《齊東野語》,惟《癸辛雜識續集》卷上"羅椅"條云:"饒雙峯者,番陽人,自詭為黃榦門人,於晦菴為嫡孫行。"《宋元學案》卷九七王梓材案,亦作《癸辛雜識後集》("後"為"續"之誤)。(楊武泉:《四庫全書總目辨誤》)

許魯齋考歲略一卷（永樂大典本）

元耶律有尚撰。有尚字伯强，號迂齋，東平人。以伴讀功授助教，歷昭文館大學士，諡文正。事蹟具《元史》本傳。世祖時，許衡除中書左丞，固辭不受。因上奏取舊門生十二人為伴讀，有尚其一也。是編載衡言行較史為詳，然大端已具於史矣。

劉文靖公遺事一卷（浙江范懋柱家天一閣藏本）

元蘇天爵撰。天爵有《名臣事略》，已著錄。是編乃所述容城劉因行實也。考天爵《名臣事略》第十五卷即紀因事。然此卷所述，皆《事略》所未言。天爵於《事略》既成之後，別採舊聞，補其所闕，故命曰《遺事》。《元史》劉因本傳多採用此卷，亦以後來搜輯較為詳備歟？

宰君政績書二卷（永樂大典本）

元陶凱撰。凱字中元，江都人。以至正七年丁亥鄉試榜授永豐教諭[①]。適永豐令宰中受代去，縣之父老子弟願以中善政刻諸石。凱因序中政績為此書，以《贈言》、《學記》等篇附焉。

【彙訂】

①《明史·陶凱傳》："字中立，臨海人，領至正鄉薦，除永豐教諭，不就。"民國《台州府志》、《臨海縣志》亦作臨海人。王世貞《弇山堂別集》卷四九《禮部尚書表》陶凱條、錢謙益《列朝詩集小傳》甲集陶凱條、朱彝尊《明詩綜》陶凱條作天台人。《宋元學案》卷八二陶凱小傳作樂清人。按天台為台州古稱，台州府治臨海縣，故稱臨海者為是。又諸書皆言字"中立"，其人明初功臣，亦非元人。（楊武泉：《四庫全書總目辨誤》）

思賢錄五卷續錄一卷（浙江范懋柱家天一閣藏本）

元謝應芳撰。應芳字子蘭，武進人。至正中薦授三衢清獻書院山長，阻兵不能赴。明洪武中，歸隱橫山以終，自號龜巢老人。事蹟具《明史·儒林傳》。是編為其鄉宋寶文閣直學士鄒浩而作。《正錄》成於至正十五年，分為五目，曰事實，曰文辭，曰祠墓，曰祠墓廢興，曰古今題詠。有楊惟楨、鄭元祐二序。《續錄》則皆應芳及知府張度等祭墓之作，成於明洪武十二年。其中又載有洪武十三年以後祭文、碑記諸篇，迄於正統十年，則後人所附入也。

史 部 十 六

傳記類存目二

草廬年譜二卷附錄二卷（編修汪如藻家藏本）

明危素撰。素字太樸，金溪人。元至正中，官至禮部尚書、參知政事、翰林學士承旨。出為嶺北行省左丞，後退居房山。淮王監國，起為承旨如故。明洪武二年，授翰林侍講學士。後因御史王著等論素不宜列侍從，謫居和州以卒。事蹟具《明史·文苑傳》。初，吳澄孫當嘗編次其祖生平事蹟為年譜。素為澄之門人，因重加訂正，刻於至正乙巳。至明嘉靖甲寅，澄裔孫朝禎復增入行狀、神道碑、列傳、祭文一卷，及歷代褒典、奏議、文移一卷，鄒守益為之序，即此本也。

褒賢集五卷（浙江巡撫採進本）

不題撰人名氏。取宋元人著作有關范仲淹者及朝廷所降文牒等類，合為一書。一卷為傳、碑、銘、祭文，二卷為優崇典禮，三、四卷為碑記，五卷為諸賢贊頌、論疏。中閒載至元順帝至正閒，則明初人所編也。

滁陽王廟歲祀册一卷（左都御史張若溎家藏本）

不著撰人名氏。明初追封郭子興為滁陽王，立廟滁州，令有司歲時奉祀。此本前列洪武十五年敕諭一通,具載祀典規條及守廟人戶。次為太常寺丞張羽所撰滁陽王廟碑文,蓋即從廟中碑刻鈔出別行者也。

　　鐘鼎逸事一卷(浙江范懋柱家天一閣藏本)

　　明李文秀撰。文秀,昆明人,黔寧王沐英之閽豎也。是編皆紀英行事。前列祠堂碑記三篇,後為《言行拾遺錄》十一條,各為之論。末附唐愚士贈文秀詩一篇,而冠以張紞、劉有年、王汝玉、王驥序四篇。驥序題洪武壬午,汝玉序則書元年十二月,而剷去年號二字。蓋汝玉作於革除以前,而刻於革除以後,故削建文年號。驥序作於燕王篡立以後,故奉仍稱洪武三十五年之詔耳。閽寺之作,本不足錄。而英本名臣,文秀所錄尚與史傳相出入,無詭詞夸飾、變亂是非之事。故姑存其目焉。

　　直道編八卷(兩江總督採進本)

　　明陳怡編。怡,吳縣人,仕履未詳。其祖祚,字永錫。永樂辛卯進士,授河南布政司參議,坐事落職。洪熙初,起為監察御史,終於福建按察司僉事。歷官俱有直聲。怡因輯其年譜、行狀、墓表、輓詩之類,以成此書。吳寬為題此名。與《明史》祚本傳亦大致互相出入。案《千頃堂書目》載有孫堪《直道編》,紀御史陳祚事。堪,嘉靖中人。今未見傳本,其與此書為一為二,莫之詳矣。

　　翊運錄二卷(江蘇周厚堉家藏本)

　　明劉鷹編。鷹,誠意伯基之孫也。是書成於永樂中。集其祖父所得御書、詔誥及行狀、事實,以為此錄。取誥文中“開國翊運”之語為名,同郡王景為之序。成化中,巡按浙江御史戴用以版久漶漫,因增輯重梓,楊守陳為之序。嘉靖初,從處州府知府潘潤之請,以基九世孫瑜襲爵。瑜因復增入襲封誥敕及部議、題本、謝恩表之類,自為後序。二卷之首雜入基表頌五篇,頗為不倫。以序文考之,即瑜所增入。蓋徒欲侈陳祖德,為閥閱之光,而未知著述體例者也。

崔清獻全錄十卷(兵部侍郎紀昀家藏本)

明崔子璲編。其書成於永樂中,皆其五世祖與之之遺事、遺文也。與之字正子,廣州增城人。紹熙四年進士,理宗時累官廣東安撫使,拜參知政事右丞相,致仕,卒謚清獻。事蹟具《宋史》本傳。與之所著有《菊坡文集》,佚於兵火。又有《嶺海便民牓》、《海上澄清錄》二書,皆記其當時政事,後亦不傳。僅存其言行錄三卷、奏劄、詩文五卷,子璲因裒為一編。又以理宗御劄及諸家詩文為附錄二卷。其言行錄三卷,林鉞跋稱“宋太社司令李公裒輯”,而不載其名,宋端儀序稱“略為更定”,甘鏞跋又稱“旁考史傳,補其脫略”,然則已非原本矣。又蔣曾榮家別有寫本[①],分為二集。《內集》二卷,前卷為言行錄,後卷為奏劄詩文。《外集》三卷,上卷為所賜詔札,中卷為《宋史》本傳及《續通鑑綱目》諸書所記與之事,下卷為題贈詩文。題其十世孫爌所重編,成於嘉靖庚申。前有《測引》一篇,稱:“重編先錄既成,有謂不當以行先言者,有謂不當以臣先君者。後見舊版篇次記號,乃知新本為後人剟改。爌所重編,實還其舊。”今觀其書,雖併十卷為五卷,而序次略與子璲本合。則所謂“還其舊”者,確不誣也。

【彙訂】

① “蔣曾榮”乃“蔣曾瑩”之誤。(杜澤遜:《四庫存目標注》)

陸右丞蹈海錄一卷（浙江鮑士恭家藏本）

明丁元吉編。元吉，鎮江人。是書成於成化中，記宋陸秀夫海上死難事蹟。採《宋史》本傳及龔開所作《傳》、黃溍所作《年譜》，益以諸家題咏，彙為一編。並載秀夫遺文二首。末附《〈桑海遺錄〉序》、《大忠祠碑》及祭文一首。

張乖崖事文錄四卷（浙江范懋柱家天一閣藏本）

明顏端、徐瀚同編[1]。端，應山人，官成都縣教諭。瀚，杭州人，官華陽縣教諭。前有文安邢表序。蓋宏治三年表為四川左布政使，以張詠為蜀名宦，故屬二人輯錄此編。一卷為本傳及事實，二卷為遺文十二篇，三卷、四卷為同時贈答及後人祠記祭文之類。詠全集尚有傳本，端等未見，故所輯頗挂漏焉。

【彙訂】

[1] "徐瀚"，底本作"徐澣"，下同，據殿本改。明弘治三年邢表、劉忠刻本此書題"成都縣儒學教諭應山顏端纂集 華陽縣儒學教諭臨安徐瀚校正"。（杜澤遜：《四庫存目標注》）

李衛公通纂四卷（直隸總督採進本）

明王承裕撰。承裕字天宇，三原人。吏部尚書恕之子，宏治癸丑進士，官至南京戶部尚書，諡康僖。事蹟附見《明史》恕傳。承裕與唐李靖為同里，故既為建祠，又纂其遺事為此書。《明史·藝文志》著錄，作四卷。此本凡《史牒纂》一卷，《遺作纂》一卷，《文集纂》一卷，《存蹟纂》一卷，與《明志》合。所載皆習見之文。至《李衛公問對》一書，出自阮逸偽託，而一概列入，絕無辨證，可知其考訂之疏矣。

陽明先生浮海傳一卷（浙江巡撫採進本）

明陸相撰。相字良弼，餘姚人。宏治癸丑進士，官至長沙府知府。是書專紀王守仁正德初謫龍場驛丞，道經杭州，為姦人謀害，投水中，因飄至龍宮，得生還之事。説頗詭誕不經。論者謂守仁多智數，慮劉瑾追害，故棄衣冠，偽託投江，而實陰赴龍場。故王世貞《史乘考誤》嘗力辨此事為不實。而同時楊儀《高坡異纂》亦載此事，與相所紀略同。蓋文人之好異久矣。

朱子實紀十二卷（江蘇巡撫採進本）

明戴銑編。銑字寶之，婺源人。宏治丙辰進士，官至給事中。以疏彈太監高鳳，下詔獄，廷杖創甚而卒。事蹟具《明史》本傳。是書詳述朱子始末。首曰道統源流、世系源流，次年譜，次行狀、本傳，次廟宅，次門人，次褒典，次讚述，次紀題。其書本因《年譜》而作，其標曰《實紀》者，銑自序稱："謂之《年譜》則紹乎前、彰乎後者不足談。必曰《實紀》，然後并包而無遺。"蓋《年譜》主於明朱子學問之序，出處之道，而銑是書則主於以推崇褒贈，誇耀世俗為榮。其立意本各有取也[1]。

【彙訂】

① 此書既意主"紹乎前彰乎後者，并包而無遺"，自不免臚列推崇褒贈的事例。其中《年譜》實就舊本而細為考訂，乃全書中最致力的部分，非不注意"朱子學問之序，出處之道"。（容肇祖：《記正德本〈朱子實紀〉並説〈朱子年譜〉的本子》）

韓祠錄三卷（浙江巡撫採進本）

明葉性、談倫同編。性，里籍未詳，官潮州府同知。倫，上海人，天順丁丑進士，官至工部右侍郎。然是編前有翰林院檢討盛端明序，稱性編錄未成，以述職北上。倫時為潮州知府，因續成之。考書成於正德甲戌，上距天順丁丑已五十八年。且作序之盛端明為宏治壬戌進士，上距天順丁丑亦四十六年，與倫似不相及。即倫老而尚存，亦不應七八十歲尚為知府，後乃忽至九卿。疑為別一談倫，名姓偶同也。其書首載韓愈遺像及韓山書院、鱷魚、韓木諸圖，次《唐書》本傳及愈謫潮州時所作詩文，次記祠制、祭儀及後人碑記、詩讚，末附載趙鼎《得全書院記》、陸秀夫《馬發祠記》。以皆在潮地，故并錄之。其《南珠亭記》一篇，則又以潮之人物代興，歸美於愈云。

奕世增光錄八卷（浙江巡撫採進本）

明王道行編。道行字明南，陽曲人。嘉靖庚戌進士，官至左布政使，是為“續五子”之一，《明史·文苑傳》附見《王世貞傳》中。是書乃其官常鎮兵備副使時為魏校所刊也[1]。第一卷至五卷載敕命[2]、祭文以及同時諸人贈答書啟，第六卷載校行狀、誄詞及遺事，七卷、八卷則文橐備遺也。因校誥敕中有“永增奕世之光”語，遂以名其書焉。

【彙訂】

① “刊”，殿本作“作”。

② “五卷”，殿本作“六卷”，誤。

薛文清行實錄五卷（江蘇巡撫採進本）

明王鴻撰。鴻，河津人。官石灰山關稅大使，薛瑄之曾孫壻也。是編第一卷為瑄像贊、行狀、神道碑、事實。二卷為請從祀疏七篇。三卷為祠堂、書院諸記六篇，祭文三篇。四卷為《讀書錄》、《文集》諸序四篇,詩五首。第五卷則雜錄柱聯之類,而附以薛氏歷世《科貢傳芳圖》。前有喬宇序,作於正德辛未。而奏疏有隆慶五年,祭文有萬曆二十六年,所記科貢有崇禎壬午、癸未。則瑄後人以次續入,非鴻之舊也。

商文毅公行實一卷(浙江范懋柱家天一閣藏本)[①]

明商汝頤編。汝頤,商輅孫也。以輅遺集兩燬於火,恐先德不傳,乃裒為是書。凡王獻所作《行實》一篇,尹直所作《墓誌銘》一篇,楊子器所作《神道碑》一篇。末有正德十年汝頤自跋。正德十六年刊版,王子言又為之跋。

【彙訂】

① 明正德十六年刻本及《浙江省第五次范懋柱家呈送書目》、《浙江省採輯遺書總錄》皆作《商文毅公遺行集》,首篇乃《行實》。(杜澤遜:《四庫存目標注》)

商文毅年譜四卷(兩淮馬裕家藏本)

明商振倫撰。振倫,輅之元孫也。書前有小像八幅,自鄉試第一迨官至謹身殿大學士皆圖畫之,殊不能免俗。其《言行錄》一卷,則輅孫汝泰所作,振倫并刊之也。

傳信辨誤錄一卷(浙江吳玉墀家藏本)

明陳虞岳撰。虞岳,泰和人,正統閒輔臣陳循五世孫也。土木之變,循在內閣為首揆。及景帝欲廢英宗太子,循依違不能匡正,以此為當世所譏。陳建《通紀》載其事,虞岳以為誣衊其祖,乃作此書以辨之。首為諸名公敘略節略。次為傳信六條,一曰首定儲宮之策,一曰力沮南遷之議,一曰計退德勝之圍,一曰密運回鑾之略,一曰保護南宮苦忠,一曰請復南遷讞疏。所引諸書,惟"力沮南遷"一條,《弇山堂別集》及《叢記》載有循名,其五事則皆無確證。次辨誣五條,一曰辨不諍易儲之誤,一曰辨徐有貞餽玉帶之誤,一曰辨請治龔遂榮獄之誤,一曰辨翰林用雜流之誤,一曰辨申明制科之誤。其意與《孤兒籲天錄》同,亦孝子慈孫不得已之苦心也。

夏忠靖遺事一卷(浙江范懋柱家天一閣藏本)

明夏崇文撰。崇文字廷章,湘陰人。成化戊戌進士,官至南京太僕寺少卿。蓋夏原吉之孫也。是編追述原吉歷官始末甚詳。於世所傳慈感蚌珠事,刪之不載,體例頗為嚴謹①。然原吉治水,功在東南,其方略亦不備載,殆以事具國史耶?惟燕王篡立,原吉稱臣,此所謂"范質生平惟欠周世宗一死"者也,而此云"或執之以獻燕王",是則子孫之詞矣。

【彙訂】

①"嚴謹",殿本作"謹嚴"。

雲林遺事一卷(浙江巡撫採進本)

明顧元慶撰。元慶字大有,號大石山人,長洲人。都穆之門人也。此書皆紀倪瓚事蹟,分高逸、詩畫、潔癖、游寓、飲食五門。崇禎間,常熟毛晉別有刻本,云從天竺僧寮見之,不著作者名氏,較此本所載稍繁。而此本後附贈詩及誌銘二首,則毛本無之。江寧李蘅嘗刻其本於所輯《璪探》中,題云顧元慶撰。雖未知所據,然考元慶所著,尚有《瘞鶴銘考》、《夷白齋詩話》,蓋亦雅士。《蘇州府志》載其兄弟皆纖嗇治產,惟元慶以圖書自娛。王穉登往訪之,年七十五,猶酬對不倦。是其志趣與瓚相近。或輯此編以明所尚,亦事理所有矣。

旌孝錄一卷（浙江巡撫採進本）

不著撰人名氏。載成化十一年旌表朱灝孝行事。考朱觀潛跋朱存理遺文後曰："野航先生著述甚富。自《鐵網珊瑚》世有刊本，《珊瑚木難》好事傳鈔外，祇購《樓居雜志》一卷，《旌孝錄》一卷，幷詩文數十篇。"云云。則此編存理所輯也。灝字景南，長洲人，即存理之父。親歿，負土成墳，廬於其側，有馴烏之異，詔旌其門。存理字性甫，博雅工文，終於布衣。

岳廟集四卷（編修汪如藻家藏本）

舊本題明徐階編，張庭校，焦煜刊。而首載階序，稱"從黃山焦子請所輯武穆祠詩文讀之"。又云："因不自量，謀於五山張子而去取之。"則煜之初槀，而階與庭爲之删定。庭序則云："黃山子謂少湖子與庭曰：'盍校之，我將刊焉。'因取汪氏所輯鈔本往復參校。"則初槀又非煜作矣。大抵雜出衆手，不可名以一人也。原本凡傳一卷、制一卷、議序記一卷、辭樂府詩一卷，而附以《岳武穆遺文》一卷。今以《武穆遺文》析出，别入集部，故此本以四卷著錄焉。階字子升，華亭人。嘉靖癸未進士，官至武英殿大學士，諡文貞。事蹟具《明史》本傳。庭自署曰眉山，煜自署曰宛陵。考《太學進士題名碑》，嘉靖癸未科有張庭，四川夾江人，焦煜，南直隸太平人，皆階之同年，當即此二人。至所謂汪氏者，則不可考矣。

吳疏山集十七卷（江西巡撫採進本）[1]

明吳悌撰。悌字思誠，疏山其别號也，金溪人。嘉靖壬辰進士，官至兵部侍郎，諡文莊。事蹟具《明史·儒林傳》。其學出於王守仁，然清苦剛介，卓然不愧於儒者，非姚江末流，提唱心學，恣為橫議者比。集止三卷,然據原跋,則尚有贗作《聶氏墓誌》、《胡氏表》二篇竄入。第四卷為《言行錄》,乃悌門人李約所編。第五卷以下皆誥敕及表章頌美之文,其後人屢屢重刊,輾轉附益者。蓋原本名《紀實錄》,乃傳記之流,體例不妨如是。此本改題曰集,遂使附錄之文至十四卷,末大於本,失其初編之旨矣。今從《崔與之集》之例,仍入之傳記類焉。

【彙訂】

①"江西巡撫採進本",底本作"江南巡撫採進本",據殿本改。《四庫採進書目》中僅"江西巡撫第二次呈送書目"著錄此書。(江慶柏:《殿本、浙本〈四庫全書總目〉著錄圖書進獻者主名異同考》》)

胡梅林行實無卷數(兩淮鹽政採進本)

明胡桂奇編。桂奇,績溪人,兵部尚書宗憲之子。此書即紀宗憲行實。梅林者,宗憲別號也。宗憲平倭之功,載在史冊,不容湮沒。至其比附嚴嵩、趙文華,公論亦不可掩。此書出其後人之手,固未可據為徵信矣。

忠烈編十卷(浙江范懋柱家天一閣藏本)

明孫堪、孫墀、孫陞同編。三人皆巡撫江西副都御史餘姚孫燧之子也。燧遇宸濠之變,抗節被戕。堪等彙其制誥、卷牘、碑狀、誌傳以及誄祭之文,編為此集。曰"忠烈"者,嘉靖初所贈諡也。序為嘉靖辛亥嚴嵩撰,其言不足為燧榮。蓋其後人印行,偶失刊削耳。

鄭端簡年譜七卷(浙江巡撫採進本)

明鄭履淳撰。履淳字叔初,海鹽人。嘉靖壬戌進士,官至光祿寺少卿。事蹟具《明史》本傳。履淳為鄭曉之子，故追述曉事，以成此譜。凡曉所作奏疏、詩文，皆一一附載其中。如“鹽政壞於折色”及“海鹽官軍宜挈回衛所操練”諸疏①，頗足補史志所未備，然冗漫亦由於此。末附祭文、誥諭、卹典、墓誌、行略之類，於譜例已為複出，又以履淳所作思親詩文附鑴於末，多至三卷，於體裁尤不協矣。

【彙訂】

①“海鹽”，殿本作“沿海”，皆不確。明嘉靖萬曆間刻《鄭端簡公全集》本此書卷四載嘉靖三十三年七月上議事疏，略云：“一議職掌浙江巡按巡撫行令，海寧衛官軍挈回該衛操練防守。”

董子故里志六卷（兩江總督採進本）

明李廷寶撰。廷寶字國用，號澮溪，曲沃人，嘉靖中官景州知州。考《漢書》稱董仲舒廣川人。而廣川地大，今山東德州、直隸景州、棗强縣皆其故地。故三邑皆祀董子，皆有董子故蹟。其作志書，皆自以董子為鄉人。德州斥景州之牽引，景州斥德州之附會，棗强又出而斥二州之影佔。數百年來，喧如聚訟，迄今未有所歸。廷寶官於景州，故據廣川里名，定仲舒為景州人。而所載馬偉《董子辨》一篇，又以董學村割隸故城，欲引之以為故城重。夫惠、跖兄弟，不以惠而寬跖；向、歆父子，不以向而榮歆。況夫前代鄉賢，何關後人之事？郡邑志乘，錮習相仍，紛紛為無益之爭，皆其所見之小也。

濂溪志九卷（兩淮馬裕家藏本）

明李楨撰。楨字維卿，安化人。隆慶辛未進士，官至南京刑部尚書。事蹟具《明史》本傳。是編雖以濂溪為名，列乎地志①，實則述周子之事實。首載《太極圖説》、《通書》，次墓誌及諸儒議論、歷代褒崇之典，次古今紀述，次古今題詠並祭告之文。

【彙訂】

① "列乎"，殿本作"似乎"。

濂溪志十三卷（河南巡撫採進本）

明李嶸慈撰。嶸慈字元穎，龍城人，官道州知州。是編因李楨舊志稍為輯補，無所考證闡明。

東方類語十六卷（浙江巡撫採進本）

明朱維陛撰。維陛，海鹽人。是書皆類聚漢東方朔事蹟。自《列傳》、《別傳》、《外傳》以及《瑣語》、《神異經》、《十洲記》諸書，無不採撮。創立十目，分為内、外二篇。《内篇》記其常事，《外篇》則涉神仙家言。其條例内辨《史記》東郭先生為臨淄人，與東方朔之為厭次人，地各不同，自來引用多誤，亦稍有考核。然其徵引猥雜，究不能出小説之門徑，不足據也。

二程年譜二卷（安徽巡撫採進本）

明唐伯元撰，國朝黄中訂補。伯元字仁卿，澄海人，萬曆甲戌進士，官至南京吏部文選司郎中。事蹟具《明史·儒林傳》。中字平子，號雲瀑，舒城人。考《二程遺書》，有《伊川年譜》而無《明道年譜》。《宋文鑑》所載《明道墓誌》，朱子又偶未見，故別為之《行狀》。此書取《明道行狀》改為《年譜》，又取《伊川年譜》小變其體例，均無所考正，僅因襲舊文而已。

涑水司馬氏源流集略八卷（浙江巡撫採進本）

明司馬晰編。晰字宗晦，夏縣人，萬曆癸卯舉人，宋司馬光十七世孫也。卷首自序云:"自先文正公居於河洛,竄於鳴條,而曾孫開國公扈遷東粵,家於會稽。南北相距殆四千里,代次相承凡十餘世。於是北人以涑水氏為無後,南人以山陰氏為失祖。是編所輯,先之以行事系籍之實,繼之以制誥圖跋之傳,終之以紀述標題之富。"其意蓋將搜採以備家乘。而第八卷中有《積德之什》,乃載晰由山陰復歸於夏縣,萬曆癸卯鄉試第一①,里人贈賀之作。是又蔓延附載,不出譜牒之窠臼矣。

【彙訂】

① 癸卯為萬曆三十一年(1603),而《浙江通志》卷一三九《選舉·舉人十七》、《山西通志》卷六九《科目五》均作萬曆元年癸酉(1572)舉人。此書有明萬曆十五年司馬祉刻三十五年司馬露增修本,附羅萬化萬曆丁亥(1587)《新刻涑水司馬氏源流集略》序曰:"而癸酉秋,司馬祉領鄉薦……司馬晰即第一。"(鞠明庫:《〈四庫全書總目〉正誤五則》)

武侯全書二十卷(江西巡撫採進本)

明王士騏撰。士騏有《馭倭錄》,已著錄。是編述諸葛亮始末。首《三國志》本傳,次張栻《補傳》,次鼎立、繼統、連吳、南征、北伐、遺命、調御、法簡八篇,以補張《傳》。次《心書》,次《新書》,次《八陣圖》①,次《篇翰》,次《世系》,次朱子《綱目》。又附錄後人評論、詩賦、雜文三卷終焉。按陳壽《進諸葛氏集表》云:"刪除重複,隨類相從,凡為二十四篇。"具列其目於傳後。今其書久不可見。是書搜羅完備,而《心書》、《新書》之類,真偽蕪雜,未能刪汰,諸篇分隸,亦或未當。後楊士偉因士騏此本,別改定為《諸葛書》,較為精核。以創始者為士騏,故仍存其目焉。

【彙訂】

①"八"，據殿本補。明崇禎十一年吳天挺刻本此書卷十三為《八陣圖》。

米襄陽外紀十二卷（江蘇巡撫採進本）

明范明泰撰。明泰字長康，嘉興人，萬曆庚子舉人。是編紀米芾遺事，分恩遇、顛絕、潔癖、嗜好、塵談、書學、畫學、譽羨、書評、雜記、考據十二門①，多不著出典，未足依據。亦時有舛譌，如《恩遇》第一條云："皇祐二年，詔米芾以《黃庭》小楷作《千字文》。"考芾生於皇祐三年辛卯，則所稱寫《千字文》在生前一年矣②，有是理乎？

【彙訂】

①《總目》所列僅十一門，據明崇禎刻本此書，"書評"後尚有"畫評"一門。

② 殿本"生"上有"未"字。

米芾志林十六卷（江西巡撫採進本）①

亦題明范明泰撰②，與《襄陽外紀》並同。惟後附刻《襄陽遺集》一卷，為明泰所輯。蓋未見《寶晉英光集》，故有是刻。又《海岳名言》、《寶章待訪錄》、《研史》各一卷，則皆芾之遺書③。然《書史》、《畫史》竟不編入，亦殊疏漏矣。

【彙訂】

①"江西巡撫採進本"，殿本作"江蘇巡撫採進本"。疑此書與《米襄陽外紀》同為江蘇巡撫採進。（江慶柏：《殿本、浙本〈四庫全書總目〉著錄圖書進獻者主名異同考》）

② 書前目錄十三卷，范明泰自序亦云"詮次為十三目"，國

家圖書館、上海圖書館、上海博物館藏明刻本均爲十三卷。且范
氏乃編輯者，非撰者。（朱仲岳：《館藏善本瑣記》）

③“則”，殿本無。

精忠類編八卷（左都御史張若溎家藏本）

明徐縉芳撰。縉芳字奕開，晉江人。萬曆辛丑進士，官至監
察御史。事蹟附見《明史・劉策傳》。是編輯錄宋岳飛事實藝
文。首爲表類，紀姓氏世系之屬。次爲傳類，記生平始末。次爲
遺翰類，皆飛詩文。次爲宸編類，皆高宗所賜，載於《金陀粹編》
者。次爲褒贈類，皆歷代制誥案牘。次爲家集類，皆岳珂之文有
關於飛者。次異感類，紀諸靈應。次詩類、文類，則皆後人題述
之作也。編次頗無條理。而“異感類”中如瘋魔行者罵秦檜、胡
迪入冥之類，尤類傳奇演義。飛之忠烈，自與日月爭光，不假此
委巷之談侈神怪以相耀也。

薛文清年譜一卷（江蘇巡撫採進本）

舊本題明楊鶴撰。鶴字脩齡，武陵人。萬曆甲辰進士，官至
兵部尚書，總督陝西三邊軍務，事蹟具《明史》本傳。考是書後有
鶴自跋，稱本薛瑄門人張鼎所編。歲久版佚，瑄八代孫士宏〔弘〕
偶以舊本示滿朝薦及鶴。朝薦屬鶴訂定，鶴因命其子嗣昌重以
瑄集考正年月，並採集中詩文佚事補之。然則此本雖題鶴名，實
出嗣昌手耳。嗣昌字文弱，萬曆庚戌進士，官至東閣大學士。事
蹟具《明史》本傳。

蘇米譚史一卷蘇米譚史廣六卷（江蘇周厚堉家藏本）

明郭化撰。化字肩吾，宣城人，始末未詳。《譚史》序題辛
亥，蓋萬曆三十九年也。是編雜採蘇軾、米芾軼事可資談柄者，

各為一卷。又廣蘇軾事為四卷，米芾事為二卷。皆摭拾小説，無他異聞，又皆不著所出，彌難依據。

海珠小志五卷（兩淮馬裕家藏本）

明李韡撰。韡，番禺人，萬曆中官至武定府知府，宋龍圖閣待制吏部侍郎李昂英之裔也。廣州城外珠江有海珠石，屹立水中。昂英常讀書其地，捐資創寺曰慈度，後人即寺祠焉。明萬曆中，韡因考尋古迹，輯為此《志》，凡四卷。國朝康熙丁丑，其後人文焰重加校刻，增以近人諸作，共為五卷。前一卷載圖像、諸記、行實、祭文，後四卷則遊覽謁祠詩詞也。

襄陽外編無卷數（浙江巡撫採進本）①

明顧道洪編。道洪字嗣圖，無錫人。是編作於萬曆中。首繪孟浩然像，並錄採史書本傳暨諸家贈答題詠之作，復以古今詩話附列於後。所採上起於唐，下迄乎明。然王士元浩然集序近在耳目之前，乃反佚之，何也？

【彙訂】

① 此書在《各省進呈書目》中僅著錄於《浙江省第九次進呈書目》與《浙江採集遺書總錄》，又見於《二老閣進呈書》，“浙江巡撫採進本”應為“浙江鄭大節家藏本”之誤。（江慶柏：《四庫全書私人呈送本中的鄭大節家藏本》）

程朱闕里志八卷（兩淮馬裕家藏本）

明趙滂編。滂，歙縣人。是書前有高攀龍序，則成於萬曆中也。大旨謂朱子系出新安，二程祖墓亦在焉，故合志之。分為七門，案闕里乃孔子里名，非推尊之號。宋咸淳五年詔婺源祠所稱文公闕里，已為失實。今程子亦稱闕里，則尤承譌踵謬，習焉而不察者也。

　　考亭朱氏文獻全譜十二卷（浙江巡撫採進本）

　　明朱鍾文撰。鍾文字吾滄①，朱子十二世孫，官大足縣知
縣。新安朱氏支派非一，其北洛墩頭之朱，本不出於考亭。時方
釀金購譜建祠，鍾文恐其亂宗，乃溯唐茶院公以來世次，纂紀本
末，搜討頗詳。分類凡十三門：曰廣睦，曰明宗，曰溯本，曰尊
祖，曰著居，曰庭訓，曰褒典，曰彙文，曰列傳，曰宦達，曰女德，曰
外戚，曰雜紀。冠以朱子所作《世譜》原序。

　　【彙訂】

　　①“吾滄”，殿本作“吾熗”。

　　溫公年譜六卷（江西巡撫採進本）

　　明馬巒撰。巒字子端，夏縣人，與司馬光為同里。以光舊無
年譜，因撰此編，以補史傳所不及。其大指以《光行狀》為主，參
以史傳及《名臣言行錄》，潤以光所著《傳家集》①。其餘詩話、小
說皆詳為考訂，分年編載。其不可專屬一年者，則總為附錄於
末焉。

　　【彙訂】

　　①“潤”，殿本作“證”。明萬曆四十六年司馬露刻本此書凡
例云：“是編以公《行狀》為主，參以本傳、《言行錄》。三書所遺
者，撮《傳家集》中切要者補潤之。”

　　梅墟先生別錄二卷（兩淮鹽政採進本）

　　明李日華、鄭琬〔琰〕同撰①。日華字君實，號竹懶，嘉興人。
萬曆壬辰進士，官至太僕寺少卿。《明史·文苑傳》附載《王維儉
傳》中。琬字翰卿，自稱閩人，其始末未詳。是編為嘉興周履靖

而作。履靖字逸之，能詩好事，與其妻桑貞白自相唱和，多刊書籍以行。《夷門廣牘》即其所編。蓋亦趙宧光、陳繼儒之流，明季所謂山人者也。上卷為日華所撰，載其生平甚悉。下卷為琬所撰，亦略具事實，而錄其詩中摘句尤多[②]。

【彙訂】

①“琬”，當作“琰”，乃避嘉慶諱改，下同。殿本作“琰”。

②“尤多”，殿本無。

蘇米志林三卷（內府藏本）

明毛晉撰。晉有《毛詩陸疏廣要》，已著錄。是書掇蘇軾瑣言、碎事集中所遺者，編為二卷。又以米芾軼聞編為一卷。大概與《蘇米譚史》互相出入。

顧端文年譜二卷（浙江巡撫採進本）

明顧與沐編。入國朝後，其孫涇、曾孫貞觀相續成之[①]。與沐，無錫人，顧憲成之子，由舉人官至夔州府知府。涇亦舉人，貞觀官中書舍人。其書前冠以崇禎二年諭祭文及誌銘、行狀，復附憲成沒後奏請贈謚諸疏。於原文皆刪節存略，視他家較簡核有體。

【彙訂】

①“涇”乃“樞”之誤。《總目》卷九六《顧端文公遺書》三十七卷附《年譜》一卷條曰：“明顧憲成撰。是編為其曾孫貞觀所彙刻……末附《年譜》四卷，則其孫樞所編，而貞觀訂補者。”顧憲成之孫顧樞，字所止，一字庸菴，天啟元年舉人，見《江蘇藝文志·無錫卷》。清光緒三年宗祠刻《顧端文公遺書》三十七卷，附《年譜》四卷，題：“男與沐記略，孫樞初編，曾孫貞觀訂補。”（杜澤遜：

《〈四庫全書總目〉傳記類提要疑辨》》

張抱初年譜一卷（江西巡撫採進本）

明馮奮庸撰。奮庸字則中，壽安人。師事澠池張信民，因紀其生平事蹟為《年譜》。信民字孚若，號抱初，澠池人，由鄉貢官懷仁縣知縣①。

【彙訂】

①"懷仁縣"，殿本作"仁懷縣"，誤。《欽定大清一統志》卷一百十《大同府二·名宦》有張信民，澠池人，萬曆中知懷仁縣。《中州人物考》卷一《張知縣信民》亦作懷仁縣。（胡露、周錄祥：《〈四庫全書總目·儒家類〉編著者生平補正》）

關帝紀定本四卷（兩江總督採進本）

明戴光啟、邵潛同編。光啟字方廷①，潛字潛夫，皆江都人。初，元至大閒，胡琦曾輯關帝事蹟成書。明宏治、嘉靖、天啟閒，吳瀋、呂柟、薛三省諸人皆有纂錄。光啟、潛因諸家之本，刪補以成此編。首世系，次年譜，次封號，次誥命，次實錄，次遺蹟，次論辨、頌贊，次奏疏、碑記，次詩，次祭文，次靈異。刻於崇禎戊辰，姚希孟為之序。

【彙訂】

①"方廷"，殿本作"方生"。

心齋類編二卷（兩江總督採進本）

明王元鼎編。元鼎，泰州人，王艮之後。書中《綸音首簡》、《廟謨首錄》二跋，自稱艮之元孫，《彙選標題》跋又自稱艮之曾孫，刊版必有一譌也。是書紀崇禎四年艮從祀孔廟始末。上卷為《奏疏類編》①，錄嘉靖閒巡撫劉節、御史吳悌薦艮二疏，并諸廷臣請從祀三疏,請謚一疏。下卷为《別傳類編》,錄萬曆辛丑翰林館課以《王艮傳》命題,諸詞臣所擬傳十六篇。上卷之前,冠以崇禎三年諭旨一道,題曰《綸音首簡》,又載崇禎辛未會試策題一道,問明從祀文廟諸人數及艮名者,題曰《廟謨首錄》,而以鄉紳揭帖尺牘附卷末。又列諸家著述之有涉於艮者曰《彙選標題》,列公私祠祀及艮者曰《禋祀類》。紀元鼎《聞邸報志喜》詩四首亦編其中,體例頗為繁碎。考《明史・儒林傳》,以艮附《王畿傳》中,紀其終始甚詳,然不載有從祀孔廟事。今兩廡俎豆,亦無艮位。不知元鼎何以有此書也。

【彙訂】

①“編”,底本作“篇”,據殿本改。今存明萬曆刻崇禎重修本此書,作《新刻王心齋先生奏議類編》一卷,《別傳類編》一卷。

邵康節外紀四卷(兩江總督採進本)

明陳繼儒編。繼儒字仲醇,號眉公,華亭人。事蹟具《明史・隱逸傳》。是編取邵伯温《聞見錄》所載邵子事蹟,略為詮次始末。並其自稱“伯温”及稱“康節先公”諸字亦未刊削,殆不免“葛龔作奏”之誚。又附載伯温《易學辨惑》與查顏散《先天方圓圖說》、余孟宣《經世要旨》及《家傳〈心易數〉序》三篇,而終以邵子及伯温本傳。繼儒號為隱君,其作此書,殆以自寓。然伯温之錄具在,何必復述其文也。

遜志齋外紀二卷續集二卷(安徽巡撫採進本)

明姚履旋撰。履旋,上元人。是編採諸書所紀方孝孺殉難後事及文移案牘之屬,彙為一編①。共分十類。曰表揚,曰像贊,曰傳銘,曰記狀,曰賜言,曰贈遺,曰碑記,曰祭弔,曰復姓,曰

祠典。其"復姓"一類載孝孺幼子德宗冒姓余氏及歸宗建祠事，
頗具始末。其書成於崇禎中②。後有《續集》二卷，則國朝康熙
中，婁縣訓導徽州項亮臣所補輯也。

【彙訂】

① "編"，殿本作"篇"。

② 明萬曆四十年丁賓等刻《方正學先生遜志齋集》已附有
《外紀》二卷。（杜澤遜：《四庫存目標注》）

周元公集十卷（編修朱筠家藏本）

明周沈珂編。沈珂，吳縣人，周子裔也。是集卷一為圖像，
卷二為世系年譜，卷三為遺書，卷四為雜著，卷五為諸儒議論，卷
六為事狀，卷七為褒崇優卹，卷八為祠墓諸記，卷九、卷十皆附錄
後人詩文。雖以集為名，實則周子手著僅五之一。今入之"傳記
類"中，從其實也。

周氏遺芳集五卷（編修朱筠家藏本）

明周沈珂及其子之翰編。先是，周子十七世孫與爵輯其先
世著述事蹟，自周子四世孫興裔以下，為《遺芳集》。凡歷代褒崇
詔諭及傳誌記序諸作，以次附焉。沈珂父子重為編次，而與爵以
下，則仍無所增益①。

【彙訂】

① 明萬曆四十二刻本《宋濂溪周元公先生集》十卷《周元公
世系遺芳集》五卷，題"吳郡守祠奉祀孫與爵編輯"，或題"吳郡十
七世孫與爵重輯"。《遺芳集》前有徐行可序，謂周君邦祿（指周
與爵）蒐輯是集。又有萬曆四十四年禮部祠祭清吏司主事周京
序，亦稱周與爵"彙而輯之"、"且付梓人"。卷末又有十七代孫與

爵同男希皋、希夔跋。可知此書實為周與爵等輯,題周沈珂編之本乃剗改後重新刷印。剗改本增《重輯先世遺芳集敘》,署"康熙辛未夏五月吳郡裔孫之翰謹識"。辛未為康熙三十年,可知周沈珂、周之翰皆為清康熙間人。(杜澤遜:《四庫存目標注》)

靈衛廟志一卷(兩淮馬裕家藏本)

明夏賓撰。賓始末未詳。宋建炎三年,金兵攻臨安,守臣康允之棄城走。錢塘令朱蹕偕縣尉金勝、祝威率民兵力戰死之。杭人賴其捍禦,得乘隙以逃,為立祠於死所。是書以建廟封侯本末並祀典、碑記彙為一編。見有功必報之禮,亦風起忠烈之志也。

廱略二卷(浙江巡撫採進本)

明陳念先撰。念先,慈谿人。其八世祖敬宗,字光世,永樂甲申進士,宣德間由司業陞祭酒,官南廱者二十年,嚴重有師法,與北廱祭酒李時勉齊名,世稱"南陳北李"。念先於崇禎末至南廱[1],搜輯《廱志》所載,參以年譜、文集、編年紀錄,以成是書。蓋惟備敬宗一人居官之始末,非紀南廱事也。

【彙訂】

[1]"末",殿本作"閒"。

宋四家外紀四十九卷(內府藏本)

不著編輯者名氏。四家者,蔡襄、蘇軾、黃庭堅、米芾也。《蔡紀》成於徐𤇺,《蘇紀》成於王世貞,《黃紀》成於陳之伸,《米紀》成於范明泰,本各自為書。此本蓋明季坊賈所合刻也[1]。

【彙訂】

[1]"所合刻也",殿本作"合而刻之耳"。

羅江東外紀三卷（兩淮鹽政採進本）

國朝閔元衢撰。元衢字康侯，烏程人，自號歐餘生。自以終身不第，有似羅隱，故作此書①。蓋一時寓意之作也。

【彙訂】

① "故"，殿本作"乃"。

賀監紀略四卷（兩淮鹽政採進本）

國朝聞性善暨其弟性道同編。性善字與同，性道字天迊，寧波人。其書備摭賀知章遺文軼事及唱酬題詠之詞，彙為一編，采擷頗富。然如唐明皇帝送知章詩有二本，方回《瀛奎律髓》具載朱子之說；又韋縠《才調集》所載《楊柳枝詞》，標題誤增"枝"字，遂以天寶以前之絕句為長慶以後之樂府。皆未考定，則亦多疏舛矣。徵引古書，每事必造一標題，尤類小說體例也。

姑山事錄八卷（浙江巡撫採進本）

國朝吳蕭公、杜名齊同撰。蕭公有《詩問》，已著錄。名齊始末未詳。是編述明末沈壽民事實。壽民字眉生，宣城人。崇禎中，巡撫張國維以賢良方正薦，徵赴闕下。抗疏劾楊嗣昌奪情誤國、熊文燦不能制敵之罪。疏奏，留中不報，遂歸隱姑山。蕭公、名齊皆其門人，因作此書以記其出處。卷一即劾楊嗣昌、熊文燦疏及答薦辟書數篇。卷二以下皆撫按薦疏公揭及同時友人來往書啟，而終以投贈篇什。福王時，壽民又為馬、阮所惡，幾遭毒手。別有書記其事，曰《甲乙存略》，見蕭公所作凡例中。今未見傳本，其存佚不可知矣。

謝皋羽年譜一卷（兩淮鹽政採進本）

國朝徐沁撰。沁字埜公，會稽人。嘗刊謝翱《晞髮集》，因復

搜採遺事為作是譜。中閒如札木楊喇勒智^{原作楊璉真加①,今改正。}

發宋陵事,以《元世祖本紀》參核,當在至元戊寅,不當在乙酉。

沁則據周密《癸辛雜識》定為乙酉。黃宗羲為作序,頗疑其非。

又姜夔乞正雅樂在寧宗慶元閒,而《譜》以為理宗時,亦沁之

誤也。

　　【彙訂】

　　① "楊璉真加",底本作"楊輦真加",據《昭代叢書》本此書

原文及殿本改。

　　寧海將軍固山貝子保越平閩實績一卷(內府藏本)

　　不著撰人名氏。所紀乃惠獻貝子富喇塔奉命討逆藩耿精

忠,統兵在溫州擊賊及暫回處州之事。起康熙十五年二月十四

日,迄六月初九日,按日紀載。蓋即取寧海將軍行營塘報,湊集

成帙,故詞句多不雅馴。且所錄僅四月之事,首尾亦未完具。

　　保台實績錄一卷(內府藏本)

　　不著撰人名氏。紀台州兵巡道楊應魁政績。應魁字斗垣,

射洪人,以兵部郎出巡台州。適閩逆耿精忠遣兵犯關,圉台

州①,應魁從貝子富喇塔駐台,拊循兵民,條畫守禦,頗著惠愛。

故郡人作此,以志其功。自"固根本"至"修庶政",共分二十目,

目各為一篇云。

　　【彙訂】

　　① "遣兵犯關圉台州",殿本作"遣兵犯浙圍逼台州"。

　　楊公政績記一卷(編修程晉芳家藏本)

　　國朝黃家遴撰。家遴,奉天人,官至嘉興府知府。是編述明

楊繼宗遺事。繼宗字承芳,陽城人,天順初進士,由刑部主事歷

官雲南巡撫僉都御史。家遴以繼宗曾任嘉興府知府,號為循吏,
因裒其事蹟以成此書。末附繼宗本傳一篇,較《明史》列傳為詳。
然不及載其追諡,亦不知傳出誰手也,豈即家遴所作歟?

楊文靖年譜二卷(浙江吳玉墀家藏本)

國朝張夏編。夏有《雒閩源流錄》,已著錄[①]。是編以楊時
年譜舊本詳略失宜,乃參稽史冊語錄文集,訂為上、下二卷。考
《宋史》時本傳,稱“時安於州縣[②],未嘗求聞達,而德望日隆。有
為蔡京謀者,以為事勢必敗,宜引舊德老成置諸左右,庶猶可幾
及。蔡京然之,乃薦為祕書郎”。此編於七十一歲書“宣和五年
癸亥四月[③],有旨召赴都堂審察,以疾辭”。其下分註雖略及張
翬語,而歸其事於高麗王問時安在,副使傅墨卿以聞,故有是召。
於七十二歲書“六年甲辰十月,召為祕書郎,仍令上殿。十二月,
至京師入對”。其下分註又以高麗使臣將至,傅墨卿再薦於朝為
詞。並注曰:“是時蔡京已斥。”若欲泯蔡氏薦辟之蹟者。然時赴蔡
氏之薦,《朱子語錄》亦深言其失。自非聖人,孰無過舉,原不以是沒
其生平也。夏以東林託始之故,曲為文飾,仍不免門戶之見矣。

【彙訂】

① 《總目》卷六三有《雒閩源流錄》條,在此條之後,且亦未
述張夏身世。與提要體例頗有不合。(楊武泉:《四庫全書總目
辨誤》)

② “安”,殿本脫,參《宋史》卷四二八《楊時傳》。

③ 宣和五年為癸卯。

忠武誌八卷(江西巡撫採進本)

國朝張鵬翮撰。鵬翮字運青,遂寧人。康熙庚戌進士,官至

大學士,諡文端。是編載漢諸葛亮始末。首本傳,次年表,次世系,次《心書》,次《新書》,次遺文,次遺制,次遺事,次用人,次勝蹟,次為後人詩文。其《遺文》不收《黃陵廟記》之類,頗有甄別。而《心書》、《新書》確為偽託,乃並載之,則仍蕪雜也。既收《心書》、《新書》,姑存其舊,而《十六策》仍不載,則又疏漏也。《梁甫吟》詞意雖淺,然見於歐陽詢《藝文類聚》,其來已久。又增一《白鳩篇》,則不知其何來矣。

　　周忠介公遺事無卷數(兩江總督採進本)

　　國朝彭定求撰。定求字訪濂,長洲人。康熙丙辰進士第一,官至翰林院侍講。是書述周順昌忤璫被逮本末。首載順昌歷官敕誥,次載順昌子茂蘭鳴冤請祠諡二疏,末載書傳、碑記并茂蘭傳,兼附朱祖文及顏佩韋等五人傳於後,定求皆為之跋。

　　別本朱子年譜二卷附錄一卷(安徽巡撫採進本)

　　國朝黃中撰。是編刻於康熙戊午。冠以畫像、世系、題名錄、別錄,附以慶元黨籍、呂祖泰書及歷代褒典。其《別錄》惟載朱子言行七條,不知其去取之意與編次之例安在。又以朱子名字號諡夾註於末,益不可解。《年譜》中多附以議論,大旨主於頌美,無所考證。其附錄之序謂程、朱之顯晦,關宗社之存亡。中以《李德裕論邪正》一條,列於真德秀之後、張浚之前,似不知德裕為唐人也。

　　王文成集傳本二卷(浙江巡撫採進本)

　　國朝毛奇齡撰。奇齡有《仲氏易》,已著錄。王守仁之闢宋儒與奇齡合。又餘姚、蕭山為同郡,有鄉黨誼,故奇齡特為守仁作傳,上諸史館。後佚其半,奇齡子遠宗又摭拾足之。傳中凡低一格者,皆附錄雜事。其標"附"字者,則辨論考證之詞也。末附門人名籍與襲爵始末。夫史傳非講學之書,守仁一代偉人,亦不必以講學始重。奇齡提唱良知,曉曉不已,不免門戶之見。其辨諸附會標榜之事,以為文成无妄,起於門人及諸記述,則至言也。

梅里志四卷(江蘇巡撫採進本)

國朝吳存禮撰。存禮,奉天人,官至江南巡撫。考《史記·吳世家》張守節《正義》稱:"泰伯居梅里,在常州無錫縣東南。"存禮以吳氏出自泰伯,因為是書,以述其祖德。

朱子年譜六卷(副都御史黃登賢家藏本)

國朝朱世潤編。世潤,朱子十八世孫,襲翰林院五經博士。《朱子年譜》舊本,明戴銑增之為《實紀》。李默修之,復稱《年譜》。國朝又有洪去蕪本、王懋竑本。諸家之中惟懋竑本最精核,他家皆不免疏舛。是編意主鋪張,不求考核,故未免踵譌襲謬。至於李公晦敍述朱子生平數萬言,見《性理大全》,洪本有之。新閩本、王本所載則更多於《大全》,蓋即其所作《言行錄》也。今乃載魏序而不載李書[1]。又朱子五十六歲辨陸學之非、辨陳學之非,舊譜有之,惟李默本删去,以默傳金谿之學故也。此從李本,亦似非朱子之意[2]。且以"年譜"為名,而《年譜》僅居第三卷。自第四卷為行狀外,其餘褒崇題詠之類乃占前後四卷。末大於本,於體例亦未協也。

【彙訂】

① 此書中年譜同於戴銑《朱子實紀》中的年譜。而《朱子實紀》實亦載魏序而未另有所謂李公晦著《言行錄》。(容肇祖:《記正德本〈朱子實紀〉並說〈朱子年譜〉的本子》)

②《朱子實紀》中《年譜》記"朱子嘗曰:'海內學術之弊,不過兩說,江西頓悟,永康事功,若不極力爭辨,此道無由得明。'"列在紹興三年壬子(朱子六十三歲)"陳同甫來訪"條下。朱世潤本亦同。蓋江西指陸九淵,而永康指陳亮,當然不必另有"辨陸學之非,辨陳學之非"之條。王懋竑以為陳亮以壬寅見朱子於婺州,而壬子則無其事,故將六十三歲下注釋,改移入五十六歲之下,而加造"辨陳學之非"條,且誤以為李默刪去辨陸學、辨陳學兩條。《總目》沿其誤,又以為朱世潤本《年譜》出於李默之本。(同上)

陸象山年譜二卷(江西巡撫採進本)

國朝李紱撰。紱字巨來,號穆堂,臨川人。康熙己丑進士,官至內閣學士兼禮部侍郎。《陸九淵年譜》為其門人袁燮、傅子雲同編。寶祐四年,李子愿又重輯之,劉林為刊版於衡陽。紱病陸氏家祠所刻,凡文與本集重見者,多所刊削。又病其不載陸九齡、陸九韶事蹟,乃重加補輯,定為此本。大旨申王守仁《朱子晚年定論》之說。

考訂朱子世家一卷(安徽巡撫採進本)

國朝江永撰。永有《周禮疑義舉要》,已著錄。永家婺源,與朱子同里,故取《年譜》舊本重加刪訂,各附考證,而終以婺源子孫承襲博士支派。後附《天寧寺會講辨》一篇,專論《學會錄》所載慶元丙辰朱子至新安會講天寧寺事,為明季良知之徒鑿空撰出,以厚誣朱子云。

左忠毅年譜二卷(江西巡撫採進本)

國朝左宰編。宰,桐城人,左光斗之曾孫也。光斗事蹟具載《明史》本傳。乾隆己未,宰復網羅散失,參以祖父傳聞,旁及文集所載與同難諸人所述，以補成此譜。於當日情事始末，較為詳備。

胡忠烈遺事四卷（江西巡撫採進本）

國朝史珥編。珥，鄱陽人。乾隆甲戌進士，官吏部主事。是編紀建文末大理寺少卿胡閏遺事與後人題詠詩文，而閏女郡姐及連坐親屬並載焉。珥十一世祖秉方為閏之壻。閏既死節，壻家亦連坐。故珥述其殉節始末，成此書。先是，紀閏事者有《英風紀異》，史桂芳所刊，而楊際會名之者也。又有《風忠錄》，瞿鳳翥所刊，而文德翼序之者也。又有《忠義類編》，史乘古所名，其例言則屠叔方所纂者也。珥彙合諸書，考證頗詳。如閏妻汪氏非方氏；《貞姑傳》中所云“王安人”者，乃史氏之婦，非閏妻，頗有糾譌訂舛之功。惟舊錄載萬曆十二年十月八日詔雪革除諸臣，張榜於縣門。忽風挈其榜入雲中，飛舞空中，自午至申，乃墮。故有“風烈”、“英風”諸名，紀其實也。而史桂芳所作詩序，乃謂“閏之風異，放而往，周流六虛。卷而還，收攝完聚，明明有聖學景象。區區以忠臣目之，恐不足以慰在天之靈”云。其說似高而實謬。文天祥不云乎：“孔曰成仁，孟曰取義，讀聖賢書，所學何事？”其言至為明白，奈何以忠臣為區區，而曰別有聖賢乎？

朱子文公傳道經世言行錄八卷（浙江巡撫採進本）

國朝舒敬亭撰。敬亭字孝徵，銅山人。是書取朱子言行彙為一編。前有朱子小像及父師題辭，又有自題贊及諸人先後題贊。卷一、卷二為年譜、行狀。卷三為道學淵源。其中《濂溪事實記》蓋取之《文公文集》，《明道行實》則取之《二程文集》。卷四為伊川行狀及道體。卷五為學、存養、克己。卷六教人、儆戒。

卷七觀聖賢、辨異端。卷八治道。皆取之《文集》、《近思錄》,而以《讀唐志》①、《不自棄文》終焉。皆鈔撮習見之文,於朱子之學不能有所發明也。

【彙訂】

① "唐",底本作"書",據清乾隆五年强恕堂刻本此書及殿本改。

曹江孝女廟志十卷(浙江汪啟淑家藏本)

國朝沈志禮撰。志禮字範先,會稽人,官至廣東按察使。是編紀孝女曹娥事實。其自序謂有同里印文學君素初編,張明經噩續纂,俱未成。志禮乃因舊志重輯。孝女事在漢順帝漢安二年,見於邯鄲淳所撰碑。今法帖所傳本,與此志互有同異,可以相證。後二卷附志宋英宗時孝女朱娥與明初孝女諸娥事。二女亦皆以身救其親,又皆與曹娥同里,故以配食於廟。并錄其傳志、歌詠之文於後焉。

右傳記類"名人"之屬,一百五部,四百九十四卷,內三部無卷數①。皆附存目。

【彙訂】

① "四百九十四卷",殿本作"五百一十四卷",實為四百九十五卷。

卷六一

史 部 十 七

傳記類存目三

漢末英雄記一卷（江蘇巡撫採進本）

舊本題魏王粲撰。粲字仲宣，高平人。仕魏為丞相掾，賜爵
關內侯。事蹟具《三國志》本傳。案粲卒於建安中，其時黃星雖
兆，玉步未更，不應名書以“漢末”，似後人之所追題。然考粲《從
軍詩》中已稱曹操為聖君，則儳以魏為新朝，此名不足怪矣。《隋
志》著錄作八卷，注云殘闕，其本久佚。此本乃王世貞雜鈔諸書
成之，凡四十四人，大抵取於裴松之《三國志注》為多。如《水經
注》載白狼山曹操敲馬鞍作十片事，本習見之書，乃漏而不載。
又如築易京本公孫瓚事，乃於瓚外別出一張瓚，以此事屬之，不
知據何誤本，尤疏舛之甚矣。

廣卓異記二十卷（浙江鮑士恭家藏本）

宋樂史撰。史字正子，宜黃人，官太常博士，直史館，事蹟附
載《宋史·樂黃中傳》①。是編前有自序，稱唐李翱《卓異記》三
卷，案《卓異記》非李翱作，史蓋考之未詳，謹附訂於此。述唐代君臣卓絕盛
事，中多漏錄。史初為《續記》三卷，以補其闕。後復以僅載唐

代,未為廣博,因纂集漢魏以下迄五代並唐事,共為一帙,名《廣卓異記》,分為二十卷。首卷記帝王,次卷記后妃、王子、公主,三卷雜錄,四卷至十七卷皆記臣下貴盛之極與顯達之速者②,十八卷雜錄,十九卷舉選,二十卷專記神仙之事。大抵牽引駁雜,譌謬亦多。如所稱《晉書》王導以下至王褒九世,皆自有史傳,中有"儉子仲寶,仲寶子規"云云。案史,仲寶乃王儉字,非其子名也;儉之子名騫,騫之子名規,非仲寶子名規也。且規子褒附見規傳,亦非自有傳。諸傳雜見於《宋》、《齊》、《梁書》及《南史》,亦非全在《晉書》。舛謬殊甚。又石勒每更聞鼓鼙聲、武士襪聞空中言唐公為天子,與夢高祖乘白馬上天之類,神怪無稽,頗為蕪雜。至引《錄傳》③,稱:"周時尹氏貴盛,會食家數千人。遭饑荒,羅粟作糜吮之,吮糜之聲聞於數十里。"亦不近事理之談。其末卷則於自撰《總仙記》中撮其殊異者入此書。所言不出全家登仙、祖孫兄弟登仙,及三世、四世、五世登仙④,四人、六人、七人登仙之類,重複支離,尤不足信。自序稱採自漢、魏而下,而編中乃及楚孫叔敖、周尹氏,末卷所列神仙,并及堯、舜之時,與序自相矛盾,又其小失矣。

【彙訂】

①《宋史》有《樂黃目傳》,無《樂黃中傳》。樂史事蹟附載於其子樂黃目傳中,其字子正,雍正《江西通志》卷八〇《撫州府·人物·樂史傳》亦作"字子正"。(楊武泉:《四庫全書總目辨誤》)

② 第十二卷為雜錄,非貴盛顯達事。(李裕民:《四庫提要訂誤》增訂本)

③ 據清康熙刻本此書卷十八"吮糜之聲聞數十里"條,"錄

傳"當作"錄異傳"。

④ 末卷所記僅有三世、五世登仙，無四世登仙事。（楊武泉：《四庫全書總目辨誤》）

靖康小雅一卷（江蘇巡撫採進本）

不著撰人名氏。錄靖康死事之臣傅察、种師中、王稟、劉翊、种師道、何慶彥、黃經臣、劉韐、李若水、徐揆、孫傅、張叔夜凡十二人。宗澤、張愨扼於黃潛善、汪伯彥而死者亦附焉。澤傳中稱"潛善卒不遄死而令公卒"，則此書作於汪、黃秉政之日矣。傳末各系以四言詩，故以"小雅"為名。其文散見《北盟會編》中。此本次序，似以徐夢莘所載鈔合之，非完書也。

紹興正論一卷（江蘇巡撫採進本）

舊本題湘山樵夫撰。不著名氏。敘列張浚、趙鼎、胡銓、胡寅、連南夫、張戒、常同、呂本中、張致遠、魏矼、張絢、曾開、李彌遜、晏敦夫、王庶、毛叔度、范如圭、汪應辰、許忻、方廷實、韓訓、陳鼎、許時行、李光、洪皓、沈正卿、張燾、陳康伯、陳括、陳剛中三十人①，皆以不附和議而貶謫者。每人之下略具事實，少者一二語，多亦不過三四行②。案《書錄解題》載《紹興正論》二卷，註曰："序稱瀟湘野人，不著名氏。錄文武官不附和議及忤秦檜得罪者。"又載《紹興正論小傳》二十卷，則樓昉以《正論》中姓名仿《元祐黨傳》為之。所謂二卷者，似即此書。而書名及撰人之號皆大同小異，卷數亦不相符，其故則莫得而詳矣③。

【彙訂】

①《總目》所據本乃抄自《三朝北盟會編》卷二二五的節本，其中人名頗多抄誤。晏敦夫當作晏敦復，方廷實當作方廷實（襲

《會編》原文之誤），許時行當作馮時行，沈正卿當作沈長卿。（李裕民：《四庫提要訂誤（續）》）

②據《郡齋讀書附志》卷五上雜史類"紹興正論"條載，原書所收凡一百一十八人，每人小傳字數亦多於《三朝北盟會編》所引。（李裕民：《四庫提要訂誤》增訂本）

③《紹興正論》二卷，作者瀟湘野夫（非"瀟湘野人"），龔明之淳熙九年（1182）作《中吳紀聞》也引其文，則成書在此之前；《紹興正論小傳》二十卷，樓昉任宗正寺主簿時（1217—1233）撰，內容較詳，顯為二書。（同上）

桐陰舊話一卷（編修程晉芳家藏本）

宋韓元吉撰。元吉字无咎，宰相維之元孫，以任子仕，歷龍圖閣學士、吏部尚書。嘗居廣信溪南，自號南澗居士。此書《宋志》云十卷，陳振孫《書錄解題》亦同。《續百川學海》所錄，乃衹此一卷，其條數亦與此本同。蓋全書久佚，從諸書鈔撮成編也①。書中所記韓億、韓綜、韓絳、韓繹、韓維、韓縝雜事，共存十三條，皆其家世舊聞。以京師第門有桐木，故云《桐陰舊話》。蓋北宋兩韓氏並盛，世以桐木韓家別於魏國韓琦云。

【彙訂】

①今傳《古今説海》、《續百川學海》諸本所收此書悉出於《説郛》本，《總目》亦據其本著錄，非從諸書抄撮成編。（昌彼得：《説郛考》）

南渡十將傳十卷（兩淮鹽政採進本）

宋章穎撰。十將者，劉錡、岳飛、李顯忠、魏勝、韓世忠、張俊、虞允文、張子蓋、張宗顏、吳玠也。劉、岳、李、魏四傳，開禧二年表上。後六傳未上。核以《宋史》本傳，此所採摭，未為詳核。且抑世忠於勝、顯忠後，似亦未安。子蓋、宗顏，戰功寥寥，允文亦僥倖不敗，乃與諸人並數，皆未免不倫也。

稗傳一卷（浙江巡撫採進本）

元徐顯撰。顯仕履無可考。觀其稱王艮為鄉里，又稱居平江東城，則當為紹興人，而寓於姑蘇者也。是編紀元末王艮、柯九思、陳謙、葛乾孫、潘純、陸友、王冕、王漸、楊椿、王德元、徐文中事，後載沈烈婦等十三人，敍述頗為詳備。中多及丙申二月平江城陷事，指張士誠軍為外兵。而載己亥紹興被兵事，於明人則直斥為寇。疑作此書時，張氏尚存，故其詞如此。其敍柯九思之卒在至正癸亥。案至正紀年無癸亥，而九思之卒實在乙巳。蓋此書傳寫誤也。

萬柳溪邊舊話一卷（浙江鮑士恭家藏本）

元尤玘撰。玘字君玉，號知非子。自稱尤袤之後，不知其世次。舊本題為宋人。今此書後跋稱玘為大司徒，則當官戶部尚書。又末條稱終慕公不肯仕元，則當為元人①。而卷首題“門人張雨填諱”，則又句曲外史之師，應在元中葉以後也。書中所記皆尤氏先世事。末有玘曾孫實跋，稱宏治二十九年於祠屋中求得舊本②，簡斷墨暗，不可讀者逾半，命門人許靈鈔其完者，而恨全帙之不可得。是此書已非完本矣。元陳世隆載入《藝圃搜奇》，所載之文與此本並同。斷無明人所鈔壞爛之本，適與元人所見一字不異者。此亦足證《藝圃搜奇》必非元人書也。

【彙訂】

① 光緒《無錫金匱縣志》卷二二《文苑·尤玘傳》云：“字

君玉，袤六世孫。仕元，歷官戶部尚書，封魏郡公。"可知為尤
袤六世孫，且非"不肯仕元"。（楊武泉：《四庫全書總目辨
誤》）

②弘治僅十八年，無二十九年。康熙《常州府志》卷一六
《選舉志》洪武二十九年丙子鄉試舉人有"尤寶，知州"。則"弘治
二十九年"為"洪武二十九年"之誤。（同上）

旌義編二卷（浙江巡撫採進本）

元鄭濤撰。濤字仲舒，浦江人，官太常禮儀院博士。鄭氏稱
義門，自宋建炎初名綺者始，至濤為八世。先是，綺六世孫龍灣
稅課提領太和為家規五十八則，七世孫欽及其弟鉉增添九十二
則，共一百五十則，勒之於石。至濤，復謂禮有當隨時變通者，乃
酌加增損為一百六十八則，列為上卷，又彙輯諸家傳記碑銘之文
有關鄭氏事實者，列為下卷，通名曰《旌義編》。宋濂序稱三卷，
其書實止二卷，蓋序文傳寫之誤也①。

【彙訂】

①是書鄭濤輯本原作三卷，宋濂為序。明宣德間鄭楷重纂
始合為二卷，仍冠宋濂原序。（杜澤遜：《四庫存目標注》）

忠傳四卷（永樂大典本）

不著撰人名氏。載於《永樂大典》中，題云《國朝忠傳》，則明
初人所作也。其書集古今事蹟，各繪圖繫說，語皆鄙俚，似委巷
演義之流，殆亦明太祖時官書歟？

草莽私乘一卷（浙江鮑士恭家藏本）

舊本題明陶宗儀編。宗儀有《國風尊經》，已著錄。是書凡
錄胡長孺、王惲、許有壬、虞集、劉因、李孝光、金炯、楊維楨、林清

源、龔開、周仔肩、揭傒斯、貢師泰、汪澤民十四人雜文二十首，皆紀當時忠孝節義之作。《王世貞集》有此書跋語，云係宗儀手鈔。然孫作《滄螺集》載有宗儀小傳，紀所作書目有《説郛》一百卷、《書史會要》九卷、《四書備遺》二卷、《輟耕錄》三十卷，無此書名。疑好事者依託也。

宋遺民錄一卷（内府藏本）

不著撰人名氏。乃洪武中鈔本。毛晉刻之，附於《忠義集》之後。或元人所作，或明初人所作，均未可知。後程敏政亦有《宋遺民錄》，殆未見此本，故其名相複歟[①]？

【彙訂】

① 館臣所據為明崇禎中期毛晉汲古閣刊《汲古閣合訂唐宋元詩五集》叢書本，其末頁有"洪武四年春二月九日題於會試之對讀所"和"乙酉夏六月借嚴二仲木本陸甥鈔"兩行鈔記類文字。然洪武朝無乙酉紀年，且僅是五名元初南宋遺民和七名純粹元人的詩詞作品選，不當入史部傳記類。此本實是偽書，乃從程敏政撰十五卷本《宋遺民錄》中任意割截、拼湊而來，除末頁兩行鈔記類文字，所有内容、文字全見於程書。《總目》卷一九一《集部·總集類·存目一》所著錄《宋遺民錄》一卷即此書。（吳豔玲：《汲古閣一卷本〈宋遺民錄〉偽書考》）

金華賢達傳十二卷（浙江范懋柱家天一閣藏本）

明鄭柏撰。柏字叔端，浦江人，宋濂之門人也。是書輯金華一郡人物，各為小傳，系之以贊。凡三百六十餘人，分忠義、孝友、政事、儒學、卓行五門，亦宋濂《浦陽人物記》之類。然如樓照迎合和議，曹冠為秦檜門客，乃並取之，殊不免鄉曲之私。第十一卷內又有柏傳一篇，附鄭楷之後。柏無自作傳之理，或其家子孫所增入歟？

四明文獻錄一卷（浙江范懋柱家天一閣藏本）

明黃潤玉撰。潤玉字孟清，鄞縣人，永樂庚子舉人，官至廣西提學僉事。事蹟具《明史》本傳。是編成於成化丙戌。以四明文獻分為二類，一曰鄉先生，自漢角里①、黃公以下三十五人，皆四明產也；一曰鄉大夫，自周文種以下九人，皆官於四明者也。人各有傳，并系以贊。據卷末其孫溥跋，蓋原本尚有諸人小像，後莫息重刊，以非真本削除之。跋又稱是書未出以前，有偽本託潤玉之名以行，潤玉知而燬之。其本前無序後無贊云。

【彙訂】

①"角里"，底本作"夏里"，據殿本改。據《史記》、《漢書》載，"商山四皓"之名為東園公、角里先生、綺里季、夏黃公。

孝紀十六卷（江蘇巡撫採進本）

明蔡保禎撰。保禎字端卿，漳浦人。是書以孝行事實區為十六類。一曰帝王，二曰聖門，三曰純孝，四曰世孝，五曰祿養，六曰苦行，七曰神助，八曰通神，九曰尋親，十曰格暴，十一曰復仇，十二曰死孝，十三曰永慕，十四曰瑞應，十五曰童孝，十六曰女孝。

潤州先賢錄六卷（浙江汪啟淑家藏本）

明姚堂撰。堂字彥容，慈谿人。正統己未進士，官至鎮江府知府。是編成於天順癸未，錄鎮江先賢自周迄宋，分高風、忠節、相業、直諫、德望、文學六門。列其人之事實并後人所為記讚詩文，間及其人之著述。所載僅二十人，不及《京口耆舊傳》十之一也。

忠義錄十四卷(浙江范懋柱家天一閣藏本)

明王葊撰。葊字時禎,金谿人。景泰辛未進士,官至浙江按察使①。是書取史傳忠義之事,分類編輯。以伯夷以下五百九十七人為上,張良以下五百七人次之,各節錄事實。有祠墓可考者,並詳其地。孟達等八十七人,或失節於前,或死不足贖;解文卿以下十人,或事非其主,或言非其時,皆不以忠義與之,持論頗正。其王充以下一百四人,始終一姓,忠義皎然,乃以其為遼、金、元之臣,私意區分,曲相排抑,則悖謬甚矣。又自謂此書旁搜諸子百家,庶幾全備。而唐宋間如成三郎②、蘇安恒、韓通、張旦輩,俱未及載,則亦未能無所遺漏也。

【彙訂】

① 清雍正《江西通志》卷八二《撫州府三》載:"王葊,字東石,通政萱弟也。正德進士,授禮部主事……歷官浙江提學副使。"卷五三"弘治十七年甲子鄉試"中有王葊:"金溪人,萱弟。"卷五四"正德六年辛未楊慎榜"進士有王葊:"金溪人,副使。"王紹元《王公葊墓誌銘》(載《國朝獻徵錄》卷八四)亦載"正德辛未登進士第"。辛未即正德六年(1511)。《千頃堂書目》卷二二著錄王葊《東石文集》,注云:"字時禎,金溪人,浙江提學副使。"卷三十又著錄王葊《古今諫議集疏》,注云:"金溪人,正德辛未進士,官浙江提學副使。"《浙江通志》卷一百十八《職官八》"明二""提刑按察司按察使"中無王葊。(楊武泉:《四庫全書總目辨誤》;胡露、周錄祥:《〈四庫全書總目〉存目補正十二則》)

② "成三郎",殿本作"成三朗",誤。成三郎,《舊唐書》卷一

八七有傳。

名相贊一卷（浙江范懋柱家天一閣藏本）

明尹直撰。直字正言，泰和人。景泰甲戌進士，官至華蓋殿大學士，謚文和。事蹟具《明史》本傳。是書取漢、唐、宋相業足稱者，始蕭何，終文天祥，凡八十七人。採摭事實，各為之贊。

南宋名臣言行錄十六卷（浙江范懋柱家天一閣藏本）

明尹直撰。此書續朱子《名臣言行錄》而作。前有宏治癸亥自序，云：“取《宋史》列傳，自陳俊卿以下，芟繁節冗，撮採其要，得百二十有三人。”然朱子所作《名臣言行錄》，原以網羅舊聞，蒐載軼事，用備史氏之採擇。若徒鈔錄史文，一無考證，則《宋史》列傳具在，亦何必徒煩筆墨乎？

伊洛淵源續錄六卷（浙江巡撫採進本）

明謝鐸撰。鐸有《赤城論諫錄》，已著錄。是書所錄，凡二十一人[1]，蓋繼朱子《伊洛淵源錄》而作。以朱子為宗主，始於羅從彥、李侗，朱子之學所自來也；佐以張栻、呂祖謙，朱子友也；自黃榦而下，終於何基、王柏，皆傳朱子之學者也。然所載張栻等七人，則全錄《宋史·道學傳》，呂祖謙等七人，則全錄《宋史·儒林傳》，李侗等六人，略採行狀、誌銘[2]、遺事。其輔廣一人，則但載姓名里居，僅數十字而止，尤為疏略。案廣即世所稱“慶源輔氏”，《明一統志》載其始末甚詳，鐸偶未考耳。《明史》鐸本傳載其為南京國子監祭酒時，上言六事。其三曰正祀典，乃請進宋儒楊時而退吳澄，為禮部尚書傅瀚所持，僅進時而澄祀如故。夫澄之學雖曰未醇，然較受蔡京之薦者[3]，則有閒矣。鐸欲以易澄，蓋以道南一脈之故，而曲諱其出處也。然則是錄之作，其亦不出門户之見矣。

【彙訂】

①　此書所錄二十二人,卷一羅從彦,卷二李侗,卷三朱熹,卷四張栻、吕祖謙,卷五蔡元定(附子蔡沈)、黄榦、李燔、張洽、陳淳、李方子、黄灝、廖德明、葉味道、石子重、輔廣、杜燁、杜知仁、趙師淵,卷六真德秀、何基、王柏。若計蔡沈,則爲二十三人。(周春健:《讀〈四庫總目〉小札》)

②　"誌銘",殿本作"墓銘"。

③　"然較受蔡京之薦者",殿本作"然較諸老不知止甘受蔡京之薦以希一日之榮者"。

宋遺民錄十五卷(副都御史黄登賢家藏本)

明程敏政撰。敏政字克勤,休寧人。成化丙戌進士,官至禮部右侍郎,事蹟具《明史·文苑傳》。此書前列王炎午、謝翱、唐珏三人事蹟及其遺文,而後人詩文之爲三人作者並類列焉。七卷以後,則附錄張宏〔弘〕毅、方鳳、吴思齊、龔開、汪元量、梁棟、鄭思肖、林德暘等八人。第十五卷紀元順帝爲宋瀛國公子,引余應詩、袁忠徹記以實之①。至謂虞集私侍文宗之妃,説殊妄誕,所引亦自相矛盾。蓋文宗時嘗下詔書,稱順帝非明宗之子,斥居静江。好事者因造爲此言,其荒唐本不待辨,敏政乃從而信之,乖謬甚矣。

【彙訂】

①　"以",殿本無。

尊鄉錄節要四卷(浙江汪啟淑家藏本)

明王弼撰。弼,黄巖人。成化乙未進士,官至興化府知府。

初,謝鐸嘗著《尊鄉錄》四十一卷,載其鄉先達事實。弼復以己意節其大略,取十大儒、五大臣、六忠臣、十五孝子,各為之贊①。卷末附《拾遺》二十事,事各為詩。

【彙訂】

① 此書明弘治七年黃巖王弼刊清臨海盧炯重刻本有黃巖楊晨跋,謂謝鐸自撰。王弼實為刻書人。(洪煥椿:《浙江方志考》)

考亭淵源錄二十四卷(浙江吳玉墀家藏本)

明宋端儀撰,薛應旂重修。端儀字孔時,莆田人。成化辛丑進士,官至廣東提學僉事,事蹟具《明史》本傳。應旂有《四書人物考》,已著錄。此編仿《伊洛淵源錄》之例,首列延平李侗、籍溪胡憲、屏山劉子翬、白水劉勉之四人①,以溯師承之所自。次載朱子始末。次及同時友人張栻以下七人②。次則備列考亭門人,自勉齋黃榦以下二百九十三人③。其二十三卷則門人之無記述文字者,但列其名,凡八十八人。末卷則考亭叛徒趙師雍、傅伯壽、胡紘等三人,亦用《伊洛淵源錄》載邢恕例也。史稱端儀慨建文朝忠臣湮沒,乃搜輯遺書,為《革除錄》。建文忠臣之有錄,自端儀始。然其書今未見,即此書原本亦未見,世所行者惟應旂重修之本。應旂作《宋元通鑑》,於道學宗派多所紀錄,此書蓋猶是意。然應旂初學於王守仁,講陸氏之學,晚乃研窮洛、閩之旨,兼取朱子。故其書目錄後有云④:“兩先生實所以相成,非所以相反。”遂以陸九淵兄弟三人列《考亭淵源錄》中,名實未免乖舛也。

【彙訂】

① “延平李侗籍溪胡憲屏山劉子翬白水劉勉之”,殿本作

“李侗胡憲劉子翬劉勉之”。

②　底本“張”上有“至南軒”三字，據殿本刪。（陳乃乾：《〈讀四庫全書總目〉條記》）

③　“勉齋”，殿本無。

④　“其書”，殿本無。

鹿城書院集無卷數（浙江巡撫採進本）

明鄧淮撰。淮，吉水人。成化辛丑進士，宏治中官溫州府知府。以南宋時溫州之士遊二程、張、朱之門者，有周行己等二十三人。乃命永嘉知縣汪循即鹿城建書院，祀二程、張、朱，而以行己等侑焉。復輯諸人誌銘、家傳及其遺事緒論見於志書、語錄中者，彙為此編。雖亦講學家標榜之書，然永嘉學派①，頗異新安。淮不分門户於其間，則視黨同伐異者，其公私相去遠矣。

【彙訂】

①　殿本“派”下有“多兼求實用”五字。

吳中往哲記一卷續吳中往哲記一卷續吳中往哲記補遺一卷（浙江汪啟淑家藏本）

《吳中往哲記》，明楊循吉撰。《續記》、《補遺》，皆黃魯曾撰。循吉有《蘇州府纂修志略》，已著錄①。魯曾字得之，吳縣人，正德丙子舉人。循吉書見《明史·藝文志》，卷數與此相符，記明初蘇州府人物，自《勳德》至《冠袥》，分七目，凡四十一人。《續記》自《忠節》至《散逸》，分十七目，凡四十人。《補遺》自《審進》至《釋行》，分十九目，凡三十一人。其《補遺》原目本一卷，此本分作二卷②，又改其《釋行第十七》為第一，則刊刻者之誤也。書中所列小傳，皆寥寥數言，未見端末。又如徐有貞以險忮敗，而循吉稱為四海物望，蓋未免鄉曲之私。吳寬位終禮部尚書，而魯曾乃題作東閣大學士，尤顯然譌謬，則亦不足徵信矣。

【彙訂】

①《總目》卷五三著錄楊循吉撰《蘇州府纂修識略》六卷。

②"本"，殿本無。

吳中故實記一卷續記一卷補遺一卷（浙江巡撫採進本）

舊本題明楊循吉撰。檢勘其文，即循吉《吳中往哲記》、黃魯曾《往哲續記》、《補遺》原本。惟於標題中刊去"往哲"二字，易以"故實"二字。蓋書賈剗舊版①，改易新名以售欺者也。

【彙訂】

① 殿本"剗"下有"補"字。

掾曹名臣錄一卷續集一卷（浙江范懋柱家天一閣藏本）

明王瓊撰①。瓊有《晉溪奏議》，已著錄。是編乃瓊官南京戶部侍郎時，見諸吏中有知琴書可教誨者，因採錄明興以來由掾曹而列名臣者，編為此書，以示勸勉。凡劉敏等九人。又《續集》一卷，凡劉本等四人。前有正德甲戌瓊自序②，後有南京戶部郎中卞師敏跋。

【彙訂】

①《千頃堂書目》、《明史·藝文志》皆著錄是書作者為王鴻儒，《總目》卷一三一《煙霞小說》條錄其子目曰"王凝齋《名臣錄》"，《明儒學案·河東學案》題"文莊王凝齋先生鴻儒"，附《小傳》曰："王鴻儒，字懋學，號凝齋，河南南陽人。"焦竑《獻徵錄》卷三十一載朱睦㮮《南京戶部尚書王公鴻儒傳》："王鴻儒，字懋學，南陽人，以正德七年復起為南京戶部右侍郎，著有《凝齋集》若干

卷。"(單錦珩:《〈掾曹名臣錄〉著者考》;潘樹廣:《〈掾曹名臣錄〉撰者考——兼說〈四庫全書存目叢書〉的一點失誤》;杜澤遜:《四庫存目標注》)

②是書卷首有正德九年甲戌夏六月望日王凝齋序曰:"正德癸酉(八年),予承乏南京戶部侍郎。"與《明史》卷一八五《王鴻儒傳》所記相符,而據《明史》卷一九八《王瓊傳》,其時瓊所任為戶部尚書,任南京戶部右侍郎在正德四年正月至六年十一月。(同上)

　　蘇材小纂六卷(戶部尚書王際華家藏本)

　　明祝允明撰。允明字希哲,長洲人。宏治壬子舉人,官至應天府通判。《明史·文苑傳》附見《徐禎卿傳》中。是書記天順以後蘇州人物。前有自序,稱宏治改元,詔中外諸司撰集事蹟,上史館為實錄。簡允明等數弟子員司其事,因私纂紀為此書。第一曰《簪纓》,纂徐有貞以下十九人。第二曰《邱〔丘〕壑》,纂杜瓊以下五人。第三曰《孝德》,纂朱灝一人。第四曰《女憲》,纂王妙鳳以下三人。第五曰《方術》,纂張豫等二人。大約本之碑誌行狀[①],而稍為考據異同,注於本文之下。其敘徐有貞事,頗有諱飾。蓋允明為有貞外孫,親串之私,不能無所假借云。

【彙訂】

①"行狀",殿本作"傳狀"。

　　莆陽文獻十三卷列傳七十五卷(福建巡撫採進本)

　　明鄭岳編,黃起龍重訂。岳字汝華,宏治癸丑進士,官至兵部左侍郎。事蹟具《明史》本傳。起龍,萬曆戊戌進士。並莆田人。是書取莆田、仙遊二縣自梁、陳迄明著作詩文,輯為十三卷。

又取名人事蹟成《列傳》七十四卷。文以體分，傳則不分門目。後倭變書燬，起龍為之重鋟。并附柯維騏所作《岳傳》一首，為卷第七十五。岳書採摭繁富，義例頗仿史裁。然起龍譏其文內不載楊琅、林誠兩御史之奏疏，及黃仲元之《郭孝子祠記》、《墓表》。傳內載仕梁之徐寅、翁承贊及永樂初梯榮獻策之林環，而於《林光朝傳》但紀其文集，而不及所著之《易解》、《尚書解》、《語錄》、《説詩》等書。去留不無遺憾，則固確論也。

東嘉先哲錄二十卷（浙江鮑士恭家藏本）

明王朝佐撰。朝佐字廷望，浙江平陽人。宏治丙辰進士，官南京工部員外郎。是編刻於正德初。蒐輯溫州先賢事實，分類凡八，曰先達，曰程子門人，曰朱子門人，曰名儒，曰名臣，曰孝子，曰氣節，曰詞章①。晉、唐以來紀載無考，故所錄託始於宋焉。

【彙訂】

① 名臣、孝子間尚有忠臣一類（卷十六至十七），共九類。（孫詒讓：《溫州經籍志》）

國寶新編一卷（浙江巡撫採進本）

明顧璘撰。璘字華玉，吳縣人。宏治丙辰進士，官至刑部尚書。事蹟具《明史·文苑傳》①。是書凡錄李夢陽、何景明、祝允明、徐禎卿、朱應登、趙鶴、鄭善夫、都穆、景暘、王韋、唐寅、孫一元、王寵十三人。人為之傳，傳為之贊。蓋感於知交凋謝而作，略綴數語以存其人，亦柳宗元《先友記》類也。

【彙訂】

①《明史·文苑傳二》云顧璘為上元人，《國朝獻徵錄》卷四

八京學志《南京刑部尚書顧公璘傳》、嘉慶新修《江寧府志》卷四〇《文苑·顧璘傳》、道光《上元縣志》卷一五《仕履》"顧璘"條、同治《上江兩縣志》卷二二《鄉賢》"顧璘"條均作上元人。惟《弇山堂別集》卷五一《南京刑部尚書表》云："顧璘,應天上元籍,直隸吳縣人,弘治丙辰進士。"文徵明《甫田集》卷三二《顧公墓誌銘》云："世為蘇之吳縣人。國朝洪武中,高祖通以匠作徵隸工部,因占數為上元人。"可知自其高祖已占籍上元,因避匠籍,而科舉考試仍占籍吳縣。(楊武泉:《四庫全書總目辨誤》)

春秋列傳五卷(副都御史黃登賢家藏本)

明劉節撰。節字介夫,號梅國,大庾人。宏治乙丑進士,官至刑部侍郎。是編取《春秋內》、《外傳》所載列國諸臣,類次行事,各為之傳。始祭公謀父,終蔡朝吳,凡二百有二人。全本舊文,無所考證。鄒縣潘榛為之訓釋,亦頗疏略。

備遺錄一卷(浙江范懋柱家天一閣藏本)

明張芹撰。芹,新淦人,《明史》作峽江人,蓋新淦其試籍也。宏治壬戌進士,官至浙江右布政使。事蹟具《明史》本傳。是書紀建文殉節諸臣姓名。前有自序,題正德丙子五月。目列四十六人。卷中有事實者二十人,無事實者二十六人。案林塾《拾遺書》云："近見南院御史張芹增入江右數人,共五十四人。"塾所見題正德乙亥,正此《錄》前一年,而此《錄》乃轉止於四十六人。又《學海類編》有張芹《建文忠節錄》一卷,其序與此同,亦正德丙子所撰。而目次乃與此不同,且有七十人之多。《明藝文志》既有張芹《建文備遺錄》二卷①,又有張芹《備遺錄》一卷。考芹序稱《錄》中四十六人名氏,皆閩中宋君端儀嘗採輯為錄而未成者。

疑芹初據宋氏原本而作，後又隨時續有增益，原非一本。傳錄者各據所見，遂兩存之耳。

【彙訂】

① 殿本"明"下有"史"字。

拾遺書一卷（浙江范懋柱家天一閣藏本）

明林塾撰。塾，莆田人，宏治壬戌進士，官至浙江布政司參議。此書載建文諸臣事蹟，文甚簡略。前有正德乙亥自識云，考前史失記者凡五十四人，故以"拾"名其書。然所載與諸書略同。其齊泰以下三十人，事實俱闕，亦未能考補也。

台學源流七卷（浙江巡撫採進本）

明金賁亨撰。賁亨字汝白，臨海人。初冒高姓，正德甲戌《進士題名碑》之高賁亨①，即其人也。官至江西提學副使。是書敍述台州先儒，自宋徐中行迄明方孝孺、陳選，凡三十八人，各為之傳。其疑而莫考者又有十五人，各以時代類附姓名於傳末。其傳雖多採《晦菴文集》、《伊洛淵源錄》諸書，然賁亨當明中葉，正心學盛行之時，故其說調停於朱、陸之間。謂朱子後來頗悔向來太涉支離，又謂朱子與象山先異後同云云，皆姚江《晚年定論》之説也。

【彙訂】

① "正德甲戌進士題名碑之高賁亨"，殿本作"宏治甲戌進士題名碑之高賁彥"，誤。弘治無甲戌，《明清進士題名碑錄》正德九年甲戌科二甲第五十五名為高賁亨。（周春健：《讀〈四庫總目〉小札》）

新安學系錄十六卷（安徽巡撫採進本）

明程曈撰。曈號峨山，休寧人。是書以朱子為新安人，而引據歐陽修《冀國公神道碑》謂程子遠派亦出新安，故輯新安諸儒出於二家之傳者，編為此書。自宋至明凡百有一人，皆徵引舊文以示有據。夫聖賢之學，天下所公也，必限以方隅，拘以宗派，是門戶之私矣。至程子一生，無一字及新安。而遙遙華胄，忽爾見援。以例推之，則朱出於邾，姓源可證，今嶧山之士不又引朱子為鄉黨乎？此真為夸飾風土而作，不為闡明學脈而作也。《江南通志》列疃於《儒林傳》中，稱所著《新安學系》，與朱子合者存，背者去，足盡是書之大旨矣。

二科志一卷（江蘇巡撫採進本）

明閭秀卿撰。秀卿，蘇州人，始末未詳。是書分文學、狂簡為二科。所載自楊循吉以下凡七人，皆偶錄一二事，不為全傳。蓋一時互相標榜之書。其紀徐禎卿方登賢書，於文徵仲尚稱文璧[①]，而以徵明字之[②]，則猶宏治中所作也。

【彙訂】

① “尚”，殿本無。

② “而”，殿本無。

明璫彰癉錄一卷（兩淮鹽政採進本）

明顧爾邁撰。爾邁，淮安人，始末未詳。是書採撮《實錄》、《憲章錄》、《中官考》諸書，而各加論斷。所記止成化中汪直擅政之事，似非完本，抑或於世近者有所諱歟？

革朝遺忠錄二卷（浙江范懋柱家天一閣藏本）

明郁袞撰。袞，嘉興人。其書撰述年月無可考。黃佐《革除遺事》已稱因郁袞原本，則當在正德以前矣。所列一百六十傳，皆明惠帝時死難諸臣。而附錄一卷，則降燕諸臣如胡廣、黃福之類後至大官者亦在焉。每傳後或附以贊語，又間有所附註①。然其精要，已皆採入《革除遺事》中矣②。

【彙訂】

① "間"，殿本無。

② 諸本《革除遺事》無"因郁袞原本"之語。《革朝遺忠錄》卷首冠有《備遺錄》、《革除遺事》、《備遺續錄》三書序引，實據三書取捨而成。除體例稍有變動，內容一仍《革除遺事》之舊。（牛建強：《明代中後期建文朝史籍纂修考述》）

別本革朝遺忠錄二卷（兩江總督採進本）

不著撰人名氏。惟題青州府知府杜思子睿重刻，思即撰《考信編》者也。黃虞稷《千頃堂書目》於郁袞《革除遺忠錄》二卷外①，又別出杜思《革朝遺忠錄》二卷，蓋即指此本。然以郁袞本校之，則此《錄》實郁袞書。惟袞於各傳後附以讚語，而此本有傳無贊為少變其例。又書首冠以張芹《備遺錄》、黃佐《革除遺事》、敖英《備遺續錄》序三篇，皆與書不相應。世別有高廩刊本，卷首亦有三序，與此正同。蓋明代刊書者往往竄亂舊本而沒所由來，諸版競出，混淆彌甚，其風熾於萬曆以後。今觀此本，則嘉靖中已有之矣。案，思登嘉靖丙辰進士。

【彙訂】

① "黃虞稷"，殿本作"黃氏"。

羣忠錄二卷（浙江汪啟淑家藏本）

明唐龍撰。龍有《易經大旨》，已著錄。是編紀明太祖征陳友諒時諸臣姓名行實①。凡祀於餘干縣康郎山廟者，有丁普郎等三十五人；祀於南昌府廟者，有趙得勝等十四人。又附載孫燧

等五人,皆殉宸濠之難,後賜祀於旌忠祠者。其題旌各疏並祭謁
詩文亦附於後焉。

【彙訂】

① "姓名",殿本作"名姓"。

崑山人物志十卷(浙江巡撫採進本)

明方鵬撰。鵬字子鳳,亦字時舉,崑山人。正德戊辰進士,
官至太常寺卿①。是書論次崑山先哲,首名賢六人,次節行二十
八人,次文學三十七人,次列女三十人,次藝能三十一人,次游寓
二十六人,而以"雜志"終焉,共為十卷。《明史·藝文志》作八
卷,傳寫誤也。

【彙訂】

① 據《崑山縣志·方鵬傳》,"太常寺卿"當作"南京太常寺
卿"。(李裕民:《四庫提要訂誤》)

名臣言行錄前集十二卷後集十二卷(浙江范懋柱家天一閣
藏本)

明徐咸撰。咸,海鹽人,正德辛未進士,官至襄陽知府①。
先是,豐城楊廉本彭韶《名臣錄贊》撰《名臣言行錄》四卷,所載
凡五十五人。咸亦纂《近代諸臣言行錄》,凡四十八人。餘姚
魏有本官河南巡撫時,嘗合刻之。及咸歸里之後,病其未備,
重為纂輯。於《楊錄》增十六人,於己所錄者亦增二十五人,分
為前、後二集。自為序記其始末,而仍以魏有本初刻之序弁於
書首云。

【彙訂】

① 殿本"陽"下有"府"字。

毘陵忠義祠錄四卷附錄一卷（江蘇巡撫採進本）

明葉夔撰。夔字司韶，武進人。成化中，以歲貢生官汝陽州訓導。是編第三卷中載夔《請祀典書》，稱宋德祐元年十一月，巴顏率師攻常州，屠其城，知府事姚訔、通判陳炤俱不屈死。其先後殉難者又有王安節、劉師勇、胡應炎、尹玉、麻士龍、包圭、阮應得、方允武①、徐道明、莫謙之、僧萬安諸人。自成化九年郡庠生段瑜等建言於同知柳某，始立訔、炤以下木主十一位，附於陳司徒廟。而文天祥、劉師勇、阮應得、僧萬安猶未與也。宏治十年，知府曾望宏乃別創忠義祠，請並祀文天祥以下十四人，而附以元壬辰靖難之劉溶。巡按御史謝琛亦上書，請著於祀典，詔從之。夔因編其始末為此書。首圖考，次傳志，次詩，次贊，次文牒。凡史傳所未載者，此皆補其佚闕，足相參證。惟此書載宋臣與祀者止十四人，則未祀文天祥等四人，其附於陳司徒廟者止當有十主耳。夔《請祀典書》云“十一主”，未喻其故。又考《宋季三朝政要》，載元兵至常州，守臣王宗洙遁，權守王良臣以城降。今是書《姚訔傳》中謂良臣屢舉不第，流落無藉。寓常，與錢闓謀，竊符印詐稱郡官，詣巴顏軍前獻之。然則良臣未嘗權守，《三朝政要》誤書矣。是亦足訂史之譌也。此書作於正德初年②。末《附錄》一卷，載國朝順治十四年事③，蓋後人所續，其姓名則不可考矣。

【彙訂】

①“方允武”，殿本作“方允式”，誤。方允武，《宋史》卷四五二《忠義七》有傳。

②“年”，殿本無。

③殿本“載”下有“有”字。

毘陵人品記四卷（浙江范懋柱家天一閣藏本）

明葉夔撰，其子金及同邑毛憲續成之。憲有《諫垣奏草》，已著錄。金字誠齋，刻是書時官紹興府通判，其終於何官則未詳也。是書前有自記，稱常州古毘陵地，記人品冠以古名者，古可以統今。今常州之名，隋唐以前未有也。然隋唐以前無常州，不可繫以常州，隋唐以後無毘陵，獨可繫以毘陵乎？至其先列五縣沿革於前，使歷代殊名，瞭如指掌，則提綱挈領，固體例之最善者也。其書敍述頗簡核，然皆史傳所已載。末附夔、憲二小傳，則嘉靖壬寅刻是書時餘姚岑原道所補，見原道所作序中。

毘陵正學編一卷（兩江總督採進本）

明毛憲撰。是編所載凡十二人。首楊時，次鄒浩、周孚先、周恭先、唐彥思、鄒柄、喻樗、胡珵、尤袤、李祥、蔣重祥[①]、謝應芳。自浩以下或籍晉陵，或籍宜興，或籍無錫，或籍武進。獨時為劍州將樂人，於毘陵為流寓。蓋以道南一脈，假借之以為重云。

【彙訂】

① 蔣重祥乃蔣重珍之誤。明嘉靖四十一年刻本此書即作蔣重珍。蔣重珍，無錫人，《宋史》卷四一一有傳。（周春健：《讀〈四庫總目〉小札》）

名臣像圖一卷（浙江鄭大節家藏本）

明吳守大撰[①]。守大字有君，崑山人。是書成於正德丙子，錄徐達以下至楊繼宗，凡四十九人。人繪一圖，圖後各敍仕履，系之以贊。其書刻於廣西，紙版拙惡。四十九人面貌相同，惟以題名別識，殆如兒戲。

【彙訂】

①《浙江省第五次鄭大節呈送書目》、《浙江採集遺書總錄》皆著錄此書作者為吳大有。（杜澤遜：《四庫存目標注》）

畜德錄一卷（浙江范懋柱家天一閣藏本）

明陳沂撰。沂有《維楨錄》，已著錄。此書皆紀宣德、正統閒名臣言行，人各一二條。末有嘉靖壬辰自跋，稱"以所聞於外祖金靜虛、太常夏崇文及吳文定、李文正者，著之於篇。雖有不倫，而取善之道不以人廢"云云①。考所載如于謙、魏驥、徐晞、王翱、姚夔、岳正、韓雍、周忱、劉大夏、屠墉、章懋、儲巏、何瑭、朱希周等，皆一時名人。他如蹇義、解縉、夏原吉、楊榮、金幼孜，身事兩朝，已為其次。至王越以權術用事，益為物論所不滿。所云不倫者，殆即指數人而言歟？趙汝愚編《名臣奏議》，丁謂、秦檜並以章疏見收；朱子編《名臣言行錄》，王安石、呂惠卿亦得以姓名同列。蓋定千秋之品，則隻字不可誣；取一節之長，則片善亦可錄。並瑕瑜不掩，具有前規。然奏議為論事之文，苟所論關國計之得失，繫民生之利病，言之當理，行之有裨，自未可以出自僉壬，遂削不錄。至於採前言往行，矜式後人，自當仰溯名賢，用垂規矩。固未可委曲遷就，使有所濫廁於其閒矣。

【彙訂】

①"道"，殿本及此書陳沂自跋作"意"。

廣州人物傳二十四卷（浙江范懋柱家天一閣藏本）

明黃佐撰。佐有《泰泉鄉禮》，已著錄。是書採自漢迄明廣州人物之散見諸書者，以類區分，各為之傳①，共一百五十餘人。

【彙訂】

① "各"，殿本無。

建寧人物傳四卷（浙江巡撫採進本）

明李默撰。默字時言，甌寧人。正德辛巳進士，官至吏部尚書兼翰林學士。為趙文華誣陷，下詔獄瘐死。萬曆中追諡文愍。事蹟具《明史》本傳。是書專記建寧人物，起唐建中迄明景泰，凡四百十七人。以諸邑分載，而一邑之中又以時代為先後。每條之下，各註所引原書，自《唐書》、《南唐書》、《五代史》、《宋史》而外，大抵皆本之舊志，未為信史，疏略之處尤多。如謂吳棫為處士，而述所著書惟及《韻補》，則舛漏可知矣。

紀善錄一卷（浙江范懋柱家天一閣藏本）

明杜瓊撰。瓊字用嘉，吳縣人，以孝聞。知府況鍾兩薦之，固辭不出，自號鹿冠老人。是書皆載吳中循吏、先賢，其列女有操行可紀者亦並見焉①。自洪武迄正統，凡四十人。蓋隨所見聞錄之，故多節取一事，不為全傳，亦表微闡幽之意也。

【彙訂】

① "列女"，殿本作"婦女"。

三家世典一卷（左都御史張若溎家藏本）

明郭勛撰。勛，營國威襄公郭英六世孫，襲封武定侯①。正德中奉命鎮兩廣，因輯中山王徐達、黔寧王沐英及其家世系、履貫、勳閥、遭遇本末為此書。大抵本實錄、國史，於事蹟無所增益。考英在諸功臣中猶居其次，以配二王，似乎尚非其倫。自明以來，亦無徐、沐、郭三家並稱之說也。

【彙訂】

①《明史·郭英傳》："子十二人，鎮尚永嘉公主……英宗初，永嘉公主乞以其子珍嗣侯……天順元年珍子昌，以詔恩得襲……昌卒，子良當嗣……詔可。正德初，卒，子勛嗣。"可知郭勛為郭英之五世孫。（楊武泉：《四庫全書總目辨誤》）

淮郡文獻志二十六卷補遺一卷（兩淮馬裕家藏本）

明潘塤撰。塤字伯和，山陽人。正德戊辰進士，官至右副都御史，巡撫河南。事蹟具《明史》本傳。是書前有自序，謂："自春秋以來至明正德，上下數千年，德業文章，會於一書。"今考其書捃摭陳編，未見決擇。其最謬者，至收入宋龔開所作宋江等三十六人之贊，此何關於文獻耶？

祥符鄉賢傳八卷（兩淮鹽政採進本）

明李濂撰。濂字川父，祥符人。正德甲戌進士，官至山西按察司僉事。事蹟具《明史·文苑傳》。是編以《祥符縣志》所載人物僅有名氏而行實未詳，乃一一稽考，自明初至於嘉靖，得二十九人。撰其事蹟，附以論贊。又安然、馬昂、張泰三人自祥符移籍他方者，並附列焉。從《唐書》所載士大夫遷徙四方者俱標其舊貫之例也。

祥符文獻志十七卷（兩淮鹽政採進本）

明李濂撰。濂於嘉靖壬寅嘗輯《祥符鄉賢傳》①。其後二年甲辰，又推廣前所未載及其人之履歷梗概略存者，輯為此書。每人每條之下，皆註出某碑、某傳、某集，蓋倣《名臣言行錄》之例。每傳之後或偶附錄詩文，則濂之變例也。所錄皆明一代之人，而至於盈十七卷。時彌近則易詳，亦時太近則易濫，固志乘之通病耳。

【彙訂】

①“嘗”，殿本無。

金華先民傳十卷（浙江巡撫採進本）

明應廷育撰。廷育字仁卿，永康人。嘉靖癸未進士，官至按察司僉事。是書取金華歷代人物自漢迄明各為之傳。分道學、名儒、名臣、忠義、孝友、政事、文學、武功、隱逸、雜傳為十類。自正史外並參以諸家文集及家狀、碑記。於每傳之下，各註明用某書，蓋仿金履祥《通鑑前編》之例。所據舊籍共四十餘種，而其大概則本諸《敬鄉錄》、《賢達傳》、《金華府志》三書云①。

【彙訂】

①“云”，殿本無。

國琛集二卷（浙江汪啟淑家藏本）

明唐樞撰。樞有《易修墨守》，已著錄。是書紀明初以來迄於嘉靖人物，大旨以聖人、君子、善人、有恒分為四科。不以時次，不以類從，錯出雜陳。上自宰輔，下至隸卒，人各一小傳。寥寥數語，殊不詳備。傳後閒附以論斷，然亦不定其孰為聖人、君子，孰為善人、有恒，體例尤不分明。其曰《國琛集》者，蓋取國家以人為寶之意。前有王畿序并樞自序。樞學宗良知，故於王守仁推崇甚至云。

閩學源流十六卷（兩淮馬裕家藏本）

明楊應詔撰。應詔，建安人，嘉靖辛卯舉人。是書歷載楊時以後諸儒，終於蔡清。各誌其言行，詳其傳授，凡百九十五人。

道南源委錄十二卷（浙江巡撫採進本）

明朱衡撰。衡字士南，萬安人。嘉靖壬辰進士，官至工部尚書兼副都御史，總理河漕。事蹟具《明史》本傳。此書乃其視學閩中時①，錄道南源委以示諸生。託始於楊時，附以游酢、王蘋。凡閩士之沿波而起者則載焉。明代惟錄陳真晟、周瑛、黃仲昭、蔡清四人。蓋時代既近，其餘尚未論定云。

【彙訂】

① "視學閩中"，殿本作"督學福建"。

東吳名賢記二卷（江蘇巡撫採進本）

明周復俊撰。復俊字子籲，崑山人。嘉靖壬辰進士，官至南京太僕寺卿。是編記吳中名賢，自商相巫咸至明太常寺卿魏校，凡四十七人，各為之傳贊。附傳者又十人。前有自序，歷舉所載諸賢而議論之，蓋略仿《華陽國志》之體。然所紀簡略，未足以資考證也①。

【彙訂】

① "然所紀簡略未足以資考證也"，殿本無。

列卿紀一百六十五卷（浙江汪啟淑家藏本）①

明雷禮撰。禮有《六朝索隱》，已著錄②。是書臚列明代職官姓名，起自洪武初，終於嘉靖四十五年。凡內而內閣、部院以至府、司、寺、監長官，外而總督、巡撫，皆以拜罷年月為次。上標人名，而各著其出身里籍於下為年表。又於年表之後附載其居官事蹟為行實。年表但以次題名，不用旁行斜上之例。行實略仿各史列傳，而又不詳具始末，止書其事之大者而已。惟第八卷至十三卷為《內閣行實》，頗為詳備，論斷亦多持公道。如謂解縉等盡忠納誨，而責其不能死建文之難；謂陳山存心險刻，臨事乖方，《明史》頗採之。獨史謂陳文猥鄙無所建白，而禮稱其政體多達，勳德未昭。文，廬陵人，與禮同鄉。蓋曲徇桑梓之私，非公論矣。

【彙訂】

① "浙江汪啟淑家藏本"，底本作"浙江巡撫採進本"，據殿本改。此書見於"浙江第四次汪啟淑家呈送書目"、"浙江採進遺書總錄簡目"。（馮春生、陳淑君：《〈四庫全書〉史部底本所據分析》）

② 雷禮之仕履載於《明大政記》條下，非在《六朝索隱》下。（胡玉縉：《四庫全書總目提要補正》）

内閣行實二卷（浙江范懋柱家天一閣藏本）①

不著撰人名氏，亦無序跋。所載僅解縉、黃淮、胡廣、胡儼、楊士奇、楊榮、金幼孜、張英、陳山、楊溥、陳循、高穀、苗衷、馬愉、曹鼐十五人。今核其文，與雷禮《列卿紀》中《内閣行實》並同。蓋書賈取不完之本，改其目錄以售欺。併削去禮名，使若別一人所著者，其作偽頗巧。然禮原本具在，何可誣也②。

【彙訂】

① "浙江范懋柱家天一閣藏本"，底本作"兩淮馬裕家藏本"，據殿本改。《四庫採進書目》"兩淮商人馬裕家呈送書目"有《内閣行實》八卷，其進呈原本今存，為八卷本。"浙江第五次范懋柱家呈送書目"有《内閣行實》二卷，亦見於"浙江採集遺書總錄簡目"。（杜澤遜：《四庫存目標注》；馮春生、陳淑君：《〈四庫全書〉史部底本所據分析》）

②　明萬曆徐鑑刻本《國朝列卿紀》凡例云:"是書八卷至十三卷,司空存日已刻為《內閣行實》行於世,今仍其卷帙梓之。"則雷禮生前《內閣行實》已刊行單行本,萬曆間始收入《國朝列卿紀》。(杜澤遜:《四庫存目標注》)

善行錄八卷續錄二卷(內府藏本)

明張時徹編。時徹字維靜,鄞縣人。嘉靖癸未進士,官至南京兵部尚書。《明史》附見《張邦奇傳》。此書獵採史傳,取先哲行誼之高者萃次成編。正編起春秋至明代,凡二百九十人。續編起漢迄宋,凡一百四十五人。

義烏人物志二卷(浙江范懋柱家天一閣藏本)[①]

明金江撰。江字孔殷,義烏人。是書成於嘉靖乙未。取史傳、地志及諸家文集中所載義烏名人各為之傳贊。所載凡四十七人,分忠義、孝友、政事、文學四類,蓋全倣宋濂《浦陽人物記》例。而敍述過於簡略,不及濂書博贍也。

【彙訂】

①　"義烏人物志",殿本作"義烏人物記"。《浙江省第五次范懋柱家呈送書目》、《浙江採集遺書總錄》作《義烏人物志》二卷,今存明嘉靖刊本作《義烏人物記》二卷。(杜澤遜:《四庫存目標注》)

濟美錄四卷(兵部侍郎紀昀家藏本)

明鄭燭編。燭,歙縣人。是編成於嘉靖乙未,蒐錄其祖元歙縣令鄭安、休寧令鄭千齡、徵授翰林待制鄭玉、歙縣令鄭璡國史郡志諸傳及制誥、公牒、誌狀之屬,人為一卷。千齡,安之子。玉、璡,皆千齡之子也。前有黃訓序,稱"玉之死節,由守徽之將見之不以其禮。使見之以禮，可以無死。前乎先生有箕子焉"云云。其說至謬。民生於三，事之如一，臣不二心，天之經也。豈敵國謬為恭敬，遂可叛君父而從之乎？如訓所云，是玉非爭名節而死，乃爭禮貌而死也。蓋自講學風熾，儒者類以傳道為重，但能註《太極圖解》、《近思錄》，即為有功於世道①，而綱常大義視若末務焉。訓之此說，其亦浸淫於習俗而不自覺歟？

【彙訂】

①"世道"，殿本作"世教"。

逸民傳二卷（浙江巡撫採進本）

舊本題明少元〔玄〕山人皇甫涍撰。考《明史·藝文志》載皇甫濂《逸民傳》二卷，《江南通志》亦同，則舊本傳寫誤也①。濂字子約，一字道隆，長洲人。嘉靖甲辰進士，除工部主事，謫河南布政司理問，稍遷興化同知②。《明史·文苑傳》附見其兄涍傳中。是編採歷代逸民事迹，人各為傳。起晉孫登，迄宋林逋，凡百人。其去取義例，不甚可解。如鄧郁一傳乃純述白日沖舉之事③，則葛洪《神仙傳》以下何可勝收？其他表表在耳目者，乃或不載，殆偶然寄意，不求詳備，如皇甫謐《高士傳》例歟？即其託始於晉，亦似續謐書也。中庾易、明僧紹二人，有錄無書。其為傳寫者佚之，為當時失於檢校，則均不可知矣。

【彙訂】

①《浙江省第十一次進呈書目》、《浙江採集遺書總錄》均著錄為皇甫涍撰。明嘉靖刻本《續高士傳》十卷，皇甫涍撰，起晉孫登，迄宋林逋，應即此書。（杜澤遜：《四庫存目標注》）

②"稍"，殿本無。

③“鄧郁一傳乃”，殿本作“鄧郁傳”。

元祐黨人碑考一卷（編修程晉芳家藏本）

明海瑞撰。瑞字汝賢，號剛峯，瓊山人。由舉人官至南京右都御史，諡忠介。事蹟具《明史》本傳。案《元祐黨人碑》載於李心傳《道命錄》、馬純《陶朱新錄》者互有異同。茲則專以《道命錄》為主，其闕者則以他書補之，故所錄人數較他書為多。如曾任執政之黃履、張商英、蔣之奇，曾任待制之張畏、岑象求、周鼎以下十餘人，皆他本所未載者，搜羅可謂博矣。至所附《慶元偽學黨籍》，與他書無所同異，固不及《永樂大典》所載《慶元黨禁》之詳備也①。

【彙訂】

①“固”，殿本作“然”。

續吳先賢贊十五卷（浙江吳玉墀家藏本）

明劉鳳撰。鳳字子威，長洲人。嘉靖甲辰進士，官至河南按察使僉事①。鳳所撰述，刻意奧僻。或至於餖飣堆積，晦昧詰屈，不可句讀。是編論贊，亦復如是。所錄皆明人，自六卷以前不分門目，七卷以下分節義、死事、孝友、儒林、文學、辟命、隱逸、藝事、道術、寄寓十門。自序謂自“節義”以上不為題目者，所以效於用，亦各因時或未可以概之也。然開卷即為高啟，概以“文學”，有何不可？總之好怪而已矣。

【彙訂】

①“使”，殿本脫。

羣忠備遺錄二卷（江蘇巡撫採進本）

明羅汝鑑撰。汝鑑字明夫，新喻人。是書記建文殉節諸臣事蹟,大致本張芹《備遺錄》、鄭禧《羣忠事略》而稍附益之,遂合兩書以為名。所錄凡八十有四人。每傳後附尹直、謝鐸、何孟春、敖英、陳建諸論。其稱"外史氏"者,則汝鑑所自作也。其書初刻於楚雄,前有嘉靖辛亥自序。後十年庚申,以校讎未精,復增入數人而重刊之,見卷末自識中。

宋五先生郡邑政績一卷(浙江范懋柱家天一閣藏本)

明李貴撰。貴字廷良,豐城人。嘉靖癸丑進士,改庶吉士。貴先嘗編次《程明道郡邑政績》一卷。此復增入周、張、朱、陸四子涖民之事,合為一書。然皆史傳、文集所已載,無庸貴之表章也。

碩輔寶鑑要覽四卷(浙江巡撫採進本)

明耿定向撰。定向字在倫,麻城人①。嘉靖丙辰進士,官至戶部尚書,總督倉場。諡恭簡。事蹟具《明史》本傳。定向以講學著,論史本非所長。此書乃其為南直隸督學御史時所作。上述虞、夏,下逮唐、宋,得輔相之賢者七十九人,各為讚述,議論亦多膚淺。其卷首論皋陶一條②,引陸九淵之言,則其生平宗旨所在也。

【彙訂】

①《明史》本傳作黃安人。《國朝獻徵錄》卷二九京學志《耿公定向傳》、《弇山堂別集》卷四八《戶部總儲尚書表》"耿定向"條、《明儒學案》卷三五《泰山學案四》"耿定向"條、雍正《湖廣通志》卷四八《鄉賢志》"耿定向"條引《三楚文獻錄》均作黃安人。(楊武泉:《四庫全書總目辨誤》)

②"一條",殿本作"一篇"。

守令懿範四卷（直隸總督採進本）

明蔡國熙撰。國熙，永年人。嘉靖己未進士，官至山西提學副使。是編乃其官蘇州府知府時，輯古來守令事迹，自周至元，分《儒牧》、《循牧》二類。《儒牧》自子游而下三十人，《循牧》自公孫僑而下一百一十人。前有皇甫汸序，稱"儒可以包乎循，而循未必皆合於儒。體用之閒，蓋有辨焉"云云。夫儒者之學，明體達用，道德事業，本無二源，岐而兩之，殊為偏見。且唐韓愈、宋歐陽修所學不甚相遠，而列愈於《儒牧》，列修於《循牧》，亦不知其以何而分。楊簡傳陸氏之學，黃震傳朱子之學，所著之書，鑿然具在，乃升簡於《儒牧》以繼陸氏，而不升震於《儒牧》以繼朱子，豈非未見《日鈔》耶？循名失實，尊儒而不知所以尊，徒成其門戶標榜而已。

檇李往哲前編一卷（浙江巡撫採進本）

明戚元佐撰。元佐字希仲，嘉興人。嘉靖壬戌進士，官至尚寶司卿。是編取洪武至萬曆初年嘉興前哲自程本立以下共十四人，各為一傳。王世貞為之序。其稱《前編》者，則以國朝項玉筍有《續編》之刻，追題此名也。

古今廉鑑八卷（江蘇巡撫採進本）

明喬懋敬撰。懋敬字允德，上海人。嘉靖乙丑進士，官至湖廣右布政使。是書所載，自春秋季文子至明楊繼盛，皆以清操傳於世者。亦宋人《廉吏傳》之類，而鈔撮大略，挂漏尚多。前有萬曆戊寅自序，自稱其官為閩封人，乃其宦閩時所輯也。

莆陽科第錄二卷（浙江巡撫採進本）①

明吳爵編。爵，湖南寧鄉人，嘉靖中官福建興化府訓導。因錄興化一郡科第,自洪武庚戌至嘉靖己酉,其爵里亦皆縷載。前有郡人鄭岳序,後有爵自跋。

【彙訂】

① 此書在《各省進呈書目》中僅著錄於《浙江省第九次進呈書目》與《浙江採集遺書總錄》,又見於《二老閣進呈書》,“浙江巡撫採進本”應為“浙江鄭大節家藏本”之誤。(江慶柏:《四庫全書私人呈送本中的鄭大節家藏本》)

懷忠錄無卷數(浙江范懋柱家天一閣藏本)

明鄭應旂撰。應旂,莆田人,嘉靖中貢生。是編前七卷皆應旂詠靖難諸人詩賦騷詞。後為《革朝遺忠列傳》,不分卷數。每傳後附引諸家記載詩文以證之,略似《名臣言行錄》之體。凡四十篇,而以《外錄》、《補錄》終焉。大致與黃佐《革朝遺事》相仿。

吳興名賢續錄六卷(江蘇巡撫採進本)

明王道隆撰。道隆字客山,烏程人。其書分道學、儒行、文藝、勳業、宦績、孝友、節義、流寓、隱逸、名宦十門。各敘其事實,系以論贊。其《名宦》一門,採摭最廣,頗足補志乘之闕。然烏程潘季馴以治河功績為明代名臣,應列“勳業”,錢鎮經史皆有著述,應列“儒行”,今具錄其同時同邑之人,而二人獨不見收,未免疏漏。至如敘蔣瑤而不載其陳時弊七事,敘張永明而於永明改左都御史後一切整飭臺綱諸政績悉置不錄,亦為脱漏云。

桐彝三卷(浙江巡撫採進本)

明方學漸撰。學漸字達卿,號本菴,桐城人。以子大鎮貴,贈大理寺少卿。是編取其鄉忠孝義烈之行,凡耳目所及者,各為立傳。自序謂“風世莫如彝,充彝莫如學”,故以《桐彝》為名。凡五十人,為傳二十三篇。

靖難功臣錄一卷(左都御史張若湉家藏本)

不著撰人名氏。黃虞稷《千頃堂書目》有此書而闕其卷數。此本為明嘉靖中魯藩宗人當㴐編入《明朝典故》者,祇此一卷,未知為完書否也。所載姚廣孝、李友直、譚淵、朱能、張玉、武勝、顧成、李彬、孫巖、陳珪、劉中孚、徐忠、薛祿、陳賢、陳瑄、吳中、金忠、徐增壽凡十八人。後又附以封爵名數凡三十四人。敘述簡略,不足以資考證也。

貧士傳二卷(內府藏本)

明黃姬水撰。姬水字淳父,吳縣人,黃省曾之姪也[①]。是編載自周至明初貧士七十五人,各為之贊。漏略殊甚。至如莊周貸粟監河侯一事,亦列之貧士中,尤不倫也。

【彙訂】

① 黃姬水為黃省曾之子,見《國朝獻徵錄》卷一一五馮時可《黃姬水傳》、《列朝詩集小傳》丁集上、《明史·黃省曾傳》及《總目》卷一八〇《白下集》條。(楊武泉:《四庫全書總目辨誤》)

崑山人物傳十卷名宦傳一卷(浙江鮑士恭家藏本)

明張大復撰。大復字元長,崑山人,與歸有光同時[①]。是書舊本題曰《梅花草堂集》,而以《崑山人物傳》、《崑山名宦傳》為子目。蓋皆編入集中,故總以集名,實則各一書也。先是,方鵬有《崑山人物志》六卷。此則斷自明代,起洪武至萬曆,得三百餘人。其閒父子祖孫以類附傳,略如史體。又於官是土者取十五人,為《名宦傳》附之。敘述尚為雅潔,而詞多揚詡,亦不免標榜之習。其《名宦傳》別有鈔本,題曰《玉峯名宦傳》,析為二卷。佚其中《王南昌傳》一篇，僅有十四人，又佚其論尾數行。蓋傳鈔脫漏，不及集本之完整也。

【彙訂】

①　歸有光卒於隆慶五年(1571)，而是書記事至萬曆末。據《崑新兩縣合志·文苑傳》，張大復乃萬曆初歲貢，崇禎三年(1630)卒，年七十七。二人顯非同時。（王重民：《中國善本書提要補編》）

史 部 十 八

傳記類存目四

歷代相臣傳一百六十八卷(直隸總督採進本)

　　明魏顯國撰。顯國字汝忠，南昌人，隆慶丁卯舉人。是書《明史・藝文志》著錄，卷數與此本相合。大抵全鈔史傳原文，無所褒貶，亦無所考正。所敘歷代相臣職名，如"南朝制"一條①，以梁初罷相國置丞相，罷丞相置司徒，後又置相國，位列丞相上。不知置相國列丞相上乃陳制，非梁制。又謂唐魏徵以祕書監參預朝政，始有參議得失、參知政事之名。不知其時先以吏部尚書杜淹參議朝政，故有是名。又謂開元以後宰相為鹽鐵轉運、延資庫使，名尤不正。不知其時以宰相兼攝是官，非以是官為宰相。況其時太微宮使、太清宮使多以宰相兼之，不僅延資庫使也。又以李光弼列於宰相。不知光弼為河中節度，惟加平章，不治政事，乃唐之使相。唐末節度加侍中、中書令、三公、三師者甚多，皆使相，非宰相，載於史志者甚詳。元之參議中書省事，乃六曹管轄，官止四品，亦非宰相，故《元史・宰相表》不列是官。又元制三公非相職，故別立《三公三師表》。今俱列於宰相，舛謬既甚，挂漏尤多。至於各史宰相列傳，或採或置，茫無義例，更未免疏脱矣。

【彙訂】

① "南朝制"，殿本作"南朝"，誤脱"制"字，參明萬曆三十四年鄧以誥等衡州刻本此書卷首《歷代相臣職名》"南朝制"條。

儒林全傳二十卷（浙江汪啟淑家藏本）

明魏顯國撰。所錄自孔子至元吳澄，皆採錄前史①，與《相臣傳》同。

【彙訂】

① "皆採錄前史"，殿本作"亦皆鈔錄前史"。

歷代守令傳二十四卷（兩淮馬裕家藏本）

明魏顯國撰。自宓不齊、仲由至劉秉直，為《歷代循吏》二十一卷。又自郅都至敬羽，為《歷代酷吏》三卷。於史傳原文之外，閒有所增，而亦多蕪雜①。

【彙訂】

① "亦"，殿本作"又"。

元相臣傳十二卷（兩淮鹽政採進本）

明魏顯國撰。其書紀元代丞相自耶律楚材至布延巴哈原作普顏不花，今改正。二十六人①，各自為傳，全襲《元史》之文，未嘗別有蒐討②。又前後淩亂脱誤。如《元史・宰相表》載安圖原作安童，今改正。為右丞相，始世祖至元二年乙丑，訖於二十七年庚寅；布乎密原作不忽木③，今改正。為平章政事，始至元二十八年辛卯，訖成宗元貞二年丙申，是布乎密後於安圖凡二十七年。此書列布乎密於安圖前，殊為倒置。又如世祖庚申元年王文統、趙璧為平章政事，尤在史天澤諸人之前，其相業俱見本傳，而此書均汰之。蓋不特於正史之外無所徵引，且於正史之中亦多所挂漏矣。

【彙訂】

① 明萬曆三十四年刻本《歷代相臣傳》末十二卷即《元相臣傳》，列二十五人。（杜澤遜：《四庫存目標注》）

②"未嘗別有蒐討"，殿本無。

③"不忽木"，底本作"不忽朮"，據《元史》宰相年表、卷一百三十不忽木本傳、《歷代相臣傳·元相臣傳》卷六不忽木傳及殿本改。

忠節錄六卷（浙江鄭大節家藏本）①

明張朝瑞撰。朝瑞字子禎，海州人。隆慶戊辰進士，官至南京鴻臚寺卿。朝瑞以宋端儀《革除錄》至郎瑛《萃忠集》，記遜國諸臣事者凡十七家，互有舛漏，因輯此書。載當時湔雪之旨於卷首②，明非私撰。自第一卷至第五卷③，記徐輝祖以下凡一百六十三人，附錄十六人。以官階為敍，不分差等。第六卷曰《考誤》。如辨建文於天順中由滇至京，唯太監吳亮識之。當時"三楊"皆其舊臣，不應僅一吳亮能識舊主。而建文時年六十四，亦不得有九十餘歲。其考證最為明確④。所列十七家書外，尚有高璧之《幽光錄》、陸時中之《逸史》、姜清之《祕史》、王會之《野史》、袁褧之《奉天刑賞錄》諸書，朝瑞未及蒐考，然大概已備於此矣。

【彙訂】

①"浙江鄭大節家藏本"，底本作"浙江巡撫採進本"，據殿本改。（江慶柏：《殿本、浙本〈四庫全書總目〉著錄圖書進獻者主名異同考》）

② “湔雪”，殿本作“昭雪”。

③ “第五卷”，殿本作“五卷”。

④ 天順中“三楊”久已作古，且有僧自稱建文，由滇解京，大費辨識事，在正統五年十一月。見《明實錄》、《明史‧恭閔帝紀》，又《英宗前紀》。建文若存，是年正六十四歲。（楊武泉：《四庫全書總目辨誤》）

吳中人物志十二卷（浙江巡撫採進本）①

明張昶撰。昶字景春，長洲人。是編成於隆慶庚午。所輯吳中人物，上自成周，迄於明代。分孝友、忠義、吏治、薦舉、宦蹟、儒林、文苑、閨秀、逸民、流寓、列仙、方外十二門，各系以論贊。同郡皇甫汸為之序。吳中人物，自王賓、楊循吉、祝允明、朱存理等遞有撰述。此本因而廣之，較諸家稍備。然事皆不著出典，未免無徵不信也。

【彙訂】

① 明隆慶四年張鳳翼、張燕翼刻本此書為十三卷。《浙江省第五次曝書亭呈送書目》、《浙江採集遺書總錄》、《江蘇採輯遺書目錄》亦著錄作十三卷。（杜澤遜：《四庫存目標注》）

輔世編六卷（江蘇巡撫採進本）①

明唐鶴徵撰。鶴徵有《周易象義》，已著錄。是書取明代諸臣，次其行事。起洪武初李善長、劉基，訖嘉靖中曾銑、胡宗憲，凡五十二人。崇禎間，其門人陳睿謨巡撫湖廣，為評校刊版。其敘稱：“戎務孔亟之時，輒取名臣傳略，仿其行事，多得變通之法。間嘗鈔書有得，多與我師凝菴唐先生《輔世編》合者。因綜其成槀，翼以己意，勒成一書。”則是編已不盡鶴徵原本矣。其所採諸人事實,多主戰略。蓋睿謨身在戎行,意切時用,有所為而為之者也。

【彙訂】

①"江蘇巡撫採進本",殿本作"江蘇周厚堉家藏本",誤。《四庫採進書目》中惟"江蘇省第一次書目"著錄此書。(馮春生、陳淑君:《〈四庫全書〉史部底本所據分析》)

聖門人物志十二卷(江西巡撫採進本)

明郭子章撰。子章有《蠙衣生易解》,已著錄。是書則子章官晉陽時所輯。凡游於聖門與私淑而得從祀廟廡者,各為之小傳,附以贊論。首《孔子世家》,次《先賢》,次《先儒》,而以有明之《會典祀儀》終焉。其中雜以周汝登、羅汝芳諸人之論。其時心學橫流,故子章多主張其説。《孟子傳論》謂:"孔子之學,以'從心所欲不逾矩'為的。顏子從之末由,而孟子云能者從之。"又云:"心之官則思,即孔子從心之旨。"猶主持門户之見也。

豫章書一百二十二卷(江西巡撫採進本)

明郭子章撰。是書蓋江西之總志,全用史體為之。分大記二十卷、志二十二卷、表十卷、事紀二卷、列傳六十八卷,前無序而有總目。其總目以為列傳六十六卷,刊本誤也。其體例蓋本諸《華陽國志》,然冗雜太甚,去常璩所撰遠矣。

國士懿軌十卷(浙江巡撫採進本)

明余養蒙撰。養蒙,臨海人。自序謂稟大中丞耿公之命而為之者。案《明史·耿定向傳》:"弟定力,隆慶辛未進士,官至南京兵部右侍郎。"時方為南京都御史,故稱大中丞也①。書前有定力序,復有論官屬文一首。大旨以當時專重科目,名實不副,故取古今來士子出於太學及以貲郎起家者，自列國訖明初，凡一百二十七人，刪節諸史及志乘各為之傳，意欲以矯偏重之弊。然舉一代之進士，概以籠鷹檻駒目之，殊不免於矯枉過直矣。

【彙訂】

① 都御史，正二品，為"七卿"之一。兵部右侍郎，正三品，不入七卿。若定力先已為南京都御史，不得謂"官至南京兵部右侍郎"。御史臺次卿為御史中丞，故副都御史、僉都御史均得稱"大中丞"，而都御史無此稱。《明史·耿定向傳》云："定力，隆慶中進士……萬曆中，累官右僉都御史……再遷南京兵部右侍郎，卒贈尚書。"稱大中丞乃因其為右僉都御史。（楊武泉：《四庫全書總目辨誤》）

春秋名臣傳十三卷（浙江汪啟淑家藏本）

明姚咨撰。咨字舜咨，無錫人。初，其邑人邵寶為是書未畢，咨續成之。始於周之辛伯，迄於虞之宮之奇，凡一百四十八人，傳末各附以小讚。大旨與宋王當《春秋列國臣傳》相出入，而其義例乃譏當書用魯史編年之非。然既標以《春秋》，則自應用《春秋》之年月。若各從列國，轉致錯互難明。以是議當，未為允也①。

【彙訂】

① "為"，殿本無。

戰國人才言行錄十卷（浙江范懋柱家天一閣藏本）

明秦瀹撰。瀹，無錫人。是書成於隆慶中①。類次戰國人物，起魏文侯，迄荊軻，凡一百四十九人，皆鈔錄《戰國策》、《史記》之文而稍刪節之。

【彙訂】

① 據明嘉靖三十二年刻本此書秦瀹《書後》，此書刊於嘉靖

癸丑。（錢茂偉：《明代史學編年考》）

　　鎮平世系記二卷（浙江范懋柱家天一閣藏本）

　　明朱睦㮮撰。睦㮮有《易學識遺》，已著錄。永樂元年，封周定王第八子有爌為鎮平王，睦㮮其六世孫也[①]。以明代玉牒於正德以後多略，遂纂述有爌以下八世支派，以成此書。前曰例義，次世系，次世傳，次內傳，次述訓。

【彙訂】

　　① 據《明史·諸王世表》周王房表及《周王橚附睦㮮傳》，睦㮮為橚之五世孫，有爌之四世孫。若按"並本"計世，睦㮮為橚之六世孫，有爌之五世孫。（楊武泉：《四庫全書總目辨誤》）

　　江右名賢編二卷（浙江巡撫採進本）

　　明喻均、劉元卿同撰。均，新建人，隆慶戊辰進士，官至按察使副使。元卿有《易大象觀》，已著錄。萬曆中，巡按江西御史臨清陳大綬議修通志。因先欲輯《名賢》一門，屬均與元卿司其事。分名臣、節義、理學、忠諫、方正、清介、隱逸、儒行、治功、文學、孝友十一目。所紀凡二百四十有八人。門類太多，頗涉瑣碎。又所載有明一代人物，尤為泛濫。前有巡撫都御史邊維垣及大綬序，後有元卿序。元卿謂："理一而已，安得紛紛區目？"則知分目冗複出於均意，即元卿亦心非之矣。

　　宗譜纂要一卷（安徽巡撫採進本）

　　明王應昌撰，其子鋑續成之。應昌字亮之，嵊縣人。萬曆癸酉舉人。鋑字長穎，入國朝，官上海縣知縣。是書敘歷代理學源流，分開天一世祖、承天第一宗、達天第一宗、翼天第一宗。標目已近乎二氏。至以荀卿、揚雄與孔子並列，尤為失倫。其分載諸儒支派，大率與黃宗羲《明儒學案》相出入。蓋為門户而設，不為學問而設也。

貂璫史鑑四卷（兩淮鹽政採進本）

明張世則撰。世則，諸城人。萬曆甲戌進士，官至四川安縣兵備副使①。是書嘗於萬曆二十年進呈，得旨下禮部，禮部覆疏附焉。書凡六條。一曰“主君”，首載明太祖禁抑内臣不得干預外事，然後敘歷代寵閹之弊。二曰“弼臣”，載歷朝相臣與宦寺離合之蹟。三曰“妍範”，載閹之賢者。四曰“媸戒”，載閹之惡者。五曰“國祚”，載秦漢以來寺人之尤能亂國者。六曰“沿革”，則閹宦職官志也。宦寺賢者，萬中不得一二。世則方指陳炯戒，將以啟迪君心。而所列“妍範”一條，如勃鞮之斬袪、繆賢之薦士、裴寂之宮人私侍、高力士之贊立太子，皆目為佳事，殊多謬戾。又列及明代寺人，而以阮安預其閒，益不可訓矣。

【彙訂】

① “安綿”，殿本作“安許”，誤。《明史·職官志》“按察司副使僉事”條下有四川安綿道，明萬曆刻本此書卷前進書表起首云：“整飭安綿兵備四川按察司僉事臣張世則謹奏”。

聖學宗傳十八卷（兩淮馬裕家藏本）

明周汝登編。汝登字繼元，又字海門，嵊縣人，萬曆丁丑進士，官至南京尚寶司卿。《明史·儒林傳》附載《王畿傳》。末稱“王守仁傳王艮，艮傳徐樾，樾傳顏鈞，鈞傳羅汝芳，汝芳傳楊起元及汝登。起元清修姱節，然其學不諱禪。汝登更欲合儒釋而會通之，輯《聖學宗傳》，盡採先儒語類禪者以入。蓋萬曆以後，士大夫講學者多類此”云云，即此書也。首載《黃卷正系圖》，其序自伏羲傳至伊川程子。下分二支，一支朱子以下，不系一人；一支則陸九淵之下系以王守仁。并稱"卷是圖信陽明篤，敍統系明，與《聖學宗傳》足相發明"云。

歷朝瑠鑑四卷（編修汪如藻家藏本）

明徐學聚撰。學聚字敬輿，蘭谿人。萬曆癸未進士，官至副都御史，巡撫福建。是編輯錄歷代宦官事蹟，自周秦以迄於明。分"善可為法"、"惡可為戒"二種，而於明代紀載尤詳。第所錄僅至世宗朝而止，則仍不免有所避忌。又元李邦寧，即嘗入太學代祀孔子，致大風滅燭之異者，其狂妄可知，乃入之"善可為法"中，進退亦未甚允也。

鹽梅志二十卷（內府藏本）

明李茂春撰。茂春字蔚元，杞縣人。萬曆癸未進士。是編採取歷代賢相嘉言善行，錄成一編。始於皋陶，終於范純仁，凡六十六人。

漢唐宋名臣錄五卷（兩江總督採進本）

明李廷機撰。廷機字爾張，晉江人，萬曆癸未進士，官至禮部尚書、東閣大學士，謚文清。事蹟具《明史》本傳[①]。是書所錄，自漢文翁至宋杜衍，凡六十人。黃吉士序謂其錄取嚴而用意微。蓋借以諷勸當時廷臣[②]，有為而發，故不求全備云。

【彙訂】

①《明史》本傳作"謚文節"，雍正《福建通志》卷四五《泉州府人物志‧李廷機傳》、乾隆《晉江縣志》卷九《人物志‧李廷機傳》亦作"謚文節"。（楊武泉：《四庫全書總目辨誤》）

②"勸"，殿本無。

栖真志四卷（浙江巡撫採進本）

明夏樹芳撰。樹芳字茂卿，江陰人，萬曆乙酉舉人。是編取周秦至元代之修真栖静者，各詳其事蹟，陳繼儒為之序。其中時代頗顛舛。至於江淹、謝靈運、李賀、歐陽修、蘇軾、黃庭堅、秦觀、朱子諸人，凡談論詞章，語意偶類釋老者，即引而入《志》，尤牽合不倫。

獻徵錄一百二十卷（浙江巡撫採進本）

明焦竑撰。竑有《易鑑》，已著錄[1]。是書採明一代名人事蹟。其體例以宗室、戚畹、勳爵、内閣、六卿以下各官分類標目，其無官者則以孝子、義人、儒林、藝苑等目分載之[2]。自洪武迄於嘉靖，蒐採極博[3]，然文頗泛濫，不皆可據。又於引據之書或注或不註，亦不免疏略。考竑在萬曆中，嘗應陳于陛聘，同修國史，既而罷去。此書殆即當時所輯錄歟？

【彙訂】

① 《易鑑》當作《易筌》，《總目》卷八著錄。

② 書中人物分類也有不依類標目的情形，如北南十三道道御史未歸入都察院、内閣未歸入翰林院。卷七十八太醫院、卷七十九欽天監均載有無官者。卷一一二至一一九所列孝子等八目所載部分人物也有官宦經歷。（展龍：《〈四庫全書總目〉焦竑著述提要補正兩則》）

③ 書中所收人物如郭子興等均亡於元末，李廷機等均卒於萬曆晚期。（同上）

熙朝名臣實錄二十七卷（浙江巡撫採進本）

明焦竑撰。此書《明史·藝文志》不著錄。前有自序，謂明代諸帝有實錄，而諸臣之事不詳，因撰此書。自王侯、將相及士庶人、方外緇黃、僮僕妾伎無不備載，人各為傳，蓋宋人實錄之體。凡書諸臣之卒，必附列本傳，以紀其始末。而明代實錄則廢此例，故竑補修之①。其書郭子興諸子之死及書靖難諸臣之事，皆略無忌諱。又如紀明初有通曉《四書》等科，皆《明史·選舉志》及《明會典》所未載。韓文劾劉瑾事，有太監徐智等數人為之內應，亦史傳所未詳，頗足以資考證②。然各傳中多引《寓圃雜説》及《瑣綴錄》諸書，皆稗官小説，未可徵信。又或自序事，或僅列舊文，標其書目，於體裁亦乖。所附李贄評語尤多妄誕，不足據為定論也。

【彙訂】

①《明實錄》書諸臣之卒，亦多附本傳，如洪武二年八月丁卯湯和、萬曆八年七月辛卯俞大猷等等，而官非顯要，書卒而不傳者極罕見。（楊武泉：《四庫全書總目辨誤》）

② 此書實即李贄《續藏書》，乃明季書坊改竄書名、偽題焦竑所作，焦氏自序即《續藏書》李維楨序。《總目》卷五〇《續藏書》提要責其"冗雜顛倒，不可勝舉"，"毫無義例，總無一長之可取也"。（朱鴻林：《〈熙朝名臣實錄〉即〈續藏書〉考》；楊豔秋：《〈熙朝名臣實錄〉與〈續藏書〉》）

四侯傳四卷（江蘇巡撫採進本）

明王士騏撰。士騏有《馭倭錄》，已著錄。是編摭文成侯張良、忠武侯諸葛亮、武侯王猛、鄴侯李泌四人行事，以正史及稗官野乘相參而成。蓋隱寓尚友之意①。

【彙訂】

① 殿本"意"下有"也"字。

歷代內侍考十卷（兩淮鹽政採進本）

明毛一公撰。一公字震卿，遂安人。萬曆己丑進士，官至給事中。其書取古來閹寺事蹟輯為一編。自春秋及宋，以時代次之。各序其善惡而加以論斷，大旨褒少而貶多。一公，天啟末蘇州巡撫一鷺之兄也。一鷺黨魏忠賢，事具《明史》。其兄此書，儻亦有為而作乎？

友于小傳二卷（兵部侍郎紀昀家藏本）

明紀廷相撰。廷相字柱石，獻縣諸生。是書成於萬曆甲申。前有自序，稱：“孝友皆天性，而人情日薄，往往知愛其親而不推其愛於兄弟。故摭拾舊迹以感發其彝良。不錄帝王之事，分位殊也。不錄聖賢之事，亦不錄奇行異節、舍生蹈義之事，不強以所不能也。”分二卷，上曰循常，下曰處變，皆士庶人家庭細務。末有其子堯卿跋，稱“族有鬩牆者，托詞避暑，借其書室，日日揮汗錄此編，竟愧而復睦”云。

明十六種小傳四卷（浙江巡撫採進本）

明江盈科撰。盈科字進之，號綠蘿山人，湖廣桃源人，萬曆壬辰進士，官至四川提學副使。是書採輯明代軼事，分四綱十六目。一曰四維，分忠、孝、廉、節四目；二曰四常，分慈、寬、明、慎四目[①]；三曰四奇，分隱、怪、機、俠四目；四曰四凶，分姦、詔、貪、酷四目。大抵委巷之談，自序曰“因閱國乘，摘出三百餘年新異事”者，妄也。如方孝孺之滅族由殺蛇之報，國史安有是事哉！其分配諸目如薛瑄入“節”類、于謙入“廉”類、姚廣孝姊入“隱”類，亦往往無義例也。

【彙訂】

① 據明萬曆刻本此書卷首作者自敘及卷二正文，依次應作

慈、明、寬、慎。

　　夥壞封疆錄一卷（江蘇巡撫採進本）

　　明魏應嘉撰。應嘉，興化人，萬曆戊戌進士①，官至兵部左侍郎。是書前有應嘉自序，稱取劉方壺所臚列未盡者②，具名於左。皆天啟中諸臣之不附魏忠賢者也。其詞狂謬之甚。所列執政一人、司禮大璫一人、部堂五人、卿寺三人、翰林七人、臺諫十六人、部署二人。書後有跋，不知何人所作，詆應嘉為京、卞、惇、確。然應嘉依附奄黨，代為搏噬。觀其自序，殆不知世有廉恥事，實京、卞、惇、確之所不為者也。

　　【彙訂】

　　① 戊戌為萬曆二十六年，然雍正《江南通志》卷一二三《選舉志》、咸豐《興化縣志》卷八《魏應嘉傳》均作萬曆三十二年甲辰科進士。（楊武泉：《四庫全書總目辨誤》）

　　② 據清李文田鈔本此書自序，"劉方壺"當作"劉芳壺"。

　　東林點將錄一卷（江蘇巡撫採進本）

　　明王紹徽撰。紹徽，陝西咸寧人，萬曆戊戌進士，官至吏部尚書。事蹟具《明史·閹黨傳》。其書以《水滸傳》晁蓋、宋江等一百八人天罡、地煞之名①，分配當時縉紳。今本闕所配孔明、樊瑞、宋萬三人，蓋後人傳寫佚之。卷末有跋，稱甲子、乙丑於毘陵見此《錄》，傳為鄒之麟作。所列尚有沈應奎、繆希雍二人，與此本不同。蓋其時門戶蔓延，各以恩怨為增損，不足為怪。又稱許其孝、陳保泰、楊春茂②、郭鞏四人後列逆案，不知何以廁名。或作此書時，四人尚未附忠賢耶？閻若璩《潛邱〔丘〕劄記》亦有與王宏〔弘〕撰書曰："頃問《點將錄》果出貴鄉王紹徽手否③，先

生以此書實出阮大鋮。王偶失閹歡，謀所以解之術於阮。阮授
以此書④，而王上之，而世遂以名之。細思之，殊不然。兒時讀
《點將錄》，記沒遮攔穆宏〔弘〕乃大鋮，豈有自作此《錄》而竄入己
姓名者。"云云。則當時已傳聞異詞。然崇禎欽定逆案，以此
《錄》屬之紹徽。於時公論方明，諒非誣蔑。《明史》本傳亦以此
書屬紹徽。然則輾轉傳寫，雖或有竄改。其造謀之人，要終不能
以浮詞他說解也。

【彙訂】

① 合眂蓋實為一百零九人。

② "楊春茂"，底本作"楊茂春"，據殿本乙正。王士禎《香祖
筆記》卷五曰："天啟中，小人造《東林朋黨錄》、《點將錄》、《天鑒
錄》、《同志錄》、《東林籍貫》、《盜柄東林夥》、《夥壞封疆錄》諸書，
以媚逆璫殺諸君子……然其中亦有以小人竄入者……《點將錄》
中之許其孝、魏應嘉、郭鞏、陳保泰、楊春茂……等是也。"

③ "問"，底本作"聞"，據《潛丘劄記》卷六《與王山史書》及
殿本改。

④ "此書"，殿本作"是書"。

東林籍貫一卷（江蘇巡撫採進本）

不著撰人名氏。所列北直八人，南直四十一人，浙江十一
人，江西十六人，湖廣二十人，河南七人，福建五人，山東十三人，
山西十五人，陝西十八人，四川五人，廣東、雲南、貴州各一人。
其北直郭鞏、陝西薛貞，後皆名麗逆案。是又當考其究竟，不當
以一時之記錄為斷矣。

案，此書及《東林同志錄》、《東林朋黨錄》、《天鑒錄》、

《盜柄東林夥》皆天啟中書。其作者雖不可考,要皆萬曆時舊人也。今附諸魏應嘉、王紹徽後,從其類也。

東林同志錄一卷(江蘇巡撫採進本)

不著撰人名氏。題下注曰"續《點將錄》"。所列政府韓爌以下六人,詞林孫慎行以下十九人,部院李三才以下五十七人,卿寺顧憲成以下七十三人,臺省魏大中以下七十六人,部曹王象春以下四十一人,藩臬郡邑顧大章以下二十六人,貲郎、武弁、山人吳養春以下二十一人。

東林朋黨錄一卷(江蘇巡撫採進本)

不著撰人名氏。前載趙南星等九十四人,後列東林脅從顧秉謙等五十三人。各繫以科分、籍貫、座主姓名,而注以"已處"、"未處"及"在籍"、"現任"字。考《明史‧閹黨傳》稱:"盧承欽,餘姚人,由中書舍人擢御史,請以黨人姓名罪狀榜示海內。魏忠賢大喜,敕所司刊籍,凡黨人已罪、未罪者悉編名其中。後承欽官至太僕寺少卿"云云。此書中"已處"字與所言"已罪、未罪"相合,其是時之官本歟?

天鑒錄一卷(江蘇巡撫採進本)①

不著撰人名氏。題下注曰:"真心為國,不附東林,橫被排斥,久抑林野及冷局外轉者。"凡一百三人,皆魏忠賢之黨也。

【彙訂】

①"天鑒錄",底本作"天監錄",據殿本改。今傳諸本均作《天鑒錄》。

盜柄東林夥一卷(江蘇巡撫採進本)

不著撰人名氏。分初、盛、中、晚四門。詳列其姓名官爵,而各注其罪狀，詞極丑詆。楊漣、左光斗諸人名下，已注“斃獄”字，則此書成於天啟末年也。

事編內篇六卷（江蘇巡撫採進本）

明孫慎行撰。慎行字聞斯，武進人。萬曆乙未進士，官至禮部尚書，謚文介。事蹟具《明史》本傳。是書採史傳中名臣事蹟，自公孫僑至王守仁，凡十八人。隱逸六人，以隱寓行藏之旨。附以張瑋、薛寀評語。慎行自序云尚有《外篇》、《雜篇》。然檢其子士元所作凡例[①]，則但刊《內篇》，其《外篇》、《雜篇》未刊也。

【彙訂】

①“然”，殿本無。

廉吏傳無卷數（浙江巡撫採進本）

明黃汝亨撰。汝亨有《古奏議》，已著錄。是書以宋費樞所作《廉吏傳》自春秋迄五季止百十有四人，尚為闕略，因蒐採諸史，五季以前增入三十三人。又考宋、元二史，續載六十四人，各以時代為序。復以舊傳不分優劣，乃定為三等，於傳首姓名之上各署上、中、下字以別之。正編之外又有《廉蠹》一編，所載為郅都、張湯等十人，亦有評語。姓名之上則署以酷、譎、陋、忍、賊[①]、姦諸字，體例頗為杜撰。傳末附評一二語，亦皆膚淺。且汝亨既因費樞舊本增輯成編，自當以孰為原書，孰為續補，分別標識。乃混而為一，但署己名，尤不免於掠美矣。

【彙訂】

①“賊”，底本作“賕”，據殿本改。明萬曆刻本此書《蠹附》列盧杞為“賊”。

歷代名臣芳躅二卷（浙江巡撫採進本）

明金汝諧撰。汝諧字啟宸，平湖人。萬曆甲辰進士。是編採摭前人事蹟，自周秦以迄於明，分忠貞、節義、良吏、恬退、純孝、友于、範俗、仁恕、學術言行九類。大抵詳於明人而略於前代，挂漏已不待言。且排比失倫，品題多謬。《學術》類以子貢、師曠同稱，殊嫌龐雜。甚至以楊溥、李東陽歸之《節義》一門。溥固長者，東陽亦不失文士。然一則遷就於靖難革除之閒，一則依違於奄豎擅權之日，目以“節義”，豈足厭後世之心乎？

聖學嫡派四卷（內府藏本）

明過庭訓撰。庭訓字成山，平湖人。萬曆甲辰進士，官至福建按察使，擢應天府丞，未及上而卒。其書自漢董仲舒至明羅洪先，所取纔三十六人。各略錄其言行，皆昭昭耳目，無煩復為表章者也。

大臣譜十六卷（內府藏本）①

明范景文撰。景文字夢章，一字質公，號思仁，吳橋人。萬曆癸丑進士，官至東閣大學士，殉流寇之難，國朝賜謚文忠。事蹟具《明史》本傳。其書皆紀明代大臣。內閣、七卿各為二卷。起自洪武，迄於泰昌，皆用編年之體而不分列傳。凡例稱一憑實錄，不置褒貶②。其銓除去就，國史有佚者，則採傳志補之。或人非大臣，而章奏事與大臣相關者，亦附見焉。此本世罕流傳，前後無序跋，而有景文二私印。中多墨筆添改之處，蓋即其家初印覆校之槀本也。

【彙訂】

①“內府藏本”，殿本作“直隸總督採進本”。《四庫採進書

目》未著錄此書。（江慶柏：《殿本、浙本〈四庫全書總目〉著錄圖書進獻者主名異同考》）

②“置”，殿本作“加”。

宰相守令合宙十三卷（江蘇巡撫採進本）

明吳伯與撰。伯與字福生，宣城人。萬曆癸丑進士，官至廣東按察司副使。是書序文題曰《宰相守令合宙》，而此本十三卷，乃有宰相而無守令，蓋非完書矣。所錄雖多採史傳，而不免雜以稗官。又刪節本傳，往往遺其大而識其小，體例殊為冗瑣。至於以李斯為禮賢尚德①，而以趙高附斯傳，尤為乖舛。又唐初不載裴寂、劉文靜、竇抗、陳叔達諸人，而先敘蕭瑀。宋曹彬同平章事，蓋沿唐、五代使相之制，實不預政，乃列於真宰相中，亦為失考也。

【彙訂】

①“以李斯為禮賢尚德”，今《李斯傳》中無此語，乃在《季桓子傳》中。季桓子名斯，蓋與李斯形近而致誤。（錢泰吉：《跋吳氏伯與歷代宰相傳》）

毘陵人品記十卷（兩淮鹽政採進本）

明吳亮撰。亮字采于，武進人，吳中行之長子也。萬曆辛丑進士，官至大理寺少卿，事蹟附見《明史》中行傳。是書因毛憲舊本而增修之。自商迄明，採摭頗富。然十卷之中，歷代居六而明乃居其四。雖曰時近易詳，亦少乖謹嚴之旨矣。至於泰伯、仲雍，未免借材，梁武子孫，亦殊泛載，皆未免地志之舊習也。

名世編八卷（江蘇巡撫採進本）

明吳亮撰。初，亮罷官歸田，嘗輯古高隱事為《遯世編》。及再起，又輯此編。皆不採於史傳，惟勦劉唐順之《左編》、李贄《藏書》、李廷機《名臣記》三書而成。去取絕無義例，編次亦多顛倒。如首列大禹，乃帝王而非人臣，以例推之，何以刊除虞舜？程嬰乃趙氏之臣，魯仲連、侯嬴乃平原、信陵之客，皆未登官籍，以例推之，此類何可勝收？百里奚、蹇叔列管仲前，蓬瑗列百里奚前，屈原列蓬瑗前，尤屬瞀亂而失次也[1]。

【彙訂】

① "尤屬瞀亂而失次也"，殿本作"尤瞀亂失次也"。

安危注四卷（兩江總督採進本）

明吳甡編。甡字鹿友，南直隸興化人。萬曆癸丑進士，官至禮部尚書兼東閣大學士。事蹟具《明史》本傳。是書輯漢、晉、唐、宋將相之事，用陸賈言"天下安，注意相；天下危，注意將"之語以名其書，意在諷時事也。

明表忠記十卷（浙江巡撫採進本）

明錢士升撰。士升有《周易揆》，已著錄。是書載建文死難諸臣。首列二親臣，次殉難，次死義，次死事，次死戰，次從亡，次隱遁，次後死，次三不忠，次正譌，並附載《表忠祠碑記》。大旨堅主建文帝出亡之說，非疑以傳疑之義也。

壺天玉露四卷（浙江巡撫採進本）

明錢陛撰。陛字元履，海鹽人，萬曆戊午舉人。其書亦費樞《廉吏傳》之流，而兼收隱逸，為例小殊。所載始於春秋，終於明之萬曆。所錄凡二百九十六人。去取蹖駁，頗無義例。如解揚、申包胥當以忠論，尉遲敬德當以勇論，莊周、列禦寇當以隱論，田基當以節論，江上丈人、侯嬴當以俠論，趙括母當以識論，西門豹當以術論，概以廉稱，未當其實。又公孫宏〔弘〕之詐儉、揚雄之失節、華歆之佐逆，濫與斯列，亦殊混淆。至舟之僑、介之推合為一事，則誤從《說苑》，嚴君平、嚴遵分為二人，則不考《後漢書》，尤疏舛之顯然者也。是書以《壺天玉露》為名，而序文題為《壺天玉露・廉鑑》。每卷之首亦各別標"廉鑑"字。豈《壺天玉露》乃其著書之總名，《廉鑑》乃其一種歟？末又附《清士》一卷，自齧缺而下六十餘人，各為小傳，而繫以詩。卷端亦題"壺天玉露"字，殆其中之又一種也。

浙學宗傳無卷數（浙江巡撫採進本）

明劉鱗長撰。鱗長字孟龍，號乾所，晉江人。萬曆己未進士，官至南京戶部郎中。是編乃其為浙江提學副使時所編。以周汝登所輯《聖學宗傳》頗詳古哲，略於今儒，遂採自宋訖明兩浙諸儒，錄其言行，排纂成帙。大旨以姚江為主，而援新安以入之。故首列楊時，次以朱子、陸九淵並列。陳亮則附載於末，題曰《推豪別錄》。又以蔡懋德論學諸條及鱗長所自撰《掃背圖》諸篇綴於卷後。懋德、鱗長非浙人，入之浙學已不類，而自撰是書自稱"劉乾所先生"，與古人一例，尤於理未安也。

榕陰新檢八卷（兩淮鹽政採進本）

明徐𤊹撰。𤊹初字惟起，更字興公，閩縣人。聚書數萬卷，並手自丹黃。以博洽名一時，竟終於布衣。《明史・文苑傳》附見《鄭善夫傳》中。茲編採摭古事，分孝行、忠義、貞烈、仁厚、高隱、方技、名儒、神仙八門[①]。所載多閩中事，大旨表章其鄉人也[②]。

【彙訂】

① 是書明萬曆三十四年刻本足本十六卷，分十六門，"名儒"當作"名僧"。（杜澤遜：《四庫存目標注》）

② 殿本"表"上有"在"字。

為臣不易編無卷數（內府藏本）

明黃廷鵠撰。廷鵠爵里未詳。據書前周延儒序①，稱與廷鵠定交，此編即夙昔所共討論。則萬曆末人也。所錄古來名臣自皋陶至文天祥，凡百人。各為之傳，而系以序贊。

【彙訂】

①"據"，殿本無。

令史高山集七卷（兩江總督採進本）

舊本題曰臨川令江左吳用先體中編纂，不著時代。核其紙版，乃明萬曆中式也。其書輯古賢令事蹟，以寓高山景行之意。為目十七，為事三百八十有九，皆不注所出之書。其標目如循令、廉令之類，尚成文義；如自清、令薦、舉令之類，則拙鄙甚矣。第一卷別名"令譜"，而隸事與諸卷例同，尤不可解。

晉陵先賢傳二卷（浙江巡撫採進本）

明歐陽東鳳編。東鳳字千仞，潛江人。萬曆己丑進士，官至常州府知府。謝病歸，起山西按察司副使，又起南京太僕寺少卿，並不赴。事蹟附見《明史·顧憲成傳》。是編取常州先哲、寓賢，自吳延陵季子訖明錢一本，共六十九人。採史傳郡志人各為傳，傳末各附以頌。其傳於古人必詳所據之書，於近人則率注其文為某撰①，以明有據，體例頗謹嚴。然亦閒有不注者，疑為疏漏云。

【彙訂】

① "某",殿本作"某某"。

明詞林人物考十二卷(浙江巡撫採進本)

明王兆雲撰。兆雲字元楨,麻城人。是編錄明一代文士,起於洪武,迄萬曆。仿《昭明文選》之例,其人見在者不登。每人各詳其事蹟與所著作,凡四百二十三人,又補遺四十四人,共四百六十七人。其敍述頗無法則。如劉基一傳至二千言,所記皆望氣占夢、委巷流傳之事。惟傳末附"所著有《劉誠意伯集》"一語,並所著《犁眉公集》亦漏載。此自小説家言,何關文苑。又《凌稚隆傳》稱其纂輯《五車韻瑞》,大為詞林諸公所鑒賞,亦未免濫美矣。

弇州史料三十卷(左都御史張若淞家藏本)

明董復表編。復表字章甫,華亭人。是書皆採掇王世貞文集、説部中有關朝野記載者,裒合成書,無所考正。非集非史,四庫中無類可歸,約略近似,姑存其目於"傳記"中,實則古無此例也。然世貞本不為史,強尊為史,實復表之意。胡維霖《墨池浪語》稱:"《弇州史料》,凡請弇州作傳誌者,雖中材亦得附名;未請傳誌,雖蓋代勳名節義亦所不載。後之耳食,未可以此為定案。"云云。是又誤以為出世貞之意,非其實矣。

兩浙名賢錄五十四卷外錄八卷(浙江巡撫採進本)

明徐象梅撰。象梅字仲和,錢塘人。其書取兩浙先賢,自唐虞迄明隆慶,別為二十二門。又外錄元元〔玄玄〕、空空二門,以載釋、道二家。名目既多,體遂冗雜。如輔弼、經濟,無故區分;文苑、儒碩,過加軒輊。又諸傳皆標題官爵,獨"道學"一門稱先生而不書其官，於體例亦未畫一。至所列之人，本正史者十僅二三，本地志者乃十至六七。以鄉闔粉飾之語，依據成書，殆亦未盡核實矣。

古今貞烈維風什四卷（兩淮馬裕家藏本）

明許有穀撰。有穀字子仁，宜興人。其書大旨為表揚貞烈而作。按輿志區分，各以人繫其地。由古迄明，每地分列傳標題、列名不標題二類。其標題者各題七言絕句，不標題者粗舉事蹟而已。凡例稱“詞雖淺俚，意取勸揚”，是書長短有穀已自道之矣。

忠義存褒什二卷（兩淮馬裕家藏本）

明許有穀撰。是書記建文殉難諸臣事蹟，每一傳後繫七言絕句一首。

續列女傳九卷（浙江鮑士恭家藏本）

明邵正魁撰。正魁字長孺，休寧人。是書以續劉向《列女傳》，仍其體例，分別七門。唯其中節義、賢明各分一子卷。大抵採摭各史后妃、列女傳，分類彙敍。閒有略益以他書者，不過十之二三。每傳末必引諸經為詠歎之詞，以求肖向書之體，可謂“玉之學華，皆在形骸之外”。末附汪匯所作正魁母鄭氏傳一篇，尤古無此例也。

逸民史二十二卷（內府藏本）

明陳繼儒編。繼儒有《邵康節外紀》，已著錄[1]。是書雜採自周至元史傳郡志隱逸之士為二十卷。其末二卷以《元史》隱逸不詳，蒐取誌銘之類輯為《元史隱逸補》。然是書所載，如張良、兩龔之類,皆策名登朝,未嘗隱處者,若吾邱〔丘〕衍、王冕之類,皆淹蹇不遇,並非高逸者,亦濫入之,未免擇之不精焉②。

【彙訂】

① 依《總目》體例,當作"繼儒有《建文史待》,已著錄"。

② "焉",殿本作"也"。

東越文苑六卷(兩淮馬裕家藏本)

明陳鳴鶴撰。鳴鶴字汝翔,侯官人,天、崇閒諸生。《福建通志》稱其早棄舉業,與徐熥兄弟共攻聲律。是編紀閩中文人行實,起唐神龍,迄明萬曆,為四百十一篇。唐、五代五十人①,宋、元三百八十五人,明百有六人。

【彙訂】

① "五十人",殿本作"十五人",誤,參湖北圖書館藏清鈔本此書。

姑蘇名賢小記二卷(兩淮馬裕家藏本)

明文震孟撰。震孟字文起,長洲人。天啟壬戌進士第一,官至東閣大學士,諡文肅。事蹟具《明史》本傳。是書大意以當世目吳人為輕柔浮靡,而不知清修苦節之士可為矜式者不少。故擇長洲、吳縣人物卓絕者各為之傳,而系以贊。首高啟,終王敬臣,凡五十人。蓋既以表前賢,又以勵後進也。震孟以天啟二年及第,而是書成於萬曆甲寅,蓋其未遇時命意已如此。其立朝清介有自來矣。

崇禎閣臣行略一卷(浙江巡撫採進本)

明陳盟撰。盟號鶴灘,富順人。天啟壬戌進士,官至吏部右侍郎兼翰林院學士,加禮部尚書。是編首列崇禎一朝五十閣臣年表,次各為小傳。據其載及姜瓖叛逆、李建泰伏誅之事,則其書當成於桂王未滅時也。所列小傳各有評斷,而大抵深致憾於門户。夫明以門户亡國,其憾之是也。然稱温體仁小心謹愼,兢兢自持,既與門户不協,眈眈伺隙,遂絕私交,謝絕情面①;稱薛國觀之賜死,士論冤之;稱李建泰以人望薦舉督師,無一貶詞。顛倒是非,至於如是,其褒貶尚可信乎? 亦仍一門户而已矣。

【彙訂】

①“絕”,殿本無,底本疑衍。

王謝世家三十卷(江蘇巡撫採進本)

明韓昌箕撰。昌箕字仲弓,烏程人。是書成於天啟壬戌。考南朝王、謝二家人物,各為之傳。冠以《譜系圖》及《同名考》。王氏分四派:一曰琅琊,凡十四卷;二曰太原正派,凡四卷;三曰太原支派,凡二卷;四曰太原別派,凡二卷。謝氏則惟陽夏一派。皆止於六朝,唐以後不預焉。

名臣志鈔二十四卷(浙江巡撫採進本)

明吳孝章撰。孝章字平子,嘉興人。是書前有天啟癸亥吳中偉序,謂其鈔鄭曉《吾學編》、王世貞《四部槀》而稍節之。然如《孫一元傳》乃殷雲霄所作,則亦不全據鄭、王矣。所錄始於洪武,迄於隆慶,凡一百五十三人。卷中有自為贊詞者,如《李善長傳》末是也;有襲《弇州史槀》者,如《湯和傳》末是也①。然若劉基與李善長同卷,而贊詞獨不及於劉;馮勝、傅友德、藍玉同卷,而贊詞獨不及於馮、藍,則未知命意之所存。其所載事實,頗為闕略。而《徐達傳》之附增壽、《李文忠傳》之附景隆,此自史家備詳世系之體。若惟志名臣,烏容及此? 至《于謙傳》之附石亨,益無理矣。中偉序全倣《史記》自序、《漢書》敘傳之例，行以韻語，殊乖體裁，謂之不善學步可也。

【彙訂】

①"湯和傳"，底本作"湯信傳"，據殿本改。明天啟三年刻本此書卷三有《東甌襄武王信國湯公和》，文末有"弇州外史曰"云云。

歷代相業軍功考二卷明代相業軍功考二卷（浙江巡撫採進本）

明沈夢熊撰。夢熊字兆揚，歸安人。是書成於天啟癸亥。所錄歷代相業，自伊尹至陸秀夫四十七人，軍功自呂望至孟珙五十人。明代相業，自楊士奇至申時行十三人，軍功自徐達至王崇古三十人。前載事實，末附評語①。大抵節錄史文，別無考證，評語亦皆陳因之談。

【彙訂】

①"前載事實末附評語"，殿本作"所載事實"。

銀鹿春秋一卷（浙江巡撫採進本）

明陸嘉穎撰。嘉穎字子垂，又字明吾，嘉定人，天啟中嘗官主簿。是編輯古來義僕事蹟。其以"銀鹿"為名者，銀鹿為唐顔峴家僮，事顔真卿終身，至禍患不避去故也。然奴不負主，古來不止一銀鹿，銀鹿亦不必為義僕第一，取以立名①，不甚可解。殆以二字新穎，故採為標目耳②，殊無理也。所列自欒布以下凡七人，女奴十一人，頗多漏略。如蕭穎士僕，人人耳熟之事，而遺之不載，則無論他僻事也。其中有嘉穎裔孫鑽續補一十六條。然雜列其間，不可分別，尤無義例。所載史漢後③、劉武，即嘉穎家僕,徐永清,即鑽家僕,事皆不足傳,而躋之古人之列,亦不倫甚矣。

【彙訂】

① "立名",底本作"立石",據殿本改。

② "耳",殿本無。

③ "史漢後",殿本作"史後漢"。

孝友傳二十四卷(江蘇巡撫採進本)

明郭凝之撰。凝之字正中,海寧人,天啟甲子舉人,官至兗東兵備副使。是書採摭商至元末孝義事蹟,按代編次。然體例猥雜殊甚①。如君陳絕無事蹟,以成王"孝友"一言列之,猶有説也。顏子並不專以孝稱,而亦虛載其名。晉文公對秦使乃舅犯之謀,而亦浪標厥目。至《論語》問孝四人,以子夏為主,子游附傳,已屬妄分賓主,孟懿子、孟武伯亦與子游同附,則不知二人之孝以向為據矣。

【彙訂】

① "殊甚",殿本無。

明孝友傳八卷(浙江巡撫採進本)

明郭凝之撰。此書採摭明代之事,以續所作《孝友傳》。上自士大夫,下迄沙彌、乞匃,人各為傳,共四百二十九人。

遜國忠記十八卷(浙江巡撫採進本)

明周鑣撰。鑣字仲馭,金壇人。崇禎戊辰進士,官至刑部員外郎,福王時為馬士英、阮大鋮所殺。事蹟附見《明史‧姜曰廣傳》。是書統載建文死事諸臣,而以職官分類,體例小殊。然篤信從亡之事,於諸臣名姓,備錄無遺。又如錢士升《表忠記》載建文潛出西華門，沿河得空舟。而此載舟子夢高皇帝命艤舟以待，更神其説矣。

古今宗藩懿行考十卷（内府藏本）

舊本題曰潞王編，不著其名。按《明史・諸王年表》，穆宗隆慶五年，封第四子翊鏐為潞王。萬曆四十六年，翊鏐庶子常淓襲封。此書成於崇禎九年，則當為常淓所輯也。所採皆歷代宗臣之賢者，自周迄明，凡百餘人。各著事蹟梗概，加以評論。中間如劉歆依附王莽，傾覆宗邦，而得與其數，殊乖袞鉞之公。又曹彰、司馬孚等雖非無可節取，而儼然與周、召並列，亦儗不於倫矣。

明經濟名臣傳四卷（江西巡撫採進本）

明賀中男撰。中男，永新人。是編載明代名臣自洪武迄萬曆之季，凡文臣五十五人，武臣二十一人。據其子善來所述凡例，稱為未竟之本，其挂漏猶為有説。至於李東陽之固位取容，張孚敬、桂蕚之希旨求媚，其經濟安在？而濫列於名臣，不亦慎乎？

宗聖譜十四卷（江蘇巡撫採進本）

明鄒泉撰。泉字子静，常熟人。是書分八目，曰孔聖譜，曰四配譜，曰十哲譜，曰羣賢譜，曰理學譜，曰經儒譜，曰史氏譜，曰著作譜。蓋欲合儒林、道學源流本末，彙為一書，以便檢閲。而體例叢脞，編次多乖。如《經儒譜》内書傳列伏生、歐陽、夏侯，不列孔安國，而別列安國於《儒拾遺》之内。《史氏譜》内列李燾《續通鑑長編》，不列司馬光《資治通鑑》，而別列《通鑑》於《史拾遺》之内。進退失倫，絶無義理。其《著作譜》雜錄書名，皆取材於

《經籍考》中，又十不存一。蓋隨意鈔撮，以供里塾佔畢之用。雖以"宗聖"為詞，實兔園册也①。

【彙訂】

①"以供里塾佔畢之用"至"實兔園册也"，殿本作"之本也"。

辨隱錄四卷（浙江汪啟淑家藏本）

明趙鳳翀撰。鳳翀字文舉，爵里未詳。自序稱"十載為郎，一麾出守"，蓋官至知府也。此書為歸田後所作。列古人之隱居者，分龍隱、高隱、知隱、神隱、石隱、癡隱、仕隱七門。强生分別，殊無義例。"高隱"列張齶，殆忘其屈節蔡京；"石隱"列郭璞，殆忘其見戮王敦。"癡隱"以屈原、雪菴和尚與焦光、朱桃椎連名，"仕隱"以胡廣、譙周、馮道與柳下惠同傳，皆幾於黑白不分。至李泌入"龍隱"，張良又入"神隱"；莊周入"高隱"，列禦寇又入"知隱"，亦不知其何以分優劣也。

陸氏世史鈔六卷（浙江巡撫採進本）

明陸濬源撰。濬源，平湖人，自稱陸贄二十九世孫。是書採陸氏名見正史者，自漢迄元得一百二十人。各錄其本傳，裒為一編，亦自誦清芬之意。然氏族源流，最為叢雜。唐人世傳譜牒以門第相高，而白居易自述姓源，且不免以蹇叔之子指為出自芈勝。況自宋以來，此學不講，支分派別，尤莫能稽。濬源是書既首列《唐書·世系表》，明吳郡之陸出自田齊，為媯姓之後，又引王應麟《姓氏急就篇》注，謂出自陸終，又引《陳留風俗傳》，謂出自陸渾之國，是本原先已傳疑。又稱唐陸鴻漸姓由卜筮，北魏步陸孤氏亦複姓省文，是末派猶難考信。乃取上下數千年中陸姓之人，不問異同，聯為一譜。然則尼山殷後，可與孔圍稱宗；懿仲齊卿，可與國僑合族。此亦千古譜牒之通病矣。

衡門晤語六卷（兩江總督採進本）

明潘京南撰。京南自號壽櫟生，新都人。是編摘錄古今隱逸閒適之事，分前、後、續、別四集。《前集》廣成子而下七十五人，自上古逮魏。《後集》孫登而下七十五人，自晉逮元。《續集》伯成子高而下百五十人。《別集》則摭其議論及所作詩賦。亦皇甫謐《高士傳》之支流。其曰“晤語”，則千載一堂之意云爾。

楚寶四十五卷（湖南巡撫採進本）

明周聖楷撰。聖楷字伯孔，湘潭人。是書編錄楚中人物名勝，分二十五門，曰大臣，曰名臣，曰大將，曰智謀，曰諫諍，曰文苑，曰良史，曰命使，曰典故，曰真儒，曰諸子，曰孝友，曰忠義，曰獨行，曰真隱，曰列女，曰方伎，曰異人，曰宦績，曰遷寓，曰山水，曰名祀，曰列仙，曰名釋，曰祖燈。悉錄史志原文，亦閒有考證。前有《總論》四條，一曰定區域以尊王，二曰別人物以徵傳，三曰約論注以歸雅，四曰考遺勝以闕疑。高世泰序稱其人物十九、名勝十一、古文十九、今文十一。大致以人物為主，而稍以山水古蹟附之。既非傳記，又非輿圖，在地志之中別為一例。姑從其多者為主，附之“傳記類”焉。

道南錄五卷（江蘇巡撫採進本）

不著撰人名氏。亦無序跋。道南書院在福州，疑閩人所為也。其書節錄明道程子、楊時、羅從彥、李侗、朱子言行，末附祠祀始末①。道者公器，傳道者亦統為天下萬世之計，不僅求為一鄉一邑之榮。況五大儒事蹟著述，照耀古今，亦不復藉此以顯。

是特夸耀桑梓，非為表章道學也。所見亦云小矣。

【彙訂】

① 阮元手訂《天一閣書目》載《道南書院錄》五卷，即是書也。云卷首有明嘉靖乙未臨海金賁亨序，言與黃偉節合撰此書甚明。金氏著籍臨海，《浙江通志》卷一七六有傳，以提學福建，乃辟道南書院並作此《錄》。（朱家濂：《讀〈四庫提要〉劄記》；劉遠遊：《四庫提要補正》）

國殤紀略一卷（浙江巡撫採進本）

不著撰人名氏。以書中所自敍考之，蓋郭姓，湘鄉人，前明崇禎丙子舉人也。是編紀明末楚中死節之士。前為何騰蛟、堵允〔胤〕錫、章曠、傅作霖四人遺事。各系以詩，蓋用《靖康小雅》之體。後附周克、張世英、王士璞、何應瑞、李有斐五人小傳。允錫以病卒於軍，不得援死綏之義。士璞為其弟士琳所搆，死於圄圄，亦非克等四人死於張獻忠者比。未免為例不純也。

史 部 十 九

傳記類存目五

崇禎五十宰相傳一卷(浙江巡撫採進本)

國朝曹溶撰。溶字潔躬,號秋嶽,秀水人。前明崇禎丁丑進士,官監察御史。入國朝,官至户部侍郎。出為廣東布政使,左遷山西陽和道。此《傳》皆崇禎時入閣諸臣事蹟,凡六篇,前有年表一篇。明代自胡惟庸以後,不立丞相。然自後入閣辦事者,亦相沿以"相國"呼之。此書題曰"宰相",從俗稱也。崇禎十六年間,輔臣至五十人,其行事皆見於《明史》。説者謂其輕進易退,不收實用。溶篇末《總論》獨謂其"私心朋比,門户相承。邪正雖殊,植黨則一",斯誠探本之説矣。《傳》雖分列五十人,而所錄事實,皆取賢否懸殊,關係治亂之大者。其成基命以下十四人,但敍官閥,黄立極以下四人,亦極簡略。蓋以為無關勸戒,不足書也。溶門人陶越乃取陳盟所作《崇禎内閣行略》補之,非溶意矣。此書《檇李詩系》作《崇禎五十輔臣傳》五卷,其實為傳六篇,加以年表一篇,非五卷也。所載行事與《明史》詳略相參,亦可互資考證焉[1]。

【彙訂】

① "所載行事與明史詳略相參亦可互資考證焉",殿本無。

　　五十輔臣編年錄殘本一卷（浙江吳玉墀家藏本）

　　不著撰人名氏。版心有"檇李曹氏倦圃藏書"字，蓋曹溶家舊本。疑溶嘗作《崇禎五十輔臣傳》，此其槀本之一册爾。始於天啟七年八月，中閒惟崇禎元年一月差詳。崇禎二年則惟韓爌調停沈維炳、薛國觀申救任贊一事。而卷尾題曰《五十輔臣編年錄》，殆不可曉。書中文理斷續，率不可讀。繕寫惡劣，亦幾不成字。

　　歷代循良錄一卷（山東巡撫採進本）

　　國朝孫蕙撰。蕙字樹百，號泰巖，又號笠山，淄川人。順治辛丑進士，官至給事中。是書彙歷代循良事蹟，惟載縣令而不及他官，其意謂令與民最近也。自秦、漢以迄近代，僅盈一卷，去取可謂謹嚴。然挂漏亦所不免。

　　古人幾部六卷（兩江總督採進本）

　　國朝陳允衡撰。允衡字伯璣，南昌人。是書所錄，皆明哲保身之士與急流勇退之人。允衡自序云："平湖陸叔度著《古人幾部》，始管夷吾，終史天澤，凡八十一人。古之成大功、定大策者咸在焉。而其人亦有功成而身死，名立而毁至者。定是不變，無以語權。因更集古人，顔曰《幾部》。"然其書首載堯、舜，以堯之傳舜、舜之逃象，皆目為知幾，亦淺之乎窺聖人矣。豈姑以寓防患之意，不規規於品題之當否耶？

　　歷代黨鑑五卷（浙江汪啟淑家藏本）

　　國朝徐賓撰。賓字用王，常熟人。是書蓋因明季朋黨之禍，爰採輯史傳，作為此書。上自東漢黨錮，次及魏之曹爽，晉之賈充，唐之王伾、王叔文、牛僧孺、李德裕，宋之洛蜀朔三黨、元祐黨籍、慶元僞學，以及明之東林、魏黨，靡不詳載，又採各家論朋黨之語附之於後，而以范祖禹《唐鑑》終焉。卷首冠以《東林黨籍論》三篇，亦寶所自作也。

孔庭神在錄八卷（江蘇巡撫採進本）

國朝胡時忠撰。時忠原名時亨，字慎三，無錫人。崇禎丙子舉人。是錄以祀典為主，故先列位次，而於聖賢諸儒各為著錄。其第八卷則考證辨論之辭，凡十五篇。

畿輔人物志二十卷（浙江吳玉墀家藏本）

國朝孫承澤撰。承澤有《尚書集解》，已著錄。是編專志有明一代畿輔人物。然如李東陽之類，究涉假借，不出地志之積習。又如成基命無所瑕疵，亦寶無所樹立，承澤以其子克鞏方官大學士，而盛相推重，則亦非盡信史矣。

四朝人物略六卷（副都御史黃登賢家藏本）

國朝孫承澤撰。自漢至唐、宋為五卷，全襲《名臣錄》之文。明一代總為一卷，皆用劉孟雷所為《翊運》、《碩輔》、《名卿》、《正學》等傳為之。蓋承澤所長在於習掌故，精賞鑒，故所撰《春明夢餘錄》、《庚子銷夏記》諸書，皆考證詳明，而史筆敍述，則非其專門也。

益智錄二十卷（副都御史黃登賢家藏本）

國朝孫承澤撰。起周迄明，凡聖賢名人言行可錄者，銓次為二十卷，而載明人事居三之一。閒有敍事之後附以論斷者。承澤崇禎庚午鄉試，出姚希孟之門，辛未會試，出何如寵之門，故其附東林也甚力。是書為萬曆、天啟閒諸人傳尤詳。然承澤門戶深固，大抵以異同為愛憎，以愛憎為是非，不必盡協於公道也。

顧氏譜系考一卷（兩江總督採進本）

國朝顧炎武撰。炎武有《左傳杜解補正》，已著錄。是書於顧氏世系考據最詳。然姓氏之書，最為叢雜。自唐以後，譜學失傳，掇拾殘文，未必源流盡合。姑存其說可也。

檇李往哲續編一卷（浙江巡撫採進本）

國朝項玉筍撰。玉筍字和父，秀水人。是書續戚元佐之傳而作，補萬曆以前元佐所未載者。又益以天啟、崇禎兩朝凡十二人，而以孝子魏學洢附於其父大中傳。每傳各系以論，與元佐例小異。

金華徵獻略二十卷（浙江巡撫採進本）

國朝王崇炳撰。崇炳字虎文，東陽人。嘗於蘭溪唐氏輯其郡人著述為《金華文略》，此其所採金華先賢事蹟也。分十有二類，曰孝友，曰忠義，曰儒學，曰名臣，曰文學，曰政績，曰卓行，曰貞烈，曰仙釋，曰方技，曰來宦，曰遊寓。自元以前則本之史傳及吳師道《敬鄉錄》、宋濂《人物志》，自明以後則更蒐採諸書以補之。然鄉曲之私，所錄不免泛濫。其序例謂："事蹟或無可稱而列之名臣者，乃序爵之義。"不知鄉閭耆碩，原不當以祿秩為重輕。若概加採錄，則是公卿表而非耆舊傳矣。

聖學知統錄二卷（直隸總督採進本）

國朝魏裔介撰。裔介有《孝經注義》，已著錄。是《錄》凡載伏羲、神農、黃帝、堯、舜、禹、皋陶、湯、伊尹、萊朱、文王、太公望、散宜生、周公、孔子、顏子、曾子、子思、孟子、周子、二程子、張子、

朱子、許衡、薛瑄二十六人，博徵經史，各為紀傳。復引諸儒之説
附於各條之下，而衷以己説。其自序謂："見知聞知之統，具載於
此。"然惟聖知聖，惟賢知賢，惟接道統之傳者能知道統之所傳。
《孟子》末章，惟孟子能言之耳，奈何遽以自任乎？

聖學知統翼錄二卷（直隸總督採進本）

國朝魏裔介撰。裔介既作《知統錄》，復作此《錄》以翼之。
自序謂："以之羽翼聖道，鼓吹《六經》，亦猶淮、泗之歸於江海，龜
鼉之儕於岱宗也。"凡錄伯夷、柳下惠、董仲舒、韓愈、胡瑗、邵雍、
楊時、胡安國、羅從彥、李侗、呂祖謙、真德秀、趙復①、金履祥、劉
因、曹端、胡居仁、羅倫、蔡清、羅欽順、顧憲成、高攀龍二十二人。
其去取之故，亦莫得而詳焉②。

【彙訂】

①"趙復"，殿本作"趙俊"，誤。清康熙龍江書院刻本此書
卷下所錄第一人即趙復，《元史》卷一八九《儒林一》有傳。

② 書前自序敘其去取標準甚明，將伯夷、柳下惠置於卷首，
乃因二人"雖道遜孔子，亦亞聖之儔"，而董仲舒以下"或材力有
厚薄，學問有淺深，時命有隆替，師友有淵源，德業不同，要皆篤
志進修，挺然自立，不惑異端，潛心希古，豈非所謂豪傑之士雖無
文王猶興者耶？使得聖人而為之師，其所造詣又寧止於是而已
乎？以之羽翼聖道，鼓吹《六經》，亦猶淮泗之歸於江海、龜鼉之儕
於岱宗也。余因捃摭遺傳，詳為論述，俾後世學者知所景行焉。"
何謂"莫得而詳"？（張林川、周春健：《中國學術史著作提要》）

希賢錄五卷（直隸總督採進本）

國朝朱顯祖撰。顯祖號雪鴻，江都人。順治丙戌副榜貢生。

其書載自周至明諸儒言行，各繫以論斷。其意蓋欲仿《伊洛淵源錄》，然去取多不可解。退邵子、司馬光於朱子後，升張栻、呂祖謙於范仲淹前，未免輕於予奪。其列明儒以薛、曹、邱〔丘〕、胡為冠，配宋之周、張、程、朱。邱者邱濬也，斯則更屬異聞矣。

洛學編四卷（浙江巡撫採進本）

國朝湯斌撰。斌字孔伯，號潛菴，睢州人。順治己丑進士，官至工部尚書，謚文正。是書述中州學派，分為二編。首列漢杜子春、鄭興、鄭衆、服虔，唐韓愈，宋穆修，謂之“前編”。次列二程子以下十三人，附錄二人；元許衡以下三人，附錄一人；明薛瑄以下二十人，附錄七人，謂之“正編”。各評其學問行誼。蓋雖以宋儒為主，而不廢漢唐儒者之所長。後耿介作《中州道學編》，乃舉唐以前人悉删之，則純乎門戶之私，所見又與斌異矣。

續表忠記八卷（副都御史黃登賢家藏本）

國朝趙吉士撰。吉士字恒夫，號漸岸，又號寄園，休寧人。順治辛卯舉人，官至戶科給事中。是書記明萬曆以後忠義之士。以明錢士升有《表忠記》記遜國諸臣，故此以“續”為名。所載凡一百二十三人。然前所載皆死魏忠賢之禍者，後所載皆明末殉節者，而參雜以葉向高、顧憲成、趙南星、鄒元標、馮從吾諸傳，體例不純。蓋其時去明未遠，猶存標榜之風。不知諸人致命遂志，取義成仁，其事自足千古，正不必牽附東林而後足以為重也。

天中景行集無卷數（江蘇周厚堉家藏本）

國朝邵燈撰。燈字無盡，一字薪傳，常熟人。順治壬辰進士，官至河南河道。是編乃燈康熙九年奉檄防河，因取中州名宦、鄉賢，上自春秋，下訖宋元，彙為一編。或全錄本傳，或摘鈔數事，無所考證，亦無所臧否。

中州道學編二卷補編一卷（浙江巡撫採進本）

國朝耿介編。介字介石，號逸菴，登封人。初名沖璧，讀《北山移文》至"耿介拔俗"之句，遂更今名。順治壬辰進士，官至直隸大名道。以湯斌薦，授詹事府少詹事。是編專載中州道學，自宋二程子至國朝陳鎔等五十七人[1]，人各有傳，傳後或附語錄及所著書。末附《補編》一卷，乃乾隆庚午登封知縣晉江施奕簪所編。兼收漢杜子春以下傳經諸儒，介亦與焉。然道學、儒林自《宋史》分傳以後，格不相入久矣[2]。介於漢儒、宋儒門戶，判如冰炭。韓愈諸人乃所特黜，非其偶漏。奕簪不自為一書，而附之介書之後，非其志也。

【彙訂】

① 是編始於宋代二程，終於清朝陳元熙、許酉山、鍾爾知，共五十九人。（張林川、周春健：《中國學術史著作提要》）

② "道學儒林自宋史分傳以後格不相入久矣"，殿本無。

古懽錄八卷（江西巡撫採進本）

國朝王士禎〔禛〕撰。士禛字貽上，號阮亭，又自號漁洋山人，山東新城人。順治乙未進士，官至刑部尚書，謚文簡。士禛原名下一字與世宗憲皇帝廟諱相同，故傳刻其書者皆改為"士正"。乾隆丁酉，奉諭旨追賜今名。是編皆述上古至明林泉樂志之人，蓋皇甫謐《高士傳》之意。其自序稱取古詩"良人惟古懽"句為名。案此句見《文選·古詩》第十六首，李善注曰"良人念昔之歡愛"。則所謂良人者，乃棄妻指其故夫，所謂惟者，思維也，古者，舊時也，歡者，夫婦之私昵也。不識士禛何據，乃以為高隱之目。無乃解為"與古為徒"之意耶？果若是，則誤之甚矣。

大成通志十八卷（陝西巡撫採進本）

國朝楊慶撰。慶有《古韻叶音》，已著錄。是書成於康熙己酉。摭拾歷代制度，不盡關於孔庭。其年表、世家、列傳，大抵掇拾舊文[1]。第十七卷為《理齋説要》，第十八卷為《理齋節要》，乃慶講學之書，而綴於聖賢之後，總名曰《大成通志》，似亦未安也。

【彙訂】

[1]"掇拾"，殿本作"剽掇"。

續高士傳五卷（浙江鮑士恭家藏本）

國朝高兆撰。兆字雲客，侯官人。王晫《今世説》曰："高雲客少遭喪亂，自江左還舊鄉，布衣蔬食，塊處蓬室中。採摭隱逸，輯為《續高士傳》。鑒別精嚴，論者謂其才識不讓士安。"即此編也。據卷首陶澄序，稱其"始晉皇甫士安，斷於有明之穆廟，中閒千餘年，共得一百四十三人。微顯闡幽，循名責實。起辛丑八月，至壬寅二月始告成"。蓋創橐於順治十八年，蕆事於康熙元年也。其去取頗不苟，故陳日浴序稱其"凡名入仕籍後掛冠者黜，迷溺於老佛之學者黜"[1]。然宋种放隱節不終，反登簡牘，元褚伯秀實道士，所注《莊子義海纂微》，今尚著錄也。

【彙訂】

[1]"陳日浴"，底本作"陳日溶"，據清康熙遺安草堂刻本此書陳序及殿本改。

理學備考三十四卷（江西巡撫採進本）

國朝范鄗鼎撰。鄗鼎字彪西，洪洞人。康熙丁未進士，以養親不仕終於家。是編備列有明一代講學諸儒，初刻於康熙辛酉。

卷一至卷六劌取辛全《理學名臣錄》,卷七至卷十劌取孫奇逢《理學宗傳》,十一卷至十六卷乃鄗鼎所續補也。續刻於己巳,再續刻於甲戌。十七、十八卷劌取熊賜履《學統》,十九卷至二十九卷劌取張夏《洛閩淵源錄》,三十卷至三十四卷劌取黃宗羲《明儒學案》。計所自作者僅六卷而已。其説不出於一家,其文不出於一手,宜其體例之參差矣。

勝朝彤史拾遺記六卷(浙江巡撫採進本)

國朝毛奇齡撰。奇齡有《仲氏易》,已著錄。是書皆明一代后妃列傳。自稱:“初得其父所藏《宮闈紀聞》一卷,載事不確,文不雅馴。後預修《明史》,分撰天順、成化、宏治、正德四朝《后妃傳》,因搜考史戉,闕略特甚。乃仍取外史所紀,與《實錄》參修,而掇其臠棄,合之《宮闈紀聞》,撰為此書。”凡六十五傳。其中如鄭金蓮、王滿堂,於史例不得立傳。崇禎末宮人費氏、青霞女子等,於史例當別入《列女傳》。即是書以《拾遺》為名,不得拘以史例,亦應隨事附錄,不得自為一傳,雜於后妃中也。其敍述則頗有法。然大端已採入正史,此無庸復錄矣。

留溪外傳十八卷(江蘇周厚埱家藏本)

國朝陳鼎撰。鼎有《東林列傳》,已著錄。是書凡分十三部,曰忠義,曰孝友,曰理學,曰隱逸,曰廉能,曰義俠,曰遊藝,曰苦節,曰節烈,曰貞孝,曰闡德,曰神仙,曰緇流。所紀皆明末國初之事。其閒畸節卓行,頗足以闡揚幽隱。然其事蹟由於徵送,觀卷首《徵事啟》末附載二行云“凡有事實,可寄至江寧承恩寺前刻匠蔡丹敬家[①],或揚州新盛街岱寶樓書坊轉付”云云。則仍然徵選詩文,標榜聲氣之風,未可據為實錄。如張潮諸人,生而立傳,殊非蓋棺論定之義。其閒怪異諸事，尤近於小說家言，不足道也。

【彙訂】

①"蔡丹敬"，殿本作"蔡舟敬"，誤，參清康熙三十七年自刻本此書原文。

明儒林錄十九卷（兩淮馬裕家藏本）①

國朝張恒撰。恒字北山，松江人，朱彝尊之中表也。而彝尊志在稽古，恒則志在講學，所見頗歧。是集紀明代兩浙諸儒言行，所載未為詳備。而附採語錄之類，亦過於繁冗。

【彙訂】

①"兩淮馬裕家藏本"，殿本作"兩淮鹽政採進本"，誤。《四庫採進書目》中僅"兩淮商人馬裕家呈送書目"著錄此書。（江慶柏：《殿本、浙本〈四庫全書總目〉著錄圖書進獻者主名異同考》）

雒閩源流錄十九卷（江蘇巡撫採進本）

國朝張夏撰。夏有《楊文靖年譜補遺》，已著錄①。是書取有明一代講學之儒，分別其門戶，成於康熙壬戌。大旨闡雒、閩之緒而力闢新會、餘姚之說。自一卷至十三卷列為雒、閩之學者，正宗十六人，羽翼三十九人，儒林一百九十二人，併合傳、附傳者共二百五十餘人。十四卷為新會之學，十五卷為餘姚之學，所列羽翼八人，儒林三十九人，而正宗則闕。十八、十九二卷謂之《補編》，所列僅儒林五十八人，併羽翼之名亦不予之矣。自明以來，講學者釀為朋黨，百計相傾。王守仁作《朱子晚年定論》，程敏政作《道一編》，欲援朱子以附陸氏，論者譏其舞文。張烈作《王學質疑》，熊賜履作《閑道錄》，又詆斥陸、王，幾不使居於人類,論者亦譏其好勝。雖各以衛道為名,而本意所在,天下得而窺之也。夏此書以程、朱之派為主,而於陸氏之派亦節取所長,以示不存門戶之見,用意較為深密。然卷首稱明太祖以理學開國,諛頌幾四五百言,以為直接堯、舜、禹、湯、文、武之統,殊非篤論,亦非事實。其凡例稱人品自人品,學術自學術。如趙南星、楊漣、繆昌期、李應昇諸人,可謂之忠臣,不可列之於儒林,立說尤僻。豈程、朱之傳惟教人作語錄乎?

【彙訂】

①《總目》卷六〇有《楊文靖年譜》條,乃訂正舊譜,但未述張夏身世。此條"補遺"二字衍。(楊武泉:《四庫全書總目辨誤》)

錫山宦賢考略三卷(江蘇周厚垍家藏本)

國朝張夏、胡永祺同撰。永祺字鴻儀,與夏同里。是編取無錫名宦、鄉賢二祠及崇正書院所祀諸先儒,起宋訖明,皆詳其仕履,撮其事實,彙為一編。上卷名宦,中卷崇正諸儒①,下卷鄉賢。書成於康熙甲子,在《雒閩源流錄》後二年。

【彙訂】

①"崇正",底本作"崇禎",據殿本改。

吳越順存集三卷外集一卷(兩淮馬裕家藏本)①

國朝吳允嘉撰。允嘉字志上,錢塘人。是書輯吳越錢氏誥册逸事,並詳考其子孫之以文學仕宦顯者,薈萃成書。蓋允嘉本錢姓,吳越王之裔也。

【彙訂】

①"兩淮馬裕家藏本",殿本作"兩淮鹽政採進本",誤。《四

庫採進書目》中僅"兩淮商人馬裕家呈送書目"著錄此書。（江慶
柏：《殿本、浙本〈四庫全書總目〉著錄圖書進獻者主名異同考》）

　　道南正學編三卷（浙江巡撫採進本）

　　國朝錢肅潤撰。肅潤有《尚書體要》，已著錄。是書成於康
熙辛未。所錄皆從祀東林書院諸人。自序謂"不拘世代，不敘年
數，不論地位，不限科目，率以入祠之先後為次第"，故元人列明
人後焉。其末以國朝孫承澤、王崇簡二人終。《承澤傳》首曰：
"崇禎辛未進士，官至吏部侍郎。"使不知承澤始末者，不將以為
明之吏部侍郎乎？

　　又尚集二卷（江西巡撫採進本）

　　國朝何屬乾撰。屬乾字不息，江西廣昌人。由副榜貢生官
永新縣訓導。是書纂輯永新名宦、鄉賢事蹟，以已入祀典者各撰
小傳。自三國分疆，迄國朝康熙中，分為上下二卷。其傳末論
斷，多附見軼事，與傳意不相重複，頗得《史記》遺意云。

　　聖宗集要八卷（兩江總督採進本）

　　國朝費緯裪撰①。緯裪字約齋，鄞縣人。是書上溯皇古，下
迄有明，凡大聖大賢及講學諸儒輯為一編。取大宗之義，故以
"聖宗"為名。然如聶豹之黨嚴嵩、殺楊繼盛，具載於《益智錄》
中。列於聖賢之大宗，固為有忝。即徐階之心術事業，亦未必足
當此目。至於《穆脩傳》後盛推陳摶②，躋之於儒宗。謂："伏羲、
神農、黃帝皆二百歲，顓頊、舜、禹皆百餘歲，伊尹百歲，文、武九
十餘歲。可以識修煉之道，在於凝道淡泊，棲志和平③。時動靜
以固元神，宣慈惠以培陰德。清心寡欲，以培養天年。"又謂"道
家者流，施之於治則結繩之治可復"云云。古來有此道學乎？

【彙訂】

① 據清康熙四十九年依庸堂刻本此書，"費緯袊"乃"費緯袊"之誤。（杜澤遜：《四庫存目標注》）

② "聶豹之黨嚴嵩"至"至於"，殿本無。

③ 此書卷二"穆脩"條原文作"凝神於淡泊，棲志於和平"。

卓行錄四卷（浙江巡撫採進本）

國朝黃容撰。容字敘九，吳江人。是書成於康熙庚辰。所錄多明末國初之事。後有自序，稱"集中體例，主於表彰潛德，蒐輯逸事。其事蹟赫赫在天壤，他書具載者，反不多錄"。然而孫承宗之死節，史籍彰彰，似不在潛德之列。而"龔佩潛女"一條云"九龍龔佩潛，以進士遇國難，投秦淮以死。有才女，能詩"云云。此在佩潛為卓行，其女能詩，未為卓行也。

荊門耆舊紀略三卷列女紀略一卷（浙江巡撫採進本）

國朝胡作柄撰。作柄，荊門人，始末未詳①。荊門舊有志，明季散佚②。作柄於康熙戊戌、己亥閒，初為《耆舊》一編，志其鄉之人物。續又以宋以來列女別為一編附焉。兩編皆自為之序。其於老萊子後次以黃歇，但曰"為李園所制"，不著所終。歇之怙權盜國，果可列鄉賢俎豆閒乎？其論宋玉大用死難一條，據土人祠廟以辨《宋史》記其降元之誣，固善善從長之義，然無徵不信也。

【彙訂】

① "始末未詳"，殿本無。

② "明季散佚"，殿本作"明季兵燹散佚無存"。

學統五十六卷（湖北巡撫採進本）

國朝熊賜履撰。賜履字敬修，孝感人。康熙戊戌進士①，官至大學士。是書以孔子、顏子、曾子、子思、孟子、周子、二程子、朱子九人為正統，以閔子以下至明羅欽順二十三人為翼統，以冉伯牛以下至明高攀龍一百七十八人為附統，以荀卿以下至王守仁七人為雜統，以老、莊、楊、墨、告子及二氏之流為異統。夫尚論古人，辨其行事之醇疵、立言之得失，俾後人知所法戒足矣。必錙錙銖銖，較其品第而甲乙之，未免與班固《古今人表》同一悠謬。況薛瑄、胡居仁、羅欽順俱尊之稱字稱先生，而伯牛、子路諸賢乃皆卑之而書名，軒輊之間，不知何所確據。又荀況、揚雄、王通、蘇軾均以雜統而稱子，陸九淵、陳獻章、王守仁又以雜統而書字，褒貶之間，亦自亂其例也。

【彙訂】

① 戊戌為康熙五十七年，而熊賜履卒於康熙四十八年，年七十五，見《清史稿》本傳。《國朝先正事略》卷六《熊賜履事略》、雍正《湖廣通志》卷三三《選舉志》均載賜履為順治十五年戊戌科進士。（楊武泉：《四庫全書總目辨誤》）

道統錄二卷附錄一卷（江蘇巡撫採進本）

國朝張伯行撰。伯行字孝先，儀封人，康熙乙丑進士，官至禮部尚書，諡清恪。是書自序謂"曩於故書肆中購得《道統傳》一帙，乃仇熙所著，因更為增輯"。上卷載伏羲、神農、黃帝、堯、舜、禹、湯、文、武、周公、孔子及顏、曾、思、孟，下卷載周、程、張、朱。其《附錄》中則載皋陶①、稷、契、益、伊尹、萊朱、傅說、太公、召公、散宜生及楊時、羅從彥、李侗、謝良佐、尹焞。人各一傳，述其言行，而以《總論》冠於卷端。

【彙訂】

① "陶"，殿本脫。

道南源委六卷（河南巡撫採進本）

國朝張伯行編。是編本明朱衡《道南源委錄》舊本，重加考訂。首卷自楊時至江杞三十六人①。次卷自羅從彥至陳紹叔八十一人。三卷自朱子至陳總龜八十人。四卷自李棟至劉季裴九十六人，外附朱子弟子張顯甫等十九人，又著述可考者李琪等五十九人。五卷自歐陽佹至黃三陽五十九人。六卷自林希元至李逢基四十五人②，復以張書紳等五十一人有著述者類附焉。

【彙訂】

① 清康熙四十八年正誼堂刻本此書凡例云："是編皆錄南學而以二程夫子冠首，何也？南學出於二程，不忘所自也。"首卷正文亦以二程冠於楊時之前。

② 據正誼堂刻本卷六，"李逢基"乃"李逢期"之誤。

伊洛淵源續錄二十卷（兩江總督採進本）

國朝張伯行撰。是編因明謝鐸《伊洛淵源續錄》採輯未備，薛應旂《考亭淵源錄》去取未嚴，因重為考訂，以補正二家之闕失①。然書甫出，而譚旭《謀道續錄》又反覆千百言②，糾其漏胡寅、真德秀矣。講學如聚訟，豈其然乎？有朱子之學識，而後可定程子門人之得失。此中進退，恐非後學所易言也。

【彙訂】

① 張伯行自序以為薛氏之作"編輯頗嚴"，而非"去取未嚴"。（張林川、周春健：《中國學術史著作提要》）

② "謀道續錄"，殿本作"謀道續編"，誤。《總目》卷九八著

錄譚旭撰《謀道續錄》二卷,《江西巡撫海第四次呈送書目》著錄《謀道續錄》一套二本。

嘉禾徵獻錄四十六卷(兩淮馬裕家藏本)

國朝盛楓撰。楓字丹山,秀水人。是書所紀皆明一代嘉興人物。冠以《妃主》一卷,後以職官分紀。凡京朝官二十二卷,外吏十八卷,世職及死事諸將三卷,附以《儒學》一卷、《文苑》一卷。其子孫不能自為傳者,則以史例附其祖父之下。若無事蹟顯著者,則備列其官階遷除而止。若人非善類,如施鳳來之附魏忠賢、吳昌時之黨周延儒者,則僅於目中列其名,而特闕其傳以示戒。如史仲彬之類,亦間附以辨證之語①。其《卜大同傳》末又附洪武三年《給頒戶帖》一道,以資考訂,敘述亦為詳贍②。惟其錄名《徵獻》,而首冠以《妃主》,殊乖義例。又如《趙文華傳》盛稱其平倭功績,又於其家祖、父各為立傳,盛加推挹,亦不免鄉曲之私也③。

【彙訂】

① "之語",殿本無。

② "亦",殿本作"頗"。

③ 趙文華非嘉興人,乃慈溪人。(宋慈抱:《兩浙著述考》)

人瑞錄一卷(衍聖公孔昭煥家藏本)

國朝孔尚任撰。尚任號東塘,又號雲亭山人,曲阜人。官至戶部郎中。是書記康熙二十七年天下奏報壽民自七十歲至百歲以上者,統三十七萬有奇,以著太平生息之盛。

修史試筆二卷(江西巡撫採進本)

國朝藍鼎元撰。鼎元有《平臺紀略》,已著錄。是編凡為傳三十六篇，起唐房、杜，終五代王朴，各綴以論。前有雍正戊申衡山曠敏本序，謂鼎元"欲修《宋史》而以此試筆。先敘有唐名臣，擇其忠節經濟之炳著者，列為傳"云。

　　道學淵源錄一卷（直隸總督採進本）

　　國朝王植撰。植有《四書參注》，已著錄。是書取從祀孔廟先賢先儒，條其事狀官爵，並考其從祀世代。大約襲《闕里志》諸書為之。前有自序，於朱、陸流派爭之甚力。

　　節婦傳十五卷（江西巡撫採進本）

　　國朝楊錫紱撰。錫紱字方來，清江人。雍正丁未進士，官至漕運總督，諡勤慤。是編蒐採近時節烈事蹟，各為小傳。惟據其耳目所及，故未能賅備。又每得一人，即為續刊。故印行之本，卷帙多寡往往不同云。

　　釁祀紀蹟十卷（福建巡撫採進本）

　　國朝康偉然撰。偉然字中江，漳州人。由拔貢生官羅源縣教諭，遷興化府教授。是編取文廟崇祀先聖先賢，各為譜傳。後附以春秋祀典、禮樂器圖。自明以來，輯聖門事蹟者最多。此書成於雍正五年，正值釐正祀典之後。故所載位次，一遵本朝定制，校他本為有體例。然所輯事略，實不出諸書之外，未能有所考訂也。

　　關學編五卷（江蘇巡撫採進本）

　　國朝王心敬撰。心敬有《豐川易說》，已著錄。初，明馮從吾作《關學編》，心敬病其未備，乃采摭諸書，補其闕略，以成此書[①]。從吾原編始於孔門弟子秦祖，終於明代王之士。

心敬所續輯者，於秦祖之前增伏羲、泰伯、仲雍、文王、武王、周公六人；於漢增董仲舒、楊震二人；明代則增從吾至單允昌凡六人，又附以周傳誦、党還醇、白希彩、劉波、王侶諸人；國朝惟李容〔顒〕一人②，則心敬之師也。明世關西講學，其初皆本於薛瑄。王恕又別立一宗，學者稱為三原支派。大抵墨守主敬窮理之説，而崇尚氣節，不為空談，黄宗羲所謂“風土之厚，而加之以學問”者。從吾所紀，梗概已具。心敬所廣，推本義皇以下諸帝王，未免溯源太遠。又董仲舒本廣川人，心敬以其卒葬皆在關中，因引入之，亦未免郡縣志書牽合附會之習也。

【彙訂】

① “以”，殿本無。

② “李容”，當作“李顒”，乃避嘉慶諱改。殿本作“李顒”。

蜀碧四卷（江西巡撫採進本）

國朝彭遵泗撰。遵泗字磬泉，丹棱人。乾隆丁巳進士，官翰林院編修。是書紀蜀亂始末，及一時死節士女。其曰《蜀碧》者，取“萇宏〔弘〕之血，三年化碧”意也。起明崇禎元年戊辰，至我朝康熙二年癸卯。末有附記及楊展、劉道貞、鐵腳板、余飛等傳。其書大旨以沈雲祚稱“獻逆殘蜀，由風俗之惡”，故為此書，備書死難者姓名，以雪斯恥。而體例冗雜，如載“桐城二老”事，與蜀事無關。又如“賊夢梓潼神以宗弟紅柬來謁”諸事，亦太涉神怪也。

閩學志略十七卷（福建巡撫採進本）

國朝李清馥撰。清馥有《閩中理學淵源考》，已著錄。是編取自唐迄明閩中之有關講學者，人各係傳，以志其略，蓋仿湯斌《洛學編》之例。大旨以朱子為宗，朱子以後傳其教者皆錄之，朱子以前則自歐陽詹以後亦仿斌例為前編。然隱逸之流，似不在講學之例，收之稍濫。且唐、宋、元共八卷，而明一代至九卷。其時代先後，頗多紊淆①。似不及《閩中理學淵源考》也②。

【彙訂】

①“頗”，殿本作“亦”。

②“似不及”，殿本作“不及其”。

太學典祀彙考十四卷（直隸總督採進本）

國朝張璿撰。璿字玉衡，宛平人。官國子監典簿。是書自孔子而下，四配十哲以及先賢先儒，凡祀於太學者，悉裒其言行，各為之傳。然意在務博，多失詳考。如《子夏易傳》、《子貢詩傳》皆後人偽作，而引作事實，概無辨正。又歷代祀典如《金石錄》所載後魏太和元年立孔子廟，延興四年《太上皇帝祭孔子文》之類，皆佚不錄。元設管勾一官見《元文類》歐陽元〔玄〕序，準此書附注《百石史卒碑》例，亦所當收，是亦不免於疏漏也①。

【彙訂】

①“亦”，殿本作“又”。

循良前傳約編四卷（江蘇巡撫採進本）

國朝張先嶽撰。先嶽字北拱，晉江人。是書一名《歷代名吏錄》。採諸史《循吏傳》，各以時代先後編次。亦有旁取於他書者，然為數無幾也。其所論斷，亦罕新裁。

學宮輯略六卷（河南巡撫採進本）

國朝余丙撰。丙字敬捷，禹州人。是書於先師孔子及從祀先賢先儒，俱考其事蹟及世系里居，編次成帙。其祀於崇聖祠者，皆並錄其言行。其改祀於鄉者，自鄭衆以下三人，罷祀者，公伯寮以下十三人，亦皆附入焉。閒加案語，以志從祀進退歲月。然敍述頗為簡略①，蓋《四書人物考》之類也②。

【彙訂】

① “然”，殿本無。

② “蓋四書人物考之類也”，殿本無。

吉州人文紀略二十六卷（江蘇巡撫採進本）

國朝郭景昌編。景昌字旭瑞，奉天人。是書仿《莆陽文獻志》之例，取吉安人物各為之傳。又以諸人撰著，分類編次，故統名曰《人文列傳》。凡為十三類，曰理學名臣，曰忠節名臣，曰經濟名臣，曰文學名臣，曰內閣輔臣，曰才力，曰孝義，曰死事，曰清正，曰儒行，曰隱逸，曰科名，曰列女。撰著凡為十九類，曰詔，曰冊，曰制，曰策，曰表，曰狀，曰疏，曰議，曰論，曰序，曰記，曰檄，曰書，曰跋，曰傳，曰贊，曰墓誌銘、墓表，曰祭文，曰歌、賦、頌、說、雜著。

孝史十卷（兩江總督採進本）

國朝錢尚衡撰。尚衡字雲林，烏程人。是書編次古人孝行，上自唐、虞，下迄明季，以朝代先後為次。其所採錄，本之正史及《一統志》為多。其子鳳文復蒐訪稗官小說，續補成編。各傳之後，亦或附以論斷。其自序謂：“割股、刳肝、臥冰、埋兒之類，雖於不敢毀傷之義有乖，然愚孝之人，忘身事親，又不忍使之泯

沒。”是尚屬原情之論，善善從長。至於建德農人以踐虎約而甘
蹈亡身之危，尚衡稱為“守信達命”，則所見太偏矣。

右傳記類“總錄”之屬，二百九部，二千三百四十八卷①，內六
部無卷數。皆附存目。

【彙訂】

① “二千三百四十八卷”，殿本作“二千三百三十七卷”，誤。

史 部 二 十

傳記類存目六

西征記一卷（浙江巡撫採進本）

宋盧襄撰。襄字贊元。觀其自序，蓋衢州人。此書載於《錦繡萬花谷》前集之末，不知何人鈔出別行。乃襄赴京春試時紀行之作，末題“庚辰仲春元日”。案北宋凡三庚辰。吳自牧所作《歷科狀元表》，太宗太平興國五年庚辰暨仁宗康定元年庚辰，皆不見有進士科。惟哲宗元符三年庚辰有李釜榜進士，則是人應試或在此年。所敘述皆無關考據。又雜載詩歌，詞多鄙俚，頗近傳奇小説之流①，雖出宋人，無可採錄也。

【彙訂】

① “頗近傳奇小説之流”，殿本無。

乙巳泗州錄一卷（浙江巡撫採進本）

宋胡舜申撰。舜申，績溪人，舜陟之兄①。官至舒州通判。宣和乙巳，舜申在泗州，親見朱勔父子往來及徽宗幸泗州事，因為此錄。紀載寥寥，無可採擇。

【彙訂】

① 據羅願《鄂州小集》卷六《胡待制舜陟傳》，舜申乃其弟。

己酉避亂錄一卷（浙江巡撫採進本）

宋胡舜申撰。建炎己酉，金兵攻平江，宣撫周望出走。舜申之兄舜陟時為參謀，舉家避難，舜申次為此錄。其言頗詆韓世忠，末復載世忠攜妓一事。似有宿憾之言，未必實錄。此書與《乙巳泗州錄》，王明清《玉照新志》皆全載其文。蓋即後人於明清書內鈔出別行也。

逢辰記一卷（永樂大典本）

不著撰人名氏。《宋史·藝文志》著錄，注云“呂頤浩歷官次序”。此書末有附記云：“公平昔所為文及奏議並載之《別集》。此外又有公之《勤王記》及遺事可考，故為家傳以紀事。”則此記乃頤浩後人所撰矣。

勤王記一卷（永樂大典本）

舊本題宋臧梓撰。梓，里貫未詳。此書結銜題“左宣教郎、荊湖南路安撫制置大使司幹辦公事”，蓋作書時所居之官，其始末亦不可考矣。案原序稱：“紹興五年史館修纂《建炎日曆》，令勤王臣僚呂頤浩等，各錄建炎三年金人攻泗州，諸路勤王事蹟。梓因即頤浩所述，以成此書。”則梓特編次頤浩之文，非所自撰也。

西征道里記一卷（永樂大典本）

宋鄭剛中撰。剛中有《周易窺餘》，已著錄。是書乃剛中為左宣教郎試祕書少監充樞密行府參謀時記行之作。前有自序，稱“紹興己未，陝西初復，命簽書樞密樓公諭以朝廷安輯之意。某以祕書少監預參謀。所過道里，集而記之。雖搜覽不能周盡，而耳目所際^①，亦可以驗遺蹤而知往古。與夫兵火凋落之後，人事興衰，物情向背，時有可得而窺者。同行者右通直郎尚書員外李若虛等九十五人”云。

【彙訂】

① “所”，殿本作“之”。

烏臺詩案一卷（編修汪如藻家藏本）

舊本題宋朋九萬編，即蘇軾御史臺獄詞也。案周必大《二老堂詩話》曰：“元豐己未，東坡坐作詩訕謗，追赴御史獄。當時所供詩案，今已印行，所謂《烏臺詩案》是也。靖康丁未歲，臺吏隨駕挈真案至維揚。張全真參政時為中丞，南渡取而藏之。後張丞相德遠為全真作《墓誌》，諸子以其半遺德遠充潤筆。其半猶在全真家。余嘗借觀，皆坡親筆。凡有塗改即押字於下而用臺印。”云云。是必大親見真蹟，然不言與刊版有異同。陳振孫《書錄解題》載是書十三卷，胡仔《漁隱叢話》所錄則三卷有奇，皆與此本不合。仔稱其父舜陟“靖康閒嘗為臺端。臺中子瞻詩案具在，因錄得其本，視近時所刊行《烏臺詩話》為尤詳，今節入《叢話》”。是仔書所載已為節本。今考《叢話》諸條，不過較此本少一二事，其餘則條目皆同，則未必仔所見本。振孫稱：“九萬錄東坡下御史獄公案，附以初舉發章疏及謫官後表章、書啟、詩詞。”此本但冠以章疏，而無謫官後表章、書啟、詩詞，則亦非振孫所見本。或後人摭拾仔之所錄，稍傅益之，追題朋九萬名，以合於振孫之所錄，非九萬本書歟？

客杭日記一卷（光祿寺卿陸錫熊家藏本）

元郭畀撰。畀字天錫，號雲山，京口人。是編乃其所作日記。原本共四册，真蹟在揚州程氏家。雍正乙巳，屬鶚遊揚州得見之。鶚，杭人也，因手錄其中客杭一册以歸。其書自至大戊申九月初一日至次年二月初九日①，逐日瑣記交遊聞見。中頗記請托吏胥之事②，蓋畀於江浙行省求充學正、山長時作也。鶚稱其“所記白塔，以《進士題名碑》為基；銅鐘有淳熙改元曾覿篆銘，為他書所未載；而寺壁一詩與《桯史》所記康與之題徽宗畫扇詩，亦可參考異同”云。

【彙訂】

① 清丁丙輯《武林掌故叢編》所收此書乃全本，自至大戊申九月初一日至次年三月初十日。（廖菊棟：《〈客杭日記〉提要》）

② “記”，殿本作“多”。

使西域記一卷（編修程晉芳家藏本）

明陳誠撰。誠，吉水人。洪武甲戌進士，永樂中官吏部員外郎。誠嘗副中使李達使西域諸國，所歷哈烈、撒馬兒罕等凡十七國，述其山川風俗物產，撰成此記。永樂十一年返命，上之。《明史·藝文志》載有陳誠《西域行程記》，即此書也①。末有秀水沈德符跋。其所載音譯，既多譌舛，且所歷之地，不過涉嘉峪關外一二千里而止。見聞未廣，大都傳述失真，不足徵信②。

【彙訂】

① 據陳誠《獅子賦序》、《奉使西域復命疏》與《明實錄》、《明史》所載，陳誠於永樂十一年九月隨李達使團護送哈烈等國使臣回國，永樂十三年十月回到北京後呈送《西域記》、《行程記》、《獅

子賦》三種。《西域記》即《西域蕃國志》,共錄西域諸國十八處城鎮,六千餘字,而《使西域記》乃其錄自《明太宗實錄》之節本,僅二千餘字,與《西域行程記》並非一書。《西域行程記》與《西域蕃國志》作者皆署陳誠、李暹二人。(王繼光:《關於陳誠西使及其〈西域行程記〉、〈西域蕃國志〉》)

　　② 書中漢譯用詞有舊文可據者大都沿用舊文,無舊文可據者則係阿拉伯語、波斯語的對音直譯,基本準確。陳誠此次西使,最遠至哈烈,即今阿富汗西部的赫拉特城,距嘉峪關一萬二千七百餘里。所記內容翔實可信,清修《明史·西域傳》亦多有參考採摭。(王繼光:《陳誠及其西使記:文獻與研究》)

　　使交錄十八卷(浙江范懋柱家天一閣藏本)

　　明錢溥撰。溥字原溥,華亭人。正統己未進士,官至南京吏部尚書,諡文通。是書乃其天順六年為翰林院侍讀學士時出使安南所作。多載贈答詩文,而其山川形勢、土俗人情乃略而不詳。

　　東祀錄一卷(兩淮馬裕家藏本)

　　明李東陽撰。東陽有《燕對錄》,已著錄。此《錄》乃宏治十七年重建闕里廟成,東陽奉使往祭,裒其途中所作記、序、銘文、奏疏、詩章等篇,共為一編。而冠以敕文祝詞,又以《記行志》附於後。已載《懷麓堂集》中,此其別行之本也。

　　七人聯句詩記一卷(江蘇巡撫採進本)

　　明楊循吉撰。循吉有《蘇州府纂修識略》,已著錄。是編乃循吉與王仁甫、徐寬、陳章、王弼、侯直、趙寬六人會飲聯句,因成是記。後列六人小傳,而以自撰小傳附其後,復以《會中盛事》系之卷末。蓋偶然寄興作也。所載勝事，以六官一隱者為大奇，亦不能免俗矣。

歸田雜識二卷（兩江總督採進本）

明毛紀撰。紀有《密勿稿》，已著錄。紀於成化丁未通籍，嘉靖甲申賜休。自以位登臺輔，全節完名，製為《四朝恩遇圖》一册，凡十有六幀。每幀皆先敘作圖始末，而以制詞、敕旨具錄左方。又闢尋樂軒，與二三故老立忘形會。軒有記，會有約，有啟，與《恩遇圖》並刊之，分為上、下二卷，總題此名云。

歸閒述夢一卷（浙江范懋柱家天一閣藏本）

明趙璜撰。璜字廷實，號西峯，安福人。宏治庚戌進士，官至工部尚書，諡莊敏。事蹟具《明史》本傳[1]。是書追述其平生居官事蹟。卷首載自序一篇，詩數首，詞皆朴俚。蓋亦家傳之類，特出於自作耳。璜本名臣，其所述核以本傳不甚相遠，猶非粉飾失真者比，然其大端已具於史矣[2]。

【彙訂】

[1]《明史》本傳載趙璜諡莊靖。（朱家濂：《讀〈四庫提要〉劄記》）

[2] "蓋亦家傳之類特出於自作耳璜本名臣其所述核以本傳不甚相遠猶非粉飾失真者比然其大端已具於史矣"，殿本作"然其所述核以史傳不甚相遠與粉飾失真者差異"。

淮封日記一卷（江蘇巡撫採進本）

明陸深撰。深有《南巡日錄》，已著錄。是編乃其正德七年以編修充册封淮府副使途中所記。其紀程至蘇州而止，不言所封者為何人。據深子楫所為《年譜》，乃封淮王於饒州。而《明史·諸王世表》,淮定王祐榮,宏治十八年已襲封,至嘉靖三年卒,不應正德中始行册禮。與深《年譜》不同,莫能詳也。記中錄馬中錫撫賊事,較史所載尤備,可旁資參考云。

南遷日記一卷(江蘇巡撫採進本)

明陸深撰。嘉靖中深以祭酒侍經筵,因爭閣臣改竄講章,謫延平府同知。是編紀其南行道路所經。以舟中日讀《漢書》,故評史之語亦雜載其閒。

使西日記二卷(浙江范懋柱家天一閣藏本)①

明都穆撰。穆有《壬午功臣爵賞錄》,已著錄。穆於正德八年奉使册封慶藩壽陽王妃,自京師至寧夏,因記其道路所經。《江南通志》稱其"奉使秦中,訪其靈勝形勢、故宮遺壤,作《西使記》",即此書也。於碑碣古蹟載之頗詳。然大抵多據見聞,罕所考證,時雜齊東之語。如趙州石橋稱"張果騎驢處",獲嘉故地稱"妲己梳妝臺",皆可笑噱。唯辨"黃粱夢事為誤傳呂洞賓",頗為典核。所記"石龍渦金崇慶二年靜難軍節度判官張瑋詩",亦為志金石者所未及云。

【彙訂】

① "二卷",底本作"一卷",據明嘉靖刻本此書(分上、下二卷)及殿本改。(郎潔:《〈使西日記〉提要》)

斷碑集一卷(編修汪如藻家藏本)

明方豪撰。豪字思道,開化人。正德戊辰進士,官至湖廣按察司副使,《明史·文苑傳》附載《鄭善夫傳》中。此其知沙河縣事時,案,《明史》載豪由崑山縣知縣遷刑部主事,不言嘗知沙河縣,蓋偶然失載。重立顏真卿所書《宋璟神道碑》,而記其始末者也。是碑在沙河食膳鋪。宋崇寧中，有編修國史會要所檢閲文字范致君者，別書一碑易之，而舊碑遂不顯。正德中，豪始求得原石，已斷為二，乃錮以鐵而復建之，並裒一時題詠及案牘之文以成是集。編次冗瑣，不出地志之陋體。惟其所載真卿之文，與世所傳《魯公集》頗有異同。如集本云“嘗夢大鳥銜書，吐口中而咽之，遂來而上”，石本“吐”作“吮”、“來”作“乘”；集本云“襟懷益爽”，石本“懷”作“靈”；集本云“年十六七時，或讀《易》，曠時不精”，石本於“六”字之下、“讀”字上惟闕二字；集本云“有司特聞”，石本“特”作“時”；集本云“異而召還”，石本“異”字上多一“后”字；集本云“吾比欲優遊自免”，石本“自免”作“鄉里”；集本云“不宜與執政通同”，石本“通同”作“通問”；集本云“元宗將幸西蜀”，石本作“中宗將幸西京”；集本云“又復遷相州”，石本無“復”字；集本云“東宮有大功，宗廟社稷主也”，石本作“春宮有大功，主安得異議”；集本云“無敢不戢”，石本“戢”作“畏”；集本云“變以陶瓦”，石本“陶瓦”作“陶旒”；集本云“燕國公張説者”，石本無“者”字；集本云“尋入為洛州長史”，石本作“又為洛州刺史”；集本云“思勖以將軍貴幸，泣訴於帝”，石本“幸”作“達”、“訴”作“辭”；集本云“改號侍中”，石本作“復兼侍中”；集本云“明年駕幸洛陽”，石本“洛陽”作“東都”；集本云“馳道險隘，行不得前”，石本作“馳道隘，稽車騎不得前”；集本云“必若致罪二臣”，石本無“必”字；集本云“以臣言免之”，石本無“言”字；集本云“上嘉而從之”，石本“上”作“遂”；集本云“母寵子愛”，石本“愛”作“異”；集本云“恐非正家之道，王化所不宜”，石本無“不”字；集本云“上藥異殊”，石本作“殊異”；集本云“躐公而歿”，石本“躐”作“儳”；集本云“河西節度行軍司馬”，石本“河西”作“河南”；集本云“忠孝之盛，人倫之綱”，

石本作“人倫紀綱”；集本云“功成生讓，事軼屠羊”，石本“生”作
“牢”；集本云“略無交言”，石本“略”作“路”；集本云“讜論泆泆”，
石本“讜論”作“右揆”。一篇之中，舛異者凡二十八處，皆足以訂
傳寫之誤。故其書雖不足存，而一節之長，特為附著於此，以資
考證焉。

　　東觀錄一卷（兩江總督採進本）

　　明舒芬撰。芬有《周易箋》，已著錄。此其所著《梓溪内集》
之一也。芬於嘉靖二年被召復官，道出濟寧，謁闕里孔林，修釋
菜禮。因錄所撰《謁廟記》及《闕里形勝圖》、《夫子宮牆圖》及《釋
菜禮儀》[①]、《士相見禮儀》，並附《問答》五章、與伍餘福《聯句》三
十韻，彙為一帙。

【彙訂】

① “及”，殿本作“又”。

　　滇程記一卷（兩淮鹽政採進本）

　　明楊慎撰。慎有《檀弓叢訓》，已著錄。此編乃其謫戍永昌
時紀程之作。其中惟“記崇寧寺僧滿空遺像”、“記段思平遺蹟”、
“記叫狗山故事”諸條，可備異聞。“辨晃州非夜郎”一條，可資考
證。其餘不過志山川，表里俗，採風謠而已。末有附錄一篇，則
又慎得於醫士張姓，以補此書所未及者云。

　　却金傳一卷（兩淮鹽政採進本）

　　明王世懋撰。世懋字敬美，太倉人，世貞弟也，嘉靖己未進
士[①]，官至太常寺少卿[②]。《明史·文苑傳》附見其兄世貞傳中。
是編乃其官福建提學副使時，值參政王懋德病革，同僚釀金贈
之，懋德堅不受。及懋德卒，同官又括六百金遣使渡海致於家，

其父良弼亦堅不受。世懋高其清節，為敘始末作此《傳》。又以同時士大夫歌咏附之，蓋意以風示貪吏也。懋德，瓊州文昌人，隆慶戊辰由南京刑部郎中出守金華，擢江西按察司副使，遷福建布政使參政，所至皆以廉著云。

【彙訂】

①"己未"，殿本作"乙未"，誤。《明史》卷二八七《文苑三》云"嘉靖三十八年（己未）成進士"。王世貞《弇州續稾》卷一百四十《亡弟中順大夫太常寺少卿敬美行狀》亦云："明年登己未會試……遂得三甲。"

②據《明實錄》，萬曆十四年六月，陞福建布政使左參政王世懋為南京太常寺少卿。（鄭利華：《王世貞年譜》）

南内記一卷（浙江范懋柱家天一閣藏本）

不著撰人名氏①。南内即明英宗所居之南城，復辟後增置殿宇，皆極華麗。此記乃嘉靖庚子所作，敘列規制頗備。與彭時《可齋筆記》、朱國禎《湧幢小品》所載②，互有詳略。書末自稱"韋布之士"，蓋以布衣游京師，從太常卿李開先等入觀而私錄之者。朱彝尊《日下舊聞》失採，殆偶未見也。

【彙訂】

①"名氏"，殿本作"姓名"。

②"朱國禎"，殿本作"朱國楨"，誤。説詳《總目》卷四八《大政記》條注文。

奇遊漫記四卷（浙江汪啟淑家藏本）

明董傳策撰。傳策有《奏疏輯略》，已著錄。此書之作，則其疏劾嚴嵩，為所搆陷，謫戍南寧時也。一卷曰《出戍道經》，二卷曰《楚南結纜》，乃自京赴粵經行之地。三卷曰《粵徼征次》，四卷曰《行役載途》，則在粵時所遊歷①。其稱"奇遊"者，蓋取蘇軾《謫儋耳渡海》詩"老死南荒吾不恨，茲遊奇絕冠平生"語也。末附方瑜《南寧青山記》、吳時來《混混亭記》、陳大綸《洞虛亭記》，三者亦為其在粵所居也②。

【彙訂】

① 明萬曆刻《董傳海先生全集》本此書為八卷附錄一卷，當為全本，《浙江省第四次汪啟淑家呈送書目》亦作八卷。今存四庫進呈本四卷，末有裁割之蹟。（杜澤遜：《四庫存目標注》）

② "三者亦為其在粵所居也"，殿本作"三首亦其在粵所居也"，"首"字訛。

西遷注一卷（兩淮鹽政採進本）

明張鳴鳳撰。鳴鳳字羽王，豐城人，嘉靖壬子舉人，官桂林府通判①。此編乃鳴鳳謫官利州時，自京赴蜀，復自蜀還京，記其道路所見名勝古蹟。於碑刻多載全文②，頗裨考證。前有自序。後有其子揆跋，稱其"在道不挈書自隨，但直寫所記憶"。故徵引亦多牴牾，如以良鄉料石岡為遼石岡之類是也。

【彙訂】

① 嘉慶《廣西通志》卷二○五藝文志《西遷注》條云："謹案，張鳴鳳字羽王，臨桂人，嘉靖壬子舉人。"《桂勝》劉繼文序云："因別駕張羽王素稱博雅，且世居漓山下，為山川主人，與余有舊誼，相過遂以志屬焉。"又蔡汝賢序云："因張君羽王博雅能文，且世家漓山麓，遂以屬筆。"漓山即在桂林城郊，既屬"世居"、"世家"，則張鳴鳳確為臨桂人。嘉靖壬子（三十一

年），江西鄉試有舉人豐城張鳴鳳，乃另有其人。（楊武泉：《四庫全書總目辨誤》）

②"碑刻"，殿本作"碑誌"。

歷仕錄一卷（山東巡撫採進本）

明王之垣撰。之垣號見峯，山東新城人。嘉靖壬戌進士。是編自記其歷官行事，自荊州府推官歷御史、給事中、太僕寺少卿、鴻臚卿、順天府尹、湖廣巡撫至戶部左侍郎止。後《附錄》二條，又《紀友》、《紀夢》、《紀異》各一條。之垣即劾誅何心隱者，是編詳紀其事。萬曆中，御史趙崇善論其殺心隱為媚張居正，故其曾孫士禎雜著中屢辨之。是編之跋①，亦惟爭此事云。

【彙訂】

①"跋"，殿本作"成"，誤。清康熙四十一年王氏家塾刻本此書有王士禎《歷仕錄跋》、《又跋》，皆辨何心隱事。

黃粱遺蹟志一卷（兩淮馬裕家藏本）

明楊四知撰。據《太學題名碑》，明有兩楊四知。其一萬曆甲戌進士，祥符人。其一崇禎戊辰進士，六安人。此書題"巡按直隸御史開封楊四知"，則萬曆中人也。黃粱遺蹟，已詳唐沈既濟《枕中記》。四知復增以明人序記數篇，元明詩數十首，次成是書。殊寥寥無可採錄，蓋當時書帕本耳。

恩命世錄十卷（浙江巡撫採進本）

明張國祥編。國祥於萬曆丁丑襲爵，為五十代天師。因彙輯明太祖以來至神宗二十五年誥敕，以時代次序，彙為此書，而以四十二代天師勸進太祖箋附焉。蓋其家乘也。

饑民圖説一卷（江西巡撫採進本）

明楊東明撰。東明有《青瑣藎言》，已著錄。是編乃萬曆中東明官刑科右給事中時所上。《明史・王紀傳》稱“東明上《河南饑民圖》”，即指此也。凡十四圖。前十三圖備繪流民之狀，各繫以説，皆以俚語紀實事，蓋取其易明。末一圖乃東明拜疏之像，疑為其後人所加。然圖末亦有一跋，稱“這望闕叩頭的，就是刑科右給事中小臣楊東明”云云，則亦原本所有。殆以神宗宴安深宮，無由知外廷之迫切，故併繪此奮急入告之形歟？首冠以奏疏批答及户部議賑疏，併兩宮出内帑百官捐俸之諭。蓋是時神宗猶未全不事事也。此圖本以告君，原不必鋟版行世，涉於居功近名。觀卷末有“男春育、春融刊”及“六世孫榴重刊”字。知其子孫表章先人，非東明所自為矣。

視履類編二卷（浙江巡撫採進本）

明李同芳撰。同芳字濟美，號晴原，崑山人。萬曆庚辰進士，官至山東巡撫。是編自錄其生平善蹟，凡四十門，皆以佳名標目。自古以來，自作傳者有之，大抵敍述閱歷始末耳。至於著一書以自譽，則自有文籍未之前聞也。

宮省賢聲錄四卷（兩淮馬裕家藏本）

明高曰化撰。曰化，澄海人。萬曆中，官楚府右長史。是書以楚府承奉嶷陽郭倫事楚王華奎佐理有功，因紀其前後乞休挽留之事，凡啟請文牒及時人稱頌之作並錄之。華奎以非楚恭王子，為宗人所訐。郭正域力主其事，内外交訌者數年始定。其真偽迄不能明。是書體例猥雜，所言倫佐理之功，亦未可盡信也[①]。

【彙訂】

①“也”，殿本無。

繡斧西征録一卷（兩江總督採進本）

明何鏌編。鏌，泰興人，萬曆戊子舉人。是編載其祖何棐正
德間以御史監軍，征蜀寇鄢本恕、藍廷瑞之事。所録皆序記贈詠
之類。開卷即題“第十二卷第二十二頁”。其標目則題《泰興何
氏家乘》，中間又題曰《西征捷音》、《西征圖詠》，名目紛然。蓋本
刻於家乘中，此乃拆出半卷別行者耳①。

【彙訂】

①“拆”，殿本作“析”。

禮白岳記一卷（禮部尚書曹秀先家藏本）

明李日華撰。日華有《梅墟先生別録》，已著録。是書自紀
其萬曆庚戌禮神白岳之事。卷末又題曰《篷櫳夜話》①。殆是書
有二名耶②？《因樹屋書影》曰：“嘗見檇李李君實所為《禮白岳
記》。分視之各為一則，合視之共為一記，而詩即連綴於中。分
視之則詩，合視之詩亦記也。詩文照映，使山水神情無所遁於其
間，真是合作。今人為遊記者，意在謀篇，終難逐境。章法固自
貫串，境地終未分明。且記自記，詩自詩，使讀者因記以憶詩，持
詩以尋記，筆墨間隔，神情不屬，不數行欠伸欲臥矣。故予以為
李公之記，可為今人法也。”云云。其推挹甚至。然終不出萬曆
後纖巧之格。所謂才士之文，非作者之文也③。

【彙訂】

①“篷櫳夜話”，殿本作“蓬櫳夜話”，誤。今存明刻本《禮白
嶽記》一卷《篷櫳夜話》一卷。

②　明刻本此書凡二十九頁,第二十四頁首行已明標《蓬櫳夜話》,則自是一種,顯非一書二名。(杜澤遜:《四庫存目標注》)

③　"因樹屋書影曰"至"非作者之文也",殿本無。

璽召錄一卷(禮部尚書曹秀先家藏本)

明李日華撰。自記其天啟乙丑召為尚寶司司丞赴京途中所經。始二月二十四日,終四月十五日。略仿《吳船錄》、《入蜀記》之例,而寥寥無所記載。

兩宮鼎建記二卷(編修程晉芳家藏本)

明賀仲軾撰。仲軾字敬養,獲嘉人①。萬曆庚戌進士。初,萬曆二十四年建乾清、坤寧兩宮,仲軾父工部營繕司郎中賀盛瑞董役。後京察坐冒銷工料罷官。仲軾因詳述其綜核節省之數,作此書以鳴父冤。下卷並附以歷年所修諸工,末錄盛瑞《京察辨冤疏》。陳繼儒嘗刻入《普祕笈》中,改題曰《冬官記事》,而佚其《辨冤疏》一篇。此本為朱彝尊曝書亭所鈔,猶完帙也。

【彙訂】

①　清鄭廉《豫變紀略》卷七、民國二十四年《獲嘉縣志‧人物》均載賀仲軾字景瞻。衡以名字相應規律,似作"景瞻"者為是。(呂友仁、李正輝:《〈四庫全書總目〉補正十六則》)

北行日譜一卷(兩淮鹽政採進本)

明朱祖文撰。祖文字完夫,自號三復居士,長洲人,都督先之孫。少負氣節,與周順昌善。順昌以閹禍被逮,祖文閒行詣都,為納饘粥湯藥。及徵贓令急,又為之奔走稱貸。順昌櫬歸,祖文哀痛發病死。後人以配食順昌祠,《明史》亦附載順昌傳中。此書乃其北行時所手記,其子壽陽所刻也。

鑒勞錄一卷（山西巡撫採進本）

明孫傳庭撰。傳庭字伯雅，小説或書其名為“傅庭”，字之誤也。代州鎮武衛人[①]。萬曆己未進士[②]，官至兵部尚書。督師征流寇，沒於柿園之戰[③]。事蹟具《明史》本傳。傳庭自崇禎九年三月受命撫秦，至十一年十二月，其間攘寇清屯，自以為所有勞績，無不仰邀帝鑒，隨時紀錄，積以成帙，因題曰《鑒勞錄》。卷前後俱有傳庭自識語，知當時業經付梓，今惟存鈔本耳。傳庭以功高叢忌，數為樞部督過[④]。雖朝命賜褒，廢格不行，卒以蜚語被逮。觀於是編，可以見明政之不綱矣。

【彙訂】

①《明史》本傳作“字百雅，代州振武衛人。”雍正《山西通志》卷一二八《人物·代州·孫傳庭傳》云：“字伯雅，振武衛人。”雍正《湖廣通志》卷五九《忠臣志·孫傳庭傳》亦作振武衛人。《讀史方輿紀要》卷四〇（代州）附見：“振武衛，在代州治東南，明洪武二十三年建。”而無“鎮武衛”。（楊武泉：《四庫全書總目辨誤》）

②“己未”，殿本作“乙未”，誤。《明史》卷二六二本傳云“萬曆四十七年（己未）成進士”。《明清進士題名碑錄》載萬曆己未科三甲第四十一名為孫傳庭。

③“柿園”，殿本作“南陽”。《明史》卷二六二本傳云“是役也，天大雨，糧不至，士卒採青柿以食，凍且餒，故大敗。豫人所謂‘柿園之役’也……傳庭既已敗歸陝西，計守潼關，扼京師上游……賊追及之南陽，官軍還戰……賊獲督師坐纛，乘勝破潼關，大敗官軍。傳庭與監軍副使喬遷高躍馬大呼而歿於陣。”同書卷二十四《莊烈帝本紀二》載：“（崇禎十六年九月）壬子，孫傳

庭兵以乏食引退，賊追及之，還戰大敗，傳庭以餘眾退保潼關……冬十月……丙寅，李自成陷潼關，督師尚書孫傳庭死之。”又卷三百十九《流賊》亦云“傳庭之敗於柿園而歸陝也……至南陽，傳庭還戰……傳庭奔河北，轉趨潼關，氣敗沮不復振。冬十月，自成陷潼關，傳庭死”。則傳庭實一敗於柿園之戰，再敗於南陽，終歿於潼關。

④ 底本“數”下衍“語”字，據殿本刪。

定變錄六卷（浙江鄭大節家藏本）

明許徽編。凡六種，皆副都御史銅梁張佳允〔胤〕事蹟也。《滑縣擒盜記》一卷，黎陽盧楠撰。《靖皖紀事》一卷，雲閒莫如忠撰。《宣撫降罰記》一卷，太原王道行撰。《定浙二亂志》一卷，吳郡王世貞撰。《浙鎮民變傳》一卷，姑蘇錢有威撰。《浙鎮兵變始末》一卷，山陰鄭舜民撰。其中關於浙江者三。徽，浙人也，故序而彙梓焉。

南征紀略二卷（編修勵守謙家藏本）

國朝孫廷銓撰。廷銓字伯度，又字次道，益都人。前明崇禎庚辰進士。入國朝，官至大學士，諡文定。順治辛卯，廷銓奉使祭告禹陵及南海。此乃其紀程之書。上卷自出都至杭州，下卷自杭州至會稽，迄南祀畢而止①。其閒遊覽古蹟，多因以追論史事。同時酬贈諸詩，亦並載其閒。

【彙訂】

① “迄南祀畢而止”，殿本作“迄祀南海而止”。

李贄一卷（兩江總督採進本）

國朝胡文學撰。文學有《疏稿》，已著錄。是編乃其為真定推官日，自敍其政績十八事。推官稱"司李"，故題曰《李贄》。每事多先舉古人遺蹟一二條，而後自敍，使若先後媲美者。縱言不盡誣，亦頗嫌於自譽也。

蜀道驛程記二卷（内府藏本）

國朝王士禎撰。士禎有《古懽錄》，已著錄。康熙壬子，士禎為四川鄉試正考官，記其來往所經。上卷自京至成都，下卷自成都至河南新鄉縣止。蓋士禎是年於新鄉聞訃旋里，未及還京故也。中多辨證古事，較士禎他行記頗為精核。蓋他行記一時筆錄，此則越二十年至康熙辛未始補成之。檢閲修改，歷時既久，考訂自為詳密耳。

南來志一卷（内府藏本）

國朝王士禎撰。是編乃康熙甲子士禎官少詹事時奉使祭告南海，記其驛程所經，全仿范成大《吳船錄》體。所載自京師至廣州而止，故曰"南來"。

北歸志一卷（内府藏本）

國朝王士禎撰。是書乃士禎於康熙乙丑二月至廣州，四月初一日始還，記其歸途所經，至六月十六日至其家新城而止。是時其父與敕猶在，以便途歸省也。所記山水名勝，較《南來志》為詳。蓋使事已竣，沿途得以遊覽云。

秦蜀驛程後記二卷（内府藏本）

國朝王士禎撰。康熙丙子，士禎以户部左侍郎奉使祭告西岳、西鎮、江瀆，續記其往返所經，為此書。上卷自京至華陰，迂道至汧陽吳山，所謂西鎮也。由汧陽乃至成都。下卷自成都至其家新城止。

　　粤游日記一卷（山東巡撫採進本）

　　國朝王鉞撰。鉞號任菴，諸城人，順治己亥進士，官廣東西寧縣知縣。是編為其《世德堂遺書》之第二種。記其自家赴西寧任時途中所經，始於康熙己酉正月二十四日，終於四月初八日。仿陸游《入蜀記》之體，案日記載。敘述頗簡潔，而無所考證。

　　使琉球記一卷（大學士英廉購進本）

　　國朝張學禮撰。學禮字立菴，鑲藍旗漢軍，官至廣西道監察御史。是編乃康熙元年學禮以兵科副理事官與行人司行人王垓奉使冊封琉球國王時所記。前敘請封遣使始末，及往來道路之險。後為《中山紀略》，則載其土風也。時琉球國王尚質①，繳故明敕印，舉國內附，故學禮等有是役。蓋國家遣使東瀛，此為始事云。

【彙訂】

① 殿本"時"上有"是"字。

　　治禾紀略五卷（內府藏本）

　　國朝盧崇興撰。崇興字斗瞻，廣寧人。康熙二年官嘉興府知府，尋遷台州巡道。因輯其在郡文移條約讞語及禾民籲留狀牒，合為此編。

　　粤西偶記一卷（大學士英廉購進本）

　　國朝陸祚蕃撰。祚蕃字武園，平湖人。康熙癸丑進士，官至貴州貴東道。是編多述其督學廣西時道路險阻之苦，及為守土有司所不禮事。大抵皆瑣屑細故，不足紀載者也。

海岱日記一卷（直隸總督採進本）

國朝張榕端撰。榕端字樸園，磁州人。康熙丙辰進士，官至內閣學士兼禮部侍郎。是編乃康熙丙子榕端奉命祭告所作。以是年正月出都，登泰山。歷東鎮沂山、東海，往返凡四閱月。逐日記其道路所見，附以詩歌。於山川古蹟，無所考證。而工於點綴景物，敘致時有可觀。其詩則已刊入《寶菑堂集》，此為複出矣。

何御史孝子祠主復位錄一卷（浙江巡撫採進本）

國朝毛奇齡撰。奇齡有《仲氏易》，已著錄。初，蕭山有德惠祠，祀宋縣令楊時，以報開湘湖之功。明尚書魏驥以修築有勞，亦附祀於祠。後御史何舜賓以清釐侵佔被禍，其子競殺身以復讎，亦並得祔祀。歲久祠圮，並僑祀於門廡下。迨修祠之後，楊、魏二主入祠，而何氏父子主未入。奇齡建議復舊章，魏氏子孫遂與奇齡互愬於官。此其案牘訟牒，奇齡錄而存之者也。

滇行日記二卷（通行本）

國朝李澄中撰。澄中字渭清，號漁村，又號雷田，諸城人，原籍成都。康熙己未召試博學鴻詞，官至翰林院侍讀。是編乃康熙庚午澄中典試雲南時途中所記，凡八十有四日。於山川風土、古蹟故實，無不詳載，而考證之處差少。殆行篋無書之故耶？

塞程別記一卷（通行本）

國朝余寀撰。寀字同野，山陰人。其書記自京出古北口至喀爾倫一千五百餘里。其時道路初開，未能有所考證。僅述風土氣候、山川草木之屬而已。

塞北小鈔一卷（大學士英廉購進本）

國朝高士奇撰。士奇有《春秋地名考略》，已著錄。是書乃康熙癸亥六月癸未士奇扈從聖駕北巡，會士奇遘疾，行至鞍匠屯而返。記其途中恩遇及往來所經，以成是編。自鞍匠屯以後，駐蹕之地，仍案日恭載。至閏六月丁酉回鑾，宣示塞外，所得盤羊、夜光木諸事，亦並錄焉。自序稱：“奉職七年，巡幸所至，各有紀錄，次第成編。而上所諮詢以及恩遇之隆，則慎而不書。偶檢明金幼孜《北征錄》，見其凡有賜予，纖悉必載，亦不忘君恩之意。”故是編載錫賚顧問，比他記特為詳悉。至所考塞外古蹟，以今核之，多不甚確。如以喇嘛洞為卧如來館之類，尤涉附會。蓋身所未經，而僅據明以前人之典籍，宜其依稀影響爾。

滇遊記一卷附記一卷（兵部侍郎紀昀家藏本）

國朝畢曰澇撰。曰澇字秋岐，益都人，康熙中由貢生官任縣知縣。是編乃曰澇父忠谷官雲南布政司參議，曰澇省親時所作。案日記載道路見聞及旅中雜事，自三月十六日起，至十月十一日止。而序文及卷首俱不詳其為何年，殊嫌疏漏。考曰澇所作《蒼洱小記》，有孫寶文題詞。其序稱“丙子臘日，曰澇邀飲，欲讀《滇記》”云云，則作於康熙丙子以前也。其《附記》一卷，則途中所見土風，不可分繫某日者，故總錄於末云。

滇行紀程一卷續鈔一卷東還紀程一卷續鈔一卷（大學士英廉購進本）

國朝許纘曾撰。纘曾字孝修，號鶴沙，華亭人。順治己丑進士，官至雲南按察使。《滇行紀程》，其赴雲南時所作。《東還紀程》，則自雲南歸途所作。皆述所見山川古蹟，物産土風，大抵志乘所有也。

南征紀程一卷（編修勵守謙家藏本）

國朝黃叔璥撰。叔璥號玉圃，大興人，康熙己丑進士，官至常鎮揚通道。是編乃其為監察御史時巡視臺灣，自京師至閩所記。始於康熙後壬寅正月，而迄於是年六月，分日紀載。

鹿洲公案二卷（江西巡撫採進本）

國朝藍鼎元撰。鼎元有《平臺紀略》，已著錄。此其知普寧縣時所讞諸案。自敍其推鞫始末，為二十四篇。

念貽謄紀一卷（侍講劉亨地家藏本）

國朝周宣智編。宣智自號鏡亭老人，長沙人。初，張獻忠蹣湖廣時，宣智曾祖繼聖聚鄉勇自守。獻忠招授偽官，繼聖不從，劫繫其母馬氏、妻吳氏及其弟繼珩妻陳氏、繼隨妻項氏以脅之，馬氏及三婦皆罵賊死。繼聖亦被斷腕後潛逃以免，卒伺隙破賊復讎。湖廣總督何騰蛟上其功，授教授。事載《湖廣通志》中。乾隆壬午，宣智裒其行狀、墓銘之類，共為一編，而以繼聖遺詩十二首附焉。

東游紀略二卷（鴻臚寺少卿曹學閔家藏本）

國朝張體乾撰。體乾字碻齋，浮山人。官刑部郎中。是編乃其家居時自山西、河南東游泰山，往來紀行之作。逐日記載見聞，於古蹟頗有考訂。途中吟詠二百餘首，亦即附於逐日之後。其詩規仿白、陸，時亦具體。

右傳記類"雜錄"之屬，五十八部，一百一十三卷[①]，皆附存目。

【彙訂】

① "一百一十三卷"，底本作"一百一十二卷"，據殿本改。

安祿山事蹟三卷（兩淮鹽政採進本）

唐姚汝能撰。汝能始末未詳。陳振孫《書錄解題》稱其"官華陰縣尉，未詳里居"，則宋時已無可考矣。是書上卷序祿山始生，至元宗寵遇，起長安三年，盡天寶十二載事。中卷序天寶十三四載祿山搆亂事。下卷序祿山僭號被殺，並安慶緒、史思明、史朝義事。下盡寶應元年，記述頗詳。世所傳祿山《櫻桃詩》，即出此書。葉夢得《避暑錄話》嘗摭以為笑①，其瑣雜可知矣。

【彙訂】

①《櫻桃詩》云："櫻桃一籠子，半赤一半黃。一半與懷王，一半與周贄。"《安祿山事蹟》卷下、《太平廣記》卷四九五《史思明》條引《芝田錄》、《說郛》卷三二引宋高鐸《羣居解頤》與宋陸游《避暑漫抄》皆錄為史思明作，《全唐詩》卷八六九亦將此詩收在史思明名下。《新唐書》卷二二五上《史思明傳》載："以朝義為懷王，周贄為相。"《避暑錄話》誤史思明為安祿山。（毛雙民：《四庫全書總目提要辨誤一例》）

張邦昌事略一卷（編修程晉芳家藏本）

舊本題宋王稱撰。核其文，即《東都事略·僭偽傳》也。摘其一卷，別立名目，又改"王偁"為"王稱"，可謂愈偽愈拙。曹溶收之《學海類編》，蓋偶未考也。

偽豫傳一卷（兩淮鹽政採進本）

宋楊克弼撰。述劉豫降金，僭號始末。其序稱："以豫逆臣，不當稱偽齊，故削其國號而名稱之，以示貶也。"《傳》中載豫"阜昌八年,遣宣義郎楊克弼乞師大金,克弼他辭,乃改差韓元美"。是克弼亦嘗仕豫,豫廢後乃復歸宋耳。陳振孫《書錄解題》作"《逆臣劉豫傳》,楊堯弼、楊載等撰",與此本不同。"克"、"堯"字形相近,未知孰是也[1]。

【彙訂】

[1]《三朝北盟會編》卷一八一、一八二全收此傳,謂楊堯弼作。今傳諸本皆作《偽齊錄》二卷,宋楊堯弼撰。(余嘉錫:《四庫提要辨證》;杜澤遜:《四庫存目標注》)

徐海本末一卷(户部尚書王際華家藏本)

明茅坤撰。坤字順甫,歸安人。嘉靖戊戌進士,官至大名兵備副使。事蹟具《明史·文苑傳》。坤好談兵,罷官後值倭事方急,嘗為胡宗憲招入幕,與共籌兵計。此編乃紀宗憲誘誅寇首徐海之事。皆所親見,故敍述特詳,與史所載亦多相合。袁裳以此書與《汪直傳》合刻入《金聲玉振集》中,題曰《海寇後編》。今析出各著於錄焉。

汪直傳一卷(户部尚書王際華家藏本)

不著撰人名氏。記嘉靖中汪直引倭入寇海上及總督胡宗憲以計誘殺直事。所以歸功於宗憲者甚至,或其幕客所為也。

劉豫事蹟一卷(兩淮鹽政採進本)

國朝曹溶撰。溶有《崇禎五十宰相傳》,已著錄。是書本楊克弼《偽豫傳》,又雜採他書附益之,視原傳所述較詳。

右傳記類"別錄"之屬,六部、八卷,皆附存目。

案,以上皆逆亂之人,自為一傳者。命曰"別錄",示不與諸傳比也。其割據僭竊之雄,別附載記,征討削平之事,別入雜史,均不與此同科。

史部二十一

史　鈔　類

　　帝魁以後書，凡三千二百四十篇，孔子删取百篇。此史鈔之祖也。《宋志》始自立門。然《隋志》雜史類中有《史要》十卷，注“漢桂陽太守衛颯撰，約《史記》要言，以類相從”。又有《三史略》二十卷，吳太子太傅張温撰[①]。嗣後專鈔一史者，有葛洪《漢書鈔》三十卷、張緬《晉書鈔》三十卷。合鈔衆史者，有阮孝緒《正史削繁》九十四卷。則其來已古矣。沿及宋代，又增四例。《通鑑總類》之類，則離析而編纂之；《十七史詳節》之類，則簡汰而刊削之；《史漢精語》之類，則採摭文句而存之；《兩漢博聞》之類，則割裂詞藻而次之。迨乎明季，彌衍餘風。趨簡易，利剽竊，史學荒矣。要其含咀英華，删除冗贅，即韓愈所稱“記事提要”之義，不以末流蕪濫責及本始也。博取約存，亦資循覽。若倪思《班馬異同》惟品文字，婁機《班馬字類》惟明音訓，及《三國志文類》總彙文章者，則各從本類，不列此門。

【彙訂】

　　①《隋書·經籍志》雜史類著錄《三史略》二十九卷。《史要》即專鈔《史記》一史，《三史略》即合鈔衆史。（李致忠：《三目

類序釋評》)

兩漢博聞十二卷（兩淮鹽政採進本）

明嘉靖中黃魯曾刊本①。不著撰人名氏。案晁公武《讀書志》，乃宋楊侃所編也。侃，錢塘人，端拱中進士，官至集賢院學士。晚爲知制誥，避真宗舊諱，更名大雅。是編摘錄前、後《漢書》，不依篇第，不分門類。惟簡擇其字句故事列爲標目，而節取顏師古及章懷太子註列於其下。凡《前漢書》七卷，《後漢書》五卷。雖於史學無關，然較他類書採摭雜說者，究爲雅馴。《後漢書》中閒有引及《前漢書》者，必標“顏師古”字，而所引梁劉昭《續漢志》註，乃與章懷註無別。體例未免少疏。至所列紀、傳篇目，亦往往名有譌舛②。然如“四皓”條下引顏師古注曰：“四皓稱號本起於此，更無姓名可稱。蓋隱居之人，匿蹟遠害，不自標顯，祕其氏族，故史傳無得而詳。至於皇甫謐、圈稱之徒及諸地理書說，竟爲四人安姓字，自相錯互，語又不經。班氏不載於書，諸家皆臆說。今並棄略，一無取焉。”云云。明監本《漢書》註竟佚此條，惟賴此書倖存，則亦非無資考證者矣。

【彙訂】

①“黃魯曾”，殿本作“黃省曾”，誤。此書今存嘉靖三十七年黃魯曾刊本。

②“名”，底本作“多”，據殿本改。

通鑑總類二十卷（安徽巡撫採進本）

宋沈樞撰。樞字持要，德清人。紹興閒進士，官至太子詹事、光祿卿，諡憲敏。是書乃其致仕時所編。取司馬光《資治通鑑》事蹟，仿《册府元龜》之例，分爲二百七十一門。每門各以事標題,略依時代前後為次,亦閒採光議論附之。所分門目,頗有繁碎。如《賞罰》門外又立《貶責》、《功賞》二門,《外戚》門外又立《貴戚》一門,《近習》門外又立《寵倖》一門,《隱逸》門外又立《高尚》一門,《積善》門外又立《陰德》一門者,不一而足。又如安重榮奏請逾分不過驕蹇,乃以此一條別立《僭竊》一門,則配隸不確;東周下迄五代,興廢不一,乃獨取申徹論燕必亡、黃泓論燕必復二條,立為《興廢》一門,則疏漏太甚。然《通鑑》浩博,猝難盡覽。司馬光嘗言惟王勝之曾讀一過,餘人不能數卷,即已倦睡。則採摭精華,區分事類,使考古者易於檢錄。其書雖陋,亦不妨過而存之也。嘉定中鋟版潮陽,樓鑰嘗為之序。元至正中浙江行省重刊,周伯琦又序之①。二人皆博物君子,而肯以文章弁其首,殆以操瓠數典,尚有一壺千金之用歟?

【彙訂】

① 江、浙行中書省,不得作浙江,且左丞蔣德明分省於吳,命郡庠重刊,稱浙江尤乖。(胡玉縉:《四庫全書總目提要補正》)

南史識小錄八卷北史識小錄八卷(浙江巡撫採進本)

國朝沈名蓀、朱昆田同編。名蓀字澗芳,錢塘人。昆田字文益,秀水人,彝尊之子也。是書仿《兩漢博聞》之例,取《南》、《北》二史,摘其字句之鮮華,事蹟之新異者,摘錄成編。不分門目,惟以原書次第臚列,而各著其篇名。亦不加訓釋,惟摘取數字標目,以原文載於其下,著是語之緣起而已。《文獻通考》載陳正敏之言曰:"李延壽作《南》、《北史》,粗得作史之體。故《唐書》本傳亦謂其刪略穢詞,過本書遠甚。然好述妖異兆祥謠讖,特為繁猥。"又引司馬光之言,亦謂:"李延壽書於機祥詼嘲小事,無所不載。"蓋自沈約《宋書》以下,大抵競標藻采,務摭異聞,詞每涉乎儷裁,事或取諸小説。延壽因仍舊習,未盡涮除,宜為論者之所惜。然揆以史體,固曰稍乖,至於賦手取材,詩人隸事,則樵蘇漁獵,捃拾靡窮。此譬如柟瘤為病,而製枕者反貴其文理也。名蓀等擷其精華,以備選用,使遺文瑣事,披卷燦然。其書雖作自近人,其所採錄則皆唐以前事,與《藝文類聚》諸書約略相似。存以備考,愈於冗雜之類書多矣。

右史鈔類三部,四十八卷,皆文淵閣著錄。

史 鈔 類 存 目

史記法語八卷(浙江巡撫採進本)

宋洪邁編。邁字景盧,鄱陽人。紹興乙丑中博學鴻詞科,官至端明殿學士,謚文敏。事蹟具《宋史》本傳。是編於《史記》百三十篇内,自二字以上,句法古雋者,依次標出,亦間錄舊注。蓋與《經子法語》等編同以備修詞之用。《書錄解題》載之類書類,稱十八卷。此本乃止八卷,似非完書。然卷末有題識一行云"淳熙十二年二月刊於婺州",是當時刊本實止八卷。《書錄題解》所載,衍一"十"字明矣。

南朝史精語十卷(浙江汪啟淑家藏本)

宋洪邁撰。邁於諸書多有節本。其所纂輯,自《經子》至《前漢》皆曰"法語",自《後漢》至《唐書》皆曰"精語"。此所摘宋、齊、梁、陳四朝史中之語也,凡《宋書》四卷,《齊書》三卷,《梁書》二卷,《陳書》一卷,其去取多不可解。即以卷首《宋本紀》考之,如桓元與劉邁書有云:"北府人情云何,近見劉云何所道。"乃獨摘"北府人情云何"句;宋順帝反正詔曰:"故順聲一唱,二溟卷波,英風振路,宸居清翳。"乃獨摘"二溟卷波"句;高祖北討,加領征將軍,司、豫二州刺史,以世子為徐、兗二州刺史,下書有云:"今當奉辭西旆,有事關中,弱嗣叨蒙,復忝今授。"乃獨摘"復忝今授"四字;又如加高祖九錫策文,駢詞麗句,疊出不窮,乃獨摘"出藩入輔,鋒無前對"二句。蓋南宋最重詞科,士大夫多節錄古書,以備遣用。其排比成編者,則有王應麟《玉海》、章俊卿《山堂考索》之流。巾箱祕本①,本非著書,不幸而為人所傳者,則有如此類。後人以其名重存之,實非其志也。以流傳已久,姑存其目,實則無可採錄②。惟其中所錄《宋書》,本紀第一,列傳第二、第三,志第四,志反在列傳之後。考劉知幾《史通》曰:"舊史以表、志之帙,分於紀、傳之閒。降及蔚宗,肇加釐革。沈、魏繼作,相與因循。"今北監版《魏書》,志在列傳後,是其顯證,與《史通》合。而《宋書》則移其次第,列於紀、傳之閒。觀邁所序,猶從古本,知幾之言不妄。是則可資考證之一端。十卷之中,惟此一節足取耳。

【彙訂】

① 殿本"巾"上有"若"字。

② "以流傳已久"至"實則無可採錄",殿本無。

十七史詳節二百七十三卷(浙江巡撫採進本)

宋呂祖謙編。祖謙有《古周易》,已著錄。此蓋其讀史時刪節備檢之本,而建陽書坊為刻而傳之者。凡《史記》二十卷,《西

漢書》三十卷,《東漢書》三十卷,《三國志》二十卷,《晉書》三十
卷,《南史》二十五卷,《北史》二十八卷,《隋書》二十卷,《唐書》六
十卷,《五代史》十卷。前冠以疆理、世系、紀年之圖。所錄大抵
隨時節鈔,不必盡出精要。如東漢、晉二史內四言讚語,於本書
已屬贅拇駢枝,乃一概摘存,殊為冗雜。又如《北史》紀、傳為隋
代而作者,業已併入《隋書》,乃獨《四夷》一傳仍及隋事,而《隋
書》內遂刪去之,為例亦閒有不純。然南宋諸儒,大抵研究性命,
而輕視史學。故朱子作《貢舉私議》,欲分年試士,以《史記》、兩
《漢》為一科,《三國》、《晉書》、《南》、《北史》為一科,新、舊《唐
書》、《五代史》為一科。蓋虛談無實之弊,朱子亦深慮之矣。祖
謙雖亦從事於講學①,而淹通典籍,不肯借程子"玩物喪志"之説
以文飾空疏,故朱子稱其史學分外仔細。附存其目,俾儒者知前
人讀書,必貫徹首尾,即所刪節之本②,而用功之深至可以概
見③。則此二百七十三卷者,雖不能盡諸史之全,而足以為宋儒
不廢史學之明證也④。

【彙訂】

①"於",殿本無。

②"所",殿本作"一"。

③"而用功之深至可以概見",殿本作"而用功深至已如此"。

④"則此二百七十三卷者"至"而",殿本無。

東漢精華十四卷(衍聖公孔昭煥家藏本)

宋呂祖謙撰。是編乃其《兩漢精華》之一。即范氏之書摘其
要語而論之,或比類以明之。於光武、明、章、和四帝紀尤為詳
悉,所略者惟表、志耳。然不具事之始末,所論每條僅一二語,略

抒大意,亦不申其所以然。蓋是書乃閱史之時摘錄於册①,以備
文章議論之用。後人重祖謙之名,因而刊之。與洪邁《經史法
語》均非有意著書者也。

【彙訂】

① "是書乃",殿本無。

諸史提要十五卷(内府藏本)

宋錢端禮撰。端禮字處和,臨安人。吳越王俶六世孫,榮國
公忱之子。少以恩蔭入仕,累官至參知政事兼權知樞密院事。
以莊文太子妃父罷為資政殿太學士。再知寧國,移紹興①,復以
觀文殿學士提舉洞霄宮。卒諡忠肅。事蹟具《宋史》本傳。是書
乃取諸史之文可資詞藻者,按部採摘,彙輯成編。各以一二語標
題,而分註其首尾於下。凡《史記》一卷,《前漢書》二卷,《後漢
書》二卷,《三國志》一卷,《晉書》三卷,《南史》一卷,《北史》一
卷,《新唐書》三卷,《五代史》一卷。其著錄於《宋史·藝文志》
者,與此本卷目相同。前有其門人劉孝韙序,不著年月。詳其
詞意,蓋端禮為參政時所刊行也。其體例頗與洪邁《史漢法
語》、《諸史精語》相近。陳振孫《書錄解題》嘗譏其"泛然錄
鈔②,毫無義例"。蓋南宋最尚詞科,以妃青儷白相高,故當時
有此鈔書之學也③。

【彙訂】

① "移",殿本無。

② "錄鈔",殿本作"鈔錄"。

③ "蓋南宋最尚詞科以妃青儷白相高故當時有此鈔書之學
也",殿本作"殆不誣焉"。

漢雋十卷（江蘇巡撫採進本）

宋林越撰。案陳振孫《書錄解題》載此書，卷數與今相符，而注稱"括蒼林鉞"。《處州府志》亦載林鉞^①。此本則皆作林越，未詳孰是也^②。其書取《漢書》中古雅之字，分類排纂為五十篇。每篇即以篇首二字為名，亦間附原注。前有紹興壬午越自序，稱"大可以詳其事，次可以玩其詞"。然割裂字句，漫無端緒，而曰可詳其事，其説殊誇。後有延祐庚申袁桷重刻跋，稱"《漢雋》之作，蓋為習宏博便利"，斯為定論矣。

【彙訂】

① "載"，殿本作"作"。

② 宋淳熙五年滁陽郡齋刻本此書題為林鉞撰，自序亦署林鉞。康熙《青田縣志》卷一〇《人物·文學傳》謂林越字伯仁，又字國鎮。按，《禮記·王制》："（諸侯）賜鈇鉞，然後殺。"則其名似亦當作"鉞"，方與"字國鎮"相合。而"伯仁"乃"仁者愛人"與刑殺當相輔相成以成政之意。（周采泉：《杜集書錄》；楊武泉：《四庫全書總目辨誤》）

元史節要十四卷（兩淮鹽政採進本）

明張九韶撰。九韶字美和，清江人。洪武十年，以薦為國子助教，升翰林院編修。是編因當時所修《元史》版藏内府，人間多不得見。於是仿曾先之《十八史略》例，節其要為一書。其編年繫事，則仍用《通鑑》之體。前有洪武甲子自序一篇。然紀載多不具首尾，未為該備。且此書成於洪武間，而《順帝紀》内多有稱"明太祖高皇帝"者，疑其經後人所改竄，非九韶原本也。

兩晉南北奇談六卷（兩江總督採進本）

舊本題宋王渙撰。渙為仁宗慶曆末“睢陽五老”之一。王闢之《澠水燕談》稱其官為太子賓客，祝穆《事文類聚》載錢明逸《五老會詩》序，稱為太原人。其事蹟則未詳。然世僅傳渙《五老會詩》一首，不聞其著此書。鄭樵以下諸家書目亦不著錄。考《太學進士題名碑》，宏治丙辰科有王渙，象山人。《明史·藝文志》有渙所著《墨池手錄》三卷。此本自稱“墨池王渙”，與墨池之號相合，知此書為明王渙撰①。其稱太原，蓋舉郡望耳。其書摘錄《晉書》以下八史瑣語雜事。王士禎《居易錄》稱嘗見書賈攜《兩晉奇談》，不云誰作，疑即此書也。

【彙訂】

① 殿本“撰”上有“所”字。黃虞稷《千頃堂書目》卷十二子部小說類有王渙《墨池瑣錄》三卷，自注云：“字渙之，長洲人，正德己卯舉人，嘉興府通判。”與弘治丙辰科中進士之象山人王渙明係二人。（余嘉錫：《四庫提要辨證》）

分類通鑑四卷（兩江總督採進本）

不著撰人名氏。明宏治中河間知府施槃刊於郡齋，亦不云誰作。其書分類猥雜，標題弇陋，蓋即《通鑑總類》之節本，又沈樞之重儓矣。

讀書漫筆十八卷（兩淮馬裕家藏本）

明方瀾撰。瀾，莆田人。正德丁丑進士，官禮部郎中。是書上自《漢書》，下迄《唐書》，隨筆採摘其字句，兼及訓詁。亦時論斷其是非，發明殊尠。

諸史品節三十九卷（兩江總督採進本）

明陳深編①。深有《周禮訓雋》，已著錄。是書所採，自《國語》以及《後漢書》，皆隨意雜鈔，漫無體例。

【彙訂】

① 今存明萬曆二十一年原刊本為四十卷（第八卷有"又"卷），其凡例後題識云："歲在癸巳陽月哉生明日吳人陳深子淵甫、陸翀之飛卿甫同識"，則陸氏亦參與纂輯。（王重民、屈萬里：《普林斯頓大學葛思德東方圖書館中文善本書志》）

史纂左編一百二十四卷（安徽巡撫採進本）①

明唐順之撰。順之有《廣右戰功錄》，已著錄。是書以歷代正史所載君臣事蹟，纂集成編。別立義例，分君、相、名臣、謀臣、后、公主、戚、儲、宗、宦、幸、姦、篡、亂、莽、鎮、夷、儒、隱逸、獨行、烈婦、方技、釋、道凡二十四門。其意欲取千古興衰治亂之大者，切著其所以然，故其體與他史稍異。然其間詳略去取，實有不可解者。如《君紀》祇列漢、唐、宋三朝，偏安者皆不得與，而隗囂、公孫述、李筠、李重進諸人乃反附入；於列代宦官②、酷吏敘之極詳，固將以垂鑑戒，而唐之楊復恭、來俊臣、周興等尤為元惡巨憝，乃反見遺。又以房琯為中興之相、高駢為平亂之將，褒貶既已失平；以赫舍哩案原作紇石烈，今改正。為人名，姓氏幾於莫辨。其他妄為升降，顛倒乖錯之處，不可勝言。殆與李贄之《藏書》狂誕相等。乃贄書世猶多相詬病，而是編獨未有糾其失者。殆震於順之之名，不敢議歟③？

【彙訂】

① 明嘉靖四十年胡宗憲刻本、萬曆四十年吳用先刻本此書

皆作一百四十二卷。（杜澤遜：《四庫存目標注》）

②"列代"，殿本作"歷代"。

③ 殿本"議"上有"輕"字。

史記鈔六十五卷（兩江總督採進本）

明茅坤編。坤有《徐海本末》，已著錄。是編刪削《史記》之文，亦略施評點。然坤雖好講古文，恐未必能刊正司馬遷也①。

【彙訂】

①《四庫》所收非全本，明萬曆三年刻本為九十一卷首一卷，所收皆《史記》全篇正文，"刪削"之說無據。每篇皆施圈點批評，體式和《唐宋八大家文鈔》相類，乃為"文章"而編。（鄧國光：《古文批評的"神"論──茅坤〈史記鈔〉初探》）

史要編十卷（浙江范懋柱家天一閣藏本）

明梁夢龍編。夢龍字乾吉，真定人。嘉靖癸丑進士，官至吏部尚書，諡貞敏。事蹟具《明史》本傳。其書雜採諸史之文為正史三卷，編年三卷，雜史三卷，史評一卷。自序謂："學者罕睹全史，是編上下數千載盛衰得失之蹟，大凡具在。"蓋為鄉塾無書者設也。

左國腴詞八卷（內府藏本）

明凌迪知撰。迪知字穉哲，烏程人。嘉靖丙辰進士，官至兵部員外郎①。是編採《左傳》、《國語》字句，分類編輯。凡《左傳》五卷，為類四十，《國語》三卷，為類四十有三。所摘皆僅存一二語，既不具其始末，又不標為何人之言，且註與正文混淆不辨。非惟不足以資考證，併不可以供搯撦。與所撰《太史華句》、《兩漢雋言》、《文選錦字》諸書，體例皆仿林越《漢雋》，而冗雜破碎，又出《漢雋》之下。如以"從欲鮮濟"一語列之"澗溪"類中,蓋誤以為"濟川"之"濟"也。是尚足與論乎?

【彙訂】

① 光緒《烏程縣志》卷一四《凌迪知傳》,據《湖錄》所載鄒迪光《繹泉凌君墓誌》、朱國楨《繹泉凌君行狀》,謂迪知"歷官兵部郎中"。員外郎為郎中之副職,郎中為正五品,員外郎為從五品。(楊武泉:《四庫全書總目辨誤》)

太史華句八卷(浙江汪啟淑家藏本)

明凌迪知編。是編成於萬曆丁丑。《明史·藝文志》著錄,卷數與此本相同。皆摘《史記》字句,以類編次。司馬遷史家巨擘,其文豈可以句摘,句又豈可以華目? 蓋王、李割剝秦、漢之風,至明季而未殄,故書肆尚鋟此等書,以投時好耳。

兩漢雋言十卷(內府藏本)

明凌迪知編。宋林越作《漢雋》①,所採止於西漢。迪知因仿越體例,輯後漢故實,與越書合為一編,改題今名。自第一卷至十卷,皆林氏之舊,題曰《前集》。十一卷至十六卷,迪知所續者,題曰《後集》,採摭亦備。然不自為一書,而補葺舊本,創立新名,是則明人之結習矣。

【彙訂】

①《漢雋》乃林鉞撰,說詳本卷《漢雋》條訂誤。

四史鴻裁四十卷(通行本)

明穆文熙編。文熙有《七雄策纂》,已著錄。是編選錄《左傳》十二卷,《國語》八卷,《戰國策》八卷,《史記》十二卷。皆略註字義,無所發明,批點尤為夅陋。其括此四書曰"四史",亦杜撰無稽也。

全史論贊八十卷（江蘇巡撫採進本）

明項篤壽編。篤壽有《小司馬奏草》，已著錄。是書以諸史浩繁，難於尋究，特撮其論贊，以備觀覽。凡《史記》七卷，《漢書》六卷，《後漢書》五卷，《三國志》三卷，《晉書》四卷，《宋書》、《南齊書》各三卷，《梁書》二卷，《陳書》、《魏書》各三卷，《北齊書》、《後周書》、《南史》各二卷，《北史》三卷，《隋書》二卷，《唐書》七卷，《五代史》五卷，《宋史》六卷，《遼史》、《金史》、《元史》各四卷[①]。然讀史必先知其事之始末，而後可斷其人之是非。今篤壽惟存其論，使稱善者不知其所以善，稱惡者不知其所以惡，仍於讀史者無益也。

　　案此書皆取論贊，宜入“史評”，然皆摘錄於諸史，非所自評也。故仍入之“史鈔類”焉。

【彙訂】

　　① 據明嘉靖四十五年項篤壽萬卷堂刻本，此書為八十二卷，其中《梁書》三卷，《宋史》七卷。（杜澤遜：《四庫存目標注》）

宋史纂要二十卷（江蘇巡撫採進本）

明王思義撰。思義字允明，松江人。《宋史》極為煩冗，是書僅刪存二十卷，可謂約矣。然班、范皆號謹嚴，而兩《漢書》卷帙猶富。宋之歷年幾於四漢，而縮為寥寥數卷，謂事增文省，殆必不然。至以遼、金史附宋之後，等諸《晉書》之載劉、石，尤南、北史臣互相詬屬之見，非公論也。

古今彝語十二卷（浙江巡撫採進本）

明汪應蛟撰。應蛟字潛夫，婺源人。萬曆甲戌進士，官至戶部尚書,謚清簡。事蹟具《明史》本傳。是書雜錄史文,上起唐、虞,下迄於元,去取漫無義例,特興之所至而已。

史書纂略二百二十卷(浙江巡撫採進本)①

明馬維銘撰。維銘字新甫,平湖人。萬曆庚辰進士,官至兵部職方司主事。是書取二十一史本紀、列傳,各撮取大略,彙成一編。蓋亦通史之例。然去取失宜,簡略太甚,非博非約,殆兩無所居也②。

【彙訂】

① 據明萬曆四十三年刻本,此書為二百二十二卷,又目錄二卷。(杜澤遜:《四庫存目標注》)

②“也”,殿本無。

史裁二十六卷(江蘇巡撫採進本)

明吳士奇撰。士奇字無奇,歙縣人,萬曆壬辰進士,官至太常寺卿。是書節錄史文,始自春秋,迄於宋元,雜採舊論,亦閒以己意斷之。既非編年,又非紀傳,隨意鈔撮而已①。

【彙訂】

① 殿本“隨”上有“惟”字。

史觿十七卷(浙江巡撫採進本)

明謝肇淛撰。肇淛字在杭,福建長樂人。萬曆壬辰進士,官至廣西右布政使①。《明史·文苑傳》附見《鄭善夫傳》中。是書摘十七史中隱僻字句,標列成編,凡一史為一卷。謂之“觿”者,自序以為解結之義。人之有疑甚於結,故求其解而筆之也。然於《史》、《漢》、《三國》諸書,原有舊註者,所載尚為明晰。於《晉書》以下原本無註者,亦僅錄舊文,絕無考證,仍不足以釋學者之疑。則所云求其解者,亦徒虛語矣。

【彙訂】

①　謝肇淛《小草齋文集》附曹學佺《明中奉大夫廣西左方伯武林謝公墓誌銘》,左方伯即左布政使。又附徐《中奉大夫廣西左布政使武林謝公行狀》,云:"癸亥晉本省右布政使,尋晉左布政使。"(陳慶元:《〈明史·謝肇淛傳〉辨誤及謝肇淛詩的評價問題》)

讀史快編四十四卷(內府藏本)

明趙維寰撰。維寰字無聲,平湖人,萬曆庚子舉人。是書於諸史之中摘錄其新異之事,始於《史記》,迄《新唐書》①,割裂翦裁,漫無義例。

【彙訂】

①　據《千頃堂書目》卷五,此書凡六十卷,摘錄《史記》下至《元史》之事。(李裕民:《四庫提要訂誤》)

史雋二十五卷(兩江總督採進本)

明余文龍編。文龍字起潛,古田人。萬曆辛丑進士,官南京工部主事。其書雜錄舊史,餖飣殊甚,與《讀史快編》正同。但《快編》止於唐,此則鈔至金、元耳。

南北史鈔無卷數(兩江總督採進本)

明周詩雅撰。詩雅字廷吹,武進人,萬曆己未進士。是編摘錄《南》、《北史》新奇纖佻之事,以為談助,然不及後來沈名蓀、朱昆田書之有條理。

二十一史論贊輯要三十六卷(浙江巡撫採進本)

明彭以明編。以明,廬陵人,萬曆中諸生。是編採錄諸史論贊,以課其子。鈔撮之學,非讀史之正法也。

史品赤函四卷(浙江巡撫採進本)

明陳仁錫編。仁錫有《繫詞十篇書》,已著錄。是編所錄,上起古初,下迄於《晉書》,或採其文,或節錄一二事,茫無義例。尤時時參以偽撰。如《雲長遇害不屈》一篇,不知其從何來。而《劉聰辱懷愍》一篇,稱聰為漢昭烈元孫,云出《續三國志》。亦未見有是書也。

讀史集四卷(江蘇周厚堉家藏本)

明楊以任撰。以任字維節,瑞金人。崇禎辛未進士,官國子監博士。是編摘諸史中事蹟之可快可恨及有膽有識者,分為快、恨、膽、識四集。每條下略綴評語,詞多佻纖①。

【彙訂】

① 殿本此句下有“頗近竟陵一派”六字。

宋史存二卷(浙江鮑士恭家藏本)

明文德翼撰。德翼字用昭,德化人,崇禎甲戌進士,官嘉興府推官。是編採掇《宋史》列傳,而删潤其文。始於宗澤,終於文天祥。蓋福王時所作,故獨寓意於紹興以後云。

讀史漢翹二卷(浙江吳玉墀家藏本)

明施端教編。端教字匪莪,泗州人。是書取《史》、《漢》中字句新異者,編錄成帙。蓋仿林越《漢雋》①、洪邁《史記法語》、《西漢法語》例②。然卷帙無多,分類繁瑣,殊無益於考證。

【彙訂】

①《漢雋》乃林鉞撰,說詳本卷《漢雋》條訂誤。

② "西漢法語",殿本無。

二十一史論贊三十六卷（浙江巡撫採進本）

明沈國元編。國元字飛仲,吳縣人。是書摘錄二十一史論贊,加以圈點評識,全如批選時文之式。以為評史,則紀傳所載,非論贊所能該,事無始末,何由信其是非;以為論文,則《晉書》以下八史以及《宋》、《遼》、《金》、《元》四史豈可以為文式哉? 真兩無取也。

三國史瑜八卷（浙江巡撫採進本）

明張毓睿撰。毓睿字聖初,錢塘人。是書成於崇禎癸未。於陳壽《三國志》中擇其事蹟較著者①,條分件繫,綴以評語。自漢獻帝初平元年迄建安二十五年,分國未定,仍稱季漢;自魏黃初元年迄咸熙元年,三國並建,則稱三國。凡《晉書》中事屬魏朝者,亦採入以補其闕。既非紀傳,又非編年,了無倫緒。又於曹操既改稱名,而編年又以為魏主,體例亦自相矛盾。評語多取鍾惺之說,其所宗尚可知也。

【彙訂】

① "於",殿本作"取"。

史書十卷（浙江巡撫採進本）

明姚允明撰。允明字汝服,休寧人。是書自三皇以迄元代,摭採史文,節縮成編。前有張溥、吳應箕二序,蓋亦依附復社者。故書止十卷,而卷首列參閱姓氏至二百八十三人①。其聲氣標榜,可以概見。應箕序至謂其撰言簡奧近《尚書》,是何言歟?

【彙訂】

① 明崇禎十年刻本此書列參閱姓氏錢牧齋等二百六十七

人。（杜澤遜：《四庫存目標注》）

廿一史識餘三十七卷（浙江汪啟淑家藏本）

明張墉撰。墉字石宗，錢塘人。是編一名《竹香齋類書》。摘錄二十一史佳事雋語，分類排纂，共五十七門，末又附《補遺》一門。略仿《世說》之體，而每條下皆註原史之名。其發凡譏《何氏語林》濫及稗官，然《世說新語》古來本列小說家，實稗官之流，而責其濫及稗官，是猶責弓人不當為弓，矢人不當為矢也。且所重乎正史者，在於敘興亡，明勸戒，核典章耳。去其大端而責其瑣事，其去稗官亦僅矣。

史異編十七卷（兩江總督採進本）

明俞文龍撰。文龍，晉江人。其書以諸史所載災祥神怪彙為一編。既非占驗之書，又無與學問之事，徒見其好怪而已。

讀史蒙拾一卷（副都御史黃登賢家藏本）

國朝王士祿編。士祿字子底，號西樵，新城人。順治壬辰進士，官至吏部考功司員外郎。是書取諸史新穎之語，標數字為題，而錄其本文於後，亦洪邁《經史法語》之類。然書止一卷，聊以寓意而已，實未竟其事。曰“蒙拾”者，取劉勰《文心雕龍·辨騷篇》“童蒙者拾其香草”句也。

史緯三百三十卷（內府藏本）

國朝陳允錫撰。允錫字覃齋，晉江人，順治己未，以薦舉授平湖縣知縣。是書蓋仿呂祖謙《十七史詳節》之意。然祖謙但擷取菁華，以便省覽。允錫則多所改竄於其閒。有合併重複者，如周、秦以前入《史記》，而漢高祖以至武帝則割入《漢書》，宋、齊、梁、陳、魏、齊、周、隋八史則與南、北二《史》參考歸一，其餘表志紀傳互見者，亦悉從汰除之類是也；有刪削繁冗者，如《宋史·宗室世系》但系族譜，《元史·刑法志》全鈔律文，及但敘官閥無關褒貶之列傳是也；有更易舊第者，如退魏於蜀後，削二牧於昭烈之前，移呂布、二袁、劉表於東漢之類是也；有竄改舊名者，如項羽、呂后、武后不稱本紀，宋留從效、陳洪進不稱世家之類是也。其他如《新唐書》則點正其文句，《元史·食貨志》則連屬其篇次者，為數尤多。卷帙浩繁，用力可謂勤至。然其中繁簡失度，分合無義者，亦尚不少。蓋網羅百代，其事本難。梁武帝作《通史》六百卷，劉知幾深以為譏。司馬光進《通鑑》表亦稱"其中牴牾，不能自保"。允錫此書積畢生之力為之，而卒之不協於體要，固其所矣。

　　兩晉南北集珍六卷（浙江巡撫採進本）

　　國朝陳維崧撰。維崧字其年，宜興人。康熙己未召試博學鴻詞，授翰林院檢討。維崧以四六擅名。此書採南北朝故實，各加標目，蓋即以備駢體採掇之用。前有自序，作於康熙丙辰，乃未舉制科之前四年也。

　　右史鈔類四十部，一千六百十九卷，内一部無卷數。皆附存目。

史 部 二 十 二

載 記 類

　　五馬南浮,中原雲擾。偏方割據,各設史官。其事蹟亦不容泯滅。故阮孝緒作《七錄》,“偽史”立焉,《隋志》改稱“霸史”,《文獻通考》則兼用二名。然年祀綿邈,文籍散佚,當時僭撰,久已無存。存於今者,大抵後人追記而已。曰“霸”曰“偽”,皆非其實也。案《後漢書·班固傳》稱撰平林、新市、公孫述事為“載記”。《史通》亦稱平林、下江諸人,《東觀》列為“載記”。又《晉書》附敘十六國,亦云“載記”。是實立乎中朝,以敘述列國之名。今採錄《吳越春秋》以下,述偏方僭亂遺蹟者,準《東觀漢記》、《晉書》之例,總題曰“載記”,於義為允。惟《越史略》一書為其國所自作,僭號紀年,真為偽史。然外方私記,不過附存以聲罪示誅,足昭名分,固無庸為此數卷別區門目焉。

　　吳越春秋十卷(兵部侍郎紀昀家藏本)
　　漢趙煜〔曄〕撰。煜,山陰人,見《後漢書·儒林傳》。是書前有舊序,稱:“隋、唐《經籍志》皆云十二卷,今存者十卷,殆非全書。”又云:“楊方撰《吳越春秋削繁》五卷,皇甫遵撰《吳越春秋傳》十卷。此二書今人罕見，獨煜書行於世①。《史記注》有徐廣所引《吳越春秋》語，而《索隱》以為今無此語。他如《文選注》引季札見遺金事，《吳地記》載闔閭時夷亭事，及《水經注》嘗載越事數條，類皆援據《吳越春秋》。今煜本咸無其文。"云云。考證頗為詳悉，然不著名姓。《漢魏叢書》所載，合十卷為六卷，而削去此序併注，亦不題撰人，彌失其初。此本為元大德十年丙午所刊②，後有題識，云有"前文林郎國子監書庫官徐天祐音注"③。然後知注中稱"徐天祐曰"者，即注者之自名，非援引他書之語。惟其後又列紹興路儒學學錄留堅④，學正陳昺伯，教授梁相，正議大夫、紹興路總管提調學校官劉克昌四人，不知序出誰手耳⑤。煜所述雖稍傷曼衍，而詞頗豐蔚。其中如伍尚占甲子之日，時加於巳，范蠡占戊寅之日，時加日出，有"螣蛇青龍"之語；文種占陰畫六陽畫三，有元〔玄〕武、天空、天關、天梁、天一、神光諸神名，皆非三代卜筮之法，未免多所附會。至於處女試劍、老人化猿、公孫聖三呼三應之類，尤近小說家言。然自是漢、晉閒稗官雜記之體。徐天祐以為不類漢文，是以馬、班史法求之，非其倫也。天祐注於事蹟異同頗有考證，其中如季孫使越、子期私與吳為市之類，雖猶有未及詳辨者，而原書失實之處，能糾正者為多。其旁核眾說，不徇本書，猶有劉孝標注《世說新語》之遺意焉。

【彙訂】

① 趙曄《吳越春秋》十二卷，至宋時已缺佚記載夫差時吳事的二卷。今本《吳越春秋》十卷卷數、內容、篇帙皆與皇甫遵本相合。據《崇文總目》卷三《雜史類》所言，楊方所撰乃刊削趙曄《吳越春秋》十卷而成。皇甫遵又合趙、楊二書考定而注之，亦非另行別撰。（周生春：《吳越春秋輯校彙考》）

② 今傳之元、明刻本為十卷,但文淵閣《四庫全書》本實為六卷,書前提要亦作六卷,與《廣漢魏叢書》(非《漢魏叢書》)本正相吻合,又明吳琯輯《古今逸史》本亦作六卷。(武秀成:《〈四庫全書總目·墨子提要〉訂誤》)

③ "有",殿本無。"徐天祐",殿本作"徐天祐",誤,下同。

④ "留堅"乃"留堅"之誤。(王欣夫:《蛾術軒篋存善本書錄》)

⑤ 元大德刊本有徐天祐受之序,凡"隋、唐《經籍志》"云云皆在其中,是序為天祐所作甚明,不待後有題識始知。(胡玉縉:《四庫全書總目提要補正》)

越絕書十五卷(兵部侍郎紀昀家藏本)

不著撰人名氏。書中《吳地傳》稱勾踐徙琅琊,到建武二十八年,凡五百六十七年,則後漢初人也。書末《敘外傳記》以廋詞隱其姓名。其云"以去為姓,得衣乃成",是"袁"字也;"厥名有米,覆之以庚",是"康"字也;"禹來東征,死葬其疆",是會稽人也。又云"文詞屬定,自於邦賢,以口為姓,承之以天",是"吳"字也;"楚相屈原,與之同名",是"平"字也。然則此書為會稽袁康所作,同郡吳平所定也。王充《論衡·按書篇》曰:"東番鄒伯奇,臨淮袁太伯、袁文術衡,會稽吳君高、周長生之輩,位雖不至公卿,誠能知之囊囊,文雅之英雄也。觀伯奇之《元〔玄〕思》、太伯之《易童句》,按,'童'疑作'章'。文術之《箴銘》,君高之《越紐錄》,長生之《洞曆》,劉子政、揚子雲不能過也。"所謂吳君高,殆即平字,所謂《越紐錄》,殆即此書歟? 楊慎《丹鉛錄》、胡侍《珍珠船》、田藝蘅《留青日札》皆有是說。核其文義,一一脗合。《隋》、《唐志》皆云子貢作，非其實矣。其文縱橫曼衍，與《吳越春秋》相類，而博麗奧衍則過之。中如《計倪內經》、《軍氣》之類，多雜術數家言。皆漢人專門之學，非後來所能依託也。此本與《吳越春秋》皆大德丙午紹興路所刊。卷末一跋，諸本所無，惟申明復仇之義，不著姓名。詳其詞意，或南宋人所題耶？鄭明選《秕言》引《文選·七命》注引《越絕書》：“大翼一艘十丈，中翼九丈六尺，小翼九丈。”又稱王鏊《震澤長語》引《越絕書》“風起震方”云云，謂：“今本皆無此語，疑更有全書，惜未之見。”按《崇文總目》稱《越絕書》“舊有內記八、外傳十七。今文題闕舛，裁二十篇”。是此書在北宋之初已佚五篇。《選》注所引蓋佚篇之文，王鏊所稱亦他書所引佚篇之文。以為此本之外更有全書，則明選誤矣。別有《續越絕書》二卷，上卷曰《內傳本事》、《吳內傳》、《德序記》、《子游內經外傳》、《越絕後語》、《西施鄭旦外傳》；下卷曰《越外傳》、《雜事別傳》、《變越上別傳》、《變越下經》、《內雅琴考》、《序傳後記》。朱彝尊《經義考》謂為錢馥偽撰，詭云得之石匣中。馥與彝尊友善，所言當實。今未見傳本，其偽妄亦不待辨。以其續此書而作，又即托於撰此書之人，恐其幸而或傳，久且亂真，又恐其或不能傳，而好異者耳聞其說，且疑此書之真有續編，故附訂其偽於此，釋來者之惑焉。

華陽國志十二卷附錄一卷（浙江汪啟淑家藏本）

晉常璩撰。璩字道將，江原人。李勢時官至散騎常侍。《晉書》載勸勢降桓溫者即璩，蓋亦譙周之流也。《隋書·經籍志》“霸史類”中載璩撰《漢之書》十卷，《華陽國志》十二卷。《漢之書》，《唐志》尚著錄，今已久佚。惟《華陽國志》存，卷數與《隋

志》、《舊唐志》相合。《新唐志》作十三卷，疑傳寫誤也。其書所
述，始於開闢，終於永和三年。首為《巴志》，次《漢中志》，次《蜀
志》，次《南中志》，次《公孫、劉二牧志》，次《劉先主志》，次《劉後
主志》，次《大同志》。大同者，紀漢、晉平蜀之後事也。次《李特、
雄、期、壽、勢志》。次《先賢士女總贊論》，次《後賢志》，次《序
志》，次《三州士女目錄》。宋元豐中，呂大防嘗刻於成都，大防自
為之序。又有嘉泰甲子李𡏾序，稱：“呂刻刓闕，觀者莫曉所謂。
嘗博訪善本以證其誤，而莫之或得。因摭兩《漢史》、陳壽《蜀
書》、《益部耆舊傳》，互相參訂，以決所疑。凡一事而前後失序、
本末舛迕者，則考正之；一意而詞旨重複、句讀錯雜者，則刊而去
之。”又第九卷末有𡏾附記，稱：“《李勢志》傳寫脫漏，續成以補其
闕。”則是書又於殘闕之餘，李𡏾為之補綴竄易，非盡璩之舊矣。
𡏾刻本世亦不傳，今所傳者惟影寫本①。又有何鏜《漢魏叢書》、
吳琯《古今逸史》及明何宇度所刊三本。何、吳二家之本，多張佳
允〔胤〕所補江原常氏《士女志》一卷，而佚去《蜀中士女》以下至
《犍為士女》共二卷。蓋𡏾本第十卷分上、中、下，鏜等僅刻其下
卷也。又惟《後賢志》中二十人有贊②，其餘並闕。𡏾本則蜀郡、
廣漢、犍為、漢中、梓潼女士一百九十四人各有贊，宇度本亦同。
蓋明人刻書，好以意為刊削。新本既行，舊本漸泯，原書遂不可
覯。宇度之本從𡏾本錄出，此二卷偶存，亦天幸也。惟𡏾本以
《序志》置於末，而宇度本升於簡端。考𡏾序稱：“首述巴中、南中
之風土，次列公孫述、劉二牧，蜀二主之興廢，及晉太康之混一，
以迄於特、雄、壽、勢之僭竊。以西漢以來先後賢人，梁、益、寧三
州士女《總讚》、《序志》終焉。”則《序志》本在後，宇度不知古例，
始誤移之。又《總讚》相續成文，𡏾序亦與《序志》並稱，宜別為一

篇。而㟞本亦割冠各傳之首，殊不可解。殆如毛公之移《詩序》、李鼎祚之分《序卦傳》乎？今姑從㟞本錄之，而附著其改竄之非如右。其張佳允所續常氏士女十九人，亦並從何鏜、吳琯二本錄入，以補璩之遺焉③。

【彙訂】

① 明嘉靖四十三年甲子（1564）成都劉大昌刻本尚存李㟞刻本全文。（任乃強：《華陽國志校補圖注》）

②《後賢志》二十人，只十八人有贊，各鈔、刻本皆然。（同上）

③ 何鏜所輯《漢魏叢書》未曾刊行，後新安程榮購得其書三十八種，於萬曆中刻行，其中無《華陽國志》。萬曆二十年壬辰（1592）何允中所刊《廣漢魏叢書》有《華陽國志》，何宇度只刻過《益部談資》。以《序志》"升於簡端"，明刻惟天啟六年丙寅（1626）李一公成都刻本為然。《總目》蓋誤以何允中為何鏜，以何宇度為何允中，又以李一公本為何宇度刻。（同上）

鄴中記一卷（永樂大典本）

謹案，《鄴中記》舊有二本。其一本二卷，見《隋書·經籍志》，稱："晉國子助教陸翽撰"。其一本一卷，見陳振孫《書錄解題》，稱"不知撰人名氏"，又稱"《唐志》有《鄴都故事》二卷，蕭、代時馬溫撰，今書多引之"。是以為蕭、代後人作矣。今考是書所記，有北齊高歡、高洋二事，上距東晉之末已一百三四十年。又"寒食"一條，引隋杜臺卿《玉燭寶典》，時代尤不相蒙。陳氏不以為翽書，似乎可據。然唐歐陽詢《藝文類聚》作於太宗貞觀時，徐堅《初學記》作於元宗開元時，所引翽書皆一一與今本合。又《鄴都故事》,《唐志》雖稱蕭、代時人,而《史通・書志篇》曰:"遠則漢有《三輔典》,近則隋有《東都記》,南則有宋《南徐州記》、《晉宮闕名》,北則有《洛陽伽藍記》、《鄴都故事》。"則《鄴都故事》在劉知幾之前,《唐志》所言,亦不足為證①。以理推之,殆翻書二卷惟記石虎之事,後人稍摭《鄴都故事》以補之,並為一卷。猶之《神農本草》郡列秦名,漢氏《黃圖》里標唐號,輾轉附益,漸失本真,而要其實則一書。觀高歡、高洋二條,與全書不類,而與郭茂倩《樂府詩集》所引《鄴都故事》文體相同,則此二條為後人摭入翻書明矣。不得以小小舛異,盡舉而歸之唐以後也。原書久佚。陶宗儀《說郛》所載,寥寥數頁,亦非完本。今以散見《永樂大典》者蒐羅薈粹,以諸書互證,刪除重複,共得七十二條,排比成編,仍為一卷。以石虎諸事為翻本書,其續入諸條亦唐以前人所紀,棄之可惜,則殿居卷末,別以"附錄"名焉。是書雖篇帙無多,而敘述典核,頗資考證。如王維《和賈至早朝大明宮》詩"朝罷須裁五色詔"句,李頎《鄭櫻桃歌》"官軍女騎一千匹"及"百尺金梯倚銀漢"句,不得此書,皆無從而訓詁也。六朝舊籍,世遠逾稀,斷璧殘璣,彌足為寶。佚而復存,是亦罕覯之祕笈矣。

【彙訂】

①《新唐書・藝文志》故事類有裴矩《鄴都故事》十卷,而馬溫《鄴都故事》在地理類。(胡玉縉:《四庫全書總目提要補正》)

十六國春秋一百卷(安徽巡撫採進本)

舊本題魏崔鴻撰,實則明嘉興屠喬孫、項琳之偽本也。鴻作《十六國春秋》一百二卷,見《魏書》本傳。《隋志》、《唐志》皆著錄,宋初李昉等作《太平御覽》猶引之。《崇文總目》始佚其名,晁、陳諸家書目亦皆不載,是亡於北宋也[1]。萬曆以後,此本忽出,莫知其所自來[2]。證以《藝文類聚》諸書所引,一一相同,遂行於世。論者或疑鴻身仕北朝,而仍用晉、宋年號。今考劉知幾《史通·探賾篇》曰:"鴻書之紀綱,皆以晉為主,亦猶班《書》之載吳、項,必繫漢年,陳《志》之述孫、劉,皆宗魏世。"喬孫等正巧附斯義以售其欺,所摘者未中其疾。惟《魏書》載鴻子子元奏稱刊著越、燕、秦、夏、梁、蜀遺載,為之贊序。而此本無贊序。《史通·表曆篇》稱:"晉氏播遷,南據揚、越;魏宗勃起,北雄燕、代。其間諸偽十有六家,不附正朔,自相君長,崔鴻著表,頗有甄明。"而此本無表,是則檢閱偶疏,失於彌縫耳。然其文皆聯綴古書,非由杜撰。考十六國之事者,固宜以是編為總彙焉。

【彙訂】

① 尤袤《遂初堂書目》偽史類有此書,則不得謂諸家書目不載。尤袤即南宋初人,亦不得謂之亡於北宋也。(余嘉錫:《四庫提要辨證》)

② 莫友芝《邵亭知見傳本書目》卷五載《汲古閣祕書目》有精抄宋版,早於屠、項萬曆中刻本。(夏定域:《四庫全書提要補正》;徐鵬、劉遠遊:《四庫提要補正》)

別本十六國春秋十六卷(浙江孫仰曾家藏本)

舊本亦題魏崔鴻撰,載何鏜《漢魏叢書》中。其出在屠喬孫本之前,而亦莫詳其所自。十六國各為一錄,惟列僭偽之主五十八人。其諸臣皆不為立傳,全為載記之體,其非一百二卷之舊,已不待言。證以《晉書·載記》,大致互相出入。而不以晉、宋紀年,與《史通》所説迥異。豈好事者摭類書之語,以《晉書》載記排比之，成此偽本耶？然考《崇文總目》有《十六國春秋略》二卷，不著撰人名氏。司馬光《通鑑考異》所引諸書，亦有《十六國春秋鈔》之名。則或屬後人節錄鴻書，亦未可定也。屠氏所刻百卷之本，既為依託，此本亦疑以傳疑，未能遽廢。姑並存之，以備參考焉。

　　蠻書十卷（永樂大典本）

　　唐樊綽撰。《新唐書·藝文志》著於錄，《宋史·藝文志》則有綽所撰《雲南志》十卷，而不稱《蠻書》，《永樂大典》又題作《雲南史記》，名目錯異。今考司馬光《通鑑考異》、程大昌《禹貢圖》、蔡沈《書集傳》所引《蠻書》之文，並與是編相同，則《新唐書·志》為可信。惟《志》稱綽為嶺南西道節度使蔡襲從事，而《通鑑》載襲實官安南經略使，與綽所紀較合，則《新書》失考也。綽成此書在懿宗咸通初，書中多自稱臣。又稱：“錄六詔始末，纂成十卷，於安南郡州江口附張守忠進獻。”蓋當時嘗以奏御者。交州境接南詔，綽為幕僚，親見蠻事，故於六詔種族、風俗、山川、道里及前後措置始末，撰次極詳，實輿志中最古之本。宋祁作《新史·南蠻傳》、司馬光《通鑑》載南詔事，多採用之。程大昌等復引所述蘭滄江，以證華陽黑水之說，蓋宋時甚重其書[1]。而自明以來，流傳遂絕。雖博雅如楊慎，亦稱綽所撰為有錄無書，則其亡佚固已久矣。今此本因錄入《永樂大典》，僅存文字，已多斷爛，不盡可讀，又世無別本可校。考洪武中，程本立作《雲南西行記》，稱“麗江通守張燾出示樊綽《雲南志》，字多謬誤”，則當時已然。謹以諸書參考旁證，正其譌脫，而姑闕不可通者，各加案語於下方，釐為十卷。仍依《新唐書·志》題曰《蠻書》，從其朔也[2]。

【彙訂】

① 程大昌《禹貢論》卷下"黑水"條,謂《蠻書》以麗水為黑水,但不取其説,而主西洱河(葉榆澤)為黑水。《蠻書》所言之麗水,明清時稱大金沙江,即今伊洛瓦底江之上源,而非蘭滄江。(楊武泉:《四庫全書總目辨誤》)

② 樊綽未命書名,《蠻書》乃後人所題書名之一。晁公武《郡齋讀書志》偽史類、《宋史·藝文志》地理類、《玉海》引《中興書目》、元李京《雲南志略序》、明程本立《雲南西行記》皆據所見原書稱《雲南志》。其資料主要來自袁滋《雲南記》。(方國瑜:《有關南詔史史料的幾個問題》)

釣磯立談一卷(江蘇巡撫採進本)

是書世有二本①。此本為葉林宗從錢曾家宋刻鈔出,後題"臨安府太廟前尹家書籍鋪刊行",不著撰人名氏。前有自序云:"叟,山東一無聞人也。清泰年中,隨先校書避地江表,始營釣磯於江渚。割江之後,先校書不祿,叟嗣守敝廬,不復以進取為念。王師吊伐,時移事往,將就蕪沒。隨意所向,蹟之於紙,得二百二十許條,題之曰《釣磯立談》。"云云。別一本為曹寅所刊,卷首佚其自序。又卷首有"楊氏奄有江淮"、"趙王李德誠"二條,其餘亦多異同,而題曰史虛白撰。蓋據《宋史·藝文志》之文。考馬令《南唐書》:"虛白,山東人。中原多事,同韓熙載渡淮,以詩酒自娛。"不言其有所著述。觀書中"山東有隱君子者"一條,稱與熙載同時渡淮,以書干烈祖,擢為校書郎,非其所願,遂卒不仕。又"唐祚中興"一條云:"有隱君子作《割江賦》以諷,又有《隱士》詩云:'風雨揭却屋,渾家醉不知。'"云云,與虛白《傳》悉合,則隱君子當即虛白。序中兩稱"先校書"，則作書者當為虛白之子②。《宋志》荒謬，不足為據。曹氏新本竟題虛白者，殊未考也。又南宋費樞亦嘗撰《釣磯立談》，今尚載陶宗儀《説郛》中，其文與此迥別，則又名同而實異者矣。其書雜錄南唐事蹟，附以論斷。其中"徐鉉"一條，稱鉉方奉詔與湯悦書江南事，慮鉉與潘佑不協，或誣以他詞。則亦雜史中之不失是非者也。

【彙訂】

① "二"，殿本作"兩"。

② 據宋真宗乾興元年（1022）祖士衡撰《宋故贈大理評事武昌史府君（壺）墓誌銘》（載《全宋文》卷三六三），史虛白有三子：史壺、史光世、史傑。史壺至道元年（995）卒，年五十五，知生於後晉高祖天福六年（941），尚在清泰年中（934—936）後數年。其序作者為"小子溫"，即史壺子史溫。所云"叟"顯非虛白之子。書中多錄"叟"之議論，或徑作"叟曰"云云，或部分為其遺槀，而由史溫編次成書。（陳尚君：《〈釣磯立談〉作者考》）

江南野史十卷（江蘇巡撫採進本）

宋龍袞撰。袞爵里未詳。其書皆記南唐事，用紀傳之體，而不立紀傳之名，如陳壽之志吳、蜀。第一卷為先主昇，第二卷為嗣主璟，第三卷為後主煜，而附以宜春王從謙及小周后，第四卷以下載宋齊邱〔丘〕以下僅三十人，陳陶、孟賓於諸人有傳，而查文徽、韓熙載諸人乃悉不載。考鄭樵《通志略》載此書原二十卷，此本闕十卷。晁公武《讀書志》載此書凡八十四傳，而此本闕五十傳。殆輾轉傳寫，佚脱其半。錢曾《讀書敏求記》亦作十卷，則明以來已無完本，不自今始也。曾稱其行文贍雅，今觀諸傳，皆敘次冗雜，頗乖史體。陳振孫《書錄解題》載無名氏《江南餘載》序，排詆此書頗甚，是當時已譏其疏。黃朝英《靖康緗素雜記》摘其敘江為世系與史不符，又摘其記伶人李家明《苑中詠牛》及《皖公山》兩詩，與楊億《談苑》所記王感化對嗣主李璟事，姓名、時代互異。又摘其記家明對嗣主雨懼抽稅事，與《南唐近事》以為申漸高事者[①]，亦復牴牾。王楙《野客叢書》摘其記陳陶仙去，而曹松、方干皆有哭陶詩。是傳聞異詞，亦所不免[②]。然其中如孫晟、林文肇諸傳與《五代史》頗有異同，可資考證，馬、陸二書亦多採之。流傳既久，固亦未可廢焉。

【彙訂】

① "事"，殿本無。

② 唐五代時有二陳陶，一為唐詩人，未入南唐；一為南唐隱士。北宋蔡居厚《蔡寬夫詩話》已指出："唐末人曹松、方干之徒均有哭陶詩，則陶之死久矣。"（《苕溪漁隱叢話·前集》卷十八引）（陶敏：《陳陶考》）

江南別錄一卷（安徽巡撫採進本）

宋陳彭年撰。彭年字永年，撫州南城人。太平興國中進士，官至兵部侍郎，參知政事。諡曰文。事蹟具《宋史》本傳。此書所紀為南唐義祖、烈祖、元宗、後主四代事實。時湯悅、徐鉉等奉詔撰《江南錄》，彭年是編蓋私相纂述，以補所未備，故以《別錄》為名。《宋史·藝文志》、晁公武《讀書志》俱作四卷，當以一代為一卷。此本一卷，疑後人所合併也。其書頗好語怪，如徐知誨妻呂氏為祟、陳仁杲神助戰、趙希操聞鬼語諸條，皆體近稗官。又元宗初名景通，即位後改名璟，既稱臣於周，避周諱，又改名景。

而此書乃謂初名景①，與史不合。又烈祖遷吳讓皇於潤州，一年
而殂，又一年始遷其族於泰州。而此書併敘於烈祖受禪之初，端
緒亦未分明。然其他可取者多，蓋彭年年十三即著《皇綱論》萬
餘言，為江左名輩所賞。李後主嘗召入宮中，令與其子仲宣遊
處。故於李氏有國時事見聞最詳。又《冊府元龜》亦彭年所預
輯，其僭偽部中"李昇"一條稱昇自云永王璘之裔，未免附會。此
書但言唐之宗室，亦深得傳疑之義。以《資治通鑑》相參校，其為
司馬光所採用者甚夥，固異乎傳聞影響之説也。

【彙訂】

①"而"，殿本無。

江表志三卷（福建巡撫採進本）

宋鄭文寶撰。文寶字仲賢，寧化人。南唐鎮海節度使彥華
之子。初仕為校書郎。入宋舉太平興國八年進士，歷官至陝西
轉運使、兵部員外郎。《東都事略》載入《文藝傳》中。始，徐鉉、
湯悅奉詔集李氏事，作《江南錄》，多所遺落。文寶因為此編，上
卷紀烈祖事，中卷紀元宗事，下卷紀後主事，不編年月。於諸王
大臣並標其名，亦無事實，記載甚簡。又獨全錄韓熙載歸國狀、
張洎諫疏各一首，去取亦頗不可解。然文寶為南唐舊臣，《硯北
雜志》載其歸宋後，常披蓑荷笠，作漁者以見李煜，深加寬譬，煜
甚忠之。《鐵圍山叢談》又載其初受業於徐鉉。及為陝西轉運
使，時鉉方謫居，仍叩謁，執弟子禮，鉉亦坐受其拜。蓋惓惓篤故
舊之誼者。故其紀後主亡國，亦祇以"果於自信，越人始謀"為
言①，與徐鉉《墓碑》相類，其意尚有足取。其記李煜時"貢獻賦
斂"一條，王鞏《隨手雜錄》全取之，且注其下曰："《江表志》，鄭文

寶撰。”則亦頗重其書。又如“江南江北舊家鄉”一詩，文寶以為吳讓皇楊溥所作，而馬令《南唐書》則直以為後主作。然文寶親事後主，所聞當得其真，是亦可以訂馬書之誤也。晁氏《讀書志》稱文寶有序，題“庚戌”，乃大中祥符三年，此本無之。今從《學海類編》補錄，成完帙焉②。

【彙訂】

①“始”，殿本作“肆”。此書卷三原文作“越人肆諜”。

②《郡齋讀書志》並無《江表志》解題。《總目》所引內容，實出於《直齋書錄解題》卷五史部偽史類“《江表志》三卷”條。（楊大忠：《〈四庫全書總目提要〉訂誤十則》）

江南餘載二卷（永樂大典本）

不著撰人名氏。《宋史·藝文志》載之“霸史類”中，亦不云誰作。馬端臨《文獻通考》、戚光《南唐書音釋》並作《江南館載》，字之譌也。陳氏《書錄解題》載是書原序，略曰：“徐鉉始奉詔為《江南錄》，其後王舉、路振、陳彭年、楊億皆有書。大概六家皆不足以史稱，而龍袞為尤甚。熙寧八年，得鄭君所述於楚州，其事蹟有六家所遺或小異者，刪落是正，取百九十五段，以類相從。”云云。振孫謂：“鄭君者，莫知何人。”考鄭文寶有《南唐近事》二卷，作於太平興國二年丁丑，又《江表志》三卷，作於大中祥符三年庚戌，不在此序所列六家之內。則所稱得於楚州者，當即文寶之書。檢此書所錄雜事，亦與文寶《江表志》所載互相出入。然則所謂“刪落是正”者，實據《江表志》為稾本矣。今世所行《江表志》，名為三卷，實止二十四頁。蓋殘闕掇拾，已非完書①。此書所謂“一百九十五段”者，今雖不可全見，而《永樂大典》內所引尚夥，多有《江表志》所不載者。則《江表志》雖存而實佚，此書雖佚尚有大半之存也。《宋志》載此書二卷，《書錄解題》及諸家書目並同。今採輯其文，仍為二卷，以補《江表志》之闕焉。

【彙訂】

①《江表志》今傳之本悉出自《説郛》刪節本，實非完書，但非"殘闕掇拾"而成。（昌彼得：《説郛考》）

三楚新錄三卷（浙江吳玉墀家藏本）

宋周羽翀撰。羽翀里貫未詳。自署稱儒林郎、試祕書省校書郎、前桂州修仁令，蓋宋初人也。其稱"三楚"者，以長沙馬殷、武陵周行逢、江陵高季興皆據楚地稱王，故論次其興廢本末，以一國為一卷。其中與史牴牾不合者甚多，如馬殷本為武安節度使劉建鋒先鋒指揮使，佐之奪湖南。及建鋒為陳瞻所殺，軍中迎殷為留後，亦未嘗為邵州刺史。今羽翀乃稱殷隨渠帥何氏南侵，何命為邵州刺史。何氏卒，眾軍迎殷為主。其説皆鑿空無據。又謂"馬希範入覲，桑維翰旅遊楚泗，求貨不得，拂衣而去。及希範立，維翰已為宰相，奏削去其半仗"云云。今考希範嗣立在唐明宗長興三年，時晉未立國，安得有維翰為宰相之事？亦為誣罔。又如王逵為潘叔嗣所襲，與戰敗沒。而羽翀以為敗於南越，僅以身免，竟死於路。與諸書所紀並有異同。蓋羽翀未睹國史，僅據故老所傳述纂錄成書，故不能盡歸精審。然其所聞軼事，為史所不載者，亦多可採。稗官野記，古所不廢。固不妨錄存其書，備讀五代史者參考焉。

錦里耆舊傳四卷（兩江總督採進本）

一名《成都理亂記》，宋句延慶撰。延慶字昌裔，自稱前榮州應靈縣令,並見於書中,惟不著其里貫。其書乃紀王氏、孟氏據蜀時事。《宋史·藝文志》作八卷,陳振孫《書錄解題》謂:"開寶三年,祕書丞劉蔚知榮州,得此傳,請延慶修之。起咸通九載,迄乾德乙丑。"按今本止四卷,起僖宗中和五年,無懿宗咸通閒事。振孫又稱:"自平蜀後迄祥符己酉,朝廷命令,政事因革,以至李順等作亂之蹟,皆略載之,張約為之序。"延慶在開寶時,去祥符尚遠,似不能續記至是[1]。而平蜀後事及張約序,此本亦無之。疑振孫所見即《宋志》八卷之本,出於後人所增益。此本四卷,或猶延慶之舊也[2]。書雖以《耆舊傳》為名,而不以人系事,其體實近編年。所錄兩蜀興廢之蹟,亦頗簡略。惟於詔敕、章表、書檄之文,載之獨詳。中閒如前蜀咸康元年,唐兵至成都,王宗弼劫遷王衍於西宮,《通鑑》在十一月甲辰,而此書作乙巳。又宋太祖賜後蜀主孟昶詔一首,其文多與《宋史》不同。如此之類,亦皆可以備參考也。陳振孫稱為"平陽句延慶"。案書中於後蜀主多所稱美,疑出蜀人之詞。孟昶時有校書郎華陽句中正者,後入宋為屯田郎中,延慶疑即其族。則"平陽"或"華陽"之誤歟[3]?

【彙訂】

① 陳振孫《直齋書錄解題》卷七"《錦里耆舊傳》八卷《續傳》十卷"條明言:"起咸通九載,迄乾德四年,百餘年蜀事大畧具矣。《續傳》,蜀人張緒所撰。起乾德乙丑,迄祥符己酉……知新繁縣太常博士張約為之序。"《文獻通考·經籍考》引作"陳氏曰……起咸通九載,迄乾德乙丑。迄祥符己酉",《總目》襲其誤。(孫永如:《〈四庫提要〉介紹〈錦里耆舊傳〉一文辯誤》;楊武泉:《四庫全書總目辨誤》)

② 《宋志》所載《續傳》亦為十卷,《總目》著錄之四卷本非完本。《讀畫齋叢書》四卷本亦起自僖宗中和五年,有明嘉靖戊午

年冬十一月既望勾吳皇山人姚咨舜跋:"惜乎只後四卷,闕前四卷,未得全書。"(孫永如:《〈四庫提要〉介紹〈錦里耆舊傳〉一文辯誤》)

③ 據《資治通鑑考異》,此書乃鈔改張彭《錦里耆舊傳》而成。張乃蜀人,故而多稱美蜀主之詞。(同上)

五國故事二卷(浙江鮑士恭家藏本)

不著撰人名氏。南漢條下稱:"劉晟本二名,上一字犯宣祖諱,去之。"則北宋人。又南唐條下稱"嘗以其事質於江南一朝士",則猶在宋初,得見李氏舊臣也。中於南漢稱彭城氏,於留從效姓稱娶。錢塘厲鶚跋以為吳越國人入宋所作①,避武肅王諱。然閩王延翰條下稱其妻為博陵氏,則又何為而諱崔乎②? 年代綿邈,蓋不可考矣。其書紀吳楊氏,南唐李氏,蜀王氏、孟氏,南漢劉氏,閩王氏之事,稱曰五國。然以其地而論,當為四國,若以其人而論,當為六國。未審其楊、李併為一,抑孟、王併為一也。鄭樵《通志略》列之"霸史類"中,實則小說之體,記錄頗為繁碎。中如徐知誥斥進黃袍諸事,為史所不載。又李煜為李璟第六子,而此云璟之次子,與史亦小有異同。然考古在於博徵,固未可以瑣雜廢也。前有萬曆中太常寺少卿余寅題詞,譏其四國俱加"偽"字,於蜀獨否。今考書中明書"偽蜀王建",又書孟知祥"以長興五年遂僭大號",何嘗不著其偽。卷首總綱既以前蜀、後蜀為分,再加"偽"字,則或曰前偽蜀、後偽蜀,或曰偽前蜀、偽後蜀,詞句皆嫌於贅,是以省之。《公羊傳》所謂"避不成文"是也。謂不偽蜀,殊失其旨。至南漢條下稱:"偽漢先主名巖,後名俊,又名龔。龔之字曰儼,本無此字。龔欲自大,乃以龍、天合成其字。以其不典,故不書之。"寅援唐史書武后名曌以駁之,則其說當矣。

【彙訂】

①“國人”，殿本作“後人”。

②《說郛》節本此條作“延翰妻博陵氏崔之女”，傳本脫一“崔”字。（昌彼得：《說郛考》）

蜀檮杌二卷（浙江吳玉墀家藏本）

一名《外史檮杌》。宋張唐英撰。唐英字次功，自號黄松子，蜀州新津人。丞相商英之兄，熙寧中官至殿中侍御史。事蹟附載《宋史·張商英傳》。其書本《前蜀開國記》、《後蜀實錄》，仿荀悦《漢紀》體，編年排次。於王建、孟知祥據蜀事蹟，頗爲詳備。歐陽修《二蜀世家》删削太略，得此可補其所遺。今世官署戒石所刻“爾俸爾祿，民膏民脂。下民易虐，上蒼難欺”四語，自宋代以黄庭堅書頒行州縣者，實摘錄孟昶廣政四年所製《官箴》中語，其文全載於此書。凡此之類，皆足以資考證①。唐英嘗撰《嘉祐名臣傳》及此書，今《名臣傳》已佚，惟此書存。然考樓鑰《攻媿集》引《外史檮杌》王建四年書張琳始末，有“大順初憘實爲黔南節度使②，辟爲判官”一條。今本無之，則亦非完帙矣。

【彙訂】

① 戒石所刻四語，洪邁《容齋續筆》卷一“戒石銘”條，謂“太宗皇帝書此，以賜郡國，立於廳事之南，謂之《戒石銘》”。可知非始於以黄庭堅書頒行。《續筆》此條又載孟昶之詞，凡二十四句，句四字，見於景煥《野人間話》，書成於乾德三年。又可知非始見《蜀檮杌》。（楊武泉：《四庫全書總目辨誤》）

② “使”，《攻媿集》卷七十六《跋汪季路所藏書帖·唐僖宗

賜悕實敕書》原文及殿本無。

南唐書三十卷（兵部侍郎紀昀家藏本）

宋馬令撰。令，宜興人。陳振孫《書錄解題》載令自序，稱"其祖太博元康，世家金陵，多知南唐故事，未及撰次。今纘先志而成之，實崇寧乙酉"云云，則令乃北宋末人。此本不載令自序，蓋偶佚也。元趙世延所作陸游重修《南唐書》序，稱"馬元康、胡恢等迭有所述，今復罕見"，竟以為令祖元康所作。殆當時未睹其本，故傳聞致誤歟？其書首為《先主書》一卷，《嗣主書》三卷，《後主書》一卷，蓋用《蜀志》稱主之例。次《女憲傳》一卷，列后妃、公主，而附錄列女二人。次《宗室傳》一卷，列楚王景遷等十二人，而從度、從信二人有錄無書。次《義養傳》一卷，列徐溫及其子六人，附錄二人。次為《列傳》四卷，次《儒者傳》二卷，次《隱者傳》一卷，次《義死傳》二卷。次《廉隅傳》，次《苛政傳》，共二卷。次《誅死傳》一卷，次《黨與傳》二卷，次《歸明傳》二卷。次《方術傳》一卷，《談諧傳》一卷，皆優人也，而附以迂儒彭利用。次《浮屠傳》，次《妖賊傳》，共一卷。次《叛臣傳》一卷，次《滅國傳》二卷，閩王氏、楚馬氏也。次《建國譜》，次《世系譜》，共一卷。《建國譜》者，即地理志。《世系譜》者，敘李氏所自出也。每序贊之首，必以"嗚呼"發端，蓋欲規彷《五代史記》，頗類效顰。於詩話小說，不能割愛，亦不免蕪雜瑣碎，自穢其書。又如《建國譜》之敘地理，僅有軍、州而無縣，則省不當省。《世系譜》不過出自唐吳王恪，於《先主書》首一句可畢，而復述於《唐書》以前，尤繁不當繁，亦乖史體。均不及陸游重修之本。然椎輪之始，令亦有功，且書法亦謹嚴不苟，故今從新、舊《唐書》之例，並收錄焉。

南唐書十八卷音釋一卷（內府藏本）

宋陸游撰。游有《入蜀記》，已著錄。宋初撰錄南唐事者凡六家，大抵簡略。其後撰《南唐書》者三家，胡恢、馬令及游也。恢書傳本甚稀。王士禎《池北偶談》記明御史李應昇之叔有之，今未之見。惟馬令書與游書盛傳，而游書尤簡核有法。元天曆初，金陵戚光為之音釋，而博士程熟等校刊之[1]，趙世延為序。錢曾《讀書敏求記》稱：“舊本遵《史》、《漢》體，首行書‘某紀某傳卷第幾’，而注《南唐書》於下。”王士禎《古夫于亭雜錄》又稱其“門人大名成文昭寄以宋槧本，凡十五卷，與今刻十八卷編次小異”。今其本均不可見[2]。所行者惟毛晉汲古閣本，刻附《渭南集》後者，已改其體例，析其卷數矣。南唐元宗於周顯德五年即去帝號，稱江南國主。胡恢從《晉書》之例，題曰《載記》，不為無理。游乃於烈祖、元宗、後主皆稱《本紀》，且於《烈祖論》中引蘇頌之言，以《史記·秦莊襄王》、《項羽本紀》為例，深斥胡恢之非。考劉知幾《史通·本紀篇》嘗謂：“姬自后稷至於西伯，嬴自伯翳至於莊襄，爵乃諸侯，而名隸本紀。又稱項羽僭盜而死，未得成君。假使羽竊帝名，正可抑同羣盜。況其名曰西楚，號止霸王，諸侯而稱《本紀》，循名責實，再三乖謬。”則司馬遷之失，前人已深排之，游乃引以藉口，謬矣。得非以南渡偏安，事勢相近，有所左袒於其閒乎？他如《后妃諸王傳》置之羣臣之後，《雜藝方士傳》列於《忠義》之前，揆以體例，亦為未允[3]。讀其書者，取其敘述之簡潔可也。

【彙訂】

　①“程熟”，底本作“程塾”，據殿本改。趙世延序云：“天曆改元，余待罪中。執法監察御史王主敬謂余曰：‘公向在南臺，蓋

嘗命郡士戚光纂輯《金陵志》，始訪得《南唐書》。其於文獻遺闕，大有所考證，禆助良多。且為之音釋焉。因屬博士程熟等就加校訂鋟板，與諸史並行之。'"

②宋本目錄三紀與列傳十五卷，各為起迄，汲古本則通計為十八卷。恐漁洋未檢全書，但見卷末題"列傳十五"，而遂誤認為十五卷耳，非與此本有異同也。（陸心源：《儀顧堂題跋》）

③《漢書》后妃事即入《外戚傳》，列羣臣傳後。其諸王傳亦多分列於各朝羣臣傳後。《後漢書》，《方術傳》置《逸民傳》前，《儒林》、《文苑》、《獨行》三傳置《宦者傳》後。（劉永翔：《新修〈南唐書〉陸游著怯疑》；張歷憑、雷近芳：《〈四庫全書〉所收南唐史著比較研究》）

　　吳越備史四卷補遺一卷（浙江汪汝瑮家藏本）

　　舊本題宋武勝軍節度使掌書記范坰、巡官林禹撰。載錢鏐以下累世事蹟。據舊目，卷首列《年號世系圖》、《諸王子弟官爵封諡表》、《十三州圖》、《十三州考》。今唯存《十三州考》一篇，其圖、表俱佚。後附《補遺》一卷，則不載作者名氏。考陳振孫《書錄解題》載錢俶之弟儼著《吳越遺事》，有開寶五年序。又謂《備史》亦儼所作，託名林范。今是書四卷之末有跋二首，一題嘉祐元年四代孫中孚，一題紹興二年七代孫休浣①。如據書中所記而言，則當從錢鏐起算，不當從錢俶起算。所稱四代、七代，顯據作書者而言。則振孫以《備史》為儼撰，似得其實。錢曾《敏求記》云："今本為鏐十七世孫德洪案《吳越世家疑辨》作十九世孫，未詳孰是。嘉靖閒刊本②。序稱《補遺》為其門人馬蓋臣所續，序次紊

亂。如衣錦城建金籙醮及迎釋迦等事，皆失載。"今是書於此數
事咸備無闕，則非德洪重刊之本。其以《補遺》為馬蓋臣所續，亦
別無證據。蓋臣曾撰《吳越世家疑辨》，自序謂曾作《備史》圖、
表，亦不云又續其書。考此《補遺》之首有序一篇，不題名氏年
月，序中有"家王故事"之語，當即中孚等所題。亦云不知作自何
人，則不出於蓋臣審矣③。《備史》所記訖太祖戊辰，《補遺》所記
訖太宗丁亥，與《中興書目》所載"前十二卷盡開寶元年，後增三
卷，盡雍熙四年"者正合④。特併十二卷為四，併三卷為一耳。
陳振孫謂："今書起石晉開運，前闕三卷。"⑤勘驗此本，所佚亦
同。則是書自宋季以來，已非完帙。今無從校補，亦姑仍其
舊焉。

【彙訂】

①　今本實作"七代孫渷"，單名，無休字。（王欣夫：《蛾術軒
篋存善本書錄》）

②　錢曾《讀書敏求記》乾隆乙丑沈尚傑刻本、道光乙酉阮福
刻本《吳越備史》條均作"十九世"。（葉德輝：《郋園讀書志》）

③　明萬曆二十八年庚子重刻本二十五世孫錢達道序亦謂：
"忠懿事止於戊辰，以故越中十九世孫比部德洪授旨於門人馬蓋
臣續而補之。"（王欣夫：《蛾術軒篋存善本書錄》）

④　今本實盡端拱元年戊子忠懿卒年。（同上）

⑤　陳振孫《直齋書錄解題》卷五"吳越備史"條云："今書止
石晉開運，比初本尚闕三卷。"無"起石晉開運，前闕三卷"之語，
是書實起自唐僖宗乾符二年。（張元濟：《吳翌鳳鈔本〈吳越備
史〉跋》）

安南志略十九卷（兩淮馬裕家藏本）①

元黎崱撰。崱字景高，號東山，安南國人。東晉交州刺史阮敷之後，世居愛州。幼與黎琫為子，因從其姓。九歲試童科，仕其國至侍郎，遷佐靜海軍節度使陳鍵幕。至元中，世祖伐安南，鍵率崱等出降。其國邀擊之，鍵歿於軍。崱入朝，授奉議大夫，居於漢陽。以鍵志不伸而名泯，乃撰此志以致其意。元明善、許有壬、歐陽元〔玄〕皆為之序。所紀安南事實，與《元史》列傳多有異同，如李公蘊所奪，是黎非丁；張懷侯為國叔，張憲侯為日烜兄子，俱非壻②；遭興道王之難者乃明誠侯，而非義國侯，皆可證史氏之譌。又《史》於至元二十三年詔書內數安南罪，有“戕害遺愛”語，而不著其事。今《志》載至元十九年，授柴椿元帥，以兵千人送遺愛就國。至永平界，安南勿納。遺愛懼，夜先逃歸，世子廢遺愛為庶人。更足明《史》有脱漏。其他山川人物，敍述亦皆詳贍，洵可為參稽互考之助。蓋安南文字通於中國，其開科取士，制亦略同。故此書敍述，彬彬然具有條理，不在《高麗史》下云。

【彙訂】

① 文淵閣《四庫》本為二十卷，書前提要不誤。（沈治宏：《中國叢書綜錄訂誤》）

②《元史》卷二百九《安南列傳》作章懷侯、章憲侯。（武尚清點校：《安南志略》）

十國春秋一百十四卷（浙江孫仰曾家藏本）

國朝吳任臣撰。任臣字志伊，仁和人。康熙己未召試博學鴻詞，授翰林院檢討。任臣以歐陽修作《五代史》，於十國仿《晉書》例為《載記》，每略而不詳。乃採諸霸史、雜史以及小説家言，並證以正史，彙成是書。凡《吳》十四卷，《南唐》二十卷，《前蜀》十三卷，《後蜀》十卷，《南漢》九卷，《楚》十卷，《吳越》十三卷，《閩》十卷，《荆南》四卷，《北漢》五卷，《十國紀元》、《世系表》各一卷[①]，《地理志》二卷，《藩鎮表》一卷，《百官表》一卷。其諸傳本文之下，自為之註，載別史之可存者。蓋用蕭大圜《淮海亂離志》、楊衒之《洛陽伽藍記》、宋孝王《關東風俗傳》、王邵《齊紀》之例[②]，劉知幾《史通·補注篇》所謂"躬為史臣，手自刊削，除繁則意有所恡，畢載則言有所妨，遂乃定彼榛楛，列為子注"者也。其間於舊説虛誣，多所辨證[③]。如田頵擒孫儒，年月則從吳《錄》，而不從薛《史》[④]；吕師周奔湖南，年月則從《通鑑》，而不從《九國志》[⑤]；南唐烈祖世家則從劉恕《十國紀年》及歐《史》[⑥]，而不從《江南野史》、《吳越備史》[⑦]，皆確有所見。其他類是者甚多[⑧]。五表考訂尤精，可稱淹貫。惟無傳之人，僅記名字，列諸卷末。雖用陳壽《蜀志》附載無傳諸人之例，然壽因楊戲有《季漢輔臣贊》，故繫之戲傳之末，非自列其名字於中，虛存標目也。是則貌同心異，不免於自我作古矣。

【彙訂】

①　"各"，底本作"合"，據殿本改。此書卷一百九《十國紀元表》，卷一百十《十國世系表》。（江慶柏等整理：《四庫全書薈要總目提要》）

②　王邵《齊紀》，《隋書·經籍志》、《北史·王邵傳》、《史通·補注篇》、高似孫《史略》卷二均作《齊志》，《新唐書·藝文志》作《北齊志》，《隋書·經籍志》另著錄崔子發撰《齊紀》。（李裕民：《四庫提要訂誤》）

③ 吳氏自注除少數轉引自《容齋隨筆》、《輟耕錄》、《閩中考》，餘則多出《通鑑考異》、胡三省《通鑑注》、徐無讜《五代史記注》、洪遵《泉志》，無一條超出《通鑑考異》等所引內容。或照本直錄，或增減數字、稍變行文秩序，大凡《通鑑考異》、胡三省注誤引者，自注亦誤。（朱玉龍：《〈十國春秋〉引書考》）

④ 此則自注係抄襲《通鑑考異》。（同上）

⑤ 此則係吳任臣未見《九國志》呂傳全文，僅據胡注片斷引文立意造言，既將"綦毋章"誤作"綦章"，復以《新五代史》作袁州刺史為非是，又臆斷《通鑑》與《九國志》系年不同，凡此皆謬。（同上）

⑥ "世家"，殿本作"家世"。

⑦ 此則除襲《考異》引文，雖增引龍袞《江南野史》，陳霆《唐餘紀傳》，馬、陸《南唐書》，但內容與《考異》所引劉恕《十國紀年》、《新五代史》略同，立意仍從《考異》成說。（朱玉龍：《〈十國春秋〉引書考》）

⑧ "其"，殿本無。

附錄

越史略三卷（山東巡撫採進本）①

不著撰人名氏，紀安南國事。上卷曰《國初沿革》，為趙佗以下諸王②。曰《歷代守任》，為西漢至石晉交州牧守姓名。曰《吳紀》，乃五代末吳權及其子昌岌、昌文等事蹟。曰《十二使君》，乃昌文沒後，牙將杜景碩等爭立事蹟。曰《丁紀》，則丁部領以下諸王。曰《黎紀》，則黎桓以下諸王。中卷、下卷皆曰《阮紀》，則自李公蘊得國後諸王事蹟，紀述特詳。惟以李為阮，與史不合。案黎崱《安南志略》稱陳氏代立，"凡李氏宗族及齊民姓李者，皆命更為阮，以絕民望"。則此書當為陳氏之臣所作，崱《志》又載陳普嘗作《越志》，黎休嘗修《越志》，俱陳太王時人。太王者，陳日煚之謚，則此書或即出普、休二人手，未可知也。安南自漢迄唐，並為州郡。五季末，為土豪竊據，宋初始自立國。此書自唐以前，大抵全襲史文，自丁部領以下，則出其國人之詞，與史所載殊有異同③。蓋史臣但承赴告之詞，故如薨卒之類，往往較差一年。至名號官爵，或祇自行國中，而不以通於大朝，故亦有所錯互。其牴牾之處，頗可與正史相參證。又史稱陳日尊自帝其國，尊公蘊為太祖神武皇帝，國號大越。此書原題《大越史略》，蓋舉國號為名。而所列公蘊至昊旵八王，皆僭帝號，不獨陳日尊一代，則尤史所未詳④。又《玉海》記交趾天貺寶象、神武、彰聖嘉慶諸年號，此書皆與相合。特所列黎、阮諸王無不改元者，而史家並未悉載。則必當時深自諱之，故中國不能盡知耳。書末又載陳日煚以下紀年一篇，但錄所僭謚號改元，而不具事蹟。其中所稱"太上"者，以史按之，當為陳叔明，其稱"今上"者，當為陳煒。而史載日煚至煒十二世，此書乃僅得十世，未詳其故。又考《廉州府志》紀康熙十三年海濱得鐘，題"皇越昌符九年乙丑"，說者疑為宋時李乾德以後僭號。今此書稱"今上昌符元年丁巳"，當明洪武十二年，其九年正值乙丑，則為陳煒僭號無疑。是亦足資考證矣。安南自宋以後，世共職貢，乃敢乘前代失馭之際，輒竊號國中，至著之簡策，以妄自誇大，實悖謬不足採。然吳、楚僭王，《春秋》絕之，而作傳者亦不沒其實，故特依"偽史"例錄之，以著其罪。且以補《宋》、《元》二史《外國傳》之所未備焉。

【彙訂】

① 此條殿本置於《朝鮮史略》條之後。

② "趙佗"，底本作"趙陀"，據殿本改。南粵王趙佗，見《漢書·南粵傳》。

③ "異同"，殿本作"同異"。

④ 據《宋史·交阯傳》，交阯稱帝者為李公蘊之孫李日尊。《夢溪筆談》卷二五、《嶺外代答》卷二、《續資治通鑑長編》卷一八一所載並同。李日尊為越南李朝第三代王，傳至第八代為陳朝取代。（楊武泉：《四庫全書總目辨誤》）

朝鮮史略六卷（浙江鮑士恭家藏本）

一名《東國史略》，不著撰人名氏，乃明時朝鮮人所紀其國治亂興廢之事。始於檀君，終於高麗恭讓王王瑶。自新羅朴氏以前稍略，而高麗王建以後則皆編年紀載，事蹟頗具。其稱李成桂、李芳遠為太祖、太宗，乃其臣子之詞。又間附史臣論斷及《歷年圖》等書，蓋鄭麟趾《高麗史》仿紀傳之體，而此則仿編年之體者，故其國中兩行之。錢曾《讀書敏求記》以其於王氏遺臣鄭夢周等欲害李成桂事，不沒其實，稱為良史。今觀其序事，詳略雖不盡合體要①，而裒輯遺聞，頗為賅具。讀列史《外國傳》者，亦可以資參考焉。書末有萬曆庚戌趙琦美跋，稱借錄於馮仲纓家。蓋當倭陷朝鮮②，出師東援時所得之本也。

【彙訂】

① 此書有二種，一為國別體，十二卷，仿《戰國策》；一為編年體，六卷，仿《左氏春秋》。文淵閣《四庫》本為十二卷，書末無趙琦美跋，書前提要亦作十二卷。十二卷本題"菁川柳希齡編

注",又間引金富軾論説,六卷本則無。其書本名《史略》,固不必以詳贍律之。(楊守敬:《日本訪書志》;沈治宏:《〈中國叢書綜錄〉史部著錄失誤原因析》)

②"當",殿本無。

右載記類二十一部,三百八十卷,附錄二部,九卷,皆文淵閣著錄。

載 記 類 存 目

晉史乘一卷楚史檮杌一卷(浙江鮑士恭家藏本)

不著撰人名氏。前有大德十年吾邱〔丘〕衍序,稱"《晉史乘》於劉向校讎未之聞,近年與《楚史檮杌》併得之。觀其篇目次第,與《晏子春秋》相似,疑出於一時"云云。《乘》凡四十二篇,《檮杌》凡二十七篇,皆摭《左傳》、《國語》、《説苑》、《新序》及諸子書彙而次之,其偽不待辨。考王褘集有《吾子行傳》①,記衍所著各書甚悉,中有《晉文春秋》、《楚史檮杌》二書之名。張習孔《雲谷卧餘續》亦云衍作,俱未嘗言衍得此二書。然則衍特掇摭舊事,偶補二書之闕,原非作偽。傳其書者欲以新異炫俗,因改《晉文春秋》為《晉乘》,以合《孟子》所述之名,併偽撰衍序冠之耳。序文淺陋,亦決不出衍手也。

【彙訂】

①"王褘",殿本作"王禕",誤。王褘《王忠文公集》卷二一有《吾丘子行傳》。

十六國考鏡一卷(編修程晉芳家藏本)

舊本題宋石延年撰。延年字曼卿,宋城人,官至太子中允。

此編舉《晉書·載記》中所列五涼、四燕、三秦、二趙並成、夏等十六國，考其始終，傳世幾代，歷年若干，通篇不及二千言，自宋以來諸家俱不著錄。惟曹溶《學海類編》收之，其依託不待辨也。

西夏事略一卷（編修程晉芳家藏本）

舊本題"承議郎、權知龍州軍、兼管内勸農事、沿邊都巡檢使、借紫臣王稱撰"。考驗其文，即王偁《東都事略》中之《西夏傳》，作偽者鈔出，別題此名。曹溶《學海類編》收之，失考甚矣。

明氏實錄一卷（浙江吳玉墀家藏本）

明楊學可撰。學可，新都人。是書記明玉珍父子始末。玉珍當元末起兵，竊據巴蜀，一傳而滅，然無大淫虐，故明昇之降，論者以孟昶比之。是書所述，雖不無溢美，而序次頗詳，亦足與正史相參考。"實錄"之名，古人通用，故涼劉昞有《敦煌實錄》，唐許嵩記六代之事稱《建康實錄》，而《李翱集》有《皇祖實錄》，乃其大父之行狀。學可此作，蓋沿古名，非尊明氏父子為正史也。然五代十國，記載如林，不過曰志、曰記、曰傳、曰錄，宋以來相沿久矣，何必定用此目乎！

高麗史二卷（編修汪如藻家藏本）

舊本題"正獻大夫、工曹判書、集賢殿大提學、知經筵春秋館事、兼成均大司成臣鄭麟趾奉敕撰"①。考《明實錄》，景泰二年高麗使臣鄭麟趾嘗表進是書於朝，凡世家四十六卷，志三十九卷，表二卷，列傳五十卷，目錄二卷。朱彝尊《曝書亭集》有是書題跋，稱為"體例可觀，有條不紊"。此本僅《世系》一卷，《后妃列傳》一卷，蓋偶存之殘帙，非完書矣。

【彙訂】

① 明景泰二年朝鮮活字本署“正憲大夫、工曹判書、集賢殿大提學、知經筵春秋館事、兼成均大司成臣鄭麟趾奉教修”。（杜澤遜：《四庫存目標注》）

唐餘紀傳二十四卷（浙江巡撫採進本）

明陳霆撰。霆字聲伯，德清人。宏治壬戌進士，官至山西提學僉事。是書凡《圖紀》三卷，《列傳》十卷，《家人傳》一卷，《忠節傳》一卷，《義行傳》一卷，《隱逸傳》一卷，《藩附傳》一卷，《列女傳》一卷，《方技傳》一卷，《伶人傳》一卷，《別傳》一卷，《志略》一卷，《附錄》一卷。大旨以南唐承唐之正統，蓋與姚士粦《後梁春秋》均欲竊取《通鑑綱目》帝蜀之意，而不知其似是而非者。考陸游《南唐書》謂唐憲宗第八子建王恪生超，超生志，仕為徐州判司。志生榮，榮生昪。而歐陽修《五代史》則云家世微賤，與游說迥殊。則其系出唐後與否，宋代已多異議。且自李璟已附於周，李煜又始終奉宋正朔，當時已以藩臣自居，後世忽以正統歸之，尤為乖刺。其體例多學步《新五代史》。如唐莊宗亡於伶人，事關興廢，故歐陽修別傳《伶官》。至申漸高等四人，其事微矣，乃亦別立傳，將修《唐書》者必為黃幡綽等立傳乎？唐六臣，《新五代史》別傳，以其賣國也。乃亦摭徐鉉、殷崇義、張洎、張佖、周惟簡、查元方，以足六臣之數。不知其隨主而降，與許善心一例也。如此之類，皆有效顰之失。況既以南唐繼唐，自應正其為帝。而昪曰先主，璟曰中主，煜曰後主，復仿陳壽《蜀志》之例，尤進退無據。至於雜採稗官，漫無刊削，又其小失矣。胡恢之書雖佚，馬令、陸游二書具在，何必作此屋下屋也。

南詔事略一卷（浙江范懋柱家天一閣藏本）

明顧應祥撰。應祥有《人代紀要》，已著錄。是書乃應祥巡撫雲南時所撰。大約摭拾各史《蠻夷傳》及滇中舊志，參訂而成。其諸書與史互異者，皆別作按語，詳為考證。詮註敘次，頗為簡潔。至所載鄭氏世次及一切事實，皆《五代史》及《五代會要》、《文獻通考》諸書所未載，亦足裨史氏之闕也。惟六詔創置，載於各史者，名號俱符，滇中志乘悉引為依據。茲書以"越析詔"作"治麼些"，"邆賧詔"作"鄧賧"①，并炎閣子盛羅皮之作"晟羅皮"，與史傳悉異，而未著其所出。蓋明人著書之疏漏，往往如斯矣。

【彙訂】

① "鄧賧"，殿本作"鄧耳炎"。

吳越紀餘五卷附雜吟一卷（浙江鮑士恭家藏本）

明錢貴撰。貴字元抑，長洲人。是編採輯吳越故實，分題編錄，亦多附以論斷。前有正德庚午自記，稱"摭其大綱為三首，雜擬其事之可信者又三十五首"。所謂三大綱者，一編年，一書法，一世家。所謂三十五事者，季札觀樂之類是也①。其編年有吳而無越，餘亦越略而吳詳。蓋貴為吳人，故以吳為主，亦各私其鄉之錮習也。所載皆習見之事，無一新異，而又皆不著所出。且以"吳越"為名，而別出《伍尚》一篇，《申包胥》一篇，《陶朱公》一篇。申包胥尚有關於入郢。陶朱公之子，事雖在楚，而范蠡猶有關於霸越。至伍尚則人為楚人，事為楚事，與吳越如風馬牛，綴之《伍員傳》首，以為緣起，已嫌其贅，乃別立一題，則伍奢亦員之父，楚平王、費無極等皆員之讎，又何不可類及乎？其亦昧於斷限之例矣。末附《雜吟》一卷，亦貴所作，以咏吳越舊蹟者也^②。
詞旨淺近，亦無取焉。

【彙訂】

① "是"，殿本無。

② "也"，殿本無。

滇載記一卷（兩淮鹽政採進本）

明楊慎撰。慎有《檀弓叢訓》，已著錄。是書乃其謫戍雲南
時所作，統紀滇域原始及各部姓種類。舊本與《滇程記》合為一
篇。今以一為行記，一為地志，析之各著錄焉。

陳張本末略一卷附方國珍本末略一卷（編修程晉芳家藏本）

明吳國倫撰。國倫字明卿，興國人。嘉靖庚戌進士，官至河
南布政司參政。《明史·文苑傳》附見《李攀龍傳》中。是書於陳
友諒得姓為吏諸事，張士誠與李伯昇等起事之由，方國珍弟國
瑛、國瑉諸人俱未臚敘。所載明初攻戰諸事，更為疏漏。前有國
倫自序曰："每聞祖父言國初陳友諒、張士誠事甚悉，因志其始末
大略，而以方國珍附焉。後閱《洪武日錄》及諸野史所記載，往往
不符，尚冀熟於掌故者為我正之。"則國倫先不自信矣。

越嶠書二十卷（浙江范懋柱家天一閣藏本）

明李文鳳撰。文鳳字廷儀，宜山人。嘉靖壬辰進士，官至雲
南按察司僉事。是書皆記安南事蹟，朱彝尊《曝書亭集》有《〈越
嶠書〉跋》，稱為"有倫有要，於彼國山川、郡邑、風俗、制度、物產，
以及書詔、制敕、移文、表奏之屬，無不備載。而建置興廢之故，
亦皆編次詳明"。然大致以黎崱《安南志略》為藍本，益以洪武至
嘉靖事耳。

孤忠小史十八卷（兩江總督採進本）

不著撰人名氏。核其所載，即李文鳳《粵嶠書》也①。文鳳書本二十卷，首尾完具。此本鈔寫殘闕，佚其前二卷，起於第三卷之第三頁，而空其前半頁。以下每卷皆空其標題，不知何人妄填以《孤忠小史》之名，又偽撰序文填於前半頁之空處。復贗刻焦竑一印，用於簡端。名與書不合，書與序文又不合。序尤鄙俚，足資笑具。殆坊肆書賈之所為，收藏家不辨而售之耳。

【彙訂】

①《粵嶠書》當作《越嶠書》。（杜澤遜：《四庫存目標注》）

朝鮮國紀一卷（編修程晉芳家藏本）

明黃洪憲撰。洪憲字懋中，秀水人。隆慶辛未進士，官至少詹事，掌翰林院事。嘗奉使朝鮮，獲睹其國先世實紀，因次其傳受次序及興廢大要為此書。然所錄甚略，不及史傳之詳備也。

吳越世家疑辨一卷（編修汪如藻家藏本）

明馬蓋臣撰。蓋臣始末未詳。歐陽修《五代史》於《吳越世家》極言其汰侈暴斂之事。說者或以為修有憾於錢惟演，故以此言毀之，並非實錄。蓋臣之師錢德洪為錢鏐十九世孫，因令蓋臣歷考《通鑑綱目》及他書所載錢氏愛民政蹟，逐條臚列，以證《吳越世家》之妄。其書雖題蓋臣名，實則德洪意也。其閒援引雖富，類多以空言爭論。至如吳越改元之事，尚有石刻可據，昭然難掩，乃亦必喋喋而為之辨，且謂其本中國紀元而史失之，尤可謂鑿空妄說矣。

後梁春秋二卷（浙江汪啟淑家藏本）

明姚士粦撰。士粦所輯《陸氏易解》，已著錄。是書以後梁主蕭詧為武帝冢孫,宜嗣梁祚。武帝奪嫡而立簡文,卒致覆滅。而詧附魏立國,凡歷三主三十三年乃亡,能保其祀。《北史》及《周》、《隋》二史記載頗略①,故作此書,欲以詧續梁正統。用編年之法,採取史傳,傍摭文集,因時表事,因事附人,排比具詳。其閒如詧通魏後即用北魏紀年②,而不書太清之號,以絕元帝於梁;又於陳諸帝皆直書其名,以示黜貶之意。然詧為昭明第三子,原非必應得國之人,其立也又非受國於武帝。值是時弟兄搆釁,同氣相屠,借魏朝兵力,獲奉宗祧,僅區區守江陵三百里之地。身為附庸,北面事人,其事實無可稱。士粦此書,與以南唐為正統者同一偏僻。王士禎《居易錄》稱士粦有此書,惜未見之。殊不知其無可取也。士粦又嘗為《西魏春秋》若干卷,蓋亦以補魏收書之闕。今佚不傳。

【彙訂】

① "記載",殿本作"載記"。

② "其閒",殿本作"中閒"。

韓氏事蹟一卷方氏事蹟一卷(兩淮鹽政採進本)

明劉文進撰。文進爵里未詳。所記乃韓林兒、方國珍二家事蹟。分年編載,略如紀事本末體例。而引吳朴、張時泰、邵相、周德恭諸人論斷,系之各條之下。凡詔檄奏疏之文,皆跳行另書,如坊閒所行演義之式。蓋明人陋習如此。又以明太祖奉韓林兒年號,比之事殷之德,取喻亦病其不倫。

南詔野史一卷(兩江總督採進本)

舊本題曰昆明倪輅集,成都楊慎標目,滇中阮元聲删潤。前無序目,後有崇禎六年姜午生跋云:"新都楊用修先生遊其地,乃原其世系,著為載記。滇中阮元聲霞嶼簡及斯記,惜其佚脫,欲更讎之,以付剞劂。"而不言輅作。今考書中敍事下逮萬曆十三年,慎不及見。跋又稱大略始於沙壹觸沈木而生九龍,此書乃始於《南詔星野》,其沈木一事僅附見於《南詔源流》按語中。前後矛盾,不可究詰。大抵阮元聲之所為[①],倪輅、楊慎皆依託也[②]。前半冊逐條標目,頗嫌叢瑣。後半冊大蒙國以下則歷紀蒙氏始據南詔,以迄於段明,頗似世家、列傳之體,末則總敍明代平定雲南始末。而於歷代竊據諸家皆稱其偽號、偽謚,尤為乖刺。元聲,馬龍州人,崇禎戊辰進士,官金華府推官[③]。

【彙訂】

① "阮",殿本無。

② 倪輅為雲南府昆明縣人,嘉靖元年舉人,見萬曆《雲南通志》卷八《雲南府科目》條。其人與楊慎同時而稍後。於萬曆十三年後纂錄南詔史料,即《南詔野史》,著錄於《千頃堂書目》卷五及《明史·藝文志》,不得謂出於依託。楊慎只著《滇載記》,係點定前人之書。崇禎時,阮元聲據楊、倪所撰集,刪潤成編,即阮氏《南詔野史》。(方國瑜:《雲南史料目錄概說》;楊武泉:《四庫全書總目辨誤》)

③ 據清雍正《馬龍州志》卷七《選舉志》、卷九《人物志》,阮元聲官至吏部稽勳司員外。(方國瑜:《雲南史料目錄概說》)

南唐拾遺記一卷(江蘇巡撫採進本)

國朝毛先舒撰。先舒有《聲韻叢說》,已著錄。是編前有自序,稱略採宋江南遺事諸不見正史者,附於馬、陸二《書》,鄭文寶《近事》,陳彭年《別錄》,陳霆《唐餘記傳》之後。然實皆習見之事,無一異聞。又後主《却登高文》,全篇載於陸《書》從善傳中,而謬為《登高賦》,惟存二句,烏在其為拾遺也。"紫竹評李後主詞"一條,見龍輔《女紅餘志》,不詳所出,其人之真偽未可知。且是紫竹之語,何與南唐遺事?以此條為例,則詞話、詩話連篇不盡矣。"師子國王"一條,鬼魅現形,乃小説荒唐之語,豈可以補正史!將《太平廣記》載秦莊襄王就僧乞食,亦可補《史記·秦本紀》耶?李煜殺諫臣,溺浮屠,荒於酒色,闕失非一。先舒序中以為"守文命辟",亦非篤論也。

十六國年表一卷(浙江汪啟淑家藏本)

國朝張愉曾撰。愉曾字庭碩,徽州人。是書以崔鴻所錄十六國事,仿《史記·十二諸侯年表》之例,年經國緯,條理分明,頗便於尋覽。其從父張潮收之《昭代叢書》乙集中。後有潮跋,謂:"不識崔鴻何以不列年表,今得此書,可以補其闕略。"考劉知幾《史通》,崔鴻原書實有表。屠喬孫等作偽本時,偶漏撰此篇,潮未及考耳。前又有潮序一篇,文格純效《尚書》。其意欲擬夏侯元〔玄〕《昆弟誥》,殊為詭僻,尤無取焉。

中山沿革志二卷(安徽巡撫採進本)

國朝汪楫撰。楫字舟次,休寧人①。康熙己未召試博學鴻詞,授檢討。是編乃其冊封琉球國王時所作。按楫別有《使琉球錄》,備載冊封典禮及山川景物。此則專紀中山世系,附以考據。前有自序,稱諭祭故王,入其祖廟,因密錄其神主。又得《琉球世纘圖》,參以明代實錄,約略詮次,蓋琉球之沿革具是矣。

【彙訂】

①《清史稿》汪楫本傳云:"江都人,原籍休寧。"李桓《國朝

耆獻類徵初編》卷一六二載鄭方坤《汪楫小傳》云："蓋歙人而僑居揚州者。"李元度《國朝先正事略》卷三九《汪舟次先生事略》謂"江蘇江都人"。按，朱彝尊《曝書亭集》卷七三《汪公墓表》云："公諱楫，字舟次，世居徽州休寧縣，至曾祖考某，遷江都。"則休寧乃其祖籍而已。惟雍正《江南通志》卷一六六《汪楫傳》、道光《儀徵縣志》卷三六《文學傳》等又載汪楫為儀徵人。蓋儀徵與江都為鄰縣，江氏又曾移居儀徵也。（楊武泉：《四庫全書總目辨誤》）

十六國年表二十二卷（浙江巡撫採進本）

國朝孔尚質撰。尚質字元長，武陵人。是編雖以年表為名，而實非司馬遷旁行斜上之體。特以偽本崔鴻《十六國春秋》列傳改為編年，猶之排纂班《書》，更為荀《紀》。然體例多不允協。如每年但大書甲子，而以晉、宋年號與僭號分註，則統緒全乖。又首列所僭之廟號，而書中仍復書名，則綱目互異。又魏氏已定位中原，列於正史。此乃分標代、魏，與仇池楊難敵、吐谷渾一例，轉附錄於十六國後，尤為未協。惟末附《輿圖考》一卷，古名今地，排比頗明，差為易於尋覽云。

右載記類二十一部，一百六卷，皆附存目。